한국어
한국문화
한국사회

한국어
한국문화
한국사회

왕한석 엮음

(주)교 문 사

한국어, 한국문화, 한국사회

2010년 8월 20일 초판 인쇄
2010년 8월 25일 초판 발행

엮은이 왕 한 석
펴낸이 류 제 동
펴낸곳 (주)교 문 사

책임진행 양계성
본문편집 정연진
표지디자인 반미현
제작 김선형
마케팅 정용섭 · 송기윤

우편번호 413-756
주소 경기도 파주시 교하읍 문발리 출판문화정보산업단지 536-2
전화 031-955-6111(代)
FAX 031-955-0955
등록 1960.10.28 제406-2006-000035호

홈페이지 www.kyomunsa.co.kr
E-mail webmaster@kyomunsa.co.kr
ISBN 978-89-363-1081-3 (93300)

값 19,000원

델 하임즈 교수를

추모하며

책을 펴내며

이 책은 '한국의 언어 · 문화 · 사회'에 관한 언어인류학 분야의 연구 논문들을 모은 논문 선집이다. 그동안 한국어의 문법 영역을 넘어서는, 한국사회의 '언어생활' 또는 '언어문화'에 대한 관심은 지속적으로 증폭되어 왔으나, 우리 학계는 이에 대한 적절한 답을 주지 못하였다. 아마도 이 책이 부족한 대로 한국 언어문화의 중요 특성과 양상들에 대한 입문적 이해를 이끌 것으로 믿는다.

사실이지 그동안 나온 한국인의 언어생활이나 언어문화에 대한 책들은 전문학자의 저술이기보다는 아마추어적 분위기를 강하게 풍기는 것이 대부분이었다. 특히나 문화라는 말은 이론적 개념이기보다는 다양한 수사적 표현으로 쉽게 사용되는 것으로 보였다. 그런데 근래 우리 학계는 한국어에 대한 좁은 언어학적 관심을 넘어서서 보다 넓은 언어과학적 관심으로 이행하고 있는 것으로 보인다. 이 발달적 이행의 과정, 즉 새로운 통합적인 한국어의 연구 과정에서 사회언어학 연구 그리고 언어인류학 연구는, 기존의 언어학 연구와는 다른, 새롭고도 중요한 기여를 할 수 있을 것으로 믿어진다. 따라서 작지만 이 책은, 앞서 나온 한국 사회언어학 분야의 논문 선집인 『한국어와 한국사회』와 함께, 새로운 한국 언어과학의 모색에 작은 출발점이 될 수 있을 것이다.

이 책은 사실은 여러 해 전에 기획되었던 것이다. 그러나 계획대로 일이 잘 진척되지 않아 한동안 멈추었다가, 작년 봄 엮은이가 다시 이 일을 맡게 되었다. 초기의 계획 및 준비 단계에서 김주관 박사의 노고가 많았음을 여기에 밝혀둔다.

현재 모습의 이 책은 작년 5월부터 본격적으로 준비되기 시작하였는데, 원고를 만들고 그것을 여러 번에 걸쳐 고치고 그리고 편집을 끝마치는 데에 1년이 조금 넘는 시간이 걸렸다. 여기서 먼저 김주희 교수를 비롯한 11분의 논문 집필자들께 편저자로서 깊은 감사를 드리고자 한다. 그리고 편집과 타자 작업, 원고 검토 작업을 함께 해준 김선희, 박종현, 변혜원, 배연주의 네 학생에게도 깊은 감사를 전하는 바이다.

이 책의 준비가 진행중이던 작년 가을에는 뜻밖에 델 하임즈 교수(Dell H. Hymes, 1927-2009)의 부음 소식을 전해 들었다(11월 13일 별세). 탁월한 언어인류학자, 아니 20세기 후반 최고의 언어인류학자였던 하임즈 교수의 별세 즈음에, 많지는 않지만 한국의 언어인류학자들은 첫 공동 논문집을 준비하고 있었던 것이다. 생각 끝에 우리는 작지만 이 책을 하임즈 교수에게 함께 바치기로 하였다. 우리가 쓴 11편의 부족한 논문 속에는 그 분의 뛰어난 생각과 정리가 곳곳에서 빛을 발하고 있을 것이다. 그리고 하임즈 교수는 생전에 한국에 대해 관심어린 애정을 갖고 있었던 것으로 전해지는데, 한국의 후학들이 그 분과 깊이 있는 학문적 연대를 맺지 못한 아쉬움이 크게 남는다.

마지막으로 어려운 여건에도 불구하고 또 흔쾌히 책의 출판을 허락해주신 류제동 사장님과 이번에도 좋은 책을 만들기 위해 힘껏 애써주신 양계성 상무님을 비롯한 편집부 여러분들께도 깊은 감사를 드리는 바이다.

2010. 6. 9. 오후

엮은이 왕 한 석 씀

차 례

제Ⅱ부 한국어와 한국사회 / 231

부록 / 503

서 장
한국의 언어인류학 연구

왕한석

1. 언어인류학의 소개 및 교육

한국에서 언어인류학(linguistic anthropology) 분야가 본격적으로 교육 및 연구된 역사는 그리 길지 않을 것이다. 물론 인류학 전체가 소개 및 교육된 역사도 인문학과 사회과학 내의 다른 기초 학문들보다 상당히 늦었지만, 언어인류학의 소개 및 교육은 인류학 내의 다른 하위분야들(즉, 인류학의 네 하위분야들 중 언어인류학을 제외한 생물인류학(biological anthropology) 또는 형질인류학(physical anthropology), 고고학(archaeology), 사회문화인류학(sociocultural anthropology))보다도 더 늦었던 것으로 보아야 할 것이다.

보다 구체적으로, 한국에서 고고학과 사회문화인류학의 소개 및 교육이 생물인류학이나 언어인류학보다 먼저 이루어졌다는 데에는 이론의 여지가 없을 것이다. 그런데 남은 두 하위분야 중, 생물인류학의 소개 및 교육이 언어인류학보다도 먼저 이루어진 것으로 보는 것이 아마도 합당한 시각일 것이다. 여러 이유 중 한 단적인 예로 전문학자에 의한 대학 및 대학원 교육의 시작 시점만을 비교해 보아도, 첫 '형질인류학자'의 국내 대학 인류학과로의 부임(고 권이구(權彛九) 교수의 영남대학교 문화인류학과로의 부임)은 1978년 2학기에 이루어졌는데 비해, 언어인류학 전공자의 인류학과로의 부임(왕한석의 서울대학교 인류학과로의 부임)은 1985년 1학기에야 이루어졌다.

물론 서울대학교 인류학과의 경우 학부 전공 강좌인 '문화와 언어'가 1975년도부터 개설되었지만, 언어인류학 관련 대학원 강좌는 1985년도부터 개설되기 시작하였다(지금까지 개설되어온 대학원 강좌는 '언어인류학', '사회언어학', '인지인류학', 그리고 '한국의 언어문화'임). 따라서 대체로 말하여, 한국에서 언어인류학이란 인류학의 중요 하위분야에 대한 본격적인 소개 및 교육이 시작된 시점은, 인류학의 네 하위분야 중에서도 가장 늦은 시점인, 1980년대 중반경인 것으로 말하여도 무방할 것으로 여겨진다(김주관(2008b)의 최근 리뷰도 동일한 시각을 제시하고 있음).

그러나 1980년대 중반 이전의 시기에도 언어인류학 분야에 대한 소개 및 논의는 부분적이나마 이루어졌다. 물론 그 양에서 그리 많지는 않지만, 인류학 개론서(이광규 1971b: 175-188, 1980: 312-331; 한상복 · 이문웅 · 김광억 1982: 289-308, 1985: 329-348) 및 언어학 개론서(남기심 · 이정민 · 이홍배 1977: 278-285 등)에서의 초보적인 기술을 제외하고라도, 언어인류학 분야 전반에 대한 소개 및 논의에는 대체로 다음의 문헌들이 있었다.

손호민
1969 "언어인류학의 방법"

이병근
1969 "방언 경계에 대하여"

이정민
1979 "인류학과 언어학"

권이구
1980 "언어와 문화"

위에서 손호민(1969)의 글은 비교적 이른 시기에 언어인류학의 일반적 성격, 역사적 발달, 그리고 대표적인 연구방법인 현지조사 방법과 성분분석(componential analysis) 방법을 간략히 소개하는 것이다. 짧은 입문적 내용이지만, 여기서 성분분석 방법의 소개는 당시로서는 막 발달하기 시작한 새로운 문화적 의미 분석 방법에 대한 소개가 되었을 것이다.

이병근(1969)의 글은 전체로는 국어 방언 연구에 대한 구조적 접근의 논의이지만, 이 글의 한 부분(pp. 54-55)에서 국어학 특히 방언학 연구와 언어인류학 연구의 접합 가능성을 논의하는 이른 시기의 국어학자의 귀한 글이 될 것이다.

이정민(1979)의 글은 인류학과 언어학의 밀접한 관계에 대한 간략한 리뷰이다. 구체적으로 언어, 문화, 사고 간의 관계, 언어와 사회구조의 연관성, 그리고 의사소통의 여러 방식에 관한 기존의 연구들을 정리 소개하고 있다.

마지막으로 권이구(1980)의 글은 언어와 문화 간의 관계에 대한 이론적 논의와, 언어학 연구 모형의 인류학에의 유추 문제 등에 대한 기존의 이론적 논의들을 요약 소개하는 것이다.

또 언어인류학 전반에 대한 소개는 아니지만, 민족언어학(ethnolinguistics) 즉 언어와 좁은 의미 또는 인지적 측면에서의 문화 간의 관계를 탐구하는 영역에 대한 부분적인 소개도 이루어졌는데, 다음의 문헌을 들 수 있을 것이다.

이광규
1984『사회구조론: 문화인류학 각론 친족 편』 (pp. 207-231)

위 책의 해당 부분은 친척용어(kinship terms)에 대한 "언어적 연구"를 정리 소개하는 절인데, 특히 이 절의 중심 부분(pp. 219-231)에서는 영어의 예를 중심으로 구체적인 성분분석의 방법을 기술하고 있다.

다음으로 언어와 사회의 다면적 관계를 탐구하는 영역인 사회언어학(sociolinguistics), 특히 인류학 내에서 발달한 의사소통의 민족지학(ethnography of communication)을 중심으로 하는 사회언어학의 새로운 이론틀에 대한 정리 및 소개도 언어학자들에 의해 이루어졌는데, 대표적으로 다음의 문헌을 들 수 있다.

황적륜

1976 "언어의 사회적 연구"

1977 "사회언어학"

1980 "언어와 사회: 새로운 언어이론의 방향"

박영순

1984 "사회언어학이란?"

위에서 황적륜(1976, 1980)의 두 글은 의사소통의 민족지학의 기본 시각을 중심으로, 당시로서는 새로운 언어 연구의 패러다임인 사회언어학의 이론틀에 대한 간명한 정리이다. 그리고 황적륜(1977)의 또 다른 글은 사회언어학의 정의, 기본 전제와 주제, 그리고 기술적 이론틀 등에 대한 지금까지 발표된 어떤 글보다도 사회언어학의 기초적 이론과 시각을 잘 정리하는 글로 읽혀진다.

박영순(1984)의 글은 의사소통능력(communicative competence)의 개념을 중심으로 사회언어학의 이론적 시각을 간략히 소개하는 리뷰이다.

마지막으로 한국의 언어인류학 연구에서 상대적으로 덜 발달한 영역인 언어예술(verbal art)의 영역 즉 협의의 민속학(folklore) 분야에 대한 이론적 소개 및 정리도 이루어졌는데, 이들은 모두 미국 민속학 및 언어인류학의 새로운 이론틀인 연행 모델(performance model) 또는 연행 중심적 접근법(performance-centered approach)의 소개에 그 초점을 맞추고 있다. 최근 발표된 글까지 포함하면 대체로 다음의 문헌들이다.

임돈희 · 로저 L. 자넬리

1981 "연희 중심으로 본 민속: 전통의 파괴와 재창조"

최정무

1982 "연행 중심의 민담학(民談學)과 그 역사적 배경"

윤교임

2002 "미국의 구술예술 연구: 연행 중심적 접근과 구술시학의 민족지"

임돈희와 자넬리(1981)의 글은 당시 미국 민속학의 새로운 이론이었던 연행 중심적 접근법의 기본 시각에 대한 간략한 정리이다. 최정무(1982)의 글은 서양 민속학(또는 "민담학")의 역사적 발달과 그 맥락 속에서 새로이 태동한 연행 중심적 접근법에 대한 비교적 자세한 소개 및 정리이다. 그리고 최근에 나온 윤교임(2002)의 글은 1970년대 초반 이래의 미국에서의 언어예술(또는 "구술예술")의 중심 연구 경향에 대한 리뷰인데, 여기에는 물론 연행 모델의 이론적 입장에 대한 정리가 그 핵심을 이룬다. (이 외에도 임재해(1986)와 양종승(1994)에 의한 연행 모델에 대한 소개 및 정리가 더 있다.)

이상에서 정리한 비교적 이른 시기에 행해진 언어인류학 분야에 대한 소개 및 정리들에 뒤이어, 1980년대 중반 이후에는 언어인류학의 이론과 역사에 대한 부분적이지만 보다 본격적인 연구가 이루어졌는데, 대체로 다음의 문헌들이다.

왕한석

1989c "On Ervin-Tripp's Model of 'Sociolinguistic Rules'"

1996a "언어 · 사회 · 문화: 언어인류학의 주요 조류"

1997 "사피어의 사회언어학적 기술 및 '생각'들에 대하여"

2000b "의미, 상황의 맥락, 사회적 행동: 말리노브스키의 언어 민족지학 이론"

2005a "호칭어의 주요 이론과 연구 시각"

물론 언어인류학 내의 여러 주요 이론틀과 언어인류학이란 하위분야의 역사적 발달을 제대로 이해하기 위해서는, 보다 많은 주제에 대한 다양한 연구들이 이루어져야 할 것이다(위의 문헌들 외에 사피어의 생애와 학문에 대한 간략한 정리에는 왕한석(1996b)이 또 있음).

그리고 근래에 들어, 일차적으로 교육적 응용을 위해 쓰인 글이지만, 언어인류학의 중요한 이론적, 방법론적 틀을 정리 소개한 것에 다음의 문헌이 또 있다.

김주관

2007 "언어를 통한 문화교육(1): 민족과학 방법의 적용"

2008a "언어를 통한 문화교육(2): 의사소통의 민족지학 방법의 적용"

그리고 근년에 들어, 언어인류학 전반 또는 그것의 중심 부분을 다루는 일련의 교과서들이 번역 출판되었는데, 이로써 이 분야의 기초적 교육을 위한 교재 개발이 어느 정도 이루어진 것으로 보인다. 아래의 네 책인데, 앞의 세 책은 대체로 언어인류학 분야 전반을 서술하는 교과서이고, 맨 뒤의 책은 의사소통의 민족지학에 대한 입문적 교과서이다. 그런데 Bonvillain(2002)과 Saville-Troike(2009)에서 특히 언어인류학 및 사회언어학 영역의 주요 학술 용어에 대한 적절한 번역어를 찾는 작업이 이루어졌음을 명기할 필요가 있겠다.

Farb, Peter (이기동·김혜숙·김혜숙 역)
2000[1997]『말의 모습과 쓰임: 사람들이 말을 할 때 어떤 일이 일어나는가?』(*Word Play: What Happens When People Talk*, 1973)

Bonvillain, Nancy (한국사회언어학회 역)
2002『문화와 의사소통의 사회언어학』(*Language, Culture, and Communication: The Meaning of Messages*, 4th edition, 2003)

Salzmann, Zdenek (김형중 역),
2006『언어, 문화, 사회: 언어인류학 입문』(*Language, Culture, and Society: An Introduction to Linguistic Anthropology*, 3rd edition, 2004)

Saville-Troike, Muriel (왕한석·백경숙·이진성·김혜숙 역)
2009『언어와 사회: 의사소통의 민족지학 입문』(*The Ethnography of Communication: An Introduction*, 3rd edition, 2003)

이상으로 언어인류학의 소개 및 교육 그리고 이론적 논의 등에 대한 간략한 정리를 마치고, 이제 한국 학계에서 그동안 이루어진 본격적인 언어인류학 연구의 주요 현황에 대해 정리하기로 하겠다.

그런데 20세기 후반 미국의 언어인류학 연구는 크게 인류언어학(anthropological linguistics), 민족언어학(ethnolinguistics) 그리고 사회언어학(sociolinguistics)의 세 하위 영역으로 나눌 수 있는 것으로 정리된 바 있다(왕한석 1996a). 그러나 우리의 경우는 개별 언어의 언어구조에 대한 공시적, 통시적 연구를 핵심으로 하는 인류언어학 영역의 연구가 거의 개척되지 않았음을 본다. 또 한국의 언어문화(linguaculture)에 대한 포괄적인 연구 질문이 이론적인 면에서는 크게 언어와 문화적 인지의 관계, 언어와 사회구조 및 사회조직의 관계, 그리고 언어와 예술 및 놀이의 관계라는 세 하위 영역의 연구 질문들로 구성될 수 있는 것으로 제안된 바 있다(왕한석 2009: 1-11). 그러나 지금까지의 연구는 실제적으로 언어와 예술 및 놀이의 관계 즉 언어예술(verbal art)의 영역에서는 거의 발달하지 않았다. 따라서 이 글에서는 본서의 구성 체제를 따라 크게 '민족언어학 영역의 연구'와 '사회언어학 영역의 연구'로 절을 나누고, 그동안 한국의 언어인류학계에서 이룬 연구 성과들을 대체적인 주제에 따라 정리 소개하는 방식을 취하도록 하겠다.

그런데 한국의 언어인류학 연구에 대한 간략한 리뷰도 그동안 발표되어 왔는데, 다음의 두 글이다.

왕한석
1996a "언어·사회·문화: 언어인류학의 주요 조류" (이 중 '5. 한국에서의 언어인류학의 소개 및 연구'(pp. 34-36))

김주관
2008b "한국에서 문화와 언어에 대한 인류학적 연구의 성과와 과제"

또 한국의 사회언어학 연구에 대한 전반적인 리뷰도 이루어졌는데, 아래의 리뷰는 한국의 언어인류학 연구에 대한 리뷰와 부분적으로 중첩될 수도 있을 것이다.

왕한석
2008a "한국의 사회언어학"

2. 민족언어학 영역의 연구

이 책의 제1부 '한국어와 한국문화'로 묶인 4편의 논문은 모두 이론적 시각에서는 민족언어학적 연구가 될 것이다. 즉 언어와 협의의 문화 또는 인지적 측면에서의 문화 간의 체계적인 관계를 탐구하는 연구들이 된다. 그런데 이 연구들은 보다 구체적으로는 우리가 흔히 민족과학(ethnoscience), 민족의미론(ethnosemantics), 또는 인지인류학(cognitive anthropology) 등으로 부르는, 20세기 후반에 들어 크게 발달한, 전통적인 민족언어학의 새로운 패러다임에 이론적으로 크게 의거하는 연구들이 될 것이다.

먼저 제1장 "감정용어에 나타난 인간관계의 정서적 차이들: 한국과 일본의 비교"는, 비교적 이른 시기에 이루어진 민족의미론적 기술이다. 물론 이 장의 저자는 사회인류학과 심리인류학 그리고 언어인류학의 통합적 시각에서 한국과 일본 사회의 인간관계의 정서적 차이들을 탐구하려고 한다. 그러나 이 주제에 접근하는 기본 방법론은 본문에서 잘 드러나듯이 언어 자료의 체계적 분석이다. 즉 한국문화에서의 '정'과 일본 문화에서의 '아마에'에 대한 "민속-어휘 연구"와 성분분석이 논문의 핵심을 이루고, 이러한 언어적 분석의 토대 위에서 두 사회의 문화 즉 인간관계의 정서적 차이들을 논의하고 있다. 따라서 이 논문은 심리인류학 영역의 논문임과 동시에 언어인류학 영역의 논문이 될 것이다. 그리고 이 논문은 전체 인류학 내에서도 연구가 그리 많이 이루어지지 않은 '감정'의 영역에 대한 드문 민족의미론적 연구로서의 가치를 아울러 지닐 것으로 여겨진다.

이 장의 저자는 한국의 심리인류학 영역의 연구에서 많은 업적을 쌓아왔는데, 동시에 체계적인 언어 분석에 대한 관심도 계속 가져왔다. 대표적으로 저자의 다음 연구를 들 수 있을 것이다.

김주희
1992 『품앗이와 정의 인간관계』 (특히 pp. 83-99, 123-127, 291-306 등)

제2장 "친척용어의 의미구조와 사회적 사용에서 나타나는 남인·노론 정체성: 안동지방 한 촌락의 사례를 중심으로"는, 친척호칭(kinship terms of address)에 대한 정밀한 성분분석이 그 중심이 된다. 이 연구는 연구 대상 언어공동체(speech community)에서 형태상으로 상이한 두 부류의 친척호칭어의 집합이 일상적으로

사용되는 사실을 발견하고, 이 두 부류의 친척호칭이 단순한 어휘 형태상의 차이를 넘어서서 그것이 의미적으로 조직되는 의미구조상의 차이를 가지는 것임을 성분분석의 결과를 통해 보여준다. 뿐만 아니라 이 두 부류의 친척호칭은 조사지에서 당색(黨色) 즉 남인(南人)과 노론(老論)이라는 전통적인 집단 정체성을 구분 식별하는 말의 표지(체)(speech marker)이고, 따라서 상이한 친척호칭의 일상적 사용은 이 당색의 차이라는 화자의 집단 정체성을 유지 및 강화시키는 언어적 기능을 수행함을 밝히고 있다.

전체적으로 이 논문은 친척용어에 대한 성분분석이라는 인류학 내에서 잘 발달된 민족과학 영역의 연구임과 동시에, 언어의 사용을 기능(function)의 시각에서 바라보려는 사회언어학적 연구이기도 할 것이다. 그리고 이 글은 친척용어가 한국문화에서 갖는 커다란 중요성의 일단을 잘 보여주는 사례이기도 할 것이다.

친척용어의 연구는 한국의 언어인류학 분야에서 상대적으로 많은 연구 업적을 쌓아온 주제이다. 일찍부터 이 영역에 대한 연구가 시작되었는데, 초기에 이루어진 대표적인 중요 연구로는 다음의 문헌들을 들 수 있겠다.

최재석
1982[1966]『개정 한국가족연구』(pp. 394-466, 553-570)
1988『한국의 친족용어』

이광규
1971a "한국의 친척명칭"

Lee, Kwang-Kyu (이광규)
1975 *Kinship System in Korea* (pp. 154-227)

Lee, Mun-Woong (이문웅)
1976 "Rural North Korea under Communism: A Study of Sociocultural Change" (특히 pp. 137-152)

또 1980년대 중반 이후에도 이 영역에 대한 새로운 연구 작업은 계속되었는데, 대체로 다음의 연구 결과들을 들 수 있겠다.

왕한석

1988 "한국 친족용어의 내적 구조"

1989a "'아언각비(雅言覺非)'의 한국 친족용어의 논의에 대하여"

1990 "북한의 친족용어"

1991 "한국 친족용어의 분포 범위"

1992 "한국 친족호칭체계의 의미 기술"

1995a "한국 친족호칭의 변화 양상: 간현의 사례를 중심으로"

1995b "'집'의 이름과 '친족관계'에 대한 명칭"

2000c "영남인의 친척용어: 친척용어의 주요 하위체계들에 대한 민족지적 기술"

김주관

2004 "생활언어" (특히 pp. 580-623)

이 주제에 대한 현재까지의 연구는 한자어 중심의 친척지칭(kinship terms of reference)의 내적 구조 또는 조어(造語) 규칙, 친척호칭의 의미대조차원 및 구성 성분, 특징적으로 발달한 한국 친척용어의 하위체계, 친척용어의 주요 변화 경향, 친척용어의 지역적 변이상, 그리고 한국 친척용어체계의 비교문화적 특성 및 사회문화적 함의 등에 대한 개요가 우선적으로 파악 분석된 것으로 볼 수 있을 것이다.

위의 문헌들 외에 친척용어에 대한 학위논문으로 또 아래의 연구가 있는데, 이는 한국의 언어인류학 분야에서의 초기의 학위논문으로 또 기록될 수 있는 것이다.

김기봉

1975 "친족용어체계에 관한 성분분석적 연구: 문헌사료와 안동지방의 5개 촌락을 중심으로"

제3장 "한국의 색채 범주 구분체계와 그것의 발달 과정"은 한국의 색채 범주 구분법에 대한 본격적인 경험적 연구의 한 예이다. 그 동안 국어학자들은 한국어에서 특징적으로 발달한 색채어를 주로 음성상징과 관련되는 모음교체나 자음교체 그리고 관련 접두사나 접미사의 첨가 등과 연관지어 기술해 왔다(이익섭 · 이상억 · 채완 1997: 139-141 참조). 그런데 이 논문은 Berlin과 Kay(1969)에 의해

본격적으로 시작된 기초색채어휘(basic color terms) 계열의 연구가 된다.

물론 한국어에 관한 기초색채어휘의 일차적 기술에는 다음 두 편의 선행 연구가 있었다.

Berlin, Brent and Paul Kay
1969 *Basic Color Terms: Their Universality and Evolution* (p.11, 40, 96-97, 124)

Kim, Andrew I.
1985 "Korean Color Terms: An Aspect of Semantic Fields and Related Phenomena"

그러나 위의 연구들이 경험적 조사를 결여한 일종의 '예비적' 작업인 데 비해, 이 연구는 본격적인 현지조사에 바탕하고 있다. 이 논문은 단순히 한국어의 기초색채범주를 파악하는 데서 그치지 않고 색에 대한 전체적인 민속분류법(folk taxonomy)을 발견하고, 나아가 개별 색 범주의 구성에 대한 내부자의 시각에서의 성분분석을 시도한다. 아마도 이 글에서 가장 중심적인 부분은 현대 한국사회에서 기초색채범주는 연령층에 따라 크게 두 부류로 달리 구분된다는 사실을 발견하고, 이를 바탕으로 '현재 진행중'인 기초색채범주의 변화 또는 발달 과정을 논의하는 것이 될 것이다.

기초색채어휘에 대한 연구는 민족생물학(ethnobiology)의 영역과 함께, 문화적 상대성뿐만 아니라 문화적 보편성에 대한 논의도 매우 발달해 있는 분야이다. 뿐만 아니라 색(채)의 영역은 문화 간의(또는 언어 간의) 체계적 비교도 상대적으로 용이하고, 또 개별 색 범주의 의미에 대한 객관적인 측정이 가능한 영역이다. 따라서 한국의 색채 범주에 대한 경험적이고 비교적인 민족의미론적 연구가 계속되기를 기대해 본다.

제4장 "'노숙자'의 정체성과 적응 전략: 인지인류학적 접근"은, 물론 미국의 도시 노숙자에 대한 우수한 선행 연구인 Spradley(1970)의 *You Owe Yourself a Drunk: An Ethnography of Urban Nomads*가 있기는 하지만, 사실은 연구자의 능동적 접근이 그리 쉽지 않은 '일탈적' 연구 대상에 대한 흥미로운 연구일 것이다.

이 논문은 크게 내부자적 시각(emic point of view)의 중시와 언어적 분석 즉 명칭체계에 대한 의미 분석이라는 방법론적 특성을 지닌다. 보다 구체적으로 저자는 소위 '노숙자'들의 세계에서 중요한 의미 영역인, 그들이 스스로를 바라보고 규정짓는 '정체성'의 영역과 그들의 일상적인 경제적 측면에서의 생활양식 즉 '얻어먹는 방법'의 영역을 발견하고, 이들 영역을 구성하는 명칭들(terms)에 대한 의미 분석을 시도한다. 이 때 의미 분석의 주 도구는 바로 민속분류법(folk taxonomy)과 성분분석법(componential analysis)이다. 이러한 의미 분석의 결과는 이들 명칭체계에 내재한 의미 원칙의 파악과 노숙자들의 '숨겨진' 문화적 주제에 대한 추론으로 이어지는데, 이러한 연구 대상자들의 생활 세계 특히 개념 세계에 대한 발견은 연구 대상자들 스스로도 의식하지 못하는 그들의 '숨겨진' 문화적 세계이다.

이 논문은 한마디로 민족과학 또는 인지인류학의 성공적인 응용적 연구 사례가 될 것이다. 거꾸로 말하면, 민족과학 또는 인지인류학의 연구 방법이 숨겨진 개념적 세계와 문화적 지식을 발견하는 데서 매우 유용한 연구 전략이 됨을 잘 보여주는 연구 사례가 될 것이다.

그런데 이와 같은 민족과학의 응용적 연구는 사실은 국내 학계에서 건축학의 영역에서 가장 먼저 이루어졌다. 바로 다음의 두 문헌인데, 이 연구들에서도 민속분류법과 성분분석법이 지방 대목들의 민가(民家) 건축에 대한 지식체계를 파악하는 중심 방법으로 적용되고 있다.

강영환

1989a "삼척 이남 동해안 지역 전통 민가에 관한 연구: 지방 목수들의 지식체계 분석을 통하여" (특히 pp. 40-92)

1989b "민족과학적 방법을 원용한 전통 주거문화의 연구: 동해안 지역 전통 민가를 대상으로"

위의 연구 외에 민족과학 또는 인지인류학의 연구 모형을 일반적으로 적용한 또 다른 연구 예로는 김진명(1988)과 김재호(2006) 등을 들 수 있다.

이 장의 저자는 이후 미국 사회에 대한 심리인류학적 그리고 언어인류학적 연구에 매진해 왔는데, 바로 미국 중서부 지역의 중산층 아동들(2.5~5세의 유아원 아동들)을 대상으로 한 감정(emotions)의 사회화와 언어사회화(language socialization)에 대한 연구가 그것이다. 지금까지 다음과 같은 연구 결과를 발표하였다.

Ahn, Junehui

2007 "'You're My Friend Today, But Not Tomorrow'": Learning Middle-Class Sentiments and Emotions among Young American Children"

2010a "'I'm Not Scared of Anything': Emotion as Social Power in Children's World"

2010b "The Myth of American Selfhood and Emotions: Raising a Sociocentric Child among Middle-Class Americans"

안준희

2008a "'우리는 피부색이 같아 그렇지?': 미국 중산층 아동들의 사회범주 학습과 재구성"

2008b "'콧수염 좀 건네주세요.': 미국 중산층 아동들의 사회화 맥락 재해석과 변형"

2009 "그다지 개인주의적이지 않은 미국인들: 미국 중산층의 친사회적 아동 기르기"

2010 "감정적 여성, 이성적 남성: 미국 중산층 아동들의 또래 놀이에 나타난 젠더와 감정"

위의 연구들은 간단히 말해, 미국 중산층의 (문화 특수적인) 감정과 사회성의 학습 과정이 중심 주제인데, 저자는 한 편으로는 유아원 교사들이 행사는 감정과 사회성에 대한 교육과정을 검토하고, 또 한 편으로는 아동들이 자신의 또래 문화의 영향으로 이러한 사회화 과정에 적극적으로 참여, 협상하고 그리고 관련 정보를 변형, 재구성, 재해석하는 과정을 중점적으로 논의한다. 그런데 이 모든 기술 분석의 기초 자료는 바로 언어 자료로서, 아동들의 또래 담화(discourse) 및 아동과 교사 간의 담화에 대한 언어적 분석이 그 토대를 이루고 있다.

이상의 4개 장의 주제 및 내용과 관련하여 소개 정리한 연구들 외에도, 인류학자에 의해 발표된 여타의 민족언어학적 또는 민족의미론적 연구에는 다음의 연구 결과가 더 있다.

왕한석

1996c "제주 사회에서의 조 및 관련 명칭에 대한 일 연구"

2010b "'비정상인'의 어휘적 명칭에 대하여"

조숙정

2007 "김치와 문화적 지식: 전라도 김치의 명칭과 구분법에 대한 인지인류학적 접근"

2008a 『콩에서 발견한 전북의 음식문화』

2008b 『김치·젓갈·장아찌: 전북 부안군, 순창군의 민족생활어』

2010 "상품화된 젓갈의 명칭과 범주: 곰소 젓갈시장의 사례 연구"

위에서 왕한석(1996c)의 글은 앞으로의 관련 연구가 민족식물학(ethnobotany) 즉 민족생물학의 영역으로 발달할 수 있는 가능성을 시사하는 것이고, 조숙정의 일련의 연구는 '음식'이라는 새로운 의미 영역에 대한 정치한 기술 분석이다. 그런데 조숙정의 연구에서는 음식의 영역에 대한 언어문화적 기술에서도, 민족의미론적 접근법이 매우 유용하고 효율적인 연구 수단임을 잘 보여주고 있다.

언어와 문화의 관계에 대한 민족언어학적 연구는 꼭 인류학 분야에서만 연구되는 것은 아닐 것이다. 긴 국어학의 연구 전통에서 그리고 최근의 활발한 언어학계의 연구에서도 한국어에 대한 민족언어학적 연구 사례는 상당히 많을 것으로 짐작된다. 그런데 그 중에서도 전형적인 민족언어학적 연구로 손꼽을 수 있는 수편의 우수한 논문들을 볼 수 있는데, 바로 다음의 문헌들이다. 이 논문들은 국어학자 또는 언어학자에 의해 쓰이기는 하였지만, 이 절에서 지금껏 소개한 인류학자에 의한 연구들과 똑같이 한국어 및 한국문화에 대한 귀중한 민족언어학적 연구 결과가 될 것이다.

이숭녕

1968 "중세국어의 가족호칭에 대하여"

심재기

1982[1970] "금기담"

최명옥

1998[1982] "친족명칭의 의미 분석과 변이, 그리고 변화에 대하여: 경북 북

부지역의 반촌어를 중심으로"

김용진

2007 "한국과 미국의 대중가요 가사에 나타난 '사랑'의 의미적 음상: 코퍼스 언어학적 접근"

위에서 이숭녕(1968)의 글은 역사언어학자에 의해 재구성된 중세국어 시기의 고유어 친척용어에 대한 어휘의미론적 기술의 시작이다. 이와 같은 연구는 앞으로 한국 친척용어의 역사적 변화를 파악하는 데에 그리고 한국 친척체계(kinship system)의 통시적 변화를 추론하는 데에, 중요한 기초 자료가 됨은 두말할 필요가 없을 것이다.

심재기(1982)의 글은 국어 어휘의미론(lexical semantics) 영역에서 저자가 이룬 여러 우수한 연구들 중에서도 가장 문화적 연구에 가까운 것이다. 이 논문은 금기담에 대한 구조적, 의미적 분석을 넘어서서 그 속에 반영되는 한국인의 가치관 및 태도까지도 규명하려는 것으로서, 저자의 이러한 노력은 다름 아닌 바로 민족언어학적 연구 그 자체가 될 것이다.

최명옥(1998)의 글은 국어학자가 이룬 한국 친척용어에 대한 본격적인 의미 분석으로, 특정한 언어공동체 내에서 실제로 사용되는 친척용어의 자료를 수집하고, 이를 성분분석 방법의 적용에 의해 체계적으로 그 의미를 기술하려는 경험적이고 정치한 연구이다.

마지막으로 김용진(2007)의 최근 글은 대중가요 가사에 나타나는 '사랑'이라는 단어의 한국과 미국에서의 '의미적 음상'(semantic prosody)의 차이를 코퍼스 언어학적 접근으로 규명하려는 것이다. 그런데 여기서의 '의미적 음상'이란 좀 더 일반적인 표현으로 하면, 다름 아닌 바로 문화적 의미(cultural meaning)가 될 것이다.

앞으로 한국어를 다루는 국어학 및 언어학의 분야에서, 특히 어휘의미론의 영역에서, 민족언어학적 연구에 근접하는 보다 다양한 연구가 풍부히 산출되기를 기대해 본다. 그런데 일반적인 어휘의미론의 연구가 보다 경험적 자료에 의거하면서 동시에 언어 외적 요소까지도 포함하는 체계적인 의미 기술을 시도한다면, 그것은 이 절에서 다룬 민족언어학 영역의 연구 즉 민족의미론적 연구와의 거리를 크게 좁히는 것이 될 것이다.

3. 사회언어학 영역의 연구

이 책의 제2부 '한국어와 한국사회' 그리고 〈부록〉에 실린 7편의 논문은 모두, 일반적인 명칭으로는 언어와 사회 간의 체계적인 관계를 탐구하는 사회언어학 영역의 논문들이 될 것이다. 그러나 보다 구체적으로는 1960년대 이후 오늘의 시점까지 언어인류학 내의 중심 패러다임으로 자리 잡고 있는 의사소통의 민족지학(ethnography of communication) 계열의 연구들이 될 것이다. 이 논문들은 일견 좀 더 다양한 주제들을 개척하지 못한 듯한 느낌을 주지만, 부분적으로 중첩되는 주제를 다루는 논문들도 사실은 각기 상이한 연구 질문과 그에 따른 상이한 연구 내용을 담고 있다.

먼저 제5장 "한국어 존댓말의 사회언어학적 기술"은, 한국어 존댓말의 기본 구조와 사용 규칙에 대한 기초적인 사회언어학적 기술을 시도하는 것이다. 다시 말해 이 글은 앞선 연구들에 대한 체계적인 리뷰와, 한국어 존댓말의 기본 구조에 대한 기술, 그리고 현재 한국사회에서의 청자 존대어 즉 말단계(speech levels)가 사용되는 전반적인 선택 규칙 또는 교체규칙(alternation rules)을 형식화하는 것으로 이루어져 있다. 따라서 이 글은 한국어의 존댓말에 대한 사회언어학적 시각에서의 기초적인 이해를 시도하는, 보다 본격적인 연구를 위한 일종의 '서장'으로 읽힐 수 있을 것이다.

제6장 "단기사병 언어공동체의 존댓말 사용 양상: 이상적 규범과 실제적 변이상"은, 군대라는 한국사회 내의 특수한 언어공동체에 대한 흥미로운 연구이다. 여기서의 연구 대상은 군인 중에서도 영내와 영외를 일상적으로 오가는 단기 사병들의 공동체이다. 단기 사병들은 군인과 민간인의 경계에 놓이는 특수한 정체성 때문에, 언어 행동에서도 소위 '시민사회 규범'과 '군대사회 규범'이 공존하게 된다. 뿐만 아니라 이들이 처한 특수한 사회적 여건 때문에, 이 연구가 초점을 맞추

는 그들의 '말씨체'('군대말'과 '사제말')와 '말단계'(존대와 비존대)의 실제 사용은 상황적 요인의 영향을 크게 받게 된다. 따라서 연구자는 연구 대상인 단기 사병들의 존댓말 사용에 관한 이상적 규칙의 기술을 넘어서서, 이들의 일상생활을 구성하는 세 구분되는 사회적 상황(즉, 퇴근 후의 상황, 영내의 상황, 훈련시의 상황)에서의 실제의 존댓말 사용 양상을 구체적이고 미시적으로 기술한다.

전체적으로 이 논문은 상황적 요인이나 개인의 전략 등에 따른 존댓말 사용의 일시적 변화 또는 전환(switching)의 양상에 초점을 맞춤으로써, 한국 존댓말의 정태적 구조에 대한 기술을 넘어서서 그것의 역동적이고 실제적인 사용 양상을 미시적으로 포착한 것이 될 것이다. 그리고 이 연구에서 특히 돋보이는 점은 실제의 말사례들을 풍부하게 수집한 것이 될 것이다. 물론 군대라는 특수한 연구 상황 때문에 직접 녹음을 하지는 못하였지만, 모두 300개가 넘는 말사례들을 수집하고 이 중 대표적인 사례들을 여기서 기술 분석하고 있다. 언어 행동에 대한 이러한 연구방법상의 특성은 이후의 장들에서도 일관되게 나타나는 이 책의 중요 특성이 될 것이다.

존댓말(honorifics)은 한국어의 중요한 구조적 특성 중의 하나이고, 다시 그것의 사용 양상은 한국문화의 특징적이고 중핵적인 부분을 구성할 것이다. 그런데 한국 존댓말에 대한 현대 사회언어학적 연구는 사실은 미국 인류학자에 의해 먼저 시작되었다. 물론 앞선 연구로 Martin(1964)의 예 등이 있지만, 다음의 문헌들이 바로 미국인 인류학자들의 연구 결과이다.

Howell, Richard W.
1965 "Linguistic Status Markers in Korean"
1967 "Linguistic Choice as an Index to Social Change"
1968 "Linguistic Choice and Levels of Social Change"

Dredge, C. Paul
1977 "Speech Variation and Social Organization in a Korean Village"

Song-Bradford, Linda Mari
1979 "Reflections of Status and Intimacy in Korean Speech Levels, English

Code, and Their Use in Dyadic Conversations between Bilingual Koreans"

한편 국내의 언어학자들도, 위의 연구들과 동일한 의사소통의 민족지학의 이론적 시각에서 한국어의 존댓말을 기술하였는데, 대표적으로 다음의 연구 문헌들이다.

Hwang, Juck-Ryoon (황적륜)
1975 "Role of Sociolinguistics in Foreign Language Education with Reference to Korean and English Terms of Address and Levels of Deference"

Choi, Youngsoon Park (박영순)
1978 "Aspects in the Development of Communicative Competence with Reference to the Korean Deference System"

간단히 말하여, 존댓말은 그것과 상응관계에 있는 호칭어(terms of address)와 함께, 한국어에 대한 초기 사회언어학 연구의 중심 주제였고 따라서 지금껏 가장 많은 연구가 이루어진 한국 사회언어학의 연구 영역이 될 것이다. 한국 존댓말의 연구 결과와 앞으로의 과제에 대해서는 다른 글에서 이미 간략히 정리한 바 있으므로(왕한석 2008a: 2-6, 27-28), 여기서는 논의를 생략하기로 하겠다.

제5장 및 제6장의 저자들이 행한 한국 존댓말에 대한 이후의 연구 결과도 상당한 양에 이르는데, 다음의 논문들이다.

Wang, Hahn-Sok
1984 "Honorific Speech Behavior in a Rural Korean Village: Structure and Use"
1990 "Toward a Description of the Organization of Korean Speech Levels"

왕한석
1986 "국어 청자 존대어 체계의 기술을 위한 방법론적 검토"
1994 "영해지역의 언어 분화에 대한 일 보고"

Kim, Joo-Kwan
2002 "Managing Symbolic Capital: Development and Maintenance of Honorific Differences in a Rural Korean Village"

김주관

2003 "언어 자원의 자본화 과정과 상징 자본의 형성"

2004 "생활언어" (특히 pp. 625-638)

그리고 제6장 저자의, 이 글의 다른 부분에서 언급되는 논문들을 제외한 여타 언어인류학적 연구에는, 다음의 논문들이 더 있다.

김주관

1999 "인류학적 자료와 지역 연구의 방법론적 모색: 미국 남서부 아타바스칸어 사용 부족들의 사례를 중심으로"

2002 "다성성 또는 말하기 장르의 경계 넘나들기"

제7장 "택호와 종자명호칭의 사용과 변화: 전남 나주 한 반촌의 사례 연구"는, 좁은 의미의 호칭체계(address system) 중 비친척관계에서 사용되는 호칭어에 대한 연구이다. 이 논문에서는 연구 대상지에서 특징적으로 나타나는 비친척 호칭어의 핵심 종류인 '택호(宅號)'와 '종자명호칭(teknonym)'의 기술에 초점을 맞추는데, 특히 이 두 가지 호칭어의 구체적인 (언어)목록과 사용방식 그리고 그것의 전체적인 변화 양상을 세밀히 기술 분석하고 있다. 그리고 이 글에서의 기술 내용은 비교적 전통적인 언어공동체('반촌')에서의 호칭체계라는 특성을 가질 것이다.

전체적으로 이 연구는 한국 언어공동체에서 중요한 두 가지 호칭 형태의 구조와 사용에 대한 경험적인 사회언어학적 기술일 뿐 아니라, 동시에 조사지(나아가 한국사회 전체)에서 근년에 일어나고 있는 중요한 언어적·문화적 변화의 상황에 대한 면밀한 보고가 될 것이다. 한가지, 이 글은 그리 많지 않은 대표적인 사례들만을 제시함으로써 서술상의 축약성을 보여준다. 그러나 그 바탕에는 수많은 실제 사례들을 관찰하고 녹음한 자료 수집상의 엄밀성과 정확성이 깔려 있을 것이다.

택호와 종자명호칭의 기술은 사실은 한국 인류학계에서 예외적인, 상당히 긴 연원을 가진 연구 주제이다. 대체로 다음의 연구 목록을 들 수 있다.

Lee, Kwang-Kyu and Youngsook K. Harvey
1973 "Teknonymy and Geononymy in Korean Kinship Terminology"

Lee, Kwang-Kyu
1975 *Kinship System in Korea* (pp. 220-227)

왕한석
1989b "택호와 종자명호칭"

김성철
1995 "종자명제, 지역명제, 직위명제: 보조 친족명칭과 개인의 인식법"

그리고 이 글의 조사 지역인 전남의 택호에 대한 또 다른 사회언어학적 기술의 예에는 강희숙(2006)이 있다.

나아가 호칭체계는 존댓말과 함께 한국어의 사회언어학적 기술의 중심 주제가 되어 왔는데, 아래의 논문 목록은 그동안 한국 인류학계에서 산출해온 주요 연구 결과들이다.

왕한석
2000a "언어생활의 특성과 변화: 신분지위호칭과 의사친척호칭의 사용을 중심으로"
2001 "적서 차별의 호칭어 사용과 그 변화"

김진명
2001 "몇 개의 언어공동체에서 나타나는 호칭행위의 분석"

전경수
2006 "진도 사람들의 이름에 적용된 '-바'와 '-다니'에 관한 민속지적 보고: 처거제와 종모향명제의 관련성을 중심으로"

고영종
2006 "한국 현대 직장 사회의 호칭어 연구"

마지막으로 한국사회의 호칭어에 대해서는 그동안 다양한 사회언어학적 연구가 이루어졌고, 그 결과로서 여러 경험적 연구들을 모은 단행본도 출판되었는데, 바로 다음의 문헌이다.

왕한석·김희숙 외 5인
2005 『한국 사회와 호칭어』

제8장 "제주사회의 두 방언 사용"은, 사회언어학의 시작과 함께 크게 발달한 영역인 '두 언어 사용'(bilingualism) 또는 '다언어 사용'(multilingualism) 및 코드 전환(code-switching)과 같은 연구 모델을 한국 언어공동체에 성공적으로 적용한 연구가 될 것이다. 사실이지 표준어 교육의 본격적인 보급과 방송 및 교통의 발달 등으로 인해, 현대 한국사회는 중부지방 일부를 제외하고는 이 글에서 기술하고 있는 것과 같은 두 방언 사용 사회로 이미 오래전에 바뀌었을 것이다. 그러나 기존의 국어학 및 언어학 연구에서는 이러한 언어생활상의 중요 양상이 거의 탐구되지 않았다. 아마도 주된 이유는 기존의 언어구조(language structure) 또는 문법(grammar)의 기술이라는 이론적 모델로는 이러한 언어사용 양상을 적절히 다룰 수 없었기 때문일 것이다.

이 연구는 크게 두 부분으로 이루어진다. 하나는 '제주말'과 '표준말'의 선택을 이끄는 주요 사회적 요인들을 찾고, 그럼으로써 제주 언어공동체에서 이 두 방언이 사용되는 전체적인 사회언어적 규칙(sociolinguistic rules)을 찾는 작업이다. 또 하나는 실제의 담화 내에서 일어나는 미시적인 코드 전환을 관찰하고 그것이 수행하는 다양한 기능들을 분석하는 작업이다. 이 기능들에는 통상적인 사회적 기능(social functions) 뿐만 아니라 여러 담화적 기능들(discourse functions)도 포함된다. 전체적으로 이 연구는 사회언어학 내에서 발달한 두 가지 접근법인 규범적 접근법(normative approach)과 해석적 접근법(interpretive approach) 모두를 채택하고, 이 두 접근법을 적절히 균형적으로 사용하는 특색을 가질 것이다.

제주에서의 두 방언 사용은 그 형태의 면에서 다른 지역보다 좀 더 두드러질 수 있을 것이다. 그러나 이러한 두 방언 사용 현상은 우리의 일상적인 언어생활에서 이제는 사실상 전국적인 현상이 되었을 것이다. 따라서 이 중요한 언어생활의 양상에 대한 다면적인 후속 연구가 이어지기를 기대하는데, 특히 앞으로의 연구에서는 이 주제와 관련한 언어태도(language attitude) 및 방언 간의 접촉에 의한 '진행중인' 언어 변화의 측면에도 관심이 모아져야 할 것으로 여겨진다.

이 장의 저자는 이후 인도네시아 수마트라 지역의 말레이 소수민족인 쁘딸랑안(Petalangan) 사회에 대한 집중적인 현지조사를 행하고, 그들의 전통적인 의례언어(ritual language)와 언어예술에 대한 언어인류학적 연구에 매진해 왔다. 바로 다음의 연구 결과들이다.

Kang, Yoonhee

2002a "Addressing the Invisible World: Indexicality, Iconicity and the Cultural Concept of Self in Belian, a Petalangan Healing Ritual in Indonesia"

2002b "Endearing or En-daring?: The Pragmatics of Love in a Performance of Honey Collecting Ritual among the Petalangan People in Indonesia"

2002c "Words of the Ancestors, Words of Survival: Marginality, Emotion and the Power of Magical Words among the Petalangan of Riau, Indonesia"

2002d "Open Desire, Close the Body: Magic Spells, Desire and the Body among the Petalangan Women of Indonesia"

2003 "The Desire to be Desired: Magic Spells, Agency and the Politics of Desire among the Petalangan People in Indonesia"

2006 "'Staged' Rituals, 'Veiled' Spells: Multiple Language Ideologies and Transformations in Petalangan Verbal Magic"

2007 "Unintelligibility and Imaginative Interpretation in a Petalangan Healing Ritual"

강윤희

2004 "주변화에 따른 전통구술장르의 변화와 언어이데올로기: 인도네시아 쁘딸랑안 부족의 사례"

2006 "쁘딸랑안 의례언어의 시적구조와 다기능성"

2007 "인도네시아 여성들의 외설주문: 언어, 몸, 그리고 욕망"

위의 연구들은 그 내용의 면에서 크게 두 부류로 나눌 수 있다. 한 부류는 인도네시아 및 쁘딸랑안 사회의 최근의 거시적인 사회변화에 대응하여 나타나는, 그곳의 전통적인 의례언어 및 여러 장르의 언어예술의 변화와 그것의 정치적 이용 등을 분석하는 것들이다. 또 한 부류는 보다 미시적인 수준에서 언어와 젠더(gender), 의례의 연행과 의미 창출의 과정 등을 깊이 있게 논의하는 것들이다. 그리고 이 연구들에서 주로 채택되는 중심 분석틀은 언어 이데올로기(language ideology) 이론과 연행 이론(performance theory) 등이다. 그런데 여기서 한 가지 주목되는 점은, 한국의 언어문화 연구에서는 지금까지 그리 잘 발달하지 않은 언어예술에 대한 다양한 연구가 우리에게는 낯선 쁘딸랑안 사회를 대상으로 하여 본격적으로 이루어지고 있다는 점일 것이다.

제9장 "'농담'과 '곁말'의 구조와 사용양식"은, 또 다른 차원에서 한국의 언어문화를 탐구하는 사회언어학적 연구이다. 이 글은 연구 대상 언어공동체에서 중요하면서도 흥미로운 말의 범주(category of speech) 또는 말의 장르(genre)에 대한 본격적인 기술이다. 즉, 여기서는 '농담'과 '곁말'이라는 두 가지 말의 범주 또는 장르에 초점을 맞추는데, 크게 이 두 범주의 구조적 특질들과 실제의 언어적 상호작용 과정에서의 그것의 미시적인 전략적 사용 양상 등을 기술 분석하고 있다. 이 과정에서 연구자는 실제로 관찰한 자료 및 제보자들의 민간 지각(folk perception)을 중시하는 연구 시각과 함께, 구체적인 상호작용의 과정 및 이 과정에서의 화자의 의도 또는 전략과 청자의 해석을 중시하는 접근법을 채택하고 있다. 전체적으로 이 연구는 토착적인 말의 범주 또는 장르에 대한 본격적인 사회언어학 영역의 연구임과 동시에, 그것이 협의의 민속학 즉 언어예술에 대한 연구로 확장될 수 있는 가능성을 보여주는 연구가 될 것이다.

이 글에서 특히 흥미로운 장르는, 말할 것도 없이 '곁말'이 될 것인데, 곁말의 사용은 현재까지의 연구로는 강화도(왕한석 2009: 89-102) 및 전남의 조도(왕한석 2010a)에서도 발달한 것으로 보고된다(조도에서의 토속 명칭은 '빈담'(邊談)임). 이 '곁말'의 사례 기술은 토착적인 말의 범주 또는 장르에 대한 연구 관심과 함께, 언어의 예술적 유희적 사용에도 본격적인 연구 관심을 가질 필요가 있음을 전반적으로 환기해 줄 것이다. (참고로 고전문학 자료를 중심으로 한 곁말에 대한 최근의 전반적 논의에는 박갑수(2005)가 있다.)

이 장의 저자는 이후 과테말라의 끼체(K'iche') 마야 인디언의 언어와 문화에 대한 연구 관심을 가지고, 그들의 중심 거주 지역인 모모스떼낭고(Momostenango)에서 장기간의 집중적인 현지조사를 행하였다. 그 결과로서 현재까지 다음의 연구

논문들을 발표하였다.

Choi, Jinsook
2002a "The Role of Language in Ideological Construction of Mayan Identities in Guatemala"
2002b ""People from the Mountain Have Acento Indigena (Indian Accent)": Double-bound Mayan Identities and the Dilemma of Mayan Linguistic Purism in Guatemala"
2003 "Language Choice and Language Ideology in a Bilingual Maya Community: The Identity Politics in Guatemala"

최진숙
2005a "과테말라 마야 정체성의 이데올로기적 형성: 코드 전환에 의한 언어적 편견의 재생산"
2005b "인종화(Racialization)와 종족화(Ethnicization) 사이의 이중 구속: 과테말라 마야 인디언의 정체성에 대한 고찰"
2008 "과테말라의 마야어 표기법 '경합'에 대한 고찰: 언어 이데올로기와 마야 정체성을 중심으로"

전체적으로 위의 연구들은 끼체 마야 원주민들의 마야어와 스페인어의 두 언어 사용, 언어 이데올로기, 종족 정체성, 다문화주의 등의 주제에 걸쳐 있는데, 특히 이중언어사용 원주민들의 정체성과 언어 선택 간의 관계, 언어적 상호작용을 통해 형성되는 정체성의 양상, 그리고 언어 이데올로기에 재현되는 이들의 정체성 등이 중심 연구 질문을 이룬다.

제10장 "결혼이민 여성의 한국어 학습과 언어사회화"는, 최근 급변하는 한국사회의 실재를 반영하는 새로운 사회언어학 연구가 될 것이다. 즉, 최근의 한국사회는 세계화의 물결과 맞물려 소위 '결혼이민 여성'의 폭발적 증가라는 새로운 사회현상에 직면해 있는데, 여기서 제기되는 당연한 인류학적 질문은 그들의 언어적·문화적 적응이 될 것이다.

연구자는 이 논문에서 결혼이민 여성의 한국어 습득 문제를 의사소통능력(communicative competence)과 언어사회화(language socialization)라는 새로운 이론적 개념으로 접근한다. 그리고 그들의 한국어 사용능력을 한국어의 전반적인 능력이 아니라, 한국어 사용의 특징적이면서도 중핵적인 구성 부분인 호칭어와 존댓말의 사용 양상으로 한정짓는다. 그 결과 이 연구는 새로운 사실들을 발견하게 되는데, 이들의 언어 습득 및 사용에서는 상호작용의 대상에 따라 '과잉 일반화'의 경향과 '모어의 사회언어적 규범의 전이'라는 중요한 특성이 발달해 있음을 분석해낸다. 뿐만 아니라 연구 대상자들은 한국사회에서의 상이한 언어사회화의 경험(가령 외부세계와의 접촉, 체계적인 한국어 교육 등)으로 인해, 개별적으로 상이한 한국어의 의사소통능력을 습득함을 경험적 자료로써 밝히고 있다.

이 글은 결혼이민 여성의 급격한 증가라는 새로운 사회 문제를 놓고 많은 언어학적(즉 국어학적) 작업이 이들에 대한 피상적이고 규범적인 교육 방안의 모색에만 치중하는 데 비해, 실제 그들이 한국어를 어떻게 배우고 어떻게 사용하는지에 대한 그들의 시각에서의 귀한 경험적 연구가 될 것이다.

이 주제에 대한 보다 포괄적인 앞선 연구로는 아래의 연구서가 있다.

왕한석
2007『또 다른 한국어: 국제결혼 이주여성의 언어 적응에 관한 인류학적 연구』

그리고 직접적으로 관련되는 주제는 아니지만 유사한 상황에 대한 또 다른 인류학적 연구로는, 다음의 논문을 들 수 있다.

조혜영
2001 "외국어로서의 '모국어' 학습과 민족정체성: 재미한인 학생들의 한국어 수업 참여과정에 대한 민족지적 연구"

마지막 장인 제11장 "중국 카작족 존댓말의 구조와 사용 유형"은, 중국 신강(新疆) 지역에 소수민족으로 거주하는 카작족(Kazakh)에 대한 연구로, 그곳 카작어의 존댓말의 구조와 사회적 사용에 관한 힘들인 연구이다.

카작어의 존댓말은 그 복잡성의 면에서 유럽 여러 언어의 T・V 체계보다는 좀 더 발달하였고, 한국어, 일본어, 자바어와 같은 복잡한 존댓말의 체계보다는 좀 더 단순한, 이 양극단의 중간 정도에 놓이는 존댓말의 체계가 될 것이다. 그리고 여기서의 존댓말은 청자 존대어(addressee honorifics) 체계이다.

연구자는 인칭 대명사와 같은 문법적 요소와 여러 부류의 호칭어라는 어휘적 요소 간의 공기관계(co-occurrence relationship)에 의거하여, 세 등급의 카작어 존댓말의 목록을 파악한다. 그리고 그것의 구체적인 사용 규칙을 발견하는데, 크게 '일반 규범'과 '특수 규범' 그리고 '개인의 의도 및 사회적 상황에 따른 조작적 사용'의 영역으로 나누어 일반화한다. 여기서 카작어 존댓말의 등급 구분 뿐만 아니라 그것의 사회적 사용 규칙을 파악하는 데서, 연구자는 정교한 기술틀을 채택하고 있음을 볼 수 있다. 나아가 연구자는 이곳 존댓말의 사용 양상이 그곳의 사회구조 및 문화적 가치관과 긴밀한 상호 통합의 관계에 있고, 그리고 근래의 한어(중국어) 및 한족 문화와의 접촉에 의해 언어적・문화적 접변 현상이 나타남을 또한 기술하고 있다.

전체적으로 이 연구는 한국어의 복잡한 존댓말을 이해하는 눈을 가진 연구자가 다른 언어의 존댓말(그 복잡성의 면에서는 좀 더 단순한 체계임)을 연구 대상으로 삼아, 그것의 기본 구조 및 사용 방식을 적절히 기술해낸 성공적인 작업이 될 것이다. 특히 이 연구는 약 4개월간의 머나먼 유목민 촌락에서의 현지 연구에 의해 이루어졌는데, 특히 존댓말 표현이 사용된 약 250여개의 실제의 발화 사례를 관찰 녹음하고 이에 바탕한 정밀한 기술 분석이라는 점에서, 매우 인상적인 작업일 것이다.

이 연구와 부분적으로 연관되는, 존댓말이 발달한 언어(한국어)와 그렇지 않은 언어(영어) 간의 일상적인 접촉에 의한 언어접변(linguistic acculturation) 현상을 다룬 연구에는, 다음의 논문이 있다.

왕한석
1998 "로스앤젤리스의 초기 이주 한인의 언어접변"

또 이 주제와 직접적으로 연관되지는 않지만, 다른 사회 언어의 사회적 사용과 변화 양상을 그것의 사회문화적 맥락 속에서 이해하려고 하는 국내 인류학자들의 연구에는, 다음 문헌들이 또 있다.

김형준
2001 "공용어의 확산과 이슬람화에 따른 인도네시아 자바어의 변화"

한건수
2001 "나이지리아에서의 언어사용과 종족 정체성: 요루바어와 정체성의 정치"

홍석준
2001 "현대 말레이시아에서의 방언 사용과 문화적 정체성: 클란탄 말레이 방언(Kelantanese Malay dialect)의 사례"

지금까지 이 절에서는 주로 국내 인류학자들에 의해 이루어진 사회언어학 영역의 중요 연구 결과들을 정리 소개하였다. 그러나 한국어에 관한 사회언어학 연구는 국내의 언어학자(및 국어학자)들에 의해서도 활발하게 이루어져온 새로운 중요 연구 분야이다. 그런데 개별 학문 분과를 넘어서는 전체적인 한국어에 관한 사회언어학 연구에 대해서는, 그것의 발달 및 현황 그리고 앞으로의 과제를 중심으로 하는 자세한 리뷰(왕한석 2008a)가 이미 이루어진 바 있다. 따라서 여기서는 언어학자들에 의한 한국어의 중요 사회언어학 연구 결과에 대한 소개 및 논의는 생략하기로 하겠다. (덧붙여, 한국어 또는 한국 언어공동체에 관한 주로 언어학자(및 국어학자)들의 중요 사회언어학 연구 논문들을 모은 논문 선집도 『한국어와 한국사회』(왕한석 2008b)라는 제명으로 이미 출판된 바 있다.)

마지막으로 이 절에서 미처 소개하지 못한 인류학자에 의한 한국 사회언어학 영역의 연구가 더 있는데, 바로 다음의 논문들이다.

왕한석
2005b "한국의 아기말"

김주관
2005 "자연언어와 전언 구성의 방식: 무선호출기 숫자 전언의 구조와 의미"

위에서 왕한석의 글은 한국의 아기말(baby talk)에 관한 첫 경험적 연구로, 앞으로의 연구가 아기말 뿐만 아니라 유사한 다른 특징적인 상황변이어(register)의 연구로 나아갈 가능성을 시사하는 것이다. 그리고 김주관의 글은 무선호출기의 사용에 관한 기초적 연구인데, 이것도 마찬가지로 앞으로의 관련 연구가 (말과 글을 제외한) 의사소통의 여타 경로(channel)로 확장될 가능성을 보여주는 것이 될 것이다.

4. 여타 언어인류학 연구와 언어인류학 연구의 중요성

앞에서 이미 언어예술 영역의 연구는 민족언어학 영역의 연구 및 사회언어학 영역의 연구와 함께 한국 언어인류학 연구의 중심축을 이루지만, 이 영역에 대한 인류학계의 연구는 지금껏 거의 발달하지 않았음을 지적하였다. 달리 말하면, 이 책의 구성이 잘 보여주듯이, 한국의 언어인류학자들은 언어와 문화적 인지의 관계 그리고 언어와 사회구조 및 사회적 상호작용의 관계에 대해서는 그동안 많은 연구 관심을 가져왔지만, 언어와 예술 및 놀이의 관련성에 대해서는 상대적으로 연구 관심을 거의 가지지 않은 것이 될 것이다.

이 연구 영역에 대한 논문은 사실상 드물어 아마도 아래의 글이 거의 유일한 것이 될 것이다.

왕한석
2002 "친척 관련 속담의 민족지적 연구"

위의 글은 속담의 주제별 하위 범주로 '친척 속담(kinship proverb)'이라는 새로운 범주 구분이 가능함을 제안하지만, 전체적으로 문화적 표현으로서의 속담 즉 총체적인 문화적 맥락(cultural context) 속에서 개별 속담의 의미를 파악하려는 기초적인 작업이다. 이에 비해 아프리카의 속담에 대한 한 연구(장태상 2001)는 이론적으로 보다 앞선 시각을 보여주는데, 이 연구에서는 오늘날 언어예술에 대한 중심적인 접근법인 의사소통의 민족지학과 민족시학(ethnopoetics)을 주요 분석틀로 채택하고 있다.

그런데 국내 학자들과는 달리, 한국의 언어예술 영역에 대한 본격적인 언어인류학적 그리고 민속학적 연구가 외국에서 활동 중인 소수의 학자들에 의해 최근 개척되기 시작한 것으로 보이는데, 대체로 다음의 연구들이다.

Bruno, Antonetta Lucia

2002 *The Gate of Words: Language in the Rituals of Korean Shamans*

Yun, Kyoim (윤교임)

2007 "Performing the Sacred: Political Economy and Shamanic Ritual on Cheju Island, South Korea"

2011 "Negotiating a Korean National Myth: Dialogic Interplay and Entextualization in an Ethnographic Encounter"

위에서 Bruno(2002)와 Yun(2007, 특히 pp. 62-115)은 둘 다 한국의 무속 즉 굿이라는 오래된 주제를 다루지만, 굿의 과정 및 그것을 둘러싼 사회적 배경을 이해하는 데서 새로이 말 즉 언어사용의 측면에 기술의 초점을 맞춘다. 가령 Bruno는 기본적으로 굿을 하나의 의사소통 사례(communicative event)로 보고, 굿의 전 과정을 미시적인 언어 행동 및 사회적 상호작용의 시각에서 분석하려는 태도를 취한다. Yun도 유사하게, 의례 활동에서 말이 가지는 핵심적 중요성을 강조하면서, 특히 언어적 상호작용의 과정에서 관찰되는 상황을 조정하고 목표를 성취하려는 전략의 분석에 집중하고 있다.

위의 두 연구는 대체로 언어예술의 영역 중 의례언어(ritual speech)에 대한 연구가 될 것이다. 앞서 이 책 제8장의 저자가 인도네시아 쁘딸랑안 사회를 대상으로 한 의례언어 및 언어예술 영역의 연구에서 상당한 성과를 거두고 있음을 언급하였다. 또 이 책 제9장의 논문이 앞으로 언어예술 및 말놀이(speech play) 영역에 대한 본격적인 연구로 나아갈 작은 실마리를 보여줌도 언급하였다. 앞으로 이 흥미로운 미개척의 영역에 대한 보다 본격적이고 다양한 연구들이 이루어지기를 기대해 본다.

다음으로 최근에 시작된 보다 포괄적인 한국의 언어문화에 대한 연구 작업에 대해 간략히 정리하기로 하겠다. 바로 다음의 연구 결과이다.

왕한석
2009『한국의 언어 민속지 1: 서편』
2010a『한국의 언어 민속지 2: 전라남·북도 편』
김주관
2010『호남의 언어문화』

'한국의 언어 민속지' 작업은 한국 언어공동체의 전통적이고 특징적인 언어문화(linguaculture)에 대한 폭넓은 자료 중심적 기술지를 지향하는 작업이다. 이 연구의 기본 성격은 첫 책의 '서장'(왕한석 2009: 1-11)에서 이미 정리되었으므로, 여기서는 논의를 생략하기로 하겠다. 그런데『한국의 언어 민속지 1: 서편』에는 경기 강화도, 부산 동래지역, 중국 연변 조선족, 중국 요령성 조선족의 네 연구 대상 지역의 언어문화가 기술되었으며,『한국의 언어 민속지 2: 전라남북도 편』에서는 (전남) 진도군 조도와 (전북) 고창지역의 언어문화가 기술되었다. 그리고『호남의 언어문화』에서는 (전북) 진안지역과 (전남) 담양지역의 언어문화가 각기 기술되었다.

간략히 이 연구 작업의 중심적 내용을 소개하기 위해 가장 최근에 조사가 이루어진 '진도군 조도(鳥島)의 언어문화'에 대한 목차를 옮겨 적도록 하겠다. 바로 다음의 구성이다.

연구의 과정
1. 지명
2. 생태 환경의 어휘적 구분 I
3. 생태 환경의 어휘적 구분 II

4. 친척용어체계
5. 호칭체계
6. 존댓말의 체계
7. 특수한 상황변이어
8. 말의 주요 범주와 '빈담'
9. 언어예술 I
10. 언어예술 II: '아리롱 타랑'

위의 목차에서 짐작되듯이, 이 작업은 대체로 촌락 단위의 작은 언어공동체를 연구의 모집단으로 선정하고, 해당 지역에서 발견되는 언어문화의 중요 양상들을 전면적으로 기술하려는 것이다. 이론적 시각에서는 (앞서 언급하였듯이) 크게 세 가지 연구 질문으로 구성되는데, 하나는 언어와 문화적 인지의 관계에 대한 민족언어학적 연구 관심(대체로 위 목차의 1, 2, 3, 4장)이고, 또 하나는 언어와 사회구조 또는 사회조직 간의 관계에 대한 사회언어학적 연구 관심(위 목차의 5, 6, 7, 8장)이고, 마지막 하나는 언어와 예술 및 놀이의 관계 즉 언어예술 또는 민속학 영역의 연구 관심(위 목차의 8, 9, 10장)이다. 물론 위의 연구 질문은 분리된 개별적인 것이기보다는 전체적으로 통합된 하나의 연구 질문 즉 언어인류학의 연구 질문이 될 것이다.

'한국의 언어 민속지' 작업은 대체적인 기술의 틀은 정해져 있지만, 실제의 연구는 연구 대상 공동체의 특성에 따라 부분적으로 달라지게 된다. 가령 위 목차에서 제3장은 다른 조사지에서는 나타나지 않는, 바다에 관한 환경 및 그곳의 생산물에 대한 민족의미론적 기술이다. 또 제10장은 이 지역에서 특징적으로 발달한 구전 노래인 '아리롱 타랑'의 모두 120수가 넘는 노랫말에 대한 정밀한 기술이다. 그리고 이 '언어 민속지' 작업은 기존의 연구에 비해 언어예술의 영역에도 본격적인 연구 관심을 갖는 특성을 지닌다. 가령 위 목차에서 제8장은 이곳에서 발달한 말놀이인 '빈담'(중부지방의 '곁말'에 해당하는 말의 장르임)의 특성과 사례들에 대한 기술을 포함하고 있고, 제9장은 이곳에서 사용되는 속담 및 '동물의 은유' 예들을 중점적으로 기술하는 장이다. 그리고 제10장은 방금 서술한 바와 같이, 이곳의 구전 민요 특히 그 노랫말에 대한 분석적 기술이다.

'한국의 언어 민속지' 작업은 도(道)마다 최소한 한 곳씩의 집중적인 현지 연구를 목표로 계속 진행 중이다. 이 연구 작업이 계획대로 잘 이루어지면, 우리는 앞으로 한국 언어문화의 전반적인 특성과 중심적 유형, 그리고 한국 언어문화의 지역적 사회적 변이상에 대해 보다 타당하고 신뢰할 수 있는 기초적 지식을 가질 수 있을 것으로 기대된다.

마지막으로 한국의 언어인류학 연구가 한국문화의 연구 및 한국어의 연구와 관련하여 갖는 중요성과 위상에 대해 간략히 논의하도록 하겠다.

먼저 인류학은 기본적으로 언어를 문화의 한 부분으로 간주하고, 언어인류학은 언어를 (넓은 의미의) 문화의 맥락 속에서 탐구하려는 기본 입장을 취한다. 여기서 언어와 문화를 구분하여 표현한다면, 언어는 "문화에 대한 상징적 안내자"(the symbolic guide to culture)이자 "'사회적 실재'에 대한 안내자"(a guide to 'social reality') (Sapir 1949: 162-163)이므로, 한국의 언어인류학 연구 즉 한국의 언어문화 연구는 한국문화의 연구에 나름의 중요한 시사점과 공헌점을 가질 것이다. 그러나 동시에 최근의 이론적 논의대로 (그리고 이 책의 논문들이 잘 보여주듯이), 언어와 문화의 관계를 "통합적"인 것(language integral to culture)으로 본다면 (Hymes 1983: 211-212), 즉 양자의 관계를 체계적인 상호 '통합'(inter-penetration)의 관계로 본다면, 한국의 언어인류학 연구는 그 자체가 곧 한국문화의 연구가 될 것이다. 따라서 한국의 언어인류학 연구는 전체적인 한국문화의 연구에서 중핵적인 부분을 이룸과 동시에, 언어와 관련되는 문화의 연구라는 특수한 위상을 갖는 중요 분야가 될 것이다.

다음으로 한국어 연구와 관련되는 언어인류학 연구의 위상이다. 한국어에 관한 현대 과학적 연구는 지금까지 크게 두 부류의 학자군에 의해 이루어져 왔을 것이다. 한 부류는 소위 '국어학자'들로, 매우 단순하게 말한다면, 한국어의 음운론, 형태론, 그리고 국어사의 영역에서 다대한 연구 성과를 지금껏 이루어왔다. 또 한 부류는 보다 최근에 형성된 소위 '언어학자'들로, 촘스키(Chomsky) 언어학의 발달 이후 대체로 한국어의 통사론과 의미론의 영역에서 또한 다대한 연구 성과를 이루어왔다. 그런데 최근에 들어 한국어의 문법(grammar) 또는 언어구조(language structure)를 넘어서는 보다 포괄적인 주제에 대한 연구도 활발하게 이루어지는데, 대표적인 영역은 아마도 한국어에 대한 화용론(pragmatics)적 연구 그리고 사회언어학적 연구 등이 될 것이다.

간단히 말하여, 기존의 국어학 계열의 연구 그리고 언어학 계열의 연구가 한국어에 관한 많은 중요한 사실들을 밝혀왔지만, 그것은 한국어의 '문법'에 관한 사항들로 사실상 한정되었을 것이다. 그러나 우리의 목표가 한국어에 관한 좁은 언어학적 연구를 넘어서서 넓은 언어과학적 연구를 지향한다면, 당연히 이 통합적인 새 연구의 패러다임에는 언어사용(language use)이나 언어와 문화의 관계 등이 중요한 연구 주제로 새로이 포함되어야 할 것이다. 더욱이 형식 언어학(formal linguistics)의 영역을 넘어서서, 언어 현상 또는 언어 행동에 대한 가장 정련된 나름의 이론틀을 발달시킨 분야 중 하나는 바로 언어인류학일 것이다.

정리하면, 한국의 언어인류학 연구는 부분적으로 중첩되는 사회언어학 연구 등과 함께, 한국어에 관한 보다 넓은 언어과학적 연구의 정립에 그리고 한국어에 대한 보다 전면적이고 총체적인 연구의 발달에, 앞으로 중요하고도 핵심적인 공헌을 할 수 있을 것으로 믿어진다.

√ 참고문헌

강영환, 1989a, "삼척 이남 동해안 지역 전통 민가에 관한 연구: 지방 목수들의 지식체계 분석을 통하여," 서울대학교 대학원 건축학과 박사학위논문.

______ 1989b, "민족과학적 방법을 원용한 전통 주거문화의 연구: 동해안 지역 전통 민가를 대상으로,"『한국문화인류학』 21: 19-51.

강윤희, 2004, "주변화에 따른 전통구술장르의 변화와 언어이데올로기: 인도네시아 쁘딸랑안 부족의 사례,"『한국문화인류학』 37(2): 37-48.

______ 2006, "쁘딸랑안 의례언어의 시적구조와 다기능성,"『한국문화인류학』 39(1): 73-104.

______ 2007, "인도네시아 여성들의 외설주문: 언어, 몸, 그리고 욕망,"『비교문화연구』

13(1): 5-34.
강희숙, 2006, “전남방언 택호의 변이와 변화,”『사회언어학』 14(2): 1-23.
고영종, 2006, “한국 현대 직장 사회의 호칭어 연구,” 서울대학교 대학원 인류학과 석사학위논문.
권이구, 1980, “언어와 문화,”『인류학연구』 1: 1-10(영남대학교 문화인류학 연구회).
김기봉, 1985, “친족용어체계에 관한 성분분석적 연구: 문헌사료와 안동지방의 5개 촌락을 중심으로,” 영남대학교 대학원 문화인류학과 석사학위논문.
김성철, 1995, “종자명제, 지역명제, 직위명제: 보조 친족명칭과 개인의 인식법,”『한국문화인류학』 27: 215-239.
김용진, 2007, “한국과 미국의 대중가요 가사에 나타난 ‘사랑’의 의미적 음상: 코퍼스 언어학적 접근,”『사회언어학』 15(1): 47-76.
김재호, 2006, “산골사람들의 물 이용과 민속적 분류체계: 예천군 선동마을의 사례,” 안동대학교 대학원 민속학과 박사학위논문.
김주관, 1999, “인류학적 자료와 지역 연구의 방법론적 모색: 미국 남서부 아타바스칸어 사용 부족들의 사례를 중심으로,”『아시아태평양 지역연구』 1(2): 81-98(전남대학교 아시아태평양지역연구소).
_______ 2002, “다성성 또는 말하기 장르의 경계 넘나들기,”『비교문화연구』 8(2): 107-135.
_______ 2003, “언어 자원의 자본화 과정과 상징 자본의 형성,”『한국문화인류학』 36(1): 247-267.
_______ 2004, “생활언어,”『경기 민속지 Ⅶ: 구비전승』, 경기도 박물관, pp. 577-638.
_______ 2005, “자연언어와 전언 구성의 방식: 무선호출기 숫자 전언의 구조와 의미,”『비교문화연구』 11(1): 113-151.
_______ 2007, “언어를 통한 문화교육(1): 민족과학 방법의 적용,”『언어와 문화』 3(3): 105-126.
_______ 2008a, “언어를 통한 문화교육(2): 의사소통의 민족지학 방법의 적용,”『언어와 문화』 4(1): 129-150.
_______ 2008b, “한국에서 문화와 언어에 대한 인류학적 연구의 성과와 과제,” 한국문화인류학회 엮음,『문화인류학 반세기』, 소화, pp. 220-230.
_______ 2010,『호남의 언어문화』, 서울대학교 출판문화원.
김주희, 1992,『품앗이와 정의 인간관계』, 집문당.
김진명, 1988, “언어 의미체계의 분석을 통해 본 대학생 저항문화: 성분분석 방법을 이용한 운동권 영역에 대한 사례연구,”『현상과 인식』 12(2): 114-140.
_______ 2001, “몇 개의 언어공동체에서 나타나는 호칭행위의 분석,”『한국문화인류학』 34(1): 199-221.
김형준, 2001, “공용어의 확산과 이슬람화에 따른 인도네시아 자바어의 변화,”『사회언어학』 9(2): 49-70.
남기심 · 이정민 · 이홍배. 1977, 『언어학 개론』, 탑출판사.
박갑수, 2005, 『고전문학의 문체와 표현』, 집문당.
박영순, 1984, "사회언어학이란?," 『문법연구』 5: 135-159.
손호민, 1969, "언어인류학의 방법," 『어학연구』 5(2): 61-70.
심재기, 1982[1970], "금기담," 심재기 저, 『국어어휘론』, 집문당, pp. 258-297.
안준희, 2008a, ""우리는 피부색이 같아 그렇지?": 미국 중산층 아동들의 사회범주 학습과 재구성," 『비교문화연구』 14(1): 43-73.
_______ 2008b, ""콧수염 좀 건네주세요": 미국 중산층 아동들의 사회화 맥락 재해석과 변형," 『교육인류학연구』 11(1): 235-253.
_______ 2009, "그다지 개인주의적이지 않은 미국인들: 미국 중산층의 친사회적 아동 기르기," 『한국문화인류학』 42(1): 111-142.
_______ 2010, "감정적 여성, 이성적 남성: 미국 중산층 아동들의 또래 놀이에 나타난 젠더와 감정," 『한국문화인류학』 43(1): 173-216.
양종승, 1994, "민속학과 연희학설," 『비교민속학』 11: 45-72.
왕한석, 1986, "국어 청자 존대어 체계의 기술을 위한 방법론적 검토," 『어학연구』 22(3): 351-373.
_______ 1988, "한국 친족용어의 내적 구조," 『한국문화인류학』 20: 283-308.
_______ 1989a, "'아언각비(雅言覺非)'의 한국 친족용어의 논의에 대하여," 『제효 이용주 박사 회갑 기념 논문집』, 한샘, pp. 369-286.
_______ 1989b, "택호와 종자명호칭," 『의민 이두현 교수 정년퇴임 기념 논문집』, 서울대학교 사범대학 국어교육과, pp. 24-47.
_______ 1989c, "On Ervin-Tripp's Model of 'Sociolinguistic Rules'," 『두산 김택규 박사 화갑 기념 문화인류학 논총』, 두산 김택규 박사 화갑 기념 논문집 간행위원회, pp. 655-666.
_______ 1990, "북한의 친족용어," 『국어학』 20: 168-202.
_______ 1991, "한국 친족용어의 분포 범위," 『한국의 사회와 역사: 최재석 교수 정년퇴임 기념 논총』, 일지사, pp. 163-185.
_______ 1992, "한국 친족호칭체계의 의미 기술," 『한국문화인류학』 24: 139-193.
_______ 1994, "영해지역의 언어 분화에 대한 일 보고," 『국어학 연구: 남천 박갑수 선생 화갑 기념 논문집』, 태학사, pp. 587-615.
_______ 1995a, "한국 친족호칭의 변화 양상: 간현의 사례를 중심으로," 『민족문학의 양상과 논리: 양하 정상박 박사 화갑 기념 논총』, 양하 정상박 박사 화갑 기념 논총 간행위원회, pp. 167-192.
_______ 1995b, "'집'의 이름과 '친족관계'에 대한 명칭," 『한국문화인류학』 28: 223- 244.
_______ 1996a, "언어·사회·문화: 언어인류학의 주요 조류," 『사회언어학』 4(1): 3-50.

_______ 1996b “에드워드 사피어의 생애와 학문,” 『사회언어학』 4(1): 145-153.
_______ 1996c “제주 사회에서의 조 및 관련 명칭에 대한 일 연구,” 『한국문화인류학』 29(2): 341-360.
_______ 1997 “사피어의 사회언어학적 기술 및‘생각’들에 대하여,” 『사회언어학』 5(2): 25-51.
_______ 1998 “로스앤젤리스의 초기 이주 한인의 언어접변,” 『한국 인류학의 성과와 전망: 송현 이광규 교수 정년 기념 논총』, 집문당, pp. 445-470.
_______ 2000a“언어생활의 특성과 변화: 신분지위호칭과 의사친척호칭의 사용을 중심으로,” 『사회언어학』 8(1): 59-86.
_______ 2000b, “의미, 상황의 맥락, 사회적 행동: 말리노브스키의 언어 민족지학 이론,” 『한국 문화인류학의 이론과 실천: 내산 한상복 교수 정년 기념 논총』, 소화, pp. 89-133.
_______ 2000c, “영남인의 친척용어: 친척용어의 주요 하위체계들에 대한 민족지적 기술,” 『민족문화논총』 22: 123-181.
_______ 2001, “적서 차별의 호칭어 사용과 그 변화,” 『사회언어학』 9(1): 109-142.
_______ 2002, “친척 관련 속담의 민족지적 연구,” 『사회언어학』 10(1): 197-224.
_______ 2005a, “호칭어의 주요 이론과 연구 시각,” 왕한석·김희숙 외 5인 공저, 『한국 사회와 호칭어』, 역락, pp. 17-48.
_______ 2005b, “한국의 아기말,” 『사회언어학』 13(1): 151-189.
_______ 2007, 『또 다른 한국어: 국제결혼 이주여성의 언어 적응에 관한 인류학적 연구』, 교문사.
_______ 2008a, “한국의 사회언어학,” 왕한석 엮음, 『한국어와 한국사회』, 교문사, pp. 1-37.
_______ 편, 2008b, 『한국어와 한국사회』, 교문사.
_______ 2009, 『한국의 언어 민속지 1: 서편』, 교문사.
_______ 2010a, 『한국의 언어 민속지 2: 전라남북도 편』, 서울대학교 출판문화원.
_______ 2010b, “‘비정상인’의 어휘적 명칭에 대하여,” 『최명옥 교수 정년 기념 논총』 수록 예정.
왕한석 · 김희숙 외 5인 공저, 2005, 『한국 사회와 호칭어』, 역락.
윤교임, 2002, “미국의 구술예술 연구: 연행 중심적 접근과 구술시학의 민족지,” 『구비문학연구』 15: 249-282.
이광규, 1971a, “한국의 친척명칭,” 『연구논총』 1: 221-256(서울대학교 사범대학 교육회).
_______ 1971b, 『문화인류학』, 일조각.
_______ 1980, 『문화인류학 개론』, 일조각.
_______ 1984, 『사회구조론: 문화인류학 각론 친족 편』, 일조각.
이병근, 1969, “방언 경계에 대하여,” 『한국문화인류학』 2: 47-56.

이숭녕, 1968, “중세국어의 가족호칭에 대하여,”『동양문화』 6·7: 229-246.
이익섭 · 이상억 · 채완, 1997,『한국의 언어』, 신구문화사.
이정민, 1979, “인류학과 언어학,”『한국문화인류학』 11: 21-28.
임돈희 · 로저 L. 자넬리, 1981, “연희 중심으로 본 민속: 전통의 파괴와 재창조,”『월간조선』 12월호, pp. 252-259.
임재해, 1986, “민속 연구의 현장론적 방법,” 임재해 저,『민속문화론』, 문학과지성사, pp. 202-231.
장태상, 2001, “속담의 민족지학적 연구에 대하여: 아프리카의 속담 전통을 중심으로,”『사회언어학』 9(1): 143-178.
전경수, 2006, “진도 사람들의 이름에 적용된 ‘-바’와 ‘-다니’에 관한 민속지적 보고: 처거제와 종모향명제의 관련성을 중심으로,”『한국문화인류학』 39(1): 141-158.
조숙정, 2007, “김치와 문화적 지식: 전라도 김치의 명칭과 구분법에 대한 인지인류학적 접근,”『한국문화인류학』 40(1): 83-127.
_______ 2008a,『콩에서 발견한 전북의 음식문화』, 국립민속박물관.
_______ 2008b,『김치·젓갈·장아찌: 전북 부안군, 순창군의 민족생활어』, 국립국어원 민족생활어 자료 총서 1, 글누림.
_______ 2010, “상품화된 젓갈의 명칭과 범주: 곰소 젓갈 시장의 사례 연구,”『한국문화인류학』 43(2): 3-44.
조혜영, 2001, “외국어로서의 ‘모국어’ 학습과 민족정체성: 재미한인 학생들의 한국어 수업 참여 과정에 대한 민족지적 연구,”『한국문화인류학』 34(2): 181-209.
최명옥, 1998[1982], “친족명칭의 의미 분석과 변이, 그리고 변화에 대하여: 경북 북부지역의 반촌어를 중심으로,” 최명옥 저,『한국어 방언연구의 실제』, 태학사, pp. 313-333.
최재석, 1982[1966],『개정 한국가족연구』, 일지사.
1988,『한국의 친족용어』, 민음사.
최정무, 1982, “연행 중심의 민담학(民談學)과 그 역사적 배경,” 김열규·성기열·이상일·이부영 공저,『민담학 개론: 전파론에서 구조주의까지』, 일조각, pp. 143-175.
최진숙, 2005a, “과테말라 마야 정체성의 이데올로기적 형성: 코드 전환에 의한 언어적 편견의 재생산,”『한국문화인류학』 38(2): 3-28.
_______ 2005b, “인종화(Racialization)와 종족화(Ethnicization) 사이의 이중 구속: 과테말라 마야 인디언의 정체성에 대한 고찰,”『비교문화연구』 11(2): 143-172.
_______ 2008, “과테말라의 마야어 표기법 ‘경합’에 대한 고찰: 언어 이데올로기와 마야 정체성을 중심으로,”『한국문화인류학』 41(2): 155-185.
한건수, 2001, “나이지리아에서의 언어사용과 종족 정체성: 요루바어와 정체성의 정치,”『사회언어학』 9(2): 187-207.
한상복 · 이문웅 · 김광억, 1982,『문화인류학』, 서울대학교 출판부.

_____ 1985, 『문화인류학 개론』, 서울대학교 출판부.
홍석준, 2001, "현대 말레이시아에서의 방언 사용과 문화적 정체성: 클란탄 말레이 방언(Kelantanese Malay dialect)의 사례," 『사회언어학』 9(2): 209-235.
황적륜, 1976, "언어의 사회적 연구," 『어학』 3: 79-92(전북대학교 어학연구소).
_____ 1977, "사회언어학," 문양수 외 공저, 『현대 언어학』, 한신문화사, pp. 342-374.
_____ 1980, "언어와 사회: 새로운 언어이론의 방향," 『어학연구』 16(2): 305-317.

Ahn, Junehui, 2007, ""You're My Friend Today, But Not Tomorrow": Learning Middle-Class Sentiments and Emotions among Young American Children," Ph. D. Dissertation, The University of Michigan.
_______ 2010a, ""I'm Not Scared of Anything": Emotion as Social Power in Children's World," *Childhood: A Journal of Global Child Research* 17(1): 94-112.
_______ 2010b, "The Myth of American Selfhood and Emotions: Raising a Sociocentric Child among Middle-Class Americans," *Journal of Anthropological Research* 66(3) 게재 예정.
Berlin, Brent and Paul Kay, 1969, *Basic Color Terms: Their Universality and Evolution*, Berkley: University of California Press.
Bruno, Antonetta Lucia, 2002, *The Gate of Words: Language in the Rituals of Korean Shamans*, Leiden: Research School of Asian, African, and Amerindian Studies (CNWS), Universiteit Leiden, CNWS Publications Vol. 117.
Choi, Jinsook, 2002a, "The Role of Language in Ideological Construction of Mayan Identities in Guatemala," *Texas Linguistic Forum* 45: 22-32.
_______ 2002b, ""People from the Mountain Have Acento Indigena (Indian Accent)": Double-bound Mayan Identities and the Dilemma of Mayan Linguistic Purism in Guatemala," *The Chicago Linguistic Society* 38: 327-340.
_______ 2003, "Language Choice and Language Ideology in a Bilingual Maya Community: The Identity Politics in Guatemala," Ph. D. Dissertation, The University at Albany, State University of New York.
Choi, Youngsoon Park, 1978, "Aspects in the Development of Communicative Competence with Reference to the Korean Deference System," Ph. D. Dissertation, University of Illinois, Urbana-Champaign.
Dredge, C. Paul, 1977, "Speech Variation and Social Organization in a Korean Village," Ph. D. Dissertation, Harvard University.
Howell, Richard W., 1965, "Linguistic Status Markers in Korean," *Kroeber Anthropological Society Papers* 33: 91-97.
_______ 1967, "Linguistic Choice as an Index to Social Change," Ph. D. Dissertation, University of California, Berkeley.

_______ 1968, "Linguistic Choice and Levels of Social Change," *American Anthropologist* 70: 553-339.

Hwang, Juck-Ryoon, 1975, "Role of Sociolinguistics in Foreign Language Education with Reference to Korean and English Terms of Address and Levels of Deference," Ph. D. Dissertation, University of Texas, Austin.

Hymes, Dell H., 1983[1970], "Linguistic Method in Ethnography: Its Development in the United States," in *Essays in the History of Linguistic Anthropology*, pp. 135-244, Amsterdam: John Benjamins Publishing Company.

Kang, Yoonhee, 2002a, "Addressing the Invisible World: Indexicality, Iconicity and the Cultural Concept of Self in Belian, a Petalangan Healing Ritual in Indonesia," *Texas Linguistic Forum* 44(1): 90-103.

_______ 2002b, "Endearing or En-daring?: The Pragmatics of Love in a Performance of Honey Collecting Ritual among the Petalangan People in Indonesia," *Texas Linguistic Forum* 44(2): 302-312.

_______ 2002c, "Words of the Ancestors, Words of Survival: Marginality, Emotion and the Power of Magical Words among the Petalangan of Riau, Indonesia," Ph. D. Dissertation, Yale University.

_______ 2002d, "Open Desire, Close the Body: Magic Spells, Desire and the Body among the Petalangan Women of Indonesia," in Campbell-Kibler et al. (eds.), *Language and Sexuality: Contesting Meaning in Theory and Practice*, Stanford: CLSI, pp. 267-288.

_______ 2003, "The Desire to be Desired: Magic Spells, Agency and the Politics of Desire among the Petalangan People in Indonesia," *Language & Communication* 23(2): 153-167.

_______ 2006, "'Staged' Rituals, 'Veiled' Spells: Multiple Language Ideologies and Transformations in Petalangan Verbal Magic," *Journal of Linguistic Anthropology* 16(1): 1-22.

_______ 2007, "Unintelligibility and Imaginative Interpretation in a Petalangan Healing Ritual," *Text & Talk* 27(4): 409-433.

Kim, Andrew I., 1985, "Korean Color Terms: An Aspect of Semantic Fields and Related Phenomena," *Anthropological Linguistics* 27(4): 425-436.

Kim, Joo-Kwan, 2002, "Managing Symbolic Capital: Development and Maintenance of Honorific Differences in a Rural Korean Village," Ph. D. Dissertation, University of California, Davis.

Lee, Kwang-Kyu, 1975, *Kinship System in Korea*, New Haven: Human Relations Area Files.

Lee, Kwang-Kyu and Youngsook K. Harvey, 1973, "Teknonymy and Geononymy in Korean Kinship Terminology," *Ethnology* 12(1): 31-46.

Lee, Mun-Woong, 1976, "Rural North Korea under Communism: A Study of Sociocultural

Change," *Rice University Studies* 62(1): 1-176.

Martin, Samuel E., 1964, "Speech Levels in Japan and Korea," in Dell Hymes (ed.), *Language in Culture and Society: A Reader in Linguistics and Anthropology*, pp. 407-412, New York: Harper & Row.

Sapir, Edward, 1949[1929], "The Status of Linguistics as a Science," in David G. Mandelbaum (ed.), *Selected Writings of Edward Sapir in Language, Culture and Personality*, pp. 160-166, Berkeley: University of California Press.

Song-Bradford, Linda Mari, 1979, "Reflections of Status and Intimacy in Korean Speech Levels, English Code, and Their Use in Dyadic Conversations between Bilingual Koreans," Ph. D. Dissertation, The American University.

Spradley, James, 1970, *You Owe Yourself a Drunk: An Ethnography of Urban Nomads*, Boston: Little, Brown and Co..

Wang, Hahn-Sok, 1984, "Honorific Speech Behavior in a Rural Korean Village: Structure and Use," Ph. D. Dissertation, University of California, Los Angeles.

_______ 1990, "Toward a Description of the Organization of Korean Speech Levels," *International Journal of the Sociology of Language* 82: 25-39.

Yun, Kyoim, 2007, "Performing the Sacred: Political Economy and Shamanic Ritual on Cheju Island, South Korea," Ph. D. Dissertation, Indiana University.

_______ 2011, "Negotiating a Korean National Myth: Dialogic Interplay and Entextualization in an Ethnographic Encounter," *Journal of American Folklore* 124(494) 게재 예정.

Bonvillain, Nancy (한국사회언어학회 역), 2002, 『문화와 의사소통의 사회언어학』 (*Language, Culture, and Communication: The Meaning of Messages*, 4th edition, 2003), 한국문화사.

Farb, Peter (이기동 · 김혜숙 · 김혜숙 역), 2000[1997], 『말의 모습과 쓰임: 사람들이 말을 할 때 어떤 일이 일어나는가?』 (*Word Play: What Happens When People Talk*, 1973), 개정판, 한국문화사.

Salzmann, Zdenek (김형중 역), 2006, 『언어, 문화, 사회: 언어인류학 입문』 (*Language, Culture, and Society: An Introduction to Linguistic Anthropology*, 3rd edition, 2004), 온누리.

Saville-Troike, Muriel (왕한석 · 백경숙 · 이진성 · 김혜숙 역), 2009, 『언어와 사회: 의사소통의 민족지학 입문』 (*The Ethnography of Communication: An Introduction*, 3rd edition, 2003), 한국문화사.

제 I 부 한국어와 한국문화

1장

감정용어에 나타난 인간관계의 정서적 차이들: 한국과 일본의 비교*

김주희

1. 서 론

인간관계의 속성은 인류학자들이 지속적으로 관심을 보여 온 주제 중 하나이다. 그럼에도 불구하고 인간관계를 연구하면서 '역할(role)'과 '정서(affect)'를 구분하기 시작한 것은 비교적 근래의 일이다(예: Hsu 1972, 1975). 역할관계에 대한 관심에 비해 정서적 관계는 사회조직 뿐 아니라 외면적 행동, 그리고 세계관과도 통합적으로 관련되어 있음에도 불구하고 인간관계 연구에서 거의 무시되어 온 것이 사실이다. 이 주제에 대한 연구들은 이제 겨우 간헐적으로 나오기 시작했다고 볼 수 있다(예: Geertz 1959; Briggs 1970; Doi 1973). 이렇게 정서에 대한 연구가 부족했던 것은 어쩌면 서구학자들이 타민족의 미묘한 감정 행동까지 집어내기가 어려웠기 때문일 것이다. 그러나 인류학의 궁극적 목적이 비교문화적 이해라고 한다

*이 논문은 영어로 쓰인 "Affective Differences in Interpersonal Relations as Reflected in Emotional Terms: Comparison Between Korea and Japan" (1978, 『인류학논집』 4: 59-95)을 우리말로 옮긴 것으로, 번역 과정에서 부분적인 편집상의 보완이 이루어졌다.

면 정서에 대한 연구는 기존의 사회구조에 대한 연구들과 반드시 통합적으로 이루어져야 한다고 생각한다.

문화의 정서적 측면을 강조함에 있어 첫 번째 전제는 문화는 의미의 그물망(web of meaning)으로 이해되어야 한다는 사실이다. 여기서는 문화를 봄에 있어 그 구성 요소들 간의 인과관계를 찾는 대신 그것들을 해석하고자 하는 기어츠(Geertz)의 문화개념을 이론적 토대로 삼고자 한다. 기어츠(Geertz 1973: 5)는 다음과 같이 적고 있다.

> "문화의 개념은 … 본질적으로 기호적(semiotic)인 것이다. 인간은 의미의 그물망에 걸려 있는 동물이란 점을 믿으면서 나는 문화를 그물망으로 보고자 하며, 따라서 이에 대한 분석은 법칙을 찾는 실험과학이 아니라 의미를 찾는 해석과학이어야 한다."

두 번째 전제는 문화의 어떤 질적 양상들 역시 사회적으로 선택 정교화되고 강조되며, 그럼으로써 특정한 문화적 양상을 만들어낸다는 사실이다. 정서, 즉 상황, 자아, 그리고 감정적 상태에 대한 지각 또한 문화적으로 유형화되며 문화마다 다른 인성의 차이를 이해함에 있어 주요 단서가 될 수 있다고 생각한다. 이러한 기본적 전제 아래 한국인과 일본인의 인간관계에 나타난 정서적 차이를 살펴보고자 한다.

사실상 문화적 차이에 대한 거시적 비교는 비교 대상 문화가 완전히 다를 경우 매우 어렵다. 하지만 이건(Eggan 1954)이 제시한 '통제비교 방법'(Controlled Comparison) 개념에서 잘 나타나 있듯이 유사한 문화들 간 비교는 가능한 한 비슷한 요소들을 통제하여 비교 단위를 보다 작은 규모로 만듦으로써 매우 유용하게 이루어질 수 있다. 이런 식의 방법은 기본적으로 유사하나 비교는 가능할 만큼 충분히 상이한 성격의 문화를 비교할 때 가장 잘 이루어질 수 있다. 바로 한국과 일본의 비교가 그러하다 하겠다.

한국과 일본은 둘 다 정교한 경어 발달에서 볼 수 있듯이 매우 잘 발달된 상하관계의 사회구조를 가진 것으로 잘 알려져 있다. 그러나 평등 가치에 익숙한 대부분의 서구 인류학자들은 두 사회의 상하관계의 기능적 차이에 대해 거의 인지하지 못하고 있다. 일본사회는 또한 흔히 서구의 개인주의와 반대되는 의미로 집단주의 사회로 특징지어졌다. 이 경우 집단 내 상하관계와 집단들 간 상하관계, 집단 내부 혹은 외부의 상하관계의 기능이 어떻게 집단의식에 연관되어 나타나는지에 대해서는 더 이상의 논의가 이루어진 바 없다. 하지만 이 논문에서 밝혀지듯이 한국과 일본에서의 상하관계의 성격은 동일하지 않다. 일본에서는 집단 내 상하관계는 집단 외부와 만날 때마다 집단주의 의식이 작동하는데 이 때 후자가 전자보다 우선적으로 작용한다. 말하자면 외부인에 대한 개인의 지위는 집단 내부에서의 상대적인 개인적 지위 대신 그가 속한 집단의 외부적 지위에 의해 결정되는 경향이 있다는 것이다. 한국사회는 이와는 다르다. 한국사회에서는 상하관계는 보다 절대적으로 기능하는데, 다시 말해 개인의 집단 내부에서의 지위는 그가 외부인과 작용할 때에도 그대로 작용한다. 일본과 한국의 이러한 미묘한 차이는 구조적 양상들만이 강조될 때에는 놓치기 쉽다. 왜냐하면 두 사회는 사회구조적 측면에서 많은 유사성을 가지고 있기 때문이다. 이러한 차이는 정서적 차원을 고려할 때 비로소 두드러지게 나타난다.

인간관계에서 한국인들은 이자관계(dyadic) 성향을 가지며 반면에 일본인들은 집단적 성향을 갖는다는 사실을 보여주는 많은 사례들이 있다. 이러한 차이에 내재된 정서적 차원을 주로 한국의 감정용어와 일본의 감정용어들을 통해 조명해 보고자 한다. 이 논문에서 분석된 용어들은 한국인과 일본인들과의 인터뷰를 통해, 그리고 부분적으로는 선행연구들을 참조해 선택되었다.

다음 절 "이론적 배경과 방법론"에서는 인류학의 세 하위 분야, 즉 사회인류학, 심리인류학, 언어인류학을 통합시키는 노력을 할 것이다. 수집된 자료 분석 또한 이루어질 것이다.

정서적 측면은 사회구조적 양상들과 밀접한 관련이 있으므로 '두 사회의 친족관계의 일반적 양상' 절에서는 두 사회의 친족제도의 기본적 특성과 그것이 각 사회에서 갖는 의미를 논의할 것이다. 한국의 이자관계 성향과 일본의 집단 성향 사이의 대조적 요인들이 제시될 것이다.

'감정용어의 분석' 절에서는 이자관계 성향과 집단 성향 사이의 차이가 한국인과 일본인의 감정적 유형과 행동 양식에 어떠한 방식으로 나타나고 있는지를 논의할 것이다. 논의는 두 주요 용어, 한국인의 '정'과 일본인의 '아마에'를 중심으로 이루어질 것이다.

끝으로 이 연구의 내용을 정리한 후 연구과정에서 제기되었으나 미처 다루지 못했던 과제들이 앞으로 어떻게 해결될 수 있을지에 대한 방향 제시를 하고자 한다.

2. 이론적 배경과 방법론

1) 이론적 배경

인간관계에서의 한국인과 일본인의 정서적 차이를 탐구하기 위해 여기서 채택한 이론적 틀은 세 가지 시각에서 설명될 수 있다. 즉 전체 사회를 이해하기 위한 첫 관문으로서의 친족제도에 대한 조명, 인간관계에서의 역할과 정서의 구별, 그리고 언어의 문화적 반영 등이다.

먼저 한국과 일본의 친족제도를 비교한 후 각 제도 내에서의 친족관계의 차이를 보고자 한다. 흔히 인류학자들이 연구해 온 소규모사회와 달리 한국과 일본사회에서는 친족 경계가 개인이 일상생활에서 경험하는 전체 사회적 관계망의 단지 일면만을 형성하는 것이 사실이다. 그럼에도 불구하고 사회구조의 근간으로서 친족제도의 중요성을 부인할 사람은 없을 것이다. 따라서 친족 연구는 친족을 그 자체가 목적이 아니라 전체 사회를 형성하는 기반으로 다룰 때 가장 생산적일 수 있다. 친족제도의 중요성에 대해 슈(Hsu 1972: 510)는 다음과 같이 말하고 있다.

> "… 모든 새로 태어나는 개인을 그의 친지들과 연결시키고 또 이를 통해 그가 속하게 되는 사회의 일반적인 사고와 행동의 전반적 유형과도 연결시키는 인간관계의 주요 그물망으로서의 친족의 중요성…"

다시 말해 친족연구는 전체 사회를 이해하기 위한 도구로서 필요하다. 왜냐하면 친족에 포함된 다양한 특징적인 요소들은 전체 사회의 특성을 대체로 반영하고, 보다 넓은 사회적 관계망에서 흔히 구체화되기 때문이다. 예를 들어 개인적 수준에서 볼 때 가족제도의 행동적 및 감정적 구성요소들은 가장 크게 영향 받을 수 있는 어린 시절 무의식적으로 그리고 점진적으로 내면화되어 후에 보다 넓은 사회적 관계망에서 인간관계를 맺을 때 인성의 주요한 동기로 작용하게 된다. 반면에 전체 사회의 수준에서 볼 때에는 그 사회가 도시화 혹은 친족관계망 역할의 급격한 축소로 인한 구조적 변형을 경험할지라도 내재적 속성(Hsu 1965, 1972, 1975), 혹은 공식적 구조와 대비되는 개념으로서의 비공식적 구조는 전통적, 농촌 친족제도에 깊은 뿌리를 두고 있으면서 도시적 환경에서 다른 새로운 형태의 사회적 제도로서 다시 재생되는 경향이 있음은 분명하다. 특히 인간관계의 행동 규범에서의 심리적 및 감정적 기반은 어떠한 급격한 변화에도 매우 제한적이다. 이런 맥락에서 보자면 인간관계에서의 기본적 감정 유형에서의 농촌과 도시의 차이를 지나치게 강조할 필요는 없다. 그러므로 주로 친족관계를 통해 얻어낸 한국인의 이자관계 성향과 일본인의 집단 성향 개념들을 두 사회의 일반적 인간관계를 보여주는 도구로 사용하는 것은 타당할 수 있다.

이 논문의 두 번째 이론적 배경은 인간관계에서의 역할과 정서를 구분하는 모델이다. 여기서 특히 슈(Hsu 1975: 9-91)의 정의를 강조하고자 한다. 즉 역할이란 분명하거나 암묵적인 의무감, 기대감, 특권이며, 정서란 인간관계의 강도와 끈기를 결정하는 행동 특성에 흐르고 있는 감정과 태도이다. 인간관계를 역할과 정서로 나누는 것이 전혀 새로운 접근만은 아니다. 도구적 행동과 표현적 행동과 같이 용어는 다르지만 비슷한 모델이 사용된 바 있다. 그럼에도 불구하고 일반적으로 인간관계를 전적으로 기능적 측면에서만 바라본, 그럼으로써 역할관계만을 강조함으로써 많은 학자들은 그 밑에 흐르는 정서적 유형의 중요한 양상을 놓치고 있다. 즉 사람들이 특정한 사회제도 아래에서 실제로 서로 어떻게 느끼고 행동하는가를 보지 못한 것이다. 일본인에 대한 연구에서와 같이 정서 혹은 표현적 행동이 강조될 때에도 어떤 정서들이 실제로 작용하는지에 대해서는 분명한 설명이 부족한 것이 사실이다. 이는 물론 정서와 같은 무형의 주제를 잘 다룰 수 있는 효율적이고 체계적인 방법론이 부족한 것이 주요 원인일 수 있다. 그러한 방법론적 어려움은 관련 어휘를 체계적으로 분석함으로써 어느 정도 극복할 수 있다는 것이 필자의 믿음이다. 이는 우리의 세 번째 이론적 배경, 즉 언어와 문화에 대한 설명으로 이어진다.

이 논문은 한국어와 일본어의 어휘를 언어와 문화의 문제로서 접근하고자 한다. 어휘와 특정 문화 사이의 고리와 이에 따른 의식적이고 무의식적인 인간관계의 심리적 과정에 특별한 관심을 두고자 한다. 도이(Doi 1955, 1956, 1962, 1963, 1967, 1973)가 분명히 지적했듯이 여기서의 가정은 언어란 사람들이 자신의 감정을 표현하는 수단일 뿐 아니라 그것을 체계적으로 해석하게 하는 좋은 도구라는 것이다. 사실상 언어는 전체 사회의 인간 심리의 청사진이기도 한 것이다.

여기서 채택한 이론은 기어츠(H. Geertz 1959, 1961)가 자바인의 가족을 연구하면서 사용한 것과 가깝다. 그녀는 가족 내에서의 분명한 지위 상 차이와 그 차이에 상응하는 감정적 상태를 자바인들이 내면화시키는 사회화 과정을 감정 어휘를 통해 보여 주었다. 아래의 기어츠(H. Geertz 1959: 237)의 진술은 조사 대상 주민들의 정서에 대한 연구의 필요성과 감정 어휘야말로 그 좋은 수단임을 알 수 있게 한다.

> "문화는 주어진 상황에서 어떻게 행동해야 하는지에 대한 정해진 답을 제시해 줄 뿐 아니라 어떻게 느끼는가에 대한 열쇠를 제공한다. 감정 어휘 습득은 매우 어린 시절 이루어지고 다른 많은 주요한 사건들과 동시에 일어나기 때문에 어린이는 그것들을 잘 배우며 나이가 들면서 그러한 내면적 경험에 대해 의미, 형태, 예측성을 제공할 수 있게 된다."

캐나다 북서부 거주 우트쿠 이누이트(에스키모)에 대한 민족지에서 브릭스(Briggs 1970)는 그들의 감정적 교류에 관심을 집중시켰다. 그렇게 함에 있어 그녀는 이누이트와 백인 중산층의 문화적 배경을 가진 자신 사이의 감정 유형에서의 차이를 선명하게 밝히고 있다. 더 나아가 브릭스는 일상생활에서 자주 언급되는 다양한 이누이트의 감정용어들을 체계적으로 분석했다(Briggs 1970: 311-366). 브릭스가 다룬 용어들이 인간관계에서 사용되는 것들에 한정된 것은 아니지만 이 분야에서의 선구적 연구로서 그녀의 연구는 이 논문이 채택하고 있는 이론적 근간을 지지한다.

일본인의 심리를 표현하는 일본어에 대한 연구는 도이(Doi 1973)에 의해 심층적으로 연구된 바 있다. 탁월한 통찰력을 가진 전문 정신과 의사로서 그리고 일본인으로서 도이는 '아마에(흔히 의존성으로 번역된다)' 개념에 기반을 두고 일본인의 인간관계에서의 심리적 과정과 감정적 상태를 해부했다. 그의 연구는 민족지 혹은 언어학적 조사를 근거로 한 것은 아니다. 따라서 사회에 대한 이론적 틀에 대한 체계적 언급은 없다. 그럼에도 '아마에'라는 주요 개념을 이용한 도이의 일본인에 대한 이론은 언어가 인간관계에서의 정서적 측면을 연구하는 가장 좋은 수단 중 하나임을 제시한다는 점에서 충분히 도전적이라 할 만하다.

지금까지 이론적 배경을 설명했다. 이제 이미 알게 되었듯이 그리고 서론에서 밝혔듯이 이 연구는 인류학의 어느 한 하위 분야에 속하는 것만은 아니다. 그 대신 사회인류학, 심리인류학, 언어인류학 등 세 분야 사이의 상호관련성을 포괄적인 시각에서 통합해 보려는 시도이다.

2) 방법론

한국어와 일본어의 감정 어휘를 다루면서 두 가지 서로 다른 언어학적 방법론을 결합시키고자 한다. 즉 민속-어휘 연구(ethno-lexicographic study)와 성분분석(componential analysis)이 그것들이다. 전자는 단어와 구절에 대한 연구 대상 주민들의 민속적 정의를 체계적으로 분석함으로써 문화 간 의미를 번역하는 방법이다. 이 방법은 보엠(Boehm 1976)이 몬테네그로 주민들의 도덕 체계를 연구하면서 발달시키고 소개했다. 보엠이 말한 것처럼 이 방법의 장점은 단어의 의미는 비단 인지적으로 묘사될 수 있을 뿐 아니라 기능적 사회적 맥락에서 충분히 탐구될 수 있다는 점이다. 바인리히(Weinreich 1962: 29-39)는 어휘의 정의와 의미론적 묘사에 대해 그의 의견을 다음과 같이 적고 있다.

> "사전에서의 정의를 합리적으로 재구성하기 위해서는 단어의 의미를 그 단어가 나타내는 것이 달성되어야만 하는 정해진 조건들로 받아들이는 것이 유용하다. 그러한 정해진 조건들은 항상 분명한 것은 아니다. 대체로 의미론적 묘사는 '절대적' 정의가 아니라 단어의 의미를 유사한 의미를 가진 다른 용어들의 의미로부터 제한하는 정의를 목표로 삼아야 한다."

이러한 사고는 민속-어휘 연구에서는 긴요하며 이것은 단어들에 대한 분명한 설명을 해 주는 매우 효과적인 방법인데 특히 정서와 관련된 용어들을 다룰 때 더욱 그러하다. 이것은 또한 주민들의 입장에서의 의미의 맥락 이론을 보다 객관적으로 보여줌으로써 인류학자 개인의 자민족중심주의의 위험을 줄일 수 있기도 하다.

민속-어휘 분석을 보완하기 위해 성분분석방법을 이용했다. 의미론적 분석으로서 성분분석 방법은 전통적으로는 친족 용어, 대명사 체계 등 그 자체만을 연구대상으로 삼을 때 이용되었다. 그 용어들이 사용되는 상황적 맥락들은 보통 다양성을 설명하기 위한 부차적 근거로서만 고려되었으며 분석대상으로 체계적으로 설명되지는 않았다. 그래서 성분분석은 심리적 타당성과 맥락적 일치성(cogency) 문제 때문에 비판을 받아왔다(예: Frake 1972).

성분분석의 유용성을 강하게 주창하는 사람들조차 감정용어를 연구 대상으로 삼지 않았다. 여기서 성분분석에 대해 장황한 이론적 설명을 할 필요는 없다고 생각한다. 다만 이 분석방법은 민속-어휘방법과 함께 이루어진다면 심리적 타당성과 맥락적 신뢰성을 얻을 수 있다는 점을 제안하고자 한다. 후자의 방법은 선명하고 탄탄한 심리적 및 맥락적 기초를 제공할 것이고 이 위에 성분분석방법이 적용될 수 있다는 것이 필자의 생각이다. 같은 방식으로 민속-어휘 방법으로 얻은 자료의 분석은 성분분석방법을 보완적으로 도입함으로써 보다 간결하고 엄밀하게 제시될 수 있을 것이다.

3. 두 사회의 친족관계의 일반적 양상

한국과 일본은 오랜 기간 중화권의 영향 아래에 있으면서 접촉해 왔다. 그 결과 사회구조, 인간관계, 가치관, 행동규범, 세계관 등에서 많은 유사점을 발견할 수 있다. 그러나 두 사회 사이의 분명한 차이점 또한 존재한다. 중국과 일본사회에 대한 비교 연구는 상당히 많이 행해진 편이지만, 한국사회에 대한 연구는 독립적 주제로서 또는 비교 연구의 틀로서도 몇몇 한국학자들(예: 최재석 1966; Choi 1970; 이광규 1971; Lee 1973)이 세 나라의 친족제도를 비교 연구한 것을 제외하면 저조한 편이다. 여기서 필자는 인간관계에서의 대조적인 성향을 조명하기 위해 한국과 일본의 친족제도의 성격에서의 기본적 차이를 살펴보고자 한다. 곧 보게 되듯이 두 친족제도는 구조적 질서에서 많은 유사성이 있긴 하지만 내용면에서의 차이는 결코 무시할 수 없으며 그것은 인간관계의 일반적 특성에서의 차이와 깊은 관련성을 내포하고 있다. 이를 위해 필자는 두 친족제도의 차이점을 모두 나열하지는 않겠다. 그 대신 한국의 '집'과 '일가', 일본의 '이에(家)'와 '도오조꾸(同族)' 개념을 중심으로 친족 규칙의 실행의 차이에서 나타나는 두 민족의 상이한 이데올로기에 주의를 기울이고자 한다.

1) '집'과 '일가'의 개념

'집'은 한국의 전통적 친족제도에서 가구의 단위로서 현재 가족 뿐 아니라 남성들의 영구한 체계적 계승을 의미한다. 현재의 가족은 과거와 미래를 연결하는 다리 역할을 한다. 혼인은 일반적으로 제사와 가계의 존속을 위한 아들을 얻기 위한 것이 주 목적이다. 어느 '집'이건 구성원들은 연령, 성, 세대에 따른 위계질서 아래에 놓여 있다. 어느 두 가족성원 간의 인간관계는 위계질서에서 차지하는 각자의 위치에 따라 정해진다(최재석 1969).

이전의 연구(Kim 1975)에서 필자는 한국가족제도의 지배적 관계는 아버지와 장남관계이며 이 중요성은 출계율, 상속, 제사권, 가장권 등에 잘 나타난다고 밝힌 바 있다. 또한 장남 선호 사상이 필연적으로 그와 동생들과의 관계 또한 상하관계로 묶게 되는 점을 설명했다. 따라서 중국식의 확대가족제도는 한국에는 존재하지 않는다. 한국에서 결혼한 형제들은 아버지의 생전에 동거할 수 있다. 그러나 이것은 단지 차남 이하가 새로운 가구를 성립할 때까지의 과도적 양상에 불과하다. 이광규(1971, 1973)가 지적했듯이 한국가족은 장남가족만이 부모와 동거하고 차남 이하의 아들들은 분가하는 것을 이상으로 삼는 직계가족 유형이라 할 수 있다. 전자를 '큰집', 후자를 '작은 집'이라 부른다.

'큰집'과 '작은 집'의 분리가 공간적 및 경제적 의미에서, 그리고 보다 중요하게 사람들의 인식면에서 완전한 분리가 아닌 점은 지적할 필요가 있다. 전통적으로 차남의 장남에 대한 종속적이고 의존적 유대는 그가 결혼하여 분가한 이후에도 지속되는 것이 보통이다. 이와 더불어 큰집과 작은 집이 하나의 완전히 분리된 단위로서의 경계는 결코 강조되지 않으며 친족관계 이념에도 존재하지 않는다. 이 사실은 나중에 보게 되듯이 일본의 경우와는 대조적이다. 이 "불완전한 분리"와 강하게 규정된 경계선의 결여는 '일가'라고 불리는 보다 넓은 친족집단의 관계망 내 인간관계의 유형을 이해하는 데 중요한 단서가 된다.

'일가'의 원래 의미는 '하나의 혹은 전체 가족'이란 뜻이다. 김택규(1964: 25)는 일가를 일반적 가족집단으로 정의했는데 이런 식의 정의는 일가의 진정한 성격을 파악하는 데 충분하지 않다고 생각한다. 필자는 '일가'를 다음과 같이 보고자 한다. 즉 '일가'란 그 성원권이 출생이나 혼인을 통해 얻어지는 사람들로 구성된 친족집단이며, 종족(lineage) 혹은 씨족(clan)과 반드시 일치하지 않으며 보다 공식적이고 덜 자주 사용되는 '당내간' 용어보다 집단의 경계는 더 느슨하다.

그러면 '일가' 내 인간관계가 어떻게 형성되는가를 보기로 하자. 앞서 말한 '일가'의 하위 단위로서의 '집'들 사이의 '불완전한 분리' 개념은 개인의 친족행동 결정에 매우 중요한 의미를 지닌다. 우선 '일가' 내 '집'들 사이의 지속적인 유대관계는 친족관계망에 비친족원의 개입을 어렵게 만든다. 예를 들어 일본인의 '무꼬요시(서양자(婿養子) 제도)' 관행은 한국인에게는 발견되지 않는다. 한국 친족제도의 성원권은 주로 출생과 혼인관계를 통해 획득되는 것이며 일본 친족제도에서처럼 공동거주와 같은 요인들에 달려 있지 않다는 점에서는 중국의 친족제도와 보다 유사하다. 그러므로 한국의 양자제도에서 자녀 세대 중 촌수가 가장 가까운 남성 친족원 순으로 우선 순위가 고려되는 것은 우연이 아니다(김택규 1964: 15; Brandt 1971: 114).

'집'들 사이의 '불완전한 분리'의 개념이 가져오는 또 다른 결과는 '일가' 내에서의 개인의 지위는 그가 속한 '집'의 지위가 아니라 '일가'의 전체 위계질서에 따른 개인적 지위에 의해 결정된다는 사실이다. 그 결과 친족행동을 함에 있어 개인의 행동규범은 '큰집' 혹은 '작은 집'과 같은 집단의 구성원으로서가 아니라 전체 '일가' 내에서의 연령, 세대, 성에 따른 개인적 지위에 의해 지배된다. 한국가족제도에서 집단의 결속력이 개인적 행복보다 우선시된다는 잘 알려진 사실은 여기서는 관련이 없다. 그래서 독자들이 필자의 쟁점을 오해하지 않기를 바란다. 필자가 지적하고 싶은 것은 전체 '일가' 관계망 내 '집'들 사이의 위계질서는 개인의 실제 친족행동을 지배하지 않는다는 것이다. 예를 들어 '큰집'의 아들은 그보다 나이가 많은 '작은 집'의 아들과의 사촌관계에서 단지 그가 속한 '큰집'의 지위가 높다고 해서 그 또한 높은 지위를 갖는 것은 아니다. 오히려 후자에 대해 경어를 사용하는 등 존경을 표하도록 기대되고 있다. 이 점이 일본의 상황과 얼마나 다른지를 볼 것이며 한국인과 일본인의 인간관계를 다룰 때 위계질서와 집단주의와 같은 서로 독립적일 것 같은 변인들이 사실상 상호관련되어 있음을 체계적으로 볼 필요가 있음도 강조될 것이다.

2) 일본의 '이에'와 '도오조꾸'

일본의 '이에'와 '도오조꾸'는 다양한 방식으로 논의되어 왔다. '이에'와 '도오조꾸'에 기반을 둔 일본의 친족제도가 출계집단의 이론만으로는 충분히 설명될 수 없다는 사실은 일반적으로 합의된 사항이다. 특히 비친족원을 정식 성원으로 받아들이는 일본친족의 융통성은 많은 관심을 받아왔으며 일본친족의 일반적 특성에 대해 서로 다른 종류의 해석을 낳게 했다.

예를 들면 브라운(Brown 1966)은 사회의 현상적 질서와 사람들의 이념적 질서는 서로 독립적이라는 구디너프(Goodenough)의 생각을 받아들여 '도오조꾸'는 이념적으로는 공계이나 현상적으로는 부계임을 조심스럽게 제안하였다. 그의 논쟁은 특히 '무꼬요시'라는 일본 특유의 관행으로부터 나온 것이다. '무꼬요시'는 서양자를 의미하는데 아내의 성씨를 따른다는 점이 특이하다.

한편 베후(Befu 1962: 39)는 정반대의 시각을 내놓았다. 그에 의하면 일본 친족제도의 이념은 부계이며 반면에 가족과 가계, 때에 따라서는 가업 지속의 강한 전통 때문에 실제 행동은 양계에 기반을 두는 경향이 강하다는 것이다. 더 나아가 베후(Befu 1963)는 이 두 종류의 출계율이 친족제도가 어떻게 하나의 협력 단위로서 독립적 기능을 가지면서 운용되는가를 보여주었다.

나카네(Nakane 1967)는 출계율의 논의에서 벗어나 경제적 기능에 초점을 맞추었다. 그녀에게 가장 인상적인 사실은 '도오조꾸'의 기본 단위는 '이에'이지 개인이 아니라는 점이다. 그녀(Nakane 1967: 90)는 '이에'를 공동의 경제적 활동을 통해 이루어진 공동거주 협력체로, '도오조꾸'를 혈연관계 뿐 아니라 경제적 관계를 맺고 있는 가구들의 집합체로 보았다. '이에'와 '도오조꾸'의 성원권의 충분한 융통성이야말로 그러한 다양한 경제적 조건들을 만족시키기 위한 효과적인 방식이라 해석했다.

슈(Hsu 1975: 42)는 근래 발간된 저서에서 '이에'와 '도오조꾸'를 다음과 같이 규정하고 있다.

> "일본의 상황에서 중요한 것은 부계, 양계와 같은 출계율이 아니라 하나의 법인체(corporation)로서의 '이에'와 법인체들의 조직으로서의 '도오조꾸'의 영구한 지속이다… '도오조꾸'는 함께 거주하고 친족이나 가친족(假親族)으로 맺어진 하위 법인체들 사이의 강한 위계질서로 형성되는 하나의 법인체이다."

그리하여 슈는 일본친족의 법인체적이고 위계질서적인 속성을 강조했다.

위 선행연구들은 일본 친족제의 일반적 특성에 대해 다양한 시각을 제공하고 있다. 그럼에도 불구하고 그들 중 누구도 '이에'와 '도오조꾸'를 둘러싼 인간관계의 핵심적 성향에 대해서는 충분한 설명을 하고 있지 않다.

앞에서 필자는 한국의 '집'과 '일가'의 특성을 설명하면서 불완전한 분리의 개념이야말로 한국인들의 친족관계에서의 행동규범을 결정짓는 가장 중요한 요인 중 하나임을 제안했다. 일본의 '이에'와 '도오조꾸'는 표면적 양상만을 두고 볼 때 한국의 '집'과 '일가'와 비슷하게 보인다. '이에' 내의 위계질서와 '도오조꾸' 내의 가구들 간의 위계질서는 이미 잘 알려져 있으며, 한국친족제와 마찬가지로 일본의 차남 이하 아들들은 혼인과 함께 분가하며 장남가족은 부모와 동거하면서 직계가족을 이루고 가계와 제사권을 계승하고 가산을 단독으로 상속받는다. 장남의 가구는 '혼께(本家)', 차남의 가구는 '분께(分家)' 로 불린다. 그러나 일본의 '분께'의 분가는 한국의 분가와 매우 다르다. 일본의 상황은 완전한 분리라 하겠는데, 그리하여 각 '이에'가 '도오조꾸' 내에서 형성하는 상호경계는 매우 뚜렷하다. 이광규(1973: 15)는 두 사회의 친족제에 대해 흥미있는 비유를 했다. 즉 일본의 친족제가 가지 없는 대나무 같다면 한국의 친족제는 큰 줄기가 하나 강하게 뻗어 있고 그곳에서 작고 약한 가지들이 솟아나는 소나무 같다고 했다. 다시 말해 한국의 직계가족은 지속성과 위계질서의 원칙을 가지고 있으나 혈족적이고 방계적 원칙 또한 지닌 반면 일본의 직계가족은 경계선이 분명한 분리집단이라 할 수 있다. 사실 분리의 이념은 필자가 이곳에서 시도하고 있듯이 집단주의 이념과 연결하지는 않았지만 슈(Hsu 1975: 29-31)가 일본의 친족제를 중국의 대가족 이념과 비교할 때 논의한 바 있다.

이제 '이에' 사이의 '완전한 분리' 이념이 일본의 친족행동 규범에 어떻게 반영되는가를 보기로 하자. 이러한 '완전한 분리' 이념은 두 가지 중요한 행동 양식을 만들어낸다. 각각의 '이에'는 하나의 강하게 경계가 지워진 단위로서 독립적으로 기능하기 때문에 독자성을 유지할 수 있다. 이는 다시 집단의 결속을 위해 타인을 친족성원으로 받아들이는, 일본 친족 연구에서 가장 빈번한 주제인 두 요소를 만들어 내는 추진력이 된다. 완전한 분리 아래에서의 각 '이에'의 독자성은 일본친족제의 가친족의 발달을 설명하는 데도 유용한 도구로 이용될 수 있다. 여기서

‘도오조꾸’ 내의 ‘혼께’와 ‘분께’ 사이의 분명하고 지속적인 상하관계를 부인하는 것은 물론 아니다. 요점은 그 상하관계는 서로 독립적으로 분리된 이후에 확립된다는 사실이다.

완전한 분리의 두 번째 결과는 이 연구와 보다 더 관련이 있는데 개인의 친족행동 규범은 전체 ‘도오조꾸’내의 위계질서에 의해서가 아니라 그가 속한 ‘이에’의 특정한 지위에 따라 항상 정해진다는 사실이다. 한국의 ‘집’과 마찬가지로 각 ‘이에’는 연령, 성, 세대에 따라 수직적 관계로 구성된다. 그러나 이 수직적 관계는 어디까지나 각 ‘이에’내에서만 엄격히 적용된다. 다른 ‘이에’ 성원과의 관계가 되면 그러한 내부적 위계질서는 더 이상 기능하지 않으며 또 다른 변인, 즉 집단주의가 곧 개입하게 된다. 이때 개인은 더 이상 독립적 존재는 아니며 ‘이에’를 대표하는 한 구성원이라는 사실이 우선적으로 작용한다. ‘혼께’가 ’분께‘보다 지위가 높기 때문에 ‘혼께’의 나이 어린 아들이 나이 많은 ‘분께’의 아들보다 높은 지위를 갖게 되는 것이 일본 친족제도의 특성이다. 이에 근거하여 필자는 일본인의 친족행동은 집단 성향이념에 따라 결정된다는 가설을 내놓고자 한다.

3) 이자관계 성향과 집단 성향

지금까지 한국인의 이자관계 성향과 일본인의 집단 성향의 차이가 친족관계에서 나타남을 보았다. 이를 위해 두 친족제도의 기본적 특성들을 살펴보았고 친족제도가 갖는 다양한 특징적 요소들은 전체 사회의 일반적 특성을 대체로 반영하고 흔히 보다 넓은 사회적 관계망에 구체화된다는 믿음을 가지게 되었다. 그러므로 한국인의 친족관계에서의 이자관계 성향이 인간관계의 보다 넓은 틀에도 나타나며, 마찬가지로 일본인의 친족관계에서의 집단 성향이 그러하다고 예상하는 것은 안전하다 하겠다. 다시 한 번 필자는 여기서의 가설은 어디까지나 상대적 의미로서 이해되어야 한다는 점을 강조하고자 한다.

흔히 한국과 일본사회 둘 다 위계질서의 사회로 알려져 있다. 그러나 위계질서의 기능은 두 사회에서 항상 일치하지 않는다. 한국에서 상하관계와 이에 따른 행동 양식은 엄격히 두 개인간의 문제로 이해된다. 각자가 속한 집단간 상대적 지위는 그들의 행동규범에 영향을 미치지 않는다. 이와 대조적으로 일본에서는 개인의 행동규범은 집단의식에 따라 먼저 결정된다. 사회에서의 개인으로서의 지위는 부차적 역할을 할 뿐이다. 이러한 차이점을 두 사회의 경어 사용법을 통해 보기로 하겠다. 한국과 일본 모두 잘 발달된 경어 체계를 가지고 있으나 그 사용 맥락은 서로 아주 다르다.[1)]

〈그림 1〉의 a에서 볼 수 있듯이 화자가 그의 상사의 행동을 묘사할 때 한국어 존대 표현 '－께서'와 '－시－'(오십니다)는 상대방과의 사회적 관계의 특성과 상관없이 항상 사용된다. 말하자면 상사의 손위 지위는 누구와 말하는가에 따라 달라지지 않는다. 그러므로 한국어의 경어는 절대적이고 이런 의미에서 자바의 경어(Geertz 1960)와 닮았다 할 수 있다.

"상사가 오다"

a. 한국어

직장 동료에게 말할 때	과장께서 (존대)	오십니다. (존대)
고객에게 말할 때	상동	상동

b. 일본어

직장 동료에게 말할 때	*kachowa* (과장이)	*koraremasu* (오십니다) (존대)
고객에게 말할 때	상동	*kimasu* (옵니다) (낮춤)

〈그림 1〉 한국어와 일본어의 경어의 예

한편 일본어의 경어는 〈그림 1〉의 b에서 보듯이 보다 상대적이다. 같은 회사 동료직원에게 "과장이 온다"는 의미를 표현할 때 'koraremasu (오십니다)'라고 한다. 그러나 회사 외부인, 예를 들면 고객에게 같은 의미를 말할 때는 'kimasu (옵니

1) 일본어의 경어 사용에 대한 자세한 사항은 마틴(Martin 1964)을 참조하기 바란다.

다)'라는 표현을 쓴다. 이럴 때 상사는 손위 사람이기 이전에 같은 집단의 일원이라는 정체성이 우선이기 때문에 자신을 낮추듯이 상사의 행동 또한 낮추어 말해야 하기 때문이다. 이러한 일본어의 상대적 경어 사용법은 집단의식이 상하관계에 우선하는 것을 보여주는 예들 중 하나에 불과하다.

친족용어나 타이틀을 지칭할 때에도 같은 현상을 볼 수 있다. 예를 들면 일본 친족용어에는 지칭어와 호칭어가 보통 다르다. 첫째로 지칭어가 호칭어보다 흔히 공손하며, 둘째로 호칭어는 가족 내에서, 지칭어는 가족 외부에서 사용된다. 그렇기 때문에 일본의 아들은 가족 내에서는 아버지를 지칭할 때나 호칭할 때나 '오또오상'이라는 존칭 용어를 사용하도록 기대된다. 그러나 가족 외부에서는 그는 아버지를 지칭할 때 '치치'라는 낮춤 용어를 사용해야 하는데 이 상황에서 아버지는 더 이상 손위 사람이 아니며 가족집단의 일원에 불과하기 때문에 타인에 대해 자신을 낮추듯이 아버지를 낮추어야 하는 것이다. 이 경우 가족 상황은 집단으로서 하나의 분명한 맥락을 형성하는 것이다(Befu 1958; Fisher 1964). 이는 회사 외부인에게 직장 상사를 지칭하면서 '상(존칭어)'을 붙이지 않는 것과 같은 논리이다.

일본인과 일본사회에 대해 많은 연구가 행해졌다. 그러나 불행하게도 일본사회의 집단의식과 위계질서를 체계적으로 연결시켜 설명한 연구는 아직 보지 못했다. 그 대신 대부분의 연구들은 둘 중 하나만을 강조하는 것으로 그친 감이 있다. 예를 들면 나카네(Nakane 1970)는 현대 일본의 공동체 구조의 기본적 특징에 대해 광범위하게 연구했다. 그녀는 저서에서 일본의 사회제도에 언제나 분명하게 나타나고 있는 위계질서의 특성에 관심을 가질 것을 호소하고 있다. 그녀의 토론에서 집단의식의 개념이 종종 등장하긴 하지만 그녀는 이것과 위계질서 사이의 상관성에 대해서는 만족할만한 해석을 내리지 않고 있다. 이는 그녀가 집단 외부와의 관계보다 집단 내부 조직에 더 관심을 두었기 때문이라 생각한다. 보겔(Vogel 1963) 또한 일본의 신중산층의 생활을 유려하게 묘사하긴 했지만 이 점에서는 역시 실패했다. 보겔은 가족 단위에 기반을 둔 집단의식에 초점을 맞추었지만 가족 내부의 위계질서에 대해서는 충분히 설명하지 않았다. 이 논문에서 제기되고 있는 문제 같은 것에는 주의를 기울이지 않았다.

한편 한국에 대한 필자의 견해가 아주 생소한 것은 아니다. 브란트(Brandt 1971: 61)는 한국의 마을 민족지에서 "마을사람들의 인간관계에서 개인적 대면관계는 모든 마을주민들을 묶는 심리적 및 감정적 유대라는 절대적 의미에서 본다면 집단 결속력보다 우선시 된다"고 분명히 적고 있다. 이것은 '무라 하찌부(마을에서 따돌림 당하는 것)'(Nakane 1967: 140; Vogel 1963: 138)와 같은 관행에서 볼 수 있는 집단 결속력에 대한 일본인의 강조와는 좋은 대조를 이룬다 하겠다.

4. 감정용어의 분석

1) 이자관계 성향을 나타내는 한국의 감정용어

(1) 자료수집 방법과 자료의 분석

한국인의 인간관계의 정서적 측면을 알아보기 위해 필자는 1975년 9월에서 12월 사이에 16명(남성 10명, 여성 6명)의 한국인과 인터뷰를 가졌다. 그들은 모두 20대 후반에서 30대 초반이고 노스웨스턴 대학원생이거나 그들의 부인들이다. 조사는 네 단계에 걸쳐 행해졌다. 우선 한국어를 모국어로 사용하는 필자가 23개의 감정용어를 선택했다. 그 다음에 두 명의 정보제공자와 예비 인터뷰를 행했는데 그 결과 주제에 가장 적합한 12개의 용어로 압축시켰다. 세 번째 단계에서 각 용어의 민속적 정의를 추출하기 위해 12명의 정보제공자들과 심층적 인터뷰를 행했다. 마지막으로 나머지 두 명의 정보제공자와 조사 결과와 해석에 대해 상의했다.

민속적 정의를 얻기 위한 인터뷰는 다음 다섯 단계를 거쳤다. 즉 (1) 각 용어가 사용되는 행동적 맥락에 대한 일반적 정보를 얻기 위해 정보제공자에게 용어를 사용한 즉각적인 짧은 문장 짓기를 부탁했다. (2) 각 용어의 구두적 정의를 구했다. (3) 각 용어가 적용되는 인간관계의 종류를 분석했다. (4) 용어들 간 인지적 관계의 몇몇 방식들을 구했다. (5) 동의어와 반대어를 구했다.

분석 대상 용어들은 모두 '정' 개념을 중심으로 체계적으로 상호 연관되어 있기 때문에 각 용어의 의미론적 영역과 행동양상에 대한 아래의 분석은 '정' 개념에 초점을 두고 행해질 것이다.

(2) '정' 감정의 유형

① '정'의 일반적 정의

'정'은 인간관계를 나타내는 한국어의 감정용어이며 친숙함과 애정을 동시에 의미한다. '정'은 모든 종류의 인간관계에 적용된다는 점에서 가장 포괄적인 용어라 할 수 있다. '정'은 또한 일상생활에서 늘 언급되는 한국인들에게 매우 중요한 감정이다. 앞서 한국인들은 인간관계에서 일본인의 집단 성향과 비교되는 의미에서 이자관계 성향을 갖는다고 지적했다. '정'은 바로 이 이자관계에서 기능하는 기본적 감정 유형이라 하겠다. 이 점은 논의를 진행하면서 보다 분명해질 것이다.

'정'은 가깝고 오랜 동안의 접촉을 통해 천천히 그리고 무의식적으로 생겨나는 애착의 감정이다. 가족, 친구, 사제 등을 묶는 감정이 바로 '정'이다. 오랜 결혼생활을 한 부부간의 감정이 '정'이며 반면에 두 젊은 사람의 열정적 사랑은 '정'이라 하기에는 너무 순간적이다.

그러나 일본인에게 주요한 몇몇 감정과 달리 '정' 감정은 집단 감정을 동반하지 않는다. '정'관계에 있는 두 사람은 다른 사람들에 대해 반드시 배타적일 필요는 없다. 그와는 반대로 '정'은 어떠한 집단의 경계도 초월하며 인간관계의 거의 모든 방향으로 확대될 수 있다. 예를 들어 오랜 기간 집에 꾸준히 들리는 행상인에게 '정'을 느낄 수 있다. 영어의 '애착'(attachment)이 '정'과 비슷한데 그렇지만 '정'과 달리 'attachment'는 서구인의 인간관계에서 반드시 주된 관심은 아니며 더욱이 일상적 대화에서 주요하게 언급되지 않는다.[2] 한국의 '정'은 일본의 '조오(情)'와는 다른데, 후자는 덜 자주 사용되는 것 말고도 항상 두 연인 간에만 거의 사용된다.[3] '정'의 행동 양상에 관해서는 '정'관계에 있는 사람은 덜 형식적이고 덜 엄격하고 방종한 행동까지도 허용되는 경향이 있다. 두 사람 모두 '정'관계를

2) 필자는 일 년 반 동안의 미국생활에서 한 번도 이 단어를 들어보지 못했다.

3) 이 정보는 노스웨스턴 대학에 재학 중인 일본인 학생들을 통해 얻은 것이다.

인정할 때에는 무례함도 가벼운 농담으로 받아들인다.

그렇기 때문에 '정'관계에서는 예의바른 행동이나 공손한 언어표현에 대해 걱정할 필요가 없다. '정'관계가 오랜 동안의 친숙함과 애정을 통해 생기게 되면서 처음의 서먹한 태도는 차츰 사라지며 자유로움과 상호의존성이 따른다. 한국사회는 위계질서와 이에 기반을 둔 강한 공식적 행동으로 잘 알려져 있다. 그러나 이런 공식성은 위계질서에 있는 사람들 사이에 '정'관계가 느슨하거나 희박할 때 하는 말이다. 어떤 종류의 인간관계에서도 발달되는 '정'관계가 한국인에게 심리적 해방구와 안정성을 제공한다고까지 말할 수 있다. '정'은 '정'이 두 사람을 상호의존적 관계로 강하게 묶는다는 점에서 미국인의 개인주의 성향과도 다르다. 나중에 보게 될 일본인의 '아마에'는 '정'과 비슷한 감정 유형을 함축한다. 그러나 '아마에'는 주로 윗사람에게 향하고 종종 집단 성원권에 기초한다는 점에서 '정'과는 다르다 하겠다.

'정'이 많다고 묘사되는 사람은 한국사회에서 긍정적으로 받아들여진다. 그러나 '정'을 지나치게 요구하고 일방적으로 '정'을 기대하고 하는 행동은 그 관계를 훼손시킬 수도 있다. 이 부분은 '정'에 대한 의미론적 영역을 토의할 때 보다 분명해지리라 본다.

② 친숙함으로서의 '정'과 애정으로서의 '정'

그러면 이제 '정'이 어떠한 방식으로 친숙함과 애정을 의미하는지를 보기로 하자. '정'이 들어간 문장 중 가장 익숙한 문장은 '정이 들다'와 '정을 주다'일 것이다. 필모어(Fillmore 1968)의 격문법(case grammar)의 언어학적 모델을 빌려 두 문장의 의미론적 차이를 아래에 그려보았다.

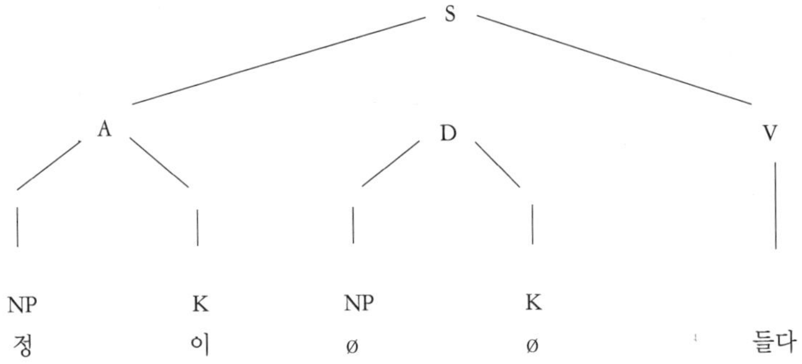

〈그림 2〉 '정이 들다'

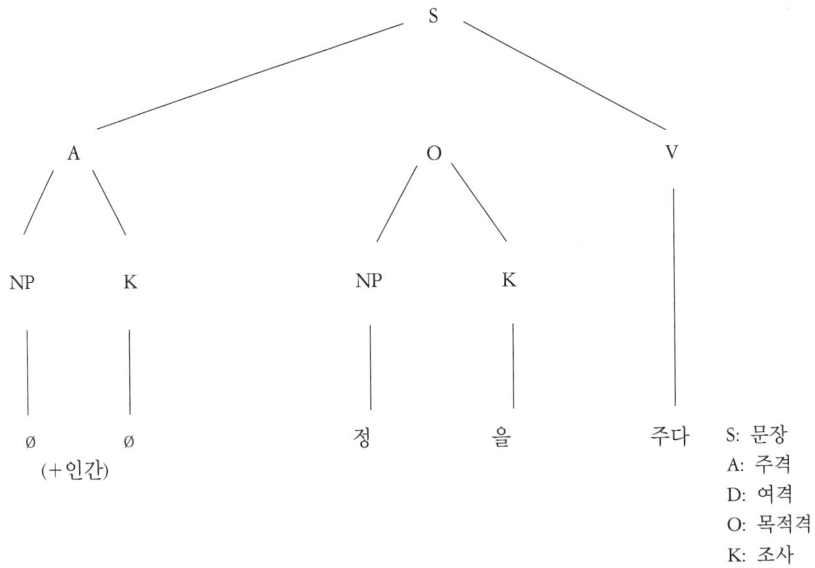

〈그림 3〉 '정을 주다'

〈그림 2〉는 "정이 들다"의 표현에서 동사 '들다'의 주체는 '정'임을 보여준다. 다시 말해 '정'은 인간의 능동적 의지 없이 발생하는 것으로 간주된다. 이는 또 다시 '정'관계에 있는 사람들에게는 '정'이 수동적으로 서서히 그리고 무의식적으로 발달함을 의미하는 것이다. 이 경우 '정'은 반드시 애정을 동반할 필요는 없다.

오히려 시간이 걸리는 친숙함이 '정'관계를 결정짓는 데 보다 더 깊은 역할을 한다. 이 점은 '미운 정, 고운 정'이라는 또 다른 표현에서 잘 나타나 있기도 하다. 사실상 모든 정보제공자들은 예외 없이 이 문구를 '정'을 표현하는 문구의 예로 들었다. 이 문구야말로 한국사회에서 강한 친밀함을 나타내는 가장 좋은 표현인 것이다. 여기서 '미운 정'에 대해 설명이 좀 필요하다. '밉다'는 감정은 반드시 강한 부정적 감정을 의미하는 것은 아니다. 오히려 '미운 정'은 단지 일시적이고 '고운 정'으로 바뀔 것이라고 인식한다는 데서 친숙함의 양상과 강하게 연결된다 하겠다. 반면에 〈그림 3〉에서는 '주다'의 주체는 여기서는 생략되었는데 분명히 인간을 가리킨다. 이 경우 '정'은 인간의 의지에 따라 발생하며 친숙함보다는 애정을 보다 더 의미한다고 볼 수 있다.

그리하여 〈그림 2〉에서 '정'이 없으면 혹은 좀 더 구체적으로 말하면 '정'이 나가게 되면 능동적으로 자아내는 미움보다는 수동적으로 생기는 거리감을 느끼게 된다. 이와 비슷하게 〈그림 3〉의 반대 상황, 즉 '정'을 뗄 경우 미움의 감정이 적극적으로 수반된다. 앞으로 감정용어들 사이의 인지적 관계에 대해 충분히 해석할 것이기 때문에 여기서 취하고 있는 '정' 개념을 친숙함과 애정이라는 두 영역으로 분리시켜 이해하는 에틱(etic)적 접근 방법이 한국인들 자신의 에믹(emic)적 구별과 반드시 일치하는 것으로 이해되지 않기를 바란다는 점만을 지적하고자 한다. 한국인에게 '정'은 항상 친숙함과 애정이 복합적으로 얽힌 감정이다. 아래의 〈그림 4〉는 지금까지의 논의를 정리하기 위해 만든 것이다.

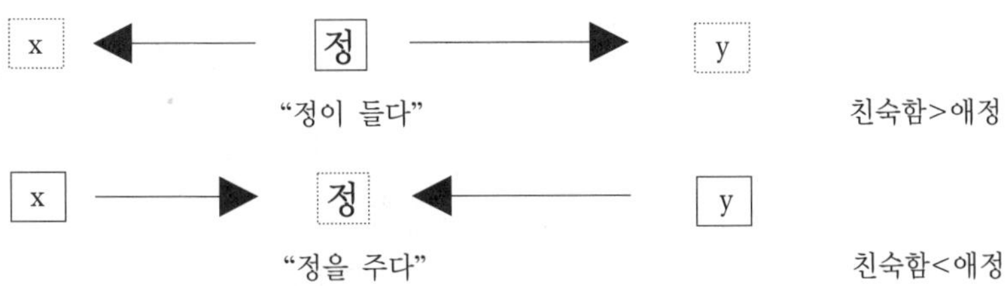

〈그림 4〉 친숙함과 애정으로서의 '정'

여기서 점선은 수동성을, 직선은 능동성을 의미한다. 〈그림 4〉에서 위 그림은 정이 애정보다 친숙함을 보다 더 의미하며, 아래 그림은 친숙함보다 애정을 보다 더 의미함을 보여주기 위한 것이다.

③ '정'의 의미론적 영역

여기서는 인간관계에서 나타나는 일반적 감정을 표현하는 용어들 사이의 인지적 관계를 논의해 보고자 한다. 분석 대상 용어들은 '정'과 모두 관련이 있다. 이는 '정'이 한국인의 인간관계에서 매우 중요한 정서임을 다시 확인해 주는 것이기도 하다.

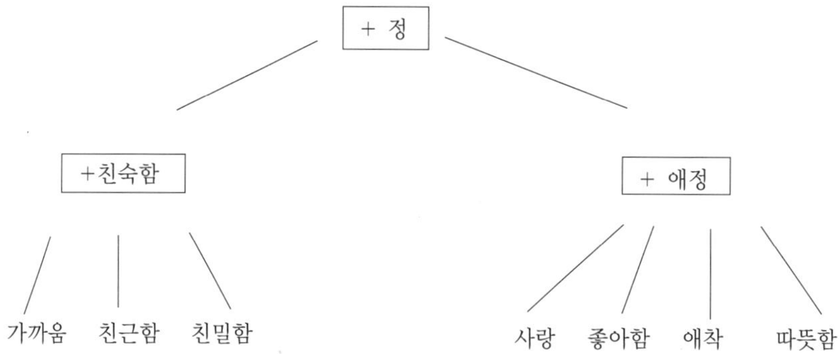

〈그림 5〉 '정'과 인지적 관계에 있는 감정들(긍정적)

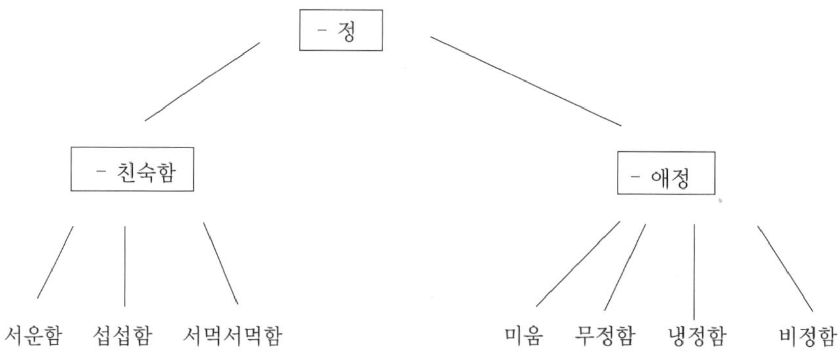

〈그림 6〉 '정'과 인지적 관계에 있는 감정들(부정적)

〈그림 5〉와 〈그림 6〉은 유목관계를 보여주는 것이 아니다. 감정용어들이 정의 유무에 따라 맺는 인지적 관계를 보여주기 위한 것일 뿐이다. 각각의 용어가 '정'과 어떻게 연관되는지 간략하게 설명하고자 한다.

'가까움', '친근함', '친밀함'/ '정'

'가까움', '친근함', '친밀함'은 모두 동의어이다. 정보제공자들은 '가까움'은 한자어서 유래한 나머지 두 단어보다 고유어로서 비공식적 성격을 더 갖는다고 했다. 예를 들면 존경하는 상사와의 친숙함을 표현할 때에는 '친근함'이나 '친밀함'이 더 적합하고 가족이나 오랜 친구에게는 '가까움'이 더 잘 어울린다고 했다. '친근함'과 '친밀함' 사이에는 '친근함'이 친숙함의 정도에 있어 '친밀함'보다 강도가 약한 느낌을 준다고 했다. 모든 정보제공자들은 이 용어들은 '정'관계를 결정짓는데 필요조건이라 했다. 그러한 감정 없이 '정'은 결코 생기지 않는다는 것이다.

'사랑', '좋아함', '애착', '따뜻함'/ '정'

영어의 'love'와 'like'는 한국어의 '사랑', '좋아함'과 의미론적 및 행동적 맥락에서 각각 상당히 유사하다. 한국어와 영어의 차이는 한국어의 사랑은 '좋아함'보다 일상생활에 덜 자주 사용된다는 점이다. 이는 '사랑'이 흔히 두 연인간의 애정을 의미하므로 연인관계가 아닌 사람들에서는 당혹함을 자아내고, 따라서 보다 중립적이고 일반적인 '좋아함'이라는 단어가 자유롭게 사용되기 때문이라고 생각한다. '애착'과 '따뜻함'은 '사랑'과 '좋아함'과 함께 '정'을 구성하는 것으로 여겨지며 '정'의 능동적 양상을 보여준다(〈그림 3과 4〉 참조). 종종 '정'은 강한 '애착'을 의미하기도 하며 이에 따라 '정'관계를 끊기가 어렵게 되기도 한다.

'서운함', '섭섭함'/ '정'('정'에 대한 욕구)

'서운함'과 '섭섭함'은 모두 '정'과 부정적으로 인지적 관계를 맺고 있다. '서운함'은 '정'관계에 대한 불만스런 기대감, 즉 거리감이 생겼을 때 수동적으로 나타나는 감정이다. '서운함'은 또한 '정'이 끊어질까 하는 두려운 감정과도 연결된다.

실제로 정보제공자들의 '서운함' 예문의 절반가량에 '정' 단어가 들어가 있었다.

본인의 의사와 상관없이 '정'관계를 떠날 때 '서운함'을 느낀다. 미국에 유학 오는 한국학생은 부모와 친구를 떠나올 때 '서운함'을 느꼈다고 했다. '서운함'의 또 하나의 맥락은 '정'관계에 있는 두 사람 간 '정'의 기대치에 차이가 있을 때 생기기도 한다. '정'관계에 있는 사람이 충분한 친밀감과 애정을 보이지 않을 때 '서운함'을 느끼게 된다. 그래서 친한 친구가 모른척하거나 무시할 때 '서운함'을 느낀다. 한국의 부모들은 자식이 그들의 충고에 귀 기울이지 않을 때 '서운함'을 느낀다. 마찬가지로 '서운함'은 호의를 받은 상대방이 지나치게 격식을 갖춰 감사를 표할 때도 나타나는 감정이다. 왜냐하면 그러한 행동은 두 사람간의 '정'관계를 생각할 때 너무 형식적이고 그래서 멀리 느껴지기 때문이다. 예를 들어 친한 친구가 집에 초대했을 때 너무 지나치게 예의바른 감사를 표시하면 '서운함'을 느끼는데 왜냐하면 '정'관계에 있을 때에는 스스럼없는 행동이 기대되기 때문이다.

'섭섭함'은 의미와 사용 맥락에서 '서운함'과 매우 가깝고 호환해 사용되는 단어이다. 두 단어 사이의 차이점이라면 '섭섭함'이 '서운함'보다 조금 더 강한 느낌을 표현한다는 정도이다. 이 두 감정을 이해함에 있어 수동적 특성은 중요하다. 이것이 이 두 감정을 좀 더 능동적인 '미움' 대신 '친숙함'의 부재 혹은 '거리감'과 연결시킨 이유이다.

'서먹서먹함'/ '정'

'서먹서먹함'은 두 종류의 사용 맥락을 갖는다. 첫째로 한국인이라면 누구든지 처음 만난 사람에게 '서먹서먹함'을 느낀다. 이런 의미에서 '서먹서먹함'은 '정'관계를 시작하는 첫 감정이라 할 수 있다. 둘째로, '서먹서먹함'은 의도적이든 아니든 오랜 분리 후에 다시 만날 때 느끼는 감정이기도 하다. 미국에서 오랜 기간 유학한 후 귀국해 옛 친구들을 다시 만날 때 '서먹서먹함'을 느낄 것이며, 부부싸움을 하고 화해한 부부들도 '서먹서먹함'을 느낀다. 한 마디로 '서먹서먹함'은 '정'이 없거나 느슨할 때 나타나는 불안하고, 불편하고 부자연스럽고 익숙지 않은 감정이다. 그러나 '정'관계가 생겨날 잠재를 가지고 있는 상황이다.

'미움', '무정함', '냉정함', '비정함'/ '정'

'미움', '무정함', '냉정함', '비정함'은 〈그림 5〉에서 보았듯이 모두 '정' 개념의 부정적 측면, 즉 애정의 부재와 관련되어 있다. '미움'은 다른 세 단어보다 일상생활에서 더 자주 사용된다. '정'에 대한 욕구가 거절될 때 '미움'의 감정이 발생한다. '무정함', '냉정함', '비정함'은 '정'이라는 한자에 '없음', '차가움', '부정'을 나타내는 한자가 붙어 만들어진 단어들이다. 이 세 감정은 '정'을 거절하는 상대방을 향한 부정적 태도를 표출함으로써 '정'에 대한 욕구불만을 나타내기 위해 일반적으로 사용된다.

지금까지의 서술은 정보제공자와의 인터뷰를 통해 얻은 민족지적 조사를 이용하여 행해진 것이다. 이제 각 용어를 보다 간결한 방법으로 이해하기 위해 성분분석 방법을 채택하고자 한다. 네 개의 성분 변인이 추출되었다. 즉, '정'의 존재와 부재, 지위, 사용빈도, 그리고 〈그림 5와 6〉에서의 친숙함에 포함되는 단어들의 친숙함의 정도와 애정에 포함되는 단어들의 애정의 정도 등이다.

〈표 1〉 '정'과 친숙함

	정	지 위			친 숙 함						사용빈도		
					−			+					
		−	0	+	3	2	1	1	2	3	1	2	3
가까움1	V	V	V							V			V
2	V			V						V	V		
친근함1	V	V	V						V		V		
2	V			V					V				V
친밀함1	V	V	V							V		V	
2	V			V						V	V		
서운함		V	V	V			V						V
섭섭함		V	V	V		V							V
서먹서먹함		V	V	V	V								V

〈표 2〉 '정'과 애정

	정	지위			애정						사용빈도		
					-			+					
		-	0	+	3	2	1	1	2	3	1	2	3
사랑 1	V	V	V							V	V		
2	V			V						V	V		
좋아함	V	V	V	V					V				V
애착	V	V	V	V						V	V		
따뜻함	V	V	V	V				V					V
미움		V	V	V			V						V
무정함1			V		V							V	
2		V		V	V						V		
냉정함		V	V	V		V							V
비정함			V		V						V		

〈표 1〉과 〈표 2〉를 요약하면 아래와 같다.

'가까움': 손위 사람보다는 동료나 아랫사람에게 더 자주 사용되며, '정'의 존재를 나타내는 강한 친숙함의 가정 유형이다.

'친근함': '가까움'과 좋은 비교가 되는데, 손위 사람에게 대한 친숙함을 표현할 때 보다 더 자주 사용되며 '가까움'보다는 친숙함의 강도는 낮다.

'친밀함': 손위 사람보다는 동료나 아랫사람에 대해 사용되며 강한 친숙함을 나타낸다.

'서운함': '정'의 부재로 나타나는 감정이며, '정'이 언급되는 것과 같은 빈도로 자주 마주치는 감정이다. 낯선 정도는 '서먹서먹함'이나 '섭섭함'보다 덜하다.

'섭섭함': '서운함'보다 거리감을 더 느낀다는 점을 제외하면 '서운함'과 매우 유사한 감정이다.

'서먹서먹함': 가장 낯선 감정이며 '서운함'이나 '섭섭함'처럼 한국 고유어이다.

'사랑' : '정'을 묘사하기 위해 사용되는 강한 애정을 표현하는 단어이다.

'좋아함': '사랑'보다 애정의 강도가 약한 편이지만 지위 변인과 관계없이 보다 더 광범위하고 자주 사용되는 단어이다.

‘애착’: 강한 ‘정’을 나타내지만 ‘정’이나 다른 감정 단어들보다 훨씬 덜 자주 사용된다.

‘따뜻함’: 깊고 강한 감정 대신 느슨한 애정을 나타내는데 모든 종류의 인간관계에서 사용된다. 한국인에게 가장 익숙한 감정 중 하나이다.

‘미움’: ‘정’에 대한 부정적 감정으로서 자주 등장한다. 그러나 이 단어가 암시하는 부정적 감정은 ‘무정함’, ‘냉정함’, ‘비정함’보다는 약하다.

‘무정함’: 평등한 관계에서 보다 자주 사용되며 매우 강한 부정적 감정을 의미한다. 아랫사람과 윗사람에게는 덜 사용된다.

‘냉정함’: ‘정’의 애정이 없을 때를 표현하는 매우 일반적 단어이다.

‘비정함’: 이 감정은 매우 강렬한 것이며, 평등한 관계에서 일어나는 경향이 크다. 정보제공자들은 윗사람, 혹은 아랫사람에 대한 이 감정의 예를 들지 못했다. 일반적으로 자주 사용되는 단어는 아니다.

2) 일본인의 집단성향의 감정 유형

(1) 자료분석

앞에서 일본의 친족제도와 행동규범을 논하면서 그들의 집단성향은 한국인의 이자관계 성향과 대비되는 개념으로 이해해 줄 것을 반복적으로 지적한 바 있다. 여기서는 집단성향이 일본인의 감정 유형에 어떠한 방식으로 반영되어 나타나는지를 보고자 한다.

자료 수집은 다음의 절차를 밟았다. 주요 개념인 ‘아마에’와 이 개념과 관련된 용어들을 도이의 일본인의 감정에 대한 연구에서 선택했다. 그 다음으로 용어들의 보다 분명한 의미론적 서술을 얻기 위해 노스웨스턴 대학에 재학 중인 20대 후반의 일본인 정보제공자 두 명과 심층적 인터뷰를 행했다. 그들은 일본 기업 근무의 경험을 가지고 있기 때문에 회사 내부와 외부에서의 행동 규범에 대한 정보는 이 논문의 이론적 틀을 마련하는 데 매우 유용했다.

(2) '아마에' 감정 유형

① '아마에'의 일반적 정의와 의미론적 영역

일본사회의 내부자로서 도이는 뛰어난 통찰력으로 '아마에'라는 주요 개념과 이것과 관련된 개념에 대한 분석을 통해 일본인의 감정유형을 면밀하게 분석했다. 도이에 따르면 '아마에'는 다음과 같은 의미를 갖는다. 즉 '아마에'는 "다른 사람의 호의에 기대고 의지한다", 혹은 "다른 사람의 친절을 마음껏 누린다" 혹은 "사랑받기를 원한다" 등을 의미하는 '아마에루'의 명사형이다. '아마에루'는 '달다'를 의미하는 '아마이'와 어원이 같다. 그래서 '아마에루'는 달콤함의 특별한 감정이며 흔히 어린 아이의 어머니에 대한 응석을 가리킬 때 사용된다. 그러나 이 감정은 모든 종류의 상하관계, 즉 아랫사람이 윗사람에게 '아마에'하는 식으로 확장되어 사용된다.

도이의 정의를 받아들이고 필자는 '아마에'와 인지적 관계에 있는 다른 단어들과 비교해 봄으로써 '아마에'의 의미론적 영역을 보다 넓게 논의해보고자 한다.

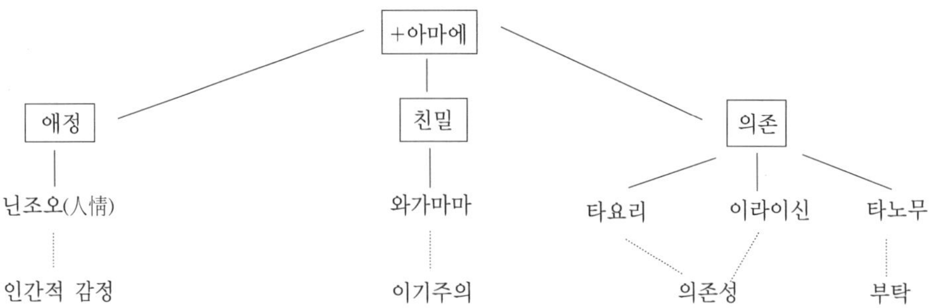

〈그림 7〉 '아마에'의 의미론적 영역

〈그림 7〉은 용어들의 대략적 정의에 기초해서 만든 것이며 유목도식은 아니다. 문제의 용어들이 '아마에'와 인지적으로 관련되어 있음을 '아마에'의 복합적 의미를 통해 보여주고자 만든 것이다. 그것들 사이의 맥락에 따른 정의와 의미론적 관계를 보다 자세히 보고자 한다.

'아마에'/ '닌조오'(인정)

'닌조오'는 애정이 담긴 인간적 감정이다. '닌조오'는 '기리'(義理: 사회적 의무)와 함께 이해할 때 그 의미가 가장 분명해지기 때문에 '아마에'와의 관계와 '닌조오'와 '기리'의 관계를 따로따로 살펴보고자 한다. '닌조오'와 '기리'의 주제는 일본인 학자 뿐 아니라 서구학자들에 의해서도 많이 다루어졌다. 여기에서 이 논의 자체를 확대시킬 필요는 없다고 생각한다. 단지 이 두 개념을 '아마에'와 연결시킨 도이의 새로운 해석만을 소개하고, 두 일본인 정보제공자로부터 얻은 자료를 토대로 그것들 사이의 의미론적 관계를 제시해 보고자 한다.

도이는 '닌조오'와 '기리'의 사용 맥락 경계를 본질적으로 반대되는 것으로 본 기존의 이론을 비판했다. 그에 따르면 '기리'관계는 '닌조오' 감정과 반드시 배치되지 않는다는 것이다. '기리'는 '닌조오'가 인위적으로 불러들인 모든 종류의 인간관계에 나타나는 감정이라는 것이다. 도이는 '기리'를 그릇으로, '닌조오'를 그 그릇에 담긴 내용물로 보는 것이 가능하다 했다. '닌조오'와 '기리' 사이의 관계, 그리고 그것들과 '아마에'의 관계를 고려할 때 정보제공자 두 명 모두 '닌조오'는 '아마에'의 기본적 감정 유형을 형성하는 애정적 인간적 감정이며, '기리'는 '아마에'관계를 묶는 '닌조오' 감정의 제도화된 채널이라는 도이의 견해에 동의했다. 다른 말로 하면 '닌조오'는 '아마에'관계를 작동케 하는 기본적 감정이며 '기리'는 '아마에'관계의 근거를 끊임없이 제공하는 메커니즘인 것이다. '닌조오' 감정이 없으면 '아마에'관계는 성립될 수 없는 것이다. 〈그림 7〉에서는 '기리'가 '아마에'와 관련은 있지만 '아마에'의 토대를 형성하는 감정은 아니기 때문에 포함시키지 않았다.

'아마에'/ '와가마마'(이기주의)

원래 '와가마마'는 상대방에 대해 아무런 행동 제약 없이 완전하게 자신이 될 수 있는 상황을 의미한다. 그렇기 때문에 한편으로는 강한 친밀감을, 또 다른 한편으로는 이기성이 수용됨을 함축한다. 강한 친밀성은 상대방에 대해 격식 없고 예의범절과 눈치를 신경 쓰지 않아도 되는 상황을 가져다준다. 이는 다시 자신의 감정이나 내면적 욕구를 자유롭게 표출시킬 수 있게 한다. 사실 일본사회에서 '와가마마'는 일반적으로 바람직한 것으로 받아들여지지는 않는다. 그러나 '아마에' 관계에 있어서는 '와가마마' 감정을 어느 정도 보이는 것이 허용된다. 정보제공자가 제공한 다음의 예문은 '아마에'와 '와가마마' 사이의 인지적 관계를 이해하는데 도움이 된다. 즉 누가 너무 의존적이거나 요구가 많을 때 일본사람은 "*amaeruna, amaewa wagamamasugiru* (응석부리지마, 너무 이기적이야.)"라고 말한다. 이 관계에서 '아마에'가 친밀한 감정이 있을 때 생기는 것임을 알 수 있다.

'아마에'/ '타요리'(부탁), '이라이신'(의존)

'타요리'와 '이라이신'은 의존성을 함축한다는 면에서 '아마에'와 관련이 있다. '아마에' 감정을 가지고 있을 때 행동 양식은 보통 의존적, 즉 '타요리' 혹은 '이라이신'의 형태로 나타난다. 두 정보제공자 모두 '타요리'는 반드시 바람직하지 않은 것은 아니나 '이라이신'은 보다 부정적 감정을 의미한다고 했다. 다시 말해 '타요리'는 적당한 의존성을 의미하며 그렇기 때문에 '아마에'와는 긍정적 관계를 가진다. 반면에 지나치거나 온당치 않은 의존성은 '이라이신'으로 표현된다. '아마에'관계에서는 의존적 감정 표현이 허용되고 기대되지만 '이라이신'에 대한 일본인의 부정적 태도는 의존적 감정의 절제가 요구됨을 분명히 예증하는 것이다.

'아마에'/ '타노무'(부탁하다)

'타노무'는 영어의 'to ask'와 'to rely on'의 중간쯤의 의미를 가지는데 상대방이 나에게 유리한 방향으로 해줄 것이라 믿고 나에 대한 일을 그에게 개인적으로 맡기는 것을 의미한다(Doi 1973: 30). 도이는 '아마에'관계가 '타노무'에 함축된 방종이나 의존성을 수용하는 방식으로 '타노무'가 '아마에'와 관련됨을 설명했다. 정보제공자들에 따르면 '타노무'는 '아마에'관계에 한정되지 않고 수없이 많은 다양한 상황에서 자주 사용되는 매우 일반적 단어가 되었다는 것이다. 실제로 정보제공자들의 예문을 보면 '타노무'는 영어의 'would you please'와 매우 유사하다. 일본인은 부탁을 할 때 '타노무'라는 말을 붙여 상대방에 대한 의존적 감정을 암시적으로 표현한다. “*shigoto o tetsudatte kurenaika, tanomuyo* (이 일을 도와주시겠습니까? 부탁합니다.)” 한 마디로 ‘아마에’와 ‘타노무’의 사용 맥락은 반드시 일치하지 않지만 의존적 감정이 겹친다는 점에서 인지적 관계는 여전히 존재하는 것이다.

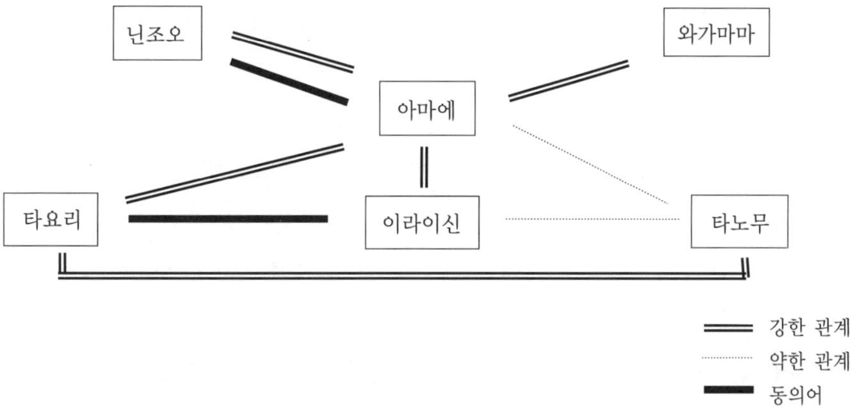

〈그림 8〉 ‘아마에’의 인지적 영역

지금까지의 분석을 토대로 ‘아마에’의 의미론적 영역을 그려 본 것이 〈그림 8〉이다.

② 집단 내 감정으로서의 ‘아마에’

기본적으로 부모자녀관계와 관련된 ‘아마에’는 상하관계에서 작용하는 감정이다. 앞에서 일본의 위계질서는 집단 내부인가 외부인가에 따라 행동규범이 달라지는 상대적 특성을 가진 것이라 지적했다. 같은 논리로 ‘아마에’ 감정은 항상 집단의식의 존재 여부에 따라 강화되기도 방해받기도 한다. 두 개인은 같은 집단에 속하거나 함께 새로운 집단을 만들 때 ‘아마에’관계로 가장 잘 묶이게 된다. 그러므로 ‘아마에’를 집단의식에 기초한 의존적 감정으로 정의할 수 있다.

일본사회가 한국이나 중국사회와 달리 많은 종류의 가친족집단을 양산해 왔음은 익히 알려진 사실이다(Befu 1964). 일본 가친족제도의 기원이나 구조 그리고 기능적 중요성에 대해서는 심리적(Hsu 1975) 혹은 경제적(Bennett & Ishino 1963) 측면의 연구들이 많이 행해진 바 있다. 여기에서 필자가 지적하고 싶은 것은 '아마에'라는 단어는 '오야붕-꼬붕'관계(양부모자녀관계)인 가친족관계에서 가장 전형적으로 구체화된다는 사실이다. '아마에' 감정과 일본의 가친족집단 간의 상호관련성은 '아마에' 감정에 집단 성향이 있다는 사실을 뒷받침한다. 흔히 상하관계의 두 사람이 공동의 목표를 토대로 성립되는 가친족관계는 그 관계를 영구히 지속시키기 위해 단단하게 밀착된 관계로 변형된다. 비슷하게 '아마에' 감정이 지속되기 위해서는 그것이 공동의 집단 정체성에 뿌리를 둘 필요가 있다.

'아마에'관계의 행동 양상에 관해서는 한국의 '정'관계와 매우 유사함을 발견했다. 앞에서 본 것처럼 '아마에'관계에 있을 때 잘 알려진 일본인 특유의 형식적 행동이나 예의바름은 느긋한 스스럼없는 행동으로 대체된다. 상대방에 의지하는 것이 허용되고 기대되는 것이다. 정보제공자 중 한 명은 '아마에'관계에 있는 직장 상사에게는 술값을 내 달라고 자유롭게 말할 수 있다고 했다. 학교 선배들이 있는 직장을 선택하는 경향이 높은 것 또한 흥미롭다 하겠다. 선배들을 개인적으로 알지는 못하지만 그들과 보다 쉽게 '아마에'관계를 맺을 수 있고 그래서 보다 안정감을 가질 수 있다는 것이다.

그럼에도 불구하고 '아마에'관계는 한국의 '정'관계와 중요한 차이가 있다. 앞에서 지적했듯이 '정'관계는 어떤 종류의 집단 경계에도 방해받지 않고 확장된다. 이와는 대조적으로 일본의 '아마에'관계는 집단의식과 집단 경계에 항상 영향을 받으며 대개 위계질서에 기초한다. 다시 말해 '아마에'관계는 집단 내에서 가장 잘 발달하는 경향이 있다. 도이는 이러한 집단의식과 '아마에' 사이의 상호관련성을 전혀 보지 못했다. 이는 도이가 일본인의 집단 감정을 몰라서가 아니라 그것이 그에게는 너무나 익숙한 것이었거나 정신과 의사로서 사회적 차원에서의 해석을 시도하지 않았기 때문이라 생각한다. 도이는 단지 집단의 내부적 양상만을 보았다 할 수 있으며 이것을 외부세계와 체계적으로 연결시키지는 않은 것이다.

③ '아마에'의 부재

여기에서 분석 대상 용어들은 도이의 연구에서 추출한 것이다. 이 용어들은 '아마에'의 감정 유형과 부정적으로 관련된 것들이다. 도이는 이 용어들을 설명하면서 집단의식과 집단경계의 변인을 포함시키지 않았기 때문에 이것들이 사용 맥락면에서 '아마에'와 인지적으로 어떻게 연결되는지 분명하게 제시하지는 않았다. 일본인의 집단 성향을 염두에 두고 필자는 정보제공자들로부터 구한 정보를 토대로 보다 체계적 방식으로 이 용어들을 설명하고자 한다. 〈그림 9〉는 '아마에'의 부재를 암시하는 용어들의 인지적 관계를 보여주기 위한 것이다.

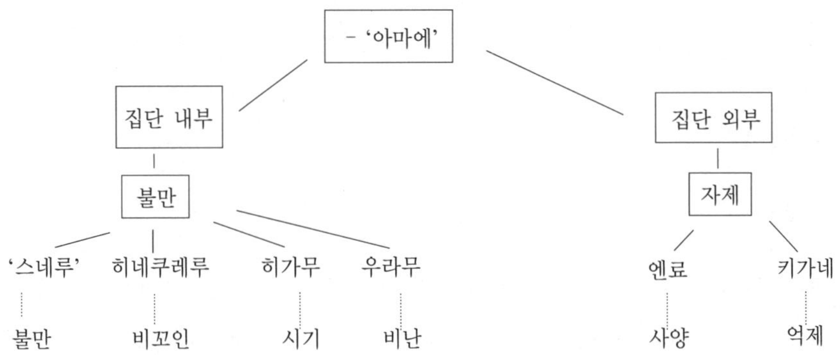

〈그림 9〉 '아마에'의 부재

〈그림 9〉에서 볼 수 있듯이 '아마에'의 부재는 집단 내부인가 외부인가에 따라 다른 감정 유형을 만들어낸다. 집단 내부에 있어서는 '아마에'가 없다는 것은 '아마에'의 내면적 욕구가 채워지지 않고, 따라서 불만스런 감정이 따른다. 반면에 집단 외부에서는 '아마에'의 부재를 의미한다. 이 경우 행동규범은 항상 자제의 형태로 표현된다.

a. **집단 내부**

'아마에'/ '스네루'(불만), '히네쿠레루'(비꼬인)

'스네루'는 뚱한 감정 혹은 불만을 의미한다. 아무 이유 없이 화가 날 때 '스네루'하다고 표현한다. 이 감정은 '아마에'를 받아들일 만큼 헤아림을 보여야 할 사람이 '아마에'를 받아들이지 않을 때 느끼는 감정이다. 일본의 아내는 남편이 그녀의 말에 귀 기울이지 않을 때 '스네루'를 느낄 것이며 마찬가지로 일본의 차남은 부모가 형보다 용돈을 적게 줄 때 '스네루'를 느낀다. 그러나 '스네루'는 자동사로서 반드시 상대방에게 향하는 감정이라기보다 자신에게 한정되는 불만의 감정이다.

'히네쿠레루' 또한 '아마에' 감정의 내면적 욕구를 표현할 수 없을 때 느끼게 되는 감정으로 '스네루'와 매우 유사한 감정유형이다. 이 두 감정의 차이는 '히네쿠레루'가 오랜 동안 쌓인 보다 강렬한 감정이라면 '스네루'는 가볍고 일시적인 감정이다. 정보제공자 중 한 명이 만든 다음의 예문은 '히네쿠레루'의 특징을 잘 지적하고 있다. 즉 "*ichido hinekureru to motoni modorinikui* (일단 '히네쿠레루' 감정을 갖게 되면 되돌리기가 어렵다.)"

'아마에'/ '히가무'(시기심)

'아마에' 욕구에 응하는 호의를 받지 못할 때 '히가무'를 느끼게 된다. '스네루'와 '히네쿠레루'와 마찬가지로 '히가무'는 윗사람이 아랫사람의 '아마에'를 무시할 때 나오는 부정적 감정이다. 직장 동료들은 그들 중 누군가 선택되어 미국 유학 혜택을 받을 때 '히가무' 감정을 느낀다. 자동사로서 '히가무'는 반드시 다른 사람에 대한 감정은 아니다. 오히려 자신에 한정된 감정이다.

여기서 참고로 정보제공자들이 언급한 '히가무'와 비슷한 '우라야무'에 대해 잠시 설명하고 지나가고자 한다. '우라야무'는 '히가무'처럼 부러움의 감정을 나타낸다. 그러나 '우라야무'는 집단 내부에 항상 한정되지는 않으며 더욱이 '아마에'와도 반드시 연결되지 않는다. '우라야무'는 매우 일반적 개념이기 때문에 이곳에서 분석 대상으로 삼지 않았다.

'아마에'/ '우라무'(비난하다)

'우라무'는 '스네루', '히네쿠레루', '히가무' 감정들의 결과이다. 이것은 다른 사람에 대한 적극적인 부정적 감정이다. 도이(Doi 1973: 30)는 '우라무'를 '아마에'가 거절당할 때 생기는 적대감으로 보았다. 이 적대감은 '아마에' 심리와 밀접한 관계를 갖기 때문에 단순한 미운 감정은 아닌 것이다.

용어들을 보다 간결하게 이해하기 위해 성분분석에 기초한 표를 만들어 보았다. 다섯 개의 성분 변인을 추출했다. 즉, '아마에', 집단의식, 불만의 정도, 지속성 정도 등이다. 사실 '아마에'와 집단의식은 이 네 개의 용어들을 구별하기 위한 변인들은 아니다. 다만 다른 단어들과 비교할 목적으로 참고 틀을 제공하기 위해 포함시켰을 뿐이다.

〈표 3〉 '아마에'와 집단의식[4)]

	아마에	집단의식	불만 정도			지속성 정도		
			1	2	3	1	2	3
스네루	-	+	V			V		
히네쿠레루	-	+		V			V	
히가무	-	+		V		V		
우라무	-	+			V			V

b. **집단 외부와의 관계**

'아마에'/ '엔료'

타인, 즉 타집단에 대한 감정 유형으로서 '엔료'는 일본인의 집단의식에 대한 논의와 특별한 관련성을 가지고 있기 때문에 이에 대해 좀 더 자세히 설명하고자 한다. '엔료'는 집단 내부 감정인 '아마에'와는 대조적으로 집단 외부에 대한 감정을 구체적으로 표현하는 일본인의 감정용어이다. '엔료'는 '아마에'와는 반대로 표현과 행동을 자제하고 억누르는 감정의 일종이다. 일본인 정보제공자들은 '엔료'의 긍정적 도덕적 힘으로 예의바름을, 부정적 도덕적 힘으로는 친숙함의 감소

4) 지위 변인은 여기에 빠졌는데 왜냐하면 '아마에'가 이미 윗사람과 관련된 상대적 지위를 함축하고 있기 때문이다.

를 지적했다. 이와 비슷하게 도이(Doi 1973: 38)는 다음과 같이 설명하고 있다.

> "부모자녀관계에서는 '엔료'는 없다. 왜냐하면 부모는 자녀에게 타인이 아니며 이 관계에는 '아마에'가 스며들어 있기 때문이다. 이 경우 자녀는 부모에 대해 '엔료'를 느끼지 않을 뿐 아니라 부모 또한 똑같이 자녀에 대해 '엔료'를 느끼지 않는다. 부모자녀관계 이외 다른 관계들에서는 '엔료'는 친밀할수록 감소하고 거리감이 커질수록 증가한다."

다시 말해 '엔료'는 '아마에'가 없으면 언제든지 나타나며 그 반대의 경우도 마찬가지이다. 그리하여 '아마에'와 '엔료'는 상보적 분포(complementary distribution) 관계라 할 수 있다.

'엔료'의 감정을 느끼면 개인은 자유롭게 행동할 수 없고 상대방에 대해 타인이라는 의식을 항상 느낀다. 나카네(Nakane 1970: 130-131)는 다음과 같이 적고 있다.

> "일본인들은 속내를 잘 드러내지 않고 사교적이지 않은데 일본인들은 가까운 집단 밖에 있게 되면 어떻게 자신을 표현해야 할지 당황하기 때문이다. 일본인들은 그들의 삶이 끼리끼리 집단에 지나치게 단단히 집중되어 있기 때문에 외부 사람들과 관계 맺는 기술을 발달시키지 못했다. 자기 집단 내에서 일본인들은 내성적으로만 묘사될 수 없다."

나카네는 집단 안과 집단 밖에 달리 적용되는 감정유형을 지목하지는 않았다. 그럼에도 우리는 '속내를 들어내지 않고 비사교적인' 감정을 '아마에'의 집단 내에서의 감정과 반대되는 것으로 '엔료'를 충분히 추정할 수 있다. 예의바름을 함축하는 '엔료' 감정은 자신의 집단 경계를 지키면서 행동적으로는 외부인과의 관계를 유지하고 호의를 보여주는 방식을 표현하는 정교한 의례적 인사의 형태로 종종 나타난다. 다시 말해 단단한 집단 내 감정 때문에 일본인들은 집단 성원들로부터 소외당하는 것에 매우 민감하다. 이것이 다시 '엔료' 감정의 행동 규범의 근간을 이룬다.

'아마에'를 집단 내 감정으로, '엔료'를 집단 외 감정으로 체계적으로 이해하기 위해서는 '아마에'가 상하관계에서 작용하는 감정인 반면 '엔료'는 그러한 관계에 반드시 구애받지 않는다는 점을 지적할 필요가 있다. '엔료'는 외부인이면 누구에게든지 적용되는 감정이다. 이 사실은 일본인의 집단 내 위계질서는 반드시 집단 밖에서도 그대로 반복되지 않는다는 사실과 그대로 부합된다. 일본사회에서 개인은 윗사람인가 아랫사람인가 구별되기 이전에 집단 내 사람인가 아닌가의 구별이 먼저 이루어진다. 이런 의미에서 '엔료'는 행동 양식에서 유사점이 많으나 자바인의 '숭칸'(자제, 충동과 욕구의 억제 태도)과는 다르다(H. Geertz 1959: 230). 그러나 자바인의 '숭칸'은 아버지에게도 느끼게 되는 상황에서 볼 수 있듯이 집단 소속과는 상관없이 윗사람이나 친하지 않은 아랫사람 앞에서만 보이는 경의를 말한다. 그리하여 '숭칸'이 자바사회의 강한 위계질서의 특성을 반영하듯이 '엔료'는 일본사회의 집단주의를 반영한다 하겠다.

'아마에'/ '엔료'/ '키가네'

도이(Doi 1973: 30)에 의하면 '키가네'는 상대방이 자신의 '아마에'를 자신이 원하는 만큼 받아들이지 않을까 하는 염려에서 나오는 끊임없는 '엔료' 감정을 의미한다. 이 두 감정의 행동 양식은 비슷하게 나타난다. 그러나 도이가 지적하고 정보제공자가 동의한 것처럼 '키가네' 감정은 '아마에' 감정을 가질 수 있는 사람에 대해 느끼게 되는 감정이다. 이런 의미에서 '키가네'는 '엔료'보다 약간 좀 더 친밀한 관계를 함축한다. '키가네'는 '엔료'를 느끼지 않아도 되는 상황에서 '엔료'를 느끼는 것을 나타낸다. 처음으로 일본인 집에 초대받을 때 일본인 주인은 "편하게 있어요"를 공손하게 표현하기 위해 "*enryo shinai* ('엔료' 느끼지 마세요)" 또는 "*kigane shinai* ('키가네' 느끼지 마세요)"라 흔히 말할 것이다. 반면에 지나치게 무례할 때, 즉 외부인일 것 같은 사람에게 '아마에'를 너무 많이 보일 때 일본인들은 "*karewa enryo shinai* (저 사람은 '엔료'할 줄 모른다)"라고 하지 "*karewa kigane shinai* (저 사람은 '키가네'할 줄 모른다)"라고는 하지 않는다. 이는 외부인에게는 적당하게 '엔료'를 나타내는 것이 바람직한 규범임을 보여준다. 이는 또한 '엔료'는 거리감이 좀 더 많음을 의미하며 '키가네'는 '아마에'관계를 맺을 수 있는 가능성이 허용됨을 의미한다 하겠다.

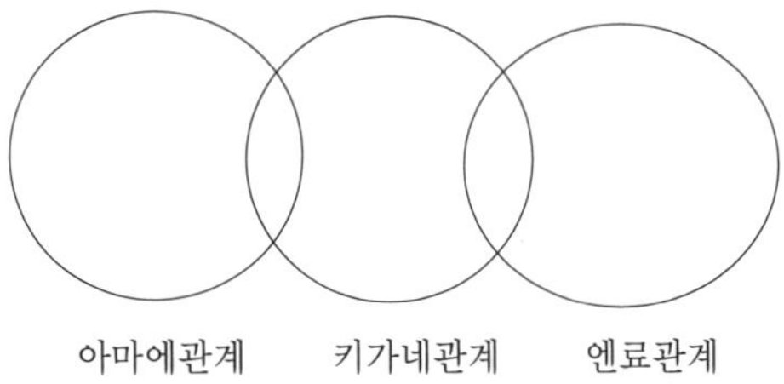

〈그림 10〉 '아마에', '키카네', '엔료'의 사용맥락

〈그림 10〉은 '아마에', '엔료', '키가네'의 상황 관계를 보여주기 위한 것이다. '아마에'와 '엔료'는 서로 상보적 분포(complememtary distribution) 관계임에 비해 '키가네'는 상황 적용에서 '아마에'와 '엔료'와 겹치는 부분이 있다.

5. 결 론

다른 사람들과의 상호작용 유형이 상황에 따라 달라지는 일본인들의 인간관계를 이해하기 위해서는 위계질서와 집단성향 중 한 요인만을 다루는 것은 충분치 못함을 이 논문에서 밝히고자 했다. 한국과 일본사회에 대해 조심스럽게 계획된 비교연구는 일본사회에서의 위계질서와 집단의식 사이의 기능적 양상을 보게 했을 뿐 아니라, 집단의식이 위계질서보다 우선시되는 일본인의 성향은 두 개인 간의 관계가 집단 소속 변인에 의해 영향을 덜 받는 한국인과의 비교를 흥미롭게 했다. 그러나 위계질서가 한국인의 인간관계에서 중요하지만 이것만으로 인간관계의 유형의 특성을 알아내고 이해하기는 부족하다. 위계질서를 넘어서서 한국인들이 똑같이 중요하다 생각하는 보다 중대한 면이 있는데 바로 이자관계 성향이다.

한국인과 일본인의 인간관계에서의 정서적 차이에 대한 앞의 논의는 한국인의 이자관계 성향과 일본인의 집단성향 사이의 차이를 보여주었다. 두 사회의 친족제도의 구조적 양상과 친족관계의 서로 다른 특성들에 대한 논의를 시작으로 필자는 감정용어에 나타난 두 민족의 정서적 유형의 차이를 살펴보고자 했다. 한국어의 '정'과 일본어의 '아마에'라는 두 주요 개념에 대한 의미론적 및 민족지적 묘사를 시도했다. 친숙함과 애정을 동시에 의미하는 '정'은 한국인의 인간관계의 핵심 감정 유형으로 제시되었다. '정'은 가깝고 지속적인 접촉을 통해 서서히 무의식적으로 발달하는, 그럼으로써 친밀한 관계를 맺게 되는 상대방에 대한 애착의 감정이다. 일본인의 '아마에'와는 달리 집단의식은 '정'관계에 함축되어 있지 않다. 오히려 '정'은 특정한 집단의 경계에 구애받지 않고 거의 무한정 확대될 수 있는 방식으로 한국인의 이자관계 성향을 반영한다.

'아마에'는 일본인의 기본적 감정 유형이다. 애정, 친밀감, 의존성이 어떻게 '아마에'에 함축되어 있는지 앞에서 보았다. 무엇보다도 '아마에'관계에서 집단 경계의 존재를 보여주기 위해 특별한 관심을 기울였다. 집단 내 감정으로서 '아마에'를 집단 외 감정인 '엔료'와 대조시켜 보았다.

원래 정서적 차원은 그 미묘함과 추상성 때문에 연구하기가 쉽지 않은 것으로 알려져 있다. 그러나 이 논문에서 필자는 민속어휘방법론과 성분분석이라는 두 종류의 언어학적 방법론을 결합시켜 그러한 어려움을 극복해 보고자 했다. 맥락에 대한 광범위한 인용과 주제에 대한 초점은 그러한 논의를 보다 이해하기 쉽게 했다고 생각한다.

이 논문은 세 가지 측면에서 의의를 찾을 수 있으리라 본다. 첫째로, 어느 민족의 사회생활을 좀 더 잘 이해하기 위해서는 그들의 문화적으로 유형화된 정서를 이해하는 것이 중요함을 보여주고자 한 것이다. 둘째로, 이 논문은 보다 유용한 방법론적 도구를 만들어내기 위해 인류학의 세 하위 영역, 즉 사회인류학, 심리인류학, 언어인류학의 통합적 시각을 이용하고자 했다는 점에서 방법론적 의의를 갖는다. 일본과 한국과 같이 서로 유사한 문화적 배경을 가진 사회들에 대한 비교연구가 지금까지 별로 행해지지 않았다는 점에서 세 번째 의의를 찾을 수 있다. 상대적으로 미묘한 유사점과 차이점에 대한 이런 종류의 연구는 인류학에서 중간범주 이론 생산에 이용될 수 있다. 국민성 연구는 실제로 행하기 어렵다. 그러나 두 비슷한 사회에 대해 유사점을 통제하고 크지 않은 차이를 여러 시각에서 철저하게 비교함으로써 보다 효율적이고 신뢰성 있는 이론이 나올 수 있지 않을까 한다. 여기서 제시한 가설이 또 다른 유사한 사회(예를 들면 중국사회)에 시험되기를 감히 바란다. 이런 식으로 세 사회의 인간관계의 정서적 차원에 대한 보다 구체적인 이론적 틀이 만들어질 수 있으리라 본다.

이 연구는 필연적으로 후속 연구를 기대한다. 연구 과정에서 많은 문제점들에 부딪혔다. 무엇보다도 필자는 지면의 제약 때문에 또 조사 기간의 한정 때문에 인간관계를 보여주는 모든 정서 단어들을 다루지 못했다. 이외 각 용어는 의미론적으로 맥락적으로 보다 철저하게 조사되었어야 했다. 이런 제약은 참여관찰이나 오즈굿 등(Osgood et al. 1975)이 제안한 의미론적 차이(semantic differentials)와 같은 보다 정교한 방법론을 이용함으로써 극복될 수 있으리라 본다. 필자가 조사자로서 한국인이라는 사실 또한 일본과 한국의 미묘한 유사성과 차이를 집어낼 수 있는 유리한 점이 있음에도 불구하고 약점으로 작용했을 수도 있다. 제 삼의 문화적 배경을 가진 자가 필자와는 다른 해석을 할 수 있으며 일본인 또한 또 다른 해석을 내릴 수 있다고 본다.

√참고문헌

김택규, 1964, 『동족부락의 생활구조연구: 반촌문화조사연구』, 청구대학출판부.

이광규, 1969, "한국의 가족구조," 『이홍직박사회갑기념: 한국사학논총』, 신구문화사.

______ 1971, "한국의 사회구조와 문화유형," 『문화인류학』 4: 5-18.

최재석, 1966, 『한국가족연구』, 서울: 민중서관.

Befu, Harumi, 1962, "Corporate Emphasis and Patterns of Descent in the Japanese Family," in R. Smith & R. Beardsley (eds.), *Japanese Culture: Its Development and Characteristics*, Chicago: Aldine Pub. Co.

______ 1963, "Patrilineal Descent and Personal Kindred in Japan," *American Anthropologist* 65: 1328-1341.

______ 1964, "Ritual Kinship in Japan, its Variability and Resiliency," *Sociologus* 14: 150-69.

Benett, John & Ishino, Iwao, 1963, *Paternalism in Japanese Economy*, Minneapolis: University of Minnesota Press.

Boehm, Christopherss, 1976, "Systems of Morality and Moral Affects: KAJANTE in

Montenegro," (*American Ethnologist* 게재 예정 논문).

Brandt, Vincent, 1971, *A Korean Village*, Cambridge, Mass.: Harvard University Press.

Briggs, Jean L., 1970, *Never in Anger: Portrait of an Eskimo Family*, Cambridge, Mass.: Harvard University Press.

Brown, Keity, 1966, "Dozoku and the Ideology of Descent in Rural Japan," *American Anthropologist* 68: 1129-51.

Choi, Chae-sok, 1970, "Comparative Study on the Traditional Family in Korea, Japan and China," in R. Hill & R. Konig (eds.), *Families in East and West*, Paris: Mouton.

Doi, Takeo, 1955, "Some Aspects of Japanese Psychology," *American Journal of Psychiatry* III: 691-95.

______ 1956, "Japanese Language as an Expression of Japanese Psychology," *Western Speech* XX: 90-96.

______ 1962, "Amae: A Key Concept for Understanding Japanese Personality Structure," in R. Smith & R. Beardsley (eds.), *Japanese Culture: Its Development and Characteristics*, Chicago: Aldine Pub. Co.

______ 1963, "Some Thought on Helplessness and the Desire to be loved," *Psychiatry* 26: 266-72.

______ 1967, "Giri-Ninjo: An Interpretation," in R. P. Dore (ed.), *Aspects of Social Change in Modern Japan*, Princeton University Press.

______ 1973, in J. Bester (trans.), *The Anatomy of Dependence*, Tokyo: Kodansha International Ltd.

Eggan, Fred, 1954, "Social Anthropology and the Method of Controlled Comparison," *American Anthropologist* 56: 743-63.

Fillmore, Charles J., 1968, "The Case for Case," in E. Bach & R. T. Harms (eds.), *Universals in Linguistic Theory*, New York: Holt, Rinehart & Winston, Inc.

Fisher, J. L., 1964, "Words for Self and Others in Some Japanese Families," in J. Gumperz & D. Hymes (eds.), *The Ethnography of Communication* (Special publication), *American Anthropologist* 66: 115-26.

Frake, Charles O., 1972, "Struck by Speech: the Yakan Concept of Litigation," in J. Gumperz & D. Hymes, (eds.), *Directions in Sociolinguistics: Ethnography of Communication*, New York: Holt, Rinehart & Winston, Inc.

Geertz, Clifford, 1960, "Linguistic Etiquette," in *The Religion of Java*, Free Press of Glenco.

______ 1973, *The Interpretation of Cultures: Selected Essays*, New York: Basic Books, Inc., Publishers.

Geertz, Hildred, 1959, "The Vocabulary of Emotion," *Psychiatry* 32: 225-37.

______ 1961, *The Javanese Family: A Study of Kinship and Socialization*, Free Press of Glenco.

Hsu, Francis L. K., 1965, "The Effect of Dominant Kinship Relations on Kin and Non-kin Behavior: A Hypothesis," *American Anthropologist* 67: 638-61.

______ 1972, "Kinship and Ways of Life: An Exploration," in F.L.K. Hsu (ed.), *Psychological Anthropology*, Cambridge, Mass.: Schenkman Publishing Co.

______ 1975, *Iemoto: The Heart of Japan*, New York: John Wiley & Sons, Inc.

Kim, Joohee, 1975, "Korean Family Values: Centering on the Concept of Kong-gyoung," (미간행 논문).

______ 1978, "Affective Differences in Interpersonal Relations as Reflected in Emotional Terms: Comparison Between Korea and Japan," 『인류학논집』 4: 59-95.

Lee, Kwang-gyu, 1973, "A Comparative Study of Kinship Principles in China, Korea and Japan," IXth International Congress of Anthropological and Ethnological Sciences.

Martin, Samuel, 1964, "Speech Levels in Japan and Korea," in D. Hymes (ed.), *Language in Culture and Society: A Reader in Linguistics and Anthropology*, New York: Harper & Row, Pub.

Nakane, Chie, 1967, *Kinship and Economic Organization in Rural Japan*, University of London, The Athlone Press.

______ 1970, *Japanese Society*, University of California Press.

Norbeck, E., 1968, "Japanese Usage of Terms of Relationships," *Southwestern Journal of Anthropology* 14: 66-86.

Osgood, C. R., et al., 1975, *Cross-cultural Universals of Affective Meaning*, University of Illinois Press.

Vogel, Ezra P., 1963, *Japan's New Middle Class*, University of California Press.

Wallace, Anthony F. C., 1969, "The Problem of the Psychological Validity of Componential Analysis," in S. A. Tyler (ed.), *Cognitive Anthropology*, New York: Holt, Rinehart & Winston, Inc.

Weinreich, Uriel, 1962, "Lexicographic Definition in Descriptive Semantics," in F. W. Householder & Sol Saporta (eds.), *Problems in Lexicography*, Bloomington: Indiana University Press.

<u>2 장</u>

친척호칭의 의미구조와 사회적 사용에서 나타나는 남인 · 노론 정체성 : 안동지방 한 촌락의 사례를 중심으로*

정종호

1. 연구의 배경 및 목적

인류학자 Morgan이 *Systems of Consanguinity and Affinity of the Human Family* (1870)에서 친척들을 일정한 범주로 구분 짓는 친척용어(親戚用語, kinship terminology)의 기본속성에 주목한 이래, 친척용어에 대한 연구는 인류학 연구에서 핵심적인 위치를 차지하여 왔다(왕한석 1989b: 1; Scheffler 1972: 309). 친척용어는 사용양식(mode of use)에 따라, "친척에게 (직접) 말하는 데에 사용되는 호칭(呼稱: terms of address)"과 "제3자에게 (자신의) 친척에 대해서 말할 때 그 친척을 가리키는 데에 사용되는 지칭(指稱: terms of reference)"의 두 가지 하위체계로 구성되어 있는데, 지칭체계는 호칭체계보다 훨씬 명세하고 유용한 분석대상으로 인

* 이 논문은 필자의 학위논문 "한국 친족호칭의 의미구조와 사회적 사용에 관한 연구: 안동지방의 한 촌락의 사례를 중심으로" (정종호 1990)를 수정 · 보완한 것이다.

식되어 왔을 뿐만 아니라 호칭체계에 비해 사회맥락적 변수들로부터 덜 영향을 받음으로 인해 상대적으로 손쉬운 분석 대상으로 간주되어 왔다(Murdock 1949: 97-98). 그 결과 기존의 많은 친척용어 연구들이 지칭체계의 기술, 분석에 치중하여 왔는데, 특히 친척의미론의 영역에서 이러한 경향이 강하였다.[1] 그러나 비교적 최근의 연구들은, 직접적인 상호작용에서 사용되는 친척호칭어가 언어적 상황을 규정하거나 사회적 상호작용을 규정하는 데 있어서 가지는 의미와 기능을 분석함으로써, 친척호칭어에 관한 연구가 친척의미론 및 사회구조 연구에 있어서 핵심적인 위치를 차지하고 있음을 보여주고 있다.[2] 특히 Bean은 호칭어에 대한 연구가 언어공동체(speech community)의 언어구조와 사회구조간의 관계를 밝히는 데 있어서 필수적임을 강조한다(Bean 1978: xi).

한국 친척용어에 관한 기존의 연구들은 대부분 분석적 우선성과 중요성을 지칭체계에 두고 있으며, 따라서 주로 친척지칭체계의 기술 및 분석에 치중하여 왔다.[3] 그 결과 한국사회의 사회구조 및 문화연구에 있어서 특별한 위치를 차지하고 있는 친척호칭체계의 의미구조와 사회적 사용에 관한 체계적인 기술 및 분석은 상대적으로 간과되어 왔다.[4] 그러나 다음과 같은 특성들로 인하여 한국사회의

1) 친척의미론에서 행하여지는 친척용어에 대한 의미분석(semantic analysis)은 내포적 의미(connotation)보다는 지시적 의미(signification)를 분석대상으로 하고 있다(Goodenough 1956, 1967; Lounsbury 1956). 따라서 사회맥락적 변수들로부터 비교적 덜 제약을 받으며 일차적으로 지시적 의미를 나타내는 친척지칭체계가 분석대상으로 선호되었다.

2) 대표적인 연구로는 Bean(1978), Befu and Norbeck(1958), Casson(1975, 1981), Casson and Özertuğ (1976), Chao(1956), Conant(1961), Fischer(1964), Vincze(1978) 등의 연구가 있다. 한편, 친척호칭체계에 관한 체계적인 연구는 아니지만 다양한 사회적 맥락에서의 호칭어의 선택과 관련된 일련의 사회언어학적 연구들도 이 같은 점을 강조하고 있다(Brown and Ford 1964; Brown and Gilman 1972; Ervin-Tripp 1972 등).

3) 한국사회의 친척용어에 관한 기존의 연구들은 언어학적 또는 국어학적 관심에서 이루어진 연구들과, 사회학적 또는 인류학적 관심에서 이루어진 연구들로 크게 나누어 볼 수 있는데, 언어학적 그리고 국어학적 관심에서 이루어진 연구에는 강신항(1967, 1976), 유창돈(1954), 이숭녕(1968), 최명옥(1982a) 등의 어휘론적 연구와 김한곤(Kim, Han-kon 1967, 1983), 이윤표(1986), 최명옥(1982b) 등의 의미론적 연구가 있으며, 사회학적 그리고 인류학적 연구에는 김기봉(1985), 왕한석(1988, 1989a), 이광규(1971, Lee, Kwang-Kyu 1975), 이광규와 Harvey(Lee and Harvey 1973), 이문웅(Lee, Mun-Woong 1976), 최재석(1982) 등의 연구가 있다.

경우에는 친척호칭체계에 대한 연구의 중요성이 더한층 강조되고 있다.

첫째로, 한국사회의 친척호칭체계는 친척지칭체계에 비해, 지역, 연령, 가문, 사회적 계층(계급) 등과 같은 요인들에 따른 변이상을 보다 뚜렷하게 보여주고 있다는 사실이다. 이 같은 사실은 한국사회의 친척용어에 대한 기존의 연구들에서 이미 지적되고 있는데, 특히 경북 북부지방을 조사한 최명옥(1982a: 2, 8)과 경북 안동지방을 조사한 김기봉(1985: 44-45)은 양반과 상민이라는 계층적 배경에 따라 그들의 친척호칭체계에 있어서 뚜렷한 변이가 나타나고 있음을 보여주고 있다. 따라서 한국사회의 경우, 친척호칭체계에서 나타나는 문화내적 변이(intra-cultural variation)에 대한 기술, 분석을 통하여, 그러한 문화내적 변이를 형성하고 조직화한 사회문화적 배경을 조명해보는 것이 가능하다고 할 수 있다.

둘째로, 한국의 친척지칭체계가 기본적으로 "지시적 용어(denotative term: 단일한 친척 범주에 속한 친척에 대해서만 적용되는 용어)"로 조직되어 있는 데 반해, 한국의 친척호칭체계는 "유별적 용어(classificatory term: 둘 또는 그 이상의 친척 범주들에 속한 친척들에 대하여 적용되는 용어)"로 조직되어 있다는 사실이다. 즉, 한국의 친척지칭체계는 200개가 훨씬 넘는 지칭어로 조직되어 있으므로 개별지칭어가 대부분 단일한 친척형만을 가리키는 지시적 용어체계인 데 반하여, 친척호칭체계는 훨씬 적은 수의 호칭어로 조직되어 있으므로 개별호칭어가 여러 개의 친척형에 대하여 동시에 적용(또는 사용)되는 유별적 용어체계로서의 속성을 갖는다(왕한석 1988: 284-285, 1989b: 19). 그런데 전통적으로 인류학자들이 주로 연구해온 친척용어체계는 대체로 25개 내외의 친척용어로 이루어진 것으로서, 이러한 친척용어체계는 본질적으로 유별적 용어들로 조직되어 있다(왕한석 1989b: 19; Murdock 1949: 99). 특히 친척의미론의 형식적 의미분석법(formal semantic analysis)은 기본적으로 유별적인 용어체계를 분석대상으로 하여 발달하여 왔다. 따라서 한국사회의 경우, 기본적으로 지시적 용어체계로서의 속성을 가지는 친척지칭체계보다는, 개별용어가 여러 개의 친척형에 대하여 동시에 사용되는 유별적

4) 최명옥(1982a, 1982b)과 김기봉(1985)의 연구에서는 친척호칭체계의 의미구조와 사회적 사용에 관한 기술 및 분석이 어느 정도 이루어지고 있다.

용어체계로서의 속성을 지닌 친척호칭체계가 형식적 의미분석법의 분석대상으로 보다 적합하다고 할 수 있을 것이다.

마지막으로 한국사회의 경우, 친척지칭체계가 기본적으로 한자어로 구성되어 있는 데 반해, 친척호칭체계는 처계친(妻系親)에게 사용되는 용어들을 제외하면 거의 대부분이 고유어 계열의 용어들로 구성되어 있다는 사실이다(왕한석 1988: 285; 최명옥 1982a: 5, 12, 20-21). 이는 친척지칭체계보다는 친척호칭체계가 한국사회 고유의 사회 문화적 특성을 보다 명확히 보여줄 가능성이 높다는 것을 의미한다. 이상과 같은 사실들을 고려하여 볼 때, 친척호칭체계의 의미구조와 사회적 사용에 관한 민족지적 연구는 한국의 친척용어에 관한 기존의 연구에 새로운 차원에서의 기여를 할 수 있을 것으로 기대된다.

이에 따라 본 연구는 다음과 같은 연구목적을 가지고 한국 친척호칭체계의 의미구조와 사회적 사용에 관한 기술 및 분석을 행하고자 한다. 첫째로, 한국 친척용어에 관한 기존의 연구들에서 간과되어온 민족지적 접근(ethnographic approach)을 통하여, 한정된 언어공동체 내에서 실제로 사용되고 있는 친척호칭어의 전체 집합을 체계적으로 수집하는 동시에 특정의 친척호칭어가 선택되어 사용되는 사회, 문화적 맥락에 대한 민족지적 기술을 함으로써, 신뢰성 있는 자료의 바탕 위에서 친척호칭체계의 통시적 변화 및 공시적 변이양상에 관한 비교연구의 준거틀을 제시하며, 둘째로, 친척호칭체계의 의미구조에 대한 보다 체계적인 의미분석을 시도함으로써, 친척의 분류 및 친척간의 사회적 관계에 관한 새로운 지식을 제공하고, 셋째로, 친척호칭체계에서 나타나는 문화내적 변이상에 대한 기술 및 분석을 행함으로써, 그러한 문화내적 변이를 형성하고 조직화한 특정의 사회, 문화적 배경을 조명해보는 것을 목적으로 한다.

2. 연구지역 개관

이상과 같은 연구목적을 수행하기 위하여 본 연구는, 안동김씨(安東金氏)와 상락김씨(上洛金氏)의 두 씨족으로 구성되어 있는 동족촌락이며, 예로부터 이름난 반촌(班村)으로서 양반계급의 문화적 전통이 다른 촌락에 비하여 상대적으로 강하게 유지되고 있는 경상북도 안동군 풍산읍 소산동(慶尙北道 安東郡 豊山邑 素山洞)을 연구지역으로 선정하였다.[5] 소산동은 안동시로부터 20km, 풍산읍으로부터 4km 떨어진 곳에 위치하고 있다. 소산동은 현지조사 당시 1, 2동으로 분리되어 있었는데, 원래 마을의 중심이 소산1동이었을 뿐만 아니라 소산1동은 양소당, 돈소당, 삼소재 등 안동김씨와 상락김씨의 종가가 위치하고 있는 본거지이며, 전체 가구 대부분이 안동김씨와 상락김씨의 두 씨족으로 구성되어 있어서 특정한 언어공동체 내에 친척 또는 친족원이 많이 거주하면 거주할수록 연구가 효과적인 친척호칭체계의 연구에 이상적이므로, 소산1동에 집중하여 현지 조사를 실시하였다.[6]

소산1동은 대표적인 두 성씨집단인 안동김씨와 상락김씨 중심의 동족 촌락이다. 소산1동의 주민등록표에 의하면 1988년 11월 현재, 소산1동의 전체가구 수는 총 171가구, 전체인구수는 총 680명(남: 332명, 여: 348명)이다. 이중 안동김씨는 전체가구의 47.9%인 82가구, 전체인구의 46.6%인 317명(남: 163명, 여: 154명)이며, 상락김씨는 전체가구의 12.3%인 21가구, 전체인구의 12.9%인 88명(남: 45명, 여: 43명)에 이르고 있어 두 씨족이 소산1동 전체가구의 60.2%, 전체인구의 59.5%를 점하고 있다.[7] 상락김씨는 신라 경순왕의 손자인 김숙승(金叔承)을 시조

---

5) 소산동은 1988년부터 소산리로 개칭되었으나, 마을 주민들 대부분이 여전히 "소산동"이라고 부르고 있으므로 본고에서도 소산동이라고 표기하겠다.

6) 본 연구의 현지조사는 1988년 11월 29일-12월 3일, 12월 11일-12월 29일, 1989년 2월 16일-3월 4일의 기간에 걸쳐 시행되었다. 그러나 1987년 7월 16일부터 19일까지 소산동에 대한 현지조사를 행한 이래 안동김씨 문중의 주요행사 및 소산동의 주요행사 때마다 참여함으로써, 소산동의 역사적, 사회문화적 배경과 동족촌락적 배경에 관한 자료 및 정보는 사전에 어느 정도 수집할 수 있었으며 마을 주민들과의 친밀한 관계도 사전에 상당부분 형성하였다.

(始祖)로, 충렬공(忠烈公) 김방경(金方慶)을 중시조(中始祖)로 하고 있으며, 안동김씨는 고려의 개국공신인 태사(太師) 김의평(金宣平)을 시조로 하고 있다. 양자 모두 안동을 본관으로 하고 있으므로 전자를 구안동김씨(舊安東金氏) 또는 선안동김씨(先安東金氏), 후자를 신안동김씨(新安東金氏) 또는 후안동김씨(後安東金氏)라고 구분하여 부른다. 그러나 구안동김씨 중에는 대대로 상락군(上洛君)[8]에 봉해진 명인들이 많았으므로 안동지방에서는 구안동김씨를 상락김씨라고 부르고 있는데, 본고에서도 구안동김씨를 상락김씨로, 신안동김씨를 그냥 안동김씨로 지칭하고자 한다.

본론에 들어가기에 앞서 다음과 같은 연구지역의 특성을 지적하고자 한다. 첫째로, 소산1동에 거주하는 안동김씨와 상락김씨 주민들에게 있어서 가장 중요한 사회적 관계는 친척 즉 친족관계이며, 그들의 행위양식을 규정하는 데 있어서도 친족관계가 여전히 중요한 역할을 하고 있다는 사실이다. 연구지역의 안동김씨와 상락김씨는 입향조(入鄕祖)를 기점으로 하여 친족분파에 따라 정체감을 형성하고 있으며, 시제, 당내모임, 화수회 등의 다양한 친족활동을 통하여 상호관계를 공고히 하고 있다. 또한 자신 및 상대방의 정체성을 친족관계에 따라 규정함으로써, 친족관계는 행위의 실제적인 지침이 되고 있다. 따라서 친족관계는 소산1동 안동김씨와 상락김씨 주민들에게 있어서 매우 중요한 의미와 기능을 가지고 있다고 볼 수 있으며, 그에 따라 대면적 관계에서 친족원들을 부르는 친척호칭 역시 중요한 의미와 기능을 보유하고 있을 것으로 여겨진다.

둘째로, 소산1동의 안동김씨와 상락김씨 주민들은 여전히 양반계급의 정체성을 강조하고 있으며, 따라서 반(班), 상(常)의 구분이 연구지역에서 여전히 상징적으로 유지되고 있다는 사실이다. 안동김씨와 상락김씨 주민들이 양반계급의 정체성을 강조하고 있다는 것은 자신들이 명문세도가의 후예임을 끊임없이 강조하고 있다

7) 안동김씨와 상락김씨 이외에 마을에 거주하는 타성들은 앞의 두 성씨와 개별적으로 인척관계를 맺어서 소산에 들어왔거나, 또는 두 성씨집단의 머슴을 살다가 소작으로 정착한 경우, 그리고 해방이후 이곳으로 이주해온 사람들로서, 이들은 일반적으로 안동김씨와 상락김씨 주민들에 의해 상민(常民)출신으로 인식되고 있다.

8) 상락(上洛)은 안동의 고호(古號)인 것으로 여겨진다.

거나, 신분유지 및 신분확인의 방편인 '혼반'을 계속해서 지키고 있다는 사실로부터 알 수 있는데, 이 같은 점은 지금도 매년 음력 정월보름에 행하여지는 동신제(洞神祭)에서도 상징적으로 나타나고 있다. 즉, 소산동의 동신제는 다른 지역의 동제와는 달리 두 개의 "동신(洞神)"에게 제사를 지내고 있는데, 이는 과거 반상의 구분이 뚜렷했던 소산동에서, 양반층에서 선정된 상제관이 마을 주산의 동신에, 상민층에서 선정된 하제관이 마을아래의 동신에 제사를 지내던 전통이 오늘날까지 그대로 이어져 행해지고 있는 것이다. 이러한 동신제를 통하여 안동김씨와 상락김씨 주민들은 자신들이 양반임을 확인하게 된다. 따라서 안동김씨와 상락김씨 주민들에게 있어 예절의 필수적인 부분으로 이해되고 있는 친척호칭에 있어서도 양반의 정체성이 강조되고 있을 것으로 짐작된다.

마지막으로 안동김씨와 상락김씨가 소산1동의 모든 정치적, 경제적 영향력을 행사하고 있으며, 두 집단이 때로는 대립하기도 한다는 사실이다. 물론 월등한 수적 우세로 인해 안동김씨의 세력이 소산1동에서 가장 강하다. 해방이후 1989년에 이르기까지 안동김씨 출신이 아닌 동장들의 임기를 다 합하여도 5년이 채 못 되고 있다는 사실이나, 소산동의 동신제가 원래는 음력 1월 14일에 행하여졌으나 안동김씨 종손의 기일과 겹쳐짐으로 인해 일제 때부터 음력 정월보름으로 옮겨져서 행해지게 되었다는 사실 등은 소산1동에서의 안동김씨의 위치를 잘 보여주고 있다. 그러나 비록 숫자상으로는 안동김씨의 1/4에 지나지 않는다 할지라도 상락김씨 역시 소산1동에서 중요한 영향력을 행사하고 있다. 특히 상락김씨의 대종손인 김석교씨는 상락김씨를 대표하여 소산1동 전체에서 중요한 위치를 차지하고 있으며, 안동군 내 전체에서도 지명도가 높다. 따라서 소산1동의 실제적인 모든 일들은 안동김씨의 우세속에서 안동김씨와 상락김씨의 합의하에 이루어지고 있는데, 어느 한쪽이 동장과 새마을 지도자를 독점하는 경우는 거의 없으며, 차기 동장을 선출하는 기구인 동개발위원(동장, 새마을 지도자, 부녀회장을 포함하여 13명으로 구성됨)들을 두 집단을 기준으로 하여 비례적으로 선출하고 있다. 그 결과 소산1동에서 안동김씨와 상락김씨는 정치적, 경제적인 측면에서 상호 구분되는 두 집단으로 존재하고 있다.

3. 연구지역 친척호칭체계 개관

1) 친척호칭체계의 위상과 하위범주

연구지역의 친척호칭체계를 개관하기 위해서는 우선 친척호칭체계의 위상이 정립되어야 할 것이다. 왕한석은 "발화 경로(Channels)"(의사소통의 전달매체들)와 "참여자(Participants)"(언어행위에 관여하는 사람들 및 그들 간의 관계)라는 두 가지 차원을 중심으로 하여 다음과 같이 한국의 친척용어체계를 구분하고 있는데, 그의 구분에 따르면 아래 〈표 1〉에서 「영역 1」은 인류학자들이 전통적으로 친척호칭이라고 불러온 것이 되며, 「영역 3」은 친척지칭이라고 불러온 것이 된다(왕한석, 1989b: 27-29).

〈표 1〉 한국 친척용어의 핵심적 하위체계

(참 여 자)

		ㄱ	ㄴ	ㄷ
발화 경로	A	1	2	3
	B	4	5	6

(A) 말(oral medium) (ㄱ) 화자(speaker), 청자(addressee)(친척관계)
(B) 글(written medium) (ㄴ) 화자, 청자, 지칭자(referent)(친척관계)
(ㄷ) 화자, 지칭자(친척관계), 청자(비친척관계)

위의 구분은 사회언어학의 개념을 바탕으로 하여 한국 친척용어의 핵심적인 하위체계를 엄밀하게 구분하고 있으며, 동시에 전체 친척용어체계 내에서 차지하고 있는 친척호칭체계의 위상을 명확하게 보여주고 있다. 그러므로 본고에서도 위의 구분에 의거하여, 소산1동의 친척호칭체계(「영역 1」)를 개관하기로 하겠다. 그런데 위의 구분에서 알 수 있는 바와 같이, 친척호칭은 친척관계에 있는 화자와 청자가 직접적인 대면적 언어상황에 동시에 존재해야 하는 것을 전제로 하므로, 본 연구에서는 소산1동에 부계(父系) 친족원이 많이 거주하고 있는 안동김씨와 상락김씨를 중심으로 연구지역의 친척호칭체계를 개관하여 보기로 하겠다.

친척호칭체계는 개별호칭어에 의해 호칭되는 친척의 하위범주들에 따라 다시 몇 가지의 부류로 구분될 수 있는데, "화자(話者)의 성(性)"과 "친척관계의 연계망"이라는 두 차원을 중심으로 하여 하위범주들을 구분한 왕한석(1989b: 31-32)의 논의에 따르면, 한국 친척호칭체계의 하위범주들은 다음과 같이 구분될 수 있다.

〈표 2〉 한국 친척호칭체계의 하위범주

		<친척관계의 연계망(network)>			
		혈연관계 (consanguineal relationship)		인연관계 (affinal relationship)	
		부계친(父系親)	모계친(母系親)	부계친(夫系親)	처계친(妻系親)
화자의 성	남	1	2	.	3
	여	4	5	6	.

여기서 부계친(父系親), 모계친(母系親), 부계친(夫系親), 처계친(妻系親)은 최재석(1982: 486)에 따라 각각 '아버지를 통해서 맺어진 친척', '어머니를 통해서 맺어진 친척', '남편을 통해서 맺어진 친척', '처를 통해서 맺어진 친척'으로 정의되고 있으며, 처계친과 부계친(夫系親)은 각각 처의 부계친(父系親) 및 처의 모계친(母系親), 부(夫)의 부계친(父系親) 및 부(夫)의 모계친(母系親)으로 구분된다. 그런데, 본 연구는 소산1동에 거주하고 있는 안동김씨와 상락김씨를 중심으로 하여 연구지역의 친척호칭체계를 개관하고 있으므로, 〈표 2〉의 "화자의 성" 차원에서 남성화자는 안동김씨와 상락김씨의 남성친족원을 의미하게 되며, 여성화자는 안동김씨와 상락김씨의 여성친족원 및 안동김씨와 상락김씨 남성친족원의 여성배우자를 의미하게 된다. 그러나 소산1동을 비롯한 한국의 전통사회가 기본적으로 남계출

계(男系出系, agnatic descent)와 부거제(夫居制, virilocal residence)의 원리에 따라 조직됨으로 인해 안동김씨와 상락김씨의 여성친족원들은 출가함과 동시에 소산1동을 떠나게 되므로, 연구지역에서 중요한 호칭영역을 구성하는 여성화자로서의 역할은 안동김씨와 상락김씨 남성친족원의 여성배우자들에 의해 수행되고 있다. 따라서 본 연구에서도 안동김씨와 상락김씨 남성친족원의 여성배우자를 중심으로 하여 여성화자의 친척호칭체계를 살펴보기로 하겠다.

이와 같이 안동김씨와 상락김씨의 남성친족원을 남성화자로, 안동김씨와 상락김씨 남성친족원의 여성배우자를 여성화자로 하여 연구지역의 친척호칭체계를 개관하여 볼 때, 위의 〈표 2〉에서 구분된 한국 친척호칭체계의 하위범주들 가운데 연구지역에서 사회문화적으로 중요한 호칭영역을 구성하는 것은 1과 6의 호칭 영역이 된다. 왜냐하면 안동김씨와 상락김씨의 부계(父系)동족 마을인 소산1동에서는 남성화자(안동김씨와 상락김씨의 남성친족원)의 모계친과 처계친, 여성화자(안동김씨와 상락김씨 남성친족원의 여성배우자)의 부계친(父系親)과 모계친이 마을 내에 거주하지 않으므로, 2, 3, 4, 5의 호칭영역들은 일상생활에서 사용되는 경우가 극히 드물며 따라서 안동김씨와 상락김씨 주민들의 언어생활에서 비교적 중요성이 덜한 데 비해, 1과 6의 호칭영역들은 일상생활에서 빈번하게 사용되며 그에 따라 그들의 언어생활에서 매우 중요한 부분을 차지하고 있기 때문이다.

그러므로 본 연구에서는 연구지역의 친척호칭체계를 구성하는 모든 하위범주들을 분석의 대상으로 삼기보다는, 연구지역에서 사회문화적으로 중요한 의미와 기능을 가지며 또한 가장 빈번하게 사용되고 있는 1과 6의 호칭영역만을 분석의 대상으로 삼음으로써, 자료수집의 효율성과 분석의 명료함을 기하고자 한다. 즉, 안동김씨와 상락김씨의 남성친족원들이 그들의 부계친(父系親)을 호칭할 때의 호칭영역(1)과 안동김씨와 상락김씨 남성친족원들의 여성배우자들이 그들의 부계친(夫系親, 특히 부(夫)의 부계친(父系親[9]))을 호칭할 때의 호칭영역(6)을 중심으로 연구지역의 친척호칭체계를 기술, 분석하고자 한다.

9) 여성화자(안동김씨와 상락김씨 남성친족원의 여성배우자)의 경우에는 부(夫)의 모계친이 연구지역에 거주하지 않으므로, 본 연구에서는 부(夫)의 부계친(父系親)에 대한 호칭영역만을 다루고 있다.

2) 연구지역의 친척호칭체계

연구지역의 친척호칭체계를 개관하기에 앞서 안동김씨와 상락김씨의 부계(父系) 친족의 범위 또한 설정되어야 할 것이다. 소산1동의 안동김씨와 상락김씨들은 '대소간(大小間)', '당내(堂內)', '한집안' 등으로 '친족의 범위'를 표현하고 있는데, 안동김씨와 상락김씨간에, 그리고 안동김씨들간에 친족의 범위와 관련하여 상이한 견해가 존재하고 있다. 즉, 일부의 안동김씨 및 대부분의 상락김씨들은 "부계(父系)로 열촌까지는 촌수를 따진다"라고 하여 10촌까지를 부계(父系)친족의 범위에 포함시키는 반면, 일부의 안동김씨 및 소수의 상락김씨들은 동고조(同高祖) 8촌까지를 부계(父系)친족의 범위로 보고 있다. 그러나 (1) 대부분의 친척호칭어들은 여러 친척형들을 집합적으로 가리키는 유별적 용어들이므로, 8촌 이내의 친족원들에 대한 호칭어와 10촌 이내의 친족원들에 대한 호칭어의 목록이 기본적으로 같을 것으로 여겨지며, (2) 친척지칭의 경우에도 고조부(高祖父) 윗세대의 친족원에 대해서는 특별한 지칭어가 나타나지 않고 있으므로, 본 연구에서는 연구지역의 모든 제보자들이 공유하는 범위인 동고조(同高祖) 8촌(배우자 포함)까지를 부계(父系) 친족의 범위로 설정하기로 하겠다.

연구지역의 친척호칭체계에 관한 자료는, (1) 연구지역 주민들에 의해 많은 문화적 지식을 가지고 있는 것으로 인식되며, (2) 연구지역 내에 많은 친족원들을 가지고 있는 주민들 가운데서 선정된 조사대상자들을 중심으로 하여 수집되었다. 또한 급격한 사회, 문화적 변화로 인하여, 연구지역 내에서도 화자의 연령에 따라 친척호칭체계에서 큰 차이가 나타나고 있는 바, 대체적으로 50대 이상 화자들의 친척호칭체계가 가장 체계적이고 일관적이며, 호칭어 수에 있어서도 풍부할 뿐만 아니라, 그 이하의 연령층에 의하여 "옳게 짖기는(혹은 지키는: '말하다', '지껄이다', '꾸중하다'라는 뜻의 연구지역 사투리)" 것으로 인식되고 있으므로 50대 이상의 주민들을 중심으로 조사대상자를 선정하였다. 따라서 본 연구에서 제시되고 있는 소산1동의 친척호칭체계는 주로 50대 이상의 화자들이 사용하고 있는 친척호칭체계임을 밝혀둔다.

한편, 친척호칭체계의 구체적인 자료수집은 다음과 같은 과정을 통하여 이루어졌다. 우선 연구지역의 친척지칭어 목록을 수집한 다음, 확인된 친척지칭어 목록을 기준으로 하여 앞에서 제시한 기준에 따라 선정된 총 30명의 조사대상자들에 대해 집중적인 면접을 실시함으로써 친척호칭어 목록을 수집하였다. 면접시에는 "[친척지칭어]를 직접 부르실 때는 무엇이라고 하십니까"라는 질문을 기준으로 하였으며, 조사대상자가 실제로 사용하거나 사용했던 호칭어와, 조사대상자에게 실제로는 존재하지 않았던 친척형에 대한 호칭어를 구분하여 수집하였다. 이렇게 하여 수집된 호칭어 목록은 연구지역 주민들 간에 실제로 일어나는 언어행위(communicative behavior)에 대한 참여관찰을 통하여 다시 한번 확인되었다. 다음의 〈표 3〉은 현지조사 당시 소산1동에서 사용되고 있는 친척호칭어의 목록을 보여주고 있는데, 〈표 3〉에서 사용되고 있는 기호들은 다음과 같은 의미를 갖는다.

1. [ ]: 친척에 대한 호칭은 친척관계에 있는 화자와 청자가 직접적인 대면적 언어상황에 동시에 존재해야 하는 것을 전제로 하므로, 화자에게 실제로는 존재하지 않았던 친척형에 대한 호칭행위는 있을 수 없다. 그러나 이 경우에도 제보자들은 친척호칭체계에 대한 그들의 문화적 지식에 의거하여 해당 친척형에 대한 호칭어를 제시하고 있는데, 해당 친척형에 속한 친족원과 직접적인 대면적 언어상황 속에서 마주 대할 기회를 갖지 못함으로 인해, 조사대상자가 실제로는 사용해보지 못하였던 호칭어에 한해서 '[ ]' 표시하였다.
2. oo: 친척에 대한 호칭어는 둘 또는 그 이상의 친척범주들에 속한 친척들에 대하여 적용되는 유별적 용어로서의 속성을 가지므로, 집합적인 의미의 호칭어를 개별적인 의미의 호칭어로 변환시키기 위해 다양한 형태의 한정어(qualifier)가 호칭어 앞에 부가되어 사용되고 있다(왕한석 1989b: 30). 연구지역의 경우에도 택호(예를 들어, 상동 할배, 마찔 할매, 하회 아주머니 등)나, 연령적 순서를 나타내는 용어(예를 들면, 둘째 형, 세째 작은아버지)들이 한정어로서 사용되고 있는데, 이와 같은 한정어는 'oo'로 표시하였다.
3. 호칭어 사용이 특별히 회피되는 경우의 호칭어에 대해서는 '< >'표시를 하

였으며, 극소수의 제보자만이 제시한 호칭어에 대해서는 '「 」'표시를 하였다.

4. 호칭어를 표기하는 데 있어서는, 표준어의 맞춤법과는 관계없이 될 수 있는 대로 연구지역의 발음 그대로 표기하는 것을 원칙으로 하였다(예를 들면, 데림, 액씨, 서방딕 등).
5. 〈표 3〉에서 사용되고 있는 친척형 표시 기호는 왕한석(1989b: 37)에 따라 다음과 같이 정의된다.

F: father, M: mother, B: brother, Be: elder brother, By: younger brother
Z: sister, Ze: elder sister, Zy: younger sister, S: son, D: daughter
H: husband, W: wife, >e: older than ego, <e: younger than ego

한편 FN은 first name을, Tek는 Teknonymy(종자명호칭)을 의미한다.

〈표 3〉 친척호칭어의 목록

A: 화자가 남성인 경우 그들의 부계친(父系親)에 대한 호칭
B: 화자가 여성인 경우 그들의 부(夫)의 부계친(父系親)에 대한 호칭

일련번호	친척형	친척지칭	친척호칭			
			I		Ⅱ	
			A	B	A	B
1	FFFF	高祖父	[할배]	[할뱀]	[할아버지]	[할아버님]
2	FFFM	高祖母	[할매]	[할맴]	[할머니]	[할머님]
3	FFFFZ	高姑母/高大姑母	[oo할매]	[oo할맴]	[oo할머니]	[oo할머님]
4	FFFFZH	高姑母夫/高大姑母夫	[oo새할배]	[oo새할뱀]	[oo할아버지]	[oo할아버님]
5	FFF	曾祖父	큰할배	[큰할뱀]	[할아버지]	[할아버님]
6	FFM	曾祖母	큰할매	큰할맴	[할머니]	[할머님]
7	FFFB	從曾祖父	[oo할배]	[oo할뱀]	[oo할아버지]	[oo할아버님]
8	FFFBW	從曾祖母	[oo할매]	[oo할맴]	[oo할머니]	[oo할머님]
9	FFFZ	曾姑母/曾大姑母	[oo할매]	[oo할맴]	[oo할머니]	[oo할머님]
10	FFFZH	曾姑母夫/曾大姑母夫	[oo새할배]	[oo새할뱀]	[oo할아버지]	[oo할아버님]
11	FF	祖父	큰아배	큰아뱀	할아버지	할아버님
12	FM	祖母	큰어매	큰어맴	할머니	할머님

일련번호	친척형	친척지칭	친척호칭			
			I		II	
			A	B	A	B
13	FFB	從祖父	oo할배	oo할뱀	oo할아버지	oo할아버님
14	FFBW	從祖母	oo할매	oo할맴	oo할머니	oo할머님
15	FFZ	尊姑母/大姑母	oo할매	oo할맴	oo할머니, oo大姑母	oo할머님,oo大姑母님
16	FFZH	尊姑母夫/大姑母夫	oo새할배	oo새할뱀	oo할아버지, oo大姑母夫	{oo할아버님, oo大姑母夫님}
17	FFFBS	再從祖父	{oo할배}	{oo할뱀}	{oo할아버지}	{oo할아버님}
18	FFFBSW	再從祖母	{oo할매}	{oo할맴}	{oo할머니}	{oo할머님}
19	FFFBD	再從尊姑母/再從大姑母	{oo할매}	{oo할맴}	{oo할머니, oo大姑母}	{oo할머님, oo大姑母님}
20	FFFBDH	再從尊姑母夫/再從大姑母夫	{oo새할배}	{oo새할뱀}	{oo할아버지, oo大姑母夫}	{oo할아버님, oo大姑母夫님}
21	F	父(父親,家親)	아배	아뱀	아버지	아버님
22	M	母(母親,慈親)	어매	어맴	어머니	어머님
23	FBe	伯父	맏아배	맏아뱀	큰아버지	큰아버님
24	FBeW	伯母	맏어매	맏어맴	큰어머니	큰어머님
25	FBy	叔父	oo작은아배	oo작은아뱀	oo작은아버지	oo작은아버님
26	FByW	叔母	oo작은어매	oo작은어맴	oo작은어머니	oo작은어머님
27	FZ	姑母	oo아지매	oo아지맴	oo아주머니(이), oo姑母	oo아주머니(이),oo姑母님,oo아주머님
28	FZH	姑母夫	oo새아재	oo새아지뱀	oo아저씨 (아제씨), oo姑母夫	oo아저씨 (아제씨), oo姑母夫님
29	FFBS	從叔/從(堂)叔	oo아재	oo아지뱀	oo아저씨 (아제씨)	oo아저씨 (아제씨)
30	FFBSW	從叔母/從(堂)叔母	oo아지매	oo아지맴	oo아주머니(이)	oo아주머니(이), oo아주머님
31	FFBD	從姑母/從(堂)姑母	oo아지매	oo아지맴	oo아주머니(이), oo姑母	{oo아주머니(이) oo姑母님, oo아주머님}
32	FFBDH	從姑母夫/從(堂)姑母夫	oo새아재	{oo새아지뱀}	{oo아저씨 (아제씨), oo姑母夫}	{oo아저씨 (아제씨), oo姑母夫님}
33	FFFBSS	再從叔/再從(堂)叔	oo아재	oo아지뱀	oo아저씨 (아제씨)	oo아저씨 (아제씨)

일련번호	친척형	친척지칭	친척호칭			
			Ⅰ		Ⅱ	
			A	B	A	B
34	FFFBSSW	再從叔母/再從(堂)叔母	oo아지매	oo아지맴	oo아주머니(이)	oo아주머니(이), oo아주머님
35	FFFBSD	再從姑母/再從(堂)姑母	oo아지매	{oo아지맴}	oo아주머니(이), oo姑母	{oo아주머니(이) oo姑母님, oo아주머님}
36	FFFBSDH	再從姑母夫/再從(堂)姑母夫	{oo새아재}	{oo새아지뱀}	{oo아저씨 (아제씨), oo姑母夫}	{oo아저씨 (아제씨), oo姑母夫님}
37	Be	兄(舍伯,伯氏)	oo兄(님)	oo아지뱀	oo兄(님)	oo아주버(바)님
38	BeW	兄嫂	oo새아지매	oo형님	oo兄嫂(님), 「oo아주머니(이)」	oo형님
39	By	弟(아우,舍弟,季氏)	FN,Tek	데림*, oo아지뱀	FN,Tek	되렴(데림)*, 새서밤,새서방
40	ByW	弟嫂(季嫂)	弟嫂(季嫂)씨	oo새댁, 「동서」	弟嫂(季嫂)씨	oo새댁, 「동서」
41	Ze	姊/姉(妹)	oo누님	oo형님	oo누님	oo형님
42	ZeH	姊兄/姉兄,妹夫	새형님	<oo새아지뱀>	姊兄, 새형님	<oo媤妹夫>
43	Zy	妹(女同生, 누이同生)	FN*, 실	액씨*, o서방딕	FN*, o실	액씨(애기씨)*, o서방딕
44	ZyH	妹夫	o서방	<o서방>	o서방	<o서방, 「媤妹夫」>
45	FBS>e	從兄	oo兄(님)	oo아지뱀	oo兄(님)	oo아주버(바)님
46	FBS(>e)W	從兄嫂	oo새아지매	oo형님	oo兄嫂(님), 「oo아주머니(이)」	oo형님
47	FBS<e	從弟	FN,Tek	데림*, oo아지뱀	FN, Tek	되렴(데림)*, 새서밤,새서방
48	FBS(<e)W	從弟嫂(從季嫂)	弟嫂(季嫂, 從嫂)씨	oo새댁, 「동서」	弟嫂(季嫂, 從嫂)씨	oo새댁, 「동서」
49	FBD>e	從姊/從姉(從妹)	oo누님	oo형님	oo누님	oo형님
50	FBD(>e)H	從姊兄/從姉兄(從妹夫)	새형님	<oo새아지뱀>	姊兄, 새형님	<oo媤妹夫>
51	FBD<e	從妹	FN*,o실	액씨*, o서방딕	FN*,o실	액씨(애기씨)*, o서방딕

일련번호	친척형	친척지칭	친척호칭			
			Ⅰ		Ⅱ	
			A	B	A	B
52	FBD(<e)H	從妹夫	o서방	<o서방>	o서방	<o서방, 「媤妹夫」 >
53	FFBSS>e	再從兄	oo兄(님)	oo아지뱀	oo兄(님)	oo아주버(바)님
54	FFBSS(>e)W	再從兄嫂	oo새아지매	oo형님	oo兄嫂(님), 「oo아주머니(이)」	oo형님
55	FFBSS<e	再從弟	FN,Tek	데림*, oo아지뱀	FN,Tek	되렴(데림)*, 새서밤,새서방
56	FFBSS(<e)W	再從弟嫂	弟嫂(季嫂, 從嫂)씨	oo새댁, 「동서」	弟嫂(季嫂, 從嫂)씨	oo새댁, 「동서」
57	FFBSD>e	再從姊/再從姉(再從妹)	oo누님	oo형님	oo누님	oo형님
58	FFBSD(>e)H	再從姊兄/再從姉兄(再從妹夫)	새형님	<oo새아지뱀>	姊兄, 새형님	[<oo媤妹夫>]
59	FFBSD<e	再從妹	FN*, o실	액씨*, o서방딕	FN*, o실	액씨(애기씨)*, o서방딕
60	FFBSD(<e)H	再從妹夫	o서방	<o서방>	o서방	{<o서방, 「媤妹夫」 >}
61	FFFBSSS>e	三從兄	oo兄(님)	oo아지뱀	{oo兄(님)}	{oo아주버(바)님}
62	FFFBSSS(>e)W	三從兄嫂	oo새아지매	oo형님	{oo兄嫂(님), 「oo아주머니(이)」 }	{oo형님}
63	FFFBSSS<e	三從弟	FN,Tek	데림*, oo아지뱀	{FN,Tek}	{되렴(데림)*, 새서밤, 새서방}
64	FFFBSSS(<e)W	三從弟嫂	弟嫂(季嫂, 從嫂)씨	oo새댁, 「동서」	{弟嫂(季嫂, 從嫂)씨}	{oo새댁, 「동서」 }
65	FFFBSSD>e	三從姊/三從姉(三從妹)	oo누님	oo형님	{oo누님}	{oo형님}
66	FFFBSSD(>e)H	三從姊兄/三從姉兄(三從妹夫)	새형님	<oo새아지뱀>	{姊兄,새형님}	[<oo媤妹夫>]
67	FFFBSSD<e	三從妹	FN*, o실	액씨*, o서방딕	{FN*, o실}	{액씨(애기씨)*, o서방딕}
68	FFFBSSD(<e)H	三從妹夫	o서방	<o서방>	{o서방}	{<o서방, 「媤妹夫」 >}
69	FZS>e	姑從兄	oo兄(님)	oo아지뱀	oo兄(님)	oo아주버(바)님

일련번호	친척형	친척지칭	친척호칭			
			I		II	
			A	B	A	B
70	FZS(>e)	姑從兄嫂	oo새아지매	oo형님	oo兄嫂(님), 「oo아주머니(이)」	oo형님
71	FZS<e	姑從弟	FN, Tek	데림*, oo아지뱀	FN, Tek	되렴(데림)*, 새서밤,새서방
72	FZS(<e)	姑從弟嫂	弟嫂(季嫂, 從嫂)씨	oo새댁, 「동서」	弟嫂(季嫂, 從嫂)씨	oo새댁, 「동서」
73	FZD>e	姑從姊/姑從姉(姑從妹)	oo누님	oo형님	oo누님	oo형님
74	FZD(>e)	姑從姊兄/姑從姉兄(姑從妹夫)	{새형님}	{oo새아지뱀}	{姊兄,새형님}	{<oo媤妹夫>}
75	FZD<e	姑從妹	FN*,o실	액씨*, o서방딕	FN*,o실	액씨(애기씨)*, o서방딕
76	FZD(<e)	姑從妹夫	{o서방}	{o서방}	{o서방}	{<o서방, 「媤妹夫」>}
77	S	子(子息,아이, 豚兒)	FN, Tek	FN, Tek	FN, Tek	FN, Tek
78	SW	子婦	새사람아, Tek	새사람아, Tek	새아야, 야야, Tek	새아야, 야야, Tek
79	D	女(女息,딸아이, 딸)	FN*, o실	FN*, o실	FN*, o실	FN*, o실
80	DH	女婿(사위, 婿君)	o서방	o서방	o서방	o서방
81	BS	姪子(조카)	FN, Tek	FN, Tek	FN, Tek	FN, Tek
82	BSW	姪婦	姪婦, Tek	姪婦, Tek	姪婦, Tek	姪婦, Tek
83	BD	姪女	FN*, o실	FN*,o실	FN*,o실	FN*, o실
84	BDH	姪婿	o서방	o서방	o서방	o서방
85	ZS	甥姪	FN, Tek	FN,Tek	FN, Tek	FN, Tek
86	ZSW	甥姪婦	甥姪婦, Tek	甥姪婦, Tek	甥姪婦, Tek	甥姪婦, Tek
87	ZD	甥姪女	FN*,o실	FN*, o실	FN*, o실	FN*, o실
88	ZDH	甥姪婿	o서방	o서방	o서방	o서방
89	FBSS	從姪/從(堂)姪	FN ,Tek	FN, Tek	FN, Tek	FN, Tek
90	FBSSW	從姪婦/從(堂)姪婦	姪婦, Tek	姪婦, Tek	姪婦, Tek	姪婦, Tek
91	FBSD	從姪女/從(堂)姪女	FN*, o실	FN*, o실	FN*, o실	FN*, o실

일련번호	친척형	친척지칭	친척호칭			
			Ⅰ		Ⅱ	
			A	B	A	B
92	FBSDH	從姪婿/從(堂)姪婿	o서방	o서방	o서방	o서방
93	FBDS	從甥姪	FN, Tek	FN, Tek	FN, Tek	FN, Tek
94	FBDSW	從甥姪婦	[甥姪婦, Tek]	[甥姪婦, Tek]	[甥姪婦, Tek]	[甥姪婦, Tek]
95	FBDD	從甥姪女	FN*, o실	FN*, o실	FN*, o실	FN*, o실
96	FBDDH	從甥姪婿	[o서방]	[o서방]	[o서방]	[o서방]
97	FZSS	姑從姪	FN, Tek	FN, Tek	FN, Tek	FN, Tek
98	FZSSW	姑從姪婦	[姪婦, Tek]	[姪婦, Tek]	[姪婦, Tek]	[姪婦, Tek]
99	FZSD	姑從姪女	FN*, o실	FN*, o실	FN*, o실	FN*, o실
100	FZSDH	姑從姪婿	[o서방]	[o서방]	[o서방]	[o서방]
101	FFBSSS	再從姪	FN, Tek	FN, Tek	FN, Tek	FN, Tek
102	FFBSSSW	再從姪婦	姪婦, Tek	姪婦, Tek	[姪婦, Tek]	[姪婦, Tek]
103	FFBSSD	再從姪女	FN*, o실	FN*, o실	FN*, o실	FN*, o실
104	FFBSSDH	再從姪婿	[o서방]	[o서방]	[o서방]	[o서방]
105	FFFBSSSS	三從姪	FN, Tek	[FN, Tek]	[FN, Tek]	[FN, Tek]
106	FFFBSSSSW	三從姪婦	[姪婦, Tek]	[姪婦, Tek]	[姪婦, Tek]	[姪婦, Tek]
107	FFFBSSSD	三從姪女	FN*, o실	[FN*, o실]	[FN*, o실]	[FN*, o실]
108	FFFBSSSDH	三從姪婿	[o서방]	[o서방]	[o서방]	[o서방]
109	SS	孫子	FN, Tek	FN, Tek	FN, Tek	FN, Tek
110	SSW	孫婦	[새사람아, Tek]	[새사람아, Tek]	[孫婦야, 새아야, Tek]	[孫婦야, 새아야, Tek]
111	SD	孫女	FN*, o실	FN*, o실	FN*, o실	FN*, o실
112	SDH	孫婿	[o서방]	[o서방]	[o서방]	[o서방]
113	DS	外孫子	FN, Tek	FN, Tek	FN, Tek	FN, Tek
114	DSW	外孫婦	[새사람아, Tek]	[새사람아, Tek]	[孫婦야, 새아야, Tek]	[孫婦야, 새아야, Tek]
115	DD	外孫女	FN*, o실	FN*, o실	FN*, o실	FN*, ,o실
116	DDH	外孫婿	[o서방]	[o서방]	[o서방]	[o서방]
117	BSS	從孫	FN, Tek	FN, Tek	FN, Tek	FN, Tek

일련번호	친척형	친척지칭	친척호칭			
			I		II	
			A	B	A	B
118	BSSW	從孫婦	[새사람아, Tek]	[새사람아, Tek]	[孫婦야, 새아야, Tek]	[孫婦야, 새아야, Tek]
119	BSD	從孫女	FN*, o실	FN*, o실	FN*, o실	FN*, o실
120	BSDH	從孫婿	[o서방]	[o서방]	[o서방]	[o서방]
121	FBSSS	再從孫	FN, Tek	FN, Tek	FN, Tek	FN, Tek
122	FBSSSW	再從孫婦	[새사람아, Tek]	[새사람아, Tek]	[孫婦야, 새아야, Tek]	[孫婦야, 새아야, Tek]
123	FBSSD	再從孫女	FN*, o실	FN*,o실	FN*,o실	FN*,o실
124	FBSSDH	再從孫婿	[o서방]	[o서방]	[o서방]	[o서방]
125	FFBSSSS	三從孫	[FN, Tek]	[FN, Tek]	[FN, Tek]	[FN, Tek]
126	FFBSSSSW	三從孫婦	[새사람아, Tek]	[새사람아, Tek]	[孫婦야, 새아야, Tek]	[孫婦야, 새아야, Tek]
127	FFBSSSD	三從孫女	[FN*, o실]	[FN*, o실]	[FN*, o실]	[FN*, o실]
128	FFBSSSDH	三從孫婿	[o서방]	[o서방]	[o서방]	[o서방]
129	SSS	曾孫	[FN, Tek]	[FN, Tek]	[FN, Tek]	[FN, Tek]
130	SSSW	曾孫婦	[새사람아, Tek]	[새사람아, Tek]	[孫婦야, 새아야, Tek]	[孫婦야, 새아야, Tek]
131	SSD	曾孫女	[FN*, o실]	[FN*, o실]	[FN*, o실]	[FN*, o실]
132	SSDH	曾孫婿	[o서방]	[o서방]	[o서방]	[o서방]
133	DSS/SDS	外曾孫	[FN,Tek]	[FN,Tek]	[FN,Tek]	[FN,Tek]
134	DSSW/SDSW	外曾孫婦	[새사람아, Tek]	[새사람아, Tek]	[孫婦야,새아야, Tek]	[孫婦야,새아야, Tek]
135	DSD/SDD	外曾孫女	[FN*, o실]	[FN*, o실]	[FN*, o실]	[FN*, o실]
136	DSDH/SDDH	外曾孫婿	[o서방]	[o서방]	[o서방]	[o서방]
137	BSSS	從曾孫	[FN, Tek]	[FN, Tek]	[FN, Tek]	[FN, Tek]
138	BSSSW	從曾孫婦	[새사람아, Tek]	[새사람아, Tek]	[孫婦야, 새아야, Tek]	[孫婦야, 새아야, Tek]
139	BSSD	從曾孫女	[FN*, o실]	[FN*, o실]	[FN*, o실]	[FN*, o실]
140	BSSDH	從曾孫婿	[o서방]	[o서방]	[o서방]	[o서방]
141	SSSS	玄孫,高孫	[FN, Tek]	[FN, Tek]	[FN, Tek]	[FN, Tek]
142	SSSSW	玄孫婦,高孫婦	[새사람아, Tek]	[새사람아, Tek]	[孫婦야, 새아야, Tek]	[孫婦야, 새아야, Tek]
143	SSSD	玄孫女,高孫女	[FN*, o실]	[FN*, o실]	[FN*, o실]	[FN*, o실]
144	SSSDH	玄孫婿,高孫婿	[o서방]	[o서방]	[o서방]	[o서방]

친척호칭은 화자와 청자의 개인적 배경, 화자와 청자간의 사회적 관계, 직접적인 언어적 상호작용이 이루어지는 사회문화적 맥락 및 상황적 맥락 등과 같은 사회언어적 변수들로부터 끊임없는 영향을 받고 있으며, 그 결과 동일한 친척형에 대한 호칭어에 있어서도 다양한 변이형이 존재하고 있다. 그러므로 특정한 언어공동체 내에서 실제로 사용되고 있는 친척호칭어의 목록을 체계적이고 일관적으로 제시하기 위해서는 친척호칭자료에 대한 적절한 조작적 처리가 요구된다. 연구지역의 친척호칭어 목록을 제시하는 데 있어서도 이와 같은 친척호칭자료에 대한 적절한 조작적 처리가 요구되었는데, 연구지역의 친척호칭자료에 대한 조작적 처리원칙은 다음과 같다.

1. 특정 친척에 대한 호칭의 경우 호칭되는 친족원의 혼인여부에 따라 다양한 형태의 변이형이 존재하고 있는데, 예를 들어 25번의 경우 혼인 이전에는 아재(I 의 A), 아저씨 또는 삼촌(II의 A) 등으로 호칭되기도 하며, 39번의 경우 혼인 이전에는 데림(I 의 B), 되렴 또는 데림(II의 B) 등으로 호칭되고 있다. 그러나 연구지역에서는 혼인한 이후에야 비로소 완전한 성인으로 인정받게 되며, 그에 따라 연구지역 주민들의 표현에 의하면 "옳게 짖기는(지키는)" 호칭어로 호칭되므로(또한 호칭하므로), 혼인여부에 따라 친족원에 대한 호칭에 있어서 변이형이 존재할 경우 혼인 이후에 사용되는 호칭어를 기준으로 하였다. 다만, 혼인 이전에 사용되는 호칭어와 혼인 이후에 사용되는 호칭어가 명확하게 구분되고 있을 경우에 한해서 혼인 이전과 혼인 이후의 호칭어 모두를 제시하였으며, 이 경우 혼인 이전에 사용되는 호칭어에는 *표시를 하였다.
2. 친척에 대한 호칭어는 화자와 청자간의 사회적 관계 및 호칭행위가 일어나는 맥락적 요인들에 따라 존칭을 나타내는 표현, 즉 존칭어(term of respect)가 사용되기도 한다(예를 들면, 할아버님, 큰아뱀, 새아지맴, 형수님 등). 그러나 A의 경우에는 존칭을 나타내는 표현이 대부분 부가되지 않고 있는 반면, B의 경우에는 존칭을 나타내는 표현이 필수적으로 부가되고 있으므로, B

의 경우에 한해서만 'ㅁ'자형 (Ⅰ), '님'자형 (Ⅱ)의 존칭표현이 부가된 호칭어를 기준으로 하였다.

3. Ⅰ에서 일련번호 1, 2, 5, 6이 동시에 생존해 있을 경우에는, 1을 큰할배(A), 큰할뱀(B), 2를 큰할매(A), 큰할맴(B)으로, 5를 할배(A), 할뱀(B), 6을 할매(A), 할맴(B)으로 호칭하기도 한다고 한다. 그러나 대부분의 조사대상자들이 5를 큰할배(A), 큰할뱀(B), 6을 큰할매(A), 큰할맴(B)으로 호칭하는 것이 "옳게 짓기는(지키는)" 것이라고 대답하였으므로, 후자의 예를 기준으로 하였다.
4. 일련번호 13, 14에 대한 호칭의 경우, 23, 24, 25, 26에 대한 호칭에서와 같이 Ⅰ에서는 '맏'과 '작은', Ⅱ에서는 '큰'과 '작은'이라는 의미소를 통하여 연령적 순서에 따라 호칭어를 구분하여 사용하기도 한다고 하나 이는 극히 드문 경우이며, 이보다는 택호("큰집", "작은집" 등의 표현도 포함)를 통한 호칭어 구분이 빈번하게 채택되고 있으므로 후자의 예를 기준으로 하였다.
5. 일련번호 28, 32, 36에 대한 호칭의 경우, Ⅱ에서도 Ⅰ에서와 같이 '새'라는 의미소를 부가하여 '새아저씨(새아제씨)'라고 호칭한다고 보고한 제보자도 있으나(그러나 이들도 16, 20에 대해서는 '새'라는 의미소를 사용하지 않는다고 보고하였다), 이는 극히 드문 경우이므로 '아저씨(아제씨)'라는 호칭어를 기준으로 하였다.

연구지역의 친척호칭체계를 살펴볼 때 가장 주목되는 특징은, 연구지역 내에 명확히 구분되는 두 개의 친척호칭어 집합(〈표 3〉의 Ⅰ과 Ⅱ)이 존재하며, 구분되는 두 개의 친척호칭어의 집합 중 어느 하나만을 배타적으로 사용하는 주민들이 존재하고 있다는 사실이다. 물론 문화적 지식에 있어서의 차이, 친족관계망의 범위 또는 직접 접촉해온 친족원의 범위에 있어서의 차이, 연령에 있어서의 차이 등으로 인하여, 연구지역의 모든 주민들이 앞의 〈표 3〉에서 제시하고 있는 것과 같이 모든 친척형에 대한 호칭에 있어서 두 개의 호칭어 집합을 정확히 그리고 완벽하게 구분하여 사용하고 있는 것은 아니다. 그러나 대부분의 연구지역 주민들은 친족원에 대한 호칭에 있어서 두 개의 구분되는 호칭어 집합이 존재한다는 사실을 명확히 인지하고 있었으며, 최소한 각각의 호칭어 집합을 특징하는 대표적인 호칭어에 대해서는 실제 호칭에 있어서도 명확히 구분하여 사용하고 있었다.

이러한 연구지역 친척호칭체계의 특징과 관련하여 다음과 같은 두 가지 질문이 제기된다. 첫 번째 질문은 연구지역의 친척호칭체계가 다소 명확히 구분되는 두 개의 친척호칭어 집합으로 구성되어 있다는 사실로부터 제기되는 것으로서, 두 개의 친척호칭어 집합이 단지 호칭어의 어휘형태상에 있어서만 차이가 날 뿐 기본적으로 동일한 분류구조, 인지구조하에 조직된 것인가, 아니면 상이한 분류구조, 인지구조하에 조직됨으로써 어휘형태상에 있어서는 물론 개별 호칭어가 가지는 의미에 있어서도 차이가 나는 것인가 하는 질문이며, 두 번째 질문은 대부분의 연구지역 주민들이 실제의 호칭에 있어서 두 개의 친척호칭어 집합 중 어느 하나만을 배타적으로 사용하고 있다는 사실로부터 제기되는 것으로서, 두 개의 친척호칭어 집합이 그중 어느 하나만을 배타적으로 사용하고 있는 주민들에게 있어 어떤 특별한 의미와 기능을 가지고 있는가 하는 질문이다. 첫 번째 질문은 친척호칭체계의 의미구조와 관련된 문제로서, 연구지역의 친척호칭체계를 구성하는 두 개의 친척호칭어 집합이 의미구조적으로 동일한 것인가 아니면 상이한 것인가 하는 질문이 되며, 두 번째 질문은 친척호칭체계의 사회적 사용과 관련된 문제로서, 두 개의 친척호칭어 집합이 그중 어느 하나만을 사용하는 집단의 정체성과 관련하여 어떠한 사회문화적 의미와 기능을 갖는가 하는 질문이 된다. 이하에서는 연구지역의 친척호칭체계와 관련하여 제기되는 위와 같은 두 가지 질문에 대하여 자세히 검토해 보고자 한다.

4. 친척호칭체계의 의미구조

1) 친척호칭체계의 의미구조에 대한 분석방법

연구지역의 친척호칭체계와 관련하여 제기된 두 가지 질문 중 친척호칭체계의 의미구조와 관련된 질문, 즉 연구지역의 친척호칭체계를 구성하는 두 개의 친척호칭어 집합이 의미구조적으로 동일한 것인가 아니면 상이한 것인가 하는 문제는 친척의미론의 영역에서 발달되어온 성분분석법(componential analysis)을 통하여 규명될 수 있다. 기본적으로 친척용어의 내적 의미구조에 대한 체계적인 연구관심인 친척의미론은 1950년대 후반 이래 민족과학(ethnoscience)의 발달과 함께 본격적으로 이루어져 왔다. 인지인류학[10]이라는 표제어로서 불리기도 하는 이 연구관심은 언어로 표현되는 '분류체계'와 언어사용자의 '인지체계', 그리고 '문화'간의 상관관계를 밝히려는 시도로서, 문화를 "사람들이 정신(mind)속에 가지고 있는 사물들의 형식인 동시에, 그러한 사물들을 지각하고, 관련지우고, 해석하는 모형(models)"(Goodenough 1957: 36), "물질적인 현상이 아니라, 물질적인 현상의 인지적 조직들(cognitive organization of material phenomena)"(Tyler 1969: 3), "실제적인 행위와 관찰 가능한 사건들의 배후에서 이들을 지배하는 내적 개념체계인 지식체계(system of knowledge)"(Casson 1981: 4) 등으로 정의하고 있으며, 이러한 관념적인 문화개념을 바탕으로 하여 "특정 문화의 내부성원들이 현상들을 조직화하는 분류방식을 발견"(Tyler 1969: 3)하는 데에 문화연구의 일차적인 목적을 두고 있다.[11] 여기서 민족과학자들은 특정문화의 내부 성원들이 가지고 있는 분류체계를 살펴보기 위하여 친척에 대한 분류체계, 즉 친척용어체계(kinship terminological system)의 기술 및 분석에 특히 치중하여 왔는데, 친척용어체계의 내적 의미구조에 대한 체계적인 기술 및 분석을 위하여 친척의미론의 영역에서 민족과학자들이 발달시킨 대표적인 형식적 의미분석법이 곧 성분분석법이다.

성분분석법은 친척용어를 자기 보유적(self-contained)인 체계인 동시에 독립적인 하나의 의미영역(semantic domain)으로 파악하며, 친척용어체계의 내재적 형식,

---

10) 인지인류학이라는 용어는 Tyler(1969), Casson(1981) 등에 의하여 사용되기 시작한 것으로서, 민족과학(ethnoscience), 민족지 의미론(ethnographic semantics), 민족의미론(ethnosemantics), 신민족지(new ethnography), 인지 민족지학(cognitive ethnography) 등을 모두 포괄하는 표제어로서의 의미를 갖는다.

11) 극단적으로 Sturtevant(1964: 100)는 "문화란 특정 사회에 있어서의 민간분류(folk classifications)의 총합"이라는 정의를 내리고 있다.

즉 개별적인 친척용어의 의미를 결정하는 친척용어체계의 의미구조를 기술 및 분석하는 데에 주요 목적을 두고 있다(왕한석 1989b: 3-5; Hammel 1965: 2-3). 성분분석법에 따르면, 독립적인 하나의 의미영역을 이루고 있는 친척용어체계 내에서 개별적인 친척용어가 갖는 의미는 다양한 대조의 의미차원들(semantic dimensions) 내에서 변별적으로 구분되는 일련의 의미자질들(의미성분들, semantic components)의 조합에 의해 결정되며, 이와 같이 개별적인 친척용어의 의미를 결정하는 의미자질(성분)들의 조합방식이 곧 친척용어체계의 기본적인 의미구조를 이루게 된다(왕한석 1989b: 5; Bean 1978: 5-6; Sturtevant 1964: 107-109).

따라서 연구지역의 두 친척용어체계에 대하여 성분분석을 시행한 결과 두 친척용어체계 내에서 변별적으로 구분되는 의미자질들에 있어서 차이가 나타난다면, 이는 곧 각각의 친척용어체계에 속한 개별적인 친척용어들간의 의미차이를 나타내는 것이 되며, 결과적으로 두 친척용어체계가 각기 상이한 의미구조 하에 조직되어 있음을 보여주는 것이 된다. 반대로 두 친척용어체계에 대하여 성분분석을 시행한 결과 두 친척용어체계 내에서 변별적으로 구분되는 의미자질들이 동일하다면, 두 친척용어체계는 개별적인 용어의 어휘형태에 있어서만 차이가 날 뿐 기본적으로 동일한 의미구조 하에 조직된 것으로 볼 수 있다. 그러므로 연구지역의 친척호칭체계의 특성과 관련되어 제기된 질문 중 친척호칭체계의 의미구조와 관련된 질문은 성분분석법을 통하여 규명될 수 있다.

2) 친척호칭체계에 대한 성분분석

친척용어에 대한 성분분석은 보통 다음과 같은 5단계의 과정을 거쳐 행해지는 것으로 이해되고 있다. 제1단계는 친척용어의 목록을 수집, 기록하는 단계이며, 제2단계는 수집, 기록된 친척용어들을 전통적인 친척형 명명법(kin-type notation, 즉 F, FBe, FFM 등으로 나타내는 것)으로 정의하는 단계이고, 제3단계는 대조되는 개념적 차원들(conceptual dimensions) 및 개념적 차원들 내에서 변별적으로 구분되는 가치들(values) 또는 성분들(components)을 확인하는 단계이다. 제4단계는 제3단계에서 확인된 성분들의 조합에 따라 전체 친척용어체계 내에서 개별적인 친척용어가 갖는 변별적인 의미를 정의함으로써, 의미성분들간의 차이에 의해 – 주로 특정 의미성분들의 유무에 의해 – 개별용어들 간의 의미 차이를 구분하는 단계이고, 마지막으로 제5단계는 친척용어들 간의 의미관계(semantic relationship)와 성분분석된 친척용어체계의 구조적 원칙(structural principles)에 대한 진술을 하는 단계이다(Wallace and Atkins 1960: 60-62). 여기서 구조적 원칙이란 "대조되는 의미차원들이 교차적으로 배열됨으로써 다차원적인 의미구조를 갖는 패러다임(paradigm)"(Burling 1970: 39-40; Sturtevant 1964: 108; Tyler 1969: 10)을 통하여 명료하게 제시되는데, 패러다임 상에서의 차이는 곧 의미구조상의 차이를 반영하는 것이 된다. 이상과 같은 성분분석 절차에서, 제1단계인 친척용어의 목록을 수집, 기록하는 단계와 제2단계인 수집, 기록된 친척용어들을 전통적인 친척형 명명법으로 정의하는 단계는 이미 〈표 3〉에서 제시하였다. 따라서 대조되는 개념적 차원들 및 개념적 차원들 내에서 변별적으로 구분되는 가치들 또는 성분들을 확인하는 작업(즉, 제3단계)으로부터 연구지역 친척호칭체계에 대한 성분분석법을 시작해 보도록 하겠다. 연구지역의 두 친척호칭어 집합에 대한 성분분석을 수행하기에 앞서 다음과 같은 사실들이 전제되어야 할 것이다.

첫째로, 본 연구에서는 (1) 화자가 남성인 경우 그들의 부계친(父系親)에 대한 호칭어만을, (2) 화자가 여성인 경우 그들의 부(夫)의 부계친(父系親)에 대한 호칭어만을 중심으로 하여 연구지역의 친척호칭어 목록을 개관하고 있으므로, 성분분석도 마찬가지로 그와 같은 호칭영역에 한정하여 행하고자 한다는 사실이다. 따라서 한국 친척호칭체계에 대한 기존의 연구들에서 발견되고 있는, 화자의 성(性)의 구분에 따른 의미차원이나, 귀속되는 친척체계의 하위범주(父系親, 母系親, 妻系親, 夫系親)들의 구분에 따른 의미차원 등은 본 연구에서 고려되지 않을 것이다.

둘째로, 친척호칭은 다양한 사회맥락적 요인들로부터 끊임없는 영향을 받음에 따라 동일한 친척형에 대한 호칭어에 있어서도 다양한 변이형이 존재하므로, 체계적이고 일관적으로 성분분석을 행하기 위해서는 친척호칭자료에 대한 적절한 조작적 처리가 다시 한번 더 요구된다는 사실이다. 연구지역 친척호칭체계에 대한 성분분석법을 수행하기 위하여 이루어진 조작적 처리의 구체적인 내용은 다음과 같다.

1. 호칭되는 친족원의 혼인여부에 따라 다양한 형태의 변이형이 존재할 경우에는 혼인 이후에 사용되는 호칭어를 기준으로 하였다. 이는 연구지역에서는 혼인한 이후에야 비로소 완전한 성인으로 인정받게 되며, 그에 따라 "옳게 짓기는(지키는)" 호칭어로 호칭되기 때문이다. 따라서 최명옥(1982b: 4)의 분석에서 나타나고 있는 '결혼'여부에 따른 의미차원은 본 연구에서 고려되지 않고 있다.
2. II에서 아주머님은 극히 제한적으로 사용되는 존칭표현인 것으로 보고되고 있을 뿐만 아니라, 아저씨(아제씨)에 상응하는 호칭어가 아주머니(이)인 것으로 여겨지므로, 아주머니(이)를 기준으로 하였다.
3. II에서 대고모(大姑母)(님), 대고모부(大姑母夫)(님)과 고모(姑母)(님), 고모부(姑母夫)(님)은 기본적으로 지칭어일뿐만 아니라 실제로 사용되는 경우도 많지 않은 것으로 보고되고 있으므로, 자료의 일관된 처리를 위하여 각각 할머니(님), 할아버지(님)과 아주머니(이), 아저씨(아제씨)를 기준으로 하였다.
4. 제수(弟嫂)씨, 계수(季嫂)씨, 종수(從嫂)씨는 'o수씨'로 통일하였다.
5. 동일한 친척형에 대하여 극소수의 제보자들이 상이한 호칭어를 제시하고 있는 경우에는 대부분의 제보자들이 제시하고 있는 호칭어를 기준으로 하였다. 따라서 B의 경우 일련번호 40, 48, 56, 64, 72에 대한 호칭어는 '새댁'을 기준으로 하였으며, II의 A의 경우 일련번호 38, 46, 54, 62, 70에 대한 호칭어는 '형수(님)'을 기준으로 하였다. 참고로 후자의 경우, 기존의 연구들(이광규 1971: 236; 최재석 1982: 403)에서는 연구지역에서와는 달리 아주머니가 폭넓게 사용되고 있는 것으로 보고되고 있다.
6. 친척호칭자료에 대한 조작적 처리가 가장 곤란한 경우가 바로 호칭어 사용이 회피되는 경우이다. 호칭어 사용이 회피되는 경우는 이성(異性)의 친척들 간의 호칭에서 많이 나타나고 있는데(특히 B에서), 그중에서도 〈표 3〉에서

제시되고 있는 (〈 〉표시) 경우에 호칭어 사용이 특별히 회피되고 있는 것으로 나타났다. 이 경우 대부분 호칭어 사용 없이 언어적 상호작용이 이루어지는데, 호칭어 사용이 꼭 필요한 경우에는 종자명호칭(Tek)이 대신 광범위하게 사용되고 있다. 따라서 〈표 3〉에서 제시되고 있는 호칭어를 기준으로 하는 것이 타당하지 않을 수도 있으나, 친척호칭체계의 완전하고 포괄적인 성분분석을 위하여 〈표 3〉에서 제시되고 있는 호칭어를 기준으로 하였다. 한편, II의 B에서 극소수의 제보자들은 일련번호 44, 52, 60, 68, 76에 대해서도 '시매부(媤妹夫)'라는 호칭어를 사용하는 것으로 보고하고 있으나, 대부분의 제보자들이 연령적 구분에 따라 '시매부'와 'o서방'을 구분하여 사용하는 것으로 보고하고 있으므로, 42, 50, 58, 66, 74에 대한 호칭어로는 '시매부'를, 44, 52, 60, 68, 76에 대한 호칭어로는 'o서방'을 기준으로 하였다.

7. 질부(姪婦), 생질부(甥姪婦), 손부(孫婦) 등은 기본적으로 지칭어일 뿐만 아니라, 자식을 낳은 후 대부분 종자명호칭으로 대체되므로, 종자명호칭을 기준으로 하였다. 새아야, 새사람아, 야야의 경우에도 자식을 낳은 후 종자명호칭으로 대체되므로, 이를 기준으로 하였다.
8. FN과 Tek는 기본적으로 친척호칭어는 아니나, 연구지역의 친척호칭체계를 구성하는 일부분이므로, 친척호칭체계의 완전하고 포괄적인 분석을 위하여 분석 대상에 포함하였다.

그러면 이제 대조되는 개념적 차원들 및 개념적 차원들 내에서 변별적으로 구분되는 의미자질(성분)들을 확인함으로써, 연구지역 두 친척호칭어 집합에 대한 성분분석을 시작해 보도록 하겠다.

(1) 세 대

연구지역의 친척호칭어를 구분하는 가장 기본적인 의미차원은 세대(generation)의 차원이다(세대는 주민들의 용어로는 '항렬'). 세대의 의미차원에 따라 친족원에 대하여 사용되는 호칭어의 목록을 구분하여 보면 다음의 〈표 4〉와 같다.

〈표 4〉 세대(G)의 의미차원에 의한 호칭어의 구분

	Ⅰ		Ⅱ	
	A	B	A	B
G≥2	큰할배(G3),큰할매(G3) 큰아배(G2),큰어매(G2) 할배, 할매, 새할배	큰할뱀(G3),큰할맴(G3) 큰아뱀(G2),큰어맴(G2) 할뱀, 할맴, 새할뱀	할아버지, 할머니	할아버님, 할머님
G1	아배, 어매 맏아배, 맏이매 작은아배, 작은어매 아재, 아지매, 새아재	아뱀, 어맴 맏아뱀, 맏어맴 작은아뱀, 작은어맴 아지뱀(1), 아지맴 새아지뱀(1)	아버지, 어머니 큰아버지, 큰어머니 작은아버지, 작은어머니 아저씨(아제씨) 아주머니(이)	아버님, 어머님 큰아버님, 큰어머님 작은아버님,작은어머님 아저씨(아제씨) 아주머니(이)
G0	형(님), 새아지매, o수씨 누님,새형님,o실,o서방 FN,Tek	아지뱀(2), 형님, 새댁 새아지뱀(2), o서방딕 o서방	형(님), 형수, o수씨 누님, 자형(새형님) o실, o서방, FN, Tek	아주버(바)님, 형님 새서밤, 새댁 시매부,o서방딕,o서방
G≤-1	FN, Tek, o실, o서방			

세대의 의미차원에서 나타나는 두 친척호칭어 집합의 차이점은, Ⅱ의 호칭어 집합에서는 화자(B의 경우 화자의 배우자)를 기준으로 하여 위로 2세대까지의 변별적인 의미자질들이 구분되고 있는데 비해, Ⅰ의 호칭어 집합에서는 A의 경우 「큰할배」, 「큰할매」, B의 경우 「큰할뱀」, 「큰할맴」의 호칭어가 있음으로 인해 화자(B의 경우 화자의 배우자)를 기준으로 하여 위로 3세대까지의 변별적인 의미자질들이 구분되고 있다는 사실이다. 그러나 Ⅰ과 Ⅱ의 두 호칭어 집합 모두 화자(B의 경우 화자의 배우자)를 기준으로 하여 1세대 이하에 속하는 친족원에 대해서는 특별한 호칭어를 갖고 있지 않으며, FN이나 Tek를 광범위하게 사용하고 있다. 한편, Ⅰ의 B에서는 일반적으로 G1에서 사용되는 「아지뱀」과 「새아지뱀」이 G0에서도 사용되고 있다. 세대(기호로는 G)의 의미차원에서 나타나는 변별적인 의미자질들은 화자(B의 경우 화자의 배우자)를 기준으로 하여 기호로는 G3(위로 3세대), G≥2(위로 2세대 이상), G2(위로 2세대), G1(위로 1세대), G0(동세대), G≤0(동세대 이하), G-1(아래로 1세대), G≤-1(아래로 1세대 이하) 등으로 나타내기로 한다.

(2) 직계와 방계

연구지역의 친척호칭어를 구분하는 두 번째 의미차원으로 직계(lineality)와 방계(collaterality)라는 차원을 들 수 있다.[12] 연구지역의 경우, 친족원에 대한 호칭에 있어서 화자(B의 경우 화자의 배우자)의 직계친에 대해서만 사용되는 호칭어의 목록을 살펴보면 다음과 같다.

〈표 5〉 직계친족원에 대해서만 사용되는 호칭어

	Ⅰ		Ⅱ	
	A	B	A	B
G3	큰할배, 큰할매	큰할뱀, 큰할맴	-	-
G2	큰아배, 큰어매	큰아뱀, 큰어맴	-	-
G1	아배, 어매	아뱀, 어맴	아버지, 어머니	아버님, 어머님

직계와 방계의 의미차원에서 나타나는 두 친척호칭어 집합의 차이점은, Ⅱ의 호칭어 집합에서는 G1에서만 직계와 방계의 변별적인 의미자질들이 구분되고 있는데 비해(즉, A의 경우 「아버지」, 「어머니」, B의 경우 「아버님」, 「어머님」으로 직계친을 호칭하며, 그 외의 호칭어로 방계친을 호칭함), Ⅰ의 호칭어 집합에서는 G1, G2, G3 모두에서 직계와 방계의 변별적인 의미자질들이 구분되고 있다는 사실이다. 즉, A의 경우 「큰할배」, 「큰할매」, 「큰아배」, 「큰어매」, 「아배」, 「어매」, B의 경우 「큰할뱀」, 「큰할맴」, 「큰아뱀」, 「큰어맴」, 「아뱀」, 「어맴」으로 직계친을 호칭하며, 그 외의 호칭어로 방계친을 호칭하고 있다. 직계와 방계(기호로는 L)의 의미차원에서 나타나는 변별적인 의미자질들은 기호로는 L1(직계), L2(방계)로 나타내기로 한다.

12) 두 번째, 세 번째 등의 용어는 편의상의 이유에서 사용되고 있을 뿐이며, 의미차원들의 상대적 중요성에 있어서의 순서를 나타내고 있는 것은 아니다.

(3) 방계의 거리

직계와 방계의 의미차원에 의해 구분된 방계의 의미자질(L2)은 방계의 거리(distance of collaterality)라는 세 번째 의미차원에 의해 또 다시 구분된다. 연구지역의 경우 방계 거리에 의한 호칭어 구분은 G1에서의 방계친에 대해서만 이루어지고 있는데, 여기서 방계의 거리는 화자(B의 경우 화자의 배우자)의 부(父)와 친형제(및 그 배우자)인가 아닌가로 결정된다. 즉 Ⅰ의 호칭어 집합의 경우 화자(B의 경우 화자의 배우자)의 부(父)와 친형제(및 그 배우자)가 되는 방계친에 대해서는 직계친에 대해서만 사용되는「아배」,「어매」(A),「아뱀」,「어맴」(B)의 호칭어 앞에 '맏', '작은'이라는 의미소가 첨가된 호칭어가 사용되고, 그 외의 방계친에 대해서는「아재」,「아지매」,「새아재」(A),「아지뱀」,「아지맴」,「새아지뱀」(B) 등의 호칭어가 사용되고 있으며, Ⅱ의 호칭어 집합의 경우 화자(B의 경우 화자의 배우자)의 부(父)와 친형제(및 그 배우자)가 되는 방계친에 대해서는 직계친에 대해서만 사용되는「아버지」,「어머니」(A),「아버님」,「어머님」(B)의 호칭어 앞에 '큰', '작은'이라는 의미소가 첨가된 호칭어가 사용되고, 그 외의 방계친에 대해서는「아저씨(아제씨)」,「아주머니(이)」등의 호칭어가 사용되고 있다. 따라서 방계거리의 의미차원에서 나타나는 두 친척호칭어 집합의 차이점은 거의 없으며, 다만 화자(B의 경우 화자의 배우자)의 부와 친형제(및 그 배우자)가 되는 방계친에게 사용되는 호칭어에 있어서, 첨가되는 의미소가 Ⅰ의 호칭어 집합에서는 '맏', '작은'이고 Ⅱ의 호칭어 집합에서는 '큰', '작은'으로, 어휘형태에 있어서만 차이가 있을 뿐이다. 방계거리(기호로는 C)의 의미차원에서 나타나는 변별적인 의미자질들은 기호로는 C1(화자<B의 경우 화자의 배우자>의 부(父)와 친형제<및 배우자>가 되는 방계친), C2(그 외의 방계친)로 나타내기로 한다.

(4) 혈족과 인척

연구지역의 친척호칭어를 구분하는 네 번째의 의미차원으로는 혈족(consanguine)과 인척(affine)이라는 차원을 들 수 있다. 이는 화자(B의 경우 화자의 배우자)와 직접적인 혈연관계가 있느냐 없느냐에 따라 변별적인 의미자질들이 구분되는 의미차원으로, 여기서는 혈연관계를 통해 화자(B의 경우 화자의 배우자)와 직접 친척관계로 맺어진 혈족들과, 이들 혈족들과의 혼인관계로 인해 화자(B의 경우 화자의 배우자)와 친척관계로 맺어진 인척들이 구분된다. 앞의 〈표3〉에서 알 수 있는 바와 같이, Ⅱ의 호칭어 집합에서는 G0이하의 친족원에 대해서만 인척을 구분하고 있는데, A의 경우 G0에서는「형수」,「o수씨」,「자형(새형님)」,「o서방」등으로, G-1이하에서는 「o서방」으로 인척을 구분하고 있고, B의 경우 G0에서는「새댁」,「시매부」,「o서방」등으로, G-1 이하에서는「o서방」으로 인척을 구분하고 있다. 이에 비하여 Ⅰ의 호칭어 집합에서는, A의 경우 G0에서「새아지매」,「o수씨」,「새형님」,「o서방」등으로, G-1 이하에서 「o서방」으로 인척을 구분하고 있고, B의 경우 G0에서「새댁」,「새아지뱀」,「o서방」등으로, G-1 이하에서「o서방」으로 인척을 구분하고 있을 뿐만 아니라, G1(A의 경우「새아재」, B의 경우「새아지뱀」)과 G2(A의 경우「새할배」, B의 경우「새할뱀」)에서도 인척을 구분하고 있다. 특히 Ⅰ의 호칭어 집합에서는 G1, G2에서 방계의 남성친척에 한해서만 혈족과 인척의 구분이 이루어지고 있다는 사실과, 인척을 구분하기 위하여(「o수씨」,「o서방」의 호칭어를 제외하고는) 거의 일관되게 "새"라는 의미소를 사용하고 있다는 것이 특징적이다. 혈족과 인척(기호로는 B)의 의미차원에서 나타나는 변별적인 의미자질들은 기호로는 B1(혈족), B2(인척)로 나타내기로 한다.

(5) 연 령

연구지역의 친척호칭어를 구분하는 다섯 번째 의미차원으로 연령(age)이라는 차원을 들 수 있다. 연령은 동일세대 내의 호칭어를 구분하는 의미차원으로서, 연구지역의 경우 G0, G1에서 연령의 의미차원에 의한 호칭어 구분이 이루어지고 있다. 우선 G0에서는, A의 경우 화자의 나이를 중심으로 하여, 연상인 남자형제(방계친 포함) 및 그 배우자에 대해서는 Ⅰ의 호칭어 집합에서「형(님)」과「새아지매」, Ⅱ의 호칭어 집합에서「형(님)」과「형수」를, 연하인 남자형제(방계친 포함) 및 그 배우자에 대해서는 Ⅰ,Ⅱ의 호칭어 집합 모두에서 FN, Tek와「o수씨」를 사용함으로써 연령에 따른 호칭어 구분을 하고 있으며, 연상인 여자형제(방계친 포함) 및 그 배우자에 대해서는 Ⅰ,Ⅱ의 호칭어 집합 모두에서 「누님」과 「새형님」(Ⅱ의 호칭어 집합에서는 「자형」 도 사용됨)을, 연하인 여자형제(방계친 포함) 및 그 배우자에 대해서는 Ⅰ,Ⅱ의 호칭어 집합 모두에서 「o실」과 「o서방」을 사용함으로써 연령에 따른 호칭어 구분을 하고 있다. 또한 B의 경우 배우자의 나이를 중심으로 하여, 연상인 배우자의 여자형제(방계친 포함) 및 그 배우자에 대해서는 Ⅰ의 호칭어 집합에서 「형님」과 「새아지뱀」, Ⅱ의 호칭어 집합에서 「형님」과 「시매부」를, 연하인 여자형제(방계친 포함) 및 그 배우자에 대해서는 Ⅰ,Ⅱ의 호칭어 집합 모두에서 「o서방딕」 과 「o서방」 을 사용함으로써 역시 연령에 따른 호칭어 구분을 하고 있다. 다만, B의 경우 배우자의 남자형제(방계친 포함)의 배우자에 대해서는 Ⅰ,Ⅱ의 호칭어 집합 모두에서 「형님」 과 「새댁」 으로 연령에 따른 호칭어 구분을 하고 있으나, 배우자의 남자형제(방계친 포함)에 대해서는 Ⅱ의 호칭어 집합에서 「아주버(바)님」과 「새서밤」으로 연령에 따른 호칭어 구분을 하고 있는 데 반해, Ⅰ의 호칭어 집합에서는 연상, 연하 모두에게 「아지뱀」을 사용함으로써 연령에 따른 호칭어 구분을 하지 않고 있다.

한편 G1에서는, 화자(B의 경우 화자의 배우자)의 부(父)와 친형제 및 그 배우자(즉 C1)에 한하여, 최연장자 및 그 배우자에 대해서만 Ⅰ의 호칭어 집합에서는 '맏'이라는 의미소를, Ⅱ의 호칭어 집합에서는 '큰'이라는 의미소를, 그 외의 부의 친형제 및 그 배우자에 대해서는 Ⅰ, Ⅱ의 호칭어 집합 모두에서 '작은'이라는 의미소를 사용함으로써 연령에 따른 호칭어 구분을 하고 있다[13]. 연령(기호로는 A)의 의미차원에서 나타나는 변별적인 의미자질들은 기호로는 A1(G0에서는 화자(B의 경우 화자의 배우자)보다 연상인 남녀 형제(방계친 포함) 및 그 배우자, G1에서는 화자(B의 경우 화자의 배우자)의 부(父)의 친형제 중 최연장자 및 그 배우자), A2(G0에서는 화자(B의 경우 화자의 배우자)보다 연하인 남,녀 형제(방계친 포함) 및 그 배우자, G1에서는 화자(B의 경우 화자의 배우자)의 부(父)의 친형제 중 최

13) G2에서도 화자(B의 경우 화자의 배우자)의 조부(祖父)의 친형제 및 그 배우자에 한하여 G1에서와 같은 연령에 따른 호칭어 구분이 가능하나, 그러한 구분보다는 택호를 통한 구분이 보다 빈번하게 사용되므로 분석에서 제외하였다.

연장자를 제외한 나머지 형제 및 그 배우자)로 나타내기로 한다(단, G1에서는 화자(B의 경우 화자의 배우자)의 부(父) 및 그 배우자 제외).

(6) 성

연구지역의 친척호칭어를 구분하는 마지막 의미차원으로 성(sex)이라는 차원을 들 수 있다. 성의 의미차원에서는 화자와 청자의 성이 무엇이냐에 따라 다양한 의미자질들이 설정되어질 것이나, 본 연구에서는 이미 화자의 성을 구분한 상태에서 친척호칭체계를 개관하였으므로, Ⅰ, Ⅱ의 호칭어 집합에서는 청자의 성에만 한정하여 성의 의미차원에 의한 호칭어 구분이 이루어지고 있는데, FN, Tek를 제외한 모든 호칭어가 성의 의미차원에 의해 구분되고 있다.

이상으로 연구지역의 친척호칭어를 구분하는 의미차원들과, 그러한 의미차원들 내에서 변별적으로 구분되는 의미자질(의미성분)들을 확인하여 보았는데, 여기서 확인된 의미자질(의미성분)들의 조합은 전체 친척용어체계 내에서 개별적인 친척용어가 갖는 의미를 규정하게 된다. 따라서 전체 친척용어체계 내에서 개별적인 친척용어가 갖는 변별적인 의미를 정의함으로써, 개별용어들간의 의미차이를 구분하는 제4단계의 성분분석 작업은 다음의 〈표 6〉과 같다.

〈표 6〉 친족원에 대한 호칭어의 의미

I		II	
A	B	A	B
큰할배 G3L1S1 큰할매 G3L1S2 큰아배 G2L1S1 큰어매 G2L1S2 할배 G≥2L2B1S1 할매 G≥2L2S2 새할배 G≥2L2B2S1	큰할뱀 G3L1S1 큰할맴 G3L1S2 큰아뱀 G2L1S1 큰어맴 G2L1S2 할뱀 G≥2L2B1S1 할맴 G≥2L2S2 새할뱀 G≥2L2B2S1	할아버지 G≥2S1 할머니 G≥2S2	할아버님 G≥2S1 할머님 G≥2S2
아배 G1L1S1 어매 G1L1S2 맏아배 G1L2C1A1S1 맏어매 G1L2C1A1S2 작은아배 G1L2C1A2S1 작은어매 G1L2C1A2S2 아재 G1L2C2B1S1 아지매 G1L2C2S2 새아재 G1L2C2B2S1	아뱀 G1L1S1 어맴 G1L1S2 맏아뱀 G1L2C1A1S1 맏어맴 G1L2C1A1S2 작은아뱀 G1L2C1A2S1 작은어맴 G1L2C1A2S2 아지뱀(1) G1L2C2B1S1 아지맴 G1L2C2S2 새아지뱀(1) G1L2C2B2S1	아버지 G1L1S1 어머니 G1L1S2 큰아버지 G1L2C1A1S1 큰어머니 G1L2C1A1S2 작은아버지 G1L2C1A2S1 작은어머니 G1L2C1A2S2 아저씨(아제씨) G1L2C2S1 아주머니(이) G1L2C2S2	아버님 G1L1S1 어머님 G1L1S2 큰아버님 G1L2C1A1S1 큰어머님 G1L2C1A1S2 작은아버님 G1L2C1A2S1 작은어머님 G1L2C1A2S2 아저씨(아제씨) G1L2C2S1 아주머니(이) G1L2C2S2
형(님) G0B1A1S1 새아지매 G0B2A1S2 o수씨 G0B2A2S2 누님 G0B1A1S2 새형님 G0B2A1S1 o실 G≤0B1A2(G0)S2 o서방 G≤0B2A2(G0)S1	아지뱀(2) G0B1S1 형님 G0A1S2 새댁 G≤0B2A2(G0)S2 새아지뱀(2) G0B2A1S1 o서방딕 G0B1A2S2 o서방 G≤0B2A2(G0)S1 o실 G≤-1B1S2	형(님) G0B1A1S1 형수 G0B2A1S2 o수씨 G0B2A2S2 누님 G0B1A1S2 자형(새형님) G0B2A1S1 o실 G≤0B1A2(G0)S2 o서방 G≤0B2A2(G0)S1	아주버(바)님 G0B1A1S1 형님 G0A1S2 새서방 G0B1A2S1 새댁 G≤0B2A2(G0)S2 시매부 G0B2A1S1 o서방딕 G0B1A2S2 o서방 G≤0B2A2(G0)S1 o실 G≤-1B1S2

* 위의 표에서 ( )는 ( )일 때에 한해서만 ( )바로 앞의 성분이 호칭어의 의미를 규정하게 된다는 것을 나타낸다.

* FN과 Tek는 사용범위가 매우 광범위할 뿐만 아니라, 다른 호칭어(예를 들어 「o수씨」, 「o실」, 「새댁」 등)들과 중복되어 사용되므로, 호칭어의 의미규정에서 제외하였다.

〈표 6〉에서와 같이 개별적인 호칭어의 의미가 규정된 연구지역의 두 친척호칭어 집합은 앞에서 언급한 바와 같이 대조되는 의미차원들이 교차적으로 배열됨으로써 다차원적인 의미구조를 갖는 패러다임을 형성하게 되는데, 다음의 〈그림 1〉과 〈그림 2〉는 A(화자가 남성<안동김씨와 상락김씨 남성친족원>인 경우 그

들의 부계친(父系親)에 대한 호칭)에 대한 Ⅰ,Ⅱ 두 호칭어 집합의 패러다임을 보여주고 있으며, 〈그림 3〉과 〈그림 4〉는 B(화자가 여성<안동김씨와 상락김씨 남성친족원의 여성배우자>인 경우 그들의 부(夫)의 부계친(父系親)에 대한 호칭)에 대한 Ⅰ,Ⅱ 두 호칭어 집합의 패러다임을 보여주고 있다.

<table>
<tr><td colspan="2" rowspan="4"></td><td colspan="4">S1</td><td colspan="4">S2</td></tr>
<tr><td>B2</td><td colspan="3">B1</td><td colspan="3">B1</td><td>B2</td></tr>
<tr><td colspan="3">L2</td><td rowspan="2">L1</td><td rowspan="2">L1</td><td colspan="3">L2</td></tr>
<tr><td colspan="2">C2</td><td>C1</td><td>C1</td><td colspan="2">C2</td></tr>
<tr><td colspan="2">G3</td><td rowspan="2">새할배</td><td colspan="2" rowspan="2">할배</td><td>큰할배</td><td>큰할매</td><td colspan="3" rowspan="2">할매</td></tr>
<tr><td colspan="2">G2</td><td>큰아배</td><td>큰어매</td></tr>
<tr><td rowspan="2">G1</td><td>A1</td><td rowspan="2">새아재</td><td rowspan="2">아재</td><td>맏아배</td><td rowspan="2">아배</td><td rowspan="2">어매</td><td>맏어매</td><td colspan="2" rowspan="2">아지매</td></tr>
<tr><td>A2</td><td>작은아배</td><td>작은어매</td></tr>
<tr><td rowspan="2">G0</td><td>A1</td><td>새형님</td><td colspan="2">형(님)</td><td colspan="2" rowspan="2">ego</td><td colspan="2">누님</td><td>새아지매</td></tr>
<tr><td>A2</td><td rowspan="2">o서방</td><td colspan="2" rowspan="2">FN, Tek</td><td colspan="2" rowspan="2">o실</td><td>o수씨</td></tr>
<tr><td colspan="2">G≤-1</td><td colspan="2"></td><td>FN, Tek</td></tr>
</table>

〈그림 1〉 A에 대한 친척호칭어 집합 Ⅰ의 패러다임
(A: 화자가 남성인 경우 그들의 부계친(父系親)에 대한 호칭)

<table>
<tr><td colspan="2" rowspan="4"></td><td colspan="4">S1</td><td colspan="4">S2</td></tr>
<tr><td>B2</td><td colspan="3">B1</td><td colspan="3">B1</td><td>B2</td></tr>
<tr><td colspan="3">L2</td><td rowspan="2">L1</td><td rowspan="2">L1</td><td colspan="3">L2</td></tr>
<tr><td colspan="2">C2</td><td>C1</td><td>C1</td><td colspan="2">C2</td></tr>
<tr><td colspan="2">G≥2</td><td colspan="4">할아버지</td><td colspan="4">할머니</td></tr>
<tr><td rowspan="2">G1</td><td>A1</td><td colspan="2" rowspan="2">아저(제)씨</td><td>큰아버지</td><td rowspan="2">아버지</td><td rowspan="2">어머니</td><td>큰어머니</td><td colspan="2" rowspan="2">아주머니(이)</td></tr>
<tr><td>A2</td><td>작은아버지</td><td>작은어머니</td></tr>
<tr><td rowspan="2">G0</td><td>A1</td><td>자형
(새형님)</td><td colspan="2">형(님)</td><td colspan="2" rowspan="2">ego</td><td colspan="2">누님</td><td>형수</td></tr>
<tr><td>A2</td><td rowspan="2">o서방</td><td colspan="2" rowspan="2">FN, Tek</td><td colspan="2" rowspan="2">o실</td><td>o수씨</td></tr>
<tr><td colspan="2">G≤-1</td><td colspan="2"></td><td>FN, TeK</td></tr>
</table>

〈그림 2〉 A에 대한 친척호칭어 집합 Ⅱ의 패러다임

<table>
<tr><td colspan="2" rowspan="4"></td><td colspan="4">S1</td><td colspan="4">S2</td></tr>
<tr><td>B2</td><td colspan="3">B1</td><td colspan="3">B1</td><td>B2</td></tr>
<tr><td colspan="3">L2</td><td rowspan="2">L1</td><td rowspan="2">L1</td><td colspan="3">L2</td></tr>
<tr><td colspan="2">C2</td><td>C1</td><td>C1</td><td colspan="2">C2</td></tr>
<tr><td colspan="2">G3</td><td rowspan="2">새할뱀</td><td colspan="2" rowspan="2">할뱀</td><td>큰할뱀</td><td>큰할맴</td><td colspan="3" rowspan="2">할맴</td></tr>
<tr><td colspan="2">G2</td><td>큰아뱀</td><td>큰어맴</td></tr>
<tr><td rowspan="2">G1</td><td>A1</td><td rowspan="3">세이지뱀</td><td rowspan="2"></td><td>맏아뱀</td><td rowspan="2">아뱀</td><td rowspan="2">어맴</td><td>맏어맴</td><td colspan="2" rowspan="2">아지맴</td></tr>
<tr><td>A2</td><td>작은 아뱀</td><td>작은 어맴</td></tr>
<tr><td rowspan="2">G0</td><td>A1</td><td colspan="2" rowspan="2">아지뱀</td><td colspan="2" rowspan="2">ego</td><td colspan="3">형님</td></tr>
<tr><td>A2</td><td rowspan="2">o서방</td><td colspan="2">o서방딕</td><td>(동서)</td></tr>
<tr><td colspan="2">G≤-1</td><td colspan="3">FN,Tek</td><td colspan="3">o실</td><td>새댁</td></tr>
</table>

〈그림 3〉 B에 대한 친척호칭어 집합 Ⅰ의 패러다임

(B: 화자가 여성인 경우 그들의 부(夫)의 부계친(父系親)에 대한 호칭)

<table>
<tr><td colspan="2" rowspan="4"></td><td colspan="4">S1</td><td colspan="4">S2</td></tr>
<tr><td>B2</td><td colspan="3">B1</td><td colspan="3">B1</td><td>B2</td></tr>
<tr><td colspan="3">L2</td><td rowspan="2">L1</td><td rowspan="2">L1</td><td colspan="3">L2</td></tr>
<tr><td colspan="2">C2</td><td>C1</td><td>C1</td><td colspan="2">C2</td></tr>
<tr><td colspan="2">G≥2</td><td colspan="4">할아버님</td><td colspan="4">할머님</td></tr>
<tr><td rowspan="2">G1</td><td>A1</td><td colspan="2" rowspan="2">아저씨(아제씨)</td><td>큰아버님</td><td rowspan="2">아버님</td><td rowspan="2">어머님</td><td>큰어머님</td><td colspan="2" rowspan="2">아주머니(이)</td></tr>
<tr><td>A2</td><td>작은아버님</td><td>작은어머님</td></tr>
<tr><td rowspan="2">G0</td><td>A1</td><td>시매부</td><td colspan="2">아주버(바)님</td><td colspan="2" rowspan="2">ego</td><td colspan="3">형님</td></tr>
<tr><td>A2</td><td>(시매부)</td><td colspan="2">새서밤</td><td colspan="2">o서방딕</td><td>(동서)</td></tr>
<tr><td colspan="2">G≤-1</td><td>o서방</td><td colspan="3">FN, Tek</td><td colspan="3">o실</td><td>새댁</td></tr>
</table>

〈그림 4〉 B에 대한 친척호칭어 집합 Ⅱ의 패러다임

이상으로 연구지역의 두 친척호칭어 집합에 대하여 성분분석을 시도하여 보았다. 성분분석을 행한 결과, 연구지역의 두 친척호칭어 집합(Ⅰ,Ⅱ)은 〈그림 1, 2, 3, 4〉에서 알 수 있는 바와 같이, 패러다임(paradigm)상에서 매우 유의미한 차이점을 갖는 것으로 나타났다. 성분분석을 통하여 밝혀진 두 친척호칭어 집합 Ⅰ,Ⅱ

의 차이점을 정리해보면 다음과 같다.

1. 세대의 의미차원에서 Ⅱ의 호칭어 집합은 화자(B의 경우 화자의 배우자)를 기준으로 하여 위로 2세대까지의 변별적인 의미자질들을 구분하고 있는 데 비해, Ⅰ의 호칭어 집합은 화자(B의 경우 화자의 배우자)를 기준으로 하여 위로 3세대까지의 변별적인 의미자질들을 구분하고 있다.
2. 직계와 방계의 의미차원에서 Ⅱ의 호칭어 집합은 G1에서만 직계와 방계의 변별적인 의미자질들을 구분하고 있는 데 비해, Ⅰ의 호칭어 집합은 G1, G2, G3 모두에서 직계와 방계의 변별적인 의미자질들을 구분하고 있다.
3. 혈족과 인척의 의미차원에서 Ⅱ의 호칭어 집합은 G0이하에서만 혈족과 인척의 변별적인 의미자질들을 구분하고 있는 데 비해, Ⅰ의 호칭어 집합은 G1, G2에서도 혈족과 인척의 변별적인 의미자질들을 구분하고 있다.
4. 연령의 의미차원에서 Ⅱ의 호칭어 집합은 B의 경우 배우자의 남자형제에 대하여 연상과 연하의 변별적인 의미자질들을 구분하고 있는 데 비해, Ⅰ의 호칭어 집합은 그러한 구분을 하지 않고 있다.

이상과 같은 차이점은 두 친척호칭어 집합 Ⅰ, Ⅱ가 대조되는 의미차원들 내에서 변별적으로 구분되는 의미자질(성분)들을 분류, 인지하는 데 있어서 갖는 차이점을 의미하는 것이 된다. 그런데 두 친척호칭어 집합 Ⅰ, Ⅱ 내에서 개별적인 호칭어가 갖는 의미는 의미차원들 내에서 변별적으로 구분되는 의미자질(성분)들의 조합에 의해 규정되며 이와 같이 개별적인 호칭어의 의미를 규정하는 의미자질(성분)들의 조합방식이 친척용어체계의 기본적인 의미구조를 이루게 되므로, 두 친척호칭어 집합 Ⅰ, Ⅱ가 대조되는 의미차원들 내에서 변별적으로 구분되는 의미자질(성분)들을 분류, 인지하는 데 있어서 차이점을 갖는다는 사실은 결과적으로 두 친척호칭어 집합 Ⅰ, Ⅱ가 각기 상이한 의미구조 하에 조직되어 있음을 의미하게 된다. 즉 친척호칭체계에 대한 성분분석은 연구지역의 경우 두 친척호칭어 집합 Ⅰ, Ⅱ가 서로 상이한 의미구조 하에 조직되어 있다는 사실, 그리고 연구지역의 친척호칭체계를 구성하는 두 개의 상호 구분되는 하위호칭체계를 이루고 있다는 사실을 보여 주고 있으며, 친족원에 대한 실제호칭에 있어서 Ⅰ의 호칭어 집합과 Ⅱ의 호칭어 집합을 사용하는 주민들 사이에 분류, 인지구조에 있어서도 상당한 정도의 유의미한 차이점이 존재하고 있음을 나타내고 있다.

5. 친척호칭체계와 집단정체성

1) 친척호칭체계 구분의 사회문화적 배경

앞에서는 성분분석법을 통하여, 연구지역의 친척호칭체계가 서로 상이한 의미구조 하에 조직되어 있는 두 개의 상호 구분되는 하위호칭체계로 구성되어 있음을 확인하였다. 여기서는 친척호칭체계의 사회적 사용과 관련되어 제기되는 문제, 즉 연구지역의 두 친척호칭어 집합이 친족원에 대한 실제의 호칭에 있어서―최소한 각각의 호칭어 집합을 특징하는 대표적인 호칭어들에 대하여―두 개의 친척호칭어 집합 중 어느 하나만을 배타적으로 사용하는 주민들에게 있어 그들의 집단정체성(group identity)과 관련하여 어떠한 사회문화적 의미와 기능을 가지는가 하는 문제에 대하여 살펴보고자 한다. 우선 연구지역에서 어떠한 집단의 주민들이 어떠한 친척호칭어 집합을 사용하고 있는가에 대하여 알아보도록 하겠다.

경상북도 안동군 와룡면(臥龍面) 조천동(鳥川洞, 외내)을 중심으로 친척용어를 조사한 김기봉은, 반촌(班村)에서는 증조부(曾祖父)를 「큰할배」, 증조모(曾祖母)를 「큰할매」, 조부(祖父)를 「큰아배」, 조모(祖母)를 「큰어매」, 부(父)를 「아배」, 모(母)를 「어매」, 시숙(媤叔)을 「아지뱀」이라고 호칭하는 데 반해, 민촌(民村)이나 반촌 내의 타성들(상민<常民>을 의미)은 증조부와 조부를 「할배」, 증조모와 조모를 「할매」, 부를 「아부지」, 모를 「어무이」, 시숙을 「아지반님」이라고 호칭하고 있는데, 이러한 친척용어의 차이는 반, 상간의 계층적 차이에서 야기된 것이라고 보고 있다(김기봉 1985: 45). 또한 경상북도 안동군 임하면(臨河面) 천전동(川前洞)

과 임동면(臨東面) 중평동(中平洞)을 조사한 강신항도 「큰할배」, 「큰아배」, 「큰어매」, 「맏아배」, 「아지뱀」 등이 반촌에서 사용되는 호칭어이고, 「할배」(증조부와 조부에 대한 호칭), 「할매」 (증조모와 조모에 대한 호칭), 「큰아브지」, 「아지바님」 등이 민촌에서 사용되는 호칭어라고 보고 있으며(강신항 1976: 38-39), 경북 북부 지방을 조사한 최명옥도 「큰아배」, 「큰어매」, 「맏아배」 등이 반촌어이며, 「할배」, 「할매」, 「큰아버지」 등이 민촌어임을 암시하고 있다(최명옥 1982a: 2, 8). 따라서 이들의 논의에 의거해 보면, 연구지역의 두 친척호칭어 집합 중 I 의 호칭어 집합은 경북 안동지방의 반촌에서 사용되는 것임을 알 수 있다. 그러면 II 의 친척호칭어 집합은 민촌 내지 반촌 내의 타성(상민을 의미)들 사이에서 사용되는 것인가?

앞서의 연구들에서는 II의 친척호칭어 집합에 속하는 호칭어들의 다소 변형된 형태(예를 들면, 아버지 → 아부지, 어머니 → 어무이, 큰아버지 → 큰아브지, 아주버(바)님 → 아지반님, 아지바님)들이 민촌 내지 반촌 내의 타성(상민을 의미)들 사이에서 사용되고 있다고 보고함으로써, II의 친척호칭어 집합이 민촌 내지 반촌 내의 타성들 사이에서 사용되는 호칭체계일 가능성을 암시하고 있다. 그러나 연구지역인 소산1동은 예로부터 안동군 내에서도 이름난 반촌이라는 사실과 조사 대상자들인 안동김씨와 상락김씨 모두 예로부터 이름난 양반들이었다는 사실로부터, 연구지역의 두 친척호칭어 집합이 반, 상의 계층적 차이에서 형성된 것이라고 보는 것은 타당치 않음을 알 수 있다. 물론 최명옥(1982a: 8)과 김기봉(1985: 45-46)이 지적하고 있듯이, 인접한 민촌어의 영향으로 인해 반촌인 연구지역 내에서도 반촌어인 I 의 친척호칭어 집합과 구분되는 II의 친척호칭어 집합이 생성되었다고 유추할 수도 있다. 그러나 (1) II의 친척호칭어 집합은 반촌어인 I 의 친척호칭어 집합에 속하는 호칭어 중 「큰할배」, 「큰아배」, 「맏아배」와 같은 몇 가지의 호칭어들이 인접한 민촌어의 영향에 의해 변화되어 생성된 것에 불과한 것이 아니라, 앞에서 살펴본 바와 같이 I 의 친척호칭어 집합과는 상이한 의미구조하에 조직됨으로써 호칭어의 어휘형태상에 있어서는 물론 개별호칭어가 가지는 의미에 있어서도 I 의 친척호칭어 집합과는 명확히 구분되는 차이점을 갖는다는 사실과, (2) Ⅰ의 친척호칭어 집합을 배타적으로 사용하는 주민들뿐만 아니라 Ⅱ의 친척호칭어 집합을 배타적으로 사용하는 주민들 역시 자신들의 친척호칭체계가 조상으로부터 이어져 내려온 전통의 일부라는 점을 강조하고 있다는 사실로부터, 인접한 민촌어의 영향으로 인해 반촌인 연구지역 내에 반촌어인 Ⅰ의 친척호칭어 집합과 구분되는 Ⅱ의 친척호칭어 집합이 생성되었다고 보는 견해는 타당치 않음을 알 수 있다.

그렇다면 연구지역의 경우, 친족원에 대한 호칭에 있어서 명확히 구분되는 두 개의 친척호칭어 집합이 존재하는 원인은 무엇이며, Ⅰ의 친척호칭어 집합을 사용하는 주민들은 어떠한 사회적 집단이고, Ⅱ의 친척호칭어 집합을 사용하는 주민들은 어떠한 사회적 집단인가? 결론적으로 말하자면, 이 질문에 대하여 연구지역의 주민들은 당색의 구분에 따른 차이를 지적하고 있다. 즉, 연구지역 주민들에 따르면, 친족원에 대한 호칭에 있어서 남인(南人)과 노론(老論)들은 상호 구분되는 자기네들만의 친척호칭체계를 발전시켜 왔는바, Ⅰ의 친척호칭어 집합은 남인들의 친척호칭체계를, Ⅱ의 친척호칭어 집합은 노론들의 친척호칭체계를 이루고 있다는 것이다. 따라서 연구지역의 경우, 친족원에 대한 호칭에 있어서 상호 구분되는 두 개의 친척호칭어 집합이 존재하는 원인은 근본적으로 남인과 노론의 당색 구분에 있으며, Ⅰ의 친척호칭어 집합을 사용하는 주민들은 남인출신 주민들이고, Ⅱ의 친척호칭어 집합을 사용하는 주민들은 노론출신 주민들이라는 것이 연구지역 주민들의 견해인 것이다. 실제로 연구지역의 경우, 친족원에 대한 실제 호칭에 있어서 Ⅰ의 친척호칭어 집합을 사용하는 주민들은 거의 예외 없이 남인출신이었으며, Ⅱ의 친척호칭어 집합을 사용하는 주민들은 예외 없이 노론출신임이 면접에 의하여 확인되었다. 그렇다면 연구지역의 경우 어떻게 한 마을에 상이한 친척호칭체계를 사용하는 남인집단과 노론집단이 동시에 존재할 수 있었을까?

연구지역의 안동김씨 주민들에 따르면, 소산1동의 안동김씨는 원래 남인이었으나 소산을 떠나 서울 장동(壯洞)에 터를 잡고 본격적으로 중앙무대에 출사(出仕)하기 시작한 장동파(壯洞派: 이들이 바로 안동김씨의 60년 세도정치를 이룩한 장본인)가 노론이 됨에 따라, “서울 장동집에서도 압력이 내려오고, (장동집으로부터 벼슬 등의) 덕도 볼까 해서, 문회를 하여 반노(返老: 노론으로 돌아섬)"하였다고 한다. 당시 문회에는 판관공파(判官公派)[14]의 안동김씨들만 참석하였는데, 이들의 반노(返老)는 직장공(直長公)의 후손으로서 형조참의를 지낸 23세 김양근(金養根: 1734 〈영조10〉－1799 〈정조23〉)이 주도하였다고 한다. 그러나 이때 판관공파의 후손 중 아랫진사공파(進士公派: 윗대에 이미 진사공이 있으므로 아랫진사공파라 불림) 및 구제공파(鳩齊公派)의 일부는 반노를 거부하고 계속 남인으로 남아 있을 것을 고집하여 문회에도 참석하지 않았는데, 그 결과 대부분이 노론인 판관공파 안동김씨 내부에도 소수의 남인이 지금까지 계속하여 존재하게 되었다.

소산1동의 경우에도 대부분의 안동김씨 주민들이 노론출신임에도 불구하고 남인출신 안동김씨 역시 6가구가 거주하고 있었는데(구제공파 두 가구, 아랫진사공파 세 가구, 그리고 판관공파가 아닌 참봉공파 〈參奉公派〉 한 가구), 연구지역에 거주하는 대부분의 안동김씨(노론출신)들이 친족원에 대한 호칭에 있어서 Ⅱ의 친척호칭어 집합을 사용하고 있는 데 반해, 같은 안동김씨이면서도 이들 남인출신 안동김씨들은 친족원에 대한 호칭에 있어서 Ⅰ의 친척호칭어 집합을 사용하거나 선호하고 있는 것으로 확인되었다. 이상의 사실들로 미루어 볼 때, (1) 연구지역의 경우 친족원에 대한 호칭에 있어서 상호 구분되는 두 개의 친척호칭어 집합이 존재하는 원인은 근본적으로 남인과 노론이라는 당색의 구분에 있으며, (2) Ⅰ의 친척호칭어 집합은 남인들의 친척호칭체계를, Ⅱ의 친척호칭어 집합은 노론들의 친척호칭체계를 이루고 있는 것임을 알 수 있다. 이하에서는 연구지역의 두 친척호칭어 집합이 특정 친척호칭체계를 사용하고 있는 주민들에게 있어, 그들의 집단정체성과 관련하여 어떠한 사회문화적 의미와 기능을 갖고 있는가 하는 문제에 대하여 본격적으로 살펴보도록 하겠다.

14) 안동김씨의 소산1동 입향조인 삼근(三近)의 장자(長子)로서 한성부 판관(漢城府 判官)을 지낸 10世 계권(係權)의 후손들.

2) 친척호칭체계와 남인(南人)·노론(老論) 집단 정체성

친척호칭체계의 사회적 사용과 관련하여 연구지역에서 가장 먼저 주목되는 것은 친족원에 대하여 사용하는 호칭어를 통해 호칭어 사용자(사용자가 여자일 경우에는 호칭어 사용자의 배우자)가 남인출신인가 혹은 노론출신인가 하는 것을 확인 및 구분하는 것이 가능하며, 실제로 연구지역에 거주하는 대부분의 안동김씨와 상락김씨 주민들이 그러한 판단을 자연스럽게 하고 있다는 사실이다. 물론 연구지역에 거주하는 대부분의 안동김씨와 상락김씨 주민들이 친족원에 대한 모든 호칭어들에 대하여, 〈표 3〉에서 제시된 바와 같이 정확하고 일관되게 남, 노의 구분을 하고 있는 것은 아니다. 특히 Ⅰ의 친척호칭어 집합에 속해 있는 호칭어 중 「할배」, 「할매」, 「아배」, 「어매」, 「아재」, 「아지매」 등의 호칭어들과 Ⅱ의 친척호칭어 집합에 속해있는 호칭어 중 「할아버지」, 「할머니」, 「아버지」, 「어머니」, 「아저씨(아제씨)」, 「아주머니(이)」 등의 호칭어들의 경우, 연구지역의 많은 주민들은 이들 호칭어의 사용과 남, 노 구분이 관계있는 것으로 여기지 않고 있었다.

그러나 대부분의 안동김씨와 상락김씨 주민들은, A(화자가 남성인 경우, 그들의 부계친(父系親)에 대한 호칭)에 있어서는, 「큰할배」, 「큰할매」, 「큰아배」, 「큰어매」, 「새할배」, 「맏아배」, 「맏어매」, 「새아재」, 「새아지매」 등의 호칭어가 남인들이 사용하는 호칭어이고, 「큰아버지」, 「큰어머니」 등의 호칭어가 노론들이 사용하는 호칭어라는 사실과, B(화자가 여성인 경우 그들의 夫의 父系親에 대한 호칭)에 있어서는, 「큰할뱀」, 「큰할맴」, 「큰아뱀」, 「큰어맴」, 「새할뱀」, 「맏아뱀」, 「맏어맴」, 「새아지뱀」 등의 호칭어가 남인들이 사용하는 호칭어이고, 「큰아버님」, 「큰어머님」, 「아주버(바)님」, 「새서방」 등의 호칭어가 노론들이 사용하는 호칭어라는 사실을 명확히 인식하고 있었으며, 친족원에 대한 실제 호칭에 있어서도 위의 호칭어들에 대해서는 남, 노의 구분을 철저히 지켜 사용함으로써 친족원에 대한 호칭어 사용을 통하여 호칭어 사용자(사용자가 여자일 경우에는 호칭어 사용자의 배우자)가 남인출신인가, 노론출신인가 하는 것을 확인 및 구분하고 있었다. 이 같은 사실은 아래의 조사과정의 한 장면에서도 명확히 드러나고 있다.

(친족원에 대하여 사용하는 호칭어 목록을 수집하는 면접 과정에서)
조사자: 조부(祖父)를 직접 부르실 때에는 뭐라고 하셨습니까?
김응한씨: 「할아버지」 라고 했지.
조사자: 「큰아배」라고 불러보신 적은 없으십니까?
김응한씨: 「큰아배」는 남인들이 짖기는(또는 지키는) 말이지. 우리 노론들은 그렇게 지켜본 적이 없지. 아니 그러고 보니 학생집도 남인인가배.
조사자: 아닙니다. 상락김씨분들이 조부(祖父)에게 「큰아배」라고 하신다고 하셔서요.
김응한씨: 아. 그 집들은 원래 남인이거든.

특히 연구지역의 안동김씨와 상락김씨 주민들은, 친족원에 대하여 사용하는 남인들의 호칭어 중에서 가장 특징적인 호칭어로 「큰아배」와 「큰어매」를 지적하였으며, 노론들의 호칭어 중에서 가장 특징적인 호칭어로는 「아주버(바)님」, 「새서밤」 을 지적하였는데, "(조부에게) 「큰아배」라고 지키지 않고 어떻게 남인 행세를 할 수가 있나"(김석교씨), "(시숙에게) 「아주바님」, (시동생에게) 「새서밤」 이라 하지 않으면 타성이 남인인줄 알아요"(권현교씨) 등의 언급에서처럼, 「큰아배」, 「큰어매」 및 「아주버(바)님」, 「새서밤」의 호칭어는 각각 남인과 노론의 집단정체성을 나타내는 상징으로서 연구지역 주민들에게 인식되고 있었다.[15]

이상에서 살펴 본 바와 같이, 두 친척호칭어 집합은 연구지역에 거주하고 있는 상락김씨와 안동김씨 주민들로 하여금, 친족원에 대한 호칭어 사용을 통해 호칭어 사용자(사용자가 여자일 경우에는 호칭어 사용자의 배우자)가 남인출신인가, 노론출신인가 하는 것을 판단 가능케 함으로써, 연구지역 주민들의 집단정체성을 확인

15) 이와 관련하여 연구지역의 재미있는 일화 하나를 소개하면, 상락김씨와 안동김씨의 부인들이 함께 모인 마실 장소에서 윷놀이를 하기 위해 어떻게 편을 나눌까 고민하다가 한 사람이 "「큰아배」 짖기는(또는 지키는) 사람"들과 "「새서밤」 짖기는(또는 지키는) 사람"들로 편을 나누자고 하여 모두 웃었던 일이 있었다고 한다. 이러한 일화는 연구지역의 경우, 특정의 친척호칭어 집합이 친족원에 대한 호칭이라는 언어 영역에서는 물론 일상생활의 영역에서도 집단정체성을 구분 및 확인하는 상징이 되고 있음을 보여주는 민족지적 사례이다.

및 구분하여 주고 있다. 이와 동시에 연구지역의 경우 친척호칭체계의 사회적 사용과 관련하여 주목되는 또 다른 특징은, 특정 호칭체계를 배타적으로 사용하는 연구지역의 주민들이 (1) 자신들의 호칭체계가 조상으로부터 이어져 내려온 전통의 일부라는 점을 강조하고, 동시에 (2) 자신들의 호칭체계에 대해 특별한 의미와 가치를 부여함으로써, 자신들의 남, 노라는 집단정체성을 적극적으로 유지 및 강화하고 있다는 사실이다.

우선 연구지역의 안동김씨와 상락김씨 주민들 모두 자신들의 호칭체계가 조상으로부터 이어져 내려온 전통의 일부라는 점을 끊임없이 강조하고 있다. 이는 "우리 남인들은 통상 옛날 조상 때부터 그렇게 지키지"(김석교 씨), "어른들이 쓰시던 말씀이니 당연히 우리도 따라야지"(김흥동 씨), "(노론들은) 선조 때부터 언어상통이 이리 지켜졌지"(김형동 씨) 등의 언급에서 명백하게 나타나고 있는데, 여기서 전통이란 다름 아닌 남, 노의 전통을 의미하는 것임을 알 수 있다. 이와 같이 연구지역의 경우 친족원에 대한 호칭체계는 조상으로부터 이어져 내려온 전통의 일부로서 이해되고 있으므로, 안동김씨와 상락김씨 주민들에게 있어 친족원에 대한 호칭체계의 유지는 곧 전통(남, 노의 전통)의 유지를 의미하는 것이 된다. 모두가 남인출신인 연구지역 상락김씨 주민들의 경우, 친족원에 대한 호칭에 있어서 남인들의 친척호칭어(즉 Ⅰ의 친척호칭어 집합)를 제대로 사용하지 않는 일부 상락김씨 문중성원들에게, 김석교 씨를 비롯한 여러 문중 어른들이 "남인 행세를 하려면 우리말을 지키라"고 때때로 주의를 주고 있다는 사실이나,[16] 노론출신 안동김씨의 경우, 남인가정에서 출가해 온 부인들이 「큰아뱀」, 「큰어맴」, 「아뱀」, 「어맴」, 「맏아뱀」, 「맏어맴」 등 남인들의 친척용어를 계속하여 사용하는 것에 대해, "우리(노론) 사람이 됐으니, 여기 법도대로 지키라"고 주의를 주고 있다는 사실 등은, 친족원에 대한 호칭체계의 유지가 곧 남, 노라는 전통의 유지를 의미하는 것임을 보여주는 민족지적 사례이다. 결과적으로 연구지역의 안동김씨와 상락김씨 주민들은 자신들의 호칭체계를 조상으로부터 이어져 내려온 전통의 일부로서

16) 김석교씨는 상락김씨의 소산입향조인 언준(彥濬)의 대종손으로서, 상락김씨 문중조직의 중심이 되고 있을 뿐만 아니라 대외적으로도 상락김씨 문중조직의 대표자로서의 역할을 수행하고 있었다.

파악함으로써, 친족원에 대한 호칭어의 사용을 통하여 자신들의 전통을 유지하고 있으며 나아가 남, 노라는 집단정체성을 유지하고 있는 것이다.

연구지역의 두 친척호칭어 집합이 남, 노라는 집단정체성을 유지 및 강화하고 있다는 사실은 안동김씨와 상락김씨 주민들이 자신들의 호칭체계에 대해 우월적인 의미와 가치를 부여하고 있는 데서 더욱 두드러진다. "서로가 언어상통이 남인이 이리하면, 노론이 저리하고, 노론이 저리하면, 남인이 이리하고, 그러다보니 차이가 나는 기라"(김응한 씨), "그 사람들(남인)은 노론이 이리하면 저리하고 그러지"(김흥동 씨), "남, 노가 분간하기 쉽게 하기 위해 따로 지키지"(김석교 씨), "남인이 왜 그리 지키고, 노론이 왜 그리 지키노 하는 것은 이유가 없는 게야. 요즘 여당, 야당 하는 식으로 남인이 이리하면 노론이 저리하고 그랬지"(김진규 씨) 등의 언급에서처럼, 안동김씨와 상락김씨 주민들은 친족원에 대한 호칭체계에 있어서 차이가 나는 것은 남, 노간의 구분을 쉽게 하기 위한 것일 뿐 두 친척용어체계 간에 우열이 존재하고 있음을 의미하는 것은 아니라고 강조한다. 그러면서도 연구지역의 안동김씨와 상락김씨 주민들은 (1) 자신들이 사용하는 친척호칭체계의 우수성을 강조하는 동시에 (2) 상대방이 사용하는 친척호칭체계의 열등성을 지적함으로써, 자신들이 사용하는 친척호칭체계에 대해 상대방의 호칭체계에 비해 예법적으로 보다 우월하다는 특별한 의미와 가치를 부여하고 있었다.

예를 들면, 남인출신 주민들은 친족원에 대하여 사용하는 자신들의 호칭어 중에서, (1)「큰아배」와「맏아배」에 대해서는 "조부(祖父)는 대부(大父)(큰大, 아비父)이므로 다른 할배들과 구분하여「큰아배」라고 따로 지키지"(상락김씨 김상일 씨[17]), "문자를 아는 양반이라면 맏 백(伯)자니까 (백부(伯父)에게는) 당연히 「맏아배」를 써야지"(상락김씨 김상준 씨), (2)「새아재」,「새할배」에 대해서는 "(문객은) 남의 집에서 온 사람이니 당연히 '새'자를 넣어 존대해야지"(상락김씨 김상룡 씨), "(문객에게는) '새'자를 꼭 넣어야지, 노론처럼 지 집안도「아재」, 문객도「아재」그러면 어떻게 (혈족과 인척을) 구분을 하나, 문객도 구분을 하지 않으면

---

17) 상대방 호칭체계에 대하여 민감한 평가가 포함되어 있으므로 이하에서 제시되고 있는 제보자의 이름은 가명임을 밝혀둔다.

서 어떻게 양반입네 할 수가 있어, (문객들에게) '새'자를 넣지 않으려면 (외가 친척에게 사용하는) '외'자도 빼고 (외숙, 외조부를 호칭할 때도) 「아재」, 「할배」 해야지 왜 「외아재」, 「외할배」라고 해"(상락김씨 김상준 씨)라고 평가함으로써, 자신들이 사용하는 친척호칭체계의 정당성과 우수성을 강조하고 있는 데 반해, 노론들의 호칭어인 「새서밤」에 대해서는, "처음에는 (노론들이 「새서밤」이라고 부를 때) 누구에게 부르는지 몰랐어요(웃음) 원래 하정배들이나 (양반자제에게) 「서밤」이라고 부르지, 어대 법도 있는 양반이 그렇게 부릅니까?"(유영자 씨 〈상락김씨 집안의 부인〉), "옛날에 하인들이 양반자제보고 「서방님」이라고 하지 않았어요. 그런데 노론들은 왜 「서밤」 이라고 한대요. 민촌행세 하려나(웃음)"(박순희 씨 〈남인인 아랫진사공파 안동김씨 집안의 부인〉), "(예전에) 상민들이 「새양반」요, 「새서밤」요 했는데, 노론들은 왜 그렇게 쓰는지…"(상락김씨 김상일 씨)라고 비판적으로 평가함으로써, 노론들이 사용하는 친척호칭체계의 열등성을 지적하고 있다.

한편 노론출신 주민들도, "「아배」, 「어매」, 「큰아배」, 「큰어매」는 이상하게 들리더구만. 그런 말들은 서울말도 아니잖아. 우리(노론)가 쓰는 말이 (표준어와 동일하기 때문에) 옳은 것 같더구만. 그런 말들은 자기네들만(남인들만) 옳다고 생각하는 거지"(안동김씨 김준안 씨), "맏아배(伯父)가 글자로는 맞지만, 표준말은 아니거든"(안동김씨 김동안 씨), "서울말이 정상적으로 「할아버지」, 「할머니」 그러는데 어째 「큰아배」, 「큰어매」라 하누"(안동김씨 김성안 씨), "처음에 들으니 「아배」, 「어매」 하두 우스워서...."(성윤희 씨 〈노론인 안동김씨 집안의 부인〉), "「아배」, 「어매」, 「맏아배」, 「맏어매」는 참 우습더구만"(안동김씨 김용안 씨), "「새아지매」도 있고 헌아지매도 있나 굳이 '새'자를 왜 붙여"(안동김씨 김윤안 씨) 등의 평가를 통하여 자신들이 사용하는 친척호칭체계의 정당성과 우수성 그리고 남인들이 사용하는 친척호칭체계의 열등성을 지적하고 있다.

이상과 같은 친척호칭체계에 대한 평가에서 특징적인 것은, (1) 자신들의 호칭체계 및 상대방의 호칭체계에 대하여 이루어지고 있는 연구지역 주민들의 평가 대부분이 Ⅰ의 친척호칭어 집합과 Ⅱ의 친척호칭어 집합의 패러다임(〈그림 1, 2 ,

3, 4〉 참조)에서 차이가 나고 있는 부분에 집중되어 있다는 사실과, (2) 자신들이 사용하는 친척호칭체계의 정당성과 우수성, 그리고 상대방이 사용하는 친척호칭체계의 열등성을 강조하는 데 있어서 남인출신들은 "보다 예법적, 보다 양반적"이라는 데에 초점을 맞추고 있는 데 반해, 노론출신들은 "표준말이냐, 아니냐"하는 점에 초점을 맞추고 있다는 사실이다. 특히 후자의 경우, "양반은 예법을 엄히 지켜야 되는데, (우리 남인들은) 말 한 마디를 지키더라도 노론보다 엄하게 지키지"(상락김씨 김상일 씨), "남인은 모든 예의가 까다롭고, 노론은 수술해"(상락김씨 김상준 씨), "남인들이 좀 더 존중한 데가 있어요. 노론들은 예법에서 무른 것 같아"(박순희 씨) 등의 언급에서 나타나고 있는 것처럼, 연구지역의 남인출신 주민들은 자신들의 호칭체계는 물론 자신들의 예법까지도 노론보다 "더 양반적"이라는 점을 강조하고 있다. 이는 아마도 노론출신 주민들의 경우 그들이 사용하는 친척호칭어의 대부분이 이미 표준어로 규정되어 있기 때문에, "표준어냐 아니냐"라는 기준으로 자신들이 사용하는 친척호칭체계의 정당성과 우수성을 쉽게 입증할 수 있다고 믿는 반면, 남인출신 주민들의 경우 그들이 사용하는 친척호칭어의 대부분이 방언으로 여겨지는 다소 불리한 상황에서 자신들이 사용하는 친척호칭체계의 정당성과 우수성을 입증하기 위하여 "보다 예법적, 보다 양반적"이라는 기준을 사용하기 때문인 것으로 여겨진다.

이상을 정리하면, 연구지역의 상락김씨와 안동김씨 주민들은 자신들이 사용하는 친척호칭체계의 정당성과 우수성을 강조하는 동시에 상대방이 사용하는 친척호칭체계의 열등성을 지적함으로써, 자신들이 사용하는 친척호칭체계에 대해 상대방의 호칭체계에 비해 보다 우월하다는 특별한 의미와 가치를 부여하고 있다. 그런데 앞에서 살펴본 바와 같이 연구지역의 주민들은 자신들의 호칭체계를 조상으로부터 이어져 내려온 전통(남, 노의 전통)의 일부로서 파악하고 있으므로, 자신들이 사용하는 호칭체계의 우수성에 대한 강조는 곧바로 자신들 전통의 우수성에 대한 강조로 이어지게 되며, 이는 다시 남, 노라는 집단의 우수성에 대한 강조로 이어지게 된다. 따라서 연구지역의 두 친척호칭어 집합은, 연구지역 주민들에 의해 조상으로부터 이어져 내려온 전통의 일부로서 이해됨으로써 그리고 특별한 의미와 가치를 부여받음으로써, 호칭체계 사용자 집단의 남, 노라는 집단정체성을 유지 및 강화시켜 주고 있는 것이다.

이렇게 볼 때, 연구지역의 두 친척호칭어 집합 Ⅰ과 Ⅱ에 속해 있는 호칭어의 목록들은 연구지역의 안동김씨와 상락김씨 주민들에게 있어, 남인과 노론이라는 사회적 집단의 정체성을 구분 및 유지시켜 주는 "말표지(체)(speech marker)"가 되고 있다고 할 수 있을 것이다. "말표지(체)"란 사회조직 및 사회적 상호작용에 있어 실제적으로 또는 잠재적으로 중요성을 가지는 화자(話者)의 생물적, 사회적, 심리적 범주들 또는 특성들에 관한 정보를 청자(聽者)에게 제공하는 말단서(speech cues)를 의미하는데, 이러한 말표지(체)를 통하여 나이, 성, 종족성(ethnicity), 사회계급 등과 같은 중요한 사회적 범주들이 구별되고 표시된다(Giles, Scherer and Taylor 1979: 351, 360; Scherer and Giles 1979: xii). Giles, Scherer and Taylor(1979: 351-360)에 의하면, '인간의 언어행위(human speech)'에 있어서 말표지(체)는 (1) 인지적 조직의 기능 (the cognitive organizational function)과 (2) 정체성 유지의 기능 (the identity maintenance function)이라는 두 가지의 사회심리적 기능을 수행하고 있다. 여기서 '인지적 조직의 기능'이란 사회적 자극들을 중요한 사회적 범주에 따라 구분하여 줌으로써, 대화 참여자들로 하여금 사회적 상황을 이해하게 하고 그들에게 적절한 행위에 대한 지침을 제공하는 것과 관련된 기능이며, '정체성 유지의 기능'이란 안정적이고 조직된 방식으로 더 나아가 가장 유리한 관점에서 자아를 제시하여 줌으로써, 화자의 정체성을 유지 및 강화시켜 주는 기능과 관련된 것이다. 이렇게 볼 때 (1) 안동김씨와 상락김씨 주민들을 남인과 노론이라는 사회적 범주에 따라 구분하여 줌으로써 그들에게 남, 노 구분에 따른 적절한 행위지침을 제공하고 있으며 (인지적 조직의 기능), (2) 안동김씨와 상락김씨 주민들에 의해 조상으로부터 이어져 내려온 전통의 일부로서 이해됨으로써 그리고 상대방의 호칭체계에 비해 예법적으로 보다 우월하다는 특별한 의미와 가치를 부여받음으로써, 긍정적이고 유리한 관점에서 주민들의 자아를 제시하여 주는 동시에 주민들의 정체성을 유지 및 강화하여 주고 있다는 점에서 (정체성 유지의 기능), 두 친척호칭어 집합 Ⅰ과 Ⅱ에 속해 있는 호칭어의 목록들은 연구지역의 안동김씨와 상락김씨 주민들에게 있어, 남인과 노론이라는 집단정체성을 구분 및 유지시켜주는 말의 집단표지(체)(group speech marker)가 되고 있는 것이다.

6. 요약 및 결론

본 연구는 친척용어에 대한 기존의 연구들이 주로 지칭체계의 기술 및 분석에 치중함에 따라, 친척의미론 및 사회구조의 연구에 있어 중요한 위치를 차지하는 호칭체계로서 친척용어가 갖는 의미와 성격은 제대로 규명되지 못하여 왔다는 문제의식에서 출발하였다. 이와 같은 문제의식에서 본 연구는 한정된 언어공동체 내에서 실제로 사용되고 있는 친척호칭체계의 의미구조와 사회적 사용에 관한 민족지적 접근을 통해 (1) 친척호칭체계의 통시적 변화 및 공시적 변이양상에 관한 비교연구의 준거틀을 제시하고, (2) 친족원의 분류 및 친족원간의 사회적 관계에 관한 새로운 지식을 제공하며, (3) 친척호칭체계에서 나타나는 문화내적 변이를 형성하고 조직화한 사회문화적 배경－궁극적으로 한국사회의 하위문화－을 조명해 보는 것을 목적으로 하였으며, 이러한 목적을 수행하기 위하여 경상북도 안동군 풍산읍 소산1동을 연구지역으로 선정하였다.

연구지역의 친척호칭체계를 개관하여 본 결과, 연구지역의 친척호칭체계에서 나타나는 가장 주목되는 특징으로서, (1) 명확하게 구분되는 두 개의 친척호칭어 집합이 존재한다는 사실과, (2) 대부분의 연구지역 주민들이 친족원에 대한 실제 호칭에 있어서 (최소한 각각의 호칭어 집합을 특징하는 대표적인 호칭어들에 대하여) 두 개의 친척호칭어 집합 중 하나만을 사용하고 있다는 사실을 발견할 수 있었는데, 이와 관련하여 본 연구에서는 다음과 같은 두 가지의 질문을 제기하였다.

첫 번째 질문은 친척호칭체계의 의미구조와 관련된 것으로서, 두 개의 친척호칭어 집합이 단지 호칭어의 어휘형태상에 있어서만 차이가 날 뿐 기본적으로 동일한 의미구조 하에 조직된 것인가, 아니면 상이한 의미구조 하에 조직됨으로써 어휘형태상에 있어서는 물론 개별호칭어가 가지는 의미에 있어서도 차이가 나는 것인가 하는 질문이다. 연구지역의 친척호칭체계에 대하여 성분분석을 행하여 본 결과, 두 개의 친척호칭어 집합은 개별적인 호칭어의 의미를 규정하는 의미자질(성분)들을 분류, 인지하는 데 있어서, 세대의 의미차원, 직계와 방계의 의미차원, 혈족과 인척의 의미차원, 연령의 의미차원 등에서 유의미한 차이점을 보임으로써, 서로 상이한 의미구조 하에 조직되어 있다는 사실을 알 수 있었다. 즉 두 개의 친척호칭어 집합이 서로 상이한 의미구조 하에 조직됨으로써, 연구지역의 친척호칭체계를 구성하는 두 개의 상호 구분되는 하위호칭체계를 이루고 있음을 확인하였다.

두 번째 질문은 친척호칭체계의 사회적 사용과 관련된 것으로서, 두 개의 친척호칭어 집합이 친족원에 대한 실제 호칭에 있어서 그 중 하나만을 사용하는 주민들에게 있어 그들의 집단정체성과 관련하여 어떠한 사회문화적 의미와 기능을 갖고 있는가 하는 질문이다. 연구지역 주민들의 친척호칭 사용에 관한 조사결과, 두 개의 친척호칭어 집합은 (1) 연구지역의 상락김씨와 안동김씨 주민들로 하여금, 친족원에 대한 특정 호칭어의 사용으로부터 호칭어 사용자(사용자가 여자일 경우에는 호칭어 사용자의 배우자)가 남인출신인가, 노론출신인가 하는 것을 판단 가능케 함으로써 남, 노라는 집단정체성을 구분하여 주고 있으며, (2) 연구지역의 상락김씨와 안동김씨 주민들에 의해 특별한 의미와 가치를 부여받음으로써 남, 노라는 집단정체성을 강화하여 주고 있다는 점에서, 연구지역의 안동김씨와 상락김씨 주민들에게 있어 남인과 노론이라는 집단정체성을 구분 및 강화시켜주는 "말의 집단표지(체)"가 되고 있다는 사실을 알 수 있었다.

이상과 같은 연구지역 친척호칭체계의 특징은 다음의 두 가지 중요한 사실을 시사하여 준다. 첫째로, 연구지역의 경우, 남인과 노론이라는 집단은 사회문화적인 영역에서 상호 구분되는 중요한 하위문화를 형성하고 있다는 사실이다. 주지하고 있다시피, 노론, 소론, 남인, 북인의 사색붕당(四色朋黨)은 조선시대 정치사에 있어서 중요한 정치적 집단을 형성하여 왔다. 물론, 붕당의 성격, 붕당형성의 시기, 붕당형성의 이유, 붕당의 수 등 주요문제에 관하여 제학자들 간에 수많은 이견이 노정되고 있으나, 사림(士林)세력이 중앙정계를 장악한 조선후기 이후에 있어서, 가장 기초적이고 지속적인 정치세력의 단위가 붕당이었다는 점에는 기존 연구들 대부분이 동의하고 있다(강주진 1971; 성낙훈 1965; 이은순 1988; 이태진 1985). 따라서 남인과 노론이라는 붕당이 조선시대에 있어서 기본적으로 정치적 집단을 형성하였다는 사실에는 의심의 여지가 없다. 그러나 조선시대의 붕당은 붕당의 본래적 의미인 '정치적 이해나 견해를 같이하는 사람들의 무리'를 넘어서서, 학통(學統)이라는 근본적 기반 위에 혈연, 지연 등을 부차적인 매개로 하여 지속적으로 전승되었으며, 붕당간의 대립도 단순한 권력투쟁으로서가 아니라 학문이나 정책에서의 대립과 더불어 행하여졌다(오수창 1985: 76). 그러므로 수기치인(修己治人), 왕도정치(王道政治), 가례(家禮)를 강조하는 학문(성리학)적 기반과 혈연, 지연의 바탕 위에서, 붕당은 조선시대의 정치과정 속에서 가장 기초적이고 지속적인 정치적 단위를 이루어 왔을 뿐만 아니라, 동시에 사회문화적인 영역에서 개인에 대한 행위규범과 사회에 대한 질서규범을 내용으로 하는 하위문화를 형성하여 왔던 것이다.[18)]

이렇게 볼 때, 연구지역의 안동김씨와 상락김씨 주민들에 의해 (1) 조상으로부터 이어져 내려온 전통의 일부로서 인식되고 있으며, (2) 친족원간에 반드시 지켜야 할 '예절'의 일부분으로 이해되고 있는 친척호칭의 영역에서 남, 노라는 집단의 정체성이 구분, 유지되고 있다는 사실은, 조선시대의 정치과정 속에서 정치적인 단위를 이루어 왔던 동시에 사회문화적인 영역에서도 개인에 대한 행위규범과 사회에 대한 질서규범을 내용으로 하는 하위문화를 형성하여 왔던 남인과 노론이라는 집단이, 연구지역의 경우 정치적인 의미와 기능을 완전히 상실한 오늘날에 있어서도 사회문화적인 영역에서는 여전히 중요한 하위문화를 형성하고 있다는 점을 시사하여 주고 있다. 즉 연구지역에서 남, 노의 구분은 친척호칭체계에서 나타나는 문화내적 변이를 형성하고 조직화한 사회문화적 배경을 이루고 있는 것이다.

---

18) 이러한 사실은 효종 서거 후의 기해예송시비(己亥禮訟是非, 1659)와 효종비 서거 후의 갑인예송시비(甲寅禮訟是非, 1674)의 경우에서처럼, 예제(禮制)가 정쟁의 사단이 되었다는 점에서 보다 극명하게 드러나고 있다. 성리학적 차원에서 예는 모든 사회질서의 규범이었던 만큼 성리학을 이념으로 하였던 당시에 있어서, 예제는 결코 경시될 수 없는 것이었다(이태진 1985: 42).

둘째로, 친척호칭체계의 특징에 대한 본 연구는 연구지역의 경우 사회문화적인 영역에서 전통적인 반, 상의 계급구분이 여전히 상징적인 차원에서 유지되고 있음을 시사하여 주고 있다. 연구지역의 안동김씨와 상락김씨 주민들은 친족원에 대하여 사용하는 자신들의 호칭체계가 조상으로부터 이어져 내려온 전통의 일부라는 점을 강조하고 있는데, 여기서 전통이란 다름 아닌 남, 노의 전통을 의미하는 것이므로, 안동김씨와 상락김씨 주민들에게 있어 친족원에 대한 호칭체계의 유지는 남인과 노론이라는 집단의 정체성을 유지하는 것이 된다. 그런데, 남인과 노론은 곧 양반의 지위를 의미하는 것이므로, 남, 노의 구분을 유지한다는 것은 계급내적으로는 남, 노라는 붕당의 정체성을 유지하는 것이 되지만, 동시에 계급외적으로는 양반이라는 계급의 정체성을 유지하는 것이 된다. 연구지역의 경우, 친척호칭체계를 통하여 양반계급의 정체성까지 유지하고 있다는 사실은, "반상이 없어졌다고는 하지만, 수작('말을 걸어보다'의 뜻임)을 해보면 대번에 알 수 있다"라는 언급에서 잘 나타나고 있는데, 실제로 연구지역의 안동김씨와 상락김씨 주민들은 반, 상의 구분에 따른 친척호칭어의 차이를 지적하고 있다. 예를 들어, 남인출신 주민들과 노론출신 주민들 모두 상민들이 사용하는 호칭어로, 「할부지」, 「할므이」 또는 「할머이」, 「성(Be)」, 「아지머이」 등의 호칭어를 지적하고 있었을 뿐만 아니라, 자신들의 친척호칭어와 구별되는 호칭어들에 대해서는 "그것은 사투리도 아니고 하정배들이 쓰던 것이다"라고 강조하고 있다. 결국 안동김씨와 상락김씨 주민들에 의해 친척호칭의 영역에서 남, 노라는 집단의 정체성이 구분, 유지되고 있다는 사실은, 연구지역의 경우 사회문화적인 영역에서 반, 상의 구분이 상징적으로 유지되고 있다는 사실을 시사해 주고 있는 것이다.

√ 참고문헌

강신항, 1967, "현대국어의 가족명칭에 대하여,"『대동문화연구』 4: 75-115.

______ 1976, "경북 안동 봉화 영해지역의 이중언어생활,"『성균관대학교 논문집』 22: 33-51.

강주진, 1971,『이조당쟁사연구』, 서울: 서울대학교출판부.

김기봉, 1985, "친족용어체계에 관한 성분분석적 연구," 영남대학교 문화인류학과 석사학위논문.

성낙훈, 1965,『한국당쟁사』, 한국문화사대계Ⅱ(고대민족문화연구소).

오수창, 1985, "인조대 정치세력의 동향," 이태진 편,『조선시대 정치사의 재조명』, 서울: 범조사, pp. 75-130.

왕한석, 1988, "한국 친족용어의 내적구조,"『한국문화인류학』 20: 283-308.

______ 1989a, "택호와 종자명호칭,"『의민 이두현 교수 정년퇴임 기념논문집』, pp. 24-47.

______ 1989b, "한국친족용어의 형태 및 의미분석" (미발표원고).

유창돈, 1954, "족친칭호의 어원적 고찰,"『사상계』 2(2): 77-99.

이광규, 1971, "한국의 친척명칭,"『연구논총』 1: 221-256.

이숭녕, 1968, "중세국어의 가족호칭에 대하여,"『동양문화』 6.7: 229-246.

이윤표, 1986, "국어 친척용어의 연구,"『국어학 신연구』, 서울: 탑출판사, pp. 621-637.

이은순, 1988,『조선후기 당쟁사연구』, 서울: 일조각.

이태진, 1985,『조선시대 정치사의 재조명』, 서울: 범조사.

정종호, 1990, "한국 친족호칭의 의미구조와 사회적 사용에 관한 연구: 안동지방의 한 촌락의 사례를 중심으로," 서울대학교 인류학과 석사학위논문.

최명옥, 1980,『경북 동해안 방언연구』, 영남대학교 민족문화연구소.

______ 1982a, "친족명칭과 경어법,"『방언』 6:1-26.

______ 1982b, "친족명칭의 의미분석과 변이, 그리고 변화에 대하여,"『긍포 조규설 교수 화갑기념 국어학 논총』, 서울: 형설출판사, pp. 679-696.

최재석, 1982(초판 1966),『개정 한국가족연구』, 서울: 일지사.

Bean, Susan S., 1978, *Symbolic and Pragmatic Semantics*, Chicago: The University of Chicago Press.

Befu, Harumi and Edward Norbeck, 1958, "Japanese Usages of Terms of Relationship," *Southwestern Journal of Anthropology* 14: 66-86.

Brown, Roger and M. Ford, 1964, "Address in American English," in Dell Hymes (ed.), *Language in Culture and Society*, pp. 234-244.

Brown, Roger and A. Gilman, 1972, "The Pronouns of Power and Solidarity," in P. Giglioli (ed.), *Language and Social Context*, Middlesex: Penguin Books, pp. 252-282.

Burling, Robins, 1970, *Man's Many Voices*, New York: Holt, Rinehart and Winston, Inc.

Casson, Ronald, 1975, "The Semantics of Kin Term Usage," *American Ethnologist*, 2(2): 229-238.

Casson, Ronald (ed.), 1981, *Language, Culture and Cognition*, New York: Macmillan Publishing Co.

Casson, Ronald and Banu Ozertug, 1976, "Respect and Address in a Turkish Village: A Quantitative Sociolinguistic Account," *American Ethnologist* 3(4): 587-602.

Chao, Y. R., 1956, "Chinese Terms of Address," *Language* 32(1): 217-241.

Conant, F. P., 1961, "Jarawa Kin Systems of Reference and Address," *Anthropological Linguistics* 3:19-33.

Ervin-Tripp, Susan, 1972, "On Sociolinguistic Rules," in John Gumperz and Dell Hymes (eds.), *Directions in Sociolinguistics*, New York: Holt, Rinehart and Winston, pp. 213-250.

Fischer, J. L., 1964, "Words for Self and Others in Some Japanese Families," *American Anthropologist* 66(6), Pt. 2: 115-126.

Giles, K, Scherer and D. Taylor, 1979, "Speech Markers in Social interaction," in K. Scherer and H. Giles (eds.), *Social Markers in Speech*, pp. 343-381.

Goodenough, Ward, 1956, "Componential Analysis and the Study of Meaning," *Language* 32: 195-216.

______ 1957, "Cultural Anthropology and Linguistics," reprinted in Dell Hymes (ed.), 1964, *Language in Culture and Society*, pp. 36-39.

______ 1967, "Componential Analysis," reprinted in James P. Spradley (ed.), 1972, *Culture and Cognition*, San Francisco: Chandler Publishing Co., pp. 327-343.

Hammel, E. A. (ed.), 1965, "Formal Semantic Analysis," *American Anthropologist* 67(5), Part 2.

Kim, Han-Kon, 1967, "Korean Kinship Terminology: A Semantic Analysis,"『어학연구』3(1): 70-81.

______ 1983, "Korean Kinship Terminology: A Semantic Analysis II,"『말』8: 21-68.

Lee, Kwang-Kyu, 1975, *Kinship System in Korea*, New Haven: Human Relations Area Files, Inc.

Lee, Kwang-Kyu and Youngsook Kim Harvey, 1973, "Teknonymy and Geononymy in Korean Kinship Terminology," *Ethnology* 12(1): 31-46.

Lee, Mun-Woong, 1976, "Rural North Korea under Communism," *Rice University Studies* 62(1).

Lounsbury, Floyd G., 1956, "A Semantic Analysis of the Pawnee Kinship Usage," *Language* 32: 158-194.

Murdock, G. P., 1949, *Social Structure*, New York: Macmillan Publishing Co. Inc.

Scheffler, Harold W., 1972, "Kinship Semantics," *Annual Review of Anthropology* 1: 309-328.

Scherer, Klaus R. and Howard Giles (eds.), 1979, *Social Markers in Speech*, Cambridge:

Cambridge University Press.
Sturtevant, William C., 1964, "Studies in Ethnoscience," *American Anthropologist* 66(3), Pt. 2: 99-131.
Tyler, Stephen (ed.), 1969, *Cognitive Anthropology*, New York: Holt, Rinehart and Winston.
Vincze, Lajos, 1978, "Kinship Terms and Address in a Hungarian Speaking Peasant Community in Rumania," *Ethnology* XVII(1): 101-117.
Wallace, Anthony F. C. and John Atkins, 1960, "The Meaning of Kinship Terms," *American Anthropologist* 62: 58-80.

3 장

한국의 색채 범주 구분체계와 그것의 발달 과정*

김선희

1. 서 론

색채 현상은 빛과 대상물 그리고 인간의 시지각이 상호 반응하여 이루어진다. 그러나 색을 표현하고 이해하는 과정은 언어를 통해 이루어지며, 이렇게 언어를 매개로 전달되는 것은 빛의 물리적 속성이나 인간 시지각의 신경생리적 과정이 아니라 (언어적) 의미이다. 그런데 의미는 문화적으로 형성된다. 따라서 색채 의미도 많은 다른 문화적 범주와 같이 해당 언어공동체(speech community)의 문화적 논리와 사회적 상황을 표현한다. 뿐만 아니라 그것은 사회문화적 변동과 함께 변화를 겪는다. 이런 시각에서 본 연구는 한국 사회에서 색의 의미가 구분되고 사용되는 문화적 규칙을 발견하고, 그 구분과 사용의 규칙이 현재 어떤 과정을 거쳐 변화해가고 있는지를 탐구하고자 한다.

* 이 논문은 "한국 색채 범주 체계의 세대간 차이와 구분법의 발달 과정에 대한 연구"라는 제목으로 『한국색채학회 논문집』 14(2) (2000, pp. 83-104)에 실렸던 글을 수정·보완한 것이다.

원래 연구자의 일차적인 관심은 색채 공간(color space)을 하나의 의미영역(semantic domain)으로 보고 이 색채 의미영역이 일련의 의미 대조차원(dimensions of semantic contrast)에 따라 여러 범주들(categories)로 구분되는 방식을 발견하려는 것이었다. 그러나 색채 범주의 구분 방식이 연구 대상 공동체 내에서 균일하게 나타나지 않고 서로 다른 방식들로 공존하는 양상이 관찰되었다. 그런데 이 상이한 구분 방식은 연령 및 세대라는 사회적 요인과 밀접히 관련되는 것으로 나타났다. 따라서 연구자는 색채 구분법의 공시적인 문화 내적 다양성이 그것의 통시적인 발달 과정을 체계적으로 함축하는 것으로 보는 것이 가능할 것으로 생각하였다. 이에 본 연구는 한국의 전통적인 색채 범주 구분체계의 발견뿐만 아니라, 그것의 문화 내적 다양성으로부터 색채 구분법의 현재의 발달 과정을 탐구하는 것으로 확대되었다.

지금까지 이루어진 한국의 색채 범주 체계에 대한 국내외의 연구는 대체로 다음과 같은 한계를 가지는 것으로 보인다. 먼저 국내에서는 국어학, 교육학, 심리학 등의 분야에서 색채 어휘에 대한 연구가 꾸준히 이루어지고 일정한 성과를 거두어 왔다. 그러나 대부분의 연구가 주로 오방색 체계나 다섯 개의 고유어 색채 형용사에 치우침으로써 색채 어휘 전체를 대상으로 한 연구는 그리 많지 않다. 그 결과 고유어 색명과 한자어 색명, 계통색과 개별색과 같은 다양한 형태의 색채 어휘가 함께 전체 색 체계를 구성하여 복합적으로 사용되는 모습을 통합적으로 그려내지 못하였다. 두 번째로 지적할 수 있는 문제점은 경험적 연구에 기초한 성과물을 찾아보기 힘들다는 점이다. 대부분의 국내 연구들이 사전 자료를 이용하거나 통제된 실험실 상황에서 이루어짐으로써, 실제의 일상생활에서 색을 구분하고 사용하는 모습을 반영하지 못하는 한계를 보인다. 한편, 국외의 한국 색 체계 연구로는 비교문화적(cross-cultural) 색채 보편성을 연구한 벌린과 케이(Berlin and Kay 1969)의 한국 사례 보고와 김(Kim 1985)의 한국 기초색 연구가 있는데, 이들의 연구 결과는 자료 수집 여건상의 한계에서 비롯되는 것으로 보이는 문제점들을 안고 있어 그대로 수용하기가 어려운 것으로 보인다.

실제 생활에서 사용되고 있는 다양한 형태의 어휘들이 어떻게 색채 공간을 구조화하는지를 밝히는 작업은 한국의 표준 색 체계를 만들기 위한 기초적인 연구로서도 시급히 요청되는 일일 것이다. 한국 공업표준인 「한국공업규격 물체색의 색이름(KS A 0011)」(1991[1964]), 『한국 전통 표준 색명 및 색상－제1차 시안』(국립현대미술관 1991) 및 KBS 한국색채연구소의 『우리말 색이름 사전』(1991) 등 다수의 권위 있는 기관의 한국 색명 표준화 결과물들은 여전히 한국의 색 체계에 대한 합의점을 이끌어내지 못하고 있다. 아마도 주된 이유는 이들이 체계화라는 과제를 앞세운 나머지 기본적인 문제의 본질에 대한 탐구와 경험적 연구의 토대 없이 다소 자의적으로 체계화 기준을 설정함으로써, 어휘 면에서나 전체 체계 면에서 한국인 화자가 실제로 사용하는 색 사용 규칙을 제대로 파악하지 못했기 때문일 것이다.

전체적으로 위의 선행 연구들은 다양한 종류의 색 범주들이 복합적으로 사용되는 실제 모습에서 출발하지 않음으로써 색의 구분과 사용 규칙을 체계적으로 이해하는 데 한계를 보였다. 여기에다 한 가지 중요한 사항을 간과하였는데, 그것은 바로 색의 사용 방식이 변화한다는 점일 것이다. 현재 사용되는 색채 범주는 과거의 경험과 현재의 상황을 동시에 함축하는 것이므로 그것을 변화의 관점에서 바라볼 필요가 있으며, 또 개별 색 범주의 변화는 다른 색 범주들과의 관계 속에서 진행되는 것이므로 전체 범주의 구조적 변화를 검토할 필요가 있을 것이다. 이러한 기본적 시각에서 본 연구는 다음과 같은 내용을 중심으로 한국의 색채 범주 체계를 논의할 것이다.

첫째, 색채 범주 구분체계에 대한 인지인류학(cognitive anthropology)의 연구는 벌린과 케이(1969) 이후 심리적 현저성에 기반하여 기초색(basic color term)을 발견하는 것이 그 중심이 되어왔는데, 본 연구는 민속의미론(folk semantics)에 기반하여 한국 색채 범주의 기초색을 발견하고자 한다.

둘째, 연구 대상 언어공동체의 일상생활에서 관찰되는 색채 어휘들의 전체적인 의미 구조가 기초색을 최상위 수준으로 하는 분류법(taxonomy)의 양식으로 조직되었음을 보여줄 것이다. 이로써 개별 색채 범주가 전체 범주 체계 내에서 대조 맥락에 따라 구분되고 사용되는 규칙을 이해하고자 한다.

셋째, 구분법의 문화 내적 다양성으로부터 한국의 색채 구분체계가 현재 발달해 가는 과정을 탐구할 것이다. 범주의 분류법적 관계 및 의미 범위의 변화는 구분법의 발달이 단순히 새로운 범주가 부가되어 이루어지는 것이 아니라, 기존 범주의 분류법적 관계가 재조직됨으로써 이루어진다는 사실을 확인해 줄 것으로 기대된다.

마지막으로, 한국의 색채 범주 구분법 및 그것의 발달 과정을 벌린과 케이(1969) 등의 비교문화적 보편 이론과 비교하고, 이와 관련한 구분법의 발달 요인 및 기초색의 개념에 대한 본 연구의 견해를 제시하고자 한다.

2. 연구의 방법

1) 연구 대상 지역

'붉은 황토', '푸른 초록별 지구'와 같은 어구는 이미 관용화된 표현이다. 동일한 대상을 '붉은'과 '황'으로, '푸른'과 '초록'으로 수식하는 것이 옳은 표현이라면, 다시 말해 동일한 대상에 한 가지 이상의 색이름을 사용할 수 있다면, 그 색 범주들은 상호 어떤 사용 규칙 속에 놓여있는 것일까? 일견 혼란스러워 보이는 색 사용의 복잡한 방식들은 색채 어휘가 사용되는 실제 맥락 속에서만 이해될 수 있을 것이다. 이에 본 연구는 연구 대상을 광범위하게 설정하고 연구자(etic)의 시각에 입각한 표준화된 도구를 일률적으로 적용하기보다는, 제한된 연구 대상을 면밀히 조사하여 내부자(emic)가 대상 세계를 이해하고 조직하는 방식을 깊이있게 이해하는 것이 보다 요구된다고 보았다. 그리하여 본 연구는 충청남도 홍성군 홍북면 상하리 하산 부락을 사례(case)로 하여,[1] 참여관찰(participant observation)과 면담

1) 사례연구는 대표성 문제를 수반한다. 이 문제에 대해, 연구자는 적어도 기초 수준(레벨 1)의 범주와 몇몇 주요 2차 수준 범주는 지역적 변수가 큰 의미를 가지지 않을 것으로 판단하고 있다. 연구자는 도시인 서울 종로와 영등포 그리고 행정구역이 다른 전라남도 나주에서 보충 조사를 수행하여 이를 확인한 바 있다. 그리고 전형적인 산촌인 본 연구 지역은 대중교통으로 약 40분 거리에 있는 어촌 마을과 생활권을 공유하고 있기도 하다.

(interview)을 통한 현지연구(field work)를 수행하였다.

하산 부락은 90가구에 인구 270명 정도가 거주하는 전형적인 산촌 마을로, 농가가 70%이며 대부분이 논밭 농사와 함께 소를 키우거나 시설 재배를 하는 복합영농 형태를 띠고 있다. 연령별 구성이 다른 일반 농촌 지역에 비하여 유치원생에서부터 80세 이상까지 고르게 분포하여 세대간 다양성을 보는 데 장점이 되었다. 하산 부락은 연구자가 1997년 1월과 2월에 걸쳐 경제 행위를 조사한 경험이 있는 곳이었다. 당시 부락 내 모든 가구를 방문하여 인구, 가족 구성, 교육 등 기초 자료와 생업 활동에 대한 면담을 실시하였고, 여러 사회적 단위의 활동들을 참여관찰하였다. 이후 본 연구의 과제를 가지고 1998년 4월 20일에서 27일까지 예비 조사를 수행하였고, 본격적인 조사는 7월 6일에서 29일까지 수행하였다. 그리고 11월과 다음해 3, 4월 몇 차례 방문하여 보충 조사를 실시하였다. 결과적으로 연구자는 연구 대상 지역의 사계절을 모두 경험하게 되었다. 계절에 따라 달라지는 마을 환경을 전체적으로 조망한 경험과 주민들의 생업 현장 및 일상생활 속에서 나타난 색채 사용 방식의 행동적·언어적 자료는, 다양한 맥락에서 색을 범주화하는 내부자의 방식을 이해하는 데 중요한 통찰을 가져다주었다. 연구 지역에서는 대화 주제가 전적으로 색채 영역이 되는 경우는 거의 관찰되지 않았으나, 자연 환경의 변화나 작물의 품종(콩, 팥, 감자, 돼지, 비료 등) 및 성숙도(담배 등), 옷이나 음식과 같은 일상적인 대화 주제에서 색채 어휘는 대상을 지시하고 묘사하는 데 빈번하게 사용되는 것으로 관찰되었다.

생활환경의 구체적 대상에 색 이름을 적용하는 명명 행위, 그리고 그 명명 행위에 수반되는 "밤색은 소나무 껍질로 물을 들였지. 소나무 껍질을 빻아서 푹신 삶으면 불그덱덱하게 나와.", "무지개떡을 만들 때 쑥으로 파랗게 한다.", "파란색 물감 사서 연하게 들이면 하늘색이 나왔다."와 같은 언어적 진술은 일상생활에 참여함으로써 관찰된 것인데, 실제적인 명명 행위에 보족적으로 이 진술들은 색 범주 간의 의미 구조를 암시하게 된다. 밤색은 불그덱덱하다가 그 동의어로 사용되므로 결국 붉은색 영역에 속하는 하위 범주로 간주될 수 있으며, 또한 불그덱덱하다라는 붉다의 파생 형태는 붉다라는 의미성원성(membership)이 낮은 영역에 사용되므로 이렇게 성원성이 낮은 영역에서 밤색이라는 새로운 개별 범주가 하위 범주로서 발달하게 된다는 점을 알려준다. 파랑의 의미는 하늘색과 연관되는 동시에 쑥이 파랗다고도 묘사되므로 blue와 green 두 영역 모두를 가리킬 수 있으며, 마지막으로 염색의 경험이 색의 문화적 학습의 주요 장이 될 수 있음을 알려준다. 이 같은 방법을 통해 범주의 구분 방식과 사용 규칙을 발견하는 것은 현실(reality)을 조직하는 방식을 말하는 방식으로부터 분석해 내는(Frake 1962) 인지인류학의 일반적인 연구 방법에 다름 아닐 것이다.

2) 선행 연구

인지인류학은 특정 의미영역에 집중하여 민속구분체계(folk classification systems)[2)]를 연구하여 왔다. 색채 영역의 민속구분체계로는 분류법이 연구되어 왔으나(Ray 1953(Hickerson 1980에서 재인용), Conklin 1955), 기초 수준에서의 구분만 보여줄 뿐 하위 수준들(subordinate levels)에서 더욱 정교한 범주들이 어떻게 구분되는지까지 보여주는 연구는 찾기 힘들다. 더욱이 벌린과 케이(1969) 이후부터는 색채 어휘군의 내적 의미 구조보다는 기초 색채 어휘에만 연구의 초점이 놓임으로써, 주어진 의미영역의 의미 구조 및 의미 성분을 확인하는 인지인류학의 일반적인 분석 방법인 분류법과 성분분석(componential analysis)[3)]으로부터 다소간 멀어지게 되었다.

벌린과 케이(1969)는 색 범주화에 대한 개별 문화의 상세한 민족지가 아니라 비교문화적 연구이다. 벌린과 케이는 색채 어휘의 문화간 비교를 위해, 한 문화에서 일반적으로 몇 개의 색이름이 사용되는가를 살펴볼 개념적 도구로서 기초 색채 어휘라는 개념을 고안해 냈다. 색채 어휘들 중 단일 어휘소(monolexemic)로 이루어져 있고, 다른 색채 어휘에 포함되지 않으며, 사용 대상이 좁게 한정되지

---

2) 구분법의 다양한 유형에 대해서는 캐슨(Casson 1981: 82-83), 왕한석(1996b)이 정연하게 소개해 주고 있다.

3) 분류법 및 성분분석의 훌륭한 안내서로 구디너프(Goodenough 1956, 1972[1967]), 로운즈버리(Lounsbury 1956), 왕한석(1992, 1996a)을 참조할 수 있다.

않고, 심리적으로 현저하다는 특성을 만족시키는 경우를 기초색채어휘로 간주하였다(1969: 6-7). 그리고 전 세계의 98개 언어를 대상으로 기초색채어휘를 발견 비교함으로써, 색채 범주의 문화적 상대성에는 한계가 있다는 사실을 발견하게 되었다. 곧 보편적인 색채 범주가 존재하고 모든 언어에서 색채 범주는 일정한 진화 단계를 따라 발달한다는 이론을 제안하게 되었다. 11개의 보편적 범주가 6개의 등가 구분 세트(equivalence classes)[4]를 단위로 하여 일곱 단계로 진화한다는 것이다.

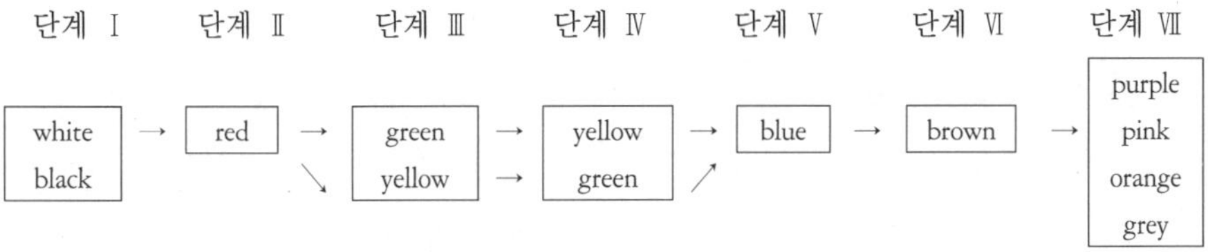

〈그림 1〉 기초 색채 범주의 진화 단계

벌린과 케이의 '보편 이론'에 따르면 모든 언어는 white와 black에 해당하는 어휘를 가지고, 만약 해당 언어가 3개의 색채 어휘를 가지면 white와 black에다 red에 해당하는 어휘를 포함한다. 4개의 어휘를 가진다면 green이나 yellow 중 어느 하나에 해당하는 어휘를 더 가지고, 5개를 가지게 되면 green과 yellow 모두를 포함하게 된다. 6개면 blue, 7개면 brown을 새로이 포함한다. 마지막으로 8개 이상이면 purple, pink, orange, grey(그리고 이것들의 혼합에 해당되는 어휘) 중 하나 이상을 포함하게 된다.

---

4) 벌린과 케이의 '기초 색채 범주의 등가 구분 세트'는 다음과 같다(벌린과 케이 1969: 4).

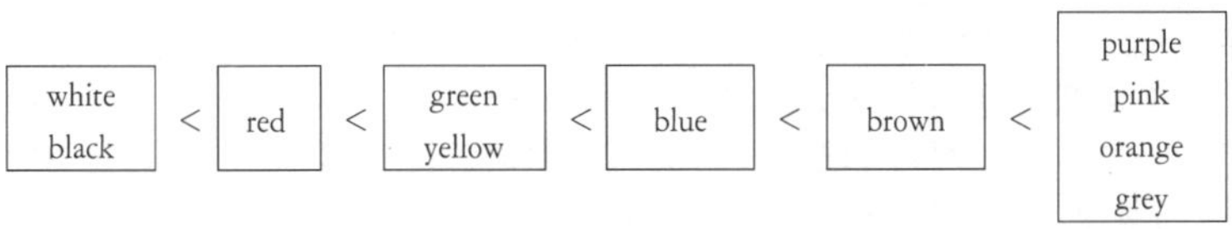

green과 yellow는 언어에 따라 출현 순서가 상호 뒤바뀌게 되는, 등가 관계에 있는 색채 범주이다. 기초 색채 범주의 진화는 단계 Ⅲ에서 두 가지 경로로 분화되어, green이 먼저 출현하는 언어는 단계 Ⅲa를 거치고 yellow가 먼저 출현하는 언어는 단계 Ⅲb를 거쳐 진화하게 된다.

벌린과 케이(1969)의 색채 범주 보편성 연구는 이후의 연구에 결정적인 영향을 주어, 크게 보아 개별 문화를 대상으로 기초 색채 범주를 서술하고 그것을 벌린과 케이가 제시한 진화 단계와 비교함으로써 벌린과 케이의 이론을 확인 혹은 수정하는 방향이 있고(Berlin and Berlin 1975; Hage and Hawkes 1975; Jernudd and White 1983; Maffi 1990; Sun 1983), 다른 한편으로는 색채 어휘 수의 증가 및 순서와 관련된 문화적 요인 혹은 생물학적인 토대에 대해 이론적 가설을 제시하는 것이 있다(Burgess, Kempton and MacLaury 1983; Ember 1978; Furbee, Maynard, Smith, Benfer Jr., Quick and Ross 1996; Kay, Berlin and Merrifield 1991; Kay and McDaniel 1978; MacLaury 1991a, b; Wattenwyl and Zollinger 1979). 연구 결과가 축적됨에 따라 벌린과 케이가 제시한 기초 색채 범주의 진화 이론으로는 설명될 수 없는 범주와 더 많은 경로의 진화 단계가 발견되었지만, 보편적 진화 모델은 문화적 다양성이 평가될 수 있는 상수로서 여전히 그 유용성이 인정되고 있다.[5)]

본 연구는 위의 첫 번째 연구 방향과 맥을 같이 한다고 할 수 있다. 그러나 연구자는 벌린과 케이(1969)를 비롯하여 후속 연구들이 기초 범주와 비기초 범주를 구분하는 데 사용한 방법과는 다른 연구 방법을 사용했다. 벌린과 케이는 기초 범주의 기본 성격 네 가지를 제안하고, 기초 범주의 종류 및 의미를 발견하기 위한 절차로서 목록화(listing)와 지도화(mapping)를 사용하였다. 목록화란 정보제공자에게 아는 색이름을 생각나는 순서대로 말하거나 적게 하여 색채 어휘의 종류를 수

5) 맥로리(MacLaury)는 북미 인디언인 샐리쉬(Salish) 언어의 하나인 슈쉬왑(Shuswap)의 yellow-green 범주 및 태평양 북서 지역의 yellow-green 범주와 green-blue 범주의 공존 현상을 보고하였다(MacLaury 1987, 1991a, 1991b). 이들 범주는 인간 색 지각의 신경생리적 토대와도 일치하지 않으며, 해당 범주 이전 단계에서 그 범주 단계로 이행하는 진화 궤적이 벌린과 케이를 비롯한 보편 이론으로 설명되지도 않는다. 그러나 맥로리는 자신의 연구를 비롯하여 보편적 색채 범주 및 진화 규칙과 일치하지 않는 많은 민족지적 사례들이 축적됨에 따라, 케이 등(Kay, Berlin and Merrifield 1991)을 전후하여 보편성과 상대성 논쟁에 관심이 줄어드는 상황을 우려하였다. 그는 진화적 규칙은 무익하여 포기할 허구가 아니라 오히려 문화적 다양성이 평가될 수 있는 상수(constants)를 확립한다는 점에서 그리고 그 논쟁 속에서 지각과 언어의 관계에 대한 새로운 모델과 이론이 가능해진다는 점에서 중요하다고 보았다(MacLaury 1991b).

집하는 방법이고, 지도화는 표준화된 색편세트(벌린과 케이는 먼셀 색표집의 329개 색편세트를 사용)를 제시한 후 앞서 목록화한 색채 어휘 각각에 대해 그 초점 위치(focus)와 경계 범위(boundary)를 표시하도록 하여 색채 공간 상의 범주의 분포적 의미를 발견하는 방법이다. 이 두 절차는 사실상 기초 범주의 네 가지 성격 중 네 번째인 '심리적으로 현저하다(salient)'에 기반을 두는 것으로, 후속 연구들도 이를 계승하여 목록 작업(listing task)과 명명 반응(naming response)을 기초 범주의 종류와 의미를 결정하는 주요 절차로 삼았다. 목록 작업은 벌린과 케이(1969)의 목록화와 다를 바 없는 반면, 명명 반응은 표준화된 색편세트의 색편 하나씩을 보여주면서 그 색이름을 말하도록 하는 방법이다. 그리하여 목록 작업과 명명 반응에 출현한 색채어의 빈도 및 출현 순서를 등수화하여 기초 범주를 발견한다.[6] 다시 말하면, 목록 및 명명 결과 드러난 개별 색채 어휘들의 빈도수를 통계처리 하여 일정 오차수준 한계 내의 적정 지점에서 기초와 비기초를 구분한다. 벌린과 케이 이래의 연구들은 대체로 이상의 연구 절차를 고수해왔다.

그러나 연구자는 이 같은 발견 절차가 해당 언어공동체의 기초적인 범주들을 비기초색들로부터 구분해 낼 수는 있지만, 기초 범주들이 개별적으로 비기초 범주들과 어떤 의미 관계에 놓여 있는지 그리하여 실제 사용 맥락에서 어떤 규칙에 따라 그것의 사용이 선택되는지를 보여줄 수 없다는 점에 한계를 느꼈다. 다시 말하면, 지금까지의 연구들은 색채 공간이 일차적으로 몇 개의 범주들로 구분되는가는 보여주지만, 기초색을 비롯하여 우리가 일상생활에서 사용하는 다양한 형태의 어휘들이 어떻게 색채 공간을 복합적으로 구성하고 있는지 그 전체적인 모습은

6) 그렇다면 기초 범주의 의미 즉 초점과 경계는 어떻게 발견하는가? 벌린과 케이가 지도화를 통해 발견했던 색채 의미는 명명 반응을 통해 얻어질 수 있다. 명명 반응에서 정보제공자들이 해당 색이름을 가장 많이 명명한 색편을 그 색채 어휘의 초점색으로 보는 것이다. 그런데 만일 329개 색편 세트 전체를 하나하나 명명하게 한 것이 아니라(현실적으로 정보제공자에게나 연구자에게 모두 힘든 절차이다) 소수의 색편들을 사용하여 명명 반응을 수행했을 시에는, 그 초점 의미와 경계 의미를 대략적으로는 알 수 있어도 정확한 초점 위치와 경계 범위를 얻기는 힘들 것이다. 연구자가 본조사에서는 66개의 색편들로 명명 반응 작업을 수행하고, 다시 보충 조사를 통해 주요 정보제공자들로 하여금 329개 색편세트 상에 초점과 경계를 표시하게 한 것은(다음 3항의 〈표 1〉 참조), 이 같은 각 연구 절차의 장단점을 고려하였기 때문이다.

밝혀주지 못한다. 이에 본 연구는 전체 색채 범주의 의미 구조 속에서 기초 범주를 발견하기 위해, 인지인류학에서 의미 구조 및 의미 성분을 발견하는 데 널리 이용해 온 분류법과 성분분석으로 관심을 돌리게 되었다.

3) 자료 수집 절차

연구자가 처음부터 분류법과 성분분석을 주된 분석 방법으로 채택한 것은 아니었다. 연구자는 선행 연구들을 좇아 벌린과 케이 이래 기초 범주를 발견하는 중심 방법이 되어 온 목록 작업(〈표 1〉의 질문 1)과 명명 반응(〈표 1〉의 질문 2)을 통해 빈도수로써 기초 범주를 발견해 내고자 하였다. 그러나 자명하게 나오리라 기대했던 분석 결과는 전혀 그렇지 못했다. 연구자의 통계 결과는 기초 범주와 비기초 범주의 경계를 명료하게 드러내지 않았다.

연구자가 수행한 자료 수집 절차는 다음 〈표 1〉과 같다. 연구자는 참여관찰을 통해 구체적인 맥락 속에서 색이 사용되는 방식을 관찰함과 동시에, 개별 면담을 수행하여 다음의 구체적인 질문을 하였다.

연구자가 선행 연구들의 중심 질문이었던 질문 1, 2를 포함하여 다른 보충적인 질문과 참여관찰을 통해 풍부한 자료를 확보하였음에도 불구하고 기초색을 발견하기 어려웠던 데에는 대략 두 가지 원인이 작용한 것으로 여겨진다. 첫째는 연구자가 정보제공자들로부터 과다하게 많은 색채 어휘를 수집한 것이 문제의 발단이 된 듯하다. 이는 대부분의 다른 연구들과 비교해보면 분명해진다. 다른 연구들이 몇 분 안 되는 시간 안에 정보제공자 한명 당 평균 5~8개 정도를 목록화한 반면, 연구자는 정보제공자들이 아는 색을 가능한 한 모두 수집하려 했고, 결과적으로 30분 이상은 족히 기다려서 한명 당 24개 정도의 색채 어휘를 수집하게 되었다. 게다가 연구 지역의 90가구 모두를 방문하였으니(목록 작업은 90명, 명명 반응은 73명) 결과적으로 매우 많은 종류의 색채 어휘를 모으게 되었다. 그러나 빈도수로써 기초 범주를 도출하는 방법은 근본적으로 심리적 현저성에 근거하는 것이다.

〈표 1〉 개별 면담의 절차와 질문[7)]

<table>
<tr><td rowspan="5">본
조
사</td><td>질문1</td><td>목록
작업</td><td></td><td>"색을 나타내는 표현들을 생각나는 순서대로 모두 말해 주십시오."</td></tr>
<tr><td>질문2</td><td>명명
반응</td><td>66개 색편을 하나씩 꺼내 보여주며</td><td>"이 색은 어떻게 보입니까?"</td></tr>
<tr><td>질문3</td><td>색이름
정의</td><td>정보제공자의 목록 작업 및 명명 반응의 색이름을 짚으며</td><td>"이 색을 다른 사람에게 알려 주어야 할 때, 어떻게 설명하시겠습니까?"</td></tr>
<tr><td>질문4</td><td>대표적
사물</td><td>정보제공자의 목록 작업 및 명명 반응의 색이름을 짚으며</td><td>"그 색을 띠고 있는 것으로는 어떤 것들이 있습니까? 주변 환경이나 생활 소지품에서 생각해 보세요."</td></tr>
<tr><td>질문5</td><td>단계적
지도화</td><td>66개 색편을 모두 주며</td><td>"이 색편들은 총 66개인데 이것을 몇 묶음으로 나누어 보세요."
→ "각 묶음을 어떤 계통의 색이라 할 수 있습니까"
→ "더 작은 묶음으로 묶어볼 수 있습니까?"
(반복한다)</td></tr>
<tr><td rowspan="2">보충
조사</td><td>질문6</td><td>초점</td><td>329-색편세트를 보여주며</td><td>"가장(진짜) 그 색다운 것을 짚어 보세요."</td></tr>
<tr><td>질문7</td><td>경계</td><td>329-색편세트를 보여주며</td><td>"그 색이라고 할 수 있는 것 전부를 짚어 보세요."</td></tr>
</table>

7) 연구자는 4월 예비 조사에서 벌린과 케이(1969)의 연구 절차인 목록화와 지도화를 시도하였다. 그러나 지도화 절차 중 경계 표시는 현지 주민들이 무척 어려워하였다. 빨강에서 보라까지 색이 연속적으로 변해가는 색편세트 위에 인접한 두 색간의 경계를 긋는 작업이 용이할 리 만무하다. 그리하여 헤이지와 혹스(Hage and Hawkes 1975)가 사용한 방법을 좇아, 연구자가 색편세트 위의 색편 하나하나를 짚어가며 무슨 색인가를 명명하도록 하여 색 범위를 표시해 나가고자 하였다. 그러나 이 역시 어려워하기는 마찬가지였고 시간이 많이 소요되었다. 조사가 실내 뿐만 아니라 논밭이나 하우스 안에서도 이루어졌는데, 이처럼 어려운 절차는 정보제공자를 지치게 하고 주의력을 떨어뜨리는 결과만 낳았다. 그리하여 7월 본조사에서는 4월 예비 조사 결과를 토대로 몇 가지 기준 하에 329개 중 66개의 색편을 선정하여 명명 반응을 조사하는 것으로 수정하였다(질문 2). 소수의 색편을 사용하여 명명 반응을 수행한 예는 데이비스 등(Davies, Macdermid, Corbett, Mcgurk, Jerrett, Jerrett and Sowden 1992)과 데이비스와 코르벳(Davies and Corbett 1994)에서도 찾아볼 수 있다. 연구자의 66개 색편 선정 기준 및 색편 종류는 김선희(1999: 19-20)에서 확인할 수 있다. 연구자는 이후 분석을 마친 후 기초 범주

벌린과 케이는 심리적 현저성에 대해 이것이 세 가지 성격을 함축한다고 제안하고, 그 첫 번째 성격으로서 목록의 상위에 출현한다는 점을 들었다(Berlin and Kay 1969: 6). 쉽게 말하면, 기초색일수록 단번에 떠오른다는 것이다. 그렇다면 지금까지의 색채 범주 연구들에서 기초색의 종류는 최대 11개까지 발견되었다는 점을 고려할 때, 연구자가 평균적으로 24번째 색이름까지 나오기를 기다린 것은 불필요한 일이었던 것이다. 뿐만 아니라 오히려 혼동만 가중시키게 되었다. 왜냐하면 단번에 떠오르기 힘든 비기초색들이 많은 제보자들로부터 보고됨으로써, 일부 비기초색들의 빈도수가 기초색들의 그것과 뚜렷한 구분을 보이지 않게 된 것이다. 40세 이상의 고연령층의 경우에는 기초 범주가 아닌 남색, 분홍, 하늘색, 자주가 기초 범주와 그 빈도수에서 거의 차이가 없어 이들을 비기초 어휘라고 통계적으

로 발견된 색채 범주의 초점 의미 및 경계 의미의 정확성을 재확인하고자, 주요 정보제공자 몇몇을 대상으로 329-색편세트 상에서 초점과 경계를 확인하는 보충조사(질문 6, 7)를 실시하였다.

질문 3, 4는 어떤 선행 연구에도 없었던, 연구자가 고안해 낸 질문 항목이다. 참여관찰 및 명명 반응에서 정보제공자들은 대상에 적절한 색이름을 찾는 사고의 과정을 자주 말로 표현했는데, 연구자는 이 진술이 색간의 관계에 대한 정보제공자의 인지체계를 드러내는 중요한 자료라 판단하여 이후 진행된 공식적인 면담에서 질문 항목으로 넣었다. 질문 4는 색채 어휘가 사용 혹은 학습되는 문화적 배경을 알려줄 것이라는 기대에서 처음에는 그냥 흥밋거리로 질문에 넣었다. 아직 자료의 중요성을 모른 채 흥미로움에서 시작된 이 두 질문이 뒤에 가서는 분류법과 구성성분(성분분석)을 파악하는 데 결정적인 역할을 했다.

질문 5는 맥로리 등(Burgess, Kempton and MacLaury 1983; MacLaury 1991a, 1992)의 단계적 지도화(stepped mapping) 절차를 연구자가 분류법적 포함 관계를 추적하기 위해 응용한 것인데, 맥로리도 인정하듯이 정보제공자와 연구자 모두에게 어려운 절차여서, 이로부터 분류법을 발견할 유용한 자료를 얻지는 못했다. 다만 고명도 영역에 대한 세대간 상이한 인지 방식을 비롯하여 색 구분에 대한 몇 가지 부분적인 통찰을 얻을 수 있었다.

이상의 자료 수집 절차는 대략 다음과 같이 요약될 수 있겠다. 첫째 분류법의 발견 및 이로부터의 기초색의 발견은 일차적으로 명명 반응을 토대로 하였다. 그러나 이곳에서 사용되는 색채 범주들(모두 115개의 공유된 범주들임) 중 상당수가 66개 색편에 대한 명명 반응만으로는 그 분류법적 위치가 제대로 파악되지 않았다. 이 경우에는 명명 반응 결과에다 제보자들의 색 정의 진술을 보충 자료로 삼음으로써 체계적인 결과를 얻을 수 있었다. 둘째 성분분석은 제보자들의 색 정의 진술을 연구자가 분석함으로써 탐구될 수 있었다. 셋째 색채 구분법의 세대간 변화와 발달을 탐구하는 데에는 앞서 발견한 분류법의 세대간 차이와 함께 명명 반응이 풍부한 자료를 제공해 주었다.

로 유의미한 결정을 내리기가 곤란했다. 또한 40세 이하의 저연령층의 경우는 하늘색, 주황, 연두, 분홍이 갈색보다 빈도수가 더 높게 나타났다. 즉 빈도수로만 따진다면 하늘색 등의 색들이 갈색보다 더 기초적인 것으로 결과가 나오게 되는 것이다. 연구자는 기초색 발견이 일차적인 목표였으나 아마도 연구자의 교육 배경에서 기인한 민속의미론(folk semantics)에 대한 관심으로 인해 참여관찰과 면담의 과정을 통해 꽤 정교한 수준까지 자료를 수집하게 되었고, 이는 결과적으로 빈도수로써 기초 어휘와 비기초 어휘를 구별하는 분석방법과는 어울리지 않는 자료수집 방법이 되었다.

두 번째로 꼽을 수 있는 문제는 연구자가 통계 처리에 익숙하지 않다는 데 있었다. 만일 연구자가 통계 처리 훈련이 잘 되어 '통계적 마인드'가 만들어져 있었다면, 자료가 그리 명확한 차이를 보여주지 않더라도 통계적으로 유의미한 정도껏 결과를 도출해 낼 수 있었을 것이다.[8)]

결국 연구자는 연구 목적, 자료 수집 방법, 분석 방법, 그리고 연구자의 교육 배경을 유기적으로 연결시키지 못했던 것이다. 이런 시행착오를 거친 후, 연구자는 연구자가 수집한 자료가 오히려 전체의 의미 구조를 발견할 수 있는 유용한 자료가 됨을 깨닫게 되었다. 그리하여, 개별 면담을 본격적으로 시작하기 이전에 이미 참여관찰을 통해서 색채 범주 역시 분류법적 구조를 이룬다고 판단하게 된 연구자는, 인지인류학에서 의미 관계를 탐구하는 데 많이 이용되어 온 분류법과 성분분석에 주목하게 되었다.[9)] 즉 연구자는 연구자의 자료를 사용 빈도가 아니라 분

---

8) '통계적 마인드' 및 통계적 유의미성이 결정되는 방식들은 연구자와 동일한 연구 주제를 벌린과 케이(1969) 이래의 선행 연구들의 심리학적 방법론을 좇아 연구한 실험심리학 연구자 김영선(1998)을 예로 확인해 볼 수 있겠다. 그의 연구 결과는 한국 기초 색이름이 빨간색, 노란색, 녹색, 파란색, 보라색, 주황색, 갈색, 분홍색, 흰색, 회색, 검은색이며, 연두색 청록색 녹갈색이 기초색일 가능성 또한 열어두고 있다. 연구자보다(김영선은 대학생을 대상으로 자료를 수집하였으므로 연구자의 저연령층보다) 훨씬 많은 범주를 기초 범주로 간주한 이면에는 연구자가 당면했던 일부 비기초색의 현저성 및 그것의 통계적 처리가 관여된다고 판단된다. 그의 심리적 접근에 기초한 연구 결과를 연구자의 의미론(분류법)에 기초한 결과와 비교해 보는 것은 방법론에 대한 유익한 통찰 기회가 될 것이라 여겨진다.

9) 이 방법은 벌린과 케이(1969)가 제시는 하였으나 실제로는 관심을 기울이지 않은 기초

류법과 성분분석의 측면에서 새롭게 바라보게 되었다. 그러나 색채 분류법의 발견 역시 쉽지 않은 과제였다. 범주 내적 의미의 면에서 동일한 정도의 의미성원성을 가지지 않는 색채 범주가(이를테면 '짙은' 빨강, '연한' 빨강) 과연 여타의 이산적인 (discrete) 범주와 같은 분류법으로 구조화될 수 있을지 의구심이 들었기 때문이다.

4) 분석 과정

목록 작업과 명명 반응의 결과 본 연구 지역에서는 115개의 색채 어휘가 공유되어 사용되고 있는 것으로 나타났다.[10] 이 115개의 범주들이 차이의 체계를 구성하여 색채 공간을 분류법적으로 구조화하고 있다고 볼 수 있는 것이다. 그렇다면 색채 범주들간의 의미의 차이는 어떤 원리로 규정될까? 케이와 맥다니엘(Kay and McDaniel 1978)은 인간 색 지각의 신경생리적 기반에서 출발하여, 색채 범주의 의미는 연속 함수로서 퍼지 세트 이론(fuzzy set theory)의 비이산적 형식론

색채 어휘의 두 번째 성격 '다른 색채 어휘에 포함되지 않는다'에 초점을 두는 것이기도 하다. 사실 연구자는 벌린과 케이가 제안한 기초 색채 어휘의 기본 성격 네 가지 중 일부를 비판적으로 보고 있다. 마지막 성격이 다시 세 가지 성격을 함축하므로 총 여섯 가지 성격이 되는데, 이 중 '다른 색채 어휘에 포함되지 않는다', '사용 대상이 좁게 한정되지 않는다', '정보제공자 개인으로나 상호간에 있어서나 지시적 의미(reference)가 일정해야 한다', '모든 정보제공자의 개인어에 출현해야 한다', 이렇게 네 가지를 제외하고는 불필요하거나 부적절한 것으로 판단된다. 이상의 네 가지 성격 중 발견절차상 실질적인 중요성을 가지는 것은 '다른 색에 포함되지 않는다'는 항목일 것이다. 왜냐하면 이 조건을 만족시키는 색채 범주는 다른 세 가지 성격도 충족시킬 것이기 때문이다. 즉, 연구자는 연구 방법뿐만 아니라 기초색의 주요 성격에 대해서도 의미론적 시각을 취하고 있다고 말할 수 있다. 한편 연구자는 기초색의 '성격'에 대한 벌린과 케이의 정의를 비판적으로 고찰함으로써 기초색에 대한 나름의 '개념'에 도달할 수 있었는데, 이에 대해서는 마지막 절인 '논의 및 결론'에서 개진하도록 하겠다.

10) 색채를 표현하는 데 사용된 어휘는 모두 323개의 항목으로 관찰되었다. 이 중에서 먼저, 의미 유형의 측면에서 색이름으로 보기 힘든 것(이를테면 '밝은색', '촌스러운 색')을 제외하였고, 두 번째로 조어법의 측면에서 수식적 파생 형태(예로 '불그스름한 색')를 제외하였으며, 세 번째로는 의사소통의 측면에서 개인색(예로 '구찌베니색')을 제외함으로써, 공유색을 도출하였다. 제외된 색 표현들은 잘못된 것이거나 버려야 할 것이 아니라, 오히려 색의 비색채적 측면, 그리고 색채 어휘를 창안해 내는 다양한 가능성과 풍부함을 보여주는 저장고라 하겠다.

(non-discrete formalism)으로 가장 잘 서술될 수 있다고 하였다. 연구자는 현장에서 출발하기로 하였다. 현지 주민들이 색의 차이를 인지하는 형식은 어떠할까?

이 질문에 대해서는 참여관찰 및 개별 면담 자료 중 특히 질문 3의 자료가 흥미로운 사실을 담고 있었다. 즉 색의 의미에 대한 민속 설명(folk definition)[11]은 색채 범주가 구체적인 실체를 의미 준거로 가지거나 추상적인 색들간의 관계로 구분되어 인지되고 있음을 보여주고 있었다. 그리고 색을 설명하는 방식에서나 색이 지시하는 의미 범위에 있어서, 대체로 40세를 전후하여 세대간에 커다란 차이가 있음을 또한 보여주고 있었다. 연구자는 색의 의미를 설명하는 특수한 방식들[12]로부터 색의 지시적 의미를 넘어 색들간의 의미 구조 및 인지적 지위를 발견할 수 있는 단서들을 찾을 수 있었다.[13]

---

11) 색채 어휘의 민속 의미 진술은 김선희(1999) 〈표 5〉의 정리를 참조.

12) 색채 의미에 대한 민속 설명 방식을 유형화하면 다음과 같이 요약된다. [고: 고연령층, 저: 저연령층]

<table>
<tr><td rowspan="2">환경적 준거 실체
(파랑: "나뭇잎"(고), "바다의 색"(저))</td><td colspan="3">추상적인 색</td><td></td></tr>
<tr><td>그 자체로만 정의됨
(빨강: "빨강? 빨강을 빨강이라 하지 뭐.)"<br>"단색"(고), "원색"(저))</td><td colspan="2">다른 색에 의지하여 정의 가능함
(주황: "빨강보다 흐리다"(고), "빨강과 노랑을 혼합"(저))</td><td>의미 설명 유형</td></tr>
<tr><td></td><td>'긍정'</td><td colspan="2">'부정'</td><td>의미 진술 형태</td></tr>
<tr><td></td><td>속성</td><td>속성</td><td>정도</td><td>진술 형식의 요소</td></tr>
</table>

13) 색 정의 진술로부터 색채 범주 구조를 발견할 단서들을 찾아나가는 과정의 한 예를 보이면 다음과 같다. 가령, 갈색에 대해, 고연령층은 "갈색은 밤색보다 연한 것이다. 밤색은 밤의 색이다. 밤색은 빨강이 아니다."로 진술하는 반면, 저연령층은 "갈색은 원색이고 나무 기둥의 색이다. 밤색은 갈색보다 진하다."와 같이 진술하는 것으로 관찰되었다. 갈색에 대한 양 세대간의 진술은 갈색의 대표적인 인접색으로 밤색을 든다는 점과 의미차에 있어서 갈색보다 밤색이 더 어두운 색이라는 점에서는 일치를 보이고 있다. 그러나 색의 상호 지위에 대해서는 차이점을 함축하고 있다. 즉 고연령층은 갈색을 밤색으로 설명하지만(즉 갈색에 대한 '부정'의 진술 형태, 밤색은 비교 기준이 되어 '속성(밤색)+정도(연하다)'에 사용됨) 밤색을 갈색으로 설명하는 경우는 없고(즉 갈색은 밤색을 설명하기 위한 비교 기준이 못 됨) 오히려 빨강과 관련지어 설명한다(즉 빨강이 밤색의 비교 기준이 됨, '빨강이 아니다'는 진술은 역설적으로 빨강이 그 '빨강이 아닌 색'의 '무표적' 성분이 된다는 뜻으로 해석될 수 있다). 반면 저연령층은 갈색을 그 자체로 규정함과 동시에(즉 갈색에 대한 '긍정'의 진술 형태) 대표적인 환경적 의미 원천을 들어 의미를 확인시키며, 밤색을 갈색과 연관지어 설명한다(즉 밤색에 대한 '부정'

나아가 연구자는 색채 범주가 일반적으로 다음과 같은 성격을 가지고 있음을 발견할 수 있었다.

〈표 2〉 색채 범주의 일반적 성격

Ⅰ 색채 범주는 환경 속의 구체적인 실체를 의미 준거로 가진다: 범주의 시각적 속성 ⅰ 의미 준거 실체에는 가장 전형적인 사례가 존재한다: 범주의 문화적 필요성 ⅱ 의미 준거인 전형적인 사례는 변할 수 있다: 범주의 문화적 변화 반영[14] Ⅱ 색채 범주는 전체 체계 속의 관계 구조로 결정된다: 범주의 위상학 ⅰ 색채 범주는 의미 및 사용에 있어서 가장 기초적인 수준이 존재한다: 범주의 위계성 ⅱ 색채 범주는 구성 성분의 종류와 성분의 강하고 약한 정도로 구분된다: 범주의 퍼지 논리성 ⅲ 색채 범주의 의미 및 용법은 변화한다: 범주의 진화성

또한 색채 범주를 설명하는 방식으로부터, 다음과 같은 일련의 진술 특징을 만족시키는 소수의 색채 어휘가 다른 어휘들과 구분되는 세트를 이루고 있음을 발견하였다.

의 진술 형태, 갈색은 비교 기준이 되어 '속성(갈색)+정도(진하다)'에 사용됨). 이를 통해 연구자는 고연령층에서는 갈색이 밤색 나아가 빨강색과 관계를 맺으며, 갈색보다 밤색이 기초적이며 또한 밤색보다는 빨강이 더 기초적이라는 점을 확인할 수 있었고, 저연령층에서는 갈색이 밤색과 관계를 맺되(빨강과는 관계를 맺지 않음) 밤색보다 더 기초적이며 나아가 갈색은 최상위 수준의 범주가 됨을 확인할 수 있었다. 색의 의미에 대한 진술 방식은 이처럼 색의 의미 뿐 아니라 범주 상호간의 의미 구조 및 지위 관계 또한 암시해주는 것이다.

14) 예로, 빨강의 경우 고연령층은 고추를 떠올리며 빨강색을 환기하는데, 저연령층은 피를 보다 먼저 떠올리는 것으로 관찰되었다. 전쟁 경험을 통해 피를 직접 본 세대보다, 전후 이데올로기 교육이 강했던 젊은 세대에게서 피가 더욱 강하게 각인되어 있다는 점이 흥미롭다. 또 다른 사례로서 와인색은 저연령층 정보제공자들로부터 관찰된 어휘인데, 흥미로웠던 점은 와인색과 함께 떠올린 대표적 사물이 와인이 아니라 머리염색약이었다는 점이다. 이 결과는 수입 와인을 그리 흔하게 접할 수 없는 농촌 사회에 한정된 결과일 수도 있겠으나, 여하간에 물체색명이 원래 파생된 사물이 아닌 다른 사물을 환기시킬 수 있다는 점을 예증해 준다고 하겠다.

〈표 3〉 기초 색채 범주의 의미 진술 특징[15)]

① 의미가 환경적 준거 실체를 통해서만 파악된다. ② 다른 색으로 설명되지 않는다. ③ 다른 색의 설명에 비교 기준으로 잘 인용된다. ④ 많은 범주들의 공통 속성이 된다. ⑤ 종종 무표적이다. ⑥ '긍정'의 진술 형태로만 정의된다.

그런데 대체로 40세를 전후하여 고연령층에서는 5개의 색채 범주가, 저연령층에서는 8개의 색채 범주가 위의 진술을 만족시키는 것으로 드러났다. 나머지 색채 범주들은 이들 범주보다 '연'하거나 '진'하며 다른 색이나 흰색·검정이 혼합되는데 혼합 비율이 각기 다름으로써 의미가 구분되는 것으로 진술되고 있었다. 따라서 연구자는 이 소수의 색 세트를 각 세대의 유력한 기초 색채 범주로 간주하고, 이 범주들을 기준으로 나머지 범주들간의 의미 차이의 체계를 탐구하였다.

색의 의미에 대한 제보자들의 언어적 진술은 색채 범주들의 차이의 체계가 여타 이산적 절대 범주와는 달리 의미 '속성'과 그것의 '정도'로 구분되며, 또한 '속성의 정도'는 대조되는 범주에 따라 상대적으로 결정된다는 점을 나타내고 있었다. 말하자면 색채 범주의 변별적 자질(distinctive features)은 '속성의 상대적 정도'로 나타나는 것이다. 연구자는 이러한 특수한 변별적 자질을 정확히 기술할 새로운 부호 체계를 고안할 필요가 있었다. 그리하여 속성은 '+' 부호로 표시하고, 정도의 경우는 속성끼리의 혼합 정도가 개념적으로 인지될 때에는 '=', '>', '<'로, 정확한 혼합 정도가 인지되지 않은 채 비교되는 범주와 상대적 강도로 구분될 때에는 '→', '←'로 표시하여 성분분석을 시도하였다.[16)]

15) 이 특징들은 서로 겹친다. 그리고 ③과 ④로부터 전체 색채 어휘가 체계적으로 성분분석될 수 있다는 아이디어를 얻게 되었다.

16) 지금까지의 이산적 형식 범주에 대한 성분분석은 '±' 부호로만 이루어져 왔다. 말하자면, 의미를 이루는 구성성분들 중 특정 성분들의 유무로써 범주들이 구분되지 그 성분의 상대적 정도로 범주들이 구분되는 것은 아니기 때문에, '정도'를 표시할 부호가 필요하지 않았던 것이다. 비이산적 형식 범주인 색채 범주를 성분분석하는 작업의 특수

예로 저연령층의 빨강, 다홍, 주홍, 주황, 오렌지색, 귤색의 성분분석을 시도해 보자. 현지 제보자의 색 정의 진술에 의하면 이들은 모두 빨강 범주의 분화로 서술되므로("다홍은 빨강보다 약간 얕다"), [+빨]을 첫 번째 의미 자질로 공유한다. 흔히 말해 '빨강 계통'의 색이 되는 것이다. 다음으로 빨강 계통의 색들이 대조되는 첫 번째 차원은 노랑 속성을 가지느냐 가지지 않느냐였다. 이에 따라 빨강을 제외한 색들에 [+노랑]이 의미 속성으로 첨가된다. 노랑 속성이 첨가된 다홍, 주홍, 주황, 오렌지색, 귤색은 다시 빨강 속성이 많으냐 아니면 노랑 속성이 많으냐로 구분되었다. 일반적으로 주황은 "빨강과 노랑의 반반 혼합"으로 정의되므로 주황의 속성은 [=노랑]([=빨강]도 가능하지만, 유표적 속성이 노랑이므로 [=노랑]이 적절할 것이다)이라는 의미가 더 부가되며, 이와 나란히 다홍과 주홍은 "빨강과 노랑의 혼합인데 붉은색에 더 가깝다"로 인지되므로 [>노랑]이라는 의미가 부가되고, 반면 오렌지색("주황색과 비슷한데 더 맑다")과 귤색은 [<노랑]이라는 의미가 부가된다. 마지막 단계로, 다홍과 주홍이 상호 구분될 때는 두 범주 중 어떤 범주가 빨강 성분이 얼마만큼 더 많다는 식으로 진술되지 않고 다홍이 주홍보다 더 빨강에 가까운 것으로 정의되므로 다홍은 [←노랑], 주홍은 [→노랑]으로 표시될 수 있다. 오렌지색과 귤색도 마찬가지여서, 오렌지색에는 [←노랑]이, 귤색에는 [→노랑]이 부가된다. 결과적으로 빨강에서 귤색까지의 구성 성분은 다음과 같이 표시될 수 있다.[17]

성을 이해하기 위해서는 앞의 각주 3)에서 성분분석의 이상적 전형을 보여주는 연구로 소개한 구디너프(Goodenough 1956, 1972[1967]), 로운즈버리(Lounsbury 1956), 왕한석(1992)을 참고로 비교해보면 도움이 될 것이라 여겨진다. 연구자에 따라서 필자보다 더 유용한 부호 체계를 고안할 수도 있을 것이다.

17) 빨강에서 귤색까지의 성분분석에서, 구성 성분들이 열거된 순서도 중요하다. 구성 성분의 순서는 계통 내적 분화 과정을 표현하기 때문이다. 즉 첫 번째 성분 내에서 두 번째 성분에 의해 분화되어 대조되고 또 그 안에서 세 번째 성분에 의해 차이가 대조되는 방식이다. 그리하여 구성 성분의 순서는 하나의 계통이 점차 세분화되는 과정을 표현하게 된다. 이는 동시에 대조 맥락을 반영하는 것이 된다. 이를테면 귤색과 오렌지색의 변별은 네 번째 성분 자질에 의해 이루어지지만, 귤색이 빨강과 대조될 때는 굳이 귤색의 네 번째 성분까지 파악할 필요 없이 두 번째 자질 [+노랑]이 있다는 것만으로 이미 구분이 이루어짐을 반영한다. 즉 색채 범주의 변별적 자질을 '속성'의 '상대적' '정도'라고 본 바, 이 중 '상대적'이라는 요소를 충족시키는 것이 성분분석 상에

빨강 = [+빨]
다홍 = [+빨, +노, > 노, ←노]
주홍 = [+빨, +노, > 노, →노]
주황 = [+빨, +노, =노]
오렌지색 = [+빨, +노, < 노, ←노]
귤색 = [+빨, +노, < 노, →노]

연구자는 연구 대상 언어공동체에서 공유되어 사용되는 전체 색채 어휘를 이상의 부호를 사용하여 성분분석할 수 있었다(뒤의 〈부록〉 참조). 성분분석을 마치고 나니 색채 공간이 매우 정연한 차이의 체계를 이루고 있음을 발견하게 되었다. 다양한 형태(순우리말, 한자어, 외래어(일본어·영어), 복합어, 사물 파생 색채 어휘 등)의 무수히 많은 색채 어휘들이 전혀 혼란스럽지 않게 분류법의 수직적·수평적 차원을 따라 체계적인 분화를 이루었고, 빈도수를 토대로 했을 때는 경계가 불분명해 보였던 '후발' 즉 뒤에 만들어진 기초색과 현저한 비기초색 간의 지위도 분류법에서는 확고한 지위 차이를 보여주었다. 또한 동일한 어휘라 하더라도 세대 간 체계의 차이에 따라 상이한 의미 범위와 대조 차원을 가진다는 것을 보여주고 있었다. 무엇보다도 성분분석은 색채 어휘 전체의 모든 구성 성분이 고연령층은 5개, 저연령층은 8개 종류로 이루어짐을 보여주고 있었다. 그리고 이 소수의 색들은 〈표 3〉의 진술 특징을 만족시키는 어휘 세트와 동일한 것으로 드러났다.[18] 연구자는 〈표 3〉에서 제시한 일련의 의미 진술 특징을 만족시키는 어휘 세트가 유력한 기초 범주가 될 가능성을 염두에 두었는데, 성분분석 결과 전체 색채 어휘가 이들 어휘들만으로 성분분석됨을 확인한 후, 더하거나 덜할 것도 없이 이들 어휘 세트가 명백히 기초 범주를 이룸을 확신하게 되었다. 다시 말하자면, 연구자가 제안한 '기초 색채 범주의 의미 진술 특징'의 발견적 유용성을 성분분석 결과가

서는 바로 성분의 '순서'가 될 것이다.

18) 사실 연구자는 기초색이 다른 비기초 범주들의 의미를 구성하는 일차적인 성분이 될 것이라는 점은 예상하였으나, 전체 범주의 모든 구성 성분이 기초색으로만 이루어질 것이라고는 미처 예상하지 못했었다. 뒤의 〈부록〉을 보면, 전체 범주들의 성분분석이 기초색들만을 구성 성분으로 하여 이루어짐을 확인할 수 있다.

지지해 준 것이다. 즉 색 범주의 분화 구조를 민속 정의가 올곧이 담아내고 있었던 것이다.

3. 색채 범주의 의미 구조

성분분석의 결과 연속적인 색채 범주의 분류법적 의미 구조를 보다 명료히 이해할 수 있게 되었다. 그런데 한국 색채 분류법의 가장 큰 특징은 색 구분법의 다양성이 발견되고 이 다양성이 단순한 개인성을 넘어 세대간 차이로 발견된다는 점일 것이다. 이 절에서는 세대간에 상이한 방식으로 기초 범주 및 비기초 범주들이 구분되는 분류법적 구조를 자세히 기술하도록 하겠다.

1) 기초 색채 범주

본 연구는 연구 대상 언어공동체 주민들이 색이름을 사물에 적용할 때 사용하는 색 구분의 민속 정의 진술로부터 기초 범주를 발견하였고, 그 결과는 성분분석을 통해 다른 모든 색이 분화해 나가는 분류법 상의 최상위 수준이자 모든 차이의 체계를 구성하는 기본 성분이 됨을 확인함으로써 다시 증명되었다. 대체로 40세를 기준으로 고연령층은 흰색, 검정, 빨강, 노랑, 파랑을, 저연령층은 흰색, 검정, 빨강, 노랑, 녹색, 파랑, 갈색, 보라를 기초 색채 범주로 가진다고 볼 수 있다. 벌린과 케이의 보편 이론에 따르면 고연령층은 단계 Ⅳ, 저연령층은 단계 Ⅶ의 구분체계를 보이는 것이다.

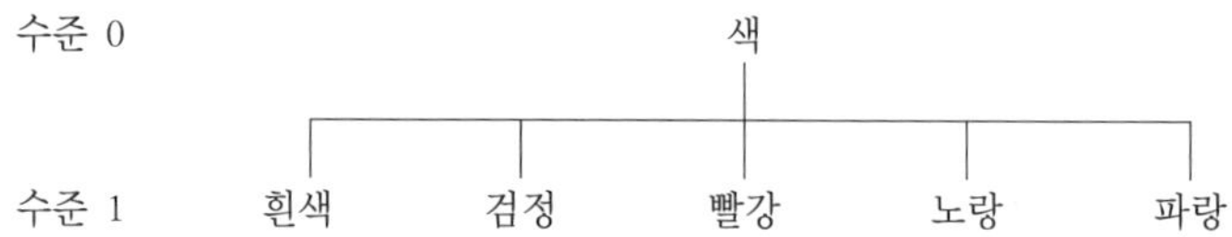

〈그림 2-1〉 고연령층의 기초 범주

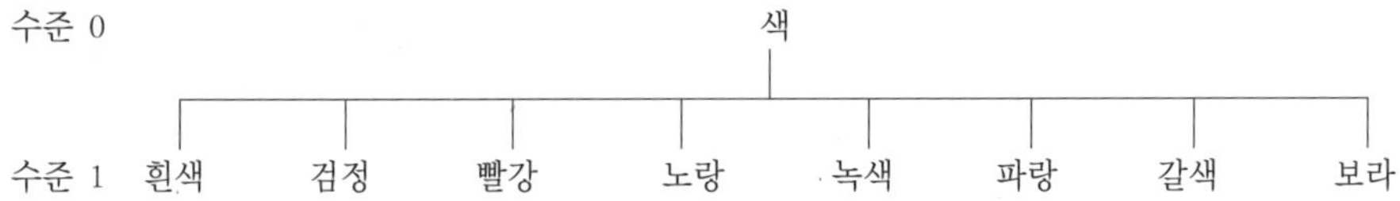

〈그림 2-2〉 저연령층의 기초 범주

2) 고연령층의 빨강 범주와 저연령층의 빨강 및 갈색 범주의 분류법[19)]

빨강 범주는 기초색 중 가장 많은 하위 범주들로 분화되고, 몇몇 하위 범주들은 기초 범주만큼이나 빈번하게 사용되고 있다. 고연령층에서는 분홍, 주황, 자주, 밤색이, 저연령층에서는 분홍, 주황이 그러한 범주들인데, 분류법은 이들 범주의 의미 관계가 세대에 따라 상이하게 인지되고 있음을 보여준다. 고연령층의 빨강 계

빨강(꼭두, 앵두, 장미, 방울토마토, 단풍)													
자주, 자두, 팥죽, 팥, 대추, 흑장미	검은 자주	벽돌	갈	밤	고동, 커피, 나무	국방	연꽃	분홍, 핑크, 진달래꽃	주홍	주황, 감, 호박	오렌지, 기명	귤	살, 살구

〈그림 3〉 고연령층의 빨강 범주 분류법

빨강(꼭두, 앵두, 장미)								
검붉은, 흑장미	진홍, 홍매	분홍, 핑크, 산호	다홍	주홍	주황, 감, 호박	오렌지	귤	살, 살구

〈그림 4〉 저연령층의 빨강 범주 분류법

19) 성분분석에서 첫 번째 표시된 성분이 [+빨]인 범주들은 모두 빨강을 기초 범주로 하는 비기초 범주들이 된다(뒤의 〈부록〉 참조). 분류표에서 빨강은 다양한 2차 범주들을 포괄하는 계통 범주인 동시에 개별 범주로서, 수준 Ⅰ에 표시할 것이다. 기초색과 동일한 분포 범위를 보이나 계통색으로 사용되지 않는 범주들은 기초색 뒤의 괄호 안에 표시하도록 하겠다. 수준 Ⅱ(그리고 3, 4차 수준)에서 동일한 분포 범위를 가지는 범주들은 함께 분류하되 상대적으로 더 자주 사용되는 어휘를 가장 먼저 표시하겠다. 이상의 분류법 표기 원칙은 이하 다른 범주들에서도 동일하게 적용한다.

갈색				
황토, 흙, 땅, 똥, 짚, 황갈	벽돌	붉은갈, 적갈	밤	고동, 커피, 나무, 흑갈

〈그림 5〉 저연령층의 갈색 범주 분류법

통은 먼저 명도 차원을 따라 자주・밤색 대 분홍・주황으로 분화된 후, 노랑이라는 색상 차원에 의해 자주와 밤색이 그리고 분홍과 주황이 서로 구분되는 것으로 보인다. 이는 자주와 밤색, 분홍과 주황이 명명 반응과 개념 설명에서 자주 혼동되고 있는 데서도 지지된다. 반면 저연령층에서는 빨강을 중심으로 저명도인 검붉은색, 고명도인 분홍, 노랑과의 사이 범주인 주황으로 크게 구분된다. 고연령층과 달리, 자주와 밤색은 각각 다른 기초색인 보라 및 갈색에 편입되고, 주황은 빨강의 고명도라는 의미 단계를 거치지 않고 바로 노랑이라는 색상과의 혼합으로 정의된다. 그리하여 저연령층의 체계에서 빨강 범주의 하위 범주들간의 대조는 첫째, 노랑과의 사이 범주인 주황 계열이 독립된 하나의 하위 영역으로서 일차적으로 구분이 되고 둘째, 빨강만의 명도 차원에 따른 세분화가 더욱 균형이 잡혀가는 양상을 띠는 것으로 정리된다. 이 과정은 빨강 범주의 전체 범위가 축소되는 결과를 야기하는데, 이러한 현상은 갈색・보라와 같은 후발 기초색의 지위 및 주황・분홍과 같은 비기초색의 용법이 발달해가는 과정과 맞물려 진행된 것이라 여겨진다.

한편 분홍 범주는 실제 의미영역이 purple의 고명도까지 확대됨에도 불구하고 그것의 의미는 빨강 계통의 밝은 범위를 대표하는 하위 범주로서 일관되게 정의된다. 반면 주황 계열은 저연령층의 경우 분류법적 지위가 특히 문제가 되었다. 주황은 빨강과 노랑의 반반 혼합으로 개념화되어 분류법적 포함 관계가 모호한데다 높은 사용 빈도는 주황을 유력한 기초색 후보로까지 여기게 하였다. 그러나 제보자들의 색 정의 진술로부터, 주황 계열 범주들이 아직은 하나의 독립된 색계통을 형성한다고 보기 힘들고 나아가 노랑보다는 빨강 계통으로 분류하는 것이 보다 적절한 것으로 판단하였다.

빨강의 또 다른 하위 범주들은 빨강 및 상기의 현저한 하위 범주들을 중심으로 명도 차원과 노랑이라는 색상 차원에서의 상대적 거리 차이에 의해 구분된다. 빨강에 [+흰]의 성분이 부가되어 분화되는 다양한 범주들은 양 세대 모두 분홍과 동일한 영역에 분포하는 범주들과 분홍과 빨강 사이에 분포하는 범주들로 구분해 볼 수 있다. 분홍 계열 색 사용 상의 세대간 가장 큰 차이점이라면, 고연령층의 경우는 분홍의 초점 위치가 빨강에 보다 가까이 위치하여 분홍의 전체 의미 범위가 더 넓고, 이러한 넓은 범위를 별개의 이름보다는 분홍의 다양한 파생 형태로써(진분홍, 꽃분홍, 먹분홍) 세분화하고 있다는 점일 것이다. 주황 계열에 속하는 색들은, 고연령층에서 개념상 명도 차원을 거친 후 노랑이라는 색상 차원과 관계한다는 점은 다르지만, 상호간에 분화되는 방식은 양 세대 모두 빨강 초점과 노랑 초점을 이은 일직선을 따라 이루어진다는 공통점을 가진다.

자주는 양 세대 모두 dark red에서 purple까지 비슷한 범위에 걸쳐 분포하지만, 개념화 방식 및 분류 구조는 사뭇 다르다. 상기하였듯이 고연령층은 자주를 빨강의 어두운 색으로 인지하는 반면, 저연령층은 빨강과 보라의 사이 범주로서, 빨강보다는 보라의 하위 범주로 인식하는 것이다. 이 부분은 본 절 4항에서 다시 다룰 것이고, 여기서는 자주가 분홍의 경우와 마찬가지로 고연령층에서 보다 빈번하고 넓은 용법을 가진다는 점만 강조하고 넘어가고자 한다. 꽃자주, 먹자주, 검은자주와 같은 자주의 세분화는 분홍의 사례와 같이 의생활과 관련된 색의 문화적 필요성의 결과로 여겨진다.

밤색·갈색 계열은 세대간 색채 구분법의 차이를 야기하는 영역이다. 저연령층의 경우 밤색의 지위는 갈색의 하위 범주로 간주되는 반면, 고연령층은 밤색이 이 영역의 중심 범주가 된다. 이러한 의미 구조는 목록 작업에도 반영되어, 고연령층 정보제공자 중 ⅓이 밤색을 목록화한 반면에 갈색은 ⅕ 정도밖에 안 된다. 고연령층의 밤색 계열 색들은 서로간의 계통성이 약하게 인식되는 가운데 밤색과 고동색 중심의 이분 구조를 이루는 반면에, 저연령층은 갈색을 기초색으로 독립된 색 계통을 형성하여 크게 황토색, 갈색, 고동색으로 삼분하여 체계화하고 있다.

한편 저연령층의 갈색 계통은 기초 범주의 내적 의미 구조와 관련하여 흥미로운 사실을 내포하고 있다. 갈색 계통의 하위 범주들은 갈색을 중심으로 하여 노랑의 의미 성분이 강한 범주들(흙색, 황토색, 똥색 등)과 빨강의 의미 성분이 강한 범주들(벽돌색 등), 그리고 검정의 의미 성분이 강한 범주들(밤색, 고동색, 나무색 등)로 분화되는데, 이는 기초색 갈색이 내포하는 의미 성분(〈부록〉 참조: 갈색 = [+갈 혹은 (+노+빨+검)])이 곧 하위 범주들이 분화되는 차원이 됨을 보여주는 것이다. 이런 현상은 저연령층의 갈색과 보라 계통에서만 발견되는데, 이에 대해 연구자는 이 두 기초 범주의 신경생리적 내적 구조가 민속의미론에 반영된 것으로 생각하고 있다. 케이와 맥다니엘(1978)은 기초 범주를 내적 의미 구조에 따라 일차 기초 범주(primary basic term), 합성 기초 범주(composite basic term), 그리고 파생 기초 범주(derived basic term)로 구분하고, 갈색과 보라(보편 이론에서는 purple)는 일차 기초 범주가 퍼지 분할(fuzzy partition)을 통해 분화된 파생 기초 범주인 것으로 논한 바 있다. 신경생리학에 기초한 범주 내적 성격이 민속의미론 즉 분류법과 성분분석에도 그대로 나타나는 것이 매우 흥미로울 것이다.

3) 고연령층과 저연령층의 노랑 범주의 분류법

노랑 영역은 색 연속체(color continuum) 상에서 빨강(갈색)·녹색 영역과 인접한다. 녹색 영역과의 구분은 비교적 명확하나, red와의 구분은 명료하지 않아 주황 계열과의 분류법적 관계가 문제가 되기도 하였다. 이러한 현상은 노랑이 녹색보다는 빨강과 친연성이 크다는 것을 함축하고, 이는 한국의 색채 구분법이 벌린과 케이의 보편 이론에 부합하여 warm-light와 dark-cool의 구분으로부터 진화하였음을 지지해주는 하나의 증거가 될 수 있을 것이다.[20]

---

20) 하이더(Heider 1972)는 뉴기니의 다니족이 벌린과 케이(1969)의 보편적 진화 단계 Ⅰ의 체계를 갖추고 있다고 보고하면서, 이 때 두 색채 어휘는 단순히 명도 차원에서만이 아니라 명도와 파장에서의 대비 즉 어둡고 차가운 색이 밝고 따뜻한 색과 대조되는 것이라 논하였다. 벌린과 케이(1969) 진화 모델의 수정판이라 할 수 있는 벌린과 벌린(1975)은 하이더의 연구를 수용하여 단계 Ⅰ의 두 범주인 white와 black은 warm-light와 dark-cool로 인정된다고 명시하였다. warm-light 범주는 white, red, yellow가 미분화된 범주로서, 결국 빨강과 노랑이 하나의 범주에서 분화되어 나왔음을 즉 두 범주의 고대적 친연성을 인정하는 범주이다. 연구자는 한국 사례가 이 빨강과 노랑의 관계에 대한 보편 이론을 지지하는 것으로 보는 것이다. 한편 세계 색채 조사(WCS)에 따르면

노랑(개나리, 참외)			
미, 아이보리, 계란, 베이지	금, 황금, 구리, 황, 누른, 소, 겨자	흙, 땅, 똥, 황토	송화

〈그림 6〉 고연령층의 노랑 범주 분류법

노랑								
베이지	상아	병아리, 레몬	아이보리, 미	개나리	금	황금	황, 누른	노랑연두

〈그림 7〉 저연령층의 노랑 범주 분류법

노랑 계통은 고연령층과 저연령층 모두에서 노랑의 고명도 영역(미색 등)과 저명도 영역(고연령층은 황색, 흙색, 황토색 등, 저연령층은 개나리색, 황색 등) 그리고 green과의 혼합 영역(고연령층은 송화색, 저연령층은 노랑연두)으로 분화된다. 그러나 고명도 영역을 저연령층이 보다 세분화하고 있는 점과, 무엇보다도 고연령층의 어두운 노랑 일부가 저연령층의 체계에서는 다른 기초색 즉 갈색의 하위 범주로 편입해가는 과정은 세대간 차이점으로 지적할 수 있겠다(〈그림 6〉의 흙색 등이 〈그림 7〉에는 없고 〈그림 5〉에 있다). 한편 흥미로운 점은 누른색 및 황색이 노랑과 의미가 같지 않고 더 어두운 의미를 가리킨다는 점이다. 다시 말하면 한국어에 발달해 있는, 색채형용사의 수식적 파생 형태나 음성상징어는 단순히 어감의 차이뿐 아니라 실제 의미 분화를 일으키는 것이다.[21] 더욱이 한자 상당어로만 여겨지던 황색 또한 상이한 의미 범위를 지시하는 것이다. 외국어 색이름의 경우,

---

yellow-green 합성범주를 가진 언어 사례가 6개 보고된다(Kay, Berlin and Merrifield 1991: 20). 이 범주는 yellow와 red의 고대적 친연성을 인정하는 벌린과 케이의 보편적 진화 이론으로는 그 범주 형성 과정을 설명할 수 없는 '예외적인' 사례가 된다.

21) 한국어 색채 표현의 특징은, '연-', '진-', '새/시-'와 같은 접두사나 '-으스름', '-으죽죽' 등의 접미사 활용을 통한 색채형용사의 수식적 파생 형태가 발달해 있다는 점과, 자·모음을 교체함으로써 음성상징을 이용하는 색채 어휘 분화가 발달해 있다는 점일 것이다. 이를테면 노랑은 '누르다'라는 기본 색채형용사에서 파생된 명사형 '누른색'을 모음 교체하여 작은말로 표현한 것이다. 그런데 이 작은말이 단순한 어감의 차이뿐만 아니라 실제의 의미 차이를 유도하는 것이다.

노랑과 황색의 경우와 더불어 파랑과 청색, 분홍과 핑크 등, 고유어 · 한자어 · 영어 번역어임에도 의미가 다른 사례는 추후 연구가 필요한 부분일 것이다.

4) 고연령층의 파랑 범주와 저연령층의 녹색, 파랑, 보라 범주의 분류법

한국 색채 분류법의 세대간 차이점을 가장 뚜렷하게 보어주는 것이 grue[22] 범주의 사용 여부이다. green과 blue가 미분화된 범주 형태인 grue는 합성 범주의 하나로서(Kay and McDaniel 1978), 세계 색채 조사(World Color Survey)에서 가장 많이 발견된다고 보고한 합성 범주이다(Kay, Berlin and Merrifield 1991의 〈그림 3〉 참조). 한국 사회에서 파랑이라는 어휘는 고연령층의 경우 넓은 의미로 grue를 지시하고 좁은 의미로는 green 및 blue의 초점을 지시하되 green에 보다 인지적 강조가 주어지고, 반면 저연령층에서는 blue를 의미한다.[23]

---

22) 하이더(1972) 및 벌린과 벌린(1975)에서의 cool 범주가 곧 grue 범주이다.

23) 파랑이라는 어휘가 grue를 표현할 때는 green 초점에 성원성이 보다 강했으나 이후 단계에서 green이 아니라 blue를 대표하게 된 과정은 자연스럽지 못한 것이 사실이다. 그 연유를 연구자는 현 단계에서는 확인할 수 없었다. 1963~4년 한국공업규격 제정 과정의 흔적을 담고 있는 한국 표준국 회의 기록에서도 실마리를 찾을 수 없었는데, 이때는 이미 blue를 파랑이 대표하는 데 무리가 없었던 듯하다. 벌린과 케이(1969)는 한국의 기초 색채 범주 파랗다를 GREEN이라 표시하였는데, 이는 green에 초점을 둔 green-blue 합성 범주라는 의미이다. 본 연구의 고연령층의 파랑의 의미와 일치하는 연구 결과일 것이다. 반면 김(Kim 1985)을 비롯하여 국내외의 많은 연구자들은 파랗다의 초점을 blue로 보고 녹색이 차용되기 전 blue가 확대적용 되었던 것이라 논하고 있다. 연구 결과의 옳고 그름을 떠나 한 가지 분명한 사실은 대부분의 연구자들이 연구 대상의 연령(세대) 변수를 고려하지 않았다는 점이다. 파랑의 초점에 대한 본 연구자의 결과를 지지함과 동시에 한국의 파랑 범주에 연령 변수가 얼마나 중요한지를 보여주는 단적인 사례를 들자면, 교통 신호등을 들 수 있겠다. 교통 신호등의 세 가지 색은 본 연구에 따르면 고연령층의 색 체계에서 나왔을 것이다. 저연령층의 체계를 가진 연구자는 실제 녹색으로 보이는 신호를 오랫동안 '파란불'이라 부르는 심적 불편함을 겪어야 했다. 신호등 사례는 기의와 기표 간의 연결이 변화하여도 한번 관용화된 이름은 쉽게 바뀌지 않는 사례로도 읽혀진다. 결국 오늘날 교육 현장에서는 '녹색등'으로 바꾸어 교육하고 있다.

<table>
<tr><th colspan="14">파랑</th></tr>
<tr><td colspan="5">초록=파랑</td><td colspan="7">하늘</td><td rowspan="3">옥,
양오</td><td rowspan="3">검푸른</td></tr>
<tr><td rowspan="2">수박</td><td rowspan="2">녹,
쑥</td><td rowspan="2">연두,
녹두</td><td rowspan="2">배
추</td><td rowspan="2">은
행</td><td rowspan="2">비둘기</td><td rowspan="2">소라</td><td rowspan="2">청,
잉크</td><td colspan="3">남, 북청</td><td rowspan="2">곤</td></tr>
<tr><td>가지,
포도</td><td>보라</td><td>도라지(꽃)</td></tr>
</table>

〈그림 8〉 고연령층의 파랑 범주 분류법

<table>
<tr><th colspan="8">녹색(코발트녹)</th></tr>
<tr><td rowspan="2">초록</td><td rowspan="2">수박</td><td colspan="4">연두</td><td rowspan="2">에메랄드(그린),
그린, 옥†</td><td rowspan="2">청록†</td></tr>
<tr><td>녹두</td><td>풀</td><td>쑥</td><td>국방, 카키</td></tr>
</table>

〈그림 9〉 저연령층의 녹색 범주 분류법

<table>
<tr><th colspan="6">파랑(코발트(블루))</th></tr>
<tr><td>청록†</td><td>비둘기,
청회, 물</td><td>하늘, 소라,
옥†</td><td>청, 군청, 바다</td><td>남</td><td>곤, 감청,
블루블랙</td></tr>
</table>

〈그림 10〉 저연령층의 파랑 범주 분류법

<table>
<tr><th colspan="4">보라(포도, 나팔꽃)</th></tr>
<tr><td>남보라, 가지</td><td>붉은보라</td><td>자주, 포도주, 와인</td><td>연지</td></tr>
</table>

〈그림 11〉 저연령층의 보라 범주 분류법

파랑의 성분분석에서 흥미로웠던 점은 고연령층이 파랑을 초록과 하늘색으로 세분화할 때 그 대조 차원을 언어로 표현하지 못했다는 점이다(〈부록〉 참조: 고연령층의 파랑 = [+파], 하늘색 = [+파(하)], 초록 = [+파(초)]). 고연령층이 파랑 계통의 색들을 세분화하는 방식에는 두 가지 다른 종류가 발견되었는데, 하나는 광의의 파랑이 명도 차원을 따라 고명도의 옥색·양오색과 저명도의 검푸른색으로 분화되는 것이고(〈그림 8〉에서 굵은 세로줄로써 두 종류의 분류법을 표시함), 다른 하나는 일차적으로 초록 계열과 하늘색 계열로 구분된 후 각 계열별로 명도 차원을 따라 세분화 경로를 밟는 것이었다. 그런데 후자의 경우에 있어서 파랑이 초록과 하늘색으로 분화되는 변별적 자질이 확인되지 않고 "(초록과 하늘색은) 단지 다르다"고 진술될 뿐이었다. 두 종류의 분류법이 나타나고 또 구분짓는 대조 성분이 언어화되지 않는 경우는 전체 색채 범주 중 고연령층의 파랑 범주에서만 나타나는 현상으로, 이는 아마도 합성 범주가 제보자들의 세계에서 이해되는 방식을 반영하는 것으로 생각된다. 본 절 2항의 파생 범주 갈색에서 확인하였던 바, 벌린과 케이(1969)가 사용 빈도에 근거하여 발견한 기초 범주들에 대해, 색의 신경생리적 지각 구조에 따라 그것을 세 가지 종류로 구분한 케이와 맥다니엘(1978)의 연구 결과가, 전통적인 인류학적 연구에 기반하여 민속의미론을 탐구한 본 연구와 상응한다는 점이 다시 확인된 셈일 것이다. 파생 범주와 달리 합성 범주의 경우는 민속의미론에서 '하위 범주가 분화되는 대조 차원을 언어로 표현할 수 없다'는 형태로 나타나는 것이다.

합성 범주 파랑의 내적 구조를 보다 상세히 살펴보면, 범주의 높은 성원성을 나타내는 접두사 '새-'가 green의 초점과 blue의 초점에 적용되고, green과 blue의 사이 영역은 낮은 성원성을 나타내는 '-으스름하다'나 "모른다"는 반응이 많으므로, 파랑의 구조는 연합 모델(union model)에 부합되는 것으로 여겨진다. 그러나 파랑이 좁은 의미로는 초록을 의미하는 것으로 보아 blue보다 green에 더 많은 성원성이 주어지는 사행 모델(skewing model)도 적용될 수 있다. 따라서 한국의 grue 범주는 연합 모델과 사행 모델이 결합한 구조를 띤다고 할 수 있겠다.[24)]

---

24) 버게스(Burgess) 등은 케이와 맥다니엘(1978)의 퍼지 세트 이론이 색채 어휘의 의미에도 적용되는지를 확인하기 위해, 멕시코 유토아즈텍 언어의 하나인 타라후마라(Tarahumara)의 색채 수식어(modifier)가 사용되는 방식을 검토하였다. 이 과정에서 합성 범주인 grue의 내적 구조에 대한 세 가지 가설을 제안하였는데, 연합, 중립화(neutralization), 사행 가설이 그것이다. 만약 높은 성원성을 나타내는 수식어가 순수 green과 순수 blue에 사용되고 낮은 성원성을 나타내는 수식어는 green과 blue 사이 혹은 grue 범주 주변에 사용된다면 연합 가설에 부합된다. 높은 성원성을 나타내는 수식어가 green, aqua, blue에 동일하게 분포할 때 중립화 가설에 부합되며, green 혹은 blue로 초점이 기울어지면 사행 가설에 부합된다고 할 수

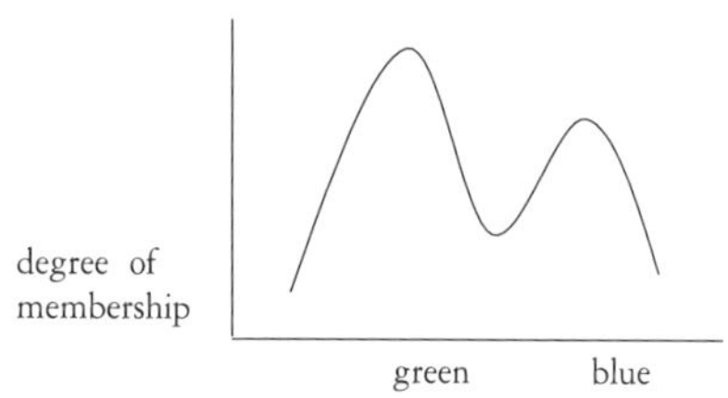

green 영역은 고연령층의 경우 초록이 대표하는 반면, 저연령층은 녹색이 일차적으로 사용된다. 그러나 두 초점 위치는 동일하다. 연구자가 green 영역에서 한 가지 의문이 들었던 점은 grue의 내적 구조로 보건대 green이 blue보다 현저성이 높은데, 고명도에 해당하는 범주들은 blue에서 먼저 세분화되고 green은 그리 발달하지 않았다는 점이다. green의 하위 범주들은 노랑이라는 색상 차원에 따라 분화되며(〈부록〉 연두색 = [+파(초)+노=노](고), [+녹+노=노](저) 등 참조), 분포하는 범위는 노랑 초점과 녹색 초점을 이은 일직선상에 위치한다. 그 외의 영역(즉 녹색 초점의 고명도 영역과 연두색 계열의 저명도 영역)은 개별 범주도 발달하지 않고 인지도도 상당히 낮은 것으로 나타나는 것이다. 이는 다른 일차 기초 범주인 red · yellow · blue가 명도 차원을 따라 분화되는 것과 상당히 다르다. 이 같은 green의 본질적 특성은 추후 연구를 기대케 하는 부분일 것이다.[25)]

한편 green과 brown 사이의 영역은 전체 색채 영역에서 가장 낮은 인지도를 보이는 영역이다. 여기에는 이 영역이 신경생리적으로 동시에 지각이 되지 않는 빨강과 초록이 서로 접해 있는 영역이라는 점, 그리고 가장 큰 명도 대비를 이루는 검정과 노랑 성분을 모두 가진다는 점이 개입된다고 여겨진다. 한편으로는 생활환경을 이루는 유의미한 사물 중에서 이 색을 띠는 것이 적고, "충충하게" 보이는 색에 높은 가치를 부여하지 않는 색채 미학 또한 변수로 작용하고 있을 것으로 생각된다. 이 영역의 색들에 대해서는 양 세대 모두가 brown 즉 빨강 성분이 강한 색들과 green 성분이 강한 색들로 양분하고 있다. 그러나 분류 관계는 서로 다르게 파악하여, 고연령층의 경우 국방색으로 대표되는 brown 쪽 영역은 보다 red 쪽에 위치한 고동색 · 커피색[26)]과 같은 계열로 간주되어 빨강 계통이나 검정

있다(Burgess, Kempton and MacLaury 1983 참조). 버게스 등은 둘 이상의 가설이 결합된 형태는 언급하지 않았으나, 한국의 grue 범주 파랑은 두 가설이 결합된 모델을 제안한다고 판단된다. 그림으로 표시하면 다음과 같을 것이다.

25) 케이와 맥다니엘(1978)은 인간 색채 지각의 신경생리적 근거로 녹색이 일차 기초 범주임을 밝혔지만, 아키밴드(Archiband)는 다른 일차 기초 범주와는 다른 녹색의 특징을 잘 포착하여 논의하였다(Archiband 1989).

26) 뒤의 〈부록〉에서 고연령층의 국방색과 고동색 · 커피색의 성분분석을 비교하면, 국방색의 구성성분은 고동색 · 커피색과 마지막 한 성분의 차이를 보인다.

계통으로 분류되고(〈그림 3〉 참조), 이 영역의 밝은 부분은 간혹 노랑의 어두운 영역인 흙색 등의 계열에 포함시키기도 한다(〈그림 6〉 참조). 그리고 초록 쪽 영역에 위치하는 녹두색과 쑥색은 초록 즉 파랑 계통으로 분류된다(〈그림 8〉 참조). 반면 저연령층은 갈색 쪽 영역과 녹색 쪽 영역을 구분하여 지각하고는 있으나 하나의 계통으로 인식하려는 경향이 있다. 물론 갈색 쪽과 녹색 쪽을 아우르는 대표 색이름은 없는 상태로, 점차 녹색 계통의 하위 계열을 이루는 것으로 구분하려는 경향이 보인다(〈그림 9〉 참조).

고연령층의 blue 영역은 하늘색으로 대표되지만, 하늘색은 초록 계열의 초록만큼 지배적이지 못하고 실제로는 하늘색과 남색이 유사한 지배력을 가지고 있다. 즉 고연령층은 blue 영역을 크게 하늘색(=파랑)−남색으로 2분하고, 고명도 영역은 비둘기색・소라색이 분화되어 있으나 저연령층에 비해 범주화가 그리 발달해 있지는 않다. 반면 저연령층은 대부분의 일차 기초 범주처럼 고・중・저명도 즉 하늘색-파랑-남색의 3분 구도를 보인다. 하늘색과 남색은 양 세대간에 상이한 의미와 지위를 가짐으로써 가히 색 체계 변화의 과도기적 모습을 보여준다 하겠다. 그리고 저연령층에 이르러 blue가 독자적인 색 계통을 형성함으로써 한편으로는 green과의 구분성 강화가 수반되고 다른 한편으로는 빨강과의 사이 영역인 purple의 발달을 유인한다. 후자의 경우 중요한 역할을 하는 범주가 바로 남색이다.

남색은 상기하였듯이 고연령층에서 하늘색의 저명도 영역을 대표하는 색으로 개념화되지만, 실제의 의미 분포는 purple 영역으로까지 확대된다. 그리고 purple 영역에 위치하는 가지색, 보라색, 도라지(꽃)색의 민속 개념은 남색과 연관지어 정의되고 있다("가지색은 남색 비슷하다", "보라는 남색과 한 계통이다", "보라색은 남색보다 흐리다"). purple 영역의 가장 지배적인 범주는 가지색인데, 가지색은 남색과 인접하면서 그 사용이 자주 중첩된다. 이 가지색의 고명도 영역에 도라지(꽃)색이 사용되고, 빨강의 하위 범주로 간주되는 자주와의 사이 영역은 인지도가 낮은 채로 보라가 이곳에 위치해 있다. 보라는 공유되지만 그다지 잘 사용되지는 않는 것으로 관찰된다.

반면 저연령층의 경우는 보라를 기초색으로 하여 하위 범주인 남보라, 붉은보라, 자주 등이 파랑과 빨강 성분의 정도 차이에 따라 세분화된다. 보라 계통의 하위 수준에서의 범주 분포 위치를 살펴보면, 파랑 쪽으로부터 빨강 쪽 방향으로 남보라, 보라, 붉은보라, 자주로 배치되므로, 보라 영역의 중심 범주 위치는 영역의 중심이 아니라 파랑 쪽으로 치우치게 된다. '이전' 단계의 체계에서(즉 고연령층의 체계) 이 영역이 남색과의 친연성이 강했던 사실의 영향일 것이다. 파랑과 빨강 성분은 보라의 하위 범주들이 일차적으로 분화되는 대조 차원이 되는 동시에, 보라의 성분분석에서 그것의 구성 성분이 되기도 한다. 이와 동일한 현상이 갈색 계통의 하위 범주 분화 구조에서 이미 관찰되었던 바(앞의 본 절 2항 참조), 일차 기초 범주의 퍼지 분할로 형성되는 파생 기초 범주가 분류법과 성분분석이라는 의미 분석에서 보이는 특징일 것이다. 한편 보라의 고명도 영역은 연보라라는 수식적 파생 형태 외의 개별 어휘는 발달해 있지 않고 오히려 분홍이 자주 사용되고 있다. 전체적으로 고명도 영역이 저명도 영역보다 범주화가 늦게 이루어지는 경향이 발견되는데, 보라의 고명도 영역도 이를 반영하는 것이라 여겨진다.

5) 고연령층과 저연령층의 흰색 및 검정의 분류법

흰색과 검정은 서로 다른 기초 범주이지만 다양한 회색 계열을 공유하므로 분류표를 띠 모양으로 형상화하는 것이 그것의 의미 구조를 더 잘 보여준다.

흰색과 검정은 고연령층과 저연령층 모두 기초 범주로 사용하고 있다. 회색은 아직 저연령층에서도 기초 범주로 사용되지 않는 것으로 보인다. 단, 저연령층이 고연령층에 비해 밝은 회색 계열을 더 세분화함으로써 전체적으로 무채색의 단

흰(백)	은	회	쥐	재	검정(흑)

〈그림 12〉 고연령층의 흰색 및 검정 범주 분류법

흰 (백,우유,미백)	은백	은, 은회	회, 그레이	쥐	재	검정(흑)

〈그림 13〉 저연령층의 흰색 및 검정 범주 분류법

계 구분이 보다 균형을 갖추어가는 것으로 이해된다.

이상으로 색채 공간의 의미가 조직되는 범주 구조를 살펴보았다. 무엇보다도 세대에 따라 색채 구분체계가 상이하게 나타났는데, 체계의 변화와 함께 개별 어휘의 의미 및 위상도 변하고 있음을 확인할 수 있었다. 기초색과 비기초색의 구분뿐 아니라 색채 범주의 전체 의미 구조를 연구하는 것이 중요한 것도 바로 이 때문일 것이다.

4. 색채 범주 체계의 변화와 발달

이 절에서는 공시적인 세대간 구분법의 차이를 색채 구분체계의 통시적인 발달로 파악함으로써, 한국 색채 범주가 '진화'하고 있는 구체적인 과정을 분석하고자 한다. 색채 구분법의 진행중인 발달 과정을 파악하기 위해서는 소위 '이후' 체계에서 기초색으로 발달하게 되는 범주가 '이전' 체계에서는 어떠한 범주 구조를 갖고 있었는지를 이해하는 것이 중요한 과제가 될 것이다. 고연령층의 체계에서 밤색, 흙색, 초록(협의의 파랑), 하늘색, 가지색, 자주 등이 구분법 발달에서 중요한 기능을 담당한 것으로 보이는데, 모두 비기초 범주 중에서 가장 현저하게 사용되는 것들이다. 밤색, 초록(협의의 파랑), 하늘색, 가지색의 경우는 저연령층의 체계에 가서 기초 범주로 발달하게 되고, 흙색과 자주의 경우는 그것이 속하는 상위 범주가 재편된다(〈그림 14〉에서 흙색 및 자주의 연결선은 음영을 줌으로써, 두 가지 경우를 구분하여 표시하였다). 아래의 기술에서는 색채 공간 상의 분포 범위[27]를 토대로, 이상의 주요 범주들이 어떤 경로를 거쳐 변화・발달하게 되는지를 구체적으로 살펴보기로 하겠다.[28]

---

27) 범주의 의미 경계는 대조되는 범주들의 성원성 곡선이 각각의 초점을 정점으로 하여 하강하다가 서로 만나는 지점으로 하였다. 범주의 경계 표시를 고연령층은 '╱', 저연령층은 '╲'로 하고, '1'은 고연령층의 초점, '2'는 저연령층의 초점을 표시하는 것으로 하겠다.

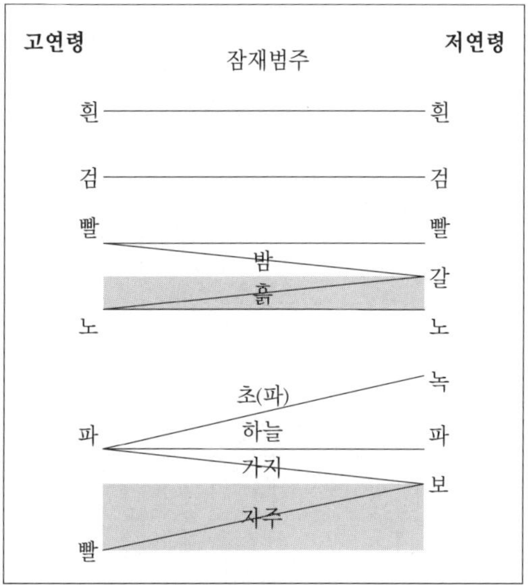

〈그림 14〉 잠재적 기초 범주

1) 기초 범주의 세대간 발달

명명 반응(개별 면담 질문 2)과 초점 및 경계 작업(개별 면담 질문 6, 7)을 통해 발견한 기초 범주의 색채 공간에서의 분포 범위는 다음 〈그림 15, 16〉과 같다.[29)]

28) 벌린과 케이(1969)의 보편적 진화 모델 이후, 기초 색채 범주의 발달 과정에 대해서 더욱 정교하고 새로운 연구들이 축적되어 왔다. 연구자는 이 절에서 한국 색채 구분법의 발달 과정에 대해 요약하면서, 이러한 비교문화적 주요 결과들에 비추어 한국 사례가 어떤 점에서 보편성을 보이고 어떤 점에서 상대성을 보이는지를 중점적으로 논의하고자 하였다.

29) 분포도에서 음영을 표시한 영역은 인지도가 전반적으로 매우 낮음을 나타낸다. 국방색·쑥색 영역(미국 ISCC-NBS의 Olives 및 Olive Greens에 해당)이 세대간 구별 없이 가장 낮으며, 고연령층의 경우는 green과 blue 사이, purple의 중·고명도, 노랑을 제외한 최고명도 영역이 인지도가 낮은 것으로 관찰된다.

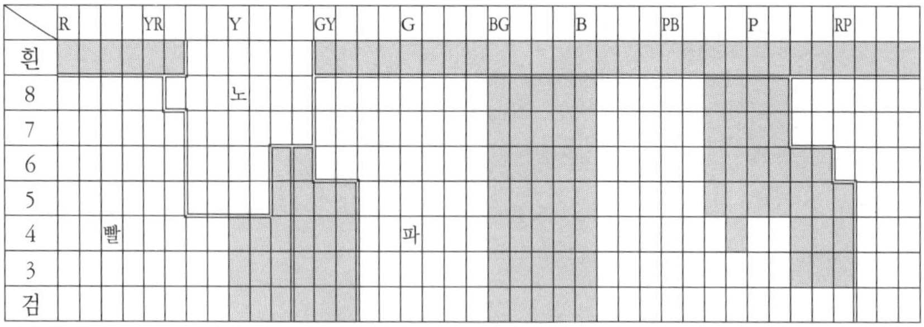

〈그림 15〉 고연령층의 기초 범주 분포

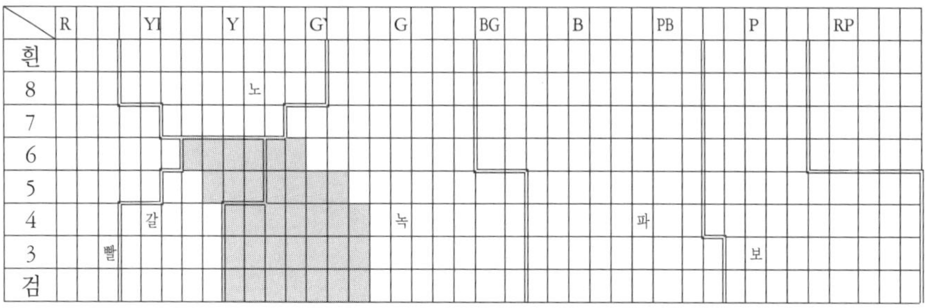

〈그림 16〉 저연령층의 기초 범주 분포

기초 색채 범주의 세대에 따른 서로 다른 분포 특징을 간략히 요약하자면, 우선 고연령층의 파랑이 저연령층에 가서 녹색과 파랑으로 분화되고, 그에 따라 고연령층에서 인지도가 약했던 부분('2.5BG～2.5B')이 새롭게 인지되고 있음을 알 수 있다. 두 번째로는 갈색의 등장과 이에 수반하여 빨강과 노랑의 경계가 변화한 점, 세 번째로는 빨강과 노랑의 초점 거리가 멀어진 점, 네 번째로는 보라의 등장, 다섯 번째로는 최고 명도 영역('9단계')을 고연령층은 '색상'별로 잘 구분하지 못한다는 점을 주목해 볼 수 있을 것이다. 다음에서는 각 영역별로 보다 구체적인 범주의 발달 과정을 살펴보기로 하겠다.

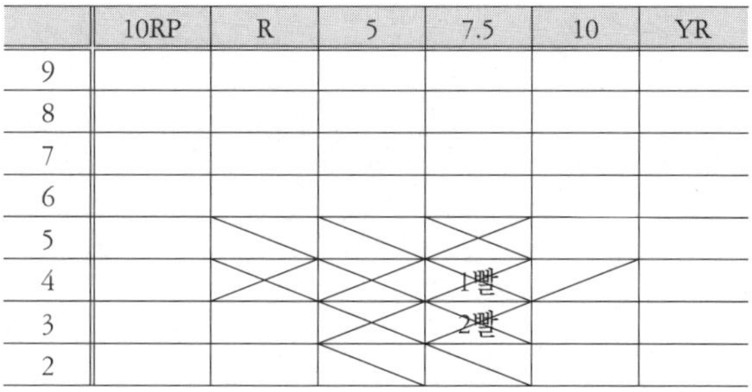

〈그림 17〉 빨강 범주 분포도의 세대간 변화

2) 빨강, 갈색 영역의 세대간 발달

빨강 범주는 전체 색채 범주 중 가장 오래되고 잘 발달된, 따라서 가장 먼저 안정화를 이룬 범주라 할 수 있다. 이는 초점과 경계의 세대간 차이가 기초 범주들 중에서 가장 작은 차이를 보인다는 점에서도 지지될 수 있을 것이다. 빨강의 초점은 저연령층의 경우 '7.5R 3'으로서 정보제공자간에 상당한 일치를 보이고, 고연령층은 약간의 차이로 '7.5R 4'가 초점이 된다. 즉 저연령층이 더 어두운 빨강을 초점으로 가진다고 할 수 있겠다. 경계는 분류법의 1차 수준(〈그림 15, 16〉)과 달리 2차 수준에서는 고연령층이 더 좁게 나타난다. 1차 수준에서 고연령층의 빨강의 경계가 갈색 및 자주를 포함하는 '빨강 계통'의 경계라면, 2차 수준에서의 빨강의 경계는 빨강 계통 내의 다른 비기초 범주들과 대조되는 경계로서, 저연령층에 비해서 분홍이 더 낮은 단계까지 분포하는 데다 저명도 영역에서는 자주 및 밤색이 분포하므로 빨강의 범위가 그만큼 축소되어 나타나는 것이다. 고연령층이 빨강 범주의 범위를 초점 범위에 한정하는 경향은 염색 경험과도 관련되는 것으로 보인다. 물감을 푼 물에 몇 번 담그는가에 따라 빨강 계통의 다양한 색조가 나오는데, 초점에서 조금이라도 벗어나면 '빨강이 아닌' 것으로 간주하는 것 같다. 같은 맥락에서 고연령층에게서 분홍의 범위와 용법은 상당히 넓게 이해되고 있었다.

분홍의 초점 위치는 비교적 넓은 범위에 걸쳐 고르게 분포하여 다소 뚜렷하지

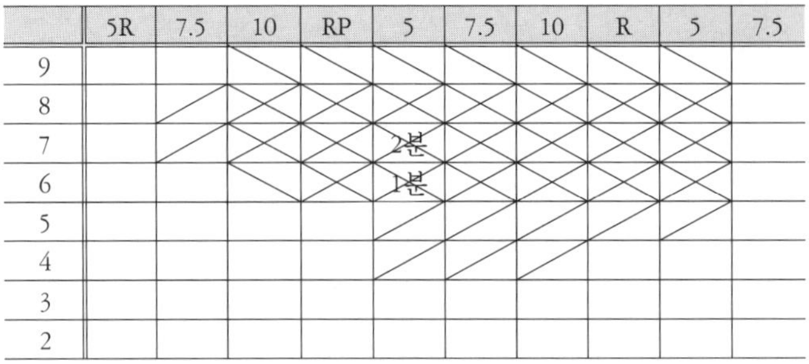

〈그림 18〉 분홍 범주 분포도의 세대간 변화

못하지만, 양 세대 모두에서 red 영역이 아니라 purple의 고명도 영역에 위치하는 것은 분명해 보인다. 초점과 경계는 고연령층이 저연령층보다 더 낮은 명도 단계에 위치 및 분포하고 있다는 점도 여러 자료 수집 절차에서 쉽게 확인된다.[30] 말하자면 고연령층이 분홍을 더욱 넓은 범위에 걸쳐 사용하고 있는 것이다. 그러나 분홍은 넓은 용법에도 불구하고 '빨강의 고명도색'으로 그 의미가 정의되면서[31] 초점의 일치도도 낮아,[32] 당분간 최상위 범주가 되기는 어려울 것으로 여겨진다. 이와 대조적으로, 빨강과 노랑의 '사이' 범주인 주황은 사용 빈도는 현재로서 분홍보다 낮지만 어떤 발달 과정을 밟아나갈지, 두 범주의 향후 귀추가 주목된다고 하겠다.

주황은 초점 위치가 세대간에 일치하며 화자간에 매우 안정되어 있다는 특징을 가진다. 그러나 고연령층의 경우 주황의 안정적 사용은 주황을 사용하는 정보제공자에 국한된다. 즉 주황을 사용하는 사람은 그것의 정확한 의미를 알고 사용하지만, 아예 이름을 모르는 경우도 많이 관찰되었다. 한편 주황은 빨강과 노랑의 사

30) 고연령층과 저연령층의 체계를 비교하면, 비단 분홍 범주 뿐 아니라 기초 범주의 고명도에 해당하는 대표적 하위 범주들의 초점 및 경계가 고연령층이 더 낮은 명도까지 분포하는 경향이 매우 강하게 발견된다.

31) 〈표 3〉 기초 색채 범주의 의미 진술 특징 중 ②와 ⑥을 만족시키지 못한다.

32) 벌린과 케이(1969)가 제안한 기초 색채 범주의 성격 중 하나는 '정보제공자 개인으로나 상호간에 있어서나 의미가 일정하다'이다. 분홍은 사용 범위나 사용 빈도는 높은 데 반해 의미 안정성은 약한 것으로 관찰된다.

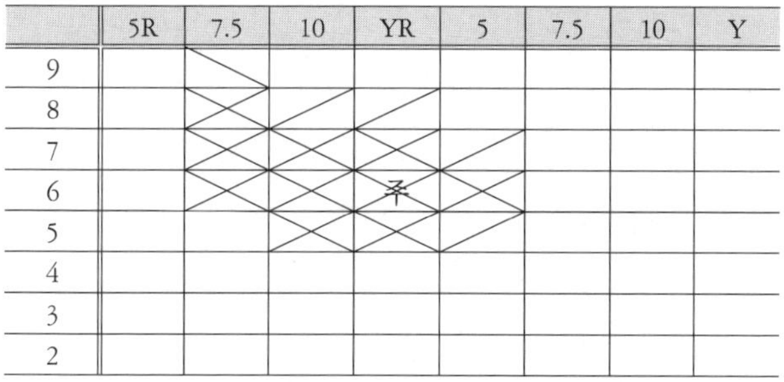

〈그림 19〉 주황 범주 분포도의 세대간 변화

이 범주이므로, 빨강과 노랑의 구별성을 강화해 주는 범주라 할 수 있다. 그렇다면 주황의 초점 및 경계가 명료하다는 점은 빨강과 노랑의 구분, 즉 warm-light의 warm(red)과 light(yellow+white)로의 분리가 그만큼 오래되었음을 암시한다고 볼 수 있을 것이다. 이점은 cool이 green과 blue로 분리되고 다시 그 사이 범주(청록)까지 형성되는 것은 저연령층의 체계에 가서야 이루어지는 것과 뚜렷이 대조될 것이다. warm-light 영역이 dark-cool 영역보다 먼저 분화된다고 보는 벌린과 케이 이래의 보편적 진화 순서와 일치하는 부분일 것이다.

brown 영역은 밤색에서 갈색으로 세대에 따라 중심 범주가 변화한 것으로 여겨진다. 이처럼 밤색과 갈색 간에 범주 지위가 역전되면서 brown 영역의 기초 범주의 위치는 다른 기초 범주와 유사한 명도 4단계가 되었다. 이와 함께 경계도 고명도 쪽으로 확대되었다. 〈그림 20〉에서 저연령층의 명도 5단계 범위와 음영이 표시된 영역은 고연령층의 체계에서는 노랑 계통으로 분류되어 흙색 등의 범주들이

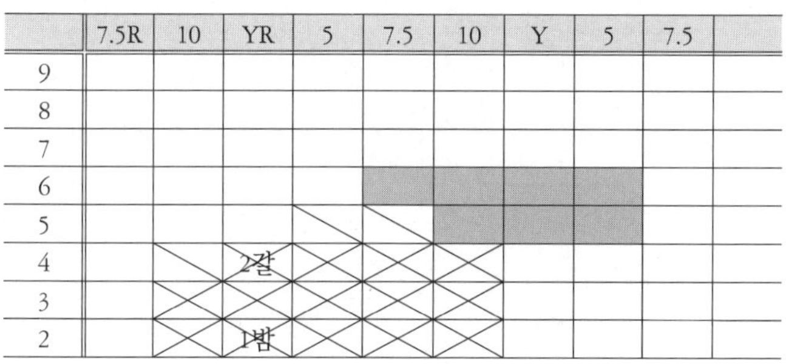

〈그림 20〉 갈색 범주 분포도의 세대간 변화

사용되던 영역이다(아래의 〈그림 21〉의 명도 5단계와 비교할 것). 이 영역은 저연령층의 체계에서 갈색이 기초 범주가 되는 것과 궤를 같이하면서 점점 더 갈색의 하위 범주로 재편되고, 황토색으로 대표되게 된다. 이 영역은 갈색의 고명도에 해당되면서 계속해서 노랑과의 구분성이 강화될 것인데, 〈그림 20〉에서 음영이 표시된 데에서도 알 수 있듯이 전반적으로 인지도가 낮게 나타나므로 그것의 분류법의 재조직화는 아직 진행 중에 있다고 할 수 있다.

이상 빨강 및 갈색 영역의 세대간 변화 및 발달 과정을 요약하면, 빨강의 저명도 하위 범주인 밤색 계열의 색들은 갈색을 중심으로 독자적인 색 계통으로 발달하고, 빨강의 또 다른 저명도 하위 범주인 자주는 다른 기초색의 하위 범주로 편입된다(본 절 4항 보라 영역의 세대간 발달에서 후술할 것임). 빨강의 고명도 하위 범주인 분홍은 초점과 경계 범위가 높은 명도 차원으로 다소 축소되고, 노랑과의 사이 범주인 주황은 의미 일치도와 사용 빈도가 더욱 증가해 간다. 결과적으로 빨강 계통은 전체 경계가 축소되고, 빨강을 중심으로 고명도・중명도・저명도의 구분으로 균형을 이루는 방향으로 발달해 왔음이 확인된다.

3) 노랑 영역의 세대간 발달

노랑의 어두운 영역이 점차 갈색 범주의 밝은 영역으로 편입되어감에 따라 자연히 노랑의 경계는 저연령층에게서 축소된다. 초점은 한 단계 빨강으로부터 멀어

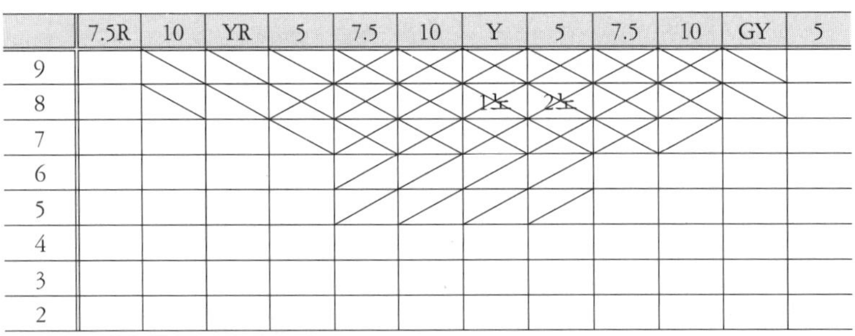

〈그림 21〉 노랑 범주 분포도의 세대간 변화

진다. 한편 최고 명도인 9단계 영역을 색상별로 잘 구별하지 않는 고연령층이 노랑의 고명도 영역만은 잘 구별하는 것이 흥미롭다. 개별 면담 질문 4의 결과로 미루어 보건대 이 영역(미색, 아이보리색)이 옷감 등 생활 속에서 유용하게 사용되기 때문이기도 할 것이나, 색채라는 의미영역에만 국한하여 보면 노랑의 초점이 고명도에 위치한 관계로 흰색과의 구분성이 강화되어야 할 필요성이 있기 때문으로 여겨지기도 한다. 노랑 초점의 이동 및 흰색과의 사이 범주의 발달은 warm-light가 warm과 light로 구분된 후 light는 white와 yellow로 분화한다는 보편 이론을 지지한다.

4) 녹색, 파랑, 보라 영역의 세대간 발달

합성 범주 파랑은 저연령층의 체계에서 완전히 분화되어 녹색 계통과 파랑 계통이 만들어지는데, 고연령층에게서 보이는 두 계통의 잠재적 형태는 초록 계열과 하늘색 계열이다.

세대간의 전후 단계를 비교해 보면, 고연령층의 초록과 저연령층의 녹색은 초점이 일치하고, 경계도 거의 차이가 나지 않는다. 반면 고연령층의 하늘색은 저연령층의 파랑과 의미 경계가 다르며 초점도 하늘색이 명도가 한 단계 높다. 이와 같이 green 영역은 잠재 범주와 기초 범주가 상당한 일치를 이루는 반면 blue 영역은 그렇지 않다. 그렇다면 grue의 초점이 blue 초점보다 green 초점에 보다 인지

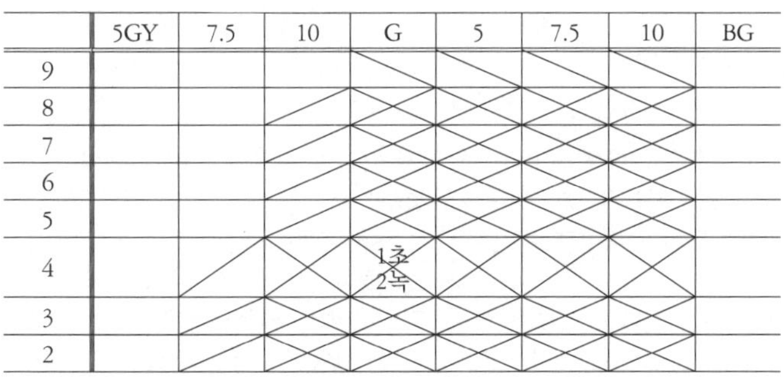

〈그림 22〉 green 범주 분포도의 세대간 변화

적 강조가 주어져 있다는 연구자의 관찰과 함께, green을 blue보다 먼저 분화 발달한 영역이라고 보아도 별 무리가 없을 것이다. 이 지점에서 필자는 국내 대부분의 연구들이 한국의 전통적인 색 체계를 흑・백・청・적・황의 오방색 체계라고 보는 것에 의구심을 갖지 않을 수 없다. 오방색 체계에서 청은 blue를 지시하며, green을 가리키는 '녹'은 간색으로 이해되고 있다. 필자는 많은 연구들이 어떤 경험적이고 체계적인 연구도 없는 상태에서 오방색 체계를 통설로 인정하고 있다는 인상을 받는데, 이에 대한 재고가 이루어져야 할 것으로 보인다.[33]

하늘색은 고연령층의 경우 분류법의 3차 수준에서(〈그림 8〉 참조) 최저 명도 남색을 제외한 blue 영역 대부분을 차지한다. 반면 저연령층에서는 분류법의 2차 수준에서(〈그림 10〉 참조) blue 영역의 높은 명도 영역으로 축소된다. 새파란색의 전형적인 사물로서 풀과 하늘을 드는 고연령층에게 하늘색은 "맑은 날의 짙은 하늘의 색"으로 개념화되고, 실제 하늘의 전형적인 색은 바로 그 "새파란색"으로 간주된다(〈그림 23〉과 〈그림 24〉를 통해 고연령층의 하늘색 초점이 저연령층 파랑의 경계 안에 있음을 확인할 수 있다). 반면 저연령층에서는 하늘색이 파랑의 고명도에 해당하는 색으로 완전히 추상화되고 역으로 그것이 실제 하늘의 전형적인 색으로 간주된다. 이는 특정 기표(signifiant)에 대해 기의(signifié)가 변화하면서 지시체(referent) 또한 다른 속성에 유의미성을 갖게 된 사례라고 볼 수 있을 것이다.[34]

---

33) 청이 한자어라는 점과 관련하여 중국의 색채 구분법과 비교 연구가 이루어져야 할 것으로 본다. 벌린과 케이의 자료(1969: appendix Ⅰ 참조)에 의하면 중국 광동어에서 청(ts'eng)의 초점은 '2.5BG 5'로 한국의 청록색 영역에 위치한다. 오히려 광동어의 남(l'am)의 초점이 '7.5B 5'로 고연령층의 하늘색의 초점과 일치한다. 즉 광동어 청은 한국의 오방색 체계에서 이해되는 청과 같은 완전한 blue가 아니다. 이에 대해서는 역사언어학적 접근과 함께 엄격한 실측 연구들이 필요할 것으로 보인다.

34) 하늘색은 사물에서 파생되어 사물로부터 완전히 추상화를 이룬 색이름이다. 그래서 양 세대 모두 실제 하늘을 보고도 "하늘색보다 더 짙다"든가 "더 옅다"라고 말할 수 있는 것이다. 그런데 마찬가지로 완전히 추상화를 이룬 물체색 중 살색은 하늘색과 또 다른 경우를 보인다. 살색은 피부에서 파생된 물체색명이지만 실제 피부의 색깔을 묘사할 때는 사용되지 않는다. 실제 피부를 묘사할 때는 "검다"라든가 "누렇다" 등의 색이름을 사용하지 "살색이다", "살색보다 더 짙다"라고 표현하지 않는 것이다. 즉 기표, 기의, 지시체의 관계에 있어서 살색은 지시체에 대한 관념에 전혀 영향을 주지 않는다. 오히려 특정 색 범위를 살색으로 명명하게 된 문화적 배경을 암시한다. 앞의 각주 14)

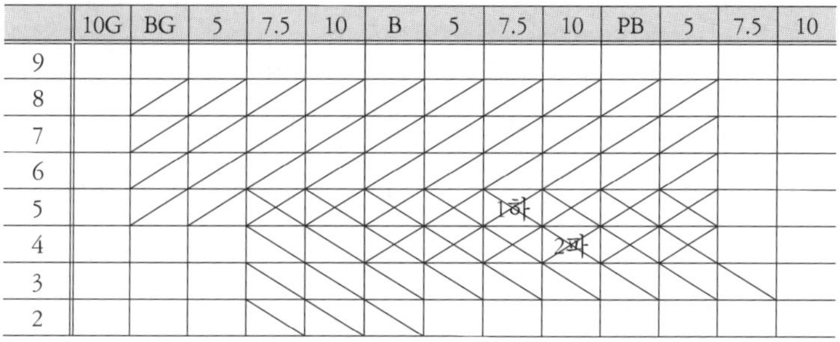

〈그림 23〉 blue 범주 분포도의 세대간 변화

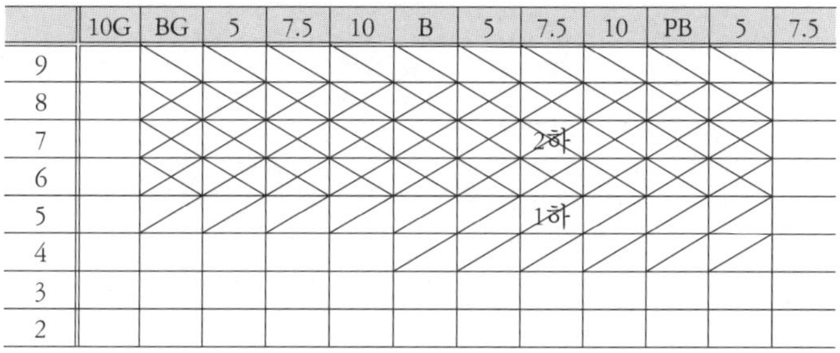

〈그림 24〉 하늘색 범주 분포도의 세대간 변화

요컨대, grue가 green과 blue로 진화하는 과정 중의 범주 구조를 고연령층의 체계에서 이미 뚜렷한 두 개의 계열을 형성하고 있는 초록과 하늘색이 잘 보여주고 있는 것이다. 한편 grue의 완전한 분화를 증명해 주는 범주는 어쩌면 청록일 수도 있다. 명명 반응 결과 green과 blue의 사이 영역은 고연령층에서는 아예 인지도 자체가 낮지만 저연령층에서는 청록이 2.5BG에서 2.5B 사이의 지배적 범주가 되고 있었다.[35] 기초 범주의 증가는 새로운 사이 범주의 형성을 촉진하기도 하는 것이다. 물론 청록 범주의 고명도 영역은 연청록과 같은 색이름보다는 여전히 하늘색이 우세하게 사용되고 있었다(〈그림 25〉에서 점선은 1차 수준에서의 녹

에서 언급한 와인색의 경우 등, 물체색은 다양한 방향의 연구가 가능한, 추후 연구가 기대되는 연구 주제이다.

35) 66개 색편의 명명 반응에서, 31명의 저연령층 정보제공자에게서 청록이 61번 명명된 반면, 42명의 고연령층 정보제공자에게서는 청록이 5번 명명되었다.

색과 파랑의 경계를 나타낸다). 보라의 고명도 영역에 분홍이 사용되는 것과 마찬가지이다. 즉 색채 범주 분화가 저명도 영역에서 먼저 이루어지고 이후 이에 상응하여 고명도 영역의 범주가 분화한다는 생각이 여기에서도 확인되는 셈이다. 또한 청록의 고명도 영역 중 녹색 쪽까지도 가령 연녹색이 아니라 하늘색이 사용되는 점은, 녹색이 고명도 영역에 하위 범주들을 발달시키지 않은 사실이 영향을 준 것으로 생각된다(green의 고명도 영역의 범주 분화에 대해서는 앞의 3절 4항을 참조할 것).

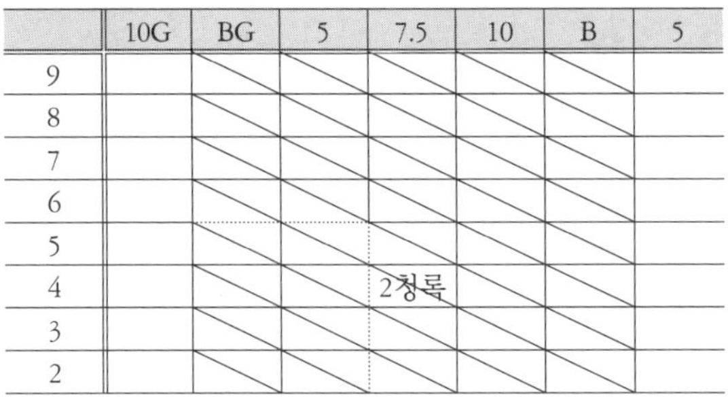

〈그림 25〉 저연령층의 청록 범주 분포도

다음으로 살펴볼 것은 고연령층의 가지색 영역에서 저연령층의 보라가 발달하는 과정이다. 파랑이 기초 범주로 발달하여 blue 영역이 독립된 범주 계통을 형성하자, 첫째 인접 기초 범주인 red와의 구분성이 강화되어 blue와 red의 사이 범주인 purple 영역의 발달이 촉진되고, 둘째 이와 동시에 BLACK의 중립화가 진행되어[36] 남색·가지색 등 남색 계열을 결속하고 있던 검정 성분이 약해지는 결과를 초래하였다. BLACK의 중립화로 남색은 파랑 속성이, 가지색·보라 등은 빨강

36) 케이 등에 의하면 blue와 black의 친연성은 아직 시각 과학에서는 증거를 발견하지 못했지만, 세계 언어들의 의미론에서는 blue가 red·yellow·green과 대조적으로 black과 특권적 연관성을 보여준다고 한다(Kay, Berlin and Merrifield 1991: 15-6). 벌린과 케이의 색채 범주 진화의 보편 이론에서는 검정이 BLACK(이후 연구들은 dark로 표현)에서 black으로 완전히 중립화되는 것은 단계 Ⅴ에 가서 발견된다고 하였다(1969: 22). 필자는 한국 색채 체계에서 BLACK의 중립화는 blue가 grue로부터 완전히 분리된 후 blue의 독자적 계통 형성이 공고화되는 과정에서 이루어진다고 본다. 벌린과 케이의 보편 이론을 지지하는 또 하나의 측면이 될 것이다.

속성이 부각되어, 각각 다른 기초색 아래로 편입되었다고 여겨진다. 아래 〈그림 26〉에서 남색의 저연령층의 분포 범위가 blue 영역으로 축소된 것을 확인할 수 있다. 이와 함께 남색의 분포 범위는 최저 명도 단계로도 축소되는데, 이것은 이전 단계에서 남색이 하늘색의 저명도로 개념화되던 것이 이후 단계에서 파랑의 저명도로 개념화되면서 한 단계 더 어두운 영역에 분포하게 된 것이라 볼 수 있겠다.

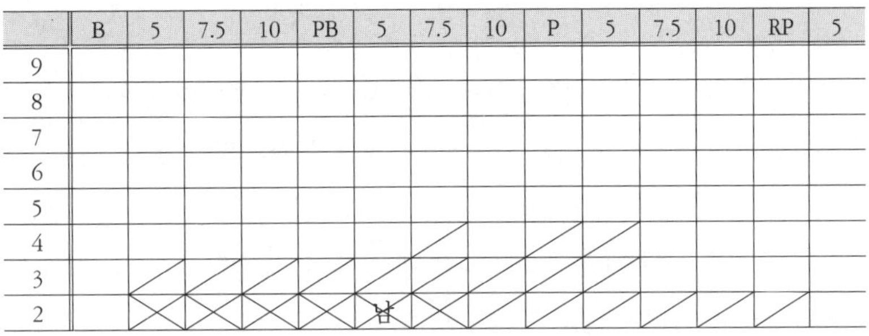

〈그림 26〉 남색 범주 분포도의 세대간 변화

고연령층의 남색 계열에서 가지색이 우세하게 분포하는 영역을 표시하면 다음 〈그림 27〉과 같다.

저연령층의 보라 영역 전체가 고연령층에서는 가지색의 범위 및 인지 자체가 낮은 영역(음영 표시)으로 이루어져 있다. 그리고 고연령층의 보라는 이 인지도가 낮은 영역에 들어있다. 다시 말해 저연령층의 체계에서 보라 계통이 이전 단계에서는 가지색의 영역이었다는 분류법의 결과가 범주 분포에서도 확인되는 것이다. 보라(甫羅)는 한자어와 고유어가 적어도 조선시대 문헌에서 발견될 만큼(김용숙 1991: 88) 오래된 어휘이고 목록 작업에서도 많은 고연령층 정보제공자가 보라를 목록화했지만, 명명 반응이나 실제 생활에서는 그 사용이 매우 드문 것으로 관찰되었다. 오히려 이 영역에서는 남색과 가지색(수식적 파생 형태 포함)이 우세하게 사용되고 있었다.[37] 그렇다면 한국의 purple 영역은 벌린과 케이의 보편 이론과

37) 1959년 12월에 만들어진 <문교부 24색상>과 1965년 <교육용 20 색상환>은 각각 일본색채연구소와 미국 수정 먼셀 체계에 근거하여 만들어진 것으로(박은주 1989:

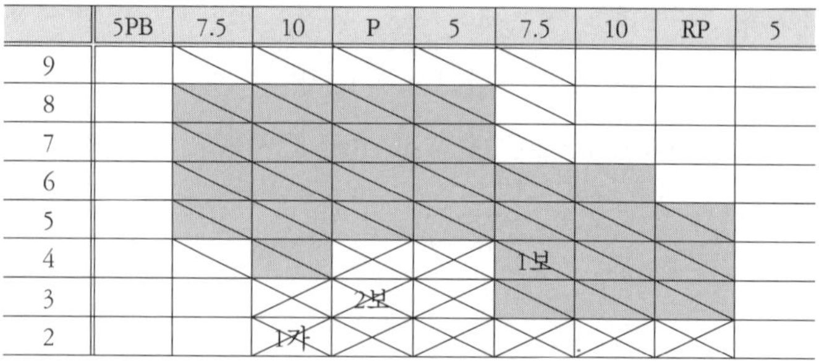

〈그림 27〉 purple 범주 분포도의 세대간 변화

달리 남색 즉 결국 blue 영역으로부터 발달해 왔다고 보아야 할 것이다. 그리고 blue 영역으로부터 발달・분리되면서, 마치 밤색과 갈색의 지위가 세대간에 역전되었듯이, 가지색에서 한 단계 붉고 밝은 쪽으로 현저성이 이동하고 이를 보라가 대표하면서 새로운 보라 계통이 형성되었다고 볼 수 있겠다. 실제로 저연령층에서는 가지색 사용이 거의 관찰되지 않는다.

보라가 하나의 색 계통을 형성해 가면서 기존의 체계에서 빨강의 대표적인 하위 범주였던 자주가 점차 보라 계통으로 인지되어 가는 과정이 관찰되었다. 이 과정이 색채 공간상에서는 자주의 초점 위치가 빨강 쪽에서 보라 쪽으로 이동하고, 경계는 빨강의 저명도 부분이 줄어드는 것으로 나타난다.[38]

114-115)), 한국인의 색체계로서는 완전히 신뢰할 수가 없다. 그러나 당시의 색 인식을 일부 반영한다고 보고 두 체계를 비교해보면, 가지색은 후자에서 남보라로 대체되어 없어졌고, 청자색이 후자에서 남색으로 대체되어 오늘날까지 교육용 색상환에 남아 있다. 즉 가지색, 남보라, 청자색, 남색의 친연성이 엿보인다.

38) 〈그림 28〉에서 저연령층에게서 자주 경계가 더 고명도 쪽으로 확대된 이유는 분홍의 범위가 저연령층에 가서 축소되는 것과 관련된다. 자주는 〈그림 28〉에서 보듯이 저연령층에서의 의미 범위가 더 넓지만 실제 사용은 고연령층에서 더 빈번하게 사용하는 것으로 관찰된다. 고연령층이 자주를 전체 색채 어휘 중에서 7번째로 많이 목록화하고 9번째로 많이 명명한 반면, 저연령층은 19번째로 많이 목록화하고 14번째로 많이 명명한 것으로 관찰된다. 분홍과 마찬가지로 한복이라는 전통적인 의생활과 관련된 색의 문화적 강조의 결과로 여겨지기도 하며, 동시에 고연령층이 빨강 초점색보다 어둡거나 탁한 붉은색들을 자주로 보는 반면, 저연령층은 자주를 보라와 빨강의 사이 영역으로 제한하는 것 또한 관련된다고 본다.

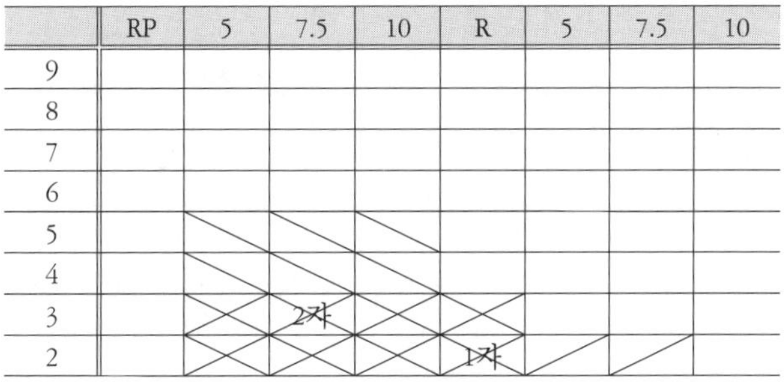

〈그림 28〉 자주 범주 분포도의 세대간 변화

purple 영역의 전체 범주 분포 양상은 매우 특색이 있는데, 이 영역의 양쪽 가장자리가 인지도가 높고 가운데 부분이 약한 형상을 띤다(〈그림 15〉와 〈그림 16〉을 비교). 보라 계통의 중심 범주인 보라가 파랑의 하위 범주로부터 분화되어 나온 관계로 파랑 쪽에 치우쳐 있고, 빨강의 하위 범주로서 예부터 매우 현저하게 사용되어 온 자주가 보라 계통 안으로 합류해 들어오기 때문일 것이다. 즉 파생 범주 보라가 기초 범주의 지위로 발달하면서 기존의 분류법적 구조가 재편되는 과도기적 과정이 색채 공간의 인지 구조에 반영된 것이라 할 수 있겠다.

5) 흰색 및 검정 영역의 세대간 발달

흰색과 검정은 양 세대 모두 기초 범주로 사용하고 있는 무채색이다. 그런데 고연령층은 검정의 경우 일부 색상의 어두운 영역에도 곧잘 사용하는 것으로 관찰되었다. 전체 색채 공간 중에서 가장 인지도가 낮은 밤색과 초록의 사이 영역, 그리고 남색과 가지색이 접해있는 영역 등이 그러한 부분이다. 때문에 고연령층의 체계인 단계 Ⅳ에서는 검정이 완전한 중립화를 이루지 못했다고 볼 수 있을 것이다. 회색 역시 간혹 blue의 최고 명도 영역("하늘색보다 흐린" 영역)에 사용되는 경우가 관찰되었다. 이같은 일부 고연령층 정보제공자의 명명 반응은, 저연령층이 아무리 어두운 영역이라 하더라도 유채색과 무채색을 구분하여 흰색, 검정, 회색을 무채색으로 계열화하는 것과 대조되는 색채 지식을 보여준다고 하겠다. 색채 구분체계가 저연령층에게 가서 진화한 데에 따른 자연스러운 결과로 볼 수 있겠으나, 여기에는 근대적 미술 교육의 영향도 개입되었을 것이라 사료된다.

회색 단계에 대해서는 고연령층은 저명도 영역에 더 강한 인지도를 보이고 회색 초점도 한 단계 더 낮은 반면, 저연령층은 회색과 흰색 사이를 고연령층보다 더 정교하게 구분함으로써 전체적으로 무채색의 단계들을 보다 균형있게 구분하는 것으로 나타난다.

GREY
9
8
7
6저
5고
4
3
2

〈그림 29〉 회색 초점의 변화

이상으로 세대간 구분법의 차이를 토대로 색채 범주의 진행중인 발달 과정을 검토하였다. 다음 단계에서 기초 범주로 발달하게 될 밤색, 초록, 하늘색, 가지색, 분류법적 구조가 재편되는 흙색, 자주색, 그리고 저연령층의 체계에서 범주의 범위가 축소되는 대표적인 범주인 분홍과 남색, 또한 따뜻한 계열인 빨강과 노랑의 사이 범주인 주황, 차가운 계열의 녹색과 파랑의 사이 범주로서 새롭게 형성된 청록 범주를 검토하였다. 기초 범주의 증가는 기존 범주의 부분적 혹은 전면적인 재조직을 수반하는데, 이 과정이 자연스러운 경로를 보이는 범주가 있는가 하면 간혹 어긋나거나 '비약'을 보이는 경우도 발견되었다. 즉 벌린과 케이의 보편 이론을 지지하기도 하면서 동시에 그것을 의문시하기도 하는 것이 될 것이다.

5. 논의 및 결론

본 연구는 한 촌락 사회를 연구 사례로 하여 참여관찰과 다양한 언어적·행동적 절차를 통해 색이 구분되고 사용되는 규칙을 탐구한 결과, 색채 영역의 민속분류법을 발견하고, 세대간 분류법의 차이로부터 한국 색채 구분체계의 발달 과정을 재구성한 것이었다. 본 연구는 인류학 전통에서 문화적 보편성과 상대성 논의의 중심 주제가 되어 온 색채 의미론 영역에, 한국의 사례라는 새로운 민족지 사례를 제공하게 될 것이다. 이에 연구자는 이 마지막 절을 비교문화적 논의에 할애하고자 한다.

벌린과 케이의 보편 이론에 비추어 볼 때 한국 색채 구분법은 어떤 문화적 보편성과 특수성을 보일까? 우선 기초 색채 범주의 종류 및 단계 Ⅳ에서 Ⅶ로의 세대간 진화는 보편 이론과 일치한다. 구체적으로 빨강이 노랑과 대조되어 어두운 영역에 분포하고, 갈색이 빨강의 하위 범주로부터 분화하며, 파생 기초 범주인 갈색과 보라가 기초색으로 발달하는 시점이 합성 기초 범주 grue가 일차 기초 범주 green과 blue로 완전히 분리된 이후라는 점, 그리고 분류법의 2차 수준 이하의 어휘가 dark-cool 영역보다 warm-light 영역에서 더욱 정교하게 분화되어 있는 점 등이 보편 이론을 지지하는 사실들이다. 반면 저연령층의 보라가 고연령층의 blue 영역으로부터 분화되어 나온다는 사실은 purple 영역의 초점이 red로부터 분화된다고 본 벌린과 케이 이래의 이론과 일치하지 않는 부분이다. 그렇다면 보라가 파랑 쪽에서 자주는 빨강 쪽에서 각각 분화되어 나와 보라를 기초로 하나의 범주계통을 형성하는 현상은, 아마도 한국 문화의 특수성으로 인정될 수 있을 것이다.

한편 보편 이론처럼 갈색이 보라보다 먼저 기초 범주가 되는지는 불분명하다. 갈색 범주는 고연령층의 밤색 계열에서부터 인간 생활의 중요한 환경적 원천(흙, 땅, 나무 등)을 개념으로 가져왔으며, 고연령층의 체계에서 밤색 계열이 가지색·보라 영역보다 더 발달되어 있다는 점은, 갈색이 보라보다 일찍 분화되기 시작했음을 암시한다. 그러나 저연령층의 경우 여러 절차에서 보라가 갈색보다 현저성이 높은 것으로 관찰된다. 필자는 이에 대해 잠정적으로 밤색·갈색이 보라 영역보다 먼저 사용되어 왔으나, 일단 purple 영역에 초점이 형성되자 매우 빠른 속도로 성장했을 가능성을 생각하고 있다.

이상의 논의는 한국 색채 구분법이 어떤 문화적 보편성과 문화적 상대성을 가지는지를 알려준다. 색채 보편성이 벌린과 케이(1969)에 의해 제안된 이후 민족지 자료들이 새로운 발견 예들을 보고하면서 오늘날에는 상대성 혹은 제한적 보편성(Kay, Berlin and Merrifield 1991)으로 전환된 것이 사실이다. 그러나 보편 이론은 문화적 다양성이 평가될 수 있는 준거점을 제공할 수 있다. 한국의 보라 계통이 빨강이 아니라 파랑에서 분화하였다는 점이 문화 특수성으로 파악되고 따라서 이것에 영향을 준 한국 사회의 특수한 상황을 문제 삼을 수 있는 것은 보편 이론이라는 상수가 있기 때문이다. 또한 보편 이론은 색채 범주 진화의 생물학적·문화적 요인에 대한 이론들을 발달시켜 왔다. 한국 색채 구분법의 발달에 영향을 준 요인 또한 이 맥락에서 검토해 볼 수 있을 것이다.

고연령층의 체계가 단계 Ⅳ의 범위 내에서 다음 단계로의 발달을 암시하는 범주 분화가 상당히 이루어진 상태였다는 점은 고연령층과 저연령층의 체계가 완전히 단절되지 않도록 하였다. 이런 점에서 한국 색채 범주의 발달은 대체로 점진적으로 진행되어 왔다고 볼 수 있겠다. 그러나 고연령층을 구성하는 연령층 내의 체계가 완만한 발달 과정을 보이는 반면에, 40세 전후의 체계에 이르러서는 완전한 단계 Ⅶ을 보이고, 그 후 연령층의 체계는 상당한 일치성을 유지한다는 점은 색채 외적 요소의 개입을 암시하는 것으로 여겨진다. 다시 말해, 생물학적 범주 분화 과정을 촉진시키고 안정화시킨 사회적 요인을 생각해 볼 수 있는 것이다. 필자는 변화 국면이 되는 40세라는 연령 변수가 함축하는 사회적 사실을 검토하여, 그들의 초등 교육 시기에 주목하게 되었다. 즉 40세 정도의 정보제공자는 초등학교 입학 시기가 대략 1965년 이래가 되어, 한국에서 근대적 미술 교육이 시행된 시기와 일치하였다. 오늘날까지 계속 쓰이고 있는 교육용 20색상환은 바로 1965년에 제정된 것이다('한국공업규격'은 1964년에 제정). 구분법 변화의 연령 변수가 근대적 미술 교육 시행 시기와 일치하는 것은 결코 우연으로 치부할 일이 아닐 것이다. 동시에 한국 색채 구분법의 발달 방향은 보편 이론을 설명하는 생물학적 논의들과도 대체로 모순되지 않는다. 그렇다면 통시적으로 생물학적 범주의 발달 경로를 점진적으로 밟아가다가 근대적 교육의 시행이라는 사회적 요인에 의해 보다 진화된 체계로 확정된 것이라고 보는 것이 가능할 것이다. 보라의 분화 과정이 보여주는 문화적 특수성도, 만약 이것이 생물학적 가설・이론과 일치하지 않는다면, 근대화라는 일련의 사회적 요인들 속에서 그 답을 모색해 볼 수도 있을 것이다.[39)]

마지막으로 필자는 분류법과 성분분석이라는 인지인류학의 고전적인 연구 방법에 천착함으로써 한국 색채 민족지를 새로이 기술할 수 있었다는 점을 상기하고자 하며, 기초색에 대한 부분적으로 새로운 개념을 제안하고자 한다. 케이는 기존 체계의 가장 뚜렷한 2차 어휘가 다음 단계들에서 기초 어휘가 된다고 논하였지만(Kay 1975), 본 연구 지역에서 관찰된 바로는, 고연령층의 체계에서 가장 현저한 하위 범주가 곧 다음 체계에서 기초 범주가 되지는 않았다. 또한 하위 범주들의 상대적 현저성이 케이의 연구대로 보편적 진화 순서를 따르는 것도 아니었다. 즉 목록 작업과 명명 반응의 빈도를 기초로 할 때, 고연령층의 체계에서 비기초 범주는 남색, 분홍, 하늘색, 자주, 초록, 주황, 보라, 녹색, 밤색, 회색, 연두, 가지색 등의 순서로 그 사용의 현저성을 보였는데,[40)] 여기에서 하늘색 범주만 기초 범주로 발달할 뿐(물론 초점 위치와 어휘가 달라진다) 남색, 분홍, 자주는 여전히 비기초 범주로 남고, 덜 현저한 범주인 밤색과 가지색으로부터 기초 범주가 발달하게 된 것이다. 따라서 공시적 혹은 통시적으로, 현저성은 기초 범주가 될 수 있는 필요조건은

---

39) 일련의 근대화 과정으로서, 염색 및 물감 산업의 발달, 새로운 문물의 접촉 또한 새로운 범주 발달에 영향을 끼친 것으로 사료된다. 사물 파생 색채 어휘(예로 와인색, 커피색, 에메랄드(그린)색)와 색의 대표적 사물(개별 면담 질문 4: 이를테면 크레파스, 스타킹, 머리염색)은 새로운 색이 발달하거나 도입되는 문화적 배경을 알려준다.

40) 데이비스와 코르벳(Davies and Corbett 1994)은 현저성을 측정할 수 있는 지표로서, 두 개의 분산 유형인 지배 지표(dominance index)와 집약 지표(specificity index)를 소개하였다. 지배 지표는 한 색편에 가장 많이 사용된 어휘의 빈도가 정보제공자 수의 일정 비율(threshold)을 초과할 때 그 어휘를 지배적인 것으로 보는 것이고, 집약 지표는 한 어휘가 지배적으로 사용된 경우에서의 빈도가 그 어휘가 사용된 전체 빈도에 대해 가지는 비율로 결정된다. 본 연구에서 현저한 비기초 범주들로 제시한 범주들은 정보제공자 비율을 $\frac{1}{2}$로 했을 때의 지배 지표 결과이다.

되겠으나 충분조건은 되지 못한다고 여겨진다. 그렇다면 기초 범주의 필요충분조건은 어떻게 기술될 수 있을까? 벌린과 케이 이래의 선행 연구들이 심리적 현저성을 기초로 하여 색채 공간이 구분되는 기준점들을 발견하고자 하였다면, 연구자의 이 작업은 색채 공간의 중첩된 의미 공간 속에서 다른 색들을 포함하는 가장 상위 수준의 색들을 찾는 것이었다. 말하자면, 연구자에게 기초색의 개념은 사용의 현저성이 아니라, '인지적 필요가 주어진 색채 영역을 의사소통하기 위해 반드시 필요하며 그리고 가장 포괄적인 범주'로 더 잘 정의될 것이다. 그리고 이러한 개념을 가진다면, 새로운 기초 범주를 유인하는 원인과 과정을 결정지을 조건들을 다음과 같이 또 추론해 볼 수 있을 것이다. 즉, 해당 색채 영역에 문화 내・외적 요인으로 사회문화적 쓰임새가 증대되면서 범주가 발달하게 된다는 점과, 새로운 범주화가 진행되되 주어진 여건 내에서 가장 효과적으로 그 의미영역을 포괄할 수 있도록[41] 기존의 기초 범주들에 제한을 받으면서 초점과 경계를 형성해 나간다는 것이다. 기존 체계에서 가장 현저한 2차 범주들은 첫 번째 조건을 만족시키지만, 다음 단계에서 기초 범주가 되지 못할 수 있는 것은 두 번째 조건이 충족되지 못해서일 것이다.

본 연구는 민속 지식체계를 발견하려는 인지인류학의 전통적인 접근틀 안에서 색채 영역의 민속의미론을 적절히 기술할 수 있는 개념과 방법 그리고 분석 도구를 구체적으로 제안한 것이었다. 한국의 색채 구분체계와 그것의 발달 과정에 대한 민족지적 연구는 분류법과 성분분석 방법의 유용성을 다시 한번 확인시켜주며, 다른 문화의 색채 민족지들과 함께 색채 범주의 발달에 대한 보편 이론을 보강하고 인간 문화의 보편성과 상대성을 더욱 풍부하게 안내할 것이다.

---

41) 새로운 기초 범주의 형성은 단순히 기초 범주 수의 증가만을 뜻하는 것이 아니라 색채 공간의 보다 많은 영역이 의미를 획득하게 됨을 함축할 것이다. 〈그림 15〉와 〈그림 16〉을 비교해 보면, 인지도가 낮은 영역(음영으로 표시)의 축소, 차갑고(blue, purple) 탁한(brown) 영역의 발달, 잠재적 기초 범주가 기초 범주로 완성될 때 초점들의 명도 단계의 상호 일치성, 고명도 영역의 체계적 사용 등을 확인할 수 있는데, 이는 색채 공간에 대한 인지도의 확장 및 인지 범위의 균형으로 읽혀질 수 있을 것이다. 색채 범주의 변화를 벌린과 케이(1969)의 표현대로 '진화' 혹은 '발달'이라고 할 수 있다면 바로 이러한 의미에서일 것이다.

〈부록: 색채 범주의 성분분석〉

색채 어휘	고연령층	저연령층
흰 색	+흰	+흰
백	+흰	+흰
우 유 빛		+흰
미 백 색		+흰
검 정	+검	+검
흑 색	+검	+검
회 색	+검+흰=흰	+검+흰=흰
그레이색		+검+흰=흰
은 색	+검+흰<흰(광택)	+검+흰<흰(광택)←흰
은 백 색		+검+흰<흰(광택)→흰
은 회 색		+검+흰<흰(광택)←흰
쥐 색	+검+흰>흰→흰	+검+흰>흰→흰
재 색	+검+흰>흰←흰	+검+흰>흰←흰
빨 강	+빨	+빨
꼭 두 색	+빨	+빨
앵 두 색	+빨	+빨
장 미 색	+빨	+빨
방울토마토색	+빨	
단 풍 색	+빨	
검붉은색		+빨+검/
흑장미색	+빨+검←검←검	+빨+검
분 홍	+빨+흰=흰	+빨+흰=흰
핑 크	+빨+흰=흰	+빨+흰=흰
진달래꽃색	+빨+흰=흰	
산 호 색		+빨+흰=흰
홍 매 색		+빨+흰>흰
연 꽃 색	+빨+흰>흰	
진 홍 색		+빨+흰>흰
주 황	+빨+흰+노=노	+빨+노=노
주 홍	+빨+흰+노>노	+빨+노>노→노
다 홍		+빨+노>노←노
오렌지색	+빨+흰+노<노←노	+빨+노<노←노
감 색	+빨+흰+노=노	+빨+노=노
기 명 색	+빨+흰+노<노←노	
호 박 색	+빨+흰+노=노	+빨+노=노
귤 색	+빨+흰+노<노→노	+빨+노<노→노
살 색	+빨+흰+노+흰	+빨+노+흰
살 구 색	+빨+흰+노+흰	+빨+노+흰
노 랑	+노	+노
개나리색	+노	+노+검←검
참 외 색	+노	
병아리색		+노+흰→흰←흰
계 란 색	+노+흰	
레 몬 색		+노+흰→흰(환함)←흰

색채 어휘	고연령층	저연령층
상 아 색		+노+흰←흰→흰
아이보리색	+노+흰	+노+흰→흰→흰
베이지색	+노+흰	+노+흰←흰←흰
미　 색	+노+흰	+노+흰→흰→흰
금　 색	+노+검←검	+노+검→검←검
황 금 색	+노+검←검	+노+검→검→검←검
구 리 빛	+노+검←검	
황　 색	+노+검←검	+노+검→검→검→검
누 른 색	+노+검←검	+노+검→검→검→검
소　 색	+노+검←검	
겨 자 색	+노+검←검	
황 토 색	+노+검→검(+빨)	+갈+노 혹은 (+노+빨+검)→노
흙　 색	+노+검→검	+갈+노 혹은 (+노+빨+검)→노
땅　 색	+노+검→검	+갈+노 혹은 (+노+빨+검)→노
똥　 색	+노+검→검	+갈+노 혹은 (+노+빨+검)→노
짚　 색		+갈+노 혹은 (+노+빨+검)→노
황 갈 색		+갈+노 혹은 (+노+빨+검)→노
송 화 색	+노+파(초) 혹은 +파(초)+노<노→노→노	
노랑연두		+노+녹 혹은 +녹+노<노
파　 랑	+파	+파
하 늘 색	+파(하)	+파+흰=흰
남　 색	+파(하)+검←검→검	+파+검=검
곤　 색	+파(하)+검→검	+파+검<검
청　 색	+파(하)+검←검←검	+파+검>검
북 청 색	+파(하)+검←검←검	
잉 크 색	+파(하)+검←검→검	
검푸른색	+파+검/	+파+검/
바 다 색		+파+검>검
군 청 색		+파+검>검
감 청 색		+파+검<검
코발트(블루)색		+파
블루블랙		+파+검<검
비둘기색	+파(하)+흰<흰(탁)	+파+흰<흰(탁)
소 라 색	+파(하)+흰=흰	+파+흰=흰
청 회 색		+파+흰<흰(탁)
물　 색		+파+흰<흰(명)
옥　 색	+파+흰	+녹+흰 그리고 +파+흰
양 오 색	+파+흰	
에메랄드(그린)색		+녹+흰
청 록 색		+녹+파
초　 록	+파(초)	+녹+검←검
녹　 색	+파(초)+노>노	+녹
코발트녹색		+녹

색채 어휘	고연령층	저연령층
수 박 색	+파(초)+검	+녹+검→검
연 두 색	+파(초)+노=노	+녹+노=노
배 추 색	+파(초)+노<노←노	
은 행 색	+파(초)+노<노→노	
풀 색	+파(초)	+녹+노=노+검(탁)?=검(탁)?
녹 두 색	+파(초)+노=노+검(탁)?	+녹+노=노+검(탁)?>검(탁)?
국 방 색	+빨+검→검(혹은 +노)<검+파(초)?	+녹+노=노+검(탁)+빨? 혹은 +녹+갈?
쑥 색	+파(초)+노>노+검(탁)?	+녹+노=노+검(탁)?<검(탁)?
카 키 색		+녹+노=노+검(탁)+빨? 혹은 +녹+갈?
보 라 색	+파(하)+검+빨?→빨?	+보 혹은 (+파+빨)=빨
남 보 라		+보+파 혹은 (+파+빨)>빨
붉은보라		+보+빨>빨 혹은 (+파+빨)<빨
자 주 색	+빨+검←검←검	+보+빨=빨 혹은 (+파+빨)+빨=빨
자 두 색	+빨+검←검←검	
팥 죽 색	+빨+검←검←검	
팥 색	+빨+검←검←검	
대 추 색	+빨+검←검←검	
검은자주	+빨+검←검→검	
연 지 색		+보+빨<빨 혹은 (+파+빨)+빨<빨
가 지 색	+파(하)+검+빨?←빨?	+보+파 혹은 (+파+빨)>빨
포 도 색	+파(하)+검+빨?←빨?	+보 혹은 (+파+빨)=빨
나팔꽃색		+보 혹은 (+파+빨)=빨
도라지꽃색	+파(하)+검+빨?←빨?+흰	
포도주색		+보+빨=빨 혹은 (+파+빨)+빨=빨
와 인 색		+보+빨=빨 혹은 (+파+빨)+빨=빨
갈 색	+빨+검→검(혹은 +노)>검→검(=←빨)	+갈 혹은 (+노+빨+검)
적 갈 색		+갈+빨→빨 혹은 (+노+빨+검)→빨→빨
붉은갈색		+갈+빨→빨 혹은 (+노+빨+검)→빨→빨
벽 돌 색	+빨+검→검(혹은 +노)>검←검(=→빨)	+갈+빨←빨 혹은 (+노+빨+검)→빨←빨
흑 갈 색		+갈+검=검 혹은 (+노+빨+검)→검→검
밤 색	+빨+검→검(혹은 +노)=검	+갈+검>검 혹은 (+노+빨+검)→검←검
고 동 색	+빨+검→검(혹은 +노)<검	+갈+검=검 혹은 (+노+빨+검)→검→검
커 피 색	+빨+검→검(혹은 +노)<검	+갈+검=검 혹은 (+노+빨+검)→검→검
나 무 색	+빨+검→검(혹은 +노)<검(바램)	+갈+검=검(바램) 혹은 (+노+빨+검)→검→검(바램)

√참고문헌

김선희, 1999, "한국의 색채 범주 구분법에 대한 민족지적 연구," 서울대학교 인류학과 석사학위논문.

______ 2000, "한국 색채 범주 체계의 세대간 차이와 구분법의 발달 과정에 대한 연구," 『한국색채학회 논문집』 14(2): 83-104.

김영선, 1998, "한국어 기본 색이름과 색채공간 표상영역," 고려대학교 심리학과 박사학위논문.

김용숙, 1991, "문헌을 통해 본 전통 색채명," 『한국 전통 표준 색명 및 색상-1차 시안』, 과천: 국립현대미술관.

박은주 편저, 1989, 『색채 조형의 기초』, 서울: 미진사.

왕한석, 1992, "한국 친족호칭체계의 의미기술," 『한국문화인류학』 24: 139-193.

______ 1996a, "언어・사회・문화: 언어 인류학의 주요 조류," 『사회언어학』 4(1): 3-50.

______ 1996b, "제주 사회에서의 조 및 관련 명칭에 대한 일 연구," 『한국문화인류학』 29(2): 341-360.

한국공업표준심의, 1991[1964], "한국공업규격 물체색의 색이름(KS A 0011)," 공업진흥청.

KBS한국색채연구소, 1991, 『우리말 색이름 사전』, 서울: KBS문화사업단.

Archiband, John, 1989, "A Lexical Model of Color Space," in Corrigan, Eckman, and Noonan (eds.), *Linguistic Categorization* (Amsterdam Studies in the Theory and History of Linguistic Science, ser. 4 Current Issues in Linguistic Theory vol. 61), Amsterdam and Philadelphia: John Benjamins Publishing Company, pp. 31-53.

Berlin, Brent and Paul Kay, 1969, *Basic Color Terms*, Berkeley: University of California Press.

Berlin, Brent and Elois Ann Berlin, 1975, "Aguaruna Color Categories," *American Ethnologist* 2(1): 61-87.

Burgess, Kempton and R. Maclaury, 1983, "Tarahumara Color Modifiers: Category Structure Presaging Evolutionary Change," *American Ethnologist* 10(1): 133-149.

Casson, Ronald W. (ed.), 1981, *Language, Culture, And Cognition: Anthropological Perspectives*, New York: Macmillan Publishing Co.

Conklin, Harold C., 1955, "Hanunoo Color Categories," *Southwestern Journal of Anthropology* 11: 339-344.

Davies, Ian R. L. and Greville G. Corbett, 1994, "A Statistical Approach to Determining Basic Color Terms: An Account of Xhosa," *Journal of Linguistic Anthropology* 4(2): 175-193.

Davies, I. R. L., C. Macdermid, G. G. Corbett, H. Mcgurk, D. Jerrett, T. Jerrett and P. Sowden, 1992, "Color Terms in Setswana: A Linguistic And Perceptual Approach,"

Linguistics 30(6): 1065-1103.

Ember, Melvin, 1978, "Size of Color Lexicon: Interaction of Cultural and Biological Factors," *American Anthropologist* 80: 364-367.

Frake, Charles O., 1962, "The Ethnographic Study of Cognitive Systems," in Anwar S. Dil (ed.), *Language and Cultural Description: Essays by Charles O. Frake*, 1980, Stanford: Stanford University Press, pp. 1-17.

Furbee, N. Louanna, Kelly Maynard, J. Jerome Smith, Robert A. Benfer Jr., Sarah Quick and Larry Rose, 1996, "The Emergence of Color Cognition from Color Perception," *Journal of Linguistic Anthropology* 6(2): 223-240.

Goodenough, Ward H., 1956, "Componential Analysis and the Study of Meaning," *Language* 32(1): 195-216.

_______ 1972[1967], "Componential Analysis," in James P. Spradley (ed.), *Culture and Cognition: Rules, Maps, and Plans*, Prospect Heights: Waveland Press, pp. 327-343.

Hage, Per and Kristen Hawkes, 1975, "Binumarien Color Categories," *Ethnology* 24: 287-300.

Heider, Eleanor Rosch, 1972, "Probabilities, Sampling, and Ethnographic Method: The Case of Dani Color Names," *Man* 7(3): 448-466.

Hickerson, N. P., 1980, *Linguistic Anthropology*, Holt, Rinehart and Winston.

Jernudd, B. H. and Geoffrey M. White, 1983, "The Concept of Basic Color Terms: Variability in For and Arabic," *Anthropological Linguistics* 25(1): 61-81.

Kay, Paul, 1975, "Synchronic Variability and Diachronic Change in Basic Color Terms," *Language in Society* 4: 257-270.

Kay, Paul and Chad K. McDaniel, 1978, "The Linguistic Significance of the Meanings of Basic Color Terms," *Language* 54: 610-646.

Kay, Paul, Brent Berlin and Willian Merrifield, 1991, "Biocultural Implications of Systems of Color Naming," *Journal of Linguistic Anthropology* 1(1): 12-25.

Kim, Andrew I., 1985, "Korean Color Terms: An Aspect of Semantic Field and Related Phenomena," *Anthropological Linguistics* 27(4): 425-436.

Lounsbury, Floyd G., 1956, "A Semantic Analysis of the Pawnee Kinship Usage," *Language* 32(1): 158-194.

MacLaury, Robert E., 1987, "Color-Category Evolution and Shuswap Yellow-with-Green," *American Anthropologist* 89: 107-124.

_______ 1991a, "Social and Cognitive motivations of Change: Measuring Variability in Color Semantics," *Language* 67(1): 34-62.

_______ 1991b, "Exotic Color Categories: Linguistic Relativity to What Extent?" *Journal of Linguistic Anthropology* 1(1): 26-51.

_______ 1992, "From Brightness to Hue," *Current Anthropology* 33(2): 137-186.

Maffi, Luisa, 1990, "Somali Color Term Evolution: Grammatical and Semantic Evidence," *Anthropological Linguistics* 32(3/4): 316-334.

Ray, Vern F., 1953, "Human Color Perception and Behavioral Response," *Transactions of the New York Academy of Science* 16(2): 98-105.

Sun, Richard K., 1983, "Perceptual Distances and the Basic Color Term Encoding Sequence," *American Anthropologist* 85(2): 387-391.

Wattenwyl, Andre von and Keinrich Zollinger, 1979, "Color-term Salience and Neurophysiology of Color Vision," *American Anthropologist* 81: 279-288.

4장

'노숙자'의 정체성과 적응 전략: 인지인류학적 접근*

안준희

1. 서 론

한국 사회에서 노숙자 문제가 '사회문제'로서 관심이 모아지고 이에 대한 본격적인 사회적 대응이 이루어진 것은 최근의 일이다. IMF 관리체제 이후 고실업 상태에서 경제생활의 어려움에 대한 관심이 높아졌고, 그 극단적인 형태로서 노숙자의 생활위기에 대한 사회의 이목이 집중된 것이다. 이에 따라 사회복지기관, 각종 종교사회단체, 정부 및 지방자치단체 등 다양한 주체들에 의해 '노숙자를 돕기' 위한 활동들이 전개되었으며, '희망의 집', '자유의 집' 등 노숙자 쉼터 형식의 임시보호시설 설립, 식사 제공, 의료 지원, 취업 알선 등 다양한 대책 및 정책들이 수립, 시행되었다(노숙자 다시서기 지원센터 1998). 이렇게 노숙자는 최근 몇 년 사이 한국 사회에서 경제 위기를 극적으로 표현하는 실례인 동시에 '일탈

* 이 논문은 동일한 제목으로 『비교문화연구』 6(2) (2000, pp. 221-266)에 실렸던 글을 편집상의 수정을 한 것이다.

(deviance)'의 대표적인 유형 중 하나로 인식되었다.

노숙자 문제가 언론과 사회의 주요 관심사가 되면서 노숙자의 특성을 이해하고 이에 대한 대책을 제시하려는 몇몇 실천적인 연구들이 진행되었다(남기철 1998; 보건사회연구원 1998; 서울시 노숙자 다시 서기 지원센터 1998; 심철호 1999; 한국도시연구소 1998, 1999). 그러나 기존의 연구들은 노숙자들의 수나 생활 실태에 관한 통계적인 조사, 노숙자를 양산하는 구조에 관한 논의 등 단편적인 조사와 연구자나 사회전체의 시각에서 노숙자 문제를 바라보는 외부자적 시각의 채택으로 인해, 노숙자에 관한 체계적이고 심층적인 연구가 되기에는 한계를 지니고 있는 것으로 보인다. 이에 본 연구는 노숙자들이 실제 어떤 사람들이며 어떻게 살아가고 있는지에 대한 심층적인 연구, 특히 노숙자들의 세계를 외부자적인 시각이 아닌 그들 자신의 시각에서 기술하고 설명하려는 연구의 필요성에서 출발한다.

노숙자에 관한 심층적인 민족지적 연구를 위해 본 연구에서 구체적으로 채택한 것은 인지인류학적 접근이다. 이는 개별 문화의 성원들이 그들의 세계를 개념화하는 방식에 관한 분석(왕한석 1996: 17)을 주로 하는 인지인류학의 시각과 방법론이 노숙자들의 세계를 그들 자신의 시각에서 이해하려는 본 연구에 유용한 틀을 제공해 줄 것으로 판단되기 때문이다. 노숙자들의 세계를 기술하고 분석함에 있어 가지기 쉬운 오류 중의 하나는 연구자가 속해 있는 사회의 기준에 따라 이들을 미리 판단하고 규정함으로써 이들이 실제로 어떻게 살아가고 있는지, 이들이 중요하게 생각하는 것은 무엇인지 등 노숙자의 삶에서 중요한 부분들을 제대로 보지 못하는 것이다. '내부자적 관점(insider's point of view)'이라는 인지인류학의 기본적인 시각은 '일탈'이나 '도시의 하위문화'의 연구가 가지기 쉬운 이러한 오류, 즉 실재를 분석하는 데 있어서 연구자 자신이나 연구자가 속해 있는 사회가 가지고 있는 지배적인 가치관 및 기준을 개입시키는 문제를 해결할 수 있도록 해줄 것이다. 즉, 해당 문화의 행동 체계를 그 자체의 관점에서 발견하고 기술하려는 에믹(emic)한 접근은, 이들의 세계를 기술하고 분석함에 있어 연구자의 가치관이나 기준을 최대한 배제시킴으로써, 연구자와 같은 물리적 공간 내에서 생활하고 있지만 서로 다른 생활방식과 가치관을 가지고 있는 사람들인 노숙자들의 세계를 있는 그대로 보여줄 것이다.

이러한 맥락에서 본 연구는 친척, 색채, 식물, 질병 등과 같은 특정한 영역의 명칭 체계에 관한 연구가 주를 이루었던 인지인류학의 시각과 방법론(Berlin 1992; Berlin and Kay 1969; Casson 1981; Conklin 1962; Dougherty 1981; Frake 1961, 1969; Goodenough 1956; Tyler 1969)을 노숙자들의 정체성과 생활양식이라는 보다 일반적인 문화현상에 적용하려는 시도이다.[1] 구체적으로는 노숙자들이 자신들의 정체성과 생활양식을 표현하는 데 어떤 용어들을 사용하는지, 그 용어들은 어떤 분류체계를 이루는지, 그리고 분류체계에 내재된 의미 원칙은 무엇인지를 파악하는 작업, 즉 명칭 체계(terminological system)에 대한 의미 분석방법이 주요 틀이 될 것이다. 요약하자면, 본 연구는 기존의 민족지적 연구에 에믹(emic)한 접근과 개념적 세계를 체계적으로 파악하기 위한 언어적 분석이 더해진 것이다.

이러한 기술틀을 가지고 본 연구가 구체적으로 관심을 가지는 것은 다음과 같은 것들이다.

첫째, 노숙자들이 자신들이 누구인지를 규정하는 데, 즉 자신들의 정체성을 표현하는 데 사용하는 여러 용어들을 수집하고 이에 반영된 의미 원칙들(semantic principle)을 살펴봄으로써, 이 하위문화의 구성원들이 자신들을 어떻게 규정하고 바라보는지를 알아본다.

둘째, 노숙자들의 생활세계에서 중요한 부분을 차지하고 있는 영역(domain)인 '얻어먹는 방법'에 대한 의미 분석(semantic analysis)을 통해 그들의 일상적인 생활양식 및 적응 전략에 관해 구체적으로 살펴볼 것이다.

노숙자들의 세계를 그들의 시각에서 이해하고 기술하려는 본 연구의 목적을 위해 연구자에게 요구되는 것은 크게 두 가지였다. 첫째는 노숙자들이 어떻게 살아가고 있는지, 즉 그들의 일상생활에 대한 참여관찰이었으며, 다른 하나는 이들이

---

1) 미국 도시의 노숙자에 관한 스프래들리(Spradley)의 연구인 *You Owe Yourself a Drunk*(1970)는 인지인류학적 시각과 방법론을 일반 민족지 기술에 적용한 대표적인 성공적 연구이다. 스프래들리는 이 연구에서 미국 노숙자 문화의 주요 영역들을 내부자적인 관점에서 기술함으로써 노숙자들을 통제하고 처벌하는 제도들이 어떻게 그들을 이러한 세계로 끌어들이고 그 상태가 지속되도록 하는가를 보여주고 있다.

자신들의 경험을 표현하는 데 사용하는 언어적 표현들의 수집, 분석 작업이었다. 전자는 노숙자의 삶에 관한 민족지적 연구라는 연구의 전반적인 내용을 위해, 후자는 개념적 세계에 대한 언어적 분석이라는 연구의 틀을 위해 필요한 것이었다. 이를 위해 연구자는 1999년 9월 중순부터 노숙자들이 많이 모여서 생활하는 서울역 및 을지로 부근을 중심으로 조사를 시작하였다. 조사는 이들의 일상적인 생활을 관찰하고, 이들이 서로 이야기하는 것을 듣는 것으로부터 시작되었다. 이후 이들의 생활에 대한 보다 체계적이고 심층적인 파악과 이들이 사용하는 언어 자료의 수집을 위해 거리의 노숙자들을 대상으로 면접을 하였으며, 2000년 1월부터 2월까지는 노숙자 보호시설인 '사랑의 집'을 참여관찰하고, 그곳의 입소자들을 대상으로 언어 자료에 대한 수집 및 분석 작업을 하였다.

2. '거지'라는 표현에 나타난 노숙자들의 정체성

노숙자들의 세계를 그들의 시각에서 이해하고 기술하고자 하는 본 연구의 첫 질문은 '노숙자들이 과연 어떤 사람들인가'에 관한 것이다. 이들이 어떤 사람들인지에 관한 이해는 노숙자 문제를 다루는 데 있어 가장 기본적이면서도 주요한 문제라고 할 수 있는데, 이러한 맥락에서 기존의 노숙자 문제에 관한 연구들의 큰 축 중 하나도 이에 관한 것이었다. 노숙자들의 인구학적인 특성, 즉 연령, 학력, 성별, 가족 관계에 관한 기초적인 조사에서부터 면접을 통해 노숙자들을 치료 대상자, 요양 대상자, 재활 대상자, 자활 대상자 등으로 구분하고 각각에 맞는 대책을 세우는 보다 구체적인 연구에 이르기까지 대부분의 노숙자 문제에 관한 연구들은 이들이 어떤 사람들이며, 이들을 어떻게 파악할 것인가에 초점이 맞추어져 있다.

이러한 기존의 연구들을 포함하여, 한국 사회의 노숙자의 정체성에 관한 이해는 크게 세 가지 시각에 의존하고 있는 것으로 정리될 수 있다. 첫째, 일반인들이 노숙자들을 바라보는 시각인 대중적 모델(popular identity)[2)]이다. 이는 노숙자들에 대한 고정관념(stereotype)으로, 노숙자들을 불결하고, 게으르며, 항상 술에 취해 있는 위험한 존재로 간주하는 경우이다. 둘째, 정신질환이나 약물 중독 등 정신건강이라는 측면에 초점을 맞추는 의료적 모델이다. 의료적 모델은 노숙자들을 질병, 주로 정신질환이나 알코올 중독에 기반하여 정의하며, 이때 이들에게 부여되는 정체성은 '알코올 중독자'나 '정신병자'이다. 노숙과 알코올 중독 혹은 정신질환 사이의 관계에 관한 연구에서부터 노숙자들의 재활을 위한 알코올 중독 치료 프로그램의 개발, 노숙자들을 '미친 사람', '술주정뱅이', '알코올 중독자' 등으로 바라보는 일반인들의 인식에 이르기까지 모두 이 의료적 모델을 기반으로 하는 경우이다. 셋째, 행정적 혹은 정책적 차원에서 이들의 정체성을 규정하는 행정적, 정책적 모델이다. 이는 노숙자에 대한 실질적인 대책을 세우기 위한 일환으로 이들이 어떤 사람들인가에 관심을 가지는 경우로, 노숙자들을 몇 가지 기준에 따라 정의하고 분류한 후, 이에 맞는 대책을 수립하는 과정에서 부여되는 정체성이다.

대중적, 의료적, 행정적/정책적 모델은 그 접근 방식에 있어 각기 차이가 있으나, 노숙자들의 정체성을 규정하는 데 있어 모두 외부적인 기준들(external criteria)을 사용하고 있다는 점에서는 동일하다. 따라서 이러한 접근들은 노숙자들이 자신들을 어떻게 정의하고 규정하는지에 관한 것이라기보다는 한국 사회가 일반적으로 이들을 어떻게 바라보고 규정하는지에 관한 것이다. 이러한 외부자적 기준에 기반한 논의들은 그 나름대로 유용성과 장점을 가진다. 예를 들어, 최근 노숙자를 '부랑인'과 '실직노숙자'로 구분하고 전자에게는 과거와 동일한 수용 보호를 후자에게는 공공근로나 취업 기회의 알선과 귀가 종용이라는 접근을 하고 있는 것은, 이 구분에 대한 여러 논란에도 불구하고 정책적인 대책의 수립을 위해서는 필요한 개념일 수 있다. 노숙자들에게 '알코올 중독자', '정신병자'라는 정체성을 부여하는 의료적 모델도 이들을 자활시킬 수 있는 프로그램이나 정책의 개발을 위해

2) 스프래들리(1970: 66)는 미국 노숙자들에 관한 연구에서 노숙자들을 규정하고 이해하고자 하는 대부분의 시도들이 대중적 정체성(popular identity), 의료적 정체성(medical identity), 법률적 정체성(legal identity), 사회학적 정체성(sociological identity)이라는 네 가지 모델에 의존하고 있다고 분석한다. 본 연구에서 사용하는 대중적 정체성과 의료적 정체성은 스프래들리의 이 모델을 기반으로 한 것이다.

서는 유용한 개념으로 사용될 수 있다. 그러나 이러한 외부적인 기준에 기반한 접근들은 한국 사회의 일반인들이 이들을 어떻게 바라보는지를 보여줄 수는 있지만, 이 문화의 구성원들인 노숙자들이 자신들을 어떻게 바라보고 규정하는가에 관해서는 아무런 정보도 제공해 주지 않는다. 또한 외부적인 기준에서 노숙자들을 미리 규정함으로써 이들이 실제로 어떤 사람들인지에 대해 제대로 접근하지 못하는 한계도 지닌다. 같은 맥락에서 외부적인 기준의 사용은, 한국 사회의 지배적인 규범이나 가치관에서 이들을 판단하기 때문에, 종종 이들에 대한 오해나 선입견을 가중시키기도 한다.

이들이 누구인가에 관한 진정한 이해는 이러한 기존의 외부자적인 시각과 내부자적인 시각이 모두 수렴되었을 때 가능할 것인데, 이 중 본 연구는 내부자적인 시각, 즉 이들이 자신들을 어떻게 규정하고 바라보는가에 관심을 가진다. 구체적으로는 노숙자들이 자신들을 규정하는 데 어떤 표현들을 사용하고 있는지, 그리고 그들 자신들은 서로를 어떻게 구분지으며, 그 구분 기준은 무엇인지에 관한 것이다. 이러한 관심은 기존의 외부자적 시각이 미처 보여주지 못한 노숙자들의 정체성을 파악할 수 있도록 해 줄 것이며, 그렇게 함으로써 노숙자들이 어떤 사람들인지에 대해 보다 심층적으로 접근하도록 해 줄 것이다. 더 나아가 이는 노숙자들의 정체성에 관한 파악뿐만 아니라 이들이 어떻게 살아가고 있는지, 즉 이들의 생활양식에 관한 정보들도 제공해 줄 것이다.

1) '거지'라는 정체성

노숙자들이 어떤 사람들인지를 그들의 관점에서 이해하고자 하는 본 연구에서 가장 먼저 드러나는 사실은 소위 '노숙자'라고 불리는 본 연구의 대상들이 그들 스스로를 노숙자로 부르지는 않는다는 것이다. 즉, 외부인들이 이 집단의 구성원들을 흔히 '노숙자'라고 부르는 것과는 달리, 이들은 자신들을 '노숙자'라고 부르지 않는다. 물론, 이들도 '노숙자'라는 용어를 알고 있으며, 이 외에 자신들을 가리키는 용어로 사용되는 '부랑자', '알코올 중독자', '정신병자'라는 표현들, 그리고 이에 반영된 사회적인 이미지들도 알고 있지만, 자신들 스스로를 가리키는 데는 이러한 용어들을 사용하지 않는다.

대신 이들이 자신들을 가리키는 표현으로 사용하는 것은 '거지' 혹은 '얻어먹는 사람'이라는 용어이다. 조사 대상의 대부분은 최근 언론이나 사회에서 자신들에게 관심을 갖게 되면서 '노숙자' 혹은 '홈리스'라는 용어를 알게 되었지, 자신들은 그냥 '얻어먹는 사람' 혹은 '거지'일 뿐이라고 이야기한다. 이들이 자신들을 '얻어먹는 사람' 혹은 '거지'라는 용어로 표현하고 있음은 여러 가지 점들에 의해 뒷받침되는데, 그 중 대표적인 것은 이들이 '노숙자 다시서기 지원센터'[3]나 '노숙자 수첩'[4]을 부르는 방식이다. 이들은 '노숙자'라는 용어 대신 '거지' 혹은 '걸뱅이'라는 단어를 사용하여 '노숙자 다시서기 지원센터'를 '거지 본부', '노숙자 수첩'을 '거지 수첩' 혹은 '걸뱅이 수첩'이라고 부르고 있었는데, 이는 이들이 자신들을 '노숙자'라기 보다는 '거지' 혹은 '걸뱅이'로 바라보고 있다는 점을 뒷받침해주는 부분이다. 노숙자들이 이렇게 자신들의 정체성을 '거지' 혹은 '얻어먹는 사람'이라고 규정한다는 것이 무엇을 의미하는지를 살펴보기 위한 첫 단계로 본 연구에서 관심을 가지는 것은 이들이 '거지'라는 단어를 어떻게 설명하는지를 살펴보는 것이다. 즉, 노숙자들이 '거지'를 설명하는 진술(descriptive statement)을 끌어냄으로써 이들에게 '거지' 혹은 '얻어먹는 사람'이 된다는 것이 어떤 의미를 지니는지를 살펴보고자 하는 것이다.

조사 결과, 노숙자들이 '거지' 혹은 '얻어먹는 사람'이라는 단어를 정의하는 방식은 매우 다양하게 나타났다. 어떤 사람들은 '거지란 한 군데 붙어있지 않고 여기저기 돌아다니면서 빌어먹는 사람들'이라고 이야기하고, 또 다른 사람들은 '먹을 것이 없는 사람', 혹은 '가족이 없고 의지할 곳이 없는 사람'이라고 이야기하였

3) '노숙자 다시서기 지원센터'는 서울시 노숙자 사업 총괄 단체로 노숙자 시설인 '자유의 집'과 서울 시내 104개의 '희망의 집'을 운영하고 노숙자들에게 의료지원이나 자활 및 취업 정보를 제공하는 곳이다.

4) '노숙자 수첩'은 노숙자 다시서기 지원센터에서 노숙자들을 대상으로 발급하는 수첩으로, 서울시는 이 수첩을 소지하고 있는 사람들에게 의료나 공공 근로 등 서울시 노숙자 사업에서 노숙자들을 대상으로 하는 여러 서비스들을 제공한다.

다. 그러나 이러한 다양한 진술들에서 가장 빈번히 그리고 공통적으로 보이는 특징은 '거지란 여기저기를 돌아다니면서 꼬지[5]를 해서 밥은 얻어먹는 사람'이라는 것이었다. 즉, 이들이 자신들 또는 어떤 사람들을 '거지'라고 규정할 때 사용하는 기준은 '구걸을 한다'는 것, 또는 '밥을 얻어먹는다'는 것이었다. 이렇게 노숙자들이 자신들을 규정할 때 사용하는 기준은 외부인들의 그것과는 매우 상이한 것으로 나타났다. 외부인들은 이들을 '노숙자', '알코올 중독자', '부랑인' 등으로 규정하며, 이 때 사용되는 일차적인 기준은 '길거리에서 잔다는 것', '일을 하지 않는다는 것' 그리고 '항상 술에 취해 있다는 것' 등이다. 이와 달리 노숙자들이 '거지'라는 용어를 정의하는 방식은 이들이 자신들을 '꼬지를 하러 다니는 사람' 혹은 '밥을 얻어먹으러 다니는 사람'으로 인식하고 있음을 보여준다.

2) '거지'의 영역에 대한 의미 분석

위에서는 이 하위문화의 구성원들이 '거지'라는 용어를 어떻게 정의하고 있는지를 살펴봄으로써 이들이 자신들을 어떻게 바라보고 있는지, 그리고 '거지'가 대체로 어떤 사람들인지를 파악하고자 하였다. 이러한 대략적인 개념 파악을 넘어서서 그들이 보다 구체적으로 어떤 사람들이며, 어떤 생활 방식을 가지고 있는 사람들인지는 이 용어에 대한 '민속분류법(folk taxonomy)'[6]과 '성분분석(componential analysis)'[7]을 통해 보다 잘 밝혀질 수 있을 것이다. '민속분류법'과 '성분분석'이

---

5) '꼬지'란 노숙자들 사이에서 '구걸'이라는 의미로 사용되는 용어이다. 이에 관해서는 '얻어먹는 방법'에 관한 분석인 다음 절에서 자세히 다루어질 것이다.

6) 민속분류법은 크게 두 가지 의미로 사용되는데, 일반적으로는 모든 민속 구분 체계를 지칭하며, 좁은 의미에서는 종류 혹은 포함 관계에 기반한 구분체계를 일컫는다(Casson 1981: 76). 따라서 좁은 의미에서의 민속분류법은 개별 명칭들의 위계적 배열로, 위계상 상위 단계의 한 명칭이 그 다음 하위 단계의 모든 명칭들을 포함하는 관계를 뜻한다(왕한석 1996: 20).

7) 성분분석은 분류체계를 이루는 개별 명칭들 간의 의미 차이를 결정, 분석하는 방법을 일컫는다. 이러한 성분분석을 통해 인지인류학자들은 각각의 용어가 사용되는 조건들을 구체화하고, 특정한 항목에 대해서 어떤 용어를 사용할 것인가에 대한 해당 언어사용자의 기준을 이해하고자 한다(Burling 1969).

라는 두 가지 분석법은 특정 용어에 포함되는 여러 하위 범주들의 구분체계를 보여주고, 이 범주들간의 의미 차이를 만들어내는 내적 원칙을 밝혀냄으로써, 이 용어가 구체적으로 의미하는 바를 보다 정확히 파악할 수 있도록 해준다. 따라서 이 하위문화의 구성원들이 '거지'라는 정체성을 갖게 된다는 것이 무엇을 의미하는지는 이 용어에 대한 의미 분석(semantic analysis)을 통해 더욱 명확해질 것이다.

조사 결과, 이들이 자신들을 표현하는 데 사용하는 '거지' 혹은 '얻어먹는 사람'이라는 용어는 여러 종류의 사람들을 포함하는 표제어(cover term)인 것으로 나타났다. 이와 함께 이러한 다양한 종류의 '거지'들을 지시하는 독특한 표현들도 발달되어 있었는데, 이는 구체적으로 '떼지', '서울역 떼지', '영등포 떼지', '삐끼', '양아치', '꽃제비', '붙박이', '철새', '꽃지', '노숙자'의 열 가지이다. 이 때, '거지'라는 의미 영역(semantic domain)을 구성하고 있는 이 다양한 하위 범주들은 서로 일정한 관계를 가지고 있는데, 〈표 1〉의 '거지'의 분류법은 다양한 '거지'의 종류들이 서로 어떤 관계를 지니고 있는지를 보여준다.

〈표 1〉 '거지'의 분류법

거지 (얻어먹는 사람)							
떼지		삐끼		붙박이	철새	꽃지	노숙자
서울역떼지	영등포떼지	양아치	꽃제비				

〈표 1〉에 나타나듯, 이 하위문화의 정체성을 구성하는 의미 영역인 '거지'는 일차적으로 '떼지', '삐끼', '붙박이', '철새', '꽃지', '노숙자'라는 여섯 부류의 사람들로 구성된다. 즉, 이 하위문화의 구성원들은 서로를 일차적으로 여섯 가지 범주로 구분하고 있는 것이다. 이 중 '떼지'와 '삐끼'라는 범주는 다시 각각 '서울역 떼지'와 '영등포 떼지', '양아치'와 '꽃제비'라는 하위 범주로 구성된다.

이러한 거지에 관한 분류법은 거지라는 의미 영역에 여러 종류의 사람들이 포함된다는 것과 함께 이들이 서로를 어떻게 구분, 분류하고 있는지를 보여준다. 그러나 이러한 분류법을 통해서는 각 하위 범주를 표현하는 용어가 어떤 의미를 지니며, 이들이 서로를 어떤 기준에 따라 구분하는지에 관해서는 알 수 없다. 이러한 점들은 '거지'의 의미 영역에 대한 '성분 분석'을 통해 명확히 밝혀지는데, 이들이 서로를 어떤 기준에 따라 구분하는지, 좀 더 구체적으로는 이들이 각 하위범주들을 이루는 여러 속성들 중 어떤 것들을 서로를 구분하는 중요한 의미 기준으로 사용하는지를 살펴보기 위해서는 '삼항 구분작업(triadic sorting task)'을 하였다. 즉, 조사 대상자들에게 서로 다른 세 종류의 '거지'들 중 어떤 두 가지가 상대적으로 유사한지를 선택하도록 하고 그렇게 구분하는 기준들을 조사하는 것이다. 이러한 과정을 통해 이 하위문화의 구성원들이 서로를 분류하고 구분하는 기준으로 발견된 의미 원칙은 '성별', '이동성', '주요 소득원(얻어먹는 방법)', '집단 구성 여부', '지내는 장소', '노숙기간'의 여섯 가지였다. 각 하위 범주들을 구분하는 대조의 차원들(dimension of contrast)은 구체적으로 〈표 2〉와 같다.

〈표 2〉 '거지'를 구성하는 대조의 차원

1.0 성별 1.1 남성 1.2 여성 2.0 이동성 2.1 있음 2.2 없음 3.0 주요 소득원 3.1 꼬지(구걸) 3.2 매춘 3.3 노가다(인력) 3.4 삐끼질	4.0 집단구성여부 4.1 구성함 4.2 구성안함 5.0 지내는 장소 5.1 한 지역 5.2 여러 지역 6.0 노숙기간 6.1 장기간 6.2 단기간

각 대조의 차원들을 간략히 설명하자면, '이동성(2.0)'은 여기저기 옮겨 다니는 생활을 하는지의 여부로, 이동성이 있다(2.1)는 것은 하루 종일 이곳저곳을 돌아다니는 단기적인 이동성에서부터 계절에 따라 여러 곳을 옮겨 다니는 장기적인 이동성까지 모두를 포함한다. 그리고 이 때 이동성이라는 것은 엄격한 의미에서는 상대적인 이동성이다. 따라서 이동성이 없다(2.2)는 것은 전혀 이동을 하지 않는다는 것이라기보다는 다른 사람들에 비해 상대적으로 적게 옮겨 다닌다는 것을 의미한다. 다음으로, '주요 소득원(3.0)'[8]은 이들이 어떻게 소득을 얻고 생계를 이어가는지에 관한 것이다. 이 중 '꼬지(3.1)'는 구걸을 통해 돈, 음식, 옷 등을 얻는 것, '매춘(3.2)'은 여성 노숙자들이 다른 노숙자나 일반인들을 대상으로 매춘을 통해 돈을 버는 것, '노가다(3.3)'는 인력 시장을 통해 돈을 버는 것, '삐끼질(3.4)'은 다른 노숙자들을 괴롭히거나 이용하여 수입을 얻는 것을 뜻한다. '집단 구성 여부(4.0)'는 집단을 이루어서 생활을 하는지의 여부로, 이 때 집단의 크기는 대체로 10-15명 가량이다. '지내는 장소(5.0)'는 이들이 주로 생활하는 장소에 관한 것으로, '한 지역(5.1)'이란 일정 지역 내에서 생활하는 것을 뜻하며, 이에 반해 '여러 지역(5.2)'은 정해진 지역 없이 전국을 돌아다니면서 생활하는 것을 의미한다. 마지막으로 '노숙 기간(6.0)'은 노숙 생활을 시작한지 얼마만큼이 되었는지에 관한 것이다. 이 때 '장기간(6.1)'과 '단기간(6.2)'을 구분하는 엄격한 기준이 있는 것은 아니며, 이 또한 상대적인 의미의 기간이다.

〈표 3〉 '거지'에 대한 성분분석

	1.0	2.0	3.0	4.0	5.0	6.0
떼지	1.1	2.1	3.1	4.1	5.1	6.1
삐끼	1.1/1.2	2.2	3.4	4.1	5.1	6.1
붙박이	1.1	2.2	3.1	4.2	5.1	6.1
철새	1.1	2.1	3.1	4.2	5.2	6.1
꽃지	1.2	2.2	3.2	4.2	5.1	6.1/6.2
노숙자	1.1	2.1	3.3	4.2	5.1	6.2

8) 주요 소득원이라는 부분은 전체조사를 통해 노숙자들에게 '얻어먹는 방법'이라는 하나의 중요한 의미영역으로 자리잡고 있음이 밝혀졌다. 이에 관한 자세한 언급은 다음 절에서 이루어질 것이므로, 여기서는 '꼬지', '매춘', '노가다', '삐끼질'이라는 것이 지니는 의미만을 간략히 언급하도록 하겠다.

이러한 여섯 가지 대조의 차원들에 따라 '거지'라는 의미 영역을 구성하는 각 하위 범주들은 〈표 3〉과 같이 분석된다.

이 성분 분석 결과에 따라 서로 다른 종류의 '거지'들이 구체적으로 어떤 사람들인지, 즉 이들의 세계에서 각 범주의 '거지'들이 어떤 의미를 지니는지를 살펴보자면, 우선 '떼지'는 남성노숙자(1.1)로 다른 사람들에 비해 상대적으로 여러 곳을 돌아다니면서(2.1), 주로 구걸을 통해 생활을 하며(3.1), 여럿이 모여 집단을 구성한다(4.1). 이들은 여러 곳을 돌아다니면서 생활하기는 하지만 그 범위는 주로 한 지역으로 한정되어 있다(5.1). 그리고 노숙 생활을 한 지는 다른 사람들에 비해 상대적으로 긴 편이다(6.1). '삐끼'는 '양아치'인 남성노숙자(1.1)와 '꽃제비'인 여성노숙자(1.2)를 모두 포함하는 범주로, 다른 노숙자들에 비해 상대적으로 이동성이 없으며(2.2), 주로 다른 노숙자들을 괴롭히거나 이용하여 돈을 버는 '삐끼질'이라는 것을 통해 수입을 얻는 사람들이다(3.4). 이들 또한 집단을 이루어서 생활하며(4.1), 주로 한 지역에 머물고(5.1), 노숙기간은 다른 노숙자들에 비해 상대적으로 긴 편이다(6.1). 다음으로 '붙박이'는 남성 노숙자로(1.1), 여기저기 돌아다니지 않고 한 곳에 머물면서(2.2) 구걸을 통해 생계를 이어가는 사람들이다(3.1). 이들은 주로 혼자서 생활을 하며(4.2), 한 지역에서 지내고(5.1), 노숙기간은 다른 노숙자들에 비해 상대적으로 긴 편이다(6.1). '철새' 또한 남성 노숙자로(1.1) 혼자서(4.2) 여러 곳, 특히 전국을 돌아다니면서 (2.1, 5.2) 구걸을 통해 생계를 유지하는 사람들이다(3.1). 이들 또한 노숙 생활을 한 지는 오래된 사람들이다(6.1). '꽃지'는 여성 노숙자를 의미하는데(1.2), 이들은 다른 노숙자들에 비해 상대적으로 이동성이 없으며(2.2), 주로 다른 노숙자나 일반인들을 대상으로 한 매춘을 통해 생계를 유지한다(3.2). 집단을 구성하여 생활하지는 않으며(4.2), 주로 한 지역에 머문다(5.1). 노숙기간은 단기간인 경우도 있고(6.2), 장기간인 경우도 있다(6.1). 마지막으로 '노숙자'는 남성 노숙자들로(1.1) 이들은 여러 곳을 돌아다니면서(2.1), 인력 시장을 통해 공사장 등지에서 일을 해서 생계를 유지한다(3.3). 주로 혼자서 생활을 하며(4.2), 전국을 돌아다니기보다는 한 지역 내에서 생활한다(5.1). 이들은 다른 노숙자들에 비해 상대적으로 노숙한지가 얼마 되지 않은 사람들이다(6.2).

이렇게 '거지'라는 의미 영역에 관한 성분분석은 노숙자들이 자신들을 규정하는 민속(민간)방식을 밝혀냄으로써, 이들의 시각에서 '거지'가 어떤 사람들로 구성되며, 각각의 '거지'들이 구체적으로 어떤 사람들인지를 밝혀준다. 뿐만 아니라, 이를 통해 이들이 어떻게 생활하고 있는지, 즉 이들의 생활양식에 관해서도 부분적으로 보여주었다.

3) '거지' 정체성의 특징

'거지'를 구성하는 하위 범주들을 찾아내고 이 범주들간의 의미 관계를 구성하는 대조의 차원들을 찾아낸 위의 의미 분석 결과는, 이들 정체성의 중요한 특징들을 보여준다. 특히 성분분석 과정에서 밝혀진 대조의 차원들은 노숙자들이 자신들을 규정하는 특징적인 방식들을 보여준다. 이를 구체적으로 살펴보자면, 우선 여섯 가지 대조의 차원들 중 상대적으로 중요한 대조의 차원들은 '이동성(2.0)', '주요 소득원(3.0)', '집단 구성 여부(4.0)'의 세 가지인 것으로 보인다. '성별(1.0)', '지내는 장소(5.0)', '노숙기간(6.0)'의 경우, '성별(1.0)'은 '꽃지'와 나머지 하위 범주들을, '지내는 장소(5.0)'는 '철새'와 나머지 하위범주들을, '노숙기간(6.0)'은 '노숙자'와 나머지 사람들을 구분하기 위해 사용되는 의미 원칙인 반면, '이동성(2.0)', '주요 소득원(3.0)', '집단 구성 여부(4.0)'는 다양한 정체성들을 서로 구분하는 의미 원칙으로 사용되고 있다. 실제 면접과정에서 조사 대상자들이 자신들을 구분하는 데 중요하게 여기는 기준들도 주로 '이동성(2.0)', '주요 소득원(3.0)', '집단 구성 여부(4.0)'였다. 특히 이 세 가지 대조의 차원들은 상호관련성을 가지고 있는 것으로 밝혀졌는데, 이를 좀 더 구체적으로 살펴보면 다음과 같다.

우선 '주요 소득원(3.0)'이라는 의미 원칙은 이 하위문화의 구성원들이 서로를 구분하는 데 사용하는 가장 중요하고 일차적인 기준인 것으로 밝혀졌다. 조사 대상의 대부분은 각 용어들을 설명할 때 어떻게 생계를 이어가는가, 즉 '주요 소득원'이 무엇인가를 일차적으로 언급하였고, 삼항 구분 작업을 하는 데 있어서도 '주요 소득원'이라는 대조의 차원을 가장 먼저 제시하였다. 성분분석에서 이미 살펴보았듯이, 이들에게 '떼지', '붙박이', '철새'는 '꼬지' 즉 구걸을 해서 살아가는 사람들, '꽃지'는 주변의 다른 '거지'들을 대상으로 매춘을 해서 살아가는 여성들, '노숙자'는 주로 부정기적인 노동을 통해 소득을 얻는 사람들, '삐끼'는 이들이 소위 '삐끼질'이라고 하는 것을 통해 살아가는 사람들로 인지되고 있었다. 또 '삐끼'라는 범주가 다시 두 가지 범주로 구분되는 데 있어서도 '양아치'는 주로 다른 노숙자들의 돈을 빼앗거나 '오야지'에게 노숙자들을 소개해주는 일을 하는 사람들, '꽃제비'는 여관, 여인숙, 쪽방 또는 직접 노숙자들에게 '꽃지'를 소개시켜주는 일을 하는 사람들로, '주요 소득원'이라는 의미 원칙이 일차적으로 적용되고 있었다.

여기서 주목할 만한 것은, 이렇게 여러 종류의 '거지'들을 구분하는 중요한 기준으로 사용되고 있는 '주요 소득원(3.0)'이라는 의미 원칙이 '이동성(2.0)', '집단 구성 여부(4.0)'와 밀접한 상호 관련성을 지닌다는 사실이다. 우선 다양한 종류의 '거지'들이 서로 다른 '이동성'을 지니게 되는 것은 서로 다른 소득원, 즉 생계 양식을 가지고 있기 때문이다. 구체적으로 보자면, '떼지'와 '철새'가 다른 노숙자들에 비해 상대적으로 여러 곳을 돌아다니면서 생활하는 것은 구걸을 하기 위해서 길거리, 교회, 절 등 여러 곳을 돌아다녀야 하기 때문이며, '삐끼'가 상대적으로 이동이 적은 것은 다른 노숙자들을 이용하거나 괴롭히는 방법을 통해 소득을 얻는 '삐끼질'을 하기 위해서는 한 곳에 머무는 것이 유리하기 때문이다. '꽃지'가 이동성이 적은 것도 그것이 매춘에 유리하기 때문이다. 즉, 한 곳에 머물면서 남성 노숙자들의 주목을 받게 되면 일일이 찾아다니는 번거로움을 줄일 수 있고, 매춘의 기회도 많아지게 되는 것이다. 마지막으로 '노숙자'들이 이동을 많이 하는 것은 이들의 주요 소득원인 '노가다'가 정기적으로 주어지는 일자리가 아니기 때문으로, 일거리를 찾아 여러 곳을 돌아다녀야 하기 때문이다. 결국 다양한 종류의 '거지'들이 가지는 서로 다른 이동성은 그것이 수입을 얻기 위해 보다 유리한 조건을 제공해주는지의 여부에 따라 결정된다고 할 수 있다.

'집단 구성 여부(4.0)' 또한 '주요 소득원(3.0)'과 밀접히 관련되는데, 노숙자들이 집단을 구성하는 이유, 또는 구성하지 않는 이유는 주로 수입을 얻는 데 용이한지의 여부에 따라 결정된다. 구체적으로 보자면, '떼로 몰려다닌다'는 의미를 가진 '떼지'들이 여럿이 모여다니는 이유는 집단을 이루어서 생활하는 것이 혼자서 생활하는 것보다 구걸을 하거나 밥을 얻어먹는 데 유리하기 때문이다. 여럿이 생활하게 되면 어디서 밥을 얻어먹을 수 있는지, 어떤 급식장소에서 좋은 밥이 나오는지, 돈을 잘 주는 교회가 어디인지, 구걸이 잘 되는 장소가 어디인지 등 생계를 위해 필요한 다양한 정보들을 쉽게 습득하고 공유할 수 있으며, 집단을 이루어서 다니기 때문에 교회에서 구걸을 하거나 무료 급식 장소에서 줄을 서는 데 새치기를 당하지 않는 등 혼자서 생활하는 사람들에 비해 유리한 점이 많다. '삐끼'의 경우는 다른 사람들을 괴롭혀서 돈을 뜯어내는 방식으로 수입을 얻기 때문에, '삐끼질'이라는 것의 성격상 집단을 이루지 않고는 불가능하다. 이에 비해, 주로 한 곳에 앉아서 구걸을 하는 '붙박이'는 여럿이 함께 있을 경우 지나가는 사람들에게 좋지 않은 인상을 주기 때문에 혼자 있는 것이 훨씬 유리하다. '노숙자'의 경우는 이 생활을 시작한지 얼마 되지 않았기 때문에 아직 집단에 참여할 수 없기도 하지만, 주로 '새벽 시장'을 통해 개별적으로 소득을 얻기 때문에 여럿이 모여 다닐 필요가 없는 사람들이기도 하다.

이상에서 살펴보았듯, 다양한 부류의 '거지'들을 구분하는 대조의 차원들 중 상대적으로 중요한 것으로 밝혀진 '이동성(2.0)', '주요 소득원(3.0)', '집단 구성 여부(4.0)'라는 기준들은 서로 관련 있는 대조의 차원들로, 구체적으로는 '주요 소득원(3.0)'이 무엇인가에 따라 '이동성(2.0)'과 '집단 구성 여부(4.0)'가 결정되는 상호 관련성을 가진다. 이를 통해 알 수 있는 사실은 노숙자들이 자신들의 정체성을 규정하는 데 있어 경제적인 적응 전략을 중요한 기준으로 사용하고 있다는 것이다. 즉, 생계를 이어가는 방식이라고 할 수 있는 주요 소득원에 따라 이동성과 집단 구성 여부가 영향을 받는다는 것은 곧 경제적인 적응 전략이 '거지'라는 정체성을 구성하는 주요 기준임을 의미한다. 이는 앞서 '거지'라는 단어를 정의하는 방식에 주목한 결과와 일치하는 부분이다. 결국 이 두 가지 접근은, 외부인들이 이들을 '길거리에서 자는 사람', '정신적으로 문제가 있는 사람' 등으로 규정하는 것과 달리, 이 하위문화의 구성원들은 자신들을 바라보고 규정하는 데 있어 경제적인 적응 전략을 가장 중요한 부분으로 사용하고 있음을 보여준다. 이는 다음 절에서 살펴볼 '얻어먹는 방법'이라는 영역이 노숙자들의 세계를 구성하는 또 다른 중요한 의미 영역을 구성하고 있다는 사실에 의해서 더욱 뚜렷해진다.

3. 노숙자들의 적응 전략: '얻어먹는 방법'

노숙자들은 생활에 필요한 기본적인 욕구를 충족시키고 주위의 환경에 적응하기 위해 다양한 방식의 전략들을 사용한다. 이 중 본 절에서 관심을 가지는 것은 이들이 얻어먹기 위해, 즉 생계를 유지하기 위해 사용하는 다양한 방식의 적응 전략들이다. 노숙자들은 이에 해당되는 적응 전략을 흔히 '얻어먹는 방법'이라고 표현하는데, 이것이 이들의 생활에서 중요한 부분을 차지하고 있음은 여러 가지 점들에 의해 뒷받침된다.

우선, 앞서 살펴본 '거지'라는 영역에 관한 의미 분석은 이 하위문화의 구성원들이 자신들을 바라보는 데 있어 '경제적 적응 전략'이라는 것을 가장 중요한 기준으로 사용하고 있으며, 이와 함께 이 부분이 이들의 생활을 구성하는 주요 부분임을 보여주었다.

다음으로 '경제적인 적응 전략', 이들의 표현을 빌리자면 '얻어먹는 방법'에 관한 이야기가 실제 노숙자들의 일상적인 의사소통의 대부분을 차지하고 있다. 노숙자들이 일상적으로 하는 이야기의 대부분은 오늘 어떤 곳에서 좋은 음식이 나온다거나 어느 교회에서 돈과 돗자리를 나누어 주는지, 어느 장소가 구걸을 하기에 좋은지 등 어디서 어떻게 '얻어먹을' 것인가에 관한 것들이다. 이와 함께 실제 생활에 있어서도 '얻어먹기 위해' 보내는 시간이 일상의 대부분을 차지하고 있다. 이들의 일상생활은 무료 급식을 받아 먹기 위해 줄을 서고, 교회나 사회단체에서 나누어주는 돈이나 옷가지를 받기 위해 그 장소들을 찾아다니고, 구걸을 하기 위해 여러 곳을 돌아다니는 것으로 이루어져 있다. 또한 이들이 노숙 생활을 하면서 가장 먼저 습득하는 지식이나 정보도 이러한 '얻어먹는' 것에 관련된 것들이다. 조사 대상의 대부분은 노숙 생활을 하게 되면서 처음 배운 것이 어떤 곳에 가야 밥을 얻어먹을 수 있는지에 관한 것이라고 이야기하고 있었다. 이들이 한 지역에서 다른 지역으로 장소를 옮길 때, 가장 먼저 습득해야 하는 정보도 '얻어먹는' 것에 관련된 것들이다. 이렇게 얻어먹는 것에 관련된 정보는 이들이 노숙 생활을 하기 위해 가장 먼저 습득해야 하는 지식 중 하나이며, 이에 관한 지식을 습득하게 되면서 점차 노숙 생활에 익숙해지게 된다.

마지막으로, '얻어먹는 방법'을 표현하는 다양한 언어적 표현들이 발달되어 있다. '얻어먹는 방법'에 관한 다양한 표현들이 존재한다는 것은 곧 노숙자들이 '얻어먹기' 위해 다양한 방식의 전략들을 사용하고 있다는 것을 의미하며, 특히 특정 현상에 관한 정보가 의사소통되는 사회적 맥락이 많으면 많을수록, 현상이 범주화되는 대조의 수준도 다양하다(Frake 1961: 199)는 Frake의 가설은 이를 잘 뒷받침해 준다.

이러한 여러 가지 점들에 미루어 볼 때 이 하위문화의 구성원들이 소득을 얻기 위해 사용하는 다양한 방식의 적응 전략, 이들의 표현을 빌리자면 '얻어먹는 방법'은 노숙자들의 세계를 구성하는 중요한 의미 영역이다. 즉, 노숙자들에게 '거지' 혹은 '얻어먹는 사람'으로서 '어떻게 얻어먹을 것인가'의 문제는 매우 중요한 문화적 주제(cultural theme)인 것이다.

1) '얻어먹는 방법'에 관한 분류법

'어떻게 얻어먹을 것인가'의 문제가 노숙자들에게 중요한 문화적 주제인 만큼, 이들이 얻어먹기 위해 사용하는 방법들도 매우 구체적이고 다양하다. 여기서 주목할 만한 사실은 이러한 얻어먹는 방법과 관련된 광범위하고 다양한 지식들이 노숙자들에게 하나의 통일된 범주로 나뉘어 인지되고 있다는 것이다. 즉, 노숙자들은 얻어먹는 방법과 관련하여 매우 체계적인 적응 전략을 가지고 있으며, 이는 특히 그들이 얻어먹는 방법과 관련된 경험들을 표현하는 용어들에 대한 분석을 통해 명확히 드러난다.

우선 노숙자들은 얻어먹는 방법들을 표현하기 위해 매우 다양한 용어들을 사용하고 있는 것으로 나타났다. 이는 특히 일반인들에게는 낯선 표현들이었는데, 구체적으로는 '꼬지', '생꼬지', '짤짤이', '커피꼬지', '담배꼬지', '주차꼬지', '절꼬지', '교회꼬지', '잔치꼬지', '반꼬지', '삐끼질', '대가리', '노가다', '개잡포', '대마치'의 열다섯 가지이다. 일견 이해할 수 없는 '얻어먹는 방법'에 관한 이러한 다양한 표현들은 조사 결과 하나의 통일된 의미 체계를 이루고 있는 것으로 나타났다. 즉, 노숙자들은 다양한 얻어먹는 방법들을 몇 개의 통일된 범주로 나누어서 인지하고 있는 것이다. 다음 〈표 4〉의 '얻어먹는 방법'에 관한 분류법은 '얻어먹는 방법'을 표현하는 다양한 용어들이 서로 어떤 관계를 가지고 있는지를 보여준다.

〈표 4〉 '얻어먹는 방법'의 분류법

<table>
<tr><td colspan="8">꼬지</td><td rowspan="3">삐끼질</td><td rowspan="3">대가리</td><td colspan="2">노가다</td></tr>
<tr><td colspan="4">생꼬지</td><td rowspan="2">절꼬지</td><td rowspan="2">교회꼬지</td><td rowspan="2">잔치꼬지</td><td rowspan="2">반꼬지</td><td rowspan="2">개잡포</td><td rowspan="2">대마치</td></tr>
<tr><td>짤짤이</td><td>커피꼬지</td><td>담배꼬지</td><td>주차꼬지</td></tr>
</table>

분류법에 나타나듯, '얻어먹는 방법'이라는 의미영역을 구성하는 일차적인 하위범주들은 '꼬지', '삐끼질', '대가리', '노가다'의 네 가지이다. 즉, 노숙자들은 다양한 얻어먹는 방법들을 크게 네 가지로 구분하고 있는 것이다. 이 중 구걸을 의미하는 '꼬지'라는 범주는 다시 '생꼬지', '절꼬지', '교회꼬지', '잔치꼬지', '반꼬지'라는 다섯 가지의 하위 범주들로 나뉘며, '생꼬지'는 다시 '짤짤이', '커피꼬지', '담배꼬지', '주차꼬지'의 네 범주로 나뉜다. 일차적인 하위범주인 '노가다'도 다시 '개잡포'와 '대마치'라는 두 가지 하위 범주로 나뉜다.

2) '얻어먹는 방법'에 관한 성분분석

'얻어먹는 방법'에 관한 분류법은 얻어먹는 방법과 관련된 노숙자들의 의미 체계를 보여줌으로써, 외부인들에게 단순히 하나의 구걸 행위로, 혹은 생계를 유지하기 위한 다양한 방법들로 비추어지는 것들이 실제 노숙자들에게 어떻게 인지되어 있는지를 보여주었다. 이러한 대략적인 파악을 넘어서서, 이들이 실제 어떤 방법들을 사용하여 어떻게 얻어먹는지에 관한 보다 구체적이고 체계적인 의미 파악은 다음 단계의 분석인 성분분석 작업을 통해 명확히 밝혀질 것이다. 즉, 분류법에 나타난 다양한 얻어먹는 방법들을 구분하는 기준이 무엇인지를 살펴봄으로써 각 용어가 지니는 속성, 즉 각각의 얻어먹는 방법들이 어떤 것들인지를 보다 구체적으로 파악할 수 있다.

(1) 주요 '얻어먹는 방법'들

분류법에 나타났듯, '얻어먹는 방법'이라는 의미 영역의 첫 번째 하위 범주를 구성하는 것은 '꼬지', '삐끼질', '대가리', '노가다'의 네 가지이다. 조사 결과 노숙자들이 이 네 가지의 주요 얻어먹는 방법들을 구분하는 데 사용하는 기준들은 '얻는 방식', '경찰 단속', '강제성', '옷차림', '대상', '잠자는 장소', '계절', '시설

〈표 5〉 '얻어먹는 방법'을 구성하는 대조의 차원

1.0 얻는 방식 1.1 구걸 1.2 사취 1.3 노동 2.0 경찰 단속 2.1 있음 2.2 없음 3.0 강제성 3.1 있음 3.2 없음 4.0 옷차림 4.1 허름함 4.2 깨끗함	5.0 대상 5.1 노숙자 5.2 일반인 5.3 없음 6.0 잠자는 장소 6.1 쉼터 6.2 여관/여인숙/쪽방 6.3 난장 7.0 계절 7.1 봄/여름/가을 7.2 겨울 7.3 관계없음 8.0 시설 추천 8.1 필요 8.2 불필요

추천'의 여덟 가지인 것으로 나타났으며, 이는 구체적으로 다음의 〈표 5〉와 같다.

이러한 여덟 가지 의미 기준에 따라 노숙자들이 얻어먹는 데 사용하는 중 방법들인 '꼬지', '삐끼질', '대가리', '노가다'는 〈표 6〉과 같이 분석되며, 이를 통해 알 수 있는 노숙자들의 주요 얻어먹는 방법들은 구체적으로 다음과 같다.

〈표 6〉 '얻어먹는 방법'에 대한 성분분석

	1.0	2.0	3.0	4.0	5.0	6.0	7.0	8.0
꼬지	1.1	2.1	3.1	4.1	5.2	6.3	7.3	8.2
삐끼질	1.2	2.1	3.1	4.1	5.1	6.3	7.3	8.2
대가리	1.3	2.2	3.2	4.2	5.3	6.1	7.2	8.1
노가다	1.3	2.2	3.2	4.2	5.3	6.2	7.1	8.2

첫째, 구걸이라는 방식을 통해 수입을 얻는(1.1) '꼬지'는 노숙자들이 얻어먹는 데 사용하는 가장 대표적인 방법이다. 이는 주로 일반인들을 대상으로 하여(5.2), 다소 강제적인 방법을 통해(3.1) 돈이나 음식 등을 얻는 것을 의미하며, 특히 '꼬지'를 하기 위해서는 다양한 전략들이 필요하다. 그 중 대표적인 것은 꼬지가 잘 되는 장소가 어디인지에 관한 정보를 습득하는 것이다. 즉, 어떤 장소가 행인들을 상대로 구걸을 하기에 좋은지, 전국의 어떤 절의 주지가 돈을 잘 주는지, 어떤 교회에 어느 날 목사가 있는지 등에 관한 구체적이고 다양한 정보들을 습득하는 것이다. 이들이 사용하는 또 다른 전략은 허름한 옷차림을 하는 것(4.1)이다. 깨끗한 옷차림을 하고 구걸을 하는 경우 '멀쩡한 사람이 게을러서 다른 사람들한테 빌어먹는다'는 이유로 돈을 잘 주지 않는 반면, 허름한 옷차림을 하게 되면 구걸을 하는 데 유리하기 때문이다. 마지막으로, 이들이 사용하는 또 다른 전략은 자신들을 '실직자'라고 표현하는 것이다. 노숙자들이 이러한 방법을 사용하는 것은 '노숙자'라는 표현에는 게으른 사람, 일하지 않는 사람 등의 의미가 들어 있어 사람들이 돈을 잘 주지 않는 반면, '실직자'라고 자신을 표현할 경우에는 경제위기의 희생자라는 이미지로 인해 사람들이 좀 더 우호적인 태도를 보이기 때문이다. 이러한

'꼬지'는 다른 얻어먹는 방법들에 비해 계절이나 날씨의 제약을 덜 받고(7.3), 시설의 추천도 필요하지 않으며(8.2), 주로 '난장을 칠 때' 즉 길거리에서 잠을 잘 때(6.3) 사용하는 방법이다.

둘째, '삐끼질'은 사취(1.2), 즉 다른 노숙자들(5.1)을 괴롭히거나 이용하여 수입을 얻는 것으로, 앞서 정체성에 관한 부분에서 '거지'의 한 종류로 밝혀진 '삐끼'들이 얻어먹는 데 사용하는 방법이다. 구체적으로는 다른 노숙자들이 구걸한 돈을 억지로 빼앗는 것, 인력 소개소 직원인 '오야지'에게 노숙자 소개료로 일정액을 받는 것, 무료 급식 장소에서 노숙자 줄 세우는 일이나 노숙자를 대상으로 한 설문지를 수거하는 등 노숙자 관련 기관과 연계하여 노숙자를 통제하는 역할을 해 주고 돈을 받는 것, 여관, 여인숙, 쪽방 등에서 여성 노숙자인 '꽃지'들을 소개해주고 돈을 받는 것 등이 이에 해당된다. 이렇게 다른 노숙자들을 괴롭히거나 이용해서 수입을 얻는 것이기 때문에 '삐끼질'은 종종 그 대상이 되는 다른 노숙자, 경찰, 그리고 노숙자 보호 시설의 관계자들과의 갈등을 만든다. 다른 노숙자들을 이용하여 돈을 버는 것이기 때문에 당연히 강제적인 방법을 사용하게 되며(3.1), 동시에 불법적인 방법이기 때문에 경찰의 단속 대상이 된다(2.1). '삐끼질'을 하기 위해서도 '꼬지'의 경우와 마찬가지로 다양한 전략들이 사용되는데, 그 중 대표적인 것은 '허름한 옷차림(4.1)'과 '난장(6.3)'이다. 허름한 옷차림이 '삐끼질'에 유리한 것은 옷차림이 깨끗할 경우에는 노숙자 관련 단체나 '오야지'들이 그들을 노숙자로 믿지 않기 때문이며, '난장을 치는', 즉 길거리에서 자는 이유는 '삐끼질'이 노숙자들을 대상으로 하는 것이기 때문에 노숙자들이 잠자리로 주로 이용하는 길거리에서 잠을 자는 것이 유리하기 때문이다. 이 방법 또한 '꼬지'의 경우와 마찬가지로 날씨나 계절의 제약을 받지는 않으며(7.3), 물론 시설의 추천이 필요하지도 않다(8.2).

셋째, '대가리'는 공공 근로라는 노동을 통해 수입을 얻는 것(1.3)이다. 공공 근로는 실직한 노숙자들에게 재취업의 기회를 줌으로써 이들을 재활시킨다는 목적을 지닌 서울시 노숙자 사업의 한 가지로, 이 때 노숙자들에게 제공되는 공공 근로는 주로 동사무소나 지하철역 등에서 청소를 하거나 쓰레기 분리수거를 하는 일이다. 그러나 공공 근로를 통해 저축을 유도함으로써 정상적인 생활을 할 수 있는 자립의 기반을 마련해준다는 정부의 공식적인 취지와는 달리, 노숙자들에게 공공근로는 대체로 겨울동안(7.2) 추위를 피해 잠시 머무는 노숙자 보호시설인 '쉼터'(6.1)에 있기 위해 지켜야 하는 하나의 규칙에 지나지 않는다. '쉼터'에 머물기 위해 지켜야 하는 몇 가지 규칙들[9]이 있는데, 이 중 하나가 시설의 추천을 받아(8.1) 정부에서 제공하는 공공근로에 참여하는 것이기 때문이다. 따라서 노숙자들이 공공 근로에 참여하는 것은 대개의 경우 일거리가 줄어들고 길거리에서의 생활이 어려워져 쉼터에 머물러야 하는 동절기 동안이며, 이러한 의미에서 노숙자들에게 공공근로는 직업이라기보다는 여러 얻어먹는 방법 중 하나에 불과하다. '꼬지'나 '삐끼질'과는 달리, 정당한 노동의 대가로 돈을 받는 것이기 때문에 다른 사람들에게 강제적인 방법을 사용하는 경우는 아니며(3.2), 따라서 경찰의 단속 대상이 되지도 않는다(2.2). 또한 지하철역이나 동사무소 등 공공 장소에서 일을 해야 하기 때문에 깨끗한 옷차림이 요구된다(4.2).

넷째, '노가다'는 새벽 인력 시장을 통해 공사장에서 일을 함으로써 수입을 얻는 것으로(1.3), 앞서 노숙자의 정체성에 관한 부분에서 살펴본 '거지'의 한 범주인 '노숙자'들이 수입을 얻기 위해 주로 사용하는 방법이다. '노숙자'들이 주로 '노가다'를 통해 소득을 얻는 이유는 이들의 경우 아직 노숙 생활에 익숙하지 않아 '꼬지'나 '삐끼질'에 필요한 정보나 전략들을 습득하지 못하고 있기 때문이다. 따라서 이들에게는 이 하위문화의 구성원들만이 사용하는 방법인 '꼬지', '삐끼질', '대가리'보다는 이들이 이전에 속해 있던 사회에서 주로 사용하던 방법인 '노가다'가 상대적으로 익숙하다. '노가다'를 하게 되면 어느 정도의 수입을 얻을 수 있기 때문에 '여관/여인숙/쪽방'(6.2)에서 잠을 자는 경우가 많으며, '난장을 치는'(6.3) 즉 길거리에서 자는 경우도 이따금씩 있다. 또한 새벽 시장에서 일을 구하기 위해서는 깨끗한 옷차림(4.2)을 하는 것이 유리하다. 따라서 노숙자들은 '노가다'를 하기 위해 '여관/여인숙/쪽방'에서 생활하는 경우 그곳의 욕실에서, 거리에서 생활을

---

9) 쉼터에서 노숙자들이 지켜야 하는 대표적인 규칙에는 음주 삼가, 공공근로 참여, 쉼터의 공식적인 행사나 프로그램에의 참여 등이 있다.

하는 경우에는 공원의 수돗가나 기차역 화장실 등에서 세탁을 한다. '노가다'는 다른 '얻어먹는 방법'들에 비해 상대적으로 날씨나 계절의 제약을 많이 받는 경우로, '노가다'를 통해 수입을 얻는 것은 주로 '봄/여름/가을(7.1)'이다. '대가리'의 경우와 마찬가지로 정당한 노동을 통해 수입을 얻는 것이기 때문에 경찰의 단속(2.2)이나 강제성(3.2)은 전혀 없다.

노숙자들은 자신들의 생계 양식인 얻어먹는 방법을 크게는 이상과 같은 네 가지 범주로 구분한다. 성분분석의 결과에서 나타나듯, 각각의 방법들을 통해 얻어먹기 위해서는 서로 다른 조건과 전략들이 요구되며, 노숙자들은 각 얻어먹는 방법들이 가지고 있는 이러한 속성들을 학습하게 되면서, 얻어먹어야 하는 외부적인 환경에 제대로 적응할 수 있게 된다.

(2) '꼬지'(구걸)의 다양한 방법들

앞서 언급하였듯, 구걸을 의미하는 '꼬지'는 노숙자들이 얻어먹는 데 사용하는 가장 대표적인 방법이다. '꼬지'가 이들의 생활, 특히 얻어먹는 방법에서 중요한 부분을 차지하고 있다는 것은 여러 가지 점들에 의해 뒷받침된다. 우선 앞서 정체성에 관한 부분에서 살펴보았듯, 대부분의 경우 노숙자들은 자신들을 표현하는 용어인 '거지'를 '꼬지를 해서 살아가는 사람들'이라고 정의하였다. 이는 곧 노숙자들이 주로 '꼬지'를 통해 생계를 유지한다는 것을 의미하여, '거지'의 여섯 가지 종류 중 '떼지', '붙박이', '철새'라는 세 부류의 사람들이 '꼬지'를 통해 수입을 얻는 사람들이라는 것 또한 같은 맥락에서 이를 뒷받침해 준다. 다음으로, 노숙자들이 얻어먹는 방법에 관해 가지고 있는 여러 가지 정보나 지식들은 대부분 '꼬지'에 관한 것들이다. 노숙자들은 어떤 장소에서 꼬지를 해야 잘 되는지, 어떤 교회나 절이 돈을 잘 주는지 등 꼬지에 관한 매우 구체적이고 다양한 정보들을 습득하고 있다. 마지막으로, 앞서 '얻어먹는 방법'에 관한 분류법에서 살펴보았듯, '꼬지'는 '생꼬지', '반꼬지', '절꼬지', '교회꼬지', '잔치꼬지', '짤짤이', '커피꼬지', '담배꼬지', '주차꼬지'라는 아홉 가지 하위 범주들을 포함하는 표제어로, '얻어먹는 방법'을 구성하는 다른 하위 범주들인 '대가리', '노가다', '삐끼질'에 비해 상대적으로 많은 하위 범주들을 가지고 있다. 이렇게 구걸을 표현하는 다양한 언어들이 발달되어 있다는 것, 즉 '꼬지'라는 범주가 다양한 하위 범주들을 포함한다는 것은 '꼬지'라는 방법이 이들의 생활에서 다른 주요 얻어먹는 방법들에 비해 상대적으로 중요하다는 것을 의미한다. 이러한 여러 점들에 미루어 볼 때, '꼬지'는 이 하위문화의 구성원들에게 매우 중요한 얻어먹는 방법인 것으로 보인다.

노숙자들의 생활에서 중요한 부분을 차지하고 있는 '꼬지'라는 얻어먹는 방법이 구체적으로 어떤 것이지는 이 영역을 구성하는 다양한 하위범주들의 속성을 찾아내는 성분분석 작업을 통해 명확히 드러날 것이다.

〈표 7〉 '꼬지'를 구성하는 대조의 차원

1.0 장소	4.0 경찰 단속
1.1 길거리	4.1 있음
1.2 지하철	4.2 없음
1.3 자판기앞	
1.4 주차장	5.0 강제성
1.5 식당	5.1 있음
1.6 사무실	5.2 없음
1.7 교회	
1.8 절	6.0 계절
1.9 예식장	6.1 봄/가을
	6.2 겨울
2.0 음주여부	6.3 관계없음
2.1 필요	
2.2 불가	7.0 대상
2.3 관계없음	7.1 행인
	7.2 운전자
3.0 얻는 것	7.3 목사
3.1 동전	7.4 주지
3.2 지폐	7.5 기타
3.3 커피	
3.4 담배	
3.5 옷	
3.6 음식	
3.7 잠자리	
3.8 이불/돗자리	

성분분석 작업의 결과, 노숙자들이 다양한 종류의 '꼬지'들을 구분하는 데 사용하는 기준은 '장소', '음주 여부', '얻는 것', '경찰 단속', '강제성', '계절', '대상'의 일곱 가지인 것으로 밝혀졌다. 이 대조의 차원들은 구체적으로 〈표 7〉과 같다. 일곱 가지 대조의 차원들에 따라 '꼬지'를 구성하는 각 하위 범주들을 분석하면 〈표 8〉과 같다.

이렇게 성분분석을 하면 '꼬지'라는 것이 구체적으로 어떻게 얻어먹는 방법이며 노숙자들은 이를 위해 어떤 방법과 전략들을 사용하는지, 그리고 여러 '꼬지'들 중 왜 특정한 '꼬지'를 선택하게 되는지 등 '꼬지'가 가지고 있는 다양한 속성들

〈표 8〉 '꼬지'에 대한 성분분석

		1.0	2.0	3.0	4.0	5.0	6.0	7.0
생꼬지	짤짤이	1.1 1.2 1.4 1.5 1.6	2.1	3.1	4.1	5.1	6.3	7.1
	커피꼬지	1.3	2.1	3.1 3.3	4.1	5.1	6.2	7.1
	담배꼬지	1.1	2.1	3.4	4.1	5.1	6.3	7.1
	주차꼬지	1.4	2.1	3.1 3.2	4.1	5.1	6.1 6.2	7.2
교회꼬지		1.7	2.2	3.2 3.5 3.6 3.8	4.2	5.2	6.3	7.3
절꼬지		1.8	2.2	3.2 3.5 3.6 3.7	4.2	5.2	6.3	7.4
잔치꼬지		1.9	2.3	3.2 3.6	4.2	5.2	6.3	7.5
반꼬지		1.2 1.5	2.2	3.1 3.2	4.1	5.1	6.3	7.1

을 알 수 있다. 성분분석의 결과에 따라 각 '꼬지'들이 어떤 의미를 지니는지를 구체적으로 살펴보면 다음과 같다.

우선 '생꼬지'는 사람들에게 자신의 처지를 설명하면서 구걸을 하는 것으로, 방법에 있어 다른 방법들에 비해 상대적으로 강제적인 형태를 띤다(5.1). 이러한 특성들로 인해, 노숙자들은 '생꼬지'를 하는 경우에는 술을 마셔야 한다(2.1)고 이야기한다. 모르는 사람들에게 접근하여 비굴한 태도를 취하면서 구걸을 하는 것이 술을 마시지 않고는 불가능하기 때문이다. 그러나 수치심을 없애기 위해서라는 본래의 의도와는 달리, 노숙자들은 생꼬지를 하기 위해 마시는 술로 인해 종종 경찰의 단속을 받게 된다(4.1).

이러한 '생꼬지'에는 '짤짤이', '커피꼬지', '담배꼬지', '주차꼬지'라는 서로 다른 네 종류의 구걸 방식들이 포함되는데, 이를 구체적으로 살펴보자면, '짤짤이'는 길거리(1.1), 지하철(1.2), 주차장(1.4), 식당(1.5), 사무실(1.6) 등지에서 행인들을 대상(7.1)으로 동전을 구걸하는 것을 뜻하며(3.1), 이 방법은 계절의 영향을 받지 않는다(6.3). '커피꼬지'는 커피 자판기 앞에서(1.3) 커피를 뽑아 마시는 사람들을 대상으로(7.1) 자신들의 처지를 설명하면서 커피(3.3)를 뽑아줄 것을 요구하는 것이다(5.1). 이는 주로 커피를 마시는 사람들이 많은 겨울에 사용하는 방법으로(6.2), 노숙자들이 '커피꼬지'를 하는 것은 대개의 경우 커피를 얻어 마시기 위해서라기보다는 사람들이 커피를 뽑아 마시라고 주는 동전(3.1)을 얻기 위해서이다. 사람들이 자판기에 돈을 넣어 주면 이를 다시 빼서 갖는 것이다. '담배꼬지'는 길거리에서(1.1) 지나가는 사람들을 대상으로(7.1) 담배(3.4)를 구걸하는 것이다. '주차꼬지'는 주차장에서(1.4) 주차를 하고 내리는 운전자들을 대상으로(7.2) 동전이나 지폐(3.1, 3.2)를 구걸하는 것이다. 노숙자들이 '주차꼬지'를 하는 계절은 봄, 가을, 겨울(6.1)로, 주차장이 무덥기 때문에 여름은 주차꼬지를 하기에 적당하지 않은 계절이다.

다음으로 '교회꼬지'는 크게 두 가지 형태인데, 하나는 교회(1.7)를 직접 찾아다니면서 목사에게(7.3) 자신들의 처지를 이야기하면서 돈이나 음식, 옷, 이불, 돗자리(3.2, 3.5, 3.6, 3.8) 등을 구걸하는 것이고, 다른 하나는 교회에서 공식적으로 노숙자들을 대상으로 나누어 주는 돈, 음식, 옷, 이불, 돗자리를 받는 것이다. '교회꼬지'는 교회에서 하는 것이기 때문에 술을 마시고는 불가능하며(2.2), 강제성을 띠지도 않고(5.2), 경찰의 단속도 없으며(4.2), 계절의 영향을 받지도 않는다(6.3).

'절꼬지'는 전국의 절(1.8)을 돌아다니면서 주지들에게(7.4) 자신들의 처지를 이야기하고, 그 곳에 머물면서(3.7) 식사도 해결하고(3.6) 나올 때는 돈이나 옷(3.2, 3.5)도 얻는 것을 뜻한다. 교회보다는 숫자가 적고 교통도 불편하다는 단점이 있지만, 절에 머물 경우 교회에서 구걸을 하는 것보다 훨씬 많은 돈을 얻을 수 있기 때문에 노숙자들이 수입을 얻기 위해 종종 이용하는 방법이다. '교회꼬지'의 경우와 마찬가지로, 이 경우도 술을 먹는 것은 불가능하며(2.2), 강제성을 띠거나(5.2) 경찰의 단속이 있지도 않다(4.2). 또한 계절의 영향을 받지도 않는다(6.3).

'잔치꼬지'는 노숙자들이 주로 주말에 이용하는 얻어먹는 방법으로, 예식장(1.9)을 찾아다니면서 음식(3.6)을 얻어먹는 것을 뜻한다. 단순히 음식을 얻어먹는 것뿐만 아니라 피로연에 나오는 맥주나 음료수 등을 가지고 나와 가게에 팔기도 한다(3.2). 이 때 음주 여부는 관계가 없으며(2.3), 경찰의 단속도 없고(4.2), 구걸 방식에 있어 강제성을 띠지도 않는다(5.2). 이 경우도 계절이나 날씨의 영향을 받지는 않는다(6.3).

마지막으로 '반꼬지'는 수세미나 껌 등을 가지고 다니면서 지하철이나 식당(1.2, 1.5)에 들어가 팔아 수입을 얻는 것으로, 실제 물건 값보다 더 많은 돈을 받아야 하기 때문에 강제적으로 물건을 살 것을 요구하는 경우가 많으며(5.1), 따라서 경찰의 단속 대상이 된다(4.1).

이렇게 '꼬지'에 관한 성분분석은 노숙자들이 어려 종류의 꼬지들을 구분하는 기준들을 찾아내고, 이에 따라 각 꼬지들을 분석함으로써 각각의 꼬지가 가지고 있는 속성들을 보여준다. 이를 통해 일반인들에게 단순히 하나의 구걸행위로 비추어지는 '꼬지'라는 얻어먹는 방법에 어떤 것들이 포함되며, 각각의 꼬지를 하기 위해 노숙자들이 어떤 조건 하에서 어떤 전략들을 사용하는지를 알 수 있었다.

3) 특징적인 생활방식으로서의 이동성

'얻어먹는 방법' 및 '꼬지' 영역에 대한 의미분석의 결과는 주요 얻어먹는 방법들과 꼬지가 무엇인지에 관한 것, 즉 그 행위 자체에 관한 것뿐만 아니라 이 하위문화 전체의 특성들도 보여준다. 이 중 여기서 주목하고자 하는 것은 노숙자들의 대표적인 생활방식이라고 할 수 있는 '이동성'이다. 노숙자의 생활방식의 가장 큰 특징은 이들이 일정한 곳에 정착하지 않고 지속적인 이동생활을 한다는 점이다. 노숙자들은 급식장소, 공원, 역, 교회, 절 등 여기저기를 돌아다니면서 하루를 보내며, 지역적으로도 한 지역에만 머무는 것이 아니라 전국을 돌아다니면서 생활한다. 잠자리의 경우도 기차역에서 지하도, 만화방, 여관, 사우나, 쉼터에 이르기까지 다양한 곳을 돌아다니면서 잔다. 이러한 노숙자들의 이동성은 흔히 주거의 문제나 역마성(驛馬性) 등 개인적인 성향이 그 원인인 것으로 생각되어 왔다. 그러나 노숙자들이 일정한 곳에 머무르지 않고 계속해서 떠돌아다니게 되는 것은 단순히 거주 공간이 없거나 방랑벽 때문만은 아니다. 이들이 이동성을 특징으로 하는 생활방식을 가지고 있는 데는 여러 다른 요인들도 작용하고 있는데, 특히 노숙자들의 이동성은 이들의 '얻어먹는' 생활과 관련이 있는 것으로 보인다.

성분분석의 결과 중 노숙자들의 이동성을 설명해주는 것은 다양한 종류의 얻어먹는 방법들을 구분하는 대조의 차원들이다. '얻어먹는 방법'의 일차적인 하위 범주들인 '꼬지', '삐끼질', '대가리', '노가다'에 대한 성분분석 결과부터 살펴보자면, 이 네 가지 하위 범주들을 구분하는 여덟 가지 대조의 차원들(〈표 5〉) 중 노숙자들의 이동성과 관련이 있는 것은 '잠자는 장소(6.0)'와 '계절(7.0)'이다. 우선 노숙자들의 얻어먹는 방법은 이들의 잠자는 장소와 밀접한 관련이 있는 것으로 보인다. 앞서 성분분석의 결과에 대한 기술에서도 일부 살펴보았듯, 노숙자들의 자는 장소의 선택은 얻어먹기 위한 이들의 여러 전략들 중 하나이다. 예를 들어, 노숙자들이 '꼬지'와 '삐끼질'을 하는 경우 '난장을 치는 것', 즉 길거리에서 잠을 자는 것은, 그렇게 하는 것이 이 두 가지 얻어먹는 방법에 유리하기 때문이다. 즉, '꼬지'의 경우 그것이 이루어지는 장소의 대부분이 길거리이기 때문에 그곳에서 잠을 자면서 구걸을 하는 것이 여관, 여인숙, 쪽방 등을 이용하는 것보다 훨씬 유리하며, '삐끼질'의 경우도 다른 노숙자들을 대상으로 수입을 얻는 것이기 때문에, 그들이 주로 생활하고 잠을 자는 길거리를 주요 생활지로 삼는 것이 유리하다. '대가리'를 하는 경우 '쉼터'에서 잠을 자게 되는 것도, 공공 근로를 하기 위해서는 쉼터의 추천이 필요하기 때문이며, '노가다'의 경우 여관, 여인숙, 쪽방 등을 이용하게 되는 것도 다른 세 가지 얻어먹는 방법들에 비해 상대적으로 노동의 강도가 높은 '노가다'에 참여하기 위해서는 안전하고 편안한 잠자리가 필요하고, 동시에 이곳을 이용할 경우 세탁과 목욕을 할 수 있기 때문에 '새벽시장'에서 잘 팔리게 된다는 이점이 있기 때문이다. 이렇게 노숙자들의 자는 장소의 선택은 이들의 얻어먹는 방법과 관련된 여러 전략들 중 하나이다.

다음으로 '계절' 또한 노숙자들의 얻어먹는 방법과 밀접한 관련을 가진 대조의 차원이다. 계절은 노숙자들이 여러 얻어먹는 방법들 중 하나를 선택하는 데 주요하게 작용하는 조건 중 하나이다. 특히 '대가리'와 '노가다'는 계절의 영향을 많이 받는 얻어먹는 방법으로, 〈표 6〉에 나타나듯, 노숙자들이 '대가리'를 하는 것은 주로 겨울(7.2), '노가다'를 하는 것은 주로 봄/여름/가을(7.1)이다. 노숙자들이 겨울에 '대가리'를 하게 되는 것은 크게 두 가지 때문이다. 우선은 겨울이 되면 일거리가 줄어들기 때문에 일정한 임금을 받을 수 있는 공공 근로에 참여하는 것이 유리하기 때문이며, 또 다른 이유는 겨울이 되면 추위를 피해 쉼터에 머물게 되고, 이 때 공공 근로의 참여는 쉼터의 여러 규칙 중 하나이기 때문이다. 따라서 노숙자들은 일거리가 상대적으로 많은 봄, 여름, 가을에는 노가다를 통해 수입을 얻고, 겨울이 되면 추위를 피해 쉼터에 머물면서 공공 근로에 참여하게 된다.

이렇게 잠자는 장소의 선택이 노숙자들의 얻어먹기 위한 하나의 적응 전략이라는 것, 그리고 얻어먹는 방법들이 계절의 제약을 받는다는 것은 곧 노숙자들의 이동성이 얻어먹기 위해 돌아다녀야 하는 그들의 특징적인 생활방식이라는 것을 보여준다. 즉, 노숙자들은 계절에 따라 서로 다른 얻어먹는 방법들을 선택해야 하며, 이 때 다른 얻어먹는 방법의 선택은 곧 다른 장소로의 이동을 필요로 하게 되는 것이다. 따라서 이들이 한 곳에 머물지 못하고 이동하게 되는 것은 얻어먹기 위해 계절마다 다른 얻어먹는 방법을 선택해야 하기 때문이다.

노숙자들의 이동성이 얻어먹기 위한 적응 전략이라는 것은 '얻어먹는 방법'의 주요 하위 범주인 '꼬지'에 관한 성분분석의 결과에서 더욱 명확히 드러난다. 앞서 제시된 꼬지에 관한 성분분석의 결과 중 노숙자들의 이동성과 가장 밀접한 관련을 가지고 있는 것은 '장소(1.0)'이다. '장소(1.0)'는 '꼬지'에 관한 성분분석에서도 나타나듯(〈표 8〉), 여러 종류의 꼬지들을 구분하는 중요한 대조의 차원으로 사용되고 있다. 노숙자들에게 교회에서 하는 꼬지는 '교회꼬지', 주차장에서 하는 꼬지는 '주차꼬지', 예식장에서 하는 꼬지는 '잔치꼬지' 등 꼬지가 이루어지는 장소는 여러 종류의 꼬지들을 구분하는 일차적인 의미원칙이다. 뿐만 아니라, 실제 노숙자들이 특정한 '꼬지'를 설명할 때 먼저 언급하는 기준도 그것을 행하는 장소가 어디인지에 관한 것이다. 예를 들어, 각 꼬지의 뜻을 묻는 연구자의 질문에 대한 조사 대상자들의 대답은 '교회꼬지는 교회에서 하는 거야', '절꼬지는 절에 돌아다니면서 하는 거야', '주차꼬지는 주차장에서 하는 거지' 등으로, 꼬지를 하는 장소들은 각각의 꼬지들을 구분하는 일차적인 기준으로 사용된다. 또한 〈표 7〉에도 나타나듯, '장소'는 다른 어떤 것보다도 많은 항목을 가지고 있는 대조의 차원이다. 이렇게 여러 꼬지들을 구분하는 중요한 기준인 '장소'는 꼬지를 구성하는 또 다른 주요 대조의 차원들인 '얻는 것(3.0)', '대상(7.0)'과 상호관련성을 가지고 있는 것으로 보인다. 누구를 대상으로 무엇을 얻는가는 노숙자들이 여러 꼬지들을 구분하는 데 사용하는 또 다른 주요 기준인데, 이 때 이 두 가지 대조의 차원들은 그것을 행하는 장소와 상호 관련을 가지고 있다. 예를 들어, 교회 꼬지의 경우 교회에서 하는 것이기 때문에, 교회에서 목사를 대상으로 지폐, 옷, 음식, 잠자리를 얻게 되며, 주차꼬지의 경우 주차장이라는 장소에서 하는 것이기 때문에, 운전자들을 대상으로 하게 되며, 그 결과 동전이나 지폐를 얻게 되는 것이다. 이렇게 '꼬지'를 구성하는 주요 대조의 차원들인 장소, 얻는 것, 대상은 상호 관련성을 가지고 있으며, 이 때 장소는 얻는 것과 대상에 영향을 미치는 기준이다.

이 때 '장소'가 여러 종류의 꼬지들을 구분하는 중요한 의미 기준인 동시에 다양한 항목들을 포함하고 있다는 것은 곧 '꼬지'를 하는 장소가 한 곳으로 고정되어 있는 것이 아니라 여러 곳이라는 것을 의미한다. 이렇게 본다면, 노숙자들이 끊임없이 돌아다니게 되는 것은 꼬지를 하는 장소가 여러 곳에 흩어져 있기 때문이다. 즉, 얻어먹는 것을 통해 생계를 유지해야 하는 노숙자들은 '꼬지를 하기' 위해, 좀 더 넓게는 '얻어먹기' 위해 '길거리', '주차장', '자판기 앞', '교회', '절' 등을 돌아다닐 수밖에 없는 것이다. 결국 여기서도 노숙자들의 이동성은 얻어먹기 위해 돌아다닌 결과 체득하게 된 생활방식임이 드러난다.

'꼬지'를 구성하는 또 다른 대조의 차원들인 '경찰 단속', '음주 여부', '강제성' 또한 노숙자들의 이동성과 관련이 있는 기준들이다. 우선 〈표 8〉에 나타나듯, 이 세 가지 대조의 차원들은 상호 관련성을 가지고 있다. 즉, 음주가 필요한 경우는(2.1) 경찰의 단속(4.1)과 강제성이 있는 경우이며(5.1), 음주가 필요하지 않는 경우는(2.2) 경찰의 단속(4.2)과 강제성이 없는 경우(5.2)이다. 이를 좀 더 구체적으로 살펴보자면, 노숙자들이 다소 강제적인 방법을 통해 구걸을 하는 경우는 구걸을 한다는 수치심을 없애기 위해 술을 마시게 되며, 그 결과 경찰의 단속을 받게 되는 경우가 많다. 반면, 강제적인 방법을 사용하지 않는 경우는 술을 마실 필요가 없고, 따라서 경찰의 단속을 받지도 않는다. 이렇게 음주여부, 경찰 단속, 강제성의 세 가지 대조의 차원들은 상호 관련성을 지니고 있는데, 이 때 노숙자들의 이동성의 주요인이 되는 것은 경찰의 단속이다. 즉, 노숙자들은 구걸을 하기 위해 사용하는 방법들인 강제성과 음주로 인해 경찰의 단속을 받게 되며, 그 결과 경찰의 단속을 피해 여러 곳을 돌아다니게 되는 것이다.

이렇게 주요 '얻어먹는 방법'들을 구분하는 데 사용되는 '잠자는 장소'와 '계절'이라는 의미기준, 그리고 '꼬지'를 구성하는 '장소', '얻는 것', '대상', '음주 여부', '경찰 단속', '강제성'이라는 대조의 차원들은 노숙자들이 끊임없이 돌아다니는 것이 '얻어먹기 위해서'라는 것을 보여준다. 즉, 흔히 노숙자들이 가진 개인적인 성향이 그 원인인 것으로 취급되어진 것과 달리, 내부자적인 시각에서 바라보았을 때, 노숙자들이 가진 이동성은 기본적인 생활의 욕구를 충족시키기 위한 하나의 적응 전략이다. 결국 이들의 대표적인 생활 방식인 '이동성'은 장소에 따라 그리고 계절에 따라 다른 얻어먹는 방법을 택해야 하는 외부적인 조건과 환경에 적응한 결과인 것이다.

4. 결 론

본 연구는 연구 대상인 노숙자들의 세계에서 중요한 의미 영역들을 찾아내고 이에 내재된 의미 원칙들을 분석함으로써, 이들의 문화, 구체적으로는 이들의 정체성과 생활방식을 내부자적인 시각에서 기술하고 설명하려는 것이었다. 연구 결과 노숙자들의 세계를 구성하는 주요 의미 영역으로 발견된 것은 '거지'라는 정체성 영역과 '얻어먹는 방법'이라는 적응 전략에 해당되는 영역이었다. 즉, '자신들이 누구인지'에 관한 것과 함께 '어떻게 얻어먹을 것인가'가 노숙자들에게 중요한 문화적 주제인 것으로 밝혀졌다. 본문에서는 이 두 가지 영역을 중심으로 이에 대한 의미 분석의 결과를 제시함으로써, 노숙자들이 어떤 사람들이며, 살아가기 위해 어떤 적응 전략들을 가지고 있는지를 분석하였다.

이상과 같은 연구의 결과들을 통해 발견되는 이 하위문화의 주요한 특징은 이들이 가진 독특한 방식의 적응 전략이라고 할 수 있을 것이다. 특히 노숙자들이 '얻어먹기' 위해, 즉 생계를 이어가기 위해 사용하는 다양한 전략들은, '얻어먹는 방법'이 노숙자들의 세계를 구성하는 중요한 의미 영역으로 자리잡고 있다는 점에서도 드러나듯, 노숙자로서 살아가기 위해 알아야 할 가장 기본적이고 필수적인 부분이다. 노숙자들이 가진 독특한 경제적 적응 전략이 이 하위문화의 중요한 특징이라는 것은 '거지'라는 정체성 영역에 대한 분석에서도 드러난다. 즉, 노숙자들이 자신들을 '거지' 혹은 '얻어먹는 사람'으로 규정한다는 것, 그리고 생계양식 혹은 경제적인 적응 전략이 이들 정체성의 핵심적인 구성요소라는 '거지'에 관한 의미 분석의 결과는 경제적 적응 전략이 이 하위문화에서 차지하는 비중을 보여준다. 결국 서로 개별적인 것처럼 보이는 '거지'와 '얻어먹는 방법'이라는 두 의미 영역은 경제적인 적응 전략이라는 것에 의해 서로 연결되며, 이러한 의미에서 노숙자들이 가진 독특한 방식의 경제적 적응 전략은 이 문화를 특징짓는 중요한 요소이다.

이러한 연구의 결과는 노숙자들을 항상 술에 취해 있는 게으르고 위험한 존재로 규정하는 한국 사회의 일반적인 인식이나 이들을 윤리적으로 문제가 있는 존재, 혹은 경제 위기의 단순한 희생자로만 간주하는 기존의 연구들과 상당 부분 상이하다. 오히려 연구의 결과는 이들이 자신들을 다른 사람들에게 의존해서 생계를 이어가는 '얻어먹는 사람' 혹은 '거지'로 규정하고 있으며, 동시에 '얻어먹는' 것과 관련된 여러 행동 방식들이 이들의 세계를 구성하는 중요한 특성이라는 것을 보여준다.

이렇게 본 연구가 기존의 연구에서 다루지 못했던 그리고 일반인들이 미처 생각하지 못했던 노숙자들의 정체성과 이 하위문화의 중요한 특징들을 발견하고 기술할 수 있었던 것은, 본 연구가 채택한 에믹한 시각과 언어적 분석이라는 방법론 때문일 것이다. 우선 내부자적인 시각의 채택은 연구 대상인 노숙자의 눈을 통해 이들의 세계를 바라봄으로써, 이들에 대한 연구자나 한국 사회의 일반적인 편견을 최대한 배제시키고, 외부자적인 시각에서 보았을 때는 발견할 수 없었던 이 문화의 중요한 문화적 주제들과 이들 정체성의 특징들을 발견할 수 있도록 하였다. 이와 함께 이들이 사용하는 언어에 대한 분석이라는 구체적인 연구 방법론은 연구 대상의 시각을 끌어낼 수 있는 유용한 도구 역할을 하였다. 즉, 이들이 자신들의 경험 세계를 표현하는 데 사용하는 용어들에 주목함으로써, 외부인들뿐만 아니라 노숙자 스스로도 인식하지 못하고 있는 이들의 개념 세계에 대한 체계적인 의미 분석이 가능하였던 것이다. 이러한 의미에서 노숙자들이 자신들의 세계를 개념화하는 방식에 주목한 본 연구는 일탈이나 도시의 하위문화 연구에 있어서 인지인류학적 시각과 방법론이 지니는 유용성을 다시 한 번 보여주는 사례가 될 것이다.

√참고문헌

남기철, 1998, "노숙자 문제의 현황과 시각,"『동향과 전망』39.

보건사회연구원, 1998,『도시노숙자 현황과 보호대책』.

서울시 노숙자 다시서기지원센터, 1998, 『노숙의 원인과 양상』.

심철호, 1999,『실직노숙자 보고서』, 사랑의 전화 복지재단 부설 실직노숙자 문제 연구소.

안준희, 2000, "'노숙자'의 생활양식에 관한 인지인류학적 연구," 서울대학교 인류학과 석사학위논문.

왕한석, 1996, "언어, 사회, 문화: 언어 인류학의 주요 조류,"『사회언어학』4(1): 3-50.

한국도시연구소, 1998,『홈리스의 발생원인과 실태에 관한 연구』.

Berlin, Brent, 1992, *Ethnobiological Classification: Principles of Categorization of Plants and Animals in Traditional Societies*, Princeton: Princeton University Press.

Berlin, Brent and Paul Kay, 1969, *Basic Color Terms: Their Universality and Evolution*, Berkeley: University of California Press.

Burling, Robbins, 1969, "Cognition and Componential Analysis," in Stephen Tyler (ed.), *Cognitive Anthropology*, New York: Holt, Rinehart and Winston, pp. 410-428.

Casson, Ronald W. (ed.), 1981, *Langage, Culture and Cognition*, New York: Macmillan.

Conklin, Harold C., 1962, "Lexicographical Treatment of Folk Taxanomies," in Stephen Tyler (ed.), *Cognitive Anthropology*, New York: Holt, Rinehart and Winston, pp. 41-59.

Dougherty, J. W. D., 1981, "Salience and Relativity in Classification," in Ronald Casson (ed.), *Langage, Culture and Cognition*, New York: Macmillan, pp. 163-180.

Frake, Charles O., 1961, "The Diagnosis of Disease among Subanun of Mindanao," *American Anthropologist* 63(1): 113-132.

______ 1969, "The Ethnographic Study of Cognitive System," in Stephen Tyler (ed.), *Cognitive Anthropology*, New York: Holt, Rinehart and Winston, pp. 28-39.

Goodenough, Ward, 1956, "Componential Analysis and the Study of Meaning," *Language* 32: 195-216.

Spradley, James, 1970, *You Owe Yourself a Drunk: An Ethnography of Urban Nomads,* Boston: Little, Brown and Company.

Tyler, Stephen (ed.), 1969, *Cognitive Anthropology*, New York: Holt, Rinehart and Winston.

제II부 한국어와 한국사회

5장
한국어 존댓말의 사회언어학적 기술*

왕한석

1. 사회언어학과 존댓말의 연구

1) 사회언어학의 이론적 시각

최근 학제적 분야로 급속히 발달한 사회언어학(sociolinguistics)은 언어란 추상적 부호체계(abstract code system)로서뿐 아니라, 사회적 행동(social behavior)의 면에서도 분석될 수 있다는 사실을 새로이 밝혀왔다. 언어를 사회적 행동으로 보는 시각에서는, 언어 자료란 언어사용(language use)의 관점에서 분석될 수 있는 것이고, 언어사용이란 다시 일련의 사회문화적 규범(sociocultural norms)을 반영하는 것으로 이해될 수 있는 것이다. 달리 말하여 의사소통(communication)은 사회적 상호작용의 한 형태이므로, 그것은 언어사용과 문화(culture) 또는 사회구조(social structure) 사이에 규칙적인 관계가 있음을 상정하는 것이 되고, 이러한 시각에서 우리는 특정 사회집단의 언어행동이란 하나의 체계(a system)를 이루는 것으로 가

* 이 논문은 영어로 씌어진 "Sociolinguistic Rules of Korean Honorifics" (1979, 『인류학논집』 5: 91-118)를 우리말로 옮긴 것으로, 번역 과정에서 부분적인 편집상의 보완이 이루어졌다.

정할 수 있을 것이다.

언어사용에 관한 연구에서는 '언어공동체(speech community)'라는 개념과 '언어(또는 말)목록(linguistic (or verbal) repertoire)'이라는 개념이, 각기 사회적으로 규정되는 분석의 모집단과 연구의 실제 대상을 구성한다. 즉, 언어공동체는 언어사용의 규범이라는 시각에서, Gumperz(1968: 381)에 의해, "언어 기호의 공유체에 의해 규칙적이고 빈번한 상호작용을 하는 어떤 인간 집단(human aggregate)으로, 언어사용 상의 중요한 차이점에 의해 유사한 집단들과 구분되는 인간 집단"인 것으로 규정된다. 또 '언어목록' 또는 '부호의 매트릭스'(code matrix)라는 개념은, 간단히 말해, 특정 언어공동체 내에서 이용 가능한 언어 자원의 총체를 가리킨다. 즉, 그것은 말의 교체적 수단인, 서로 다른 의미를 전달하는, 모든 언어 변이형들(variants)을 포함하는 개념이 된다. 이 새로운 이론적 시각에서 보면, 특정 언어공동체 내의 언어 자원이란 단순한 지시적 의미(referential meaning)만을 전달하는 데에 필요한 것 이상의 다양한 변이형들로 구성되고, 또 그러한 언어 변이형들은 순수한 지시적 기능(referential function) 이상의 여러 다양한 말의 기능들의 맥락 속에서 다루어질 수 있는 것이 된다(Jakobson 1960; Hymes 1962).

이상과 같은 이론적 시각에서, '언어능력(linguistic competence)'이라는 개념은 '의사소통능력(communicative competence)'이라는 개념으로 또한 확장되어 왔다(Hymes 1972a). 어떤 언어공동체 내에서 능력을 가진 화자는 해당 언어에 대한 구조적 규칙(structural rules) 뿐만 아니라 언어사용의 문화적 규칙(cultural rules)도 잘 알고, 또 이 두 가지 규칙들을 적절히 조작할 수 있다. 따라서 의사소통능력이란 "의사소통 과정에서 강제 요인으로 작동하고 그리고 변이형들의 적절한 선택 규칙을 생성하는, 상호 관련되는 언어적 · 사회적 규범의 체계들과 언어목록을 관계지우는" 개념이 된다(Mitchell-Kernan and Kernan 1973: 106). 달리 말하면, 어떤 언어공동체 내의 개인 화자는 이러한 언어적 그리고 문화적 지식을 사회화(socialization) 과정을 통해 습득하는 것이며, 또 거꾸로 의사소통능력이란 개인 속에 내재화 되어 있는 것이 된다.

말의 변이성(variability)에 대한 연구는 사회언어학 연구의 대표적인 특징으로 이해되어 왔다. Hymes(1972b: 38)는 언어형태의 다양성을 보편적인 현상으로 바라보면서, 다음과 같이 말한다. 즉, "모든 정상인과 모든 정상적인 언어공동체는 한 가지 방식의 말하기(speaking)로만 제한되지 않는다. 다시 말하여, 한 양식의 말에서 다른 양식의 말로 전환함으로써, 존경이나 거만함, 진지한 체 하거나 익살부림, 또는 역할 상의 거리나 친밀함 등을 표시하는 것을 막는, 불변의 단음(monotony)만을 가진 화자나 언어공동체는 이 세상에 없다." 뿐만 아니라 Sankoff(1972)는 여러 언어들이 전환되며 쓰이는 다중 언어공동체에서의 언어행동이, 말씨(style)나 말단계(level)가 전환되는 단일 언어사용자의 언어행동과 "질적인 면에서" 전혀 다르지 않다고 말하고 있다.

이상과 같이 언어 자료를 기능(function)의 관점에서 파악하려는 이론적 시각에서는, 말사례(speech event)를 분석의 중심적 단위로 제시한다(Jakobson 1960; Hymes 1962). 즉, 개별 말사례는 일련의 요인들(factors) 또는 성분들(components)로 이루어지고, 그것들은 다시 일련의 기능들과 상호 연관되는 것으로 분석하는 것이다. 언어에 대한 이 기능적 시각은 말의 변이(variation)를 설명하는 매우 유용한 방식인데, 그것은 말의 변이가 의사소통의 상황 내에 존재하는 하나 또는 여러 성분들에 의해 결정된다는 사실을 많은 경험적 연구들이 보여주기 때문이다. Hymes(1972b)는 근래에, Jakobson(1960)과 Hymes(1962) 그리고 다른 연구들에서의 기초적인 연구에 기반하여, 언어행동에 영향을 미치는 요인들의 유형에 대한 수정된 목록을 외우기 쉬운 표현인 SPEAKING으로 정리, 제시하였다.[1)]

---

1) Hymes(1972b)는 말행위(speech acts)의 구성 성분들을 다음과 같은 발견적 도식으로 제시한다.

Setting: setting(말하기의 자연적 배경)
scene(장면에 대한 문화적 정의)
Participants: speaker or sender(화자)
addressor(화자의 메세지를 전달하는 사람)
hearer or receiver or audience(청자 또는 청중)
addressee(메세지가 궁극적으로 전달되는 대상)
Ends: purposes-outcomes(관습적으로 인지되는 목적)
purposes-goals(개인적인 전략)
Act Sequences: message form(말이 표현되는 방식)
message content(말의 내용)

이상에서 정리한 이론적 시각으로부터 우리는 다음과 같은 추론(corollary)을 구성할 수 있을 것이다. 즉, 언어공동체 내의 화자들은 적절한 언어형태들을 선택하고 그리고 교체적인 변이형들의 사회적 의미(social meaning)를 해석하게 하는, 언어사용의 규칙들(rules)을 공유한다는 것이다. 뿐만 아니라 우리는 말사례를 이루는 성분들 간의 유형화된 규칙성에 의거하여, 언어공동체 내의 개별 화자들이 채택하는 '사회언어적 규칙(sociolinguistic rules)'을 형식화 할 수 있을 것이다. Ervin-Tripp(1972)은 다양한 경험적 연구 결과들을 수렴하는 두 가지 종류의 사회언어적 규칙을 제안하는데, 한 가지는 말하기의 교체적 방식들 중에서 특정한 선택을 관장하는 규칙인 '교체규칙(alternation rules)'이고, 또 한 가지는 먼저 이루어진 선택이 다음의 선택에 영향을 미치는 강제력에 관한 규칙인 '공기규칙(co-occurrence rules)'이다.

한국어의 존댓말은 동사, 형용사, 명사, 대명사, 조사 등에서의 여러 다양한 형태적 그리고 어휘적 변이형들로 구성되는데, 이 존댓말은 다중 언어사용 상황에서의 언어전환(code-switching)과 크게 다르지 않은 사회언어적 변이의 흥미로운 예가 될 것이다. 담화(discourse)에서 그리고 사회적 상호작용에서 사용되는 한국어의 존댓말은 사회언어적 규범(sociolinguistic norms)이라는 시각에서 아마도 가장 잘 기술되고 분석될 수 있을 것이다. 한국어의 존댓말을 처음으로 사회적 변수와 관련지어 설명하려고 하였던 Martin(1964)은, 한국어와 일본어 그리고 오키나와어에서의 말단계(speech levels)의 선택은, 영어에서의 단수, 복수의 선택이나 정관사, 부정관사의 선택에 근사한 것으로 보았다. 즉, Martin은 이 모든 것들이 해당 언어에서의 소위 '의무적 범주'(obligatory categories)에 속하는 것으로 보았다. 말단계를 단수, 복수의 표지(체)와 비교하는 것은 일견 그럴 듯 해 보이지만, 말단계는 분명히 단순한 '문법성'(grammaticality)의 개념을 넘어서는 것이다. 한국어에서의

Keys(어조, 태도, 예의 등과 같은 표현적 요인들)
Instrumentalities: channels(구두, 서면, 신호기 등에 의한 말의 전달 방식)
forms of speech(언어, 방언, 말씨체 등의 언어 표현 양식들)
Norms: norms of interaction(말과 관련되는 특정 행위 및 자질)
norms of interpretation(참여자에 의한 상호작용 규범의 의미 해석)
Genres(시, 신화, 속담, 욕 등의 전통적 장르 범주)

존댓말의 사용이란 오히려 사회·화체적 변이(socio-stylistic variation)의 한 형태이고, 따라서 그것은 교체규칙과 공기규칙이라는 두 가지 사회언어적 규칙에 따라 체계적으로 결정되는 언어현상인 것으로 보인다.

2) 존댓말 사용에 관한 선행 연구

일련의 민족지학적 그리고 언어학적 연구들은 인도-유럽어족에 속하지 않는 여러 언어들에서의 존댓말의 사용 양상을 기술해 왔다. 일찍이 자바어(Javanese) (Loeb 1944; Gonda 1948)와 나와틀어(Nahuatl) (Pittman 1948)에서의 존댓말이 보고되었으며, 또 포나페어(Ponape)에서의 존경의 행동도 기술되었다(Garvin and Riesenberg 1952). Martin(1964)은 한국어, 일본어, 오키나와어에서의 말단계에 대해 논의하였고, C. Geertz(1960)와 H. Geertz(1961)는 자바어에서의 존댓말의 사용 양상을 보다 체계적으로 기술하였다. C. Geertz(1960: 257-258)는 자바어에서의 소위 '존대어'(honorifics)와 '화소'(stylemes)를 다루면서, 특정한 말단계의 선택에 영향을 미치는 자바 문화에서의 변수들(variables)을 다음과 같이 목록화하였다.

> "[그 변수들에는] 연령이나 성, 친척관계, 직업, (경제적) 부, 교육(수준), 종교, 가족 배경 등과 같은 화자의 질적인(qualitative) 특성뿐만 아니라, 사회적 배경(setting)이나 대화의 내용, 화자들 간의 사회적 상호작용의 역사, 그리고 제3자의 존재 여부 등과 같은 보다 일반적인 요인들도 포함된다."

Brown과 동료 연구자들(Brown and Gilman 1960; Brown and Ford 1964)에 의한 일련의 사회심리학적 연구는 존댓말의 사용에 대한 중요한 이론적 작업으로 평가될 수 있다. 먼저 Brown과 Gilman(1961)은 여러 유럽 언어들에서의 2인칭 대명사 사용법을 설명하기 위해, '권력'(power)과 '연대(감)'(solidarity)라는 두 가지 사회적 차원을 제시하는데, 권력관계란 기본적으로 비대칭적이고 비호혜적인 관계이다. 즉, 권력의 면에서 상위자는 하위자에게 'tu'(T)를 사용하고, 자신은 하위자로부터 'vos'(V)를 받는 관계이다. 또 중세 시절 권력의 면에서 동등한 사이에서는, 상층계급의 경우 서로 V를 주고받고 그리고 하층계급에서는 서로 T를 주고받는 것이 당시의 관습이었다. 그런데 근대의 시기에 와서 동등한 권력을 가진 사람들 간의 호칭을 구분 짓는 새로운 요인으로 연대(감)의 관계가 출현하였다. 그리하여 연대(감)가 있는 경우에는 서로 T를 사용하고 연대(감)가 없는 경우에는 서로 V를 사용하게 되었다. 간략히 정리하면, 권력과 연대(감)라는 두 차원의 상호작용의 결과로서, T는 "낮춤(condescension) 또는 친밀함(intimacy)의 대명사"로 그리고 V는 "존경(reverence) 또는 격식성(formality)의 대명사"로 각기 그것의 의미를 규정할 수 있게 되었다(1960: 258).

미국 영어의 호칭어에 대한 연구에서, c(1961)는 미국 사회 호칭어의 '이름'(first name) (FN)과 '성 및 칭호(또는 직함)의 결합형'(title plus last name) (TLN)이 유럽어 대명사에서의 T 및 V에 각기 대응되는 것으로 보고, 권력과 연대(감)라는 두 차원을 '지위'(status) (구체적으로는 '연령'과 '직업적 지위')와 '친밀성'(intimacy)이라는 차원으로 새로이 명명하였다. Brown과 Ford(1964: 239)는 이어서 대화 참가자들 간의 관계와 관련하여, FN의 호혜적인 사용은 "비교적 높은 수준의 친밀성"이 있는 사이에서, TLN의 상호적 사용은 "거리나 격식성"이 있는 사이에서, 그리고 FN과 TLN의 비대칭적 사용은 지위 차이가 있는 사이에서 사용되는 것으로 보았다. 그리고 T와 V의 사용 유형에서처럼, TLN은 "거리(distance)와 존경(deference)"을 그리고 FN은 "친밀함과 낮춤"을 각기 표현하는 것으로 보았다. 위의 두 선구적인 연구에 뒤이어 유사한 주제에 대한 다른 연구들도 이루어졌는데, 대표적으로 Howell과 Klassen(1971), Jones(1965), Lambert(1967, 1969), Slobin(1963), Slobin과 Miller, Pater(1968) 등이 그 예가 될 것이다. 뿐만 아니라 Ervin-Tripp(1972)은, Brown과 Ford의 연구 결과를 한걸음 더 발전시켜 미국 호칭어 체계의 "교체규칙"으로 정리하였다.

Brown과 Ford(1964: 239)는 "친밀함의 호칭과 낮춤의 호칭이 추상적으로 결합되고 거리(감)의 호칭과 존경의 호칭이 추상적으로 결합되는 것은 언어 보편성인 것 같다."고 함으로써, 자신들의 발견 사실이 보편적 언어 현상인 것으로 상정하였다. 그렇다면 한국어 존댓말도 유럽 여러 언어의 대명사 사용이나 미국 영어에서의 호칭어와 그것의 본질 및 기능의 면에서 유사할 것이다. 실제로 Howell(1965, 1967)이나 Hwang(1975)의 연구에서 보듯이, 권력과 연대(감) 또는 지위와 친밀성의 두 차원은 한국어 존댓말 체계를 설명하는 데서도 적절한 것으로 나타난다. 그러나 지위와 친밀성이라는 설명틀이 비유럽어의 존댓말에 대한 분석에서 일반적으로는 맞아 들어간다고 하더라도, 개별 문화에 따라 이 두 차원에 대한 개념 규정은 다를 수 있을 것이다. 바꾸어 말하여, 개별 언어공동체의 문화 또는 사회구조 상의 특수성에 따라서 지위와 친밀성을 구성하는 성분들은 다를 수 있으며, 나아가 이 두 차원이 차지하는 상대적인 중요성도 서로 다를 수 있을 것이다.

Friedrich(1966, 1972)는 19세기 러시아어의 대명사(ty와 vy)가 다음과 같은 10가지 "분별소"(discriminations)의 영향 하에 사용되었던 것으로 분석한다. 즉 (1) 담화의 화제(topic), (2) 말사례의 사회적 맥락(social context), (3) 동일 세대 내의 상대적인 연령관계, (4) 상대적인 세대관계, (5) 상대적인 성별, (6) 계보적 거리, (7) 상대적인 권위(authority), (8) 집단 성원권, (9) 방언, (10) '연대감'의 심리적 차원이 그것이다. 이 연구는 Brown과 동료 연구자들이 제시한 일반적인 설명틀이 다른 문화 또는 다른 시차원에서는 수정될 필요가 있음을 말해주는 것이 될 것이다. 그런데 위의 요인들 중 (1) 화제와 (2) 사회적 맥락은 먼저 선택된 변이형을 다른 변이형으로 '전환'하는(switching) 데에 작용하는 성분들일 것이다. 다시 말하여 이 두 요인은 화제 즉 대화 주제의 변화에 의해 야기되는 "은유적 전환"(metaphorical switching)과, 사회적 상황의 변화에 따라 일어나는 "상황적 전환"(situational switching)을 일으키는 성분들이 될 것이다(Blom and Gumperz 1972). 그리고 (3) 연령관계, (4) 세대관계, (7) 권위의 요인은 '지위'의 차원을 구성하는 성분들이 될 것이고, (5) 성별, (6) 계보적 거리, (10) '연대감'의 요인은 '친밀성' 또는 '연대(감)'를 구성하는 성분들이 될 것이다. 그리고 (8) 집단 성원권과 (9) 방언의 두 요인은 맥락에 따라 '지위'와 '친밀성'의 두 차원 모두와 관련되는 성분이 될 것으로 생각된다.

지위와 친밀성이라는 이분적 개념에 대한 검토는 한국어 존댓말 체계에 대한 분석에서도 유용한 지침이 될 것이다. 일반적으로 말하여 한국어 존댓말의 사용법도 참여자들 간의 사회적 관계에 의거하는 것이고, 그 사회적 관계란 지위와 친밀성이라는 두 차원으로 요약될 수 있는 것이다. 그렇지만 지위와 친밀성이라는 용어 및 개념은 다시 문화 특수적인 방식으로 정의되어야 한다는 점이 또한 강조될 필요가 있을 것이다. 달리 말하여 한국어 체계에서의 지위와 친밀성이라는 차원에 대한 개념 규정은 서양 사회에서의 그것과는 다소간 다를 것인데, 그 이유는 말할 것도 없이, 한국 사회의 사회적 규범이 서양 사회에서의 그것과는 같지 않기 때문일 것이다. 바로 이 점이 본 연구의 기본 출발점이 될 것이다.

3) 본 연구의 범위와 목표

먼저 한국어 존댓말 체계에 대한 기존의 연구들을 간략히 살펴보기로 하겠다. 지금까지 출판된 한국어 문법서들은 모두 존댓말(honorifics)의 기술에 적어도 수 페이지씩을 할애해 왔지만, 한국의 전통적인 문법학자들은 존댓말 체계를 사회과학적 관점에서는 전혀 바라보지 않았던 것이 그간의 현실이다.

Martin의 연구는 그 자신의 표현대로 "예비적인"(preliminary) 것이다(1964: 407). 하지만 Martin의 경우는 먼저 '내집단'(in-group)과 '외집단'(out-group)이라는 명칭으로 청자 존대어의 등급을 구분 짓는 데에 문제가 있는 것으로 보인다. 어쨌든 전체적으로 '외집단 여부'(out-groupness), '지위'(position), '연령 차이', '성별 차이'의 요인만으로 주체 존대어와 청자 존대어의 적절한 등급 선택을 설명하려는 그의 분석은 지나치게 단순한 것이 될 것이다.

Howell(1965, 1967)과 Hwang(1975)의 연구는 한국어 존댓말 체계를 지위와 친밀성의 차원에 따라 보다 체계적으로 분석하는 예들이 된다. 그러나 Howell의 경우는 자신이 다루는 자료의 한계 때문에(그는 "블론디"(Blondie) 만화의 한국어 번역본을 주 자료로 삼았음), 한국어 존댓말 사용의 특수성을 적절히 보여주는 어떤 문화 내적(emic) 체계의 파악에는 성공하지 못한 것으로 보인다. 뿐만 아니라 한국어 말단계를 3단계로만 나누는 것도 지나치게 주관적인 시각일 것이고, 또 존댓말 사용에 영향을 미치는 사회적 요인들에 대한 기술에서도 그렇게 자세하지가 않다.

Hwang(1975)은 모국어 화자의 입장에서 한국어의 호칭어와 그의 표현으로 "존경의 단계들"(levels of deference)을 다룬다. 그의 존댓말 자료에 대한 언어적 기술과 분석은 그간의 문법학자들의 연구 성과를 두루 참고하였으므로 매우 정확한 편이다. 그리고 한국어 호칭어에 대한 그의 분석(1975: 15-56)은 아마도 이 주제에 대한 거의 첫 작업이 될 것이다. 그러나 언어 자료에 대한 구조적 면에서의 우수한 분석에도 불구하고, 한국어 존댓말 사용의 일반적 틀에 대한 사회언어학적 기술에서는 약간의 문제가 있어 보인다. 달리 말하여, 언어형태에 대한 분류법(taxonomy)은 정확하고 적절하지만, 그것을 존댓말 선택의 사회적 요인들과 상관짓는 데서는 그리 체계적이지 못하다. 전체적으로 보아, 분석의 기반이 되는 사회적 변수들(social variables)의 체계가 부분적으로 부적절한 것으로 말할 수 있겠다.

위의 연구들에 비해 Dredge의 연구(1977)는 보다 전문적인 것이다. 그는 한국의 한 농촌 마을에서의 존댓말 사용 양상을 자세히 기술할 뿐만 아니라, 적절한 존대 형태의 선택에 영향을 미치는 사회적 요인들을 참여자들(participants) 간의 사회적 관계와 사회적 상황에 따라 심층적으로 분석한다. 그러나 바로 이러한 특성 때문에, 그의 연구는 지역적 그리고 하위 문화적 차이들을 모두 포괄하는, 전체로서의 한국어 존댓말 체계의 일반적 틀을 제시하는 것이 되지 못한다. 그의 연구는 기술의 면에서 대단히 자세하지만, 분석의 면에서 특정한 농촌 촌락의 의사소통 자원들로만 한정되고 있다. Dredge의 연구 결과를 보면, 그의 현지조사 마을은 소위 반촌 및 동족 부락의 유형임을 알 수가 있다.[2] 조사 대상 마을의 이러한 특성 때문에, 그의 연구 결과는 상이한 사회적 특성들을 지닌 다른 농촌 마을들에 그대로 적용되기는 아마도 어려울 것이다. 더구나 말단계 선택에 대한 그의 형식 모형(1977: 198)은 오늘날의 도시 상황에서의 존댓말 사용과는 그리 맞지 않을 것

2) 한국의 인류학자 및 농촌사회학자들은 통상적으로 한국의 마을들을 다음과 같이 구분해 왔다. 즉, 생태적 환경에 따라 농촌, 어촌, 산촌으로, 마을 주민들의 과거의 사회계급에 따라 반촌, 민촌으로, 그리고 마을 성원들의 친족관계에 따라 동족 부락과 비동족 부락으로 일반적으로 구분해 왔다.

으로 보인다.

본 연구는 언어행동(language behavior)의 시각에서 한국어 존댓말 체계를 이해하기 위한 초보적 작업이다. 이 글에서는 특히 여러 말단계(speech levels) 중에서 적절한 존대 형태를 선택하는, 그럼으로써 청자에 대한 적절한 존경의 정도를 전달하게 되는 측면에 일차적으로 기술의 초점을 맞추고자 한다. 실제의 말행위(speech acts)에서 적절한 존대 형태의 선택을 이끄는 어떤 규칙성들(regularities)은 Ervin-Tripp(1972)의 용어로는 '교체규칙'이 될 것이다. 그리고 이러한 규칙은 여러 다양한 사회적 요인들의 결합에 의해 이루어지는, 개인 화자의 입장에서의 일련의 선택 과정을 보여줄 것으로 기대된다. 이러한 시각에서 본 연구는 (1) 한국어 존댓말의 구조에 대한 일반적 기술, (2) 현재의 시점에서의 한국어 말단계의 구분 문제, 그리고 (3) 적절한 말단계 선택의 결정 변수들에 대한 분석 등을 중심적으로 포함할 것이다.

본 연구의 기본 자료는 선행 연구인 Brown과 Ford(1964), Friedrich(1966, 1972) 등의 연구 방법을 좇아, 6편의 한국 현대 소설과 15편의 한국 현대 희곡을 분석함으로써 얻어졌다. 그리고 모국어 화자로서의 한국어에 대한 연구자의 직관과 내성(introspection)도 부분적으로 이용하였으며, 또 로스앤젤리스 지역에 거주하는 한국인들의 언어행위에 대한 부분적인 관찰도 일차 자료로서 참고하였다. 이와 같은 간접적인 연구 방법을 채택함으로써, 본 연구는 오늘날의 상황에서 대부분의 '능력을 갖춘'(competent) 한국어 화자들이 일반적으로 공유하는 존댓말 사용의 문화적 규칙에 대한 이상적 유형을 발견하려는 것이 될 것이다. 대신에 한국 사회 내의 특정 언어공동체에서의 보다 구체적인 언어행동에 대한 기술과 분석은 본 연구와는 다른 실제적인 경험적 연구를 필요로 할 것으로 믿어진다.

2. 한국어 존댓말의 구조

1) 지칭자 존대법과 청자 존대법

인도-유럽어족의 여러 언어들에 비해 한국어와 일본어가 복잡한 존대 표현의 동사형들을 가지고 있다는 사실은 비교적 잘 알려져 있다(Martin 1964 등). 물론 동사의 형태적 변이형들(morphological variants)이 한국어 존댓말의 전체 체계 내에서 가장 중요한 위상을 차지하지만, 존대 표현의 변이형들이 동사 단어로만 국한되는 것은 아니다. 아래의 〈그림 1〉은 상이한 호칭어, 대명사, 조사, 그리고 명사와 동사와 형용사에서의 어휘적 변이형들(lexical variants), 또 동사와 형용사에서의 형태적 변이형들로 표현되는 한국어 존댓말의 복잡한 체계를 잘 보여주는 예가 될 것이다.[3)]

일반적으로 한국어 존댓말 체계는 두 가지 유형으로 나뉜다. 한 가지는 '청자 존대법'(the honorification of the addressee)이고, 다른 한 가지는 '지칭자 존대법'(the honorification of the referents)이다. 후자의 지칭자 존대법은 다시 두 가지 형태로 나뉘는데, 하나는 문장의 주어에 대한 존대인 '주체 존대법'(the honorification of the subject)이고, 다른 하나는 문장의 목적어(거개는 간접 목적어(indirect object)임)에 대한 존대인 '객체 존대법'(the honorification of the object)이다.

---

3) 아래의 〈그림 1〉 및 관련되는 설명에서 사용되는 형식 기호는 다음과 같은 의미이다.
( ) 선택적임
{ } 하나를 선택함
[ ] 특질들

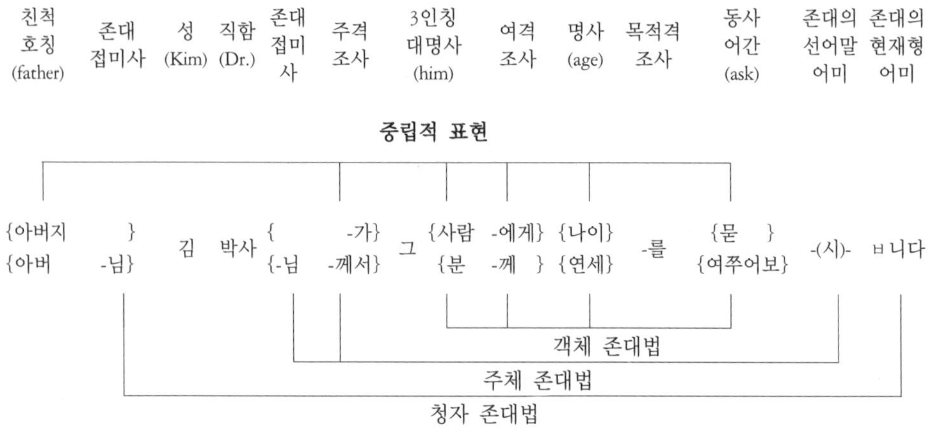

〈그림 1〉 한국어 존댓말 표현의 예

위 〈그림 1〉의 존대를 표현하는 여러 교체형들 중에서 아래의 문장이 특정한 언어상황에서 적절한 것으로 선택되었다고 가정해 보자.

"아버-님, 김-박사-님-께서 그-사람-에게 나이-를 물-으시-ㅂ니다."

여기서 능력을 가진(competent) 한국어 화자라면, 문장 속에 등장하는 (화자를 포함하는) 네 사람에 대해 아무런 사전 정보가 없이도 참여자들 간의 지위관계에 대해 다음과 같은 사회적 사실들을 자동적으로 포착할 것이다. (1) 청자는 화자보다 상위의 지위에 있고, 아마도 두 사람 간의 관계는 (전통적으로) 며느리와 시아버지의 관계일 것이다. (2) 문장의 주어('김 박사')는 화자보다 상위의 지위에 있다. (3) 청자는 문장의 목적어('그 사람')보다 상위의 지위에 있다. (4) 문장 주어의 지위가 청자의 지위보다 더 낮지는 않다.

이제 우리는 맥락에 맞는 적절한 존경의 정도를 전달하기 위해 특정의 언어형태를 선택하는 절차에 대한 일반적인 틀을 아래와 같이 만들 수 있을 것이다. 그런데 문장 내의 모든 선택된 언어형태들은 물론 공기관계에 의해 서로 연결된다.

먼저 지칭자(문장의 '주체' 및 '객체')에 대한 존대 표현은 다음과 같은 절차가 통상적으로 필요할 것이다(예는 모두 위의 〈그림 1〉에서 채택됨).

(1) 먼저 해당 사람을 가리키는 적절한 명사 단어(즉 지칭어(terms of reference)가 됨)의 선택인데, 여기에는 존대의 접미사 '-님'과 그것에 대응하는 조사가 포함된다.

"김 -박사 -님 -께서"
[+존대] [+존대]

(2) (문장 속에 목적어가 있을 경우에는) 적절한 대명사 단어와 조사를 선택하게 된다.

"그 -분 -께"
[+존대] [+존대]

(3) 또 다른 부가적인 존경의 변이형이나 겸양의 변이형이 있을 경우에는, 적절한 명사, 동사, 형용사의 변이형들을 선택한다.

"연세-를 여쭈어-보-"
[+존대] [+존대]

(4) 동사 및 형용사 단어에서 존경의 선어말어미를 선택한다.

"-시-"
[+존대]

다음으로 청자에 대한 존대 표현의 절차는 다음과 같다.

(1) 먼저 적절한 호칭어(terms of address)의 선택인데, 여기에는 존대의 접미사 '-님'이 포함될 수도 있다.

"아버-님"

[+존대]

(2) 1인칭 대명사와 2인칭 대명사가 사용되는 경우, 적절한 대명사 형태를 선택한다(그러나 이에 해당하는 예는 위의 〈그림 1〉에서는 나타나지 않음).[4]

(3) 마지막으로 적절한 동사 어미를 선택한다.

"-ㅂ니다"

[+존대]

2) '존경법'과 '말단계'

주어인 명사구보다 동사(그리고 부분적으로 형용사)가 한국어의 문장에서 중심적 역할을 담당하기 때문에, 동사 어간과 어미 사이에 선어말어미 '-시-'를 넣거나 넣지 않는 것, 그리고 문말에 적절한 동사 어미를 선택하는 것이 적격의 문장을 만드는 필수적인 고려 사항이 된다. 따라서 위에서 예시한 모든 절차 중에서 이 두 가지의 선택이 한국어 존댓말 체계에서는 가장 복잡하고 그리고 핵심적인

4) 인도-유럽어족에 속하는 여러 언어들과는 달리, 한국어에서는 1인칭 대명사와 2인칭 대명사가 문장의 주어일 때 거의 항상 생략되는 흥미로운 특성을 갖는다. 다음의 예는 한 희곡 작품에서 발췌한 두 사람 간의 대화 예인데, 1인칭 대명사와 2인칭 대명사가 모두 생략된 채 두 사람 간의 대화가 자연스레 진행됨을 볼 수 있다(이근삼 1978: 368).

A: 마리아!
B: 네? 뭐라고 했오?
A: 아무 말도 안했읍니다.
B: 지금 누구를 부르지 않았오?
A: 기도를 드렸어요.
B: 마리아라고 한 것 같은데.
A: 마리아에게 기도를 드렸어요.

위의 사실과 관련하여 한 가지를 더 덧붙인다면, 한국어는 동사가 중심 역할을 하는 언어이므로, 문장의 주어 및 목적어를 구성하는 명사구가 빈번히, 그러나 대부분의 경우 중의성(ambiguity)을 유발하지 않은 채, 생략되는 특성을 가지고 있다는 점이다.

부분이 된다. 한국어 존댓말 체계의 이 두 축(즉, 지칭자 존대법과 청자 존대법)과 관련하여, 선어말어미 '-시-'의 삽입 여부는 흔히 "존경법"(honorification)이라고 불리고(Chang 1973; Hwang 1975), 동사 어미의 선택은 "말단계"(speech level)라고 불려왔다(Martin 1964).

동사나 형용사에 형태소 '-시-'를 삽입하면 그것은 곧바로 지칭자(즉 '주체')를 높이는 기능을 하게 된다. 다음의 두 문장을 비교해 보면, 화자는 '-시-'를 덧붙이는 것만으로 문장의 주어('아빠')에게 언어적으로 표시되는 존경을 표현하게 됨을 알 수 있다.

이름	호격 조사	(daddy)	(company)	(go)	존대의 선어말어미	과거	의문형 어미	
한수	-야,	아빠	회사	가	-시	-었	-니?	[+존대]
한수	-야,	아빠	회사	가		-ㅆ	-니?	[−존대]

이 글의 중심 주제인 말단계는 동사 어미의 여러 활용형들로 구성된다. 아래의 예는 현재, 서술형 어미라는 동일한 문법 범주 내에서 말단계 상의 차이를 보여주는 예가 될 것이다.

(here)	(the)	(book)	주격 조사	(be)	매개 모음	어미	현재 서술형 어미
여기	그	책	-이	있	-으		-ㅂ니다
여기	그	책	-이	있		-어	-요
여기	그	책	-이	있			-오
여기	그	책	-이	있			-네
여기	그	책	-이	있			-어
여기	그	책	-이	있			-다

위의 여섯 문장은 '지시적으로는'(referentially) 모두 동일한 의미(영어로는 'Here is the book.')를 가지고 있고, 또 문법적으로 모두 올바른 문장들이다. 그러나 화자가 선택하는 개별 문장은 청자에 대한 존경의 정도라는 면에서 각기 다른 사회적 의미(social meaning)를 전달한다. 한국어의 토박이 화자는 위의 예에서, 맨 위의 문장이 가장 높은 수준의 존경을 나타내고, 나머지 문장들은 밑으로 내려갈수록 존경의 정도가 줄어드는 순서로 배열되었음을 손쉽게 알 수 있다. 여기서 우리는 다시 한 번 말단계라는 개념이 순수한 '문법성'(grammaticality)의 문제를 넘어서는 것이라는 사실을 확인할 수 있겠다. '문법'(grammar)이라는 용어를 형식 언어학에서 사용하는 좁은 의미(통사적 · 의미적 정형성(syntactic and/or semantic well-formed-ness))로 받아들인다면, 한국어의 말단계는 문법보다는 사회적 규범과 보다 더 관련되는 것이고, 따라서 그것에 대한 연구는 명백히 사회언어학 영역의 연구 주제가 될 것이다.

청자를 높이는 데서 때로는, 가장 높임의 말단계뿐만 아니라 주체 존대법의 '-시-'도 함께 사용된다. 이 경우는 문장의 생략된 주어가 청자이므로, 그것의 기능은 청자에게 보다 높은 존경의 의미를 전달하는 것이 된다. 바로 다음과 같은 예에서이다.

(today)	성	칭호	(wedding)	부사격 조사	부정	(go)	존대의 선어말어미	현재 의문형어미
오늘	김	-군	결혼식	-에	안	-가	-시	-ㅂ니까?
오늘	김	-군	결혼식	-에	안	-가		-ㅂ니까?

3) 말단계의 구분

적절한 말단계의 선택 방식을 기술하기에 앞서, 이들 말단계가 몇 등분으로 구분되는지에 대해 먼저 논의해 보아야 할 것이다. 앞서 지적하였듯이, 한국의 전통 문법학자들은 존경을 표현하는 여러 언어적 표지(체)들을 분류하고자 시도하였지만, 인지되는 말단계가 몇 개인지 그리고 이들 말단계를 존경의 정도에 따라 어떻게 구분할지에 대해 상당한 정도의 의견 불일치를 보여 왔다. 고영근(1974: 86-87)에 따르면, 한국어에서의 말단계의 중요성은 19세기 말 서양인 선교사들이 쓴 초기 한국어 문법서에도 이미 기술되었다고 한다. 20세기 전반기의 전통적인 한국어 문법학자들은 대체로 3단계, 4단계, 또는 5단계의 말단계를 구분하였는데, 고영근(1974)에 의하면, 다수의 경향은 4단계로 구분 짓는 것이었다고 한다. 비교적 근년에 한국어의 말단계를 새로운 시각에서 연구한 소수의 사회언어학자들도 말단계가 몇 등분으로 구분되는지에 대해 의견 일치를 보이지 않는다. 다음의 〈표 1〉은 현재, 서술형 어미에서의 말단계의 구분법에 대한 여러 주장들을 표로 정리한 것이다.

아래 표에서 보이는 서로 다른 구분법은 주로 두 가지 요인, 즉 극존칭의 단계인 '-나이다'를 말단계의 구분 속에 포함할 것인가 배제할 것인가의 여부와, '-요' 형태 및 '-아' 형태(즉 반말)를 어떻게 다룰 것인가의 문제에 기인하는 것으로 보인다. '-나이다' 형태는 아직도 격식적인 글이나 의례적 상황에서(예를 들어, 제사에서의 축문(祝文)과 같은) 이따금씩 쓰이기는 하지만, 그것은 고형(古形)의 표현이고 현재의 일상적 언어사용 맥락에서는 거의 사용되지 않는 것이다. 따라서 현대의 일상적인 표준 한국어에서의 존댓말 사용법을 기술하려는 본 연구에서는, '-나이다' 형태를 배제하는 것이 맞을 것이다.

〈표 1〉 선행 연구에서의 말단계의 구분과 명칭[5)]

<table>
<tr><th rowspan="2">저자
동사
어미</th><th colspan="4">문법학자들의 연구</th><th colspan="6">사회언어학적 연구</th></tr>
<tr><th colspan="2">최현배
(1959)</th><th>허웅
(1969)</th><th>김민수
(1973)</th><th colspan="2">Martin(1964)</th><th>Howell
(1965, 1967)</th><th>Hwang
(1975)</th><th>Dredge
(1976)</th><th>Dredge
(1977)</th></tr>
<tr><td>-나이다</td><td rowspan="4">(높임)</td><td rowspan="2">(아주 높임)</td><td></td><td>(단계1)</td><td colspan="2"></td><td></td><td></td><td></td><td></td></tr>
<tr><td>-ㅂ니다</td><td>(단계1)</td><td>(단계2)</td><td rowspan="3">out-group</td><td>deferential</td><td>honorific</td><td rowspan="2">단계1</td><td rowspan="3">polite</td><td rowspan="2">polite</td></tr>
<tr><td>-요</td><td rowspan="2">(예사 높임)</td><td rowspan="2">(단계2)</td><td rowspan="2">(단계3)</td><td>polite</td><td>polite</td></tr>
<tr><td>-오</td><td>authori-tative</td><td rowspan="4">plain</td><td>단계2</td><td></td></tr>
<tr><td>-네</td><td>(낮</td><td>(예사 낮춤)</td><td>(단계3)</td><td>(단계4)</td><td rowspan="3">in-group</td><td>intimate</td><td rowspan="2">단계3</td><td rowspan="3">plain</td><td>familiar</td></tr>
<tr><td>-아</td><td colspan="2">(등외)</td><td>반말</td><td>반말</td><td>familiar</td><td>(독립단계로서 의문스러움)</td></tr>
<tr><td>-ㄴ다</td><td>춤)</td><td>(아주 낮춤)</td><td>(단계4)</td><td>(단계5)</td><td>plain</td><td>단계4</td><td>blunt</td></tr>
<tr><td>말단계의 수</td><td colspan="2">4</td><td>5</td><td>6</td><td colspan="2">6</td><td>3</td><td>4</td><td>2</td><td>3</td></tr>
</table>

본 연구에서 수집된 자료에 의하면, '-요' 형태와 '반말'은 논의 대상에서 배제

5) 여기서 최현배(1959), 허웅(1969), 김민수(1973)의 말단계 구분은 한국 문법학자들의 연구 예이다. 그런데 이들 문법학자들은 개별 말단계에 명칭을 붙이지는 않았다. 전통 문법학자들을 대표하는 최현배의 경우, '-아' 형태를 말단계의 구분에서 '등외'로 제외하였다. 그리고 '높임'과 '낮춤'이라는 표현은 개별 말단계의 이름이기보다는, 각 형태가 의미하는 효과에 대한 일반적 서술일 것이다. 허웅과 김민수의 구분에서 각 단계마다 붙여진 숫자 표현은 편의상 필자가 붙인 것이다.

Martin(1964), Howell(1965, 1967), Hwang(1975), Dredge(1976, 1977)의 연구는 모두 사회언어학적 연구들이다. Hwang은 '반말'('-아' 형태)이 '-네' 형태의 단계와 '-ㄴ다' 형태의 단계 모두에 속하는 것으로 보았다. 그리고 Dredge(1976)는 구체적 어미에 대한 언급은 없이 그냥 두 단계로만 말단계를 구분하였다.

뿐만 아니라 Dredge(1977)를 제외한, 위 표에서의 모든 연구들은 서울 지역의 현대 표준 한국어를 대상으로 하여 기술한 것들이다. 반면에 Dredge(1977)의 연구는 전라 방언에 속하는 한 농촌 마을에서의 지역 방언을 대상으로 한 것이다.

될 수가 없는데, 그것은 이 두 형태가 일상적 대화에서 가장 빈번히 사용되는 어형들이기 때문이다. '-요'와 반말은 말을 '보다 부드럽게' 만들고, 그리고 덜 격식적인 존대 및 비존대의 표현 형태들인 것으로 인지된다. Hwang(1975: 81)은 이 두 형태를 "독립적인 단계이기보다는 다른 보다 격식적인 형태들의 비격식적인 변이형들"인 것으로 파악한다.

본 연구의 자료에 의하면, 자연스러운 일상 담화에서 '-ㅂ니다'와 '-요', '-오'와 '-요', 그리고 '-네'와 '-아', '-ㄴ다'와 '-아' 중에서 어느 한 형태만을 배타적으로 선택하여 사용하는 화자는 거의 없는 것으로 나타난다. 심지어는 아래의 예에서 보듯이 동일 '발화'(utterance) (즉, '침묵이나 화자의 교체에 의해 앞뒤가 구분되는 동일 화자의 말'이라는 일반적인 의미에서의) 내에서도 사정은 마찬가지이다.

a. (한 젊은 남자가 같은 아파트에 사는 여성에게 자신을 소개하며)
"전 김상범<u>입니다</u>. 교회에서 봤<u>읍니다</u>. 합창단에 계시지<u>요</u>?" (이근삼 1978: 150)
['-ㅂ니다' 형태 → '-ㅂ니다' 형태 → '-요' 형태]

b. (형이 동생을 보러 동생 집으로 온 장면에서 동생이)
"그래, 형님은 어떻게 지내<u>오</u>? 로케트 연구는 아직 하고 있어<u>요</u>?" (*ibid* 163)
['-오' 형태 → '-요' 형태]

c. (회사 사장이 종업원에게 고마움을 표하며)
"이 사람아, 수고 했<u>네</u>! 수고 했<u>어</u>!" (*ibid* 187)
['-네' 형태 → '-아' 형태]

d. (아버지가 아들에게)
"병은 나중에 고쳐도 되는 거<u>야</u>. 차차 고치게 돼 있<u>다</u>." (*ibid* 283)
['-아' 형태 → '-ㄴ다' 형태]

'-요' 형태와 '-아' 형태의 사용 범위는 말단계의 위계 내에서 역사적으로 확대되어 왔다.[6] 원래는 '-요' 형태가 '-ㅂ니다' 형태보다 덜 높이는 말이었다. 그러나

---

6) Dredge(1977: 112)도 동일한 현상을 발견하고, 나아가 미래의 한국어 말단계 사용에 대한 흥미로운 예측을 제시한다. "나의 개인적 인상으로는 시간이 많이 지나면…최소한 예

현대의 언어사용 관행에서는 '-요' 형태가 '-ㅂ니다' 형태를 대체하고 있다. 이러한 대체의 과정에서, 적어도 서울 지역에서 관찰되는 흥미로운 현상 한 가지는, 여성화자는 통상 '-ㅂ니다' 형태보다는 '-요' 형태를 주로 쓰는 데 반해, 남성화자는 아직도 이 두 형태 모두를 사용한다는 점이다. 아래의 대화 예는 성별에 따른 이러한 말씨 차이의 좋은 예가 될 것이다(이호철 1971: 34-35).

여자:	"비 맞은 모습이 퍽 좋아 보여요."	('-요' 형태)
남자:	"무슨 뜻입니까?"	('-ㅂ니다' 형태)
여자:	"별 뜻은 없어요..."	('-요' 형태)
	"만나자 말자 꽤 열변이지요."	('-요' 형태)
남자:	"역시 미스 길도 도망을 나오고 싶으신가 보군요."	('-요' 형태)
	"아, 실례했습니다."	('-ㅂ니다' 형태)
여자:	"어머나, 어떻게 그렇게 잘 아세요?"	('-요' 형태)
남자:	"그야 어렵지 않지요."	('-요' 형태)
여자:	"저, 사실은 약혼을 취소했어요."	('-요' 형태)
남자:	"언제 취소했습니까?"	('-ㅂ니다' 형태)
여자:	"오늘요."	('-요' 형태)

수집된 자료에 의하면, 반말('-아' 형태)도 오늘날은 '-요' 형태만큼이나 널리 사용된다. '-아' 형태는 '-네' 형태와 '-ㄴ다' 형태 모두에 대응되므로, 결국 반말이란 말단계의 위계 내에서 '-네' 형태와 '-ㄴ다' 형태가 차지하는 범위 모두에 걸쳐 있는 것으로 볼 수 있겠다.

Hwang(1975)의 연구로부터 격식적, 비격식적 형태의 구분을 받아들이면, 서술형 어미에서의 한국어 말단계는 다음의 〈표 2〉처럼 구분할 수 있겠다. 여기서 단계1이 가장 높은 존경의 의미를 전달하는 형태이고, 아래로 내려갈수록 존경의

닐곱 세대가 지난 뒤에 그리고 이미 변화가 시작된 서울에서도…한국어 말단계의 체계가 아마도 두 단계만을 구분하는 것으로 붕괴될 것이다. 한 단계는 등급(rank)이 낮거나 또는 거의 중요하지 않은, 비격식적이고 친밀한 상황에서 사용되는 '반말'('-아' 형태)일 것이고, 또 한 단계는 자신을 그렇게 낮추지 않으면서 그리고 상당한 정도로 덜 격식적으로 존경을 표현하는 새로운 형태인, '반말' 류의 높임형인 '해요'('-요' 형태)가 될 것이다."

의미는 순차적으로 감소하게 된다. 또 〈표 3〉은 네 유형의 서법(moods) 구분에 따라 각 말단계를 대표하는 어미들을 예시한 것이다.[7)]

〈표 2〉 한국어의 말단계 구분

	격식	비격식
단계1(가장 높임)	-ㅂ니다	-요
단계2	-오	
단계3	-네	-아
단계4(가장 낮춤)	-ㄴ다	

〈표 3〉 한국어 말단계의 대표적 어미

서법 / 말단계	서술형	의문형	명령형	청유형
단계1	-ㅂ니다	-ㅂ니까	-ㅂ시오	-ㅂ시다
(-요)	-요	-요	-요	-요/-ㅂ시다
단계2	-오	-오	-오	-오
단계3	-네	-ㄴ가	-게	-세
(-아)	-아	-아	-아	-아
단계4	-ㄴ다	-냐	-라	-자

---

7) 〈표 3〉에 예시된 개별 어미는 실제의 언어행동에서 비교적 유사한 존경의 정도를 전달하는 다른 어미들을 대표하는 것들이다. 예를 들어, 서술형에서의 여섯 개 어미는 아래와 같은 여러 어미들을 각기 대표하는 것들이다.

-ㅂ니다 : -ㅂ니다
-요 : -요, -지요, -어요, -셔요
-오 : -오, -소, -으오
-네 : -네, -ㅁ세, -데
-아 : -아, -어, -지
-ㄴ다 : -ㄴ다, -니라, -더라, -마

3. 말단계의 선택과 사용

1) 말단계 선택의 결정 변수

존댓말 사용과 관련되는 사회적 요인들(social factors)의 유형과 그것이 특정의 언어상황에서 적절한 말단계의 선택에 어떻게 영향을 미치는가 하는 문제는, 한국어 존댓말의 사회언어학적 기술에서 핵심 부분이 될 것이다. 본 연구에서 수집된 자료상의 소위 '결정 변수들'(determinant variables)을 기술하기에 앞서, 이와 관련한 선행 연구들을 간략히 검토해 볼 필요가 있을 것이다. 〈표 4〉는 앞선 연구들에서 제시한 존댓말 사용과 관련되는 사회적 요인들의 개요이다.

아래 연구들의, Dredge(1977)를 제외한, 한 가지 공통된 약점은 다양한 구체적인 자료에 대한 분석 없이 말단계 선택의 사회적 요인들을 지나치게 일반화 한다는 점이다. Martin(1964)과 Howell(1965, 1967), Hwang(1975)은 추상적 용어인 '외집단 여부'(outgroupness), '권위'(authority), '친밀성'(intimacy), '지위'(status), '연대(감)'(solidarity), '권력'(power) 등을 한국 사회의 문화적 특수성에 따라 정의내리지 않으며, 또 수많은 사회적 관계가 어떻게 이러한 개념들로 타당하게 범주화될 수 있는지를 설명하지 않는다. 앞서 언급하였다시피, Howell과 Hwang은 '지위'와 '친밀성'의 이분법이 추상적 수준에서는 한국어의 체계에도 적용될 수 있음을 보여주지만, 전체로서의 한국어 말단계 사용법의 주요한 특질들을 구체적 상황에서의 문화적 특성들에 따라 기술하지는 않고 있다.

앞선 연구들에서의, Dredge(1977)를 포함하여, 또 다른 약점은 수집된 자료 범위의 한계일 것이다. 다른 말로 하면, 이 연구들은 말단계 사용의 가능한 전체 범위를 한 개인의 사회적 관계의 전체 연망(network)에 따라 모두 망라하지는 않는다. 다른 연구들에 비해 Dredge(1977)는 자신의 현지조사 지역 내에서의 친척 간의 그리고 마을사람들 간의 언어행동을 관찰하기 위해 세심한 노력을 기울이지만, 여타의 상황, 가령 도시 지역에서 중요한 사회적 연망인 직장 세계에서

〈표 4〉 선행 연구에서의 말단계 결정의 사회적 요인들

연구자	Martin (1964)	Howell (1965)	Howell (1967)	Hwang (1975)	Dredge (1976)	Dredge (1977)
연구 대상 방언	표준 한국어	표준 한국어	표준 한국어	표준 한국어	표준 한국어	한 농촌마을의 전라방언
사회적 요인들	1. 외집단 여부 (outgroupness) 2. 지위(position) 3. 성별 차이 4. 연령 차이	1. 권위 (authority) 2. 친밀성 (intimacy)	1. 지위(status) (구체적으로 권위와 연령) 2. 연대(감) (solidarity) ┈┈┈┈ Ervin-Tripp (1972)의 해석 1. 등급(rank) 2. 연령 3. 연대(감)	1. 연대(감) 2. 권력 (power) 또는 권위 3. 연대(감)	1. 연령 2. 권력-권위 3. 사회적 지위 4. 친밀성	연령 친척관계 친밀성의 정도 혼인 지위 전통적인 계급 정체성
비고	(숫자는 상대적 중요성을 가리킴)	(숫자는 선택 과정의 순서를 가리킴)				

‘동료’들과 교환하는 존댓말 등에는 당연히 언급하지 않고 있다. 아마도 이러한 점에서 Dredge의 연구도 다른 연구들처럼 한국어 존댓말 체계의 일반적 틀을 기술하는 데서는 완전한 것이 되지 못할 것이다. 그러나 Dredge의 작업은 자신이 선정한, 제한된 언어공동체 내의 언어목록을 기술하는 데서는 매우 우수한 연구 성과를 산출한 것이 될 것이다.

이상과 같은 맥락에서 보면, 현재의 단계에서 필요한 작업은 한국어 존댓말 사용의 전체 범위를 문화 내적(emic) 체계의 시각에서 적절히 기술하는 것이 될 것이다. 앞선 연구들에서 보이는 불완전한 측면들을 보완하기 위해, 필자는 한국어의 말단계 사용을 결정짓는 사회적 관계의 분석적 범주들을 세 가지 기본 유형(즉, 친척관계, 직장 ‘동료’ 관계, 그리고 여타의 관계)으로 이해하고자 한다. 이 세 범주는 말단계 사용을 결정하는 사회적 요인들에서 서로 다를 뿐만 아니라, 그러한 사회적 요인들의 상대적 중요도의 순서에서도 서로 다를 것으로 믿어진다.

(사회언어적) 능력을 가진 성인 화자가 적절한 말단계를 선택하는 것은 기본적으로 두 가지 축에 따라 이루어질 것이다. 한 가지는 대화자들(interlocutors) 간의 ‘사회적 관계(social relationship)’일 것이고, 또 한 가지는 ‘사회적 상황(social situation)’일 것이다. Hymes(1972b)의 용어를 빌리면, 대화자들은 “참여자”(participants)가 될 것이고, 상황은 “특정한 장면으로서의 어떤 행사(또는 행위들)에 대한 심리적 배경이나 문화적 규정”(p. 60)으로 정의되는 “장면”(scene)이 될 것이다.

동일한 대화 참여자들이 선택하는 말단계는 사회적 상황에 따라 바뀔 수도 있다. 예를 들어, 절친한 친구 사이인 두 명의 교수가 통상적인 상황에서는 단계3이나 단계4의 말씨를 대칭적으로 사용하겠지만, 학술 세미나에 토론자로 함께 참여한다면 단계1의 말씨를 상호적으로 사용할 것이다. 이와 같은 말단계의 전환(switching)은 말할 것도 없이, 언어상황이 비격식적인 것에서 격식적인 것으로 바뀐 데에 연유할 것이다. “비격식적 상황”(informal situation)이란 일상적인 말(casual speech)을 사용하는 개인적이고 사적인 장면이고, “격식적 상황”(formal situation)은 비개인적이고 공적인 장면이다. 상황에 대한 이러한 이분법은, 일반적인 틀로는, "무대 후면"(backstage)과 "무대 전면"(frontstage)의 개념에도 대응할 것이다(Goffman 1959).[8] 격식적 상황의 전형적 예로는 공적인 회의, 강의, 설교, 방송 등과 같은, 모두 청중(audience)이 있는 것으로 특징지어지는 상황들을 들 수 있겠다. 이러한 격식적 상황에서 화자는 통상적으로 청중에 대해 단계1의 말씨를 선택하게 된다.

비격식적 상황에서 화자가 고려하는 첫 번째 '선택소'(selector)는 청자가 연령의 면에서 어른인지 어린이인지를 판별하는 것이다. 청자가 어린이라면 화자는 단계4를 선택할 것인데, 현대 한국 사회에서 어른과 아이의 구분은 일반적으로 고등학교를 졸업한 나이 정도를 그 기준으로 삼는다.

두 번째 선택소는 접촉과 친숙성(familiarity)의 추정된 정도에 따라, 성인 화자가 화자의 '아는 사람'(acquaintance) 집단에 속하는지, '(잘) 모르는 사람'(non-acquaintance)의 집단에 속하는지를 판별하는 것이다. 여기서 '아는 사람'이란, 단순하게 말하면, 화자가 이전에 두서너 번 정도 만난 적이 있는 사람을 가리킬 것이다. 그러나 '아는 사람'으로 분류되기 위해 실제로 몇 번의 만남이 필요한지는 개별 화자에 따라 상당히 다를 것이다. 통상적으로 낯선 사람은 '모르는 사람'이란 범주의 쉬운 예가 될 것이고, 아마도 한번 정도 이전에 조우한 사람은 '(잘) 모르는 사람'이 될 것이다.

'아는 사람'은 대화 참여자들 간의 사회적 관계의 범주(특히 상이한 '사회적 정체성'(social identity) (Goodenough 1965)이란 의미에서의)에 따라 크게 세 부류로 나뉠 수 있을 것이다. 첫 번째는 부변(paternal) 및 모변(maternal) 그리고 여타의 인척(affinal) 관계에 따른 친척들이다. 두 번째는 관공서나 회사, 공장, 학교, 군대 등과 같은 동일 직장에서 함께 일하는 직장 '동료'들의 범주이다. 세 번째는 가족이나 친척 그리고 직장 '동료'를 제외한, 개인적으로 친숙하게 접촉하는 여타 사람들의 범주인데, 대표적으로 이웃이나 학교 동창, 친구 등이 이에 해당할 것이다.

---

8) 무대 후면 또는 후면부(back region)는, Goffman에 의하면, "청중 중 아무도 침입해 들어오지 않을 것으로 연행자가 확신하며 기대하는 장소"(1959: 113)이고, 무대 전면 또는 전면부(front region)는 연행자 입장에서는 "연행을 보는 사람들에게 그 상황을 일반적이고 고정된 방식으로 규정하게끔"(*ibid* 22) 기능하는 장소를 일컫는다.

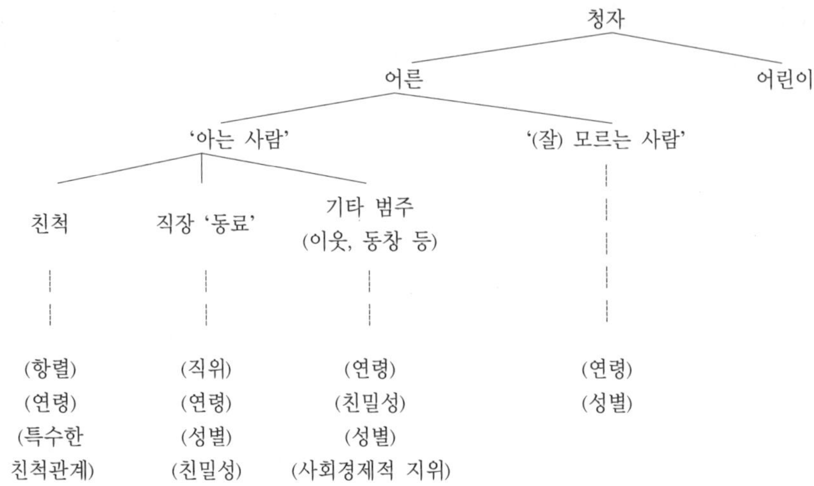

〈그림 2〉 청자의 구분 범주와 관련되는 사회적 요인

이상과 같은 세 범주의 '아는 사람'과 그리고 '(잘) 모르는 사람'에게 사용하는 말단계의 선택은, 아래의 〈그림 2〉에서 개략적으로 보이듯이, 상이한 사회적 요인들 및 그것들 간의 결합에 의해 일차적으로 영향을 받는 것으로 분석된다.

2) '교체규칙'의 예측 모형

위 〈그림 2〉에서 예시한 사회적 요인들의 일정한 결합에 의해, 우리는 개인 화자의 입장에서의 선택 과정을 보여주는 일종의 '예측 모형'(predictive model)을 만들 수 있을 것이다(Ervin-Tripp 1972 참조). 그러나 이 모형은 말단계의 선택을 완벽하게 예측하는 조건들을 모두 제시하지는 못할 것이다. 대신에 그것은 특정한 단계의 선택이 규범적으로 또는 이상적으로 수용 가능하고 적절한 것이 되는 일정한 조건들을 규정할 수 있을 것이다. 이러한 류의 모형에서 부호(codes)나 말의 형태(forms of speech) (즉, 여기서는 말단계)는 흔히 의존 변수(dependent variables)로, 그리고 사회적 요인들의 어떤 결합형(〈그림 2〉에서의 사회적 변수들)은 독립변수(independent variables)로 간주되어 왔다.

다음의 〈그림 3〉은 말단계의 선택을 설명하는 일종의 흐름도(flow chart) 식의 예측 모형이다.

아래의 〈그림 3〉에서 '아는 사람'의 범주에 속하는 '상당한 연령차로 젊음'이란, 청자가 화자보다 대략 15살 또는 20살 이상 젊은 것을 가리킨다. 따라서 60대 노인(남성)은 30대의 모르는 남성청자에게 단계2의 말씨를, 예의에 어긋난다는 느낌을 주지 않으면서도, 쓸 수 있을 것이다.

'친척' 범주 내에서의 존댓말 사용은 구체적인 친척관계에 따라 아주 명료히 결정된다. 한국 사회에서의 친척관계는 항렬(generation)과 연령의 차이에 의해 위계적으로 등급 지어지므로, 모든 친척관계는 개념상 수직적 관계가 된다. 동일 항렬 내에서는 연령의 기준이 또한 절대적이어서, 나이가 같은 방계 '형제들'(즉, 사촌이나 육촌 등)은 생일에 따라 위계적으로 등급 지어진다. 아마도 비교적 동등한, 유일한 관계는 남편과 아내 즉 부부 사이가 될 것이다.

친척 범주 내의 이러한 위계적 관계는 언어행동에 그대로 반영되므로, 친척 사이의 말단계 선택은 개별 친척관계에 따라 정확하게 예측될 수 있다. Dredge(1977: 157)도 이러한 사실을 정확하게 포착하여, 다음과 같이 진술한다. "… 친척관계(kinship)에 대한 한국 문화의 개념은 친척 간에 사용되는 말단계의 그것과 분리할 수 없도록 연결되어 있다---양자는 두 가지 구분되는 개념이기보다는 하나의 개념이다."

친척 간의 말씨 관계는 거의 모두가 비대칭적이다. 상위 항렬은 하위 항렬에게 단계4의 말씨를 쓰고, 하위 항렬은 상위 항렬에게 단계1의 말씨를 쓴다. 동일 항렬 내에서는 나이 차이에 따라, 연하자는 하위 항렬의 말씨를 쓰고 연상자는 상위 항렬의 말씨를 똑같이 쓴다. 부부간의 말씨 관계는 이상적으로는 서로 단계2를 채택하는 대칭적인 말씨이다. 그러나 실제에 있어서는 비대칭적인 말씨(즉, 남편이 낮추어 말하고 아내가 높여 말하는)를 주고받기도 하는데, 이 경우에 남편은 단계3이나 단계4를 쓰고 아내는 단계1이나 단계2를 쓴다. 또 어떤 부부는 서로가 단계3이나 단계4를 채택함으로써, 대칭적으로 말을 주고받기도 한다. 때로는 '조카'(el.Br.So.)가 '작은아버지/삼촌'(Fa.yo.Br.)보다 나이가 더 많은 경우에서처럼,

소위 '항렬과 연령의 전도 문제'(the generation-age inversion problem)가 발생한다. 그러나 이 경우에도 말단계 사용의 이상적 유형은, '작은아버지/삼촌'이 단계3이나 단계4를 채택하고 '조카'가 단계1을 선택하는, 비대칭적인 말씨가 된다.

혼인을 한 사람은 배우자의 친척과 관련하여서는, 일반적으로 자신의 배우자가 해당 친척에 대해 갖는 지위와 동일한 지위를 갖는 것으로 생각된다. 예를 들어, 혼인을 한 남자가 자신의 아내의 '오빠'보다 실제로는 나이가 더 많을지라도, 자신의 '손위 처남'에게는 말을 높인다. 그러나 이러한 일반적 규칙에 대한 예외는 '(혼인에 의해 맺어진) 인척 간에 성별이 다름'이라는 범주에 속하는 관계에서 나타난다(즉, '제수'(yo.Br.Wi)라든지 '시동생'(Hu.yo.Br.), 또는 '처제'(Wi.yo.Si), '제부'(yo.Si.Hu.) 등). 이 예외적 관계에서는 모두 단계1을 사용하는 대칭적 말씨를 서로 주고받는다. 또 다른 흥미로운 사례는 아마도, 부모가 자신의 아들, 딸에게는 단계4의 말씨를 쓰지만, '사위'(Da.Hu.)에게는 단계3의 말씨를 쓰는 것이 될 것이다.

한국 사회에서는 동일한 직장에 함께 근무하는 사람들도 직위에 따라서 상위자와 하위자로 위계적으로 등급 지어진다. 따라서 앞의 〈그림 2〉에서의 '직장 '동료''의 범주가, 〈그림 3〉에서는 '등급(또는 직위) 표지 환경'(rank-marking setting)으로 재명명된다. 여기서의 '등급'이란 말할 것도 없이, 직장 내에서의 위계 즉 '직위'를 가리킨다. '등급 표지 환경'의 범주에서는, 마치 친척관계에서 '항렬'의 차이가 '연령'의 차이를 우선하듯이, 말단계의 선택에서 '등급'(또는 '직위')의 차이가 '연령'의 요인보다 우선하게 된다. 그러나 이 '등급 표지 환경'과 다음의 '기타 범주'에서는, 두세 살 정도의 나이 차이는 '상대적인 동일 연령층'으로 간주될 것이다. 다시 말하여 '등급 표지 환경'과 '기타 범주'에서의 연령 기준은, '친척' 범주에서의 절대적인 연령 기준과는 달리, 상대적인 연령 기준이 된다.

직장에서 직위상 하위자는 상위자에게 단계1로써 말을 높인다. 그러나 상위자가 하위자에게 사용하는 말단계는 그리 간단하지가 않은데(가령, 국장이 과장에게, 교장 선생이 평교사에게, 사장이 직원에게 등), 그 이유는 이 경우의 말씨가 친척 범주에서처럼 그렇게 명료하게 정해지지 않기 때문이다. 수집된 자료에 의하면, 네 단계의 말씨 모두가 이 경우에 사용될 수 있는데, 구체적인 선택은 화자의 인품 또는 성격이나 해당 언어상황에 따라서 주로 이루어지는 것 같다. 전체적으로 보아, 단계2의 선택이 가장 적절하고 또 가장 일반적인 것으로 받아들여지는 것 같다.

'등급 표지 환경'에서도 이른바 '등급과 연령의 전도 문제'(the rank-age inversion problem)가 발생할 수 있다. 그런데 현재의 한국 사회에서는, 이 경우에 등급의 요인이 연령의 요인보다 더 중요하게 작용하는 것으로 보인다. 여기서 한 가지 흥미로운 사실은, 등급 즉 직위에서 차이가 날 경우, 화자가 선택할 수 있는 말단계의 범위 면에서 두 사람은 서로 다른 선택폭을 가지고 있다는 점이다. 즉, 직위상 하위자는 단계1을 주로 선택하는 경향을 보이는 데 반해, 상위자는 단계2 외에 다른 단계의 말씨도 사용할 수 있는 것이다.

여기서 한국어 말단계의 선택 과정에 대한 설명을 잠시 멈추고, Brown과 동료 연구자들이 제안한 '연대(감)'(solidarity)과 '친밀성'(intimacy)의 개념을 좀 더 검토해 보기로 하자. 기본적으로 Brown과 Ford(1964)는, Brown과 Gilman(1960)이 유럽어 대명사 사용법을 설명하기 위해 제안한 '권력'과 '연대(감)'라는 용어쌍을, 그들의 미국 호칭어 연구에서 '지위'와 '친밀성'이라는 용어쌍으로 재명명하였다.[9] 그리하여 '연대(감)'와 '친밀성'이라는 표현은 동일한 의미를 내포하는 것으로 보이고, 또 실제 유사한 주제의 연구에서 이 두 용어는 상호 교체적으로 사용되어 왔다.

그런데 Howell(1967: 133)은 이 두 개념을 다음과 같이 구분 짓는다. 즉, '연대(감)'는 유럽에서 "엄격한 계급 경계를 가로지르는 이동성이 제한되었을" 때의(Brown and Gilman 1960 참조) 친숙한 표현(familiar expression)의 토대였고, 따라서 그것은 "공통의 계급 성원권"에 기반한 것이었다. 반면에 '친밀성'은 "산업화가 상향 이동성의 가능성을 증대시킨" 후의(Brown and Ford 1964 참조) 친숙성

---

9) Brown과 Gilman(1960)은 '연대(감)'에 대한 개념 정의를 제시하지는 않는다. 그러나 Brown과 Ford(1964: 236)는 '친밀성'에 대해 다음과 같이 설명한다. "친밀성을 만드는 으뜸 요인은 공유하는 가치관(친척관계나 같은 직업, 같은 성별, 같은 민족 배경 등이나 또는 어떤 공동의 운명에서 연원하는)과 빈번한 접촉인 것으로 보인다."

(familiarity)의 토대를 가리키는 것이므로, 그것은 "공유하는 가치관, 공유하는 경험, 개인적 공존성"에 기반하는 것으로 본다.

이 점과 관련하여 한국어 존댓말 체계의 분석에 보다 유용한 제안은 Ervin-Tripp(1972)에게서 찾아진다. 즉 Ervin-Tripp에 의하면, "한국어 체계에서는 친밀성과 연대(감)가 구분될 수가 있다"(1972: 225). 그러나 Ervin-Tripp은 이 두 용어를 더 이상 구체적으로 정의 내리지는 않는다. 그렇지만 "연대(감)의 관계란, 미국의 호칭어 체계에서 지위가 같은 동료들 사이에서 개인적 관계와는 무관하게 만들어지듯이, 지위로부터 연원하는 것이다. (한국어 체계에서는) 연대(감)의 관계 내에서 친밀성을 알리는 보다 친숙한 호칭 형태들이 있다."(1972: 224)라고 할 때, Ervin-Tripp은 이 두 개념을 서로 구분지어 사용함을 알 수 있다. 결국 Brown과 Ford(1964)에서 보다 일반적인 개념인 '친밀성'이, Ervin-Tripp에서는 덜 친숙함의 '연대(감)'와 보다 친숙함의 '친밀성'으로 나뉘어지는 것 같고, 그리고 이러한 구분은 이 글에서 시도하는 한국어 체계의 기술에서도 매우 유용한 것으로 생각된다.

가까운 개인적 관계와 잦은 접촉으로 특징지어지는 친밀성(그것의 좁은 의미에서의)의 관계에 있는 청자는, 〈그림 3〉에서 '가까운 동료', '친구', '친한 사이'와 같은 선택소들로 분류된다. '등급 표지 환경'에서 '동일 직위', '상대적인 동일 연령층', '성별이 같음'의 특질을 공유하는 화자와 청자는, 서로 간의 관계가 연대(감)의 관계인지 아니면 친밀성의 관계인지에 따라 말단계를 달리 선택할 것이다. 즉, 화자와 청자의 관계가 연대(감)의 관계라면, 그들은 '사회적 거리'(social distance)를 나타내는 단계1이나 단계2를 상호적으로 채택할 것이다. 그러나 두 사람이 친밀성의 관계에 있다면, 보다 친숙한 형태인 단계3이나 단계4를 대칭적으로 사용할 것이다.

아래의 담화 예는 나이와 직위가 상대적으로 동일 범주에 속하는 신문사에 근무하는 두 동료 사이의 대화 예이다. 두 사람은 처음에는 '-아' 형태를 상호적으로 주고받음으로써 친밀성의 관계를 보여준다. 그러나 뒤에서는 '-요' 형태를 상호 교환함으로써 일종의 연대(감)를 상징하는 관계로 두 사람 간의 관계가 바뀌

고 있음을 볼 수 있다(이호철 1971: 67-68).

A: "쓸만한 기사가 아직 많은가 보군."	('-아' 형태)
B: "음, 다 되었는데 조금만 기다리지..."	('-아' 형태)
A: "오는 토요일에 또 모이기로 했는데 별 지장은 없겠지."	('-아' 형태)
B: "뭐, 사월회 말이요?"	('-요' 형태)
"그래 이번 총회에서의 안건은 뭐요?"	('-요' 형태)
A: "우선 임원 개선인 모양입니다."	('-ㅂ니다'형태)
"일을 떠맡은 몇 사람만 짐이 무겁다는 얘기니까요."	('-요' 형태)

한국 사회에서 친구 관계는 연령에 따라 엄격하게 등급화되고 또 성별에 의해 엄격하게 제한된다. 어떤 사람이 자신(ego)보다 '상대적 연상층'이거나 또는 '상대적 연하층'(실제로는 두서너 살 정도의 나이 차이)이면, 그는 나(즉, 자신(ego))의 친구가 될 수 없다. 따라서 가까운 친구 관계는 대체로 과거의 급우(특히 고등학교의 급우) 사이이거나 아니면 유년기의 동무 사이에서 만들어진다. 때로는 〈그림 3〉에서의 '등급 표지 환경' 내의 '가까운 동료'가 '기타 범주' 내의 '친구'가 될 수도 있다. 일반적으로 보아 친구 사이에서는 노년층들은 주로 단계3을 주고받고, 젊은 층에서는 주로 단계4를 주고받는다.

만일 두 사람이 연령층의 면에서는 서로 다른 연령층에 속하지만 개인적 관계가 '친밀성'으로 규정될 만큼 가깝다면, 이 두 사람은 〈그림 3〉에서 '친한 사이'로 분류될 것이다. 현대 한국 사회에서 '친한 사이'의 좋은 예로는 가까운 이웃이나 같은 학교의 가까운 선후배 등을 들 수 있을 것이다. 이 '친한 사이'와 '친구'(그리고 아마도 '가까운 동료')의 범주는 언어행동에서도 서로 차이가 난다. 즉, '친구' 간의 말씨와는 달리, '친한 사이'의 말씨 관계는 연령의 요인에 따라 비대칭적이 되는데, 나이가 많은 사람은 단계3이나 단계4를 선택하여 말은 낮추고, 나이가 적은 사람은 단계1을 선택하여 말을 높이게 된다.

친밀성의 요인과 관련하여 한국어 체계가 갖는 특수성은 "발달적 변화(developmental changes)" (Howell 1967)의 면에서도 또한 드러난다.[10] 만약 두 사

10) Howell(1967: 55)의 개념 규정에 따르면, '발달적 변화'란 "어떤 쌍대적 관계에서 변화

람이 동일한 연령층이라면, “이상적으로는” 상호적인 단계1의 사용에서 두 사람 간의 친밀성의 증가와 함께, 상호적인 단계3이나 단계4의 말씨로 바뀔 것이다. 그러나 실제로는 이러한 변화의 사례가 매우 드문데, 그 이유는 동일 연령층에 속하는 것이 한국 사회에서는 매우 제한되기 때문이다. 따라서 발달적 변화의 기본 유형은 통상적으로 대칭적인 단계1의 사용에서 단계1과 단계3, 4의 비대칭적 말씨로 바뀌는 것이 된다. 즉, 친숙성(familiarity)의 증가와 함께, 상호적으로 단계1을 쓰는 ‘거리’와 ‘격식성’의 말씨 관계가, 비대칭적으로 단계1과 단계3, 4를 쓰는 ‘친밀성’과 ‘지위(주로 연령) 차이’의 말씨 관계로 바뀌는 것이다. 한국 사회의 이 발달적 변화의 유형은 “상호적 TLN의 사용 → TLN과 FN의 비호혜적 사용 → 상호적 FN의 사용”이라는 미국 호칭어의 모형(Brown and Ford 1964: 241)과는 분명한 대조를 이룰 것이다.

다음으로 이 글에서 좁게 규정된 ‘친밀성’과 ‘연대(감)’의 요인이 ‘친척’ 집단의 범주에서는 어떻게 적용되는지를 간략히 검토해 볼 필요가 있겠다. Brown과 Gilman(1960: 260)의 연구에 의하면, 소위 “연대(감)의 의미관계”(solidarity semantic)가 확장됨으로써, 유럽 사회에서는 ‘누구의 아버지’라는 관계가 ‘누구의 동일 가족’이라는 관계로 재해석 되었고, 그리하여 부자간의 T와 V의 교환이라는 비대칭적인 말씨 관계가 T를 서로 주고받는 대칭적인 말씨 관계로 바뀌었다. 물론 좁은 의미에서의 연대(감)와 친밀성이 특정한 친척관계의 구조적 특성에 의해 반드시 조건화되는 것은 아니겠지만, 우리는 일반적으로 가족 성원이나 가까운 친척들 사이에서 친밀성 또는 연대(감)가 분명히 발달해 있는 것으로 상정할 수 있을 것이다. 그러나 수집된 자료의 분석에 의하면, 친척 간의 언어행동은, 적어도 적절한 말단계의 선택 면에서는, 이 두 요인이 영향을 미치지 못하는 것으로 나타난다. 앞서 이미 살펴본 대로, 친척 범주에서의 말단계 선택은 어디까지나 태어나면서부터 정해지는 항렬이나 연령 그리고 특정한 친척관계 같은 요인들에 의해서만 결정되는 것으로 분석된다.

하는 사회적 관계의 함수로서, 시간이 지나면서 일어나는 언어행동 유형상의 비교적 영속적인 변화”를 가리킨다.

3) 말단계 사용의 종합적 구조

한국어 존댓말 체계의 일반적 특성을 적절하게 이해하려면, 여기서 말단계 사용의 또 다른 측면을 생각해 볼 필요가 있을 것이다. 문제의 핵심은 화자들의 언어행동이 언어형태와 관련되는 사회적 변수(즉, 말단계의 선택과 관련되는 사회적 관계 및 사회적 상황) 간의 정확한 상관관계에 따라서 항상 예측할 수 있는 것이 아니라는 점이다. 실제의 언어행동이란 어떤 정연화된 규칙의 틀 내에서만 반드시 일어나는 것이 아니기 때문이다.

Keenan(1971)은 자연 언어에서의 전제(presupposition)의 개념을 다루면서, "화용적 전제"(pragmatic presupposition)라는 개념을 제안하는데, 그것은 "논리적 전제"(logical presupposition)와 대비되는 것이다. 즉, '논리적 전제'란 "기층 구조(base structures)와 세계와의 관계"로 규정되는 것인 데 비해, '화용적 전제'는 "발화와 그것의 맥락(context) 사이의 관계"로 규정된다(p. 51). 여기서 맥락이란 어떤 문화적으로 규정되는 조건이나 상황을 가리키는 것이고, 그렇게 규정된 조건은 문장의 전제가 될 것이다.

그렇다면 한국어에서의 말단계의 사용은 기본적으로 Keenan이 말하는 '화용적 전제'에 기반하는 것이 될 것이다. 즉, 화용적 전제가 특정한 말단계의 선택에서 충족된다면, 화자는 청자에 대한 언어적으로 표지되는 존경이나 낮춤을 전달하는 데서 성공하는 것이 될 것이다. 그러나 그 전제가 충족되지 않는다면, 화자의 언어사용은 자신의 의도와는 무관하게, 해당 말사례에서 '모욕'이나 '농담' 등으로 해석될 것이다. 따라서 말단계 사용의 종합적 구조는 앞의 〈그림 2〉와 연결되어, 다음의 〈그림 4〉와 같이 다시 정리될 수 있을 것이다.

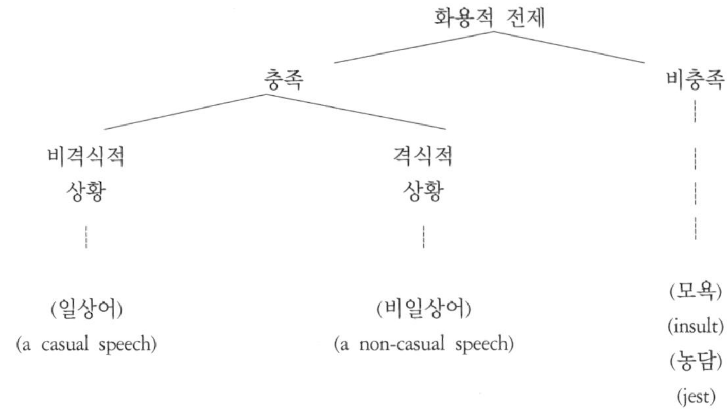

〈그림 4〉 말단계 사용의 종합적 구조

4. 요약 및 결론

이 글은 한국어 말단계 사용의 쌍대적인(즉, 두 사람 간의) 상호작용의 유형에 주로 초점을 맞춘 것이었고, 따라서 여기서의 기본 가정은 어떤 (언어사용의) 쌍대 관계에서 개인 간 관계(interpersonal relationships)의 총체에 의해 결정되는 기본 유형이 존재한다는 것이었다. 다시 말해, 개별 화자에게 이용 가능한 등가의 언어형태들이 주어진다면, 그 화자는 기본적으로 사회적 관계의 본질에 의거하여 그것이 상징적으로 표현되는 적절한 언어형태를 선택할 것이라는 가정이었다.

또 이 연구는 한국어 말단계 사용의 전체 범위를 그것의 문화 내적 체계에 따라 적절히 기술하려는 목적에서, 말단계 선택에 영향을 미치는 사회적 관계들을 크게 세 부류, 즉 '아는 사람들'의 집단을 (1) 친척과 (2) 직장 '동료' 그리고 (3) 기타의 범주로 나눌 수 있음을 제안하였다. 뿐만 아니라 이 세 부류의 사회적 관계의 연망은 말단계 사용을 결정하는 사회적 요인들에서 서로 다를 뿐 아니라, 이들 사회적 요인들의 상대적인 중요도의 면에서도 서로 다름을 밝히고자 하였다.

한국어의 존댓말 체계는, 유럽어의 대명사 체계 그리고 미국의 호칭 체계와 비교하였을 때, 매우 복잡한 편이다. Brown과 동료 연구자들이 유럽어의 대명사 사용법과 미국의 호칭어 사용법을 설명하기 위해 제안한, '지위'와 '친밀성'이라는 두 가지 사회적 차원이 일반적 수준에서는 한국어의 체계에도 적용 가능할 것이다. 그러나 이 글에서의 분석에 의하면, 지위와 친밀성이라는 두 차원의 구성 성분 및 그것의 기능면에서는 서로 다른 것으로 나타난다. 즉, 한국어의 체계에서는 친척 집단에서는 '항렬'과 '연령'의 요인이, 직장 '동료'의 집단에서는 '직위'와 '연령' 그리고 '성별'의 요인이, 기타 범주에서는 '연령'과 '성별' 그리고 '사회경제적 지위'의 요인이, 그리고 '(잘) 모르는 사람'의 범주에서는 '연령'과 '성별'의 요인이, 각기 '지위'라는 일반적 차원을 구성하는 성분들인 것으로 요약할 수 있겠다.

한국어 체계의 또 다른 주요 특성은 '친밀성'의 차원에 관한 것이 된다. 한국어 체계에서는 친밀성이라는 일반적 개념이 친숙성의 정도에 따라 (좁은 의미에서의) '친밀성'과 '연대(감)'로 나뉠 수 있다. 그렇지만 친밀성이 있다고 해서 말씨 관계가 반드시 대칭적인 유형으로 만들어지는 것은 아니다. 오히려 서양 사회의 호칭 체계와는 대조적으로, 친밀성이 증가함에 따라 말씨 관계는, 연령 차이가 있을 경우, 대칭적인 것에서 비대칭적인 것으로 "발달적으로" 변화하게 된다. 뿐만 아니라 이 글에서의 자료에 의하면, 친밀성의 요인이 친척의 범주에서는 말단계의 선택 결정에 아무런 영향도 미치지 못하는 것으로 나타난다.

이 연구는 (사회언어적) 능력을 갖춘 대부분의 한국어 화자들이 일반적으로 공유하는, 현대의 일상적인 표준 한국어에서의 존댓말 사용의 이상적 유형을 발견하려고 한 것이었다. 이 연구에서 제시한 한국어 말단계 체계의 기본 개요는, 부분적인 지리적 그리고 사회적 변이는 있을지 몰라도, 대체로 모든 다른 언어상황들에 맞아 들어갈 것으로 생각된다.

이 연구는 상호작용적 말씨 관계에 따른 '교체규칙'을 일차적으로 기술한 것이었다. 그러나 한국어의 말단계 체계를 '사회언어적 규칙'의 시각에서 적절히 그리고 전면적으로 기술하고자 한다면, 차후의 연구는 두 가지 다른 '규칙들'을 또한 다루어야 할 것이다. 한 가지는 '전환규칙(switching rules)', 즉 동일한 대화 참여자들 간에 일어나는 말단계 선택의 일시적인 변화를 설명하는 규칙이 될 것이다. 정태적인(static) 시각에서는, 이미 우리가 분석한 것과 같은, 개인 상호간의 관계의 총체에 의해 결정되는 '교체규칙'을 발견할 수 있을 것이다. 그러나 역동적(dynamic) 시각에서는, 사회적 상황의 변화나 담화 화제의 변화 등에 의해 야기되는, '전환규칙'을 우리는 또 발견할 수 있을 것이다.

또 한 가지는 '말단계'의 선택이 '호칭어'와 '대명사'('1인칭 대명사' 및 '2인칭 대명사')의 결정에 영향을 미치는, 소위 '공기규칙'이 될 것이다. 호칭어와 1인칭 대명사 및 2인칭 대명사의 사용이 말단계의 사용보다는 덜 체계적이기는 하지만, 이 세 부류의 언어형태는 모두 '청자 존대법'이라는 동일한 기능을 수행하고 있다. 따라서 말단계와 호칭어, 대명사의 선택은 공기적인 제약(co-occurrence constraint)의 틀에 따라서 체계적으로 기술될 수 있을 것이다.

이상에서 논의한 세 종류의 규칙은 한국어 말단계 체계의 '사회언어적 규칙'을 구성할 것이고, 그리고 이 세 가지 규칙은 한국어 존댓말의 핵심 영역인 청자 존대법의 보다 완전한 범역을 보여줄 것으로 기대된다.

√참고문헌

고영근, 1974, "현대 국어의 존비법에 대한 연구," 『어학 연구』 10(2): 66-91.

김민수, 1973, 『국어 문법론』, 서울: 일조각.

박종화 외 편, 1959, 『한국 문학 전집 33: 희곡집 하』, 서울: 민중서관.

이근삼, 1971, 『제18 공화국』, 서울: 을유문화사.

이근삼 편, 1978, 『한국 명 희곡선』, 서울: 현암사.

이호철, 1971, 『사월과 빙원』, 서울: 을유문화사.

______ 1976, 『자유 만복』, 서울: 서음출판사.

정을병, 1971, 『도피 여행』, 서울: 을유문화사.

차범석 편, 1973, 『새마을 연극 희곡 선집』, 서울: 세운문화사.

최현배, 1959, 『우리말본』, 서울: 정음사.

허 웅, 1969, 『표준 문법』, 서울: 신구문화사.

Blom, Jan-Petter and John Gumperz, 1972, "Social Meaning in Linguistic Structures: Code-Switching in Norway," in John Gumperz and Dell Hymes (eds.), *Directions in Sociolinguistics: The Ethnography of Communication*, pp. 407-434, New York: Holt, Rinehart, and Winston, Inc.

Brown, Roger and Marguerite Ford, 1964(orig. 1961), "Address in American English," in Dell Hymes (ed.), *Language in Culture and Society: A Reader in Linguistics and Anthropology*, pp. 234-244, New York: Harper & Row.

Brown, Roger and Albert Gilman, 1960, "The Pronoun of Power and Solidarity," in Thomas A. Sebeok (ed.), *Style in Language*, pp. 253-276, Cambridge, Mass.: The M.I.T. Press.

Chang, Suk-Jin, 1973, *A Generative Study of Discourse: Pragmatic Aspects of Korean with Reference to English*, Seoul: Language Research Institute, Seoul National University.

Dredge, C. Paul, 1976, "Social Rules of Speech in Korean: The Views of a Comic Strip Character," *Korea Journal* 16(1): 4-14.

______ 1977, "Speech Variation and Social Organization in a Korean Village," Unpublished Ph. D. Dissertation, Harvard University.

Ervin-Tripp, Susan, 1964, "An Analysis of the Interaction of Language, Topic and Listener," *American Anthropologist* 66(6, part 2): 86-102.

______ 1969, "Sociolinguistics," in L. Berkowitz (ed.), *Advances in Experimental Social Psychology*, vol. 4, pp. 91-165, New York: Academic Press.

______ 1972 "On Sociolinguistic Rules: Alternation and Co-occurrence," in John Gumperz and Dell Hymes (eds.), *Directions in Sociolinguistics: The Ethnography of*

Communication, pp. 213-250, New York: Holt, Rinehart, and Winston, Inc.

Fischer, John, L., 1964(orig. 1958), "Social Influences on the Choice of a Linguistic Variant," in Dell Hymes (ed.), *Language in Culture and Society: A Reader in Linguistics and Anthropology*, pp. 483-488, New York: Harper & Row.

Friedrich, Paul, 1966, "Structural Implications of Russian Pronominal Usage," in William Bright (ed.), *Sociolinguistics: Proceedings of the U.C.L.A. Sociolinguistic Conference*, pp. 214-253, The Hague: Mouton.

______ 1972 "Social Context and Semantic Feature: The Russian Pronominal Usage," in John Gumperz and Dell Hymes (eds.), *Directions in Sociolinguistics: The Ethnography of Communication*, pp. 270-300, New York: Holt, Rinehart, and Winston, Inc.

Garvin, Paul and S. H. Riesenberg, 1952, "Respect Behavior on Ponape: An Ethnolinguistic Study," *American Anthropologist* 54: 201-220.

Geertz, Clifford, 1960, *The Religion of Java*, New York: The Free Press.

Geertz, Hildred, 1961, *The Javanese Family*, New York: The Free Press.

Goffman, Erving, 1959, *The Presentation of Self in Everyday Life*, Garden City, New York: Doubleday & Company, Inc.

Gonda, J., 1948, "The Javanese Vocabulary of Courtesy," *Lingua* 1: 333-376.

Goodenough, Ward, 1965, "Rethinking 'Status' and 'Role': Toward a General Model of the Cultural Organization of Social Relationships," in F. Praeger (ed.), *The Relevance of Models for Social Anthropology*, pp. 1-24, London: Tavistock Publications.

Gumperz, John, 1968, "The Speech Community," in David L. Sills (ed.), *International Encyclopedia of the Social Sciences*, vol. 9, pp. 381-386, New york: The Macmillan Company.

______ 1972, "Introduction," in John Gumperz and Dell Hymes (eds.), *Directions in Sociolinguistics: The Ethnography of Communication*, pp. 1-25, New York: Holt, Rinehart, and Winston, Inc.

Howell, Richard, 1965, "Linguistic Status Markers in Korean," *Kroeber Anthropological Society Papers* 33: 91-97.

______ 1967, "Linguistic Choice as an Index to Social Change", Unpublished Ph. D. Dissertation, University of California, Berkeley.

______ 1968, "Linguistic Choice and Levels of Social Change," *American Anthropologist* 70: 553-559.

Howell, R. W. and J. Klassen, 1971, "Contrasting du/Sie Patterns in a Mennonite Community," *Anthropological Linguistics* 13(2): 68-74.

Hwang, Juck-Ryoon, 1975, "Role of Sociolinguistics in Foreign Language Education with Reference to Korean and English Terms of Address and Levels of Deference,"

Unpublished Ph. D. Dissertation, The University of Texas, Austin.

Hymes, Dell, 1962, "The Ethnography of Speaking," in T. Gladwin and W. Sturtevant (eds.), *Anthropology and Human Behavior*, pp. 13-53, Washington, D.C.: Anthropological Society of Washington.

______ 1971 "Sociolinguistics and the Ethnography of Speaking," in Edwin Ardener (ed.), *Social Anthropology and Language*, pp. 47-93, London: Tavistock Publications.

______ 1972a, "On Communicative Competence," in J. B. Pride and J. Holmes (eds.), *Sociolinguistics*, pp. 269-293, London: Penguin.

______ 1972b, "Models of Interaction of Language and Social Life," in John Gumperz and Dell Hymes (eds.), *Directions in Sociolinguistics: The Ethnography of Communication*, pp. 35-71, New York: Holt, Rinehart, and Winston, Inc.

Jakobson, Roman, 1960, "Conclusion Statement: Linguistics and Poetics," in Thomas A. Sebeok (ed.), *Style in Language*, pp. 350-377, Cambridge, Mass.: The M.I.T. Press.

Jones, O. F., 1965, "The Pronouns of Address in Present-Day Icelandic," *Scandinavian Studies* 37: 247-258.

Keenan, Edward, 1971, "Two Kinds of Presupposition in Natural Language," in Charles Fillmore and D. Terence Langendoen (eds.), *Studies in Linguistic Semantics*, pp. 45-52, New York: Holt, Rinehart, and Winston, Inc.

Kroskrity, Paul, 1978, "Aspects of Syntactic and Semantic Variation in the Arizona Tewa Speech Community," *Anthropological Linguistics* 20: 235-257.

Labov, William, 1964, "Phonological Correlates of Social Stratification," *American Anthropologist* 66(6, part 2): 164-176.

Lambert, W. E., 1967, "The Use of Tu and Vous as Forms of Address in French Canada: A Pilot Study," *Journal of Verbal Learning and Verbal Behavior* 6: 614-617.

______ 1969, "Some Current Psychological Research: The Tu-Vous and Le-La Studies," in Jaan Puhvel (ed.), *Substance and Structure of Language*, pp. 83-98, Berkeley: University of California Press.

Loeb, E. M., 1944, "Javanese Word Formation, High and Low," *JAOS* 64: 113-126.

Martin, Samuel, 1964, "Speech Levels in Japan and Korea," in Dell Hymes (ed.), *Language in Culture and Society: A Reader in Linguistics and Anthropology*, pp. 407-412, New York: Harper & Row.

Mitchell-Kernan, Claudia, 1972, "Signifying and Marking: Two Afro-American Speech Acts," in John Gumperz and Dell Hymes (eds.), *Directions in Sociolinguistics: The Ethnography of Communication*, pp. 161-179, New York: Holt, Rinehart, and Winston, Inc.

Mitchell-Kernan, Claudia and Keith Kernan, 1973, "A Sociolinguistic Approach to the

Relations between Language, Society, and the Individual," in Laura Nader and Thomas Maretzki (eds.), *Cultural Illness and Health: Essays in Human Adaptation*, pp. 104-114, Washington, D.C.: American Anthropological Association. (Anthropological Studies No. 9)

______ 1975, "Children's Insults: America and Samoa," in Mary Sanches and Ben Blount (eds.), *Sociocultural Dimensions of Language Use*, pp. 307-315, New York: Academic Press.

Pittman, R. S., 1948, "Nahuatl Honorifics," *International Journal of American Linguistics* 14: 226-239.

Rubin, John, 1968, "Bilingual Usage in Paraguay," in Joshua Fishman (ed.), *Readings in the Sociology of Language*, pp. 512-530, The Hague: Mouton.

Sankoff, G., 1972(orig. 1971), "Language Use in Multilingual Societies: Some Alternative Approaches," in J. Pride and J. Holmes (eds.), *Sociolinguistics*, pp. 33-51, London: Penguin.

Slobin, D., 1963, "Some Aspects of the Use of Pronouns of Address in Yiddish," *Word* 19: 193-202.

Slobin, D., S. H. Miller and L. W. Pater, 1968, "Forms of Address and Social Relations in a Business Organization," *Journal of Personality and Social Psychology* 8: 289-293.

Vogelin, C. F., 1960, "Casual and Noncasual Utterances within Unified Structure," in Thomas A. Sebeok (ed.), *Style in Language*, pp. 57-68, Cambridge, Mass.: The M.I.T. Press.

Wang, Hahn-Sok, 1979, "Sociolinguistic Rules of Korean Honorifics," 『인류학논집』 5: 91-118.

6 장
단기사병 언어공동체의 존댓말 사용 양상: 이상적 규범과 실제적 변이상*

김주관

1. 서 론

한국어의 존댓말은 다른 언어권에서는 잘 나타나지 않는 독특한 언어 현상으로 언어학적으로 많은 주목을 받아왔다. 어휘적으로뿐만 아니라 형태적으로도 표현되는 정교한 존댓말 체계는 한국어 문법체계 내의 통합적 일부분으로서 일찍이 그 중요성이 인식되어 국어학의 주요 연구주제로 자리매김해왔다. 지금까지 논의된 존댓말에 대한 연구는 한국어 문법기술이란 측면에서 접근한 일반언어학적 연구와 존댓말 사용의 측면에서 접근한 사회언어학적 연구로 크게 구분될 수 있다. 일반언어학의 연구들은 그 시각에 따라 전통문법의 틀에서의 연구, 변형생성문법의 틀에서의 연구 및 화용론적 연구로 세분될 수 있지만(이정민 1982; 국어학 분야의 연구 성과는 부분적이지만 김종훈 1984 참조), 이러한 연구들은 언어형태의

* 이 논문은 필자의 학위논문 "존댓말 사용의 이상적 규범과 실제적 변이상: 단기사병의 언어공동체를 중심으로"(김주관 1989)를 수정・보완한 것이다.

기술에 중점을 둠으로써 존댓말 행위의 사회적 요인에 대한 탐구는 논외로 하고 있으며,[1] 무엇보다도 방법론적인 측면에서 경험적 자료에 근거하고 있지 않다는 한계를 갖는다.

이와 비교할 때 사회언어학적 연구는 상대적으로 적어 Martin(1964), Howell(1967), Hwang(1975), Dredge(1977), Choi(1978), Song-Bradford(1979), Wang(1979, 1984) 등이 있을 뿐이다.

이 연구들은 존댓말 사용을 결정하는 사회적 요인들을 찾아내고 이들이 말단계의 결정에 관여하는 양상들을 보여주고 있다. 그러나 Dredge(1977)와 Wang(1984)의 논문을 제외하고는 자료수집 상의 방법론적 문제를 안고 있는 것으로 보인다. 즉 이들의 자료는 연구자의 직관적 판단이나, 인위적으로 고안된 상황, 혹은 전체 사회로부터 수집된 단편적인 언어사실 등에 의존하고 있다는 것이다. 이들의 연구에서 민족지적 접근법의 결여는 실제 생활 속에서 존댓말이 갖는 중요성 및 말행위와 다른 사회문화체계와의 상호관계를 적절히 보여 주지 못하고 있다. Dredge(1977)와 Wang(1984)은 존댓말 행위가 한 언어공동체의 전면적인 사회문화적 체계의 일부분으로 인식하고 말행위를 민족지적 맥락 속에서 다루고자 하는 시도로 인류학적 현지조사에 기초하고 있다. 이들의 접근법이 갖는 중요성은 존댓말 사용의 적절한 사회적 맥락을 고려하고 있다는 점이다. 그러나 아직 한국 존댓말 행위에 대한 이와 같은 경험적인 연구는 극히 소수이며, 이러한 연구도 전통적인 농촌 촌락사회가 아닌 다른 성격의 언어공동체에서 일어나는 말행위의 연구로 확대되어야 할 필요가 있다.

본 연구는 이러한 기존 연구의 한계를 보완하고자 하는 시도로, 언어 및 사회문화적 지식을 공유하고 있는 특정 언어공동체-단기사병[2]으로 구성되는 특수 언어

1) 화용론적 연구에서 말단계를 나뉘게 하는 사회적 요인들을 다루고 있지만(Lee, H.B. 1970; Chang 1973; Lee, C.M. 1974), 심층의 자질들이 사회적 요인에 따라 어떻게 표출되는가의 문제는 체계적으로 다루지 않고 사회언어학적 연구의 영역으로 유보시켜 놓고 있다.

2) 단기사병은 소위 방위병으로 불리는 보충역 입영자들로 통상 오전 8시까지 군부대에 출근하여 오후 5시에 퇴근하며, 토요일은 12시 퇴근, 일요일 및 공휴일은 휴무하는 근무형태를 가진다. 따라서 이들의 생활주기는 군대사회와 시민사회라는 양극단을 오가는

공동체—내의 존댓말 사용에 대한 민족지적인 기술을 그 목적으로 한다. 즉 한 언어공동체에서 실제로 일어나는 말행위의 사용 유형을 기술·분석하는 것에 초점을 맞추려는 것이다.

조사대상 언어공동체는 제한된 범위이기는 하지만 다양한 연령층이 혼재하는 군대공동체로 계급이라는 획득지위와 연령이라는 귀속지위 간의 불일치라는 요인이 일차적으로 행위에 영향을 미친다. 이러한 불일치를 행위에 반영시키도록 유도하는 요인은 군인도 아니고 민간인도 아니라고 규정짓는 성원들의 불안정한 사회적 정체성에 있고, 출퇴근하는 근무형태로 인하여 군대사회와 시민사회를 오가야 하는 생활주기가 정체성의 불안정을 더욱 강화시키는 특징을 갖는다.

이처럼 정체성의 불안정성과 생활영역의 주기적 교체가 야기하는 행위의 불안정성이 가장 가시적으로 드러나는 측면은 존댓말 행위로, 원칙적으로 계급적 지위에 따라야 하는 말행위가 지켜지지 않고 연령적 지위가 개입됨으로써 존댓말의 사용에 상당한 유동성을 보여주고 있다.

이처럼 군인화라는 재사회화 과정에서 보이는 특징적 말행위들이 본 연구의 목적과 관련하여 유용한 사례들을 제시해 줄 수 있을 것이라는 가정에서 조사가 시작되었으며, 다음의 두 측면을 중심으로 조사가 진행되었다.

하나는 면식이 없는 부지의 관계에서 새로이 사회적 관계를 형성해 나아가는 과정에서 나타나는 존댓말 사용의 발달적 변화이고, 다른 하나는 조사대상 공동체의 특성에서 유래하는 것으로, 주변적 지위(marginal status)에 있는 해당 언어공동체의 성원들이 상황적 요소에 따라 빈번히 변화 또는 전환시키는 언어행위이다. 본 연구의 조사 대상은 조사하고자 하는 목적에 부합될 뿐만 아니라 방법론적인 측면에서도 장점을 갖는 것으로 여겨진다.

첫째는 조사대상의 성원들이 명확한 역할관계를 맺고 있고, 집단 내의 사회문화적 지식을 공유하는 폐쇄된 체계임으로 해서 대부분의 사회언어학적 연구가 고심한 언어공동체의 사회적 경계(social boundary) 문제를 극복할 수 있다는 것이다. 즉 본 연구의 조사대상인 존댓말 행위가 발생하는 말상황과 대화참여자들이

주변성(marginality)으로 특징지어질 수 있다.

모두 조사대상 언어공동체의 내에서 이루어진다는 점에서 하나의 폐쇄된 체계로 간주된다는 것이다.

둘째는 언어행위의 변이에 영향을 미치는 사회문화적 변수들이나 상황적 변수들이 비교적 명료하게 나타난다는 것이다. 기본적으로 계급이나 입대서열에 의해서 지위가 설정되지만, 여기에 시민사회적 기준인 연령적 지위가 개입됨으로써 사회문화적 변수들이 다변화된다. 또한 하루의 생활주기가 군대사회와 시민사회의 교체로 짜여지기 때문에 상황적 변수들이 한정되어 있다는 것이다. 따라서 변수들간의 차별성이 보다 명확히 드러나게 된다.

조사방법은 의사소통의 민족지학에서 제시된 기술적 모형을 따랐다. 기술의 단위는 Hymes(1972b: 56-7)가 제시한 말의 상황(speech situation), 말의 사례(speech event), 말의 행위(speech act)를 중심으로 하였다. 따라서 본고에서는 영내, 영외 혹은 훈련시라는 말의 상황에서 일어나는 대화(conversation)－이것이 말의 사례 또는 말의 행위에 해당된다－를 중심으로 말행위(speech behavior)를 기술하였다.

말사례에 대한 분석은 의사소통의 민족지학에 있어서 말행위가 일어나고 그 말행위가 의미를 획득하는 경험적인 맥락으로서 중심적 위치에 있기 때문에, 본고에서는 일과 내에서 발생하는 말사례를 중심으로 그것이 일어나는 맥락적 요인들을 고려하여 자료의 수집, 기술이 이루어졌다. 조사는 1987년 10월부터 1988년 4월까지 6개월간에 걸쳐 서울 근교에 위치한 단기사병 중심으로 구성된 부대에서 수행하였으며, 군부대라는 여건상 녹음기를 사용할 수 없었기 때문에 자료는 일과 중의 메모를 바탕으로 일과 후에 기록하는 방식을 취하였다. 이러한 기록상의 제약으로 조사는 하루에 2~3개의 사례에 국한되었고, 전체 조사 기간 동안 수집된 말사례는 약 300여개이다.

이처럼 의사소통의 민족지학이라는 이론적·방법론적 정향에 입각하고 있는 본 연구는 방법론적 측면에서 사회적 경계가 뚜렷한 언어공동체이지만 지역공동체가 아닌 사회적으로 정의된 집단을 대상으로 함으로써 존댓말 체계의 기술에 있어서 새로운 시각을 제시해줄 수 있을 것이며, 말행위의 기술, 즉 언어 민족지를 작성함으로써 존댓말 행위의 역동적 측면을 보여줄 수 있을 것으로 기대된다.

2. 언어사용의 규범적 측면

1) '군대말'과 '사제말'[3]

조사대상 언어공동체에서 구분되는 특징적인 말씨체(speech style)는 두 가지라 할 수 있다. 하나는 군대사회의 규범에 따른 말씨체로서, 이는 사용되도록 강요되는 것이다. 다른 하나는 흔히 군대 내의 공식적 상황에서는 시민사회의 잔재로 취급되어 사용을 금기시하는 말씨체이다. 이러한 속성에 비추어 본고에서는 전자를 '군대말'이라 하고, 후자를 '사제(私製)말'이라 하기로 한다.

입영을 위해 해당부대 정문 앞에 모여든 장정들은 조교들의 지시에 따라 줄을 맞추어 서고 일정한 인원이 차면 조교들의 인솔로 부대 안으로 들어간다. 부대정문을 통과하는 순간부터 모든 장정들은 군인으로 취급되며 군대의 규율과 가치관을 적용받게 되며 이를 받아들이도록 강요받는다. 영내와 영외를 가르는 정문은 단순히 물리적 환경의 차이가 아니라 상이한 사회적 상황이며, 또한 상이한 상징적인 의미를 갖는다. 예컨대 영외에서 조교들은

"줄서십시오. 다 섰습니까?"

라고 흔히 말하지만, 영내에 들어서는 순간부터는

"행군중의 요령을 말한다. 구령에 발을 맞추고 팔은 어깨높이와 일치하게 올린다. 시선은 앞사람의 뒤통수에 고정시킨다. 한눈파는 놈은 응분의 대가를 지불하겠다. 알겠나?"

로 바꾸어 말한다.

---

3) '사제말'이란 용어는 군대 내에서 실제로 사용되는 용어로 사용이 금기시되는 '-요'를 사용하는 말을 의미하여, '군대말'은 통상 "군대에서 쓰는 말"로 지칭되는 말씨체를 의미한다.

이렇게 시작된 군대문화의 강요는 소위 '사제(私制) 습성'이 없어질 때까지 적절한 제재를 동반하여 계속된다. 언어의 사용에 있어서도 이러한 강제성이 적용되는 것은 마찬가지이다. 제식동작과 함께 일차적으로 교육을 받는 것 중의 하나가 존댓말의 사용이다.

"이제부턴 '-요', '-요' 하지마라. 군대에서 모든 말은 '-다', '-까', '-오'로 끝난다. 너희들은 이제 사제인이 아니다. 밖에서 쓰던 말은 사용하지 않도록 한다."

이러한 언어사용의 강제적 규칙은 모든 상급자에 대해서 적용된다. 군대말의 '-다', '-까', '-오'의 사용을 보면 아래와 같다.

① 평서문

- "애들 데리고 나가 **하겠습니다.**"
- "**아닙니다**. 많이 먹지는 **않았습니다.**"
- "네, **그렇습니다**. 소대장님이 **부르십니다.**"

② 의문문

- "저쪽은 사제지역 **아닙니까**?"
- "이거 이렇게 하는 게 **맞습니까**?"
- "상황이 언제 끝나는 **겁니까**?"

③ 명령문

- "○ 상병님, 저를 **보내주십시오.**"
- "염려 **놓으십시오.** 제가 알아서 하겠습니다."
- "오늘 전달사항을 명심해서 **들어주십시오.**"

이러한 상급자에 대한 언어의 사용은 군대용어의 이상적 표준으로 제시되며 획일적으로 강요된다. 만약 이 규칙이 어겨졌을 때는 시민사회적 잔재를 그대로 가지고 있는 것으로 간주되어 제재를 받게 된다.

한편 동기나 하급자에 대해서는 '-해'나 '-해라'체를 사용한다. 이 용례는 다음과 같다.

① 평서문

- "○ 일병, 그런 눈으로 볼 것 **없다**."
- "야, 내 껀 **없어졌어**."
- "지금부터 너희들에게 시범을 **보여주겠다**."

② 의문문

- "야, ○ 일병, **무섭냐**?"
- "너 휴가중에 무슨 일 **있었지**?"
- "야, 없어진 걸 어떻게 **하냐**?"

③ 명령문

- "○ 일병, 솔직히 **말해**."
- "야, ○○야! 수입포 좀 **빌려주라**."
- "야, 신병! 이리 **와**!"

이 경우에도 상급자에 대한 경우와 마찬가지로 강제적으로 사용하도록 강요된다.

이상의 용례들로부터 군대사회에서 이상적으로 채택되는 말단계의 대표형들은 〈표 1〉과 같이 요약될 수 있다.

〈표 1〉 군대말의 문종결어미

문의종류 / 말단계	평서문	의문문	명령문
존대	합니다	합니까	하십시오
비존대	한다 해	하냐 해	해라 해

〈표 1〉에서 보이는 군대 존댓말의 문종결어미는 기존의 한국 존댓말의 단계구분과 비교할 때, 단계의 수가 적고 보다 격식적 의미를 전달하는 어미를 이상적 언어표현 형태로 채택하고 있다는 점이 특징이다. 이는 대상 언어공동체의 특성에서 기인하는 것으로 보인다. 즉 군대사회에 있어서 개별 성원을 구분하는 이상적 속성은 계급이라는 요인밖에 없기 때문에 말단계가 존대와 비존대의 두 등분으로 나타나는 것이다. 또한 존대어에서 격식적 어미를 사용하는 것은 형식적이고 절도

를 요구하는 군대사회의 속성에서 기인하는 것으로 이해된다.

그러나 군대사회에서 항상 〈표 1〉에서와 같은 존댓말만 사용되는 것은 아니다. 상황의 변화에 따라 이상적으로는 군대 내에서 배격되는 사제말을 사용하기도 한다. 군대 내에서 사용되는 사제말은 존대어에서 '해요'체를 사용하는 것이 지배적이다.[4)]

① 평서문

- "애인 같은 거 **없어요**."
- "알아요. 여기서 나고 **자랐어요**."
- "예. 이젠 좀 **할 만해요**."

② 의문문

- "그럼, 분대장님은 가만 **있었어요**?"
- "이거 어떻게 **하는 거죠**?"
- "대체 어디서 **나타났어요**?"

③ 명령문

- "이쪽으로 **오지마요**."
- "○일병님, 이것 좀 **도와줘요**."
- "약속은 꼭 **지켜요**."

군대 내에서 사용되는 사제말의 비존대어는 군대말과 마찬가지로 '해(라)'체가 사용된다. 따라서 사제말의 말단계는 〈표 2〉로 요약될 수 있다.

---

4) 여기서 지배적이라 함은 '해요'체 이외에 '-ㅂ니다'를 사용하기도 하기 때문이다. 그러나 이의 사용은 훈련소 기수차이가 많거나 친밀도가 거의 형성되지 않은 상급자와의 대화에서 사용된다. 이러한 관계에 있는 대화참여자의 상호작용에서 행위의 기준은 계급(혹은 훈련소 기수)에 기초할 수밖에 없다. 따라서 이 경우의 존댓말 사용은 군대말로 봄이 타당할 듯하다.

〈표 2〉 사제말의 문종결어미

문의종류 / 말단계	평서문	의문문	명령문
존대	해요	해요	해요
비존대	한다 해	하냐 해	해라 해

여기서 군대말과 사제말의 구분은 이상적인 것으로 그 특징은 군대말이 보다 격식성을 가지며 사제말이 덜 격식적이라는 것이다. 그러나 이러한 구분은 실제사용에 있어서는 대체로 상황의 격식성/비격식성에 대응되어 사용된다. 예컨대 영외에서는 사제말의 사용빈도가 높고 반대로 영외훈련시에서는 군대말의 사용빈도가 높게 나타난다. 이는 상황적 요인이 영외에서는 군대사회의 요인이 약해 비교적 비격식성을 띠게 되지만, 영외훈련시는 군대사회의 규범이 아주 강화되어 격식성도 그만큼 강하게 나타나기 때문이다 .

군대말과 사제말이 구분되는 또 다른 중요한 영역은 호칭체계이다. 군대말에서의 호칭체계는 계급을 직위명(title)으로 사용하여 상급자에게는 '성+계급+님'이나 '보직명+님'－예컨대 '소대장님', '인사계님', '작전관님' 등－을 사용하고, 하급자에게는 '성+계급'을 원칙적으로 사용하도록 강요된다. 다시 말하면 군대말의 호칭은 계급을 위주로 하며, 특별한 보직을 맡았을 경우에만 계급에 우선하여 보직명을 사용하게 된다. 그러나 사병들 간에는 분대장을 제외하고는 특별한 보직이 없기 때문에 계급을 직위명으로 한 호칭의 사용이 원칙적인 규범이 된다. 그러나 이러한 원칙은 상급자에 대해서만 적용되며 하급자에 대한 호칭은 시민사회의 그것과 동일하다.

사제말의 영역에서는 학교의 선배나 연령이 높으면서 친밀한 관계에 있는 대화상대자에게는 '[이름]+형'을 사용하고, 하급자에게는 '[성]+이름+[야]'나 호칭으로 쓰이는 감탄사를 사용한다. 이러한 사제말 호칭의 사용은 문종결어미보다 시민 사회적 성격이 확연히 드러나기 때문에 사용의 빈도가 크게 나타나지는 않는다. 특히 사제 존댓말의 호칭에서 강하게 나타나는 시민사회적 성격은 이의 사용을 상황과 친밀도가 허용하는 범위 내에서만 사용되도록 허용한다. 반면 비존대 호칭은 하급자에 대해서 제한 없이 사용된다.

군대 내에서 원칙적으로 사용되는 규범적 호칭체계는 〈표 3〉과 같이 정리될 수 있다.

〈표 3〉 군대말과 사제말의 호칭체계

	군대말	사제말
존대	성+계급+님 보직명+님	[이름]+형
비존대	성+계급	[성]+이름+[야] 호칭으로 쓰이는 감탄사

2) 언어사용규칙의 발달적 변화

전 항에서 살펴 본 것은 이상적인 군대말과 사제말의 구분으로 이는 상황과 사회적 관계에 따라 적절하게 채택되어 사용된다.

그러나 그러한 상황적 변이 외에 사회적 관계의 변화에 따른 존댓말 사용의 발달적 변화도 존댓말 사용의 특징적 일면을 보여준다. 즉 입대 직후 서로 '안면관계'가 없는 상태에서 출발하지만 재사회화 과정의 변화 속에서 서로 간의 관계를 맺어 가게 된다. 이러한 과정에서 보이는 사제말과 군대말의 정착 양상에 대한 말 사례를 살펴봄으로써 군대 내에서 존댓말이 사용되는 전형의 일면을 파악해 볼 수 있다는 것이다.

군대에서 가장 먼저 인간관계가 맺어지는 것은 훈련소에서 입소하여 내무반이 편성된 후이다. 그전의 관계는 소속감이 없고 전혀 면식관계에 있지도 않은 상태로 이때의 대화는 아주 형식적이다.

〈사례 1〉

-물리적 환경: 소집부대 앞.
-사회적 장면: 소집부대가 맞는지에 대한 정보를 얻고자 함.
-참여자간의 관계: A, B는 서로에 대해 전혀 지식을 가지고 있지 않음.

A: 실례합니다. 여기가 ○○○○부대 맞습니까?
B: 글쎄요. 나도 잘 모르겠는데, 아마 맞을 거예요.
A: 예, 감사합니다.

이러한 대화는 처음 만난 사람들에게 사용되는 일반적인 형식으로 어디서나 쉽게 목격할 수 있다. 이 단계에서는 상호적(reciprocal)으로 존대어를 사용하는 것이 일반적이다.

그러나 내무반을 지정받고 동일한 내무반에 편성되었을 때 성원들은 일단 소속감・유대감을 갖게 되어 관계형성에 필요한 전제조건들을 갖추게 되는 셈이다. 서로를 알아가는 일련의 과정을 거치면서 동질적인 '장정'으로 인식되었던 집단 내에 일종의 분화가 일어나게 된다. 그러나 이 분화가 곧바로 행위에 영향을 미치는 것은 아니다. 아직까지는 성원들 간에 유대나 친밀감이 형성되지 않았기 때문에 시민사회적 규범이 강하게 작용한다. 이러한 기간은 처음 3~4일 정도 계속된다. 따라서 이 시기에도 계속하여 서로 존댓말을 주고받는다.

〈사례 2〉

-물리적 환경: 내무반 내.
-사회적 장면: 각자 자신의 관물을 정리함.
-참여자간의 관계: A, B는 서로에 대한 지식을 어느 정도 가지고 있지만 아직 친밀하지 않음.

A: 저, 사물가방은 어떻게 하래요?
B: 저쪽 구석에 쌓아놓으라던데요.
A: 아, 예.

이러한 상황에서 대화는 그 길이도 짧을 뿐만 아니라 화제도 주로 필요한 정보를 얻고자 하는 데 국한된다. 언어의 사용도 상호적 존대의 형식이고 호칭도 생략되는 것이 보통이다. 그러나 점차 상호작용의 빈도수가 높아가고 공유하는 지식의 양이 많아짐에 따라 언어의 사용도 상호적 비존대 형태로 변화하게 된다. 그리하여 1주차 정도의 교육기간이 경과하면 스스럼없이 이름을 부를 수 있게 되고 말하기의 사회적 제약요건들이 현저하게 약화된다.

〈사례 3〉
-물리적 환경: 내무반 뒤 공간.
-사회적 장면: 석식 후 1시간가량의 휴식시간.
-참여자간의 관계: A, B는 서로에 대한 지식이 어느 정도 충분하고 친밀도도 상당한 정도 진척되었음.

A: 야! ○○야, 담배 하나 주라.
B: 야, 너는 들어올 때 담배도 안 사왔냐?
A: 벌써 다 피웠지, 아직 남아있냐? 다른 애들도 주고 하다 보니 그렇게 됐어.

이처럼 사회적 관계가 변화함에 따라 상호적 존대의 사용에서 상호적 비존대의 사용으로 변화하는 것이 일반적인 경향이다. 이는 공동체 성원들의 사회적 속성 —연령, 지위 등—이 서로 비슷하기 때문이다.

그러나 예외적으로 연령차가 많을 경우, 존댓말 사용의 변화 양상도 달라진다.

〈사례 4〉
-물리적 환경: 내무반 뒤 공간.
-사회적 장면: 석식 후 1시간가량의 휴식시간.
-참여자간의 관계: A, B는 같은 내무반원이고 B는 A보다 4살 많음.

A: 형, 힘들죠?
B: 힘들어도 어쩌겠냐? 참아야지.
A: 형, 힘들어도 좀 도와주세요. 애들이 말을 잘 안 들어서.
B: 그래 알았다. 얼마 있으면 집에 갈 텐데 좋게 좋게 해야지.

그러나 연령에 대한 인식은 상대적이다. 말을 놓을 수 있는 정확한 연령차를 제시할 수는 없지만 대체로 나이 차이가 3살 이하면 서로 말을 놓고, 4살 이상 차이가 날 경우에는 연장자는 비존대어를, 연하자는 존대어를 비상호적(non-reciprocal)으로 사용하게 된다.[5)]

같은 내무반의 성원들은 접촉의 기회가 많고 서로에 대한 정보를 가지고 있기 때문에 쉽게 이러한 결과를 낳게 된다. 다른 내무반 성원과의 접촉에서는 1주차 정도의 시간이 지나면 여타의 사회적 요건이 고려되지 않고 훈련병이라는 동일한 지위에 근거한다. 따라서 상호적 존대에서 상호적 비존대로의 전형적인 변화과정을 거친다. 그러나 어떠한 경로를 통해서 특정의 상대에 대한 정보를 알게 되면 사용하던 말단계를 수정하게 되는 것이 보통이다.

〈사례 5〉

-물리적 환경: 식당 앞.

-사회적 장면: 식사를 하기 위해 내무반별로 집합하여 순서를 기다리고 있으며 가벼운 대화를 나누고 있음.

-참여자간의 관계:

A-지금까지 B에게 다른 동료들과 마찬가지로 말을 놓고 지냈으나 B에 대한 정보를 얻음.

B-A에 대한 정보를 잘 알지도 못하며 평소 A와 말을 놓고 지냈음. A보다 5살 많음.

A: 저, 그동안 미안했어요. 나이가 그렇게 많은지 몰랐어요.

B: 괜찮아, 그럴 수도 있지, 뭐.

A: 그래두 그게 아니죠. 형, 미안했어요.

이러한 말사례에서 보듯이 관계맺음에 새로운 요인이 첨가되면 말행위의 형식이 수정된다.

---

5) 연령차는 상대적인 것으로 여겨진다. 조사대상 공동체에서 4살 차이가 가장 큰 연령차며 상대적으로 그 이하의 연령차는 무시되는 것으로 보인다. 또한 연령에 대한 인식에도 개인적인 차이는 있다. 예컨대 입대 전에 직장을 다닌 사람은 2~3살 차이라도 쉽게 말을 놓지만 대학을 다니다 온 사람의 경우에는 말을 놓게 되는 과정이 길다. 이는 개인의 사회적 경험에 기인하는 것으로 여겨진다.

이상의 기술에서 본 바와 같이 동기들의 경우에 '해'나 '해라'체의 상호적 사용이 지배적이면서 연령차이가 많을 경우에 비상호적으로 '해요'체가 사용된다.

훈련소에서와는 달리 자대에 배치를 받게 되면 공식적인 절차로 신고를 하게 되며 이 과정을 통하여 자신의 인적사항을 밝히게 된다. 그러나 한 달이 지나 새로운 신병을 받기 전까지는 자대 내에서 가장 하급자이며 특히 신병으로서의 행동이 요구된다. 따라서 이때는 일체의 시민사회적 규범이 용납되지 않는 시기라 할 수 있다. 따라서 언어사용도 군대의 규범에 맞게 군대의 존댓말을 사용해야 한다.

〈사례 6〉
–물리적 환경: 중대막사 옆의 공간.
–사회적 장면: 휴식시간, 전입온 신병들에게 고참들이 여러 질문을 함.
–참여자간의 관계
A-고참병.
B-A보다는 낮은 기수의 고참병.
C-새로 자대에 배치 받은 신병.

A: (B에게) 야, ○일병, 애들 신고식 좀 시켜봐.
B: 예, 알았어요. 야, 신병! 이리 와봐.
C: 예, 이병 ○○○!
B: 너 집이 어디냐?
C: 예, ××동입니다.
A: 야, 임마! ××동이 다 느네 집이냐?
C: 아닙니다. 서울시 ××구 ××동 ××통 ×반입니다.
B: 자식, 진작 그렇게 나와야지. 똑바루 하라구.
C: 예, 알겠습니다. 시정하겠습니다.

이 말사례에서 보듯이 아직 면식관계가 형성되지 않은 C는 A와 B에게 군대 존댓말을 사용하지만, 이미 면식관계가 형성된 B는 A에게 사제 존댓말을 사용한다. C와 같은 상태는 약 3주 정도 지속된다. 그러나 그 사이 회식이나 개인적인 교류를 통하여 친분을 맺게 되고 소위 '부대 돌아가는 상황'을 알게 되면 친밀한 고참이나 기수 차이가 별로 크지 않은 고참—이때는 2기수 위 정도까지의 범위에 국한된다—에게는 자연스럽게 사제 존댓말을 사용할 수 있게 된다.

〈사례 7〉
-물리적 환경: 중대막사 내.
-사회적 장면: 출근 직후 군복으로 갈아입으면서 인사를 나눔.
-참여자간의 관계:
A-신병, 전입 온 지 3주 되었으며 한 기수 위인 B와는 회식 및 개인적인 교류로 친밀감이 있음.
B-A보다 한 기수 위.

A: 충성! 잘 쉬었어요?
B: 응, 잘 쉬었냐?
A: 오늘 교육이 뭐죠?
B: 글쎄, 교육예정표 봐라.

사제 존댓말의 사용은 새로운 아래 기수들이 들어옴에 따라 그 범위가 점차 확대되어 거의 6개월 앞의 고참에게도 사용한다. 그 이상의 기수들에게는 여전히 군대 존댓말이 사용된다. 6개월 이상의 고참은 상호작용의 기회도 적고, 따라서 대화의 기회도 적어 격식성의 요인이 그대로 잔존하여 언어사용에 영향을 미치기 때문이다. 이러한 격식성이 작용하는 예는 위에서 예로 든 비공식적인 상황 이외에 공식적인 상황, 예컨대 교육시간, 근무 중이나 간부들의 대화장면에 개입되는 경우 등에서도 보인다.

〈사례 8〉
-물리적 환경: 야외 교육훈련장.
-사회적 장면: 교육 중 교육내용에 관한 질문.
-참여자간의 관계:
A-피교육자, B보다 5개월 늦지만 비공식적인 자리에서 B에게 사제 존댓말을 사용.
B-분대장 결원으로 대신 교육임무 받음.

A: ○일병님, 그거 잘못된 거 아닙니까?

B: 글쎄, 내가 이걸 알면 이러구 있겠냐? 누구 정확히 아는 사람 있으면 얘기해 봐.

이상의 말사례에서 보듯이 자대에 배치 받게 되면 동기들을 제외하고는 관계가 비대칭적(asymmetrical)이기 때문에 언어의 사용도 비상호적이다. 따라서 비대칭적 관계에 있어서 관계의 변화는 격식성의 감소와 친밀도의 증가로 특징지어지며, 이에 따라 군대 존댓말의 사용에서 사제 존댓말의 사용으로 말씨체가 변화하게 된다.

대칭적 관계의 사례에서와 마찬가지로, 비대칭적 관계에 있어서 또 다른 변화의 방향은 연령이라는 요소가 개입됐을 경우다. 이는 계급적 지위와 연령적 지위가 전도되어 나타났을 때 보이는 말사례들이다. 예컨대 새로 배치 받은 신병이 나이가 많을 때－이 경우에도 나이차가 4살 이상이면 함부로 말을 놓을 수 없는 범위가 된다－나타나는 말사례인 것이다.[6] 이러한 경우에는 비공식적인 자리에서는 사제 존댓말이 사용되며, 공식적인 자리에서는 되도록이면 대화를 기피하려 한다.

〈사례 9〉
－물리적 환경: 중대막사 앞
－사회적 장면: 중식 후 휴식시간으로 족구를 하거나 모여서 얘기를 나누거나 함.
－참여자간의 관계:
A-B보다 기수가 2달 앞서지만 나이는 5살 아래임.
B-자대 배치 받은 지 3개월로 A와 친밀함.

A: 어제 일찍 집에 갔어요?
B: 예. 회식 끝나고 바로 집에 갔어요. 다른 사람들은 또 다른 데 간다고 가는 것 보고 헤어졌어요.
A: 그래요? 그럼 다른 사람들은 어제 술들 많이 마셨겠네요?
B: 아마 그랬을 거예요.

6) 앞의 동기의 경우에서처럼 상·하급자 관계에 있어서도 4살 차이가 말을 놓기가 어려워지는 것은 가족관계의 연장선상에서 판단하기 때문인 것으로 생각된다. 예컨대 나이가 이 정도 됨을 알게 되면 보통 "우리 큰 형하고 나이가 같네" 등으로 가족성원 중의 누군가와 비교한다. 이러한 비교를 통해서 비교대상이 된 가족성원에 대한 행위의 규범이 하급자이지만 연장자에 대한 행위형태에 영향을 미치게 되는 것으로 보인다.

이 말사례에서 보이듯이 계급적 지위와 연령적 지위가 전도됐을 때 한쪽은 연령적 준거에, 다른 한쪽은 계급적 준거에 기초하여 대화가 일어난다. 이처럼 관계의 설정에 있어 군대사회의 규범과 시민사회의 규범이 각 참여자에 의해 따로 선택될 때는 사제 존댓말의 상호적 사용으로 정착된다.

이상의 기술로부터 문종결어미에서 나타나는 사회적 관계의 발달에 따른 말씨체의 변화, 즉 존댓말 사용에 있어서 '언어상의 통과의례'에 대한 일반적 유형을 도출할 수 있다.

비대칭적 관계에서는 연령변수가 고려되지 않으면 비상호적인 군대 존댓말의 사용에서 비상호적인 사제 존댓말의 사용으로 변화한다. 연령적 변수가 개입되면 비상호적인 군대 존댓말의 사용으로 시작하여 상호적인 사제 존댓말의 사용으로 정착된다.

3) 존댓말 사용에 관한 이상적 규칙

조사대상 언어공동체에서 사용되는 존댓말과 관련되는 언어목록은 두 가지 상이한 존댓말씨체로 이루어지며 각각의 존댓말씨체가 두 말단계를 이루는 이원적 체계로 파악된다. 〈표 4〉는 이를 도식화한 것이다.

〈표 4〉 언어목록 및 말단계 구분

말단계	군대말(격식)	사제말(비격식)
존대	합니다	해요
비존대	한다 해	

이러한 교체적인 언어표현 양식들은 종속변수로서 이들의 사용을 결정하는 것은 말행위와 관련된 사회적 요인들이다. 이러한 독립변수와 종속변수간의 체계적인 관계가 말하기의 규칙, 혹은 사회언어적 규칙이 된다.

〈그림 1〉과 〈그림 2〉는 조사대상 언어공동체에서의 교체규칙을 흐름도로 작성한 것이다. 이러한 도식화는 말행위를 보다 정확하게 제시할 수 있으며(Ervin-Tripp 1969: 270, 1972: 218-29), 말형식의 선택에 영향을 미치는 맥락적 요인들이 갖는 중요성의 위계를 파악할 수 있다는 장점이 있다.

〈그림 1〉과 〈그림 2〉에서 조사대상 언어공동체에서 사회적·맥락적 요인들의 조합이 적절한 언어표현 형태를 결과하는 과정과 중요시되는 사회적 요인의 위계가 계급지위, 연령지위, 상황의 공식성, 친밀도 등의 순으로 나타남을 볼 수 있다. 이러한 사회적 요인의 위계는 이 언어공동체가 가지는 특성, 즉 군대사회이기 때문에 계급적 지위가 가장 우선되는 요인이며, 군대사회이지만 시민사회적 요소를 전혀 배제할 수 없는 주변적 성격을 갖는 집단이기 때문에 연령적 요인이 다음으로 중요한 사회적 요인으로 작용한다. 이 두 요인은 말단계를 결정하는 일차적 요인이다.

상황의 공식성과 친밀도는 말단계와 말씨체의 선택을 결정하는 이차적 요인으로 앞의 두 요인에 비해 그 중요성의 정도가 낮게 나타난다.

그러나 이러한 규칙은 논리적 모형으로 맥락적으로 적절한 표현양식을 보여주는 모형일 뿐이지 실제 결정과정에 대한 모형은 아니기 때문에 말행위의

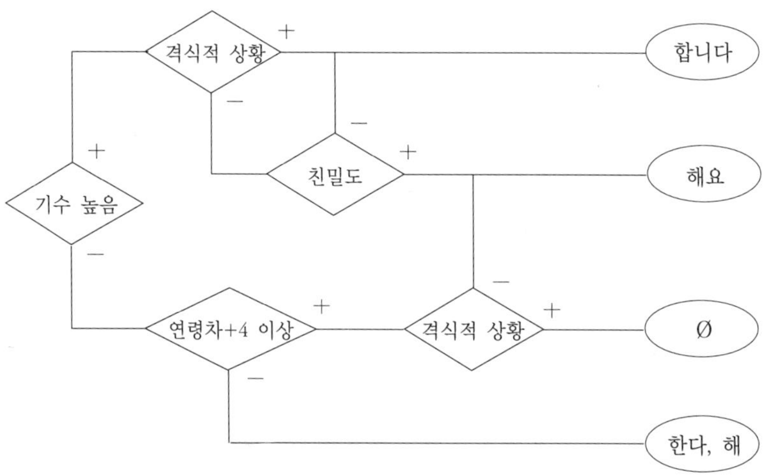

〈그림 1〉 종결어미의 사회언어적 규칙[7)]

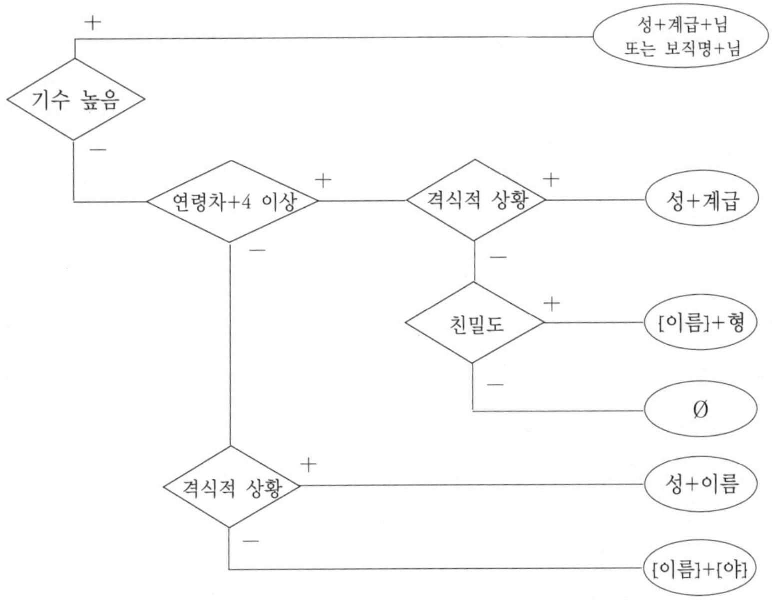

〈그림 2〉 호칭의 사회언어적 규칙[8)]

역동적 측면은 보여줄 수 없다(Ervin-Tripp 1969: 270, 1972: 219; Sankoff 1972: 42). 따라서 여기서 기술된 것은 이상적 · 규범적인 언어사용규칙으로 이해되어야 한다.

3. 언어사용의 실제적 측면

1) 주요 사회적 상황의 구분

앞서 기술된 규칙들은 규범적인 것에 지나지 않는다. 이러한 규범적 규칙은 실제 말행위의 기술에 기본적인 근거로서의 가치를 지닐 뿐이다(Fishman 1974: 1650; Irvine 1974: 167; Bauman & Sherzer 1975: 111).

7) ∅표시는 대화회피를 의미한다.

실제 단기사병들의 말행위는 이들이 처한 특수한 사회적 여건—시민사회 성원으로서의 정체성과 군대사회 성원으로서의 정체성의 혼재—때문에 사회적 상황에 따라 존댓말을 다양하게 사용하고, 유표적 언어사용을 통하여 말에 새로운 의미를 부가시키기도 한다. 따라서 이들의 실제 말행위에 있어서 사회적 상황과 개인적 전략은 존댓말 사용을 결정하는 주요변수로 작용한다.

조사대상 언어공동체에서 사회적 상황을 구분 짓는 일차적 요인은 말하기의 자연적 배경(speech setting)이다. 말행위가 일어나는 생태적 환경, 혹은 물리적 환경으로 말행위가 일어나는 특정의 시간과 공간을 의미하는(Blom & Gumperz 1971: 291; Hymes 1972b: 60) 이 배경은 조사대상 언어공동체에서 상이한 행위의 규범을 요구하는 분절된 영역으로 나타난다. 이들 말하기의 자연적 배경은 특정의 말행위가 일어나는 장면의 사회적 의미를 해명하는 데 필요한 맥락적 단서의 기본적인 장을 형성한다.

조사대상 언어공동체에서는 말하기의 자연적 배경이 대화참여자간의 상호작용과 말행위가 일어나는 사회적 환경과 그에 부여되는 가치나 규범에 따라 크게 세 부분으로 구분된다. 이러한 구분은 시간이나 공간적으로도 구분되지만 화자들에 의해 부여되는 가치, 규범이 상이하므로 분절된 사회적 상황으로 봄이 타당하다. 이들의 구분은 첫째, 퇴근 후에 일어나는 상황이고 둘째, 영내에서 일어나는 상황이며 셋째, 공동으로 숙식을 하며 상호작용이 일어나는 훈련시의 상황으로 나뉜다. 이러한 구분에 대한 가치규범은 시민사회적 규범과 군대사회의 규범이 양극을 이루면서 첫 번째 상황에서 세 번째 상황으로 갈수록 시민사회의 규범이 약화되고 군대사회의 규범이 강화된다.

퇴근 후의 상황은 영외에서 일어나는 모든 상황으로 퇴근 후 뿐만 아니라 출근 전의 상황도 포함한다. 그러나 출근 전의 접촉은 아주 짧은 시간일 뿐만 아니라 집중적인 상호작용이 일어나지 않으므로 말하기의 장으로서 큰 중요성을 갖지는 않는다. 퇴근 후의 상황은 영내에서 사복을 갈아입고 일석점호가 끝난 순간부터라 할 수 있다. 이후부터는 군대사회의 규범이 다시 약화되고 시민사회의 규범이 강

8) ∅표시는 호칭을 사용치 않음을 의미한다.

화된다. 그러나 보통 집중적인 상호작용이 일어나는 시기는 영외로 나온 다음부터 귀가시까지이다. 이 시간동안은 귀가 방향이 같은 사람들이 차안에서 대화를 나누거나 이들끼리 오락, 유흥 등으로 어울리는 기회를 갖고 때로는 소대원이나 분대원의 회식이 행해지기도 한다. 또한 신병이 전입 왔을 경우 바로 위의 기수들이 회식을 제의, 모임을 갖기도 하고 같은 동기끼리도 종종 회식을 하기도 한다.

영외에서의 이러한 모임은 그 성격에 따라 공식적인 것도 있고 비공식적인 것도 있지만 대체로 시민사회적 성격이 강하게 나타난다. 이는 반민반군(半民半軍)이라는 생각을 가지고 있는 단기사병들이 사복을 입고 있는 동안만은 가능한 한 군대와 관련된 일들을 의도적으로 회피하려고 노력하기 때문이다. 예컨대 영외에 나와서 부대 내의 얘기가 시작되면 "밖에 나와서까지 골치 아프게 군대 얘기냐"며 제지하게 된다.

두 번째의 말하기의 배경은 시민사회의 규범과 군대사회의 규범이 적당히 상황적 변이를 할 수 있는 경우로 영내에서 정상적인 일과가 행해질 때이며, 이 일과는 거의 교육훈련으로 채워져 있다. 교육훈련은 부대에 인접한 교육장에서 행해지며 50분 교육에 10분 휴식으로 짜여있다. 교육은 학과에 따라 소대장이 주관하기도 하고 분대장이 주관하기도 하지만 거의 분대장들이 주관한다. 따라서 교육은 분대단위로 이루어지는 것이 가장 일반적이다. 교육과 휴식의 반복은 격식적인 영역과 비격식적인 영역이 교체되는 장면을 보여준다. 물론 휴식시간이 교육의 연장으로 인식되도록 강요되지만 실제 성원들이 이를 인식하는 것은 교육시간과는 구분되는 영역이라는 것이다. 대체로 휴식시간이 교육시간으로 연장되는 경우는 허다하지만 교육시간이 휴식시간에까지 연장되는 경우는 거의 없다. 특히 교육이 분대장들에 의해서 진행되는 경우가 많기 때문에 교육시간 중에도 농담이라든가 사적인 대화가 허용되는, 즉 휴식시간의 연장이라고 보이는 상황이 자주 발생한다.

세 번째 말하기의 배경은 전술훈련시의 상황이다. 이때는 거의 전적으로 군대사회의 규범이 지배한다. 전술훈련은 그 종류가 다양하여 짧게는 1박2일에서부터 길게는 2주 정도 실시되지만 어느 경우든 출퇴근이 없이 훈련기간 동안 주둔지에서 공동의 숙식을 한다는 공통점이 있다. 같이 숙식을 하기 때문에 상호작용의 빈도수는 많아지지만 각 단위별로, 나아가 각 기수나 개인에 이르기까지 임무가 명확히 부여되어 역할분담에 따른 책임과 의무가 분명해진다. 또한 이 경우에는 단순한 교육이 아니라 실전적인 상황이 부여되는 상태이기 때문에 의무에 따른 책임의 소재가 분명해서, 이 점이 더욱 군대사회의 규범을 강화시키게 된다. 정신적·육체적 노고가 수반되는 훈련이기 때문에 누구나 타인의 임무까지 도와줄 여력이 없고, 따라서 어느 임무에나 강제성이 부과된다.

따라서 이중의 정체감을 가지고 있는 단기사병들에게 훈련기간은 군인으로서의 정체감이 가장 두드러지게 나타나는 시기라 할 수 있다.

이상에서 살펴 본 사회적 상황은 시민사회와 군대사회라는 규범적으로 구분되는 두 생활의 장에서 어느 쪽의 규범이 행위에 지배적으로 작용하는가에 따른 구분이다. 따라서 이 상황의 구분은 행위의 규범을 제공해 주는 기본적인 영역이 된다. 그러나 공간적으로 명확히 분할된다 하더라도 규범적인 구분은 그 경계가 모호하기 때문에 규범의 전이에 따른 정도차의 구분에 지나지 않는다. 따라서 각 생활의 장에서 전적으로 어느 한쪽의 규범만이 배타적으로 행위를 지배하는 것은 아니다. 이러한 정도의 차이는 각 개인의 행위규범 선택에 조작의 가능성을 부여함으로써 그러한 행위에 전략적 가치함의가 개입될 수 있는 개방적 체계를 형성한다.

2) 영외에서의 존댓말 행위

앞서 살펴 본 바와 같이 상황이 영외일 때는 시민사회적 규범이 행위의 준거가 된다.

단기사병들에 있어 사복이 갖는 의미는 군복과 대비되는 상징성을 갖는다. 예컨대 일반적으로 "군복을 벗는다"는 말의 의미 속에 담겨진 '군복'의 상징성과 대비되게 사복은 시민사회로의 복귀를 의미하는 상징성을 갖는다. 따라서 사복을 입게 되는 영외의 상황은 단기사병들로 하여금 시민사회적 규범에 따라 행위할 수 있는 기회를 부여한다. 그러나 또 한편으로는 군인으로서의 신분적 지위를 완전히 떨쳐버릴 수 없다는 제약을 벗어날 수는 없다. 이러한 모순되는 역할 속에서 성원들은 행위를 시민사회적 규범에 따르려 하고 이가 어느 정도 묵인된다. 따라서 시민사회적 규범을 채택하려는 행위자의 의도가 크게 작용하며, 말행위도 이러한 행위의 경향을 탈피하는 것은 아니다.

본 항에서는 상대적으로 시민사회적 규범이 보다 강조되는 영외 상황에서의 언어사용을 기술하고자 한다.

자대배치 후 최초로 영외에서의 모임은 바로 위의 기수들이 마련하는 회식이다.

〈사례 10〉
-물리적 환경: 토요일 오후 대중음식점.
-사회적 장면: 각자 자기소개가 끝나고 앞으로의 군대생활에 대해 선배기수가 조언을 해주고 후배기수는 여러 가지 궁금한 점에 대해서 물어보는 등 군생활 전반에 관한 사항이 자유롭게 얘기됨.
-참여자간의 관계:
A-B, C보다 한기수 위, B보다 5살 아래.
B-신병, 늦게 입대하여 나이가 많음.
C-신병, B와는 훈련소에서 안면이 있고 B에 대한 정보를 알고 있음. B보다 4살 아래.

A: (B에게) 군대 늦게 왔네요. 우리 동기 중에도 나이 많은 사람이 하나 있는데, 아마 동갑일 텐데. 우리가 말 놓더라도 이해해요, 군대니까.
B: 예, 그래요.
C: 저, ○이병님, 훈련 같은 건 자주 있습니까?
A: 한 달에 2~3번 정도 있어. 처음엔 힘들지만 몇 번 해보면 차라리 훈련받는 게 더 좋아질 거야. 뭐 또 물어봐. 밖인데 뭐 어때? 어려워하지 말고 개인적이거나 뭐 아무거나 물어봐.
C: 우린 알만한 건 다 알았으니까 저희에게 물어보십시오. (B에게) 얘기 좀 해봐요.
A: 느네는 동긴데도 말 안 놓냐?

〈사례 10〉에서 말행위에 영향을 미치는 사회적 요소들은 다음과 같이 정리될 수 있다. 상황은 비격식적이며 화자 간에 친밀성의 정도도 낮다. 이러한 관계일 때 〈그림 1〉에서 제시된 적절한 표현은 화자가 높은 기수일 때는 군대 존댓말을, 화자가 낮은 기수일 때는 비존댓말을 사용하는 것이다. A와 C의 대화에서는 이러한 규칙이 지켜지고 있지만 A와 B의 대화는 이러한 규칙에 위배된다. 이는 기수라는 군대사회의 규범과 연령이라는 시민사회적 규범이 갈등을 일으키기 때문이다. B는 회식이라는 비격식이지만 처음 만난 자리이고 아직 친분관계가 형성되지 않은 상태이기 때문에 C와 같이 군대 존댓말을 사용하는 것이 적절하다. 그러나 B는 사제 존댓말을 사용함으로써 이 규칙을 어기고 있다. 이는 자신의 연령적 지위를 표출하는 것으로 이해된다. 이에 대해서 A는 군인임을 강조하면서도 전적으로 군대사회의 규범에 따르는 것이 아니라 시민사회 규범에 가까운 언어사용을 보여준다. 전적으로 시민사회적 규범을 따르지 않음은 말끝을 맺지 않고 '-데'를 사용함으로써 명백한 존대를 사용하지 않는 데서 볼 수 있다. A의 이러한 언어사용은 군대사회 내의 자신의 지위를 그대로 연장시키려는 의도로 보인다.

A와 B의 이러한 언어사용이 가능한 것은 말행위가 일어나는 상황이 보다 시민사회적 요소가 강하기 때문이다.

이러한 갈등적 상황에서 보다 빈번히 사용되는 개인적인 전략은 대화를 회피하는 것이다. 〈사례 10〉의 C의 말에서 단서적으로 나타나는 바와 같이 B는 되도록이면 대화장면에 개입되는 것을 회피한다.

이러한 대화의 회피는 곧 갈등적 관계가 설정되는 것 자체를 회피하려는 소극적인 또는 부정적인 전략이지만 빈번히 사용된다.

〈사례 11〉

-물리적 환경: 퇴근시 버스 안

-사회적 장면: 버스 안에서 동기들 간에 화제에 구애 없이 자유롭게 대화가 오감. 그러나 귀가방향이 같은 사람들이 있기 때문에 위 기수들도 대화장면에 언제든지 개입할 수 있음.

-참여자간의 관계:

A-10기. B, C보다 4살 많음.

B-10기, A와는 훈련소 같은 내무반 출신으로 친밀도 높음.

C-9기. A, B와 같은 소대이지만 아직 친밀한 관계에 있지는 않음.

A: 야, 어제 퇴근하고 술 먹으러 갔었는데 웬 처음 보는 사람이 우리 술값까지 다 내주더라.
B: 정말요? 좋았겠네요.
C: (A에게) ○○도 술 잘 먹나보지? 주량이 어느 정도 되냐?
A: 참, 이상한 사람들도 많아. 내일 모레 또 만나자든데.
B: 그땐 나도 같이 가요.

〈사례 11〉에서 보듯이 A는 C의 대화에의 개입을 무시함으로써 의도적으로 갈등관계를 회피한다. 이러한 갈등관계를 회피하려는 개인적인 전략도 말행위가 일어나는 상황이 이를 허용할 수 있는 때이기 때문이다.

이처럼 명확한 관계 설정이 이루어지지 않은 상태에서 대화참여자는 언어선택에 어려움을 느끼기 때문에 상황이 시민사회적임을 명시적으로 설정하고 이에 따라 인위적으로 언어선택을 결정하기도 한다.

〈사례 12〉
-물리적 환경: 퇴근 후 간이주점.
-사회적 장면: 귀가방향이 같은 사람들끼리 술 마시는 자리로 화제의 제한 없이 자유롭게 대화를 나눔. 여러 기수가 혼재함.
-참여자간의 관계:
A-8기. B가 자신보다 나이가 많음을 알고 있으며 아직 그리 친근한 관계는 아님.
B-10기. A보다 4살 많음.

A: 말 놓으세요. 부대 밖인데 뭐 어때요. 부대 안에서야 다른 고참들도 있고 하니까 별 수 없지만 우리끼리 있을 때는 말 놓으세요. 오히려 제가 불편해서 안 되겠어요.
B: 그래도 고참인데. 하긴 군대생활 평생할 것도 아닌데 편하게 지내는 것이 좋지.

〈사례 12〉에서와 같이 상황이 허용하는 범위 내에서 대화참여자들 간에는 보다 갈등을 일으키지 않는 언어를 선택하려는 경향을 가진다. 즉 관계설정이 불안정한 상태에서보다는 관계를 명확히 함으로써 말행위를 안정되게 유도한다.

그러나 상황이 시민사회적이라 할지라도 완전히 이 규범을 따르는 것은 아니다. B의 말에서 보듯이 말끝을 흐리거나 독백형식을 취함으로써 명백한 비존대가 아닌 불분명한 어미를 선택하고 있다. 이는 상황이 시민사회적 규범을 허용한다 하더라도 군인으로서의 신분적 제약을 완전히 탈피하지 못한, 주변적인 지위에 기인한다.

그러나 이러한 상황이라 하더라도 대화참여자간의 접촉의 빈도수가 높아지게 되면 시민사회적 규범이 통용되어, 연장과 연소에 따른 비상호적 존댓말의 사용이 이루어진다. 이러한 상태에서 화자는 상황의 변화에 따라 말단계를 단속적(斷續的)으로 변화시켜야 한다. 즉 영내에서는 군대사회의 규범인 계급적 지위에 따라 비상호적 존대를 사용해야 하고, 영외에서는 시민사회의 규범인 연령적 지위에 따라 비상호적 존대를 사용해야 하는, 상반된 말행위를 해야 한다는 것이다. 이러한 상황에서는 대화를 회피함으로써 갈등을 해소할 수 있지만 부대 안에서나 부대 밖에서의 상호작용이 보다 중대하게 되면 대화의 회피가 불가능해지며 결국은 상호적 비존대를 사용하게 되는 것이 일반적이다.

이러한 갈등을 일으키는 사회적 요인이 없고 서로에 대한 공통의 요소가 있으면 상호작용의 빈도수나 친밀도에 관계없이 상호적 비존대의 사용이 급속히 진행된다.

〈사례 13〉

-물리적 환경: 퇴근시 버스 안

-사회적 장면: 타부대에서 새로 전입 온 사병을 같은 입대동기들이 회식을 하기로 하고 함께 퇴근함.

-참여자간의 관계:

A-9기. 타부대에서 새로 전입 온 사병으로 아직 부대상황이나 인적사항을 모름.

B: 어디 살다가 이사 왔냐?

A: 충남에서 살았었는데요, 이번에 집안이 모두 이사하는 바람에 오게 됐어요.

B: 말 놓아. 여기 모두 동기들이야. 앞으로 같이 고생할 처진데.

A: 고마워. 내가 전에 있던 부대랑 분위기도 틀리고 해서 뭐가 뭔지 모르겠어. 앞으로 느네가 좀 많이 도와줘.

위 사례에서와 같이 동일한 계급적 지위에 있고 유사한 연령적 지위에 있게 되면, 즉 갈등을 일으키는 사회적 요인이 없으면 자연스레 상호적 비존대를 사용할 수 있게 된다.

〈사례 12, 13〉에서 갈등적인 관계에 있을 때와 그렇지 않을 때, 상이한 말행위의 양상을 볼 수 있다. 모두 친밀도와 유대의 정도가 비슷하지만 갈등적인 관계에 있을 때 보다 상황적으로 제약을 받는다는 것이다. 이는 갈등적 관계에 있지 않을 때는 대칭적 관계가 쉽게 성립하지만 갈등적 관계에 있을 때는 상반된 두 개의 비대칭적 관계가 설정되어 말행위에 이러한 관계가 영향을 끼치기 때문이다.

상대적으로 시민사회적 요소가 강한 영외의 상황은 대화참여자들에게 적극적이고 능동적으로 전략적 말행위를 할 수 있는 가능성을 열어준다. 이러한 전략적 말행위의 한 사례로서 화제의 변화에 따라 말단계의 선택을 달리 하는 것을 볼 수 있다.

〈사례 14〉

-물리적 환경: 영외 대중음식점.

-사회적 장면: 소대 내 소집해제자가 있어 소대원이 모여 회식. 처음에는 소대선임자가 사회를 맡아 모임을 이끌어가며 이때에는 소집해제자가 소감을 말하고 소대원들이 준비한 기념품을 전달하는 등 격식적 성격의 시간에 이어 유흥 등 비격식적 상황으로 전환. 본 사례는 이러한 격식적 상황에서 비격식적 상황으로 전환되는 순간임.

-참여자간의 관계:

A-4기. 소대 선임분대장으로 소대원의 모든 인적사항을 알고 있음. B보다 4살 아래.

B-10기. 모임 내에서 가장 하위 기수이지만 나이는 가장 많아 적게는 2살에서부터 많게는 6살까지 연령차가 남.

C-8기. B에 대한 지식을 가지고 있고 같은 분대원으로 친밀한 관계. B보다 5살 아래.

C: (B에게) ○이병은 언제 저런 때가 오냐?

B: 때가 되면 나갈 날 있겠지요.

A: 자, 그럼 이제는 환송하는 의미에서 막내기수부터 돌아가면서 노래나 하나 씩 하지? (B에게) ○○○씨, 먼저 해요.
B: 애들부터 시키지, 쑥스럽게.
C: ○이병, 빼지 말고 빨리 해봐요.
B: 다른 애들부터 시켜.

위 대화장면에서 격식적 단계에서 비격식적 단계로의 전환은 비록 점진적인 과정을 거치는 것이지만 A의 발화로 인하여 명시적으로 '상황적 전환(situational switching)'(Blom & Gumperz 1971: 294-96)이 이루어진다. 이러한 상황의 전환이 말행위에 영향을 미치는 것은 A의 말에서도 단서적으로 나타나지만 이를 전후한 B와 C의 대화에서 명확히 나타난다.

A의 말에서 보이는 특징적인 말행위는 호칭에서 '성명+씨'를 사용하고 문종결어미에서 사제 존댓말을 사용한다는 점이다. 이러한 말행위는 분위기를 보다 자유롭게, 즉 시민사회적 규범이 적용될 수 있는 장을 만들려는 의도적인 사용으로 볼 수도 있으며, 역으로 분위기가 비격식적으로 전환됨에 따라 선택한 것으로 이해될 수도 있다.

B와 C의 대화에서 화제의 변화에 따른 말단계 선택의 전환은 보다 분명하게 드러난다. A의 말을 경계로 B는 말단계의 선택을 달리 한다.

사제 존댓말의 사용에서 말끝을 흐리는 독백형식을 취하다가 비존댓말로 점진적으로 전환시킨다. 이는 상황과 화제의 변화추이에 따라 자신의 지위기준을 군대사회적 규범에서 시민사회적 규범으로 변화시켜가는 과정이 말행위에 반영되어 나타나는 것이라 할 수 있다.

이와는 반대의 과정을 거치면서 말단계를 변화시켜가는 것은 C의 말행위에서 볼 수 있다. C는 처음에는 비존댓말을 사용하다가 상황이 비격식적으로 변화함에 따라 사제 존댓말을 사용한다. C의 말에서 특징적으로 보이는 것은 호칭에서는 군대사회의 규범을 사용하고 문종결어미에서는 시민사회의 규범을 사용함으로써 공기규칙을 위배하고 있다는 점이다.

이는 일종의 '은유적 전환(metaphorical switching)'(Blom & Gumperz 1971:

294-296)으로 볼 수 있으나, 부분적으로 전환이 일어남으로써 화자의 지위와 말행위에 있어서의 역할 간에 불일치를 보여준다(Irvine 1974: 185). 다시 말해서 C의 공기규칙의 위배는 군인으로서의 계급적 지위와 말하기의 상황이 부여하는 시민사회 성원으로서의 역할 간에 나타나는 불일치를 반영하는 것으로 이해될 수 있다.[9)]

화제의 전환이 가져오는 말단계의 선택은 두 지위 기준이 정상적이라 할지라도 대화참여자의 특성에 따라 다르게 나타날 수 있다. 예컨대 시민사회적 속성을 공유하지 않았을 경우에는 친밀도가 어느 정도 형성될 때까지는 군대사회의 규범에 따라 행위가 일어나지만, 시민사회적 속성을 공유하고 있을 때는 친밀도가 크지 않다 하더라도 시민사회적 규범에 따른 행위가 우세하게 나타난다. 그리하여 계급적 지위와 연령적 지위가 일치하여 대화참여자 간의 관계가 정상적일 경우 이들 간의 말행위는 다음과 같이 발생한다. 즉 공유할 수 있는 시민사회적 가치가 없을 때는 영외라 하더라도 군대사회의 언어관행에 따르는 것이 상례이지만, 공유되는 시민사회적 가치가 있을 때는 그 양상이 달리 나타난다.

〈사례 15〉
-물리적 환경: 영외 간이주점.
-사회적 장면: 부대 내에서 계급지위는 낮으나 연령지위는 높은 사람들끼리 모임을 갖는 자리로 부대 내의 애로사항이나 기타 사적인 얘기를 주고받음.
-참여자간의 관계:
A-9기. 대학원 수료 후 입대.
B-10기. 대학원 수료 후 입대.
C-12기. 대학원 재학 중 입대. 자대 배치 받은 지 1주 정도 됨.
*A와 B는 과는 다르지만 대학교 동기동창이며 C는 이들보다 2살 아래이며 대학은 다름. 모두 입대 후 알게 되었음.

A: (B에게) ○○야, 요즘은 견딜 만하지? 나도 처음에는 힘들더니 1~2달 지나

9) Blom & Gumperz(1971: 302)의 연구에서 공기규칙의 위배는 "인위적 말(artificial speech)"로 경멸적인 의미를 전달하는 것으로 나타난다. 그러나 〈사례 14〉의 말행위는 개인적인 전략의 수준에서라기보다는 말하기의 상황과 자신의 지위간에 보이는 불일치가 화자로 하여금 공기규칙의 위배를 유발한 것으로 나타난다.

니까 참고 할 만해지더라.

B: 응, 이젠 분위기도 좀 알겠고 사람들도 알게 되고 해서 생활하기가 수월할 것 같아. (C에게) 너도 처음이라 힘들겠지만 좀 지나면 괜찮아질 거야. 처음이라 애들이 막 대하지만 친해지면 좀 나아지니까. (A를 가리키며) 얘나 나나 처음엔 그랬었으니까.

C: 예. (A에게) ○이병님은 제가 보니까 이제 부대생활에 익숙해져 있는 것 같습니다.

B: 그럼, (A를 보며) ○○은 벌써 짬밥수가 있잖냐?

A: (C에게) 너는 몇 학기 마치고 왔냐?

C: 2학기 마치고 왔습니다.

B: 왜 다 마치고 오지 그랬냐?

(이러한 유의 사적인 화제로 대화 계속)

C: (B에게) ○○형은 제대하고 뭐 할 거예요? 저야 복학이라도 할 수 있지만.

이들 대화에서 특징적으로 나타나는 점은 A와 B간에 호칭에서나 문종결어미에서 전혀 계급적 지위가 적용되지 않고 있으며, C의 말에서 말단계의 선택이 변화한다는 것이다. 이러한 A에 대한 B의 말단계 선택은 이들이 학연이라는 공통적인 요소를 가짐으로써 친밀도의 정도가 높게 형성되어 있다는 사실에서 그 원인을 찾을 수 있다.

한편 C의 말단계 선택은 화제의 변화에 따라 군대 존댓말에서 사제 존댓말의 사용으로 전환하고 있다. 〈사례 14〉와 비교하여 C는 호칭에서까지 전환을 시킴으로써 완전한 말단계의 전환을 보여준다. 이는 C의 지위와 말하기의 역할이 일치함을 나타내는 것이라 할 수 있다.

이러한 말행위는 이들 대화참여자 간에 가지고 있는 공통의 가치성향에 기인하는 것으로 보인다. 이들은 부대 내에서 연령적 지위와 계급적 지위간의 갈등을 항상 느끼고 있으며, 따라서 자신들에게 유리한 연령적 지위를 행위의 규범으로 채택하려는 경향을 가진다는 것이다.

따라서 상황적 요인이 부여하는 시민사회적 규범의 통용가능성에 덧붙여 이러한 공동의 시민사회적 가치가 말단계의 변화를 보다 용이하게 한다고 할 수 있다. 이는 부대 내에서 연령적 지위와 계급적 지위가 갈등을 일으키지 않고 공통의 가치성향을 가지지 않았을 경우에 상·하급자간의 말행위가 친밀도에 따라 결정됨으로써 말단계의 선택 과정에 얼마간의 시간이 소요됨과 비교할 때 보다 명확하게 드러난다. 즉 말단계의 선택에 있어서 대화참여자간의 공유된 가치성향은 화제의 변화에 따라 말단계의 선택을 보다 능동적이고 빠른 속도로 변화시키며 그 형식에 있어서도 완전하게 전환시킨다는 것이다.

가치성향이 말단계의 선택에 영향을 미치는 또 다른 예는 계급지위와 연령지위가 역전되었을 때도 나타난다.

〈사례 16〉

-물리적 환경: 통근버스 안.

-사회적 장면: 퇴근 시 통근버스 안에서 사적인 대화를 나눔.

-참여자간의 관계:

A-9기. B와 대학교 동문이지만 2년 후배. 군입대 후 알게 되었으며 같은 중대이지만 다른 소대이기 때문에 접촉은 별로 없는 상태임.

B-10기. A에 대해서는 전혀 모르는 상태이며 아래의 대화장면에서 그에 대한 정보를 처음 알게 됨.

A: 이 차 타세요? 댁이 ××쪽인가 보죠?

B: 예. 집이 나하고 같은 방향인가 봐요? 지하철 타고 다니는데 오늘 한번 타봤어요.

A: 저, ××대학 졸업하셨다면서요? 저는 ××과 졸업했는데, ××학번이에요.

B: 그래? 난 ××학번이야.

A: 예, ○○한테 형 얘기 들었어요.

위 대화장면에서는 공유하는 가치성향이 말단계 선택에 적극적으로 개입되는 것을 보여준다. 즉 대화참여자 간의 학연이라는 요인이 친밀도를 형성시키는 요소로 작용하고 있다는 것이다. A는 B에 대한 정보를 미리 알고 있었기 때문에 처음부터 시민사회적 규범에 따라 말단계를 선택하고 있지만, B는 공유할 수 있는 A의 자질을 알게 되는 순간 말단계를 바꾸고 있다. 또한 화자 간에 공유된 사실을 상호인지하면서부터 보다 시민사회적 규범이 적극적으로 수용된다. A의 마지막 발화에서 보이는 호칭의 선택은 이러한 점을 반영한다.

〈사례 15, 16〉에서와 같이 화제의 전환에 따라서 말단계의 선택이 영향을 받기도 하고 화자 간에 공유할 수 있는 가치체계가 보다 적극적으로 말단계의 선택에 개입되기도 한다.

상황의 변화와는 달리 지위기준이 어느 한쪽으로 보다 가까워질 때에도 말단계 선택에 변화를 가져오게 된다. 이러한 예는 소집해제가 1~2개월 남은 기수들 간에, 그리고 이들이 기수의 차이는 많지만 연령적 지위에서 역전되는 하급자에게 선택되는 말단계에서 찾을 수 있다. 이는 소집해제를 얼마 남겨놓지 않게 되면 자신들의 지위를 다시 주변적인 위치로 규정지음으로써 보다 시민사회적인 규범에서 행위기준을 찾으려 하기 때문으로 보인다.

〈사례 17〉

-물리적 환경: 대중음식점 앞.

-사회적 장면: 소집해제자 환송회식을 마치고 귀가하기 위해 회식장소를 나오는 시간, 회식을 통하여 보다 비격식적인 분위기가 조성되었고 이를 통하여 성원들의 상호관계도 보다 시민사회적 규범에서 규정되었지만, 회식이 끝나면서 다시 다소간 격식적인 분위기로 바뀜.

-참여자간의 관계:

A-9기. B보다 4살 많음.

B-작년 5기(A와는 16개월 차이). 분대장으로 보직하였었기 때문에 성원들과 친밀함. 평소 A에게 비존댓말을 사용.

A: ○상병님, 그동안 고생했어요. 축하합니다.

B: 아, 예. ○이병은 아직 고생이 남았죠? 그래도 금방이에요. 그동안 고마웠어요.

A의 말단계 선택은 화자간의 관계에 비추어 정상적인 말행위로 보이지만 B는 시민사회적 규범을 선택하고 있다. 평소의 언어사용에서 A는 B와의 계급적 지위의 차가 크지만 친밀하기 때문에 사제 존댓말을 사용해 왔으며, 〈사례 17〉에서 A의 사회적 속성에는 전혀 변화가 없기 때문에 A의 말단계 선택은 변화가 없다. 그러나 B의 말단계 선택은 자신의 위치가 이제 군대사회보다는 시민사회에 더 가

깝게 이동함에 따라 이루어진 것이라 할 수 있다. 그러나 이러한 전환이 완전히 이루어지는 것은 아니다. 이러한 전환의 불완전성은 B의 말에서 호칭과 문종결어미 간에 보이는 공기규칙의 위배에서 찾을 수 있다. 이는 대화참여자들이 서로의 권리와 의무를 상황에 따라 재조정함으로써 이루어지는 상황적 전환(situational switching)이라 할 수 있다(Blom & Gumperz 1971: 294-96).

또 다른 이러한 예는 소집해제를 1~2개월 남겨 놓은 한두 기수 차이의 성원 간에 서로 비존대를 사용함에서도 보인다.

이상에서 살펴본 말사례들은 시민사회적 성격이 군대사회의 성격보다 강하게 나타나는 상황 하에서 대화참여자들이 어떻게 언어사용의 기준을 선택하는가에 대한 구체적인 사례를 보여준다. 이러한 상황 하에서 대화참여자들은 자신의 지위를 시민사회적 규범에 맞추고, 이에 따라 말행위의 기준을 선택하며 상황은 대화참여자의 이러한 말행위를 쉽게 용인하고 있음을 알 수 있다.

3) 영내에서의 존댓말 행위

영내의 상황은 영외와는 달리 상황자체가 불안정하게 주어진다. 군대사회의 규범이 강화되어 나타나는 상황과 시민사회적 규범이 허용되는 상황의 부단한 교체는 군인으로서의 역할이 상대적으로 강화되거나 약화됨으로써 행위에 있어서도 이러한 불안정성이 반영된다.

따라서 영내라는 상황에서 A중대의 특징적인 점은 군대사회적 성격과 시민사회적 성격의 상황이 빈번히 교체되며 그 두 영역의 경계가 비교적 뚜렷하게 구분된다는 것이다. 예컨대 교육시간과 휴식시간의 정기적인 교체가 각각 상이한 말하기의 상황을 부여한다는 것이다.

새로운 성원의 충원은 반드시 그로 하여금 그 사회의 규범을 받아들일 것을 요구한다. 또한 새로운 성원은 그 사회규범의 변이형들을 습득할 때까지는 사회규범의 규범적(normative) 모형에 따라 행위를 할 수 밖에 없다. 따라서 자대배치 후 최초의 상황은 전적으로 군대사회의 규범이 지배하게 되고 언어사용에 있어서도 마찬가지여서 어떠한 쌍대적 관계(dyadic relation)에 있어서도 계급적 지위가 지배하게 된다. 이 상태에서는 서로에 관한 유일한 정보가 계급적 지위일 뿐이기 때문에 더더욱 그럴 수밖에 없다. 그러나 시간이 지남에 따라 상대에 대한 정보의 양이 많아지게 되면 언어선택의 폭이 넓어지게 된다.

〈사례 18〉
-물리적 환경: 중대막사 내
-사회적 환경: 공식적인 신고연습을 마치고 난 후 대기하고 있는 시간으로 선임자들이 신병들에게 개인적인 신상에 관한 질문들을 하는 등 약간은 비격식적인 분위기.
-참여자간의 관계:
A-8기.
B-10기. 신병.
C-10기. 신병. A보다 4살 많음.

A: 야, 너 뭐하다 왔냐?
B: 예, 이병 ○○○! 직장 다니다 왔습니다.
A: 너는?
C: 예, 대학원 마치고 왔습니다.
A: (어투가 부드러워짐) 그럼 나이도 많겠네. 앞으로 애로사항 꽃폈네. 그렇지만 군댄데 할 수 없지 뭐.
C: 예, 늦게 온 사람이 잘못이죠.

이러한 대화장면은 참여자간의 유대나 친밀도가 형성되지 않은 상태이기 때문에 A와 B의 대화가 적절한 것이라 할 수 있다(〈그림 1〉과 〈그림 2〉 참조). 그러나 A와 C의 대화는 규범적인 측면에서 규칙을 위배하고 있다. 우선 C의 첫 번째 대답에서 관등성명이 생략되고 있고 뒤이은 A의 발화에서는 어미를 종결짓지 않고 있으며 마지막 C의 대답에서는 사제 존댓말을 사용하고 있다. 이는 자신의 연령적 지위를 표출하려는 C의 선택적인 형식의 파기(관등성명 생략)와 말단계의 선택(사제 존댓말의 선택)의 결과이며, 영내라 할지라도 시민사회적 규범을 전혀 배제할 수 없는 A의 주변적인 지위가 만들어 낸 것이다. C의 이러한 선택은 주어진 상황이 비격식적이고 화제도 비격식적이기 때문에 가능한 것이다.

상황이 보다 격식적일 때 말단계 결정의 선택적인 여지는 좁혀진다.

〈사례 19〉
-물리적 환경: 야외 교육훈련장.
-사회적 장면: 교육시간 사이의 휴식시간. 상황은 비격식적이지만 화자의 계급적 지위가 아직 낮기 때문에 상황의 전환이 어려운 상태.
-참여자간의 관계:
A-9기
B-10기

B: (담배를 똑바로 들고 피우고 있음.)
A: 담배 그렇게 들고 피지마. 고참들이 뭐라 그래. 나도 처음에 그랬다가 한소리 들었어.
B: (고쳐 잡으며) 예.
A: ××학번이라면서? 나도 ××학번이야.
B: 예, 그렇습니까?

〈사례 18, 19〉는 자대 배치 받은 후 처음 일어나는 상황이다. 이때는 아직 친밀도가 형성되지 않은 상태이고 화자 서로에 대한 정보가 미약하기 때문에 상황의 변이에 따른 언어전환이 극히 소극적으로 일어난다.

여기서 보듯이 영내에서는 시민사회적 성향이 강한 상황과 군대사회의 성향이 강한 상황이 화자들의 말씨체 선택에 크게 작용을 한다.

대체로 한 달 정도가 경과하면 자유롭게 대화할 수 있는 인간관계가 형성된다. 이 상황은 성원 간에 친밀감이 조성되었음을 의미하며 대면관계에서 점차 언어사용의 선택폭이 넓어지게 된다. 예컨대 시민사회적 규범이라 할 수 있는 사제 존댓말이 무리 없이 사용될 수 있게 되며, 선임자라 할지라도 연령적 지위가 상위에 있는 하급자에게 상황에 구애 없이 비존댓말을 사용하기가 거북스러워지는 등의 변화가 나타난다.

부대 내에서는 일체의 시민사회적 규범이 금기시되기 때문에 성원들은 군입대

전의 인간관계나 연령적 기준을 무시하도록 강요받는다. 하지만 앞서 언급한 바와 같이, 군대규범의 강도가 상이한 상황의 부여는 이러한 군대사회에서 강요되는 규범들을 항상 적용할 수 없게 한다. 따라서 영내에서는 상황적 요소와 친밀도의 요소가 말단계나 말씨체 선택에 중요한 요인으로 작용한다.

〈사례 20〉
-물리적 환경: 중대막사 옆 공간.
-사회적 장면: 고등학교 동기인 두 화자가 휴식시간 중 대화. 주위에 다른 사병들이 대화내용을 들을 수 있는 거리에 있음.
-참여자간의 관계:
A-7기. B와 고등학교 동기이며 군입대 전 안면이 있는 상태임.
B-9기

A: 어때, 힘들지?
B: 아니, 할 만해요. 이젠 사람들도 좀 알고 해서.
A: 괜찮아. 우리 둘만 얘기할 때는 말 놓아.
B: 아, 예.

〈사례 21〉
-물리적 환경: 중대막사 옆
-사회적 장면: 중식 후 둘이 담배를 피며 자유롭게 얘기하는 비격식적 상황. 주위에 B보다 하급자들만 있음.
-참여자간의 관계:
A-3기. 분대장이며 B와 국민학교 동기이고 친밀함.
B-8기. 자대생활 6개월째로 A와 친밀함.

A: 야, 어제 먼저 왜 갔냐? 좀 기다리라니까.
B: 내가 거기 따라가면 뭐하냐? 너만 가는 것도 아니고 다른 분대장 애들도 갔을 텐데.
A: 뭐 어때. 너하고 나하고 친군 거 아는데.
B: 그래도 그렇지. 껄끄러워서 어떻게 가냐?

〈사례 20, 21〉에서 사회적 장면에서 보이는 격식성의 차이와 참여자간의 친밀도의 차이는 말단계의 선택에 결정적인 요소로 작용한다. 즉 주변에 화자의 어느 한쪽보다 높은 기수가 있으면 계급적 기준을 무시할 수 없게 되며, 아울러 이들간의 친밀도가 낮아도 군대사회의 규범을 무시할 수 없게 된다. 즉 동일하게 학연이나 지연적 연관을 맺고 있다 하더라도 상황적 요소에 따라 이들의 표출 양식이 달리 나타난다.

이처럼 두개의 상이한 가치체계를 가진 상황들의 전환은 화자들로 하여금 어느 한쪽의 기준을 수용함으로써 보다 안정적인 상태를 만들려는 경향을 가지게 한다. 특히 영내의 상황은 이러한 두 상황의 전환이 빈번히 일어나기 때문에 화자들이 매 상황마다 말단계를 바꾼다는 것은 사실상 불가능하다. 이러할 때 사용되는 언어행위의 선택은 대화를 최소화하거나 회피하고, 또는 상황을 어느 한쪽의 기준에 인위적으로 고정시키고 그 기준에 따르는 것이다.

〈사례 22〉

-물리적 환경: 중대막사 앞.

-사회적 장면: 교육훈련장으로 출발하기 전으로 단독군장으로 집합하여 소대·분대별로 정렬하여 있으며 농담을 주고받거나 가벼운 장난을 하며 출발을 기다리고 있음. 이때는 특정한 대화참여자가 쌍대적 관계를 이루어 대화를 나누는 것이 아니라 다중의 화자들이 대화에 참여함. 화자들은 모두 자대생활 5개월 이상으로 친밀도 높음.

-참여자간의 관계:

A-4기. 분대장을 제외하고는 분대 최고참.

B-7기.

C-9기. A, B보다 4살 많음.

A: (B에게) 야, 빤질이. 니가 교안 좀 들고 가라.

B: 아니, 빤질이라니. 내가 왜 빤질이에요?

(주위에서 "말이야 맞지" 등 농담)

A: 얜 안 되겠다. ○일병, 좀 들어 줄래?

C: 예.

B: ○일병님, 그러지 마요. 내가 빤질이면 ○일병님은 나보다 더하지 뭐.

〈사례 22〉에서 보듯이 다중의 대화가 이루어지는 상황에서 다른 화자들은 구태여 연령지위가 자신보다 높은 C에게 말을 걸려하지 않고, C도 대화장면에 끼어들지 않음으로써 갈등적인 상황이 표출되는 것을 회피한다. 그리고 대화가 이루어진다 하더라도 단순한 정보전달의 기능에 한정된다.

〈사례 22〉에서 찾을 수 있는 또 다른 언어사용의 특징은 A와 B의 대화에서 B의 교체규칙의 위배(비존대의 1인칭 대명사 선택)와 어미를 종결짓지 않고 말을 하고 있다는 것이다. 이러한 사용은 화자간의 친밀도가 높고 상황이 비격식적이기 때문에 가능한 것이다.

상황의 불안정성은 화자들로 하여금 말행위의 안정성을 확보함에 있어서 자신에게 유리한 기준을 선택하려는 경향을 가지게 된다. 즉 계급적 지위가 대칭적이고 연령적 지위가 비대칭적일 경우에는 후자의 시민사회 규범을, 반대의 경우에는 군대사회의 규범을 자신의 행위기준으로 삼으려는 경향이 있다는 것이다. 그러나 군대사회 내에서 연령적 지위라는 시민사회적 규범을 표면에 그대로 드러내는 경우는 드물고 다른 매개적인 방법을 사용한다. 예컨대 계급적 지위에서 기수보다는 계급을 앞세우거나 보직을 앞세우는 경우가 이에 해당된다.

앞서 언급했듯이 단기사병의 계급구조는 이병과 일병으로만 구성되어 기수차가 나더라도 동일한 계급범주에 속하는 경우가 많다. 즉 하급자의 6개 기수가 이병이고, 상급자의 12개 기수가 일병이다. 그렇기 때문에 한 기수 정도 차이일 때는 기수보다는 계급 내세우는 경우가 종종 나타난다.

〈사례 23〉

-물리적 환경: 막사 내

-사회적 장면: 정신교육시간으로 막사 내에 소대·분대별로 앉고 물리적으로 밀착되어 있기 때문에 옆 사람이나 앞·뒤 사람과 제한적으로 쌍대적 관계에서의 대화가 이루어지지만 모든 사람들이 대화의 내용을 들을 수 있는 거리에 있어 시민사회적 규범이 통용되기는 어렵다.

-참여자간의 관계:

A-7기. B보다 5살 아래.

B-10기. 일병 진급한 지 일주일이 채 안됐으며 조기 진급하여 A보다는 1개월

늦게 진급했음.

A: 야, ○○○! 오늘 정신교육 주제가 뭐지? 준비해 왔어?
B: 어? 야, 야, 하지 마요. 같은 일병인데 이제 말 놓고 지내지, 어때?
A: 야, 이젠 기수도 없구나.

이 말사례는 교육시간 중에 일어난 것으로 격식적 성격이 강하고 이는 A의 첫 번째 발화에서도 나타난다. 그러나 B의 대답에서는 상황을 무시하고 동일한 계급을 강조함으로써 규칙을 어기고 있다. 이러한 B의 언어사용은 자신의 연령적 지위라는 시민사회적 규범을 계급이라는 군대사회의 규범을 이용하여 표출하려는 의도로 해석할 수 있다.[10)]

이러한 상황적 제약의 파기는 개별 말사례에서 직접적으로 제재를 받지는 않으며, 규범을 위반한 사람의 동기나 그와 친밀한 관계에 있는 사람을 통하여 경고하거나 공식적인 모임에서 특별히 규범을 위반한 사람을 지목하지 않고 경고를 하게 된다.

분대장들 간에는 기수의 차이를 보직을 통하여 대칭관계를 만들려는 전략을 사용한다. 분대장은 12개월 이상 군대상활을 한 기수들에게 부여되며, 따라서 내부적으로는 기수의 차이가 존재한다. 그러나 기수가 낮은 사람은 동일한 분대장이라는 지위를 이용하여 기수의 차이를 의도적으로 상쇄시키려 한다.[11)]

이들로 하여금 이를 유발시키는 동기는 군대생활 할 만큼 했다는 심리적 요인과 교육자의 위치에서 하급자를 교육시키는 동일한 지위에 있다는 과시적 욕구를 들 수 있다.

---

10) 다음에서 살펴보겠지만 이러한 말행위가 일어날 때 규칙을 어기는 화자는 상황을 비격식적으로 조작한다. 본고에서는 말하기의 음색(tone)이나 억양을 다루지 않고 있기 때문에 대화 내용상으로는 나타나지 않지만 화자는 말하기의 이러한 자질들을 적당히 사용함으로써 말하기의 상황이 비격식적이 되도록 유도한다.

11) 이 경우도 〈사례 23〉과 같이 계급을 앞세운 것이라 할 수도 있다. 왜냐하면 분대장들은 모두 상병 계급을 달기 때문이다. 그러나 분대장의 경우 계급보다는 직위를 이용한다고 보는 것은 계급상의 동일성보다는 분대장으로서의 임무나 역할이 이들로 하여금 더 공통성을 갖게 하기 때문이다.

〈사례 24〉

–물리적 환경: 야외교육장

–사회적 장면: 휴식시간이 끝나고 새로운 교과를 시작하려고 하며 분대장들 간에 누가 교육을 시킬 것인가를 논의하고 있음. 하급자들이 교육준비를 마친 상태이기 때문에 대화를 들을 수 있는 상태임.

–참여자간의 관계:

A-2기. 분대장

B-3기. 분대장

*A, B간에 계급 및 연령차 없음.

A: ○○야, 니가 교육시켜라.

B: 어이, 싫어. ○상병이 시켜. 나는 이 과목은 잘 모른단 말야.
(A가 교육을 맡기로 함.)

A: 야, 느네 요즘 왜 그 모양이냐? 중대생활 좀 잘 해라. (B를 지칭하여) ○○가 아무리 내 쫄따구지만 부대생활 잘 하니까 뭐라 그러지 않는 것 아니냐?

이처럼 상호적 비존댓말을 사용함으로써 기수차이가 있는 비대칭적 관계를 분대장간의 관계라는 대칭적 관계로 변화시킨다. 그러나 이러한 관계의 변화가 완전한 형태를 띠는 것은 아니다. B는 문종결어미에서는 상호적 비존댓말을 사용하지만 호칭에서는 보다 격식적인 형식을 선택함으로써 불완전한 부분적 전환을 보여준다. 이는 영내라는 물리적 환경과 상황의 격식성이 언어의 선택을 제약하기 때문으로 여겨진다.

이에 비하여 A는 정상적인 언어형식을 취하고 있고, 말의 내용상으로 B가 자신보다 하위의 기수임을 밝히고 있으며 불쾌한 표정을 지음으로써 간접적으로 B의 지위를 자신보다 하위에 둔다.

격식적인 상황에서 말행위의 안정성을 유지할 수 없을 때는 대화를 회피하려 한다. 이 경우는 계급적 지위는 낮고 연령적 지위는 높은 상태에 있는 화자가 주로 사용하게 된다. 대화장면에 능동적으로 개입하려 하지 않거나 〈사례 22〉에서처럼 대화장면에 개입된다 하더라도 소극적이고 수동적인 위치에 머무른다. 또는 대화가 시작되는 시점에서 대화를 회피하려는 수단으로 말을 못 들은 척 함으로써 말행위의 성립을 무산시킨다.

격식적 상황에서 이러한 대화의 회피보다 능동적이고 적극적인 말행위는 음색이나 억양 등을 포함한 말하기의 요소들을 이용하여 말행위가 일어나는 상황을 인위적으로 비격식적인 것으로 유도하는 것이다. 이는 대화참여자간의 묵시적인 합의하에서 가능하다.

〈사례 25〉
-물리적 환경: 중대막사 앞
-사회적 장면: 교육훈련장으로 출발함에 있어 교보재 점검과 이동 간에 운반할 사람을 정하고자 함.
-참여자간의 관계:
A-4기. B보다 5살 아래.
B-10기.

A: 연로하신 ○○○씨, 이것 좀 들어주시죠?
B: 예, 그럽시다.

이처럼 격식적 상황이라 하더라도 말을 농담처럼 하고 일 청탁을 부드럽게 함으로써 상황을 비격식적으로 유도하며, 그렇게 함으로써 시민사회적 규범이 통용될 수 있는 상황으로 변화시킨다. 〈사례 22〉와 비교해 볼 때 〈사례 25〉에서는 화자간의 말의 형식이 다르고, 갈등적 지위에 있는 B의 대응양식도 다르게 나타난다. 이는 A의 말에서 이미 상황을 비격식적으로 유도하려는 의도를 보이고 있으며 이에 대해 B가 적절하게 대응한 것으로 대화참여자간의 묵시적 합의가 있음을 보여준다.

이처럼 인위적인 상황조작은 갈등적 관계를 완화시켜 말행위에 있어서의 부담을 경감시킨다.

그러나 영내에서의 언어사용이 항상 갈등적인 상황에서의 선택을 강요하는 것은 아니다. 때에 따라서는 명시적으로 상황을 규정짓고 그에 따라 말단계를 선택하기도 한다.

〈사례 26〉

-물리적 환경: 중대막사 밖의 공간.

-사회적 장면: 퇴근시간에 임박하여 퇴근준비를 하는 정비시간으로 일과 내에서 시민사회적 규범이 가장 많이 표출되고 또 허용되는 시간대임.

-참여자간의 관계:

A-8기. B보다 4살 아래이며 친밀도는 낮으나 B의 연령지위를 알고 있음.

B-10기.

A: 저, 뭐 좀 물어볼려 그러는데요, 잠깐 얘기할 수 있어요?

B: 예, 물어봐요.

A: 아, 참. 10기라 그랬지? 사회에서라면 내가 그럴 수도 없지만 군대니까 이러면 안 되지.

B: 예, 괜찮아요.

(이하 A는 비존댓말을, B는 사제 존댓말을 사용.)

여기서 A처럼 군대니까 군대규범을 따른다는 식으로 군대사회의 규범에 따라 행위를 고정시키기도 한다.

이와는 반대로 영내라 하더라도 그대로 시민사회의 규범에 따라 행동하기도 한다.

〈사례 27〉

-물리적 환경: 교육훈련장.

-사회적 장면: 교육성과 측정에 대비하여 시험 치를 사람들만 따로 모여 공부하고 있음.

-참여자간의 관계:

A-4기. B와는 다른 소대 소속이며 3살 아래.

B-10기. A와는 친밀도 낮음.

A: 학교 다닐 때 공산주의 비판 같은 건 많이 배웠겠네요?

B: 아니, 많이 배운 건 아니고, 수업시간에 다루기는 했죠.

A: 그럼 잘 알겠네요?

이 경우는 〈사례 26〉과는 달리 계속해서 A는 시민사회적 규범에 따라 말단계를 선택하고 있다.

〈사례 26〉과 〈사례 27〉의 차이는 개인적인 것으로 여겨지지만, 영내의 상황들은 이들처럼 어느 한쪽 규범을 일관되게 적용하는 경우는 그리 흔치 않고 앞서의 사례들과 같이 상황에 따라 말단계나 말씨체를 빈번하게 전환하는 것이 보통이다.

4) 영외훈련시의 존댓말 행위

단기사병들에게 있어서 영외에서 실시되는 훈련기간은 군인으로서의 역할이 가장 강조되는 시기이며, 따라서 모든 행위의 규범이 군대사회의 그것에 따르도록 강요된다. 언어사용에 있어서도 마찬가지여서 상명하복의 군대사회 규칙이 그대로 적용된다. 물론 영외훈련의 상황이라 하더라도 항상 군대사회의 규범만이 강요되는 상황만이 있는 것은 아니다. 그러나 그런 상황이 발생하는 경우는 드물고, 있다 하더라도 그러한 상황에선 영내의 행위 유형과 유사하기 때문에 말행위도 그에 준한다.

〈사례 28〉
-물리적 환경: 이동로 도로상.
-사회적 장면: 부대로부터 훈련 시 주둔지로의 이동을 위한 행군 중 휴식시간으로 이러한 상황에서는 육체적으로 피로하기 때문에 많은 대화는 없음.
-참여자간의 관계:
A-4기. B와는 같은 부대이고 친밀한 관계.
B-9기. A보다 4살 많음.

A: ㅇㅇ야, 가서 물 좀 떠 와라.
B: 예.

A와 B의 친밀한 관계에 비추어 B에 대한 A의 호칭의 사용이나 문종결어미의 사용은 영내의 관행에 비추어 완전히 달리 나타난다. 만약 영내였다면 A는 호칭에서 "ㅇ일병"을 사용하거나 호칭을 생략했을 것이며, 문종결어미에서는 부드럽게 청탁하는 형식의 "해 줄래"를 사용하였을 것이다. 혹은 전 항의 〈사례 25〉와

같은 형식을 취했을 것이다. 그러나 A는 비존대를 사용하고 있으며, 이에 대해서 B도 필요 이상의 말을 하지 않는 소극적인 대응형식을 취하고 있다.

이처럼 훈련 시의 상황은 군대사회의 규범에 거의 전적으로 의존함으로써 계급적 지위에 따른 비상호적 말단계의 선택이 지배적이 된다. 이러한 상황 하에서 갈등적 지위에 있는 사람은 말행위에 아주 소극적이 된다.

〈사례 29〉

–물리적 환경: 훈련 주둔지.

–사회적 장면: 식사 집합하여 배식이 끝나고 분대별로 식사 중이며 농담도 주고받는 등 비격식적이지만 훈련의 연장으로 인식됨.

–참여자간의 관계:

A-4기. 분대장. C보다 3살 아래임.

B-7기. C보다 4살 아래임.

C-9기. A, B보다 연령 지위 높음.

A: (분대원들에게) 어때? 힘들지 않니?

B: 나야 벌써 몇 번 해 봤으니까 재미있는데, 신병애들이야 힘들 겁니다.
(여러 사람이 이에 대해서 얘기하고 있는 동안 C는 대화에 참여하지 않고 있음.)

A: (C에게) ㅇㅇ야, 너도 처음이지? 힘들지 않니?

C: 예. 괜찮습니다.

갈등적 지위에 있는 C는 대화장면에의 개입을 회피함으로써 군대사회 규범이 적용되는 말행위를 최소화한다.

이처럼 군대사회의 규범인 계급적 지위가 지배하는 상황에서 연령적 지위가 높은 하급자가 시민사회적 규범을 채택할 수 있는 입지는 아주 좁으며, 이를 적용하였을 때에는 강력한 제재를 받는다.

〈사례 30〉

–물리적 환경: 훈련 주둔지.

–사회적 장면: 숙영지 정지작업 및 천막 가설 중.

-참여자간의 관계:
A-8기. B와 같은 소대이며 친밀도 높음.
B-10기. A와 같은 일병으로 때에 따라 말을 놓기도 함. A보다 5살 위.

A: 야, ○○○! 여기 좀 똑바로 해놔라.
B: 응, 알았어.
A: 야, 지금 장난하냐? 군대는 짬밥이야. 도대체 몇 살 먹었다고 그러냐?
B: (더 이상 대답하지 않고 거친 행동으로 시킨 일을 함.)

여기서 보듯이 B의 언어사용에 있어서 시민사회적 규범의 채택은 제재를 받게 된다. A는 현재의 상황이 군대사회임을 강조하면서 B로 하여금 이에 따르도록 요구한다.

이러한 제재의 형태는 극히 드물게 나타난다. 앞서 언급한 바와 같이 직접적 제재의 형식보다는 간접적 제재의 형식이 보다 빈번히 사용되며 물리적 충돌로 발전하는 예는 없다. 물리적 충돌이 발생하는 경우에는 상급자나 하급자 모두에게 공식적인 처벌이 가해지고 앞으로의 부대생활에 큰 부담—상급자는 하급자에게 맞았다는 비난이 가해지고 하급자는 상급자에게 대들었다는 이유로 비난을 받게 된다—을 주기 때문에 서로 자제하게 된다.

이상에서 기술한 영외훈련시의 상황은 화자들의 말단계 선택을 극히 제한하여 계급지위에 따른 비상호적 존댓말의 사용만을 허용하게 된다.

5) 상황의 변이와 언어사용의 실제

지금까지 기술된 말사례들은 주어진 상황에 따라서 어떻게 말씨체와 말단계를 선택하는가를 보여준다. 군대사회와 시민사회라는 상이한 행위규범을 가진 두 영역이 교체되는 생활주기를 가짐으로써 불안정한 주변적 지위를 갖는 단기사병들의 언어사용은 주어진 상황에 따라 두 규범 중의 어느 하나를 적절히 선택하는 대단히 유동적인 말행위를 보여준다.

조사대상 언어공동체에서 이러한 말행위에 영향을 미치는 상이한 사회적 상황은 시민사회의 요소와 군대사회 요소를 허용할 수 있는 정도에 따라 크게 세 범주로 나뉜다.

상대적으로 시민사회적 요소가 강하게 작용하는 영외의 상황은 행위에 있어 시민사회적 규범이 적용될 수 있는 여지를 넓게 해준다. 그리하여 시민사회의 지위 기준인 연령 기준이 우세하게 작용하거나 혹은 군대사회의 지위기준이 전적으로 무시되기도 한다. 이처럼 시민사회적 규범이 강하게 표출되는 영외의 상황은 대화참여자들로 하여금 시민사회적 규범에 따른 말행위라 할 수 있는 상호적이거나 비상호적인 사제 존댓말의 사용을 허용한다.

한편 시민사회적 요소 및 군대사회의 요소가 강하게 작용하는 상황이 혼재하는 영내의 상황에서는 말행위의 양상도 보다 복잡하게 나타난다. 상황에 따라 말씨체나 말단계를 전환시키거나 대화를 회피하기도 하며, 인위적으로 상황을 어느 한쪽으로 고정시키고 그 규범에 따라 말행위를 하기도 한다. 따라서 영내의 상황에서는 화자들이 상황에 따라 연령적 지위와 계급적 지위의 어느 한쪽을 자신들의 말행위에 적용하여 상호적 사제 존댓말을 사용하거나 상황에 관계없이 일관적으로 계급적 지위를 적용함으로써 비상호적 사제 존댓말이나 군대 존댓말을 사용하게 된다. 이는 상황적 요인이 불안정하게 주어짐으로써 말씨체나 말단계의 일관된 선택이 어려워지는 데 따르는 결과로 이해될 수 있다.

반면 전적으로 군대사회의 규범이 행위를 규제하게 되는 영외훈련시의 상황은 시민사회적 규범에 따라 행위할 수 있는 가능성을 거의 완전히 배제시킨다. 따라서 영외훈련시의 상황 하에서는 비상호적 군대 존댓말의 사용이 지배적이게 된다. 이처럼 세 종류의 상황은 언어 변이를 요구하는 상이한 상황의 범주들로 규정될 수 있다. 즉 이러한 상황은 시민사회와 군대사회라는 각각 상이한 규범이 작용하는 강도에 따른 구분으로 말행위를 규제하는 기본적인 규범들을 제공하는 분절된 영역들인 것이다. 따라서 개인의 언어선택이나 전략적인 언어사용은 이러한 상황적 요인에 의해 일차적으로 지배된다. 그리하여 보다 동적인 영내의 상황은 화자들로 하여금 언어선택의 유동성을 보여주며 개인의 전략적 언어사용을 가능케 해주지만, 아주 정적인 영외훈련시의 상황은 개인의 언어선택의 폭을 협소하게 하며 전략적 언어사용을 극히 제한한다.

이러한 상황적 요인에 종속되어 말행위에 영향을 미치는 이차적 요인은 연령과 계급이라는 지위와 개별 사회적 상황의 격식성 및 학연, 지연, 소속감 등의 개인적 친밀도라 하겠다.

이처럼 조사대상 언어공동체의 성원들은 말행위에 있어서 그들의 주변적 지위에서 기인하는 정체감의 유동성 때문에 상황이라는 요소에 크게 지배받게 되는 것이다.[12)]

4. 요약 및 결론

조사대상 언어공동체의 특징적인 언어목록은 일차적으로 '군대말'과 '사제말'이란 두 가지 말씨체로 구성되며 이러한 상이한 말씨체는 다시 존대와 비존대의 두 단계의 말단계를 갖는 이원적 체계로 파악된다. 이러한 말씨체와 말단계는 계급적 지위, 연령적 지위, 상황의 격식성, 친밀도 등의 사회적 요인에 따라 다양하게 선택된다.

이러한 말씨체와 말단계를 선택하는 이상적인 규범은 〈그림 1〉과 〈그림 2〉에서 제시된 바와 같다. 즉 화자를 기준으로 청자의 계급지위가 높고 상황이 격식적일 때, 그리고 상황이 비격식적이라 할지라도 청자와 친밀하지 않을 때는 문종결어미에서 군대 존댓말을 사용한다. 그리고 청자의 계급지위가 높고 상황이 비격식적이며 청자와 친밀할 때와 기수가 낮더라도 청자의 연령지위가 높고 상황이 비격식적이면 문종결어미에서 사제 존댓말을 사용한다. 또한 청자의 계급지위는 낮고 연령지위는 높으나 상황이 격식적일 때는 대화를 회피하며, 청자의 계급지위와 연령지위가 모두 낮을 때는 문종결어미에서 비존댓말을 사용한다.

12) 기간병의 말행위와 비교해 보면 단기사병의 말행위가 상황 종속적인 원인이 이들의 주변적인 지위에 기인함이 명확해진다. 기간병의 경우 지속적으로 영내생활을 하기 때문에 지위의 결정에 전적으로 계급이 적용되며, 따라서 말행위도 계급적 지위에 의한 비상호적 존댓말을 사용한다.

호칭에 있어서는 청자의 계급지위가 높을 때는 '성+계급+님'이나 '보직명+님'을 사용하고, 계급지위는 낮으나 연령지위가 높을 때는 상황의 격식성 및 친밀도에 따라 세 형태가 사용된다. 즉 격식적 상황이면 '성+계급'을 사용하며, 상황이 비격식적이며 친밀할 때는 '[이름]+형'을, 친밀하지 않을 때는 호칭을 생략한다. 그리고 계급지위와 연령지위가 모두 낮을 때는 상황이 격식적이면 '성+이름'을, 비격식적이면 '[이름]+[야]'를 사용한다.

그러나 이러한 말단계와 말씨체의 이상적 규범은 실제 언어사용에 있어서 그대로 지켜지는 것이 아니고, 화자들은 말행위에 영향을 미치는 조건에 따라 다양한 변이형들을 사용하게 된다. 조사대상 언어공동체에서 이들의 실제적인 언어사용은 영외, 영내, 영외훈련이라는 말행위가 일어나는 구분된 영역들에 따라 상이하게 나타난다. 이러한 상황은 시민사회 성원으로서와 군대사회 성원으로서의 이중적 정체감을 갖는 화자들이 말행위의 기준을 선택하는 기본적인 틀로 작용한다. 따라서 조사대상 언어공동체의 성원들은 상황이 시민사회적 성격이 강한지 또는 군대사회의 성격이 강한지에 따라 적절한 말씨체 및 말단계를 선택하게 된다. 예컨대 시민사회적 성격이 강한 상황에서는 시민사회의 지위기준이라 할 연령기준에 기초한 사제 존댓말을 사용하려는 경향이 있으며, 군대사회의 성격이 강한 상황에서는 계급지위에 기초한 군대 존댓말을 사용해야 한다는 것이다. 따라서 이 언어공동체에 있어서 실제 언어사용은 일차적으로 상황 종속적으로 규정된다고 할 수 있다.

본고에서 시도한 특정 언어공동체에서의 말행위에 대한 민족지적 기술은 기존의 한국 존댓말에 대한 연구들이 일반적으로 관심을 기울여 온 정태적 구조(static structure)의 기술이 아니라 존댓말 사용에 대한 동태적 과정(dynamic process)의 기술에 주력함으로써, 조사대상 언어공동체의 화자들이 갖는 의사소통능력을 보다 역동적으로 그리고 실제적으로 파악할 수 있다는 장점을 가진다. 즉 말행위에 대한 민족지적 기술은 말을 사회적 상호작용의 역동적인 한 부분으로 간주함으로써 능동적인 행위자로서 화자들의 의사소통능력을 효과적으로 제시해 줄 수 있다는 것이다.

언어 및 말 연구의 근본적인 목적이 특정 언어공동체의 화자들이 갖는 구체적인 의사소통능력의 탐구에 있다고 할 때, 언어사용에 대한 민족지적 기술은 이러한 요구를 충족시켜주는 발견적 도구로서의 유용성을 보여준다 할 수 있겠다.

이는 또한 기존의 한국 존댓말 연구가 갖는 연구자료의 수집에 있어서 자의적 선택의 단점을 극복할 수 있다는 장점을 갖는다. 존댓말 행위는 전면적인 사회문화적 체계의 일부분으로서 민족지적 맥락 내에서 다루어져야 하며, 따라서 존댓말의 연구는 특정의 언어공동체에 대한 경험적 자료에 기초하여야 한다. 왜냐하면 언어변이의 사용과 관련하여 상이한 상황인가 아닌가 하는 것은 특정 언어공동체의 내적인 사회조직의 문제이며(Fishman 1969: 49-50), 또한 그 언어공동체의 성원은 이러한 사실을 알고 있어야 하기 때문이다. 따라서 이러한 언어공동체는 성원간의 사회적 연계망의 형성뿐만 아니라 성원간의 공유된 언어적·문화적 지식을 전제하여야 하며(왕한석 1986), 이 언어공동체 내의 의사소통능력을 파악하기 위해서는 경험적인 현지조사가 수행되어야 한다는 것이다. 따라서 본고의 시도는 한국 존댓말 사용에 대한 연구에 이러한 인류학적 방법론을 적용함으로써 존댓말 사용에 대한 기술적 타당성을 확보할 수 있다.

그러나 본고의 존댓말 행위 기술은 몇 가지 점에서 보완되어야 할 필요가 있다. 첫째는 조사대상 언어공동체의 특수성에서 기인하는 것으로 동일세대의 성원으로 구성되어 말단계의 분화가 적고, 남성 화자들로만 구성되어 성별에 따른 말행위의 차별성을 기술하지 못하였다는 점이다. 이는 보다 보편적인 언어공동체에 대한 말행위의 기술로 보완되어야 할 것이다.

두 번째로는 행위자들의 의도에 따른 전략적 언어사용이라는 측면에 대한 미시적 수준에서의 분석이 충분히 논의되지 못하였는 바, 이는 소위 '해석모형(interpretive model)' 또는 '상호작용적 사회언어학(interactional socioling- uistics) 모형' (Gumperz 1972)에 따라 앞으로 보완되어야 할 부분일 것이다.

√참고문헌

김종훈 편, 1984, 『국어경어법연구』, 서울: 집문당.

김주관, 1989, "존대말 사용의 이상적 규범과 실제적 변이상: 단기사병의 언어공동체를 중심으로," 서울대학교 인류학과 석사학위논문.

서정수, 1984, 『존대법의 연구』, 서울: 한신문화사.

왕한석, 1986, "국어 청자 존대어 체계의 기술을 위한 방법론적 검토," 『어학연구』 22(3): 351-73.

_____ 1987, "언어인류학" (미발표원고), (1996, "언어, 사회, 문화: 언어 인류학의 주요 조류," 『사회언어학』 4(1): 3-50).

이정민, 1982, "한국의 경어 체계 연구의 제문제," 한상복 편, 『한국인과 한국문화-인류학적 접근』, 서울: 심설당. pp. 220-39.

황적륜, 1976, "국어의 존대법," 『언어』 1(2): 191-200.

Bauman, Richard & Joel Sherzer (eds.), 1984, *Explorations in the Ethnography of Speaking*, Cambridge: Cambridge University Press.

Bauman, Richard & Joel Sherzer, 1975, "The Ethnography of Speaking," *Annual Review of Anthropology* 4: 95-119.

Brown, Roger W. & Marguerite Ford, 1964, "Address in American English," in D. H. Hymes (ed.), *Language in Culture and Society,* New York: Harper & Row, pp. 234-244.

Brown, Roger W. & A. Gilman, 1960, "The Pronouns of Power and Solidarity," reprinted in P. P. Giglioli (ed.), *Language and Social Context,* Middlesex: Penguin Books, pp. 252-282.

Chang, Suk-Jin, 1973, *A Generative Study of Discourse: Pragmatic Aspects of Korean with Reference to English,* Seoul: Language Research Institute, Seoul National University.

Choi, Youngsoon Park, 1978, "Aspects in the Development of Communicative Competence with Reference to Korean," Ph. D. Dissertation, University of Illinois at Urbana-Champaign.

Chomsky, Noam, 1965, *Aspects of the Theory of Syntax,* Cambridge: The MIT Press.

Dredge, C. Paul, 1976, "Speech Variation and Social Organization in a Korean Village," Ph. D. Dissertation, Harvard University.

Ervin-Tripp, Susan, 1969, "Sociolinguistics," reprinted in B. G. Blount (ed.), 1974, *Language, Culture and Society*, Cambridge: Winthrop Publishers, Inc., pp. 268-334.

_______ 1972, "On Sociolinguistic Rules: Alternation and Co-occurrence," in J. J. Gumperz & D. H. Hymes (eds.), *Directions in Sociolinguistics,* N.Y.: Holt, Rinehart and Winston, pp. 213-250.

Fishman, Joshua A., 1969, "The Sociology of Language," reprinted in P. P. Giglioli (ed.), *Language and Social Context*, Middlesex: Penguin Books, pp. 45-58.

_______ 1974, "The Sociology of Language," in T. Sebeok (ed.), *Current Trends in Linguistics,* Vol.12, The Hague: Mouton, pp. 1629-1764.

Friedrich, Paul, 1972, "Social Context and Semantic Feature: The Russian Pronominal Usage," in Gumperz, J. J. & D. H. Hymes (eds.), *Directions in Sociolinguistics*, N.Y.: Holt, Rinehart and Winston, pp. 270-300.

Giglioli, Pier Paolo, 1972, "Introduction," in P. P. Giglioli (ed.), *Language and Social Context*, Middlesex: Penguin Books, pp. 7-17.

Goffman, Erving, 1961, *Encounters: Two Studies in the Sociology of Interaction,* Indianappolis: Bobbs-Merrill.

Gumperz, John J. & Dell H. Hymes (eds.), 1972, *Directions in Sociolinguistics,* N.Y.: Holt, Rinehart and Winston.

Gumperz, John J., 1964, "Linguistic and Social Interaction in Two Communities," in J. J. Gumperz & D. H. Hymes (eds.), *The Ethnography of Communication, American Anthropologist* 66(6) Part 2: 137-154.

_______ 1968, "The Speech Community," in David L. Sills (ed.), *International Encyclopaedia of the Social Sciences,* Vol. 7, New York: The Macmillan Company, pp. 381-386.

_______ 1972, "Introduction," in J. J. Gumperz & D. H. Hymes (eds.), *Directions in Sociolinguistics,* N.Y.: Holt, Rinehart and Winston, pp. 1-25.

Howell, Richard W., 1968, "Linguistic Choice as an Index to Social Change," Ph. D. Dissertation, University of California at Berkeley.

Hudson, Richard Anthony, 1980, *Sociolinguistics,* Cambridge: Cambridge University Press.

Hwang, Juck-Ryoon, 1975, "Role of Sociolinguistics in Foreign Language Education with Reference to Korean and English Terms of Address and Levels of Deference," Ph. D. Dissertation, University of Texas at Austin.

Hymes, Dell H., 1962, "The Ethnography of Speaking," reprinted in J. A. Fishman (ed.), 1968, *Readings in Sociology of Language*, The Hague: Mouton Publishers, pp. 381-386.

______ 1970, "Linguistic Method in Ethnography: Its Development in the United States," reprinted in D. H. Hymes, 1983, *Essays in the History of Linguistic Anthropology*, Amsterdam: John Benjamin, pp. 135-224.

______ 1972a, "On Communicative Competence," in J. B. Pride & J. Holmes (eds.), *Sociolinguistics,* London: Penguin Education, pp. 269-293.

______ 1972b, "Models of the Interaction of Language and Social Life," in J. J. Gumperz & D. H. Hymes (eds.), *Directions in Sociolinguistics*, N.Y.: Holt, Rinehart and Winston, pp. 35-71.

______ 1974, *Foundations in Sociolinguistics: An Ethnographic Approaches,* Philadelphia: University of Pennsylvania.

Irvine, Judith T., 1974, "Strategies of Status Manipulation in the Wolof Greeting," in R. Bauman & J. Sherzer (eds.), 1984, *Explorations in the Ethnography of Speaking*, Cambridge: Cambridge University Press, pp. 167-191.

Jakobson, Roman, 1960, "Linguistics and Poetics," in T. Sebeok (ed.), *Style in Language,* Cambridge: The MIT Press, pp. 350-377.

Lee, Chung-Min, 1974, "Abstract Syntax and Korean with Reference to English," Ph.D. Dissertation, Indiana University.

Lee, Hong-Bae, 1970, "A Study of Korean Syntax," Ph. D. Dissertation, Brown University.

Lyons, John, 1977, *Semantics,* 2 Vols., Cambridge: Cambridge University Press.

Marcus, George E. & Dick Cushman, 1982, "Ethnographies as Texts," *Annual Review of Anthropology* 11: 25-69.

Martin, Samuel, 1964, "Speech Levels in Japan and Korea," in D. H. Hymes (ed.), *Language in Culture and Society*, New York: Harper & Row, pp. 407-415.

Sankoff, Gillian, 1972, "Language Use in Multilingual Societies: Some Alternative Approaches," in J. B. Pride & J. Holmes (eds.), *Sociolinguistics,* London: Penguin Education, pp. 33-51.

Song-Bradford, Linda Mari, 1979, "Reflections of Status and Intimacy in Korean Speech Levels, English Code, and their Use in Dyadic Conversations between Bilingual Koreans," Ph. D. Dissertation, American University.

Wang, Hahn-Sok, 1979, "Sociolinguistic Rules of Korean Honorifics,"『인류학논집』5: 91-118.

______ 1984, "Honorific Speech Behavior in a Rural Korean Village: Structure and Use," Ph. D. Dissertation, University of California at Los Angeles.

______ 1989, "On Ervin-Tripp's Model of 'Sociolinguistic Rules'," 두산 김택규 박사 화갑 기념 논문집 간행위원회 편,『두산 김택규 박사 화갑기념 문화인류학 논총』, pp. 655-666.

7 장

택호와 종자명호칭의 사용과 변화: 전남 나주 한 반촌의 사례 연구*

조숙정

1. 머리말

우리는 일상적인 언어적 상호작용 과정 속에서 다양한 호칭어들 중 어떤 하나를 선택해야만 하는 상황에 늘 직면한다. 다시 말해서, 어떤 호칭어를 사용해야 하는 언어적 상황에서 "상대방을 어떻게 부를 것인가?" 하는 호칭 선택의 문제는 의식적으로든 무의식적으로든 우리들이 매일 같이 겪고 있는 일상적인 일이다. 이때 화자가 청자를 특정 호칭어로 부르는 것이 단순히 언어 사용의 문제나 개인적인 선호의 문제인가? 우리가 어떤 호칭어를 언제, 어디서, 누구에게 사용하였는가가 때때로 '버릇없다', '건방지다', '잘못됐다' 또는 '예절바르다', '적절하다', '올바르다' 등의 도덕적이고 규범적인 평가(예컨대 비난이나 칭찬)와 같은 사회적 반응을 불러일으킨다는 것에 주목할 필요가 있다. 결국 우리에게 상대방을 어떻게

* 이 논문은 "택호와 종자명호칭의 사용"이라는 제목으로『호남사회연구』4·5 (1998, pp. 260-284)에 실렸던 글을 수정·보완한 것이다.

부를 것인가 하는 문제는 단순히 개인적이거나 언어적인 문제가 아니라는 것이다. '호칭어의 선택 및 사용'이라는 언어 행위는 화자들이 그 사회 또는 집단의 구성원으로서 원만한 인간관계를 맺고 그것을 유지하며 적절한 사회적 행위를 수행해 나가기 위해서 공유하고 있어야 할 사회문화적 지식과 직결된다. 즉, 그것은 사회적이고 문화적인 측면에서 접근해야 할 중요한 문제인 것이다. 따라서 호칭어의 선택 및 사용은 개인의 단순한 언어 선택의 행위가 아니라 명백한 사회문화적 행위로서 기술·분석되어야 한다.

'호칭어(terms of address)' 또는 '호칭형태(forms of address)'는 "직접적인 언어적 상호작용에서 누군가를 부르는 데 사용되는 언어적 형태들의 집합"(Wang 1984: 99)으로 정의되며, '말하기 또는 의사소통의 민족지학(ethnography of speaking or communication)'[1]의 발달과 함께 새롭게 떠오른 중요한 연구주제다. 호칭어는 특정 언어공동체(speech community)[2]에서의 언어구조와 사회구조 간의 관계를 밝히는 데 중요한 의미와 기능(Bean 1978: xi)을 가질 뿐만 아니라, 특정 호칭어의 사용이 화자와 청자가 놓여 있는 사회적 상황 및 사회적 관계를 반영하고 강화함으로써(Evans-Pritchard 1948: 221) 언어의 이차적 기능을 강하게 드러내주기(Fasold 1990: 1) 때문인 것으로 이해된다.

한 언어공동체 내에는 화자와 청자의 상이한 사회적 관계 및 상황을 반영해주는 다양한 호칭어들이 사용되고 있다. 한국사회의 호칭어 범주를 경험적 연구에 기반해서 명료하게 기술·분석하고 있는 Wang(1984)에 따르면, 조사지인 경남 함양군 한 반촌에서 사용되는 호칭어들은 '대명사 계열 호칭어'와 '비대명사 계열

1) '말하기 또는 의사소통의 민족지학'은 사회적 행위로서의 언어의 사용을 연구주제로 설정하고, 언어·문화사회 간의 상관관계를 규명하려는 새로운 이론틀로서 1960년대 초반 Dell Hymes에 의해서 제시되었다(왕한석 1996: 26). 이 새로운 이론틀에 따르면 '말'(speech) 또는 '말하기'(speaking)도 하나의 사회적 현상으로서 언어(language)와 마찬가지로 유형화되고 하나의 체계로서 기능하며 규칙에 의해서 기술될 수 있다(Hymes 1962: 217).

2) 의사소통의 민족지학이 분석의 모집단으로 삼는 '언어공동체'는 언어적 실체가 아닌 사회적 실체(social entity)로서, Hymes(1972)에 따르면 언어공동체란 "말에 관한 행동과 해석의 규칙을 공유하고 또 최소한 한 가지 변이어(linguistic variety)의 해석에 관한 규칙을 공유하는 공동체"로 정의된다(Hymes 1972: 54).

호칭어'로 크게 구분되며, 구체적으로는 '대명사'(代名詞), '친척호칭어'(親戚呼稱語), '택호'(宅號), '종자명호칭'(從子名呼稱), '의사 친척호칭어'(擬似親戚呼稱語), '개인명'(個人名), '직위명'(職位名) 그리고 '지위용어'(地位用語) 등 모두 8범주가 있는 것으로 분석되었다. 본 연구의 조사지에서도 위 8범주에 해당하는 호칭어들이 구분되고 사용되는 것으로 조사되었다.[3]

그렇다면 화자로 하여금 이처럼 다양한 호칭어들 중에서 특정 범주의 호칭어를 선택·사용하도록 하는 것은 무엇인가? 일반적으로 화자는 '청자가 화자 자신과 어떤 관계에 있는가'에 따라서 또는 참여자들의 '호칭행위가 어떤 장소나 장면에서 일어나고 있는가'에 따라서 청자에 대한 호칭어를 달리한다. 바꿔 말하면, 화자는 특정 언어적 상황에서 어떤 호칭어를 선택·사용할 때 화자와 청자 사이에 놓인 여러 가지 사회적 관계 및 상황 조건의 제약을 받는다. 일반적으로 호칭어의 사용에 관한 기존의 연구들은 언어적 선택이 일어나고 있는 사회적 상황의 격식성 유무 및 대화 참여자들의 사회적 지위, 연령, 성, 친밀도 등과 같은 사회적 관계가 호칭어들의 교체적 선택에 영향을 미치는 주요한 사회적 요인(social factor)인 것으로 분석하고 있다(Brown and Gilman 1960; Brown and Ford 1964; Burling 1970; Ervin-Tripp 1972; Wang 1984; Wardhaugh 1986; Fasold 1990; 김주관 1989; 정종호 1990; 조숙정 1997 등).

그러나 해당 언어공동체들의 호칭어의 범주와 사회적 요인의 종류 등 분석적 단위가 동일하거나 유사하다고 해서 호칭어나 사회적 요인들이 갖는 구체적인 의미나 위상 및 사용방식이 반드시 동일하거나 유사한 것은 아니다. 분석적 단위의 동일성이나 유사성과는 별개로 개별 언어공동체의 사회구조나 가치관에 따라서 호칭어의 의미와 사회언어적 규칙은 다를 수 있기 때문이다. 따라서 특정 언어공동체에서 사용되는 호칭어의 종류, 그 사용에 영향을 주는 사회적 요인 및 사용방식에 대한 기술·분석은 해당 언어공동체에서 사용되는 호칭어들의 언어적 교체

3) "과거 전통사회에서의 신분적 지위(estate status)를 나타내는 데 사용되었던 호칭어들의 집합"으로 정의(Wang 1984: 106)되는 (신분)지위용어의 경우는 사회적 신분계급이 없어진 오늘날 실제 언어적 상황에서 더 이상 사용되지는 않고, 단지 양반세대에 속하는 노년층 화자들에 의해서 관련 호칭어들 및 그 사용이 진술되고 있다.

형의 단순한 파악을 넘어서서 해당 언어공동체의 사회구조와 문화를 읽을 수 있는 중요한 연구가 되는 것이다.

이 글은 이와 같은 호칭어 연구의 입장에서 호칭어의 사회언어적 규칙(sociolinguistic rules)을 민족지적으로 기술하려는 사례 연구다. 조사지에서 수집된 호칭어는 위에서 언급한 바와 같이 모두 8범주인데, 이 글에서는 대화 참여자들이 '비친척관계'일 때 일반적으로 사용되는 2범주의 호칭어, 즉 택호(terms of household)와 종자명호칭(teknonymy)을 중심으로 호칭어의 사용과 변화를 살펴보고자 한다. 구체적으로는, 먼저 (1) 택호와 종자명호칭의 주된 화자 및 청자 집단과 관련된 사회적 분포를 살펴보고, (2) 택호와 종자명호칭의 언어목록(verbal or linguistic repertoire)[4]을 작성할 것이다. 그리고 (3) 두 호칭어 범주의 사용을 제약하는 사회적 요인들을 기술함으로써 사회언어적 규칙을 찾아볼 것이다.

다양한 호칭어들 중 택호와 종자명호칭에 기술 범위를 한정한 것은 이 호칭어 범주들이 제한된 지면 안에서 조사지 토박이 화자들의 언어 사용과 사회문화적 특징을 가장 잘 드러내 줄 수 있는 것으로 판단되기 때문이다. 특히 조사지에서 택호와 종자명호칭의 사용은 사회구조 및 문화체계의 변화와 밀접한 관계에 있는 것으로 이해되기 때문에, 언어의 사용과 사회문화적 변화의 관계를 보여줄 것으로 기대된다.

이 글에서 제시되는 자료는 전남 나주시 노안면 금안리(金安里) 인천(仁川)마을[5]에서 1995년 1월부터 10월 사이에 수행된 현지조사를 통해 관찰·수집된 사례들이다.

---

4) 분석의 모집단에 대한 개념화와 함께 연구대상을 한정짓는 개념인 '언어목록'은 "개별 언어공동체 내의 사회적 상호작용에서 규칙적으로 채택되는 언어자원의 총체"(Gumperz 1972)를 가리킨다. 이 언어목록의 개념 속에는 사회적 상호작용 및 담화에서 다양한 사회적·상황적 의미를 전달하는 모든 언어의 교체형들의 집합이 포괄될 수 있다(왕한석 1996: 29).

5) 이명(里名)인 '금안리'는 지역의 언어습관에 의해 '기말리'로 통용되고 있으며, 버스 행선판에조차 '기말리'로 표기되어 사용되고 있다.

2. 조사지 개관

인천마을은 나주 정씨(羅州鄭氏), 풍산 홍씨(豊山洪氏), 하동 정씨(河東鄭氏) 3성씨가 토박이 성씨로서 집단거주하고 있는 반촌(班村)으로, 지역에서 알아주는 양반동네인 금안동(金鞍洞)의 중심 마을 중 하나다. 금안동은 '호남의 3대지(大地)'[6] 중 하나로 알려진 명기(名基)로서 과거 12동네로 이루어진 양반동네다. 고려 말에 나주 정씨의 중시조인 설재 정가신(雪齋 鄭可臣)의 입향 이래 풍산 홍씨, 하동 정씨, 서흥 김씨(瑞興金氏)가 인척관계로 금안동에 들어오면서 4성씨가 토박이 성씨로 자리를 잡았다. 4성씨 집안은 과거 전통사회로부터 지금까지 이름난 토반(土班)으로서 지역 내에서 권력 및 사회적 위세와 관련된 지위역할을 통하여 유대관계 및 경쟁관계로 공존해 왔으며, 그것이 실질적이든 상징적이든간에 마을뿐만 아니라 노안면 내에서도 영향력을 행사하고 있는 것으로 보인다. 그리고 과거 전통사회의 신분지위인 반상의 구분이 없어진 지금도 금안동, 특히 인천마을이 중심을 이루고 있는 '기말리'는 자타에 의해서 '양반동네'로, '기말리사람'은 '양반자손'으로 명확히 인식되고 있다.

현재 인천마을이 바로 접하고 있고, 조선시대에는 한양으로 가는 길이였던 831번 지방도는 과거 반상의 지위를 구분해주는 물리적 경계로서 조사지 사람들의 인식 속에 매우 중요하게 자리하고 있다. 반상의 구분이 있던 전통사회에서 이 길은 '양반들이 사는 윗마을(班村)'과 '상민들이 사는 아랫마을(下村)'[7]을 구분하는 사회적 경계 역할을 했던 것이다. "길 위 양반, 길 아래 상놈"이라는 말은 이러한 사실을 잘 반영해준다. 따라서 제보자들은 반상 구분이 사라진 오늘날도 양반자손이라는 자부심이 강하며, 반상의 구분과 관련하여 사람과 마을에 대한 인식은 이

6) 제보자들에 따르면, '호남의 3대지(大地)'는 '1 금안(金鞍) (전남 나주)', '2 구림(鳩林) (전남 영암)', '3 고혈래(전북 고창)'이다(조숙정 1997: 12).

7) 조사지에서는 과거 상민들이 살았던 마을을 '하촌'이라고 부른다. 과거 기말리 양반들의 땅을 소작하면서, 혼인식 때 가마를 메고, 상이 났을 때 상여를 메는 등 마을의 행사 때 심부름을 하던 '아래' 사람들이 살던 마을이기 때문이다.

들의 언어적 행위와 태도에도 잘 반영되어 나타난다.

1995년 8월 현재 인천마을의 총가구수는 78가구로, 인구수는 205명이고 남자가 100명, 여자가 105명이다. 이 마을도 다른 농촌마을들과 마찬가지로 한국사회의 산업화와 도시화의 영향으로 이농, 특히 부분이농[8]에 의해서 인구가 감소하는 추세에 있다.[9] 따라서 가구형태는 부부중심의 1세대 가구가 전체 가구의 반 이상을 자치하고 있으며, 인구연령은 노령화되면서 성별상 부녀화되는 경향을 보이고 있다.

인천마을 주민 대부분은 논농사 위주의 농업에 종사하고 있으며, 소와 돼지를 중심으로 한 목축업을 겸업하는 가구가 증가하고 있다. 아직은 그 규모가 대체로 소규모이지만, '고소득원'이기 때문에 비교적 젊은 연령층을 중심으로 '짐승 기르는 집'이 늘어나고 있다.

조사지는 10여 년 전부터 농업이 기계화되었고, 1990년을 전후로 보편화되었다. 농업의 기계화와 함께 품앗이는 거의 사라졌으며, 대부분 '현금을 주고 품을 사고파는 교환관계'가 이루어지고 있다. 조사지의 경제활동에서 특히 주목되는 것은 부녀자들의 품팔이다. 1990년을 전후로 본격화된 부녀자들의 품팔이는 농가소득 중 '현금벌이'에 큰 부분을 차지한다. 마을 부녀자 대부분은 연령에 상관없이 '밖으로' 품팔이를 나간 경험을 가지고 있었고, 남자들도 종종 품팔이를 나가기도 한다. 이에 대해서 일부 마을사람들은 "옛날에는 마을 밖에서 사람들이 우리 마을로 일을 하러 왔었는데, 지금은 마을사람들이 밖으로 일을 하러 가니… 남 좋은 일만 시키는 꼴이라!"라며 탄식하기도 한다.

인천마을을 포함한 '기말리'는 주변 농촌마을들에 비해 경제적으로 낙후된 것으로 마을사람들 스스로 평가하고 있다. 이런 상대적인 경제적 낙후에 대해서 제보자들은 "다른 마을들을 보면 겨울에도 놀지 않는다고… 비닐하우스를 운영하든

8) '부분이농'은 농촌 가족의 구성원(특히 미혼자녀)이 도시부문으로 취업하기 위하여 이농하는 것을 의미한다(김춘동 1982, 정종호 1990에서 재인용).

9) 조사지에서 나타나는 인구감소의 주요 원인은 학업 진학 및 취업과 관련된 이농현상 때문이다. 취업 및 학업 진학을 목적으로 도시로 간 자녀들이 대부분 학업을 마친 후 또는 취업 후 도시에 정착 및 혼인한 것으로 파악되었다.

지 한다고. 그런데 우리 마을을 보소. 이런 비닐하우스들이 거의 없고, 있다고 해도 겨울에 활용하지를 않고 논다니까. 그러니까 발전이 없지", "사람들이 과거의 좋았던 때 생각만 하고 더 이상 어떤 도전이나 노력을 하지 않는다니까… 안 해. 하기야 이제 다 늙어서 얼마나 잘 살것다고 뭔 도전을 하것는가"라고 말하기도 한다. 어떤 제보자는 자조적으로 "나도 마찬가지지만 아직도 양반의식들이 남아 있어서 권위의식 때문에 일을 하지 않으려고 하는 것 같다"고 진술하기도 한다.

3. 택호와 종자명호칭의 사회적 분포

일반적으로 한 언어공동체 내에 존재하는 상이한 언어의 변이어·변이형들은 화자들의 다양한 사회적 정체성(social identity), 즉 화자의 성, 지위, 연령 등의 요인과 연관되어 분포하는 것으로 나타난다(Saville-Troike 1982). 조사지 내에서도 계급이나 세대(연령 범주), 성 등과 같은 화자 집단의 특성에 따라 호칭어들의 사용빈도가 상이하게 분포할 뿐만 아니라, 청자 집단의 특성에 따라 특히 혼인 후 개인이 갖게 되는, 그래서 일반적 호칭어로서 사용되는, 또 하나의 '이름'의 종류 또한 분포상을 달리하는 것으로 나타난다. 특히 택호와 종자명호칭의 사용 및 소유와 관련된 세대별 화자 집단의 매우 상이한 호칭어 사용방식은 조사지의 매우 특징적인 언어 사용양상을 보여준다.

1) 택호의 사회적 분포

과거 전통사회에서 양반동네로 지명도가 높았으며 지금도 여전히 반촌으로 인식되고 있는 인천마을에서 가장 일반적으로 사용되는 호칭어는 바로 '종지명호칭(geononymy)', 즉 택호[10]다. 택호는 '부인의 출신지명을 이용하여 결혼한 개인을

10) 조사지에서는 이 범주의 호칭어에 대한 민간명칭(folk term)으로 '댁호'와 '택호'가 함께 사용된다. 대부분의 사람들, 특히 여성 화자들은 보통 '댁호'라고 하는 반면, '글께나 하는' 남성 화자들은 주로 '택호'라고 한다.

부르는 언어적 관행'으로, 특히 이 마을에서는 '혼입한 개별 여성을 대표하는 이름'인 것으로 파악된다(조숙정 1997: 19). 예를 들어, 택호는 '나주댁', '함평댁' 또는 '전주양반', '광주양반'하는 식으로 부르는 호칭어를 말한다.

조사지에서 택호의 사용 및 소유는 과거 사회계층과 밀접히 관련된 것으로 조사되었다. 택호는 지배계급인 양반만이 소유하고 사용할 수 있었으며, 상민은 소유할 수도 사용할 수도 없었다. "상민이 양반을 택호로 부르면 계급차가 없으라고!" 말하며 정색을 하던 60대 후반의 한 제보자의 진술은 과거 전통사회에서의 택호와 사회계층 간의 관계를 잘 드러내준다. 지금도 양반의 후손임을 자부하는 토박이 화자들은 택호를 비친척 간 일상적인 언어생활에서 가장 적절한 호칭어로 생각("남녀노소를 막론하고 타성 간에는 택호로 부르는 것이다.")할 뿐만 아니라, 과거 신분계급과 관련지을 때 '양반계층의 특권이자 자랑스러운 언어 관행'인 것으로 여전히 언급하고 있다. 반상의 구분이 없어진 오늘날에는 과거 상민출신이었던 사람도 상대방을 택호로 호칭할 수 있게는 되었지만, 그들은 여전히 택호가 없으며 토박이 화자들은 그것을 당연한 것으로 생각하는 것 같다.[11]

조사지에서 택호가 일차적으로 "남이 부르라고 있는 이름"으로서 "혼인한 성인이 갖게 되는 또 하나의 이름", 특히 "혼입해온 개별 여성을 대표하는 이름"이기는 하지만, 택호의 소유 분포는 사람 수가 아니라 가구 수로 살펴봐야 한다. 왜냐하면 부부는 똑같은 택호를 사용하기 때문에("부부는 일심동체이므로"), 택호를 소유한 사람 수로 분석할 경우 동일한 택호가 중복되어 파악될 수 있기 때문이다. 〈표 1〉은 가구주를 중심으로 택호의 소유 가구를 성씨별 가구와 관련시켜 살펴본 것이다.[12]

---

11) 주변에 있는 과거의 민촌뿐만 아니라 반촌에서도 과거 상민 출신이었던 사람들이 택호를 갖는 경향을 보인다. 그러나 조사지에서는 과거 상민이었던 사람은 여전히 택호를 갖지 못한다.

12) 택호는 부부별로 갖는 이름이기 때문에, 유택호세대에 해당하는 2쌍의 부부가 부모자식 간으로 한 가구에 같이 살 경우 한 가구에서 갖고 있는 택호는 2가지가 될 수 있다. 따라서 가구주를 중심으로 했을 때 택호가 있는 가구가 63가구, 즉 63개의 택호가 있는 것으로 기술하였지만, 마을에서 실제로 사용되는 택호는 이보다 많다.

〈표 1〉 성씨별 가구 구성 및 택호 소유 가구

성씨 \ 가구 구분	가구 수	유택호 가구	무택호 가구
나주 정씨	27	24	3
풍산 홍씨	26	24	2
하동 정씨	8	6	2
서흥 김씨	1	1	·
기타 성씨	16	8	8
합 계	78	63	15

전체 78가구 중 가구주가 택호를 가지고 있는 가구, 즉 '유택호 가구'는 63가구(80.8%)이고, 택호가 없는 가구, 즉 '무택호 가구'는 15가구(19.2%)였다. 택호가 없는 15가구는 가구주의 나이가 20~40대의 젊은 사람들이였다. 그리고 토박이 양반 가문인 4성씨의 가구들은 대부분 택호를 갖고 있었다. 하지만 기타 성씨의 경우, 조상 때부터 4성씨와 인척관계로 연결되어 살아온 사람들의 경우 택호를 갖고 있는 반면에, 90년을 전후로 이사온 가구들은 택호가 없었다. 따라서 반촌인 조사지에서는 여전히 대부분의 사람들이 양반계급 문화의 잔재로서 택호를 가지고 있기는 하지만, 젊은 연령층은 택호가 없음을 알 수 있다. 이것은 조사지에서 '가구주의 연령과 택호의 소유 여부'가 매우 밀접히 관련된다는 것을 반영해주는 것으로 해석된다.

그래서 택호의 소유 여부를 가구주의 연령과 관련시켜 좀 더 구체적으로 살펴보았다. 택호의 유무 현황이 택호의 변화 경향을 보여줄 것으로 기대되기 때문이다. 〈표 2〉는 '가구주의 연령과 택호의 유무'를 도표화한 것이다. 〈표 2〉에서 '유택호(有宅號)가구'란 해당 개인이 자신의 택호를 소유하고 있고 그 택호가 마을 사람들에 의해서 일반적으로 인지되며 일상적인 언어적 상황에서 호칭어로서 통용되는 택호를 가진 가구를 말하며, '과도기택호(過渡期宅號)가구'란 해당 개인이 자신의 택호를 소유하고 있기는 하지만 그 택호가 마을 사람들에 의해서 일반적으로 인지되고 있지 않으며, 따라서 실제 언어적 상황에서 통용되지 않는 택호를 가진 가구를 말한다. 그리고 '무택호(無宅號)가구'란 글자 그대로 개인 소유의 택호가 없는 가구를 나타낸다.

〈표 2〉 가구주의 연령과 택호의 유무

가구 구분 / 연령 구분	가구 수	유택호가구	과도기 택호가구	무택호가구
80대	3	2	·	1
70대	17	17	·	·
60대	29	28	·	1
50대	13	10	3	·
40대	11	·	3	8
30대	3	·	·	3
20대	2	·	·	2
합 계	78	57	6	15

〈표 2〉를 보면, 전체 78가구 중 유택호가구는 57가구(73.1%), 과도기 택호가구는 6가구(8%), 무택호가구는 15가구(19.2%)로 '유택호가구'가 월등히 많음을 알 수 있다. 대체로 유택호 가구주의 연령은 50대 후반 이상, 과도기 택호 가구주는 50대 초·중반과 40대 중·후반, 무택호 가구주는 40대 이하인 것으로 나타나, 전체적으로 가구주의 연령이 낮아질수록 무택호가구가 증가하고 있는 것으로 이해된다.

간단히 말해서, 조사지에서 화자의 택호의 소유 여부는 화자의 연령과 밀접히 연관된다. 연령 범주인 '세대'에 따라 택호를 가지고 있는 50대 후반 이상의 집단은 '유택호세대'로, 택호가 없는 50대 중반 이하의 집단은 '무택호세대'로 구분하여 정의할 수 있다. 그런데 이러한 택호의 유무에 따른 제보자 집단의 구분은 택호의 소유와 관련된 사회적 분포를 보여줄 뿐만 아니라, 호칭어 사용과 관련된 상이한 화자 집단의 사회적 분포를 반영해주기 때문에 매우 중요하다. 즉, 택호와 종자명호칭의 소유와 관련되면서 동시에 연령 범주로 인식되는 유택호세대와 무택호세대 두 화자 집단의 구별은 조사지에서의 호칭어의 사용과 변화를 이해하는 데 매우 중요하다.

연령층에 따른 택호의 소유 변화는 토박이 화자들의 가치관과 호칭어 사용의 변화를 보여준다. 유택호가구의 노년층은 "남녀노소를 막론하고 타성 간에는 택호로 부르는 것이다"라는 호칭어 사용에 대한 이상적 규범을 공유하고 있다. 반면, 무택호가구의 청장년층은 "젊은 사람이 무슨 댁호여!"라는 강한 거부 반응을 보이며, 대체로 택호는 나이 많은 어른들이나 갖는 것이고, 따라서 함부로 사용할 수 없는 것으로 인식하고 있었다. 이것은 택호의 소유 여부에 따라 구분되는 두 화자 집단, 즉 '유택호세대-노년층'과 '무택호세대-청장년층'이 호칭어 사용에 있어서 상이한 사회언어적 지식 또는 규범을 갖고 있음을 단적으로 보여준다.

그리고 택호의 일차적인 지시적 기능이 해당 '집 이름'을 대표한다(왕한석 1989: 28)는 기존의 연구 결과와는 달리, 조사지에서는 택호가 일차적으로 '혼인한 성인, 특히 혼입해온 개별 여성을 대표하는 이름'으로서 기능하는 것으로 나타났다. 뿐만 아니라 택호가 성별상으로는 남성보다는 여성 화자들에 의해서 그 사용이 선호되는 것으로 파악되었다.

따라서 조사지에서 택호는 기존의 연구들과 마찬가지로 양반사회의 점유물로서 과거에는 사회계층 간의 언어 사용을 구분지으며 양반계층에서만 사용(장용걸 1988; 왕한석 1989)되었지만, 반상의 구분이 없어진 오늘날에는 상이한 연령층(노년층과 청장년층), 즉 세대 간의 언어 사용을 구분지으며 주로 노년층에서, 특히 성별상으로는 여성들에 의해서 일반적으로 사용되고 있는 것으로 이해된다.

2) 종자명호칭의 사회적 분포

'종자명호칭'(teknonymy)은 '자녀의 이름을 사용하여 그 부모나 관련 친척을 부르는 언어 관행'으로서, 개인명과 친척명칭의 가운데 위치하는 흥미로운 호칭형태이다(Lee and Harvey 1973: 38; Wang 1984: 41). 예를 들어, 종자명호칭은 '현우 엄마', '수향이 아빠', '선희 할머니', '은미 삼촌'하는 식으로 부르는 호칭어를 말한다.

조사지에서 종자명호칭은 과거 전통사회에서 택호와 함께 사회계층 간의 언어 사용을 구분지었다. 양반세대인 노년층 제보자들이 강력히 주장하는 바와 같이,

"택호는 양반만이 갖는 일종의 이름"이었으며, "종자명호칭은 하촌(下村)에서 상사람들이 택호가 없기 때문에 사용하던 호칭"이었다. 그래서 아직도 '양반 자손'으로서 자부심을 가지고 있는 노년층 화자들은 상대방을 '아무개 아빠, 아무개 엄마'하고 부르는 것을 '상스러운 것'으로("아무개 아빠, 아무개 엄마 하는 것은 상사람들이나 하는 것이고, 양반들은 택호를 사용하는 것이다.") 인식하고 있었다.

그러나 신분지위가 없어진 오늘날 조사지에서도 '택호가 없는' 젊은층을 중심으로 종자명호칭의 소유와 일상적인 언어적 상황에서의 사용이 일반적인 것으로 나타났다. 반면에, 유택호세대인 노년층은 가능한 한 종자명호칭의 사용을 피하는 것 같다. 특히 화자의 연령이 높을수록, 그리고 여성보다는 남성 화자에게서 이러한 경향은 더욱 두드러지게 나타난다. 특히 노년층 남성 화자들은 택호가 없는 청장년층을 호칭하는 것에 어려움을 느끼며 되도록 호칭어 사용 자체를 피하는 것으로 보인다.

조사지에서 종자명호칭은 혼인한 성인인 여성들[13]에 대한 호칭어로서 택호와 함께 가장 일반적으로 사용되는 것으로 파악되었다. 보통 유택호세대에 해당하는 나이든 사람에게는 택호가, 무택호세대에 해당하는 젊은 사람에게는 종자명호칭이 구별되어 사용된다. 따라서 택호와 마찬가지로 종자명호칭의 일차적 기능을 또한 '혼입해온 개별 여성을 대표하는 이름'으로 이해할 수 있을 것 같다. 남자는 혼인을 해도 어려서부터 뉘 집 자손인지 알고 이름이나 친척호칭 등으로 부르며 생활했기 때문에 혼인 후에도 호칭에 큰 문제가 발생하지 않는다. 그러나 혼입해온 여성의 경우 호칭 관련 문화적 규범 때문에("혼인을 하면 어른이기 때문에 여자 이름을 함부로 부를 수 없다") '새 식구' 또는 '새로운 마을 구성원'으로서 적절한 호칭어가 필요하게 되는데, 50대 중반 이하의 젊은 사람들에게는 택호가 없기 때문에 종자명호칭의 사용이 점차 증가하고 있는 것으로 보인다.[14] 이때 새댁

13) 한국사회가 전통적으로 '부계출계'(父系出系)와 '부거제'(夫居制)라는 친척조직 원리에 기반하고 있기 때문에, 조사지의 여성은 일반적으로 다른 지역에서 혼입해온 사람들로 가정된다.

14) 물론 종자명호칭의 사용은 해당 청자에게 자녀가 생긴 뒤에나 가능한 일이다. 그전에는 보통 '새댁'으로 불린다.

과 일상적 접촉이 상대적으로 많은 여성들이 남성들보다 주된 화자가 될 것이다. 이것은 화자의 세대와 상관없이 남성보다는 여성 화자에게서 종자명호칭의 사용이 보다 일반적으로 나타난다는 사실에서도 알 수 있다.

따라서 조사지에서는 택호가 50대 후반 이상의 노년층이 혼인한 성인으로서 갖게 된 또 하나의 이름이면서 일반적으로 사용되는 호칭어라면, 종자명호칭은 50대 중반 이하의 청장년층이 혼인한 성인으로서 택호 대신 갖게 된 또 하나의 이름이면서 일반적으로 사용되는 호칭어인 것으로 이해된다. 바꿔 말하면, 조사지에서는 무택호세대의 종자명호칭이 노년층에서의 택호의 역할을 대신하고 있는 것으로 이해된다.

그러므로 조사지에서 종자명호칭은 기존의 연구 결과들과 마찬가지로 과거에는 사회계층 간의 언어 사용을 구분지으며 상민계층에서 주로 사용(장용걸 1988; 왕한석 1989)되었지만, 반상구분이 없어진 오늘날에는 노년층과 청장년층 간의 언어 사용을 구분지으며 주로 청장년층에서, 특히 성별상으로는 여성들에 의해서 주로 사용되는 것으로 이해된다.

4. 택호와 종자명호칭의 언어목록

여기서는 조사지에서 사용되는 택호와 종자명호칭의 언어목록, 즉 토박이 화자들이 언어적 상황에서 상대방을 호칭하기 위해 고려해야 할 호칭어들의 모든 교체형들을 목록화하여 제시할 것이다. 실제 언어적 상황에서 사용될 수 있는 구체적인 호칭어 자원은 언어공동체마다 상이하게 나타나며 해당 공동체의 구성원이 아니면 공유할 수 없는 사회언어적 지식이기 때문에, 조사지의 택호와 종자명호칭의 사용 규칙을 찾기에 앞서 조사지 내에서 사용되는 두 호칭어 범주 내 모든 교체형들을 먼저 파악할 필요가 있다.

1) 택호(宅號)의 언어목록

조사지에서 택호는 혼인한 성인에게만 주어지는 이름으로, 특히 혼입한 개별 여성을 대표하는 이름이다. 자녀나 젊은 친척이 혼인을 하면 부모 또는 '가직한'(가까운) 집안 어른들이 시집온 '부인의 출신지명'을 따서 지어준다. 때로는 마을 부인네들이('안길로 해서') 지어 주기도 한다. 그것은 혼입한 새댁과 접촉을 주로 하는 것은 마을의 남자 성원들보다는 여자 성원들이고, 여자는 혼인을 하면 친정에서 부르던 이름을 잃어버리기 때문에("혼인을 하면 어른이기 때문에 여자 이름을 함부로 부를 수 없다") 혼입한 새 구성원에 대한 호칭의 필요성을 제일 먼저 느끼는 것이 여자 화자들이기 때문일 것이다.

택호의 명명은 일반적으로 시집온 '부인의 출신지명'에 남자에게는 '-양반'을, 여자에게는 '-댁'[15]을 결합하여 만든다. 과거에는 택호를 명명하는 데 부인의 출신지명보다 우선적으로 남편의 '관직명'이 선호되었던 것 같다. 일제시대까지만 해도 천석꾼이었던 하동 정씨 문중 정참봉의 부인이 '참봉댁'으로 불렸다. 그러나 오랫동안 큰 벼슬에 오른 이가 없기 때문에 관직명 택호가 사용되지 않은 지 오래된 것으로 보이며, '이장댁' 정도가 사용되고 있다. 택호명으로 부인의 출신지명보다 관직명이 우선적으로 채택되는 이유는 관직명의 택호가 그 개인에게 사회적으로 더 높은 위세(prestige)를 가져다주기 때문(왕한석 1989: 31)일 것이다.

〈표 3〉[16]은 마을에서 일상적인 언어적 상황에서 실제로 사용되는[17] 64가지 택호를 목록화한 것이다. 이것을 분석한 결과, 택호를 만들 때 사용되는 명칭어로는

---

15) 택호의 명칭에서 '-댁'은 형태론상으로 표기는 '댁'으로 하지만, 실제 발화에서는 [떡]으로 발음된다.

16) 〈표 3〉에서 기호 **는 전처의 택호를 재취가 사용하는 사례를 나타낸다. 조사지에서는 남자가 본처의 죽음으로 재취를 맞이했을 때, 재취는 자신의 출신지명으로 지어진 택호로 불려지는 것이 아니라 죽은 전처의 택호로 불려진다. 재취는 '본처의 대리 인생'을 사는 것이므로 '자신의 택호를 가질 자격이 없기 때문'이며, 또한 이미 만들어져 사용되는 '남자의 택호를 바꿀 수가 없기 때문'이다.

17) 과도기 택호가구가 갖고 있는 택호는 언어 상황에서 실제로 사용되지 않기 때문에 이 목록에서 제외하였다.

'부인의 출신지명' 외에 '부인의 출신지명을 변형한 이름 또는 신조어', '부인의 출신지에 이웃한 유명한 반촌 지명', 또는 '부인의 성씨(양반 성씨)의 본관'이 사용된 것으로 나타났다.

〈표 3〉 택호의 언어목록

일련번호	택호	비고	일련번호	택호	비고	일련번호	택호	비고
1	가동댁/양반		23	대촌댁/양반		45	다동댁/양반	
2	성산댁		24	도산댁		46	남정댁	
3	당산댁		25	승동댁		47	회진댁	
4	드림댁		26	분동댁	**	48	개평댁	
5	양춘이댁		27	대동댁		49	나주댁	
6	양촌댁		28	영안댁		50	본촌댁	
7	양동댁		29	영아촌댁		51	봉정댁	**
8	평림댁		30	배월댁		52	소동댁	
9	소촌댁		31	곡강댁		53	왕곡댁	
10	연촌댁		32	옥정댁	**	54	광주댁	
11	영암댁		33	지산댁		55	원촌댁	
12	사동댁		34	전주댁		56	선암댁	
13	수각댁		35	안촌댁		57	강암댁	
14	죽산댁	**	36	드림댁		58	고흥댁	
15	봉정댁		37	정성댁		59	서울댁	
16	석정댁		38	방매댁		60	하동댁	이장댁
17	문평댁		39	동촌댁		61	나산댁	
18	나산댁		40	송쟁이댁		62	시동댁	
19	다래기댁		41	영산댁		63	애치댁	
20	영평댁		42	백동댁		64	금촌댁	
21	평촌댁	**	43	장동댁				
22	송정댁		44	목골댁				

택호를 명명할 때 '부인의 출신지명' 외에 이러한 변형된 명칭어들이 사용되는 이유로는, 첫째, 호칭어로서 택호의 변별적 기능을 유지하려는 필요성 때문이다.

즉, 같은 택호가 한 마을 내에서 중복되어 사용되는 것을 피하기 위해서다. 부인들의 출신지가 같을 때[18] 똑같은 명칭어를 사용한 택호가 한 마을 내에서 중복되어 사용되면 호칭어로서의 변별성을 상실하기 때문이다.

둘째, 택호 사용의 편의성 차원 때문이다. "택호도 이름이기 때문에 부르기 좋고 듣기 좋아야 한다." 따라서 지명이 발음하기가 어렵거나 듣기에 거북하다고 판단될 때 '부르기 좋고 듣기 좋은' 이름으로 원 지명을 변형하거나 새로 만든다. '소촌댁'의 경우 출신지인 '솟다리' 지명을 사용하여 '솟다리댁'이라고 택호를 짓게 되면, 말하기도 나쁘고 듣는 어감도 별로 좋지 않기 때문에, 지명의 첫 자인 '소'자와 마을 '촌'[19]자를 따서 택호를 지은 것이다.

셋째, 길한 택호를 갖기 위해서다. 집안에 불운한 일이 있거나 자녀를 낳지 못하거나 자녀들이 질병에 걸리거나 죽었을 때, 혼인 후 개인이 얻게 된 또 하나의 이름인 택호명이 나빠서라고 생각하여 '이름을 바꾸면 괜찮을까'하고 역술가를 통해 '길한 새로운 택호'를 작명받거나 자신이 직접 짓기도 한다. 이것은 "좋은 이름은 운을 좋게 유도하고, 나쁜 이름은 운을 나쁘게 유도한다"(김백만 1991: 116)는 이름에 대한 민간 태도와 관련된 것으로 이해된다.

마지막으로, 출신을 위장하기 위해서다. '부인의 출신지명'은 단순히 택호의 명칭어가 아니라 그 부인이 반촌 출신인가 민촌 출신인가를 드러내주기 때문에, 민촌 출신의 여자와 하혼(下婚)을 했을 때 '민촌'이나 '상민'을 연상시키는 지명을 피해서 '반촌' 및 '양반'과 관련된 새 명칭어를 만들어 택호를 짓기도 한다. 위의 택호 목록에 포함되지는 않았지만, '친동댁'(가명)의 택호는 이를 가장 잘 보여준다. 친동댁은 과거 민촌으로 분류되었던 '기장마을'(가명) 출신으로 부를 축적한 상민의 딸이 가난한 양반가로 시집을 온 경우다. 택호를 짓는 일반 원칙에 의거하

---

18) 조사지의 통혼권을 보면 대체로 동일 지역에서 혼입한 여성들이 많다. 그것은 친척들의 관계망과 혼입한 여성들의 면식관계가 또 다른 혼인 성사를 위한 계기를 제공(Dredge 1977: 58)하기 때문인 것으로 이해된다.

19) '부인의 출신지명'을 변형하거나 새로운 조어를 만들어 택호를 지을 때, 보통 첫 자는 '부인의 출신지명'과 관련되거나 의미하는 글자를 사용하며, 두 번째 글자는 '마을'을 의미하는 '촌(村)'자나 '동(洞)'자를 일반적으로 사용하는 것으로 나타난다.

면 '기장댁'이 되지만, 조사지역 사람이면 누구나 기장마을이 민촌임을 알기 때문에 부인이 상민 출신임을 감추기 위해서 '가까운 동네에서 시집왔다'는 의미로 택호를 '친동댁'으로 짓게 된 사례다.

그리고 다음 사례는 아직 명명된 택호는 아니지만, 택호명이 드러내는 '근본'과 관련된 토박이 화자들의 의식과 태도를 잘 보여주기 때문에 기술하고자 한다. 40대 중반의 정찬수(가명)씨는 아직 택호가 없다. 그의 부인은 본래 반촌인 '석정마을' 출신이지만 과거 민촌으로 분류되었던 '가람마을'(가명)에서 시집왔다. 가람마을이 과거 민촌이었다는 사실은 반상의 신분 지위를 누렸던 노년층뿐만 아니라 반상의 신분 지위를 직접 경험하지 않은 젊은층도 잘 알고 있다. 한 번은 필자가 노인정에서 마을 어른들과 택호에 대해서 이야기를 나누고 있었는데, 정찬수씨와 동년배인 한 친구가 그에게 택호를 '가람양반'으로 하라고 했다. 그러자 그는 "시집은 가람서 왔어도 원래 석정 출신이니까 지으려면 석정양반으로 해야제!"라며 싫은 내색을 분명히 했다. 이것은 반상의 구분은 없어졌지만, 조사지에서는 아직도 반상의 의식이 남아 있으며, 택호는 반상의 신분을 구분하는 잔재로서 여전히 인식된다는 것을 분명히 드러내준 사례라고 하겠다.

택호를 명명함에 있어서 이러한 변형된 지명의 사용은 일반적으로 가능한 한 보다 높은 양반의 지위를 함축하는 명칭어를 선택하여 택호를 만들려는 노력의 결과로 해석된다. 바꿔 말해서, 택호는 해당 개인의 사회적 위세를 대외적으로 나타내는 표지체로서의 역할(왕한석 1989: 37)을 갖고 있기 때문에, 토박이 화자들은 보다 높은 사회적 위세를 나타낼 수 있는 택호의 명명을 선호해 왔으며, 또한 조사지 토박이 화자들의 의식 속에는 택호와 관련하여 아직도 반상의 의식이 남아 있음을 미루어 짐작할 수 있다.

한편, 택호를 지을 때 택호명으로 선택되는 가장 일반적이고 원칙적인 지명의 수준은 부인의 친정 '마을 이름'(村名)이다. 그러나 위에서 이미 살펴본 바와 같이, 택호의 중복을 피하기 위해서 그리고 그 밖의 다른 이유로 부인의 출신지와 다른 명칭어가 사용되기도 한다. 이미 택호명으로 사용되고 있는 마을에서 새댁이 시집을 온 경우, 대체적으로 마을 이름보다 행정구역상으로 상위 단위인 '리명'(里名)

또는 '면명'(面名)이 선택된다.

택호명에 쓰인 지명의 수준이 어떤 것이든지 택호가 부인의 출신지명에 근거하고 있기 때문에, 조사지의 '통혼권'을 쉽게 파악할 수 있었다. 조사지의 통혼권은 과거에 거의 나주군 내에 한정되었던 것으로 나타난다. 따라서 혼입해온 부인들이 대부분 나주군 출신이기 때문에 '군명'(郡名)은 보통 택호명으로 선택되지 않았던 것으로 보인다.[20] 그러나 나주군 내를 벗어난 혼인이 이루어졌을 경우, 대체로 나주군과 가까운 지역이면 행정구역상으로 면명이, 보다 먼 지역이면 군명이 선택되었던 것으로 파악되었다.

2) 종자명호칭의 언어목록

종자명호칭의 일반적인 형태는, 종자명호칭의 정의에서 알 수 있듯이, '자녀의 이름+친척호칭'(형태 Ⅰ)으로 구성된다. 종자명호칭에 사용되는 자녀의 이름은 어떤 정해진 원칙이 있는 것은 아니지만, 자녀의 성별에 관계없이 일반적으로 '맏자녀의 이름'이 사용되는 것으로 나타났다. 때때로 '차자녀의 이름'이 사용되기도 하는데, 대개 '맏자녀 이름'의 종자명호칭과 교체적으로 사용된다. 그리고 그냥 '애기 엄마/아빠'가 사용되기도 한다. 또는 일반적인 것은 아니지만, '자녀의 별명'이 사용되기도 한다.

종자명호칭을 구성하는 '친척호칭'은 주로 '부모'(아빠, 엄마 등)나 '조부모'(할아버지, 한애, 할머니, 할매)와 같은 상위 직계 친척들을 가리키는 호칭이며, 때때로 가까운 방계 친척(삼촌, 고모, 이모 등)을 가리키는 호칭이 사용되기도 한다.

때때로 종자명호칭은 '자녀의 이름'만으로 해당 자녀의 부모를 부르는 형태로 사용되기도 하는데, 여기에는 호격조사 '-야/아'가 덧붙여진다. '자녀의 이름+호

20) 〈표 3〉에서 49번 '나주댁/양반'의 경우는 군명 '나주'에서 따온 것이 아니라, 나주 정씨 출신인 부인의 성의 본관을 따서 지은 택호다. 나주댁은 다른 동네로 시집을 갔다가 친정동네로 이주해 들어왔는데, 택호 '나주댁'은 시가동네에서 불렸던 택호를 친정동네에서 그대로 사용한 경우다. 나주댁이 시집을 갔을 때 시가동네에는 이미 '인천댁'이 있었기 때문에, 부인의 출신지명 대신에 '부인의 성의 본관'(근동에서 알아주는 양반가문)을 취해서 택호를 짓게 되었다.

격조사'(형태 Ⅱ)는 일반형 종자명호칭(형태 Ⅰ)의 축소형으로 이해된다. 일반형 종자명호칭은 호칭어뿐만 아니라 지칭어로도 사용되는 반면, 축소형 종자명호칭은 직접적인 호칭에 한정되어 사용되며 그 사용이 흔한 편은 아니다.

다음의 〈표 4〉는 택호가 없는 젊은층 부모에게 사용되고 있는 종자명호칭을 목록화한 것이다.

〈표 4〉 종자명호칭의 언어목록

일련번호	종자명호칭	비고
1	은면이 엄마/아빠	은미 엄마/아빠
2	은미 엄마/아빠	
3	선희 엄마/아빠	
4	진안이 엄마/아빠	애기 엄마/아빠
5	넙봉이 엄마/아빠	
6	혜진이 엄마/아빠	
7	혜숙이 엄마/아빠	
8	슬기 엄마/아빠	
9	진영이 엄마	
10	혜린이 엄마/아빠	
11	화신이 엄마/아빠	재엽이 엄마/아빠
12	유진이 엄마/아빠	
13	현우 엄마/아빠	애기 엄마/아빠
14	애기 엄마/아빠	

택호가 없는 19가구 중 14가구에 대해 종자명호칭이 사용되고 있었는데,[21] 그 중 9가구의 종자명호칭이 맏자녀의 이름을 사용하고 있었다. 나머지 5가구 중 2가구(1, 11번)는 맏자녀의 이름과 함께 차자녀의 이름이 교체적으로 사용된다. 이것은 화자의 자녀가 청자의 어느 자녀와 친분관계를 맺고 있는가에 따라서, 또는 청자의 자녀에 대해 화자가 가지고 있는 지식에 따라서 차이를 보인다. 그리고 나

21) 나머지 5가구는 보통 직업과 관련된 직위명으로 불리지만, 마을 사람들과 접촉이 적은 외부인들이기 때문에 호칭어가 사용될 가능성은 희박한 편이다.

머지 3가구(4, 13, 14번)는 '애기 엄마/아빠'만 사용되거나 일반형 종자명호칭과 함께 사용되고 있었다. 이것은 청자의 자녀가 너무 어린 갓난아이거나 근래에 이사 온 관계로 화자가 청자의 자녀 이름에 대한 정보가 없을 때 발생하는 경우인 것으로 보인다.

5번의 종자명호칭은 자녀의 별명이 사용된 특수한 경우로, 청자와 친밀한 관계에 있는 화자들이 청자의 자녀의 별명을 따서 부르던 것이 일반 호칭어로 굳어진 경우다. 이 종자명호칭을 사용하는 화자들은 청자의 "자녀가 군대를 갈 정도로 장성했기 때문에 그 이름을 부르면 안 되는데, 오래된 언어적 습관 때문에 쉽게 고쳐지지 않는다"고 진술했다.

이처럼 기존에 사용되던 종자명호칭은 다음의 두 가지 이유로 해서 때때로 교체되기도 한다. 첫째, 종자명호칭에 사용되는 이름의 당사자인 자녀가 장성하였을 경우인데, 혼인의 유무를 떠나서 그 이름의 당사자가 장성함으로써 해당 자녀의 이름으로 부르는 것이 거북하게 느껴지기 때문이다. 또 하나는 해당 자녀의 부모가 조부모가 되었을 경우다. 이것은 첫 번째 이유와 밀접하게 관련되는데, 해당 자녀와 청자의 사회적 지위가 한 단계씩 높아졌기 때문이다. 그러나 오랫동안 지속된 언어적 습관에 의해서 쉽게 교체되지 않으며 때때로 지속적으로 사용되기도 한다.

5. 택호와 종자명호칭의 사용 규칙

이 장에서는 실제 언어적 상황에서 수집된 말사례(speech events)[22] 분석을 통해

22) Hymes(1972: 56-57)는 말하기를 기술하는 3가지 단위로, 말상황(speech situation), 말사례(speech event), 말행위(speech act)를 제시한다. 말상황은 "어떤 인지할 수 있는 방식으로 구획지워진 또는 통합된 행위들"로서 말이 행해지는 기본적 맥락을 구성하는 단위이다(예: 파티). 말사례는 "언어 사용의 규칙 또는 규범에 의해 직접적으로 지배되는 행위들"로서, 의사소통 행위의 기술에서 그 기본 단위를 이루는 것이다(예: 파티 내에서의 대화). 그리고 말행위란 개별 말사례를 구성하는 최소단위를 지칭한다(예: 대화 중 농담)(왕한석 1987: 25).

화자들의 호칭어 선택 및 사용을 제약하는 일련의 사회적 요인들을 찾아내고, 해당 언어공동체 에서의 택호와 종자명호칭의 사회언어적 규칙을 살펴보고자 한다. 앞에서 이미 살펴본 바와 같이, 택호의 소유와 관련된 '노년층'과 '청장년층'의 세대적 차이는 화자가 호칭어를 사용하는 데 있어 배경 조건으로 작용함으로써 그 사용방식에 있어 상이함을 보여준다. 따라서 택호와 종자명호칭의 사용양상을 살펴볼 때, 화자 집단의 세대, 즉 '유택호세대 화자'와 '무택호세대 화자'의 입장에서 각각 기술하는 것이 조사지에서의 호칭어 사용 규칙을 보다 명세하게 보여줄 것으로 판단된다.

1) 택호의 사용 규칙

택호는 조사지에서 가장 일반적으로 사용되는 호칭어이지만, 택호를 가지고 있는 노년층에서 그 사용이 더욱 일반적인 것으로 나타났다. 이와 함께 택호의 유무와 관련된 청자의 세대 구분이 택호의 사용에 매우 중요한 사용 조건으로 나타났다. 그리고 청자의 성, 연령, 심리적 거리, 그리고 사회적 상황이 택호의 사용을 제약하는 사회적 요인으로 분석되었다.

(1) 세대: 택호의 유무

조사지에서 택호의 사용에 일차적으로 작용하는 사용 조건은 청자의 세대(generation)다. 이 마을에서 토박이 화자들은 청자가 택호가 있는 노년층 유택호세대인가 아니면 택호가 없는 청장년층 무택호세대인가에 따라 호칭어 선택을 달리한다. 화자들은 청자가 택호가 있는 노년층일 때 택호를 호칭어로 사용한다. 일반적으로 "남녀노소를 막론하고 타성 간에는 택호로 부르는 것이다"라는 호칭어 사용의 이상적 규범을 공유하고 있는 유택호세대 화자들은 청자가 유택호세대일 때 주로 택호를 사용한다. 반면에, 무택호세대 화자들은 또 다른 사회적 요인의 조건 아래서 비교적 제한적으로 택호를 사용하는 것으로 나타났다.

〈사례 1〉

–물리적 환경: 시모의 제사를 지낸 이튿날 B의 집

–사회적 장면: B는 시모의 제사를 지낸 이튿날 마을 부녀자들을 초대해 점심을 대접했다. 식사 후 감주가 돌려지자 참석자 가운데 나이가 가장 적은 D가 어른들의 장수를 기원했다. 그러자 남편과 사별하고 슬하에 딸 하나뿐인 C가 임종의 장소와 방법을 걱정했다.

–참여자:

A(여, 80대 초반), B(여, 70대 초반), C(여, 70대 중반),
D(여, 50대 초반), 다수의 마을 부녀자들

D: (감주를 들어 보이며) 자, 많이들 드시고 오래들 살으시게라우.

B: (C에게) **강암댁**, 오래 오래 살으게라우.

C: 뭐허게?

B: 우리 사랑방인게… (모인 부녀자들 동감한다는 듯 다 같이 웃는다.)

C: 주야장창 여기서 죽냐 서울서 죽냐 자나무나 고민이요!… 금방 얼른 죽을 것 같으면 딸한테 따라 가겄는디, 이러다가 오래 가버리면 이것을 어찌꼬… 다 팔아 갖고 그냥 올라가면 오래 살면 큰일 나제.

A: **강암댁**! 강암댁 같이 깨끗하고 이쁜디 얼른 죽을까? 걱정 말어. 내가 본께, 강암댁이 살아서 90살이나 잡스면, (행동을 해보이며) 자, 이렇게 '나 죽는다' 하고 딱 죽으면 좋을 것이오.

C: (박수를 치며 반가이) 아이고, 뭔 복이게!

〈사례 1〉은 화자와 청자가 모두 유택호세대 여성들로서 유택호세대에서 일반적으로 나타나는 택호의 사용을 보여준다. 또한 70대 중반인 청자 C보다 연령상 상위자인 80대 초반의 화자 A와 하위자인 70대 초반의 B가 똑같이 청자를 택호로 호칭함으로써 화자와 청자의 나이 차이가 고려되지 않음을 보여준다. 따라서 유택호세대 여성 화자들이 택호를 사용할 때 일반적으로 청자와의 연령 지위가 고려되지 않는 것으로 이해된다.

(2) 성

조사지에서 화자와 청자의 성(sex)은 택호 선택을 제약하는 또 하나의 사회적 요인으로 작용한다. 화자가 유택호세대인 경우, 유택호세대 남성 화자들은 청자가 유택호세대 남성일 때 다른 사회적 조건들의 영향에 의해서 선택적으로 택호를 사용하지만, 청자가 유택호세대 여성일 때는 언제나 택호를 호칭어로 사용하는 것으로 나타났다. 반면에, 유택호세대 여성 화자들은 청자의 성에 관계없이 거의 모든 언어적 상황에서 택호를 호칭어로 사용하는 것으로 나타났다. 따라서 유택호세대에서는 화자와 청자가 이성일 때, 그리고 화자와 청자가 모두 동성인 여성일 때 주로 택호가 호칭어로 사용된다.

〈사례 2〉

-물리적 환경: 계모임이 열린 음식점

-사회적 장면: 나주 한 음식점에서 자칭 '기말리에서 한다하는 사람들'의 부부동반 '친목계'가 열렸다. 옛날에는 계모임을 주로 유사의 집을 돌아가면서 했다. 하지만 이제는 나이가 들어 집에서 준비하고 계치기가 힘들기 때문에 주로 음식점에서 계를 친다. 점심식사가 끝난 후 총회가 진행되는 동안 술잔이 오갔다. 술이 떨어지자 A가 유사부인인 B에게 술을 청했다.

-참여자:

A(남, 60대 초반), B(여, 60대 초반), 그 외 30여 명 계원

A: (주위를 둘러보며 큰소리로) **왕곡댁**!

B: (한쪽에서 과일을 깎다 놀라며) 예?

A: (빈 술병을 흔들어 보이며) 술이 없어, 술!

〈사례 3〉

-물리적 환경: A의 집

-사회적 장면: A는 담 하나 사이로 이웃에 사는 C와 '실과 바늘' 같은 관계로 매우 친한 사이이다. 연구자와 이야기를 나누던 A는 C가 있어야 재미있다고 하며 B의 집에 다니러간 C에게 놀러 오라고 전화를 걸었다.

-참여자:

A(여, 60대 후반), B(남, 50대 후반), C(여, 80대 초반), 연구자

A: <전화통화> 시동댁(B의 부인)네지요? … **시동양반**(B)이시오? … 건강은 좀 어쩌시오? … (자신을 가리키며) 분동댁이요. … 득림댁(C) 좀 대주시오. … 예, 예.

〈사례 2〉는 유택호세대 남성 화자가 청자가 여성일 때 택호로 부르는 것을 보여주며, 〈사례 3〉은 유택호세대 여성 화자가 청자의 성에 관계없이 택호를 사용하는 것을 보여준다.

전통적으로 남녀 간의 내외의식 이데올로기는 남녀관계를 '어렵고', '조심스러운' 관계로 규정시키기 때문에 사실상 참여자들이 이성 간인 언어적 상황에서 다른 사회적 지위(예: 연령)는 거의 영향을 미치지 못한다("노소를 막론하고 이성 간에는 상경(相敬)하는 것이다"). 그리고 조사지에서 남녀관계가 어렵고 조심스러울 뿐만 아니라 생활 영역 및 놀이·휴식 공간의 이원화로 인해 이성 간의 접촉이 비교적 제한적인 편이기 때문에, 이성 간에 이루어지는 언어적 상황도 따라서 비교적 제한적인 것으로 이해된다.

한편, 무택호세대에서도 남성보다는 여성이 택호를 비교적 흔히 사용하는 것으로 보이며, 특히 화자와 청자가 모두 여성일 때 주로 사용하는 것으로 나타난다.

(3) 연령

그러나 무택호세대 화자가 택호를 사용할 때는 유택호세대와는 달리 청자의 연령(age)이 사회적 요인으로 고려된다. 무택호세대 여성 화자들은 유택호세대 여성 청자와 연령 차이가 그리 크지 않을 때(대체로 10-15살 정도) 택호로 호칭하는 것으로 나타났다. 하지만 매우 드물게 택호를 사용하는 무택호세대 남성 화자들은 택호의 사용에 있어 청자와의 연령 차이와 함께 친소관계를 또한 고려하는 것으로 나타났다.

〈사례 4〉

–물리적 환경: 음식 준비로 분주한 C의 집

–사회적 장면: 마을 부녀자들이 이튿날 마을회관 준공식에 쓸 음식을 장만하느라 새마을 지도자인 C의 집이 분주하다. 마을 잔치 때마다 사용되는 그릇들이 이장댁인 하동댁 집에 보관중이다. A가 잔칫날 쓸 그릇들이 준비되었는지 B에게 묻고 있다.

–참여자:

A(여, 40대 중반), B(여, 60대 초반), C(남, 60대 초반), 마을 부녀자 다수

B: (C에게) 나산양반, 끓이지 마쇼. 그냥 먹어벌게.
A: (B에게) **왕곡댁**, 하동댁네에서 그릇 내다 씻어소?
B: 내다 놨어.

〈사례 4〉는 무택호세대 여성 화자가 연령 차이가 15세 정도인 유택호세대 여성 청자에게 택호를 사용하고 있는 것을 보여준다.

한편, 유택호세대 남성 화자들의 경우는 남성 청자가 연령상으로 동년배일 때 친소관계를 고려하여 개인명 대신 택호를 사용하는 것으로 보이며, 그리고 연하라 할지라도 청자가 손자녀를 볼 정도로 청자의 절대적 연령이 높을 때 개인명 대신 택호로 호칭함으로써 존중을 해주는 것으로 나타났다.

〈사례 5〉
-물리적 환경: 금안동노인정
-사회적 장면: 광주 한 초등학교 교사로 있는 A의 사촌 동생은 이 마을 출신으로 한학에 능한 식자로 인식된다. 그가 자신이 직접 쓴 액자를 노인정에 헌사하고 마을 어른들을 모시고 음식을 대접하는 자리를 마련했다. 노인회 회장인 A가 노인정 출입이 적은 B가 오는 것을 보고 반갑게 맞이했다.
-참여자: A(남, 80대 초반), B(남, 70대 초반), 마을 남자들 다수

A: (B가 오는 것을 보고) **배월양반**이신가? 올라오소.
B: (가볍게 목례를 하고 노인정 방으로 들어온다.)

〈사례 5〉는 유택호세대 남성 화자가 연령상 연하인 남성 청자에게 개인명 대신 택호를 사용하는 것을 보여주는데, 남성 청자가 70대의 고령이라는 변수가 화자로 하여금 개인명보다 존칭인 택호를 사용하도록 한 것으로 이해된다.

(4) 심리적 거리

택호의 사용을 제약하는 또 하나의 사회적 요인은 심리적 거리(psychological

distance)다. 이때 심리적 거리란 일상적으로 갖는 빈번한 접촉과 오랫동안의 면식관계의 결과로 공유하게 된 개인들 간의 친밀감의 정도, 즉 심리적 거리상으로의 가까움 또는 거리감을 가리킨다. 무택호세대 남성 화자들은 유택호세대 남성 청자들과의 연령 차이가 그리 크지 않을 때 청자와의 친밀감의 정도에 따라 때때로 택호를 사용하는 것으로 나타났다. 즉, 무택호세대 남성 화자들은 청자와 연령 차이가 너무 크지 않으면서(대체로 10~15세 정도) 친밀한 관계가 아닐 때 택호를 사용하는 것으로 나타났다.

〈사례 6〉
정삼랑씨(남, 50대 중반)는 조사지에서 나서 자란 토박이 화자이고, 유택호세대인 정해술씨(남, 70대 초반)는 정삼랑씨와 담 하나를 사이로 살고 있는 이웃이다. 정삼랑씨는 친척이 아닌 연상의 마을 남자들에게 다른 무택호세대 남성 화자들과 마찬가지로 주로 의사 친척호칭어를 사용한다. 따라서 정삼랑씨가 정해술씨를 '아제'라는 의사 친척호칭어로 부를 것이 기대된다. 하지만 정삼랑씨는 정해술씨를 택호로 호칭한다. 기대에 어긋난 이러한 호칭관계는 정삼랑씨와 정해술씨 사이에 존재하는 심리적 거리에 의해서 설명될 수 있다. 정해술씨는 1980년대 중반에 이 마을에 들어온 사람이다. 따라서 10여 년 전부터 정삼랑씨와 정해술씨는 한 마을에서 가까운 이웃으로 '친절하게(가깝게)' 지내고는 있지만, 한 마을 사람으로서 오랜 시간에 걸친 면식관계를 갖고 있지는 않다. 정삼랑씨는 **"한 마을에서 오래 같이 살면서 친절하고 다정스럽게 지내온 상대방에게는 '아제' 라고 하지만, 어렸을 때부터 보고 지내온 사이가 아니라서 그런지 아제라고 불러지지가 않아서 택호로 부른다."**고 진술했다.

〈사례 6〉은 일상적인 잦은 접촉에도 불구하고 '한 마을 사람으로서 오랜 면식관계가 없기 때문에' 의사 친척호칭어 대신 택호를 사용하게 되는 상황을 잘 보여준다. 따라서 연령상 상위자에게 의사 친척호칭어를 주로 사용하는 무택호세대 남성 화자들은 청자와의 관계가 친밀하지 않고 거리감이 있다고 생각될 때 택호를 사용하기도 함을 알 수 있다. 하지만 이러한 경향은 특히 무택호세대이면서도 택호의 사용에 보다 친숙한, 다시 말해, 상위세대와의 경계에 위치하는 50대에서 주로 보인다는 점이 지적될 필요가 있겠다.

(5) 격식적 상황

마지막으로, 조사지에서 택호의 선택에 영향을 미치는 요인은 격식적 상황(formal situation)이다. 여기서 격식적 상황이란 화자가 청자에게 좀 더 격식적인 호칭을 하도록 하는 대화가 이루어지는 장소나 활동, 참여자의 유무 등 주변적 조건을 의미한다. 이 요인은 유택호세대 남성 화자들의 택호 선택에서만 고려되는 것으로 보이는데, 유택호세대 남성 화자들은 좀 더 존칭을 요하는 사회적 상황이 있을 때 보통 이름을 사용하는 동년배 또는 연하의 남성 청자에게 택호를 사용하는 것으로 나타났다. "(청자의) 안식구가 있으면 어려워서 택호를 사용한다"는 한 제보자의 말은 이를 잘 드러내준다.

이상을 정리하면, 조사지에서 택호는 일반적으로 화자와 청자가 모두 유택호세대일 때 주로 사용되고, 성별상으로는 화자와 청자가 이성 간일 때 그리고 화자와 청자가 모두 동성인 여성일 때 주로 사용된다. 남성 화자들의 경우는 이름의 사용보다 존칭을 요구하는 상황에서 택호를 사용하는 것으로 분석된다.

다음의 〈표 5-1〉과 〈표 5-2〉는 지금까지 기술한 내용을 바탕으로 조사지에서 택호를 사용하는 규칙을 두 화자 집단별로 각각 도표화한 것이다.

〈표 5-1〉 유택호세대 화자의 택호 사용 규칙

성		연령	심리적 거리	격식적 상황	호칭어
화자	청자				
여성	여성	·	·	·	택호
	남성	·	·	·	택호
남성	여성	·	·	·	택호
	남성	연상	·	·	택호
		동년배	소(疏)	·	택호
			친(親)	유	택호
				무	(다른 호칭어)
		연하	·	유	택호
			·	무	(다른 호칭어)

〈표 5-2〉 무택호세대 화자의 택호 사용 규칙

성		연령	심리적 거리	호칭어
화자	청자			
여성	여성	15세 이상	·	(다른 호칭어)
		15세 이하	·	택호
	남성	·	·	택호
남성	여성	·	·	(다른 호칭어)
	남성	15세 이상	·	(다른 호칭어)
		15세 이하	친	(다른 호칭어)
			소	택호

2) 종자명호칭의 사용 규칙

조사지에서 종자명호칭은 택호와 반대로 택호가 없는 청장년층에서 일반적으로 사용되는 호칭어로서, 청자의 세대가 종자명호칭의 사용에 매우 중요한 조건으로 작용하며, 그밖에 청자의 성과 연령, 심리적 거리 등 사회적 요인의 제약을 받는 것으로 분석되었다.

(1) 세대 : 택호의 유무

종자명호칭의 사용에 일차적으로 영향을 미치는 사용 조건은 청자의 세대다. 종자명호칭의 사용에 있어서 청자는 물론 택호가 없는 청장년층 무택호세대가 된다. 택호의 사용을 선호하는 유택호세대 화자들은 청자가 무택호세대인 경우, 청자가 택호가 없기 때문에 호칭어 사용에 어려움을 느끼는 것으로 보인다. "아무개 아빠, 아무개 엄마 하는 것은 상사람들이나 하는 것이고, 양반들은 택호를 사용하는 것이다"라는 호칭어 사용에 대한 전통적 인식 때문에 종자명호칭의 사용을 탐탁치 않게 생각하는 것 같다.[23] 반면에, 무택호세대 화자들은 유택호세대 화자들

23) 그러나 조사지의 노년층 유택호세대는 '시대가 변했으니까…'라는 말로 젊은층의 종자명호칭 사용을 어쩔 수 없는 것으로 받아들이고 있었다. 그러면서도 "젊은 사람들도 언젠가 나이가 들면 택호가 있어야 한다"는 점에서는 노년층과 청장년층이 모두 인식

이 일반적으로 택호를 사용하는 것처럼 무택호세대 청자에게 종자명호칭을 사용한다.

〈사례 7〉
-물리적 환경: 숲정이 영미네 집
-사회적 장면: 제사 음식을 대접받기 위해 영미네 집에 모인 애기 엄마들의 이야기 가운데 부녀회 활동에 관한 화제가 나왔다. 부녀회장이 제대로 활동을 하지 않기 때문에 마을 부녀회가 활성화되지 못하고 있다는 사실에 참여자들이 동의를 하면서 새로운 부녀회장 추대에 대해 이야기를 했다.
-참여자: A(여, 40대 초반), B(여, 30대 중반), 젊은 애기 엄마 몇 명

A: 내년에는 더 젊은 사람을 [부녀회장으로] 밀기로 했다만. (B에게) **혜린 엄마**가 하지?
B: (고개를 저으며) 난 그런 거 못해.

〈사례 7〉에서 무택호세대 여성 화자는 무택호세대 여성 청자를 '맏자녀 이름+엄마'로 호칭하고 있다. 이것은 무택호세대 화자들이 일반적으로 보여주는 종자명호칭(형태 I)의 사용 사례다.

(2) 성

그 다음으로 종자명호칭의 사용에 영향을 미치는 사회적 요인은 화자와 청자의 '성'이다. 유택호세대 남성 화자들은 무택호세대인 청자가 동성인 남성일 때 연령에 의거해 주로 개인명을 사용하며 종자명호칭은 사용하지 않는다. 하지만 청자가 이성인 여성일 때 가능한 한 '엄범부리(얼버무림)'를 함으로써 호칭을 회피하고 어쩔 수 없는 상황에서 종자명호칭을 사용하는 것으로 나타났다. 반면에, 유택호세대 여성 화자들은 남성 화자들보다는 비교적 빈번히 그리고 수월하게 종자명호칭을 사용하며, 더욱이 청자의 성에 관계없이 사용하는 것으로 나타났다.

한편, 무택호세대 남성 화자들은 청자가 동성인 남성일 때는 종자명호칭을 사

을 같이하고 있었다.

용하지 않는 반면에, 청자가 이성인 여성일 때 주로 종자명호칭을 사용한다. 하지만 무택호세대 여성 화자들은 청자의 성에 관계없이 주로 종자명호칭를 사용하는 것으로 나타났다. 일반적으로 종자명호칭은 화자의 세대에 상관없이 주로 여성 화자들이 무택호세대 청자들에게 사용하는 것으로 보인다. 따라서 종자명호칭은 택호와 마찬가지로 화자와 청자가 이성일 때 그리고 화자와 청자가 모두 동성인 여성일 때 주로 사용되는 것으로 이해된다.

〈사례 8〉

–물리적 환경: 벼 말리기가 한창인 건조장

–사회적 장면: 마을의 건조장은 가을걷이를 끝낸 마을 사람들이 벼를 말리느라 분주하다. 건조장 한쪽에서는 몇몇 사람들이 모여 이야기를 나누고 있다. A가 장사꾼에게서 산 '소케트'가 깨졌다면서 B에게 교환을 부탁하자 B가 농으로 응수했다.

–참여자: A(여, 70대 초반), B(남, 40대 후반), 마을 사람 다수

A: (소케트를 들이대며) **은면이 아빠**, 젓장수가 오면 말이요, 그…

B: 뭣을? 내가 젓장수하고 뭔디? 하하하…

A: 근게 소케트를 샀는디 깨졌드란 말이요.

〈사례 9〉

–물리적 환경: 회갑연이 열린 평림양반네 집

–사회적 장면: 평림양반의 회갑연에 참석한 마을 사람들이 뷔페 음식을 개인 접시에 담아 여기저기에 앉아 먹고 있다. 남정댁과 연구자가 오자 A가 B에게 욕조에 담가 둔 맥주를 가져오라고 청했다.

–참여자: A(여, 60대 초반), B(여, 40대 초반), 연구자, 마을 사람들 다수

A: (남정댁과 연구자에게) 왔는가. (옆자리를 내주며) 이리 앉으소. (B에게) **화신이 엄마**, 저기 맥주 좀 가져와.

B: (말없이 욕조로 가지러 간다.)

위의 두 사례는 유택호세대 여성 화자들이 무택호세대 청자들에게 성에 관계없이 종자명호칭(형태 Ⅰ)을 사용하는 것을 보여주는 일반적 사례다.

〈사례 10〉

-물리적 환경: 건조장 옆에 있는 B의 가게

-사회적 장면: 건조장에 벼를 널어놓고 한쪽에서 이야기를 나누던 A가 음료수라도 마시며 이야기하자고 제안을 해서 B의 가게로 자리를 옮겼다. 그런데 C가 술을 주문하자 A가 술값은 책임 못 진다고 농을 했다.

-참여자: A(남, 40대 후반), B(여, 40대 초반), C(남, 50대 초반), 마을 남자 몇 명

C: 여기 막걸리하고 안주 좀 주시요.

A: (B에게) **진영이 엄마**, 확실히 해! 나는 주란 말 안 했은께. 술값은 달란 사람이 계산해야 헌께. 하하하…

B: (웃기만 하고 술을 가지러 간다.)

〈사례 11〉

-물리적 환경: A의 가게

-사회적 장면: 과부인 A는 새로 구입한 송아지 중 한 마리가 지난밤 폐렴증상을 보여서 혼자 무척 속을 썩었다. 그래서 A는 소를 키우는 B에게 지난밤 전화를 걸어 도움을 청했었다.

-참여자: A(여, 40대 초반), B(남, 30대 후반), 그 외 2명

A: 나도 하도 속 썩인게 갖다 내뿌려 버릴라고 했어. 어차피 안 봐불면 신간 편해분께.

B: 내뿔고 싶으면 말해. 내가 차로 실어다가 어디 장에 가다가 어디 들판에다 획 댄겨 불고 가벌란께.

A: … 엊저녁에는 그런 심정이더라고. 내가 오죽 답답하면 **미애 아빠**한테 전화를 했겄어.

위의 두 사례는 각각 무택호세대 남성 화자가 무택호세대 여성 청자에게, 무택호세대 여성 화자가 무택호세대 남성 청자에게 '자녀의 이름+엄마/아빠'를 사용하는 것을 보여준다.

한편, 무택호세대 화자들이 종자명호칭(특히 형태 Ⅰ)을 사용할 때 일반적으로 화자와 청자의 연령 차이가 고려되지 않는 것으로 나타났다. 따라서 유택호세대 화자들이 택호를 사용할 때와 마찬가지로 무택호세대 화자들이 종자명호칭(형태 Ⅰ)을 사용할 때 연령이라는 요인은 작용하지 않는 것으로 이해된다.

(3) 연령

그러나 상대적으로 보다 널리 사용되는 '자녀의 이름+친척호칭' 형태의 일반형 종자명호칭(형태 Ⅰ)과 달리, 사용 빈도가 낮은 '자녀의 이름+호격 조사' 형태의 축소형 종자명호칭(형태 Ⅱ)의 사용은 화자와 청자의 연령이라는 또 다른 사회적 요인의 영향을 받는다. 조사지에서 축소형 종자명호칭은 종자명호칭을 가장 빈번히 사용하는 여성 화자들의 호칭 행위에서만 보이며, 특히 청자가 화자보다 연령이 연소하거나 또는 비슷할 때 사용되는 것으로 나타났다. 그러나 연령과 동시에 심리적 거리라는 또 다른 사회적 관계가 고려된다.

(4) 심리적 거리

여성 화자들의 언어 행위에서만 보이는 축소형 종자명호칭(자녀의 이름+호격 조사) 형태(Ⅱ)가 사용되는 데 고려되는 것은 화자와 청자 간의 심리적 거리다. '자녀의 이름+호격 조사' 형태를 사용하는 무택호세대 여성 화자들은 무택호세대 여성 청자가 화자보다 연령상으로 연소하거나 비슷하면서 화자와 청자가 좀 더 가깝고 친밀하게 지낼 때 제한적으로 사용하는 것 같다.

〈사례 12〉
-물리적 환경: 해질 무렵 B의 가게
-사회적 장면: 소를 키우는 B가 가게 뒤에 있는 축사로 소똥을 치우러 간 사이 A가 빨래 비누를 사러 왔다. A는 바쁜 듯 B를 기다리지 않고 빨래 비누를 찾아서 돈을 테이블 위에 올려놓고 가 버렸다.
-참여자: A(여, 40대 중반), B(여, 40대 초반), C(연구자)

A: (가게 안으로 황급히 들어오다가 연구자를 보고) 어, 아직도 있는가?
C: 예.
A: (물건을 찾으며) **진영아**?
C: 소똥 치우러 가셨어요.
A: (빨래 비누를 집으며 큰 소리로) 진영아?
B: (가게 뒤 축사에서) 예?

A: (테이블 위에 돈을 놓으며) 돈 여기 놓고 가.

위 사례에서 청자는 화자보다 연령상으로 하위자이고 가깝게 살면서 친절하게 지내는 사이다. 그래서 화자는 청자를 보통 '자녀의 이름+친척호칭'으로 부르지만, 위의 사례처럼 종종 '자녀의 이름+호격 조사'로 부르기도 한다. 그러나 축소형 종자명호칭은 그 사용이 실제 언어적 상황에서 매우 제한적이어서 그리 자주 사용되지는 않는 것 같다.

이상을 정리하면, 조사지에서 종자명호칭(특히 형태 Ⅰ)은 화자와 청자가 모두 무택호세대일 때 주로 사용되고, 성별상으로는 화자와 청자가 이성 간일 때 또는 화자와 청자가 모두 동성인 여성일 때 주로 사용되는 것으로 이해된다. 그리고 축소형 종자명호칭(형태 Ⅱ)은 청자가 동년배 또는 연하이면서 친밀한 관계일 때 무택호세대 여성 화자들에 의해서 사용되는 것으로 분석된다.

다음의 〈표 6-1〉과 〈표 6-2〉는 유택호세대 화자와 무택호세대 화자의 종자명호칭의 사용 규칙을 지금까지 기술한 사회적 차원을 종합하여 각각 도표화한 것이다.

〈표 6-1〉 유택호세대 화자의 종자명호칭 사용 규칙

성		호칭어
화자	청자	
여성	여성	종자명호칭(Ⅰ)
	남성	종자명호칭(Ⅰ)
남성	여성	Ø / 종자명호칭(Ⅰ)
	남성	(다른 호칭어)

〈표 6-2〉 무택호세대 화자의 종자명호칭 사용 규칙

성		연령	심리적 거리	호칭어
화자	청자			
여성	여성	연상	·	종자명호칭(Ⅰ)
		동년배 / 연하	소	종자명호칭(Ⅰ)
			친	종자명호칭(Ⅰ, Ⅱ)
	남성	·	·	종자명호칭(Ⅰ)
남성	여성	·	·	종자명호칭(Ⅰ)
	남성	·	·	(다른 호칭어)

6. 맺음말

이 글은 호칭어의 선택 및 사용이라는 언어 행위가 단순히 언어적인 또는 개인적인 문제가 아니라 토박이 화자들의 사회문화적 지식 및 규범에 토대를 둔 문제이며, 따라서 사회적 행위로서 기술·분석되어야 한다는 사실을 중시하고 있다. 그리고 이러한 입장에서 조사지 화자들이 언어적 상호작용 과정에서 일반적으로 사용하는 택호와 종자명호칭을 중심으로 비친척관계에서 사용되는 호칭어의 사회언어적 규칙을 살펴보았다. 두 호칭어 범주는 반촌으로 규정되고 인식되는 조사지의 역사적·사회적 특성과 변화를 가장 잘 드러내주기 때문이다.

본문에서는 먼저 택호와 종자명호칭의 상이한 사회적 분포상을 기술한 후 구체적인 호칭어의 목록을 제시하였다. 그리고 호칭어의 선택 및 사용에 영향을 미치는 사회적 요인들을 찾아 사례와 함께 기술하고 유택호세대와 무택호세대 화자 집단별로 호칭어의 사용 규칙을 각각 도표화하여 제시하였다. 택호의 사용을 제약하는 사회적 요인으로는 청자의 세대, 성, 연령, 심리적 거리, 그리고 사회적 상황이 분석되었고, 특히 택호의 유무와 관련된 화자와 청자의 세대 및 성의 구분이 택호의 사용에 매우 중요한 사용 조건인 것으로 나타났다. 그리고 종자명호칭은 청자의 세대, 성, 연령, 그리고 심리적 거리라는 사회적 요인들에 의해서 그 사용이 제약을 받는 것으로 분석되었고, 택호와 마찬가지로 화자와 청자의 세대 및 성의 구분이 종자명호칭의 사용에 매우 중요한 조건으로 작용하였다. 따라서 조사지에서 토박이 화자들이 택호와 종자명호칭을 사용할 때 '화자와 청자의 세대와 성'이 화자들의 호칭어 사용에 영향을 미치는 가장 중요한 사회적 요인인 것으로 이해된다.

이 연구에서 가장 흥미로웠던 것은 조사지에서 소유와 사용의 측면에서 택호와 종자명호칭이 과거와 오늘날 상이한 사회적 분포를 보여준다는 점이었다. 두 호칭어는 과거 전통사회에서 신분 지위에 의거한 사회계층에 따라서 상호 배타적으로 분포하였다. 택호는 과거 양반계급이 혼인 후 갖는 또 하나의 이름으로서 양반 화자들이 상경(相敬)하는 차원에서 상호 간에 사용하는 존칭 호칭어였다. 반면에, 종자명호칭은 상민계급에서 사용된 호칭어였다. 따라서 과거 신분사회에서 택호와 종자명호칭은 양반과 상민을 구분시키는 언어 범주로서 기능을 하였던 것으로 이해된다.

그런데 반상의 지위가 없어진 오늘날 조사지에서 두 호칭어는 연령 범주로 이해할 수 있는 세대에 따라서 상호 보완적으로 분포하는 것으로 나타났다. 택호는 50대 후반 이상의 노년층 '유택호세대'가, 그리고 종자명호칭은 50대 중반 이하의 청장년층 '무택호세대'가 주로 사용하는 호칭어였다. 따라서 조사지에서 택호와 종자명호칭은 과거와 마찬가지로 주로 사용하는 화자 집단은 상이했지만, 과거와 달리 (양반 후손들 사이의) 연령 집단을 구분시키는 언어 범주로서 기능하고 있는 것으로 분석되었다. 즉, 무택호세대에서 주로 사용되는 종자명호칭이 유택호세대에서 주로 사용되는 택호의 역할을 대체하고 있는 것으로 이해된다. 이러한 호칭어의 변화는 화자들의 사회적 태도와도 관련된다. 유택호세대는 택호를 양반계층의 언어로 자부심을 갖고 있는 반면, 종자명호칭은 상민계층의 언어로 부정적 인식을 갖고 있었다. 특히 이러한 경향은 여성 화자보다 남성 화자에게서 현저하게 나타났다. 무택호 세대의 경우 택호를 양반이라는 사회적 위신과 연결시키기는 하였으나 종자명호칭에 대한 거부감이나 부정적 인식을 보이지는 않았다. 따라서 조사지 언어공동체에서는 노년층과 청장년층 사이에 호칭어의 사용 규칙과 규범에 차이가 있는 것으로 분석되었다.

그리고 화자와 청자 집단의 성별에 따라서 택호와 종자명호칭의 사용 또한 변이상을 보인다는 것도 주목해야 할 점이다. 화자 집단의 세대와 상관없이 남성 화자들은 남성 청자보다는 여성 청자에게 택호 또는 종자명호칭을 주로 사용하였다. 반면에, 여성 화자들은 청자의 성에 관계없이 거의 모든 언어적 상황에서 택호 또는 종자명호칭을 사용하였다. 즉, 남성 청자보다는 여성 청자에게, 그리고 남성 화자보다는 여성 화자에게서 택호와 종자명호칭의 사용이 상대적으로 선호되는 것으로 나타났다. 따라서 조사지에서 택호와 종자명호칭의 주된 화자 집단과 청자 집단은 여성들인 것으로 이해된다.

다시 말하면, 택호와 종자명호칭은 한국사회의 친척조직 원리에 의해서 특히 혼인한 여성(화자 또는 청자로서)을 위한 호칭어 범주인 것으로 이해할 수 있을 것 같다. 부계혈통과 부거제 원리에 의거해서 혼인 후에도 남성들은 기존의 사회적 관계 및 언어 행위가 큰 변화 없이 유지된다. 반면에, 마을 공동체의 새로운 구성원으로 외부에서 혼인해 들어온 여성들은 기존의 사회적 관계 및 언어 행위로부터 단절되고 새로운 사회적 관계를 구성하고 반영하는 새로운 언어 사용이 이루어지게 되는 것이다. 그리고 이러한 사회구조와 함께, "노소를 막론하고 이성간에는 상경하는 것이다", "미장년 때는 이름을 부르지만, 혼인 후에는 호칭이 격상한다" 등과 같이 언어 행위에서 상대방을 존중하는 언어 예절이 이상적 규범으로 작동한다. 특히 성인의 이름 사용을 회피하는 한국사회의 문화적 특징(Lee and Harvey 1972)이 영향을 미치는 것으로 이해된다. 따라서 조사지에서는 혼인한 성인, 특히 새로운 사회구성원이 된 여성들과 관련된 언어 사용에서 과거에는 택호가, 오늘날에는 종자명호칭이 호칭어로 선택된 것으로 볼 수 있을 것이다. 존중의 정도에서 택호가 종자명호칭보다 더 존칭어이기는 하지만, 두 호칭어 모두 상대방에 대한 존중을 표시하는 호칭어라는 점에서 그 기능은 비슷하다. 그러므로 조사지에서 여성어로 볼 수 있는 택호와 종자명호칭의 사용은 한국사회의 친척원리와 관련된 사회구조 및 언어 예절과의 관계에서 이해될 수 있을 것 같다.

마지막으로, 조사지에서 중심적으로 사용되는 호칭어의 변화와 관련하여 후속적인 연구의 필요성을 제기하고자 한다. 앞에서 택호와 종자명호칭의 사용에 중요한 사회적 요인이 연령 집단으로 이해되는 세대임을 살펴보았다. 그리고 젊은 화자 집단의 종자명호칭이 노년층의 택호의 역할을 대체하고 있다는 것도 살펴보았다. 바꿔 말하면, 조사지에서의 호칭어 사용이 택호 중심에서 종자명호칭 중심으로 변화를 겪고 있는 것으로 이해된다. 이러한 호칭어의 변화는 반상의 구분이 없어진 사회구조의 변화와 함께 토박이 화자들의 언어 태도의 변화와도 관련되는 것으로 보인다. 또한 이외에도 이농에 따른 인구구성의 변화나 가족관계의 변화 등 산업화와 도시화를 겪은 한국사회의 전반적인 변화도 관계가 있는 것 같다.[24)] 특히 비친척관계에 있는 혼인한 성인들에 대한 종자명호칭 중심의 호칭어 사용 증가는 조사지에만 국한된 현상은 아닌 것 같고 한국사회 전반에 걸친 현상으로 이해된다. 따라서 앞으로 택호의 소멸과 종자명호칭의 증가라는 언어 사용 현상은 한국사회의 전반적인 변화와의 관계 속에서 함께 분석될 필요가 있는 현상인 것 같다. 그리고 한국사회의 독특한 호칭어로 이해되는 택호와 종자명호칭의 사회적 기능과 의미 및 향후 방향에 대해서도 지속적인 연구가 필요할 것으로 여겨진다.

24) 말하자면, 택호의 쇠락과 관련된 원인의 일정 부분은 도시화와 산업화의 영향으로 혼인한 자녀들이 부모들과 지역적으로 떨어져 살게 되면서 발생한 언어적 현상으로 볼 수 있을 것 같다. 부모나 주변 어른들이 혼인한 자녀나 친척에게 지어주던 택호는 자녀들이 도시로 떠나 정착하게 되면서 택호를 명명할 수 있는 기회 자체가 감소하였고, 떨어져 살기 때문에 일상의 언어적 상호작용 속에서 택호를 사용할 수 있는 기회 또한 사라지고 있는 것이다.

√참고문헌

김백만, 1991, "성명학에 대한 인식,"『새국어생활』 1: 114-133.

김주관, 1989, "존대말 사용의 이상적 규범과 실제적 변이상: 단기사병의 언어공동체를 중심으로," 서울대학교 인류학과 석사학위논문.

왕한석, 1989, "택호와 종자명호칭,"『의미 이두현 교수 정년퇴임 기념논문집』, pp. 24-47.

______ 1996, "언어·사회·문화: 언어인류학의 주요 조류,"『사회언어학』 4(1): 3-50.

장용걸, 1988, "택호의 고찰: 계층성과 여성의 양의성을 중심으로,"『비교민속학』 3: 83-102.

정종호, 1990, "한국 친족호칭의 의미구조와 사회적 사용에 관한 연구: 안동지방의 한 촌락의 사례를 중심으로," 서울대학교 인류학과 석사학위논문.

조숙정, 1997, "비친척관계에서의 호칭어의 구조와 사용방식: 전남 나주 한 반촌의 사례를 중심으로," 서울대학교 인류학과 석사학위논문.

Brown, Roger and Albert Gilman, 1960, "The Pronouns of Power and Solidarity," in Thomas A. Sebeok (ed.), 1966, *Style in Language*, Massachusetts: The MIT Press, pp. 253-276.

Brown, Roger and Marguetie Ford, 1964, "Address in American English," in Dell H. Hymes (ed.), 1964, *Language in Culture and Society: A Reader in Linguistics and Anthropology*, New York: Harper and Row, pp. 234-244.

Burling, Robbins, 1970, *Man's Many Voices: Language in Its Cultural Context*, New York: Holt, Rinehart, and Winston.

Dredge, Chales P., 1977, "Speech Variation and Social Organization in a Korean Village," Ph. D. Dissertation in Anthropology, Harvard University.

Ervin-Tripp, Susan, 1972, "On Socioliguistic Rules: Alternation and Co- occurrence," in John J. Gumperz and Dell H. Hymes (eds.), 1972, *Directions in Sociolinguistics: The Ethnography of Communication*, New York.: Holt, Rinehart, and Winston, pp. 213-250.

Evans-Pritchard, E. E., 1948, "Nuer Modes of Address," in Dell H. Hymes (ed.), 1964, *Language in Culture and Society: A Reader in Linguistics and Anthropology*, New York: Harper and Row, pp. 221-227.

Fasold, Ralph W., 1990, *The Sociolinguistics of Language*, Cambridge: Basil Blackwell.

Gumperz, John, J., 1972, "Introduction," in John J. Gumperz and Dell H. Hymes (eds.), *Directions in Sociolinguistics: The Ethnography of Communication*, New York: Holt, Rinehart, and Winston, pp. 1-25.

Hymes, Dell H., 1962, "The Ethnography of Speaking," reprinted in Ben G. Blount (ed.), 1974, *Language, Culture and Society: A Book of Readings*, Cambridge, Mass.: Winthrop, pp. 189-223.

_______ 1972, "Models of the Interaction of Language and Social Life," in John J. Gumperz and Dell H. Hymes (eds.), 1972, *Directions in Sociolinguistics: The Ethnography of Communication*, New York: Holt, Rinehart, and Winston, pp. 35-71.

Lee, Kwang-Kyu and Youngsook K. Harvey, 1973, "Teknonymy and Geononymy in Korean Kinship Terminology," *Ethnology* 12(1): 31-46.

Wang, Hahn-Sok, 1984, "Honorific Speech Behavior in a Rural Korean Village: Structure and Use", Ph. D. Dissertation in Anthropology, UCLA.

Wardhaugh, Ronald, 1986, *An Introduction to Socioliguistics*, Oxford: Blackwell Publishers.

8 장
제주사회의 두 방언 사용*

강윤희

1. 제주사회에서의 말하기: 두 방언 사용 현상

1) 연구의 목적과 연구방법

제주 사람들의 두 방언[1] 사용(bidialectalism), 소위 '표준말'과 제주말 중의 하나를 선택하여 사용하는 언어 행위는 비교적 널리 알려진 현상이다. 제주 출신이 아니라고 할지라도, 제주도를 한 번쯤 방문한 사람들이라면 제주 사람들이 표준말과 제주말을 교체적으로 사용한다는 사실을 발견할 수 있을 것이다. 택시 안에 탄 관광객에게는 표준말을 하다가도 동료 기사들에게는 제주말을 사용하는 택시 기사

---

* 이 논문은 "제주사회에서의 두 방언 사용에 대한 민족지적 연구"라는 제목으로『제주도연구』11 (1994, pp. 83-146)에 실렸던 글을 편집상의 수정을 한 것이다.

1) 여기서 방언이란 '사투리'라는 비표준어의 개념, 즉 가치평가를 내포하는 개념이 아닌, 개별언어로서의 '한국어'를 구성하는 하위언어를 가리킨다(이익섭 1984: 11-3). 따라서 본고에서 '표준어'라는 명칭도 한국어의 한 하위언어를 이루는 '서울 또는 중부지역의 방언'을 가리키는 것임을 미리 밝혀둔다.

를 만날 것이고, 자신에게는 표준말로 이야기를 하던 제주 사람이 시장에 가서는 제주말로 흥정하는 장면을 목격할 수 있을 것이다. 그렇다면 제주 사람들은 왜 두 방언을 때에 따라 달리 선택하여 사용하는 것일까? 이러한 것은 개별 화자의 자의적이고 임의적인 선택일 뿐인가, 아니면 일정한 규칙에 의해 행해지는 것인가?

제주사회 내의 두 방언 사용 현상은 이미 여러 연구에서 보고된 바 있다. 이정민(1981)은 두 방언 사용이 제주 내의 특수한 언어적 환경을 보여준다고 말하고 있으며, 유철인(1986)은 제주인의 문화적 정체감과 관련하여, 두 방언 사용 현상을 언급한 바 있다. 그러나 제주사회의 두 방언 사용 현상에 대한 체계적 기술과 분석을 목적으로 한 본격적인 연구는 아직 찾아볼 수 없으며, 제주방언의 연구에서 표준어와의 접촉으로 인한 차용과 변이 등이 언급되는 수준에 그치고 있는 것으로 보인다(현평효 1979, 1982 참조).

그러나 이러한 언어 현상을 설명하기 위해서는 새로운 이론적 모델로 접근해야 한다. 표준말과 제주말이라는 서로 구분되는 두 가지 문법체계가 병존하여 사용되고 있는 경우, 개별 언어 또는 개별 방언을 연구 대상으로 하여 그 내적 구조, 즉 문법을 기술하려는 것을 목적으로 하는 순수한 언어학적 모델로는 설명이 불가능한 언어 행위가 되기 때문이다. 여기에서 요구되는 새로운 모델이 바로 '말하기의 민족지학(ethnography of speaking)'이다.

'말하기의 민족지학'에서는 "말(speech)"을 하나의 사회적 행위로 보고, 언어의 사회적 기능(social function)을 강조한다. 또한 개별 언어공동체(speech community)[2)]의 성원들이 각각의 방언에 대한 문법적 지식 이외에 사회적 맥락(social context)에 따라 적절한 언어를 선택할 수 있는 의사소통능력(communicative competence)을 지니고 있는 것으로 파악한다. 따라서 이러한 모델에서 보면, 두 방언 사용 현상은 일정한 사회적인 강제 하에서 행해지는 하나의 사회적 행위로서 특정의 사회적 의미를 전달하는 현상이 되며, 그럼으로써 실제적인 언어 행위를 그것의 사회적 맥락 내에서 분석함으로써 설명 가능하게 된다.

2) Hymes(1972: 54)에 따르면, 언어공동체란 "말(speech)에 관한 행동과 해석의 규칙을 공유하고 또 최소한 한 가지 언어 변이어(linguistic variety)의 해석에 관한 규칙을 공유하는 공동체"로 정의된다.

이와 같은 기본 시각에서, 본 연구는 '제주사회'라는 한국사회 내의 특정 언어공동체 내에서 나타나는 특징적인 언어사용 현상인 두 방언 사용현상을 기술, 분석하려 한다. 여기서는 민족지적 접근(ethnographic approach)을 통하여 제주사회의 일상적인 언어생활 속에서 두드러지게 나타나는 두 방언 사용의 여러 사회적 측면들을 규명하고, 나아가 두 방언에 부여된 문화적 의미의 측면들을 밝혀보고자 한다.

여기에서 제기되는 구체적인 연구 질문은 다음과 같다.

(1) 제주사회 내의 두 가지 구분되는 언어자원, 즉 두 방언(표준말[3]과 제주말)이 교체적으로 선택, 사용되는 데 작용하는 사회 맥락적 또는 상황적 요인에는 어떠한 것이 있으며, 이 요인들 간의 상대적 중요성은 어떻게 나타나는가? 여기서는 개별 말사례(speech event)[4]를 그것의 사회적 맥락에 따라 분석하여 특정 방언의 선택에 영향을 미치는 일련의 사회적 요인들을 추출해냄으로써 두 방언 사용의 일반적 유형을 밝히고자 한다.

(2) 그러나 실제적인 언어 행위에서 개인 화자는 동일한 사회적 맥락 하에서도 끊임없이 상이한 방언을 교체적으로 선택하고 있음이 미시적으로 관찰된다. 따라서 두 번째로는 구체적인 언어 행위에서 미시적으로 포착되는 두 방언 간의 전환(dialect-switching) 현상이 어떤 사회적 또는 화용적(pragmatic) 의미를 전달하고 있는지를 분석하도록 하겠다.

---

3) 여기서 '두 방언'이라는 의미로 보면, 사실상 '표준말'이라는 명칭보다는 '서울말'이라는 명칭의 선택이 더욱 적절할 것이다. 그러나 제주사람들은 자신들은 '표준말'을 사용하기는 하지만 '서울말'은 절대로 쓰지 않는다고 하는 등, '서울말'이라는 표현에 부정적 태도를 보이고 있으므로, 여기에서는 '표준말'이 중립적인 의미를 지니는 것으로 가정하기로 하겠다.

4) Hymes(1972: 56-7)는 말하기를 기술하는 3가지 단위로, 말의 상황(speech situation), 말의 사례(speech event), 말의 행위(speech act)를 제시한다. 이 중 말의 상황은 "어떤 인지할 수 있는 방식으로 구획지어진 또는 통합된 행위들"(*ibid.* 56)로서 말이 행해지는 기본적 맥락을 구성하는 단위이다(예: 파티). 말의 사례는 "언어사용의 규칙 또는 규범에 의해 직접적으로 지배되는 행위들"(*ibid*)로서, 의사소통 행위의 기술에서 그 기본 단위를 이루는 것이다(예: 파티 내에서의 대화). 그리고 말행위란 개별 말사례를 구성하는 최소단위를 지칭한다(예: 대화중 농담)(왕한석 1987: 25).

마지막으로 이러한 연구 질문의 결과들을 종합함으로써, (1) 언어 사용에서 중심적으로 그리고 일관되게 나타나는 제주 언어공동체의 사회문화적 특성을 밝히고, (2) 두 방언 간의 접촉 상황 및 사용 양상과 관련하여 전반적인 사회 변화를 반영하는 언어 변화의 한 측면을 밝히고자 한다.

이상과 같은 연구 목적을 수행하기 위해 본 연구는 제주시를 중심으로 한 인류학적 현지조사를 통해 이루어졌다. 현지조사는 1992년 7월 24일-8월 21일, 10월 7일-14일, 11월 20일-12월 15일에 걸쳐 이루어졌다. 조사 초기에는 다양한 배경의 개인(총 73명)을 상대로 한 심층면접을 통해서 두 방언에 대한 기본적인 언어 태도와 일반적인 두 방언 사용 양상을 조사하였다. 또한 다양한 장소에서의 참여 관찰을 병행함으로써 두 방언 사용을 이끄는 일반적인 사회언어적 규칙을 찾아내었다.

조사의 후기에는 관공서, 병원, 상점, 관광업체, 일반회사, 가정 등의 여러 장소와 다양한 말상황(speech situation)에 직접 참여하여, 실제적인 두 방언 사용을 관찰하는 데 주력하였고, 또 두 방언 사용에 영향을 미치는 여러 사회적 요인들 간의 상대적 중요성을 파악하려고 하였다. 본 연구에서 사례로서 제시되는 구체적인 말사례(speech event) 또는 말행위(speech act)의 부분들은 모두 현지조사의 기간 동안 조사자가 직접 참여했던 말상황에서 녹음기를 사용하여 채록한 것이다.

한편 여기서 또 한 가지 지적할 것은 현재 사용되는 제주말의 경우, 표준말과의 차이가 과거에 비해 크게 줄어들고 있는 상황으로서 특히 어미활용에서 표준말과의 차이가 극대화되며, 다른 부분에서는 상대적으로 표준말과의 차이가 극소화된다는 점이다. 따라서 제주사람들은 과거 사용되던 토박이 말에 가까운 것은 '진한(심한) 제주말'로, 현재 사용되는 제주말은 '옅은 제주말' 또는 '(표준어와) 섞어진 말'로 표현하는 등, 제주말과 표준말이 일종의 방언 연속체(dialect continuum)를 형성하는 것으로 인식하고 있다. 그러므로 본 연구에서는 표준말과 제주말을 주로 문법, 그 중에서도 형태론적 측면에 의거하여 구분짓고자 한다. 또한 표준말에서 제주말 또는 제주말에서 표준말로의 전환은 개별 구나 절, 단어를 단위로 하기보다는 한 문장(sentence)을 단위로 하여 특히 그것의 활용어미 상에서의 차이에 의해 전환 현상을 파악하기로 하겠다.

2) 두 방언에의 기본 태도

제주 사람들은 제주 내에서 사용되는 두 가지 구분되는 코드(code)인 제주말과 표준말에 대하여 '제주말'과 '육지말'이라는 명칭을 사용하기도 한다. 이러한 '제주말'과 '표준말' 또는 '제주말'과 '육지말'이라는 대응관계는, 제주인들이 사용하는 지역 분류방식인 제주/육지[5]의 이원적인 구분과 일치하는 것이다. 따라서 '육지말'이란, 엄밀한 의미에서는 표준말뿐만 아니라 제주도를 제외한 한국의 모든 지역 방언을 포함하는 것이지만, 대체로 표준말을 가리키는 것으로 사용되고 있다.

표준말에 대한 또 다른 명칭으로는 '곤밥 먹은 소리'라는 것이 있다. 여기에서 '곤밥'이란 '쌀밥'에 대한 제주방언으로서, 서울말이 '쌀밥과 같이 매끈한 느낌'을 준다는 은유적 표현일 뿐만 아니라, '곤밥을 먹지 못하는' 열악한 제주의 환경에 대비되는 풍족한 육지의 환경을 일컫는 말이기도 하다. 그러나 대체로 '곤밥 먹은 소리'란 표현은, 제주사람이 육지에서의 경험을 내보이기 위해 표준말을 썼을 경우 그것을 비꼬기 위해 사용되는 부정적 함의를 지니는 것이다.

이러한 '곤밥 먹은 소리'라는 표현을 통해서 제주사람들이 특정 언어자원의 명칭에 그 사용집단의 생활환경을 연결시키고 있다는 점을 알 수 있는데, 그들은 여기서 그치지 않고 두 방언의 특성을 두 지역의 생활환경의 차이에서 기인한 것으로 설명하기도 한다. 즉 '곤밥을 먹는 풍족한 육지'에서는 "말로 애교 떨 시간이 많아서 억양이 부드럽고, 각종 미사여구 등이 발달"한 반면, 열악한 자연환경 속에서 항상 바쁘게 살아야 했던 제주지역의 말은 "자연히 급하고 거칠게 된다"는 것이다.

또한 각 방언은 사용집단 성원의 성격 특질(personality)을 반영하는 것으로

5) 여기서 육지란, 제주사람들이 제주도를 제외한 한반도 전역을 지칭할 때 사용하는 개념이다(유철인 1984 참조).

여겨지기도 한다. 다음은 제주사람들이 제주말과 표준말의 차이점과 그것에 반영된 사람들의 성격을 어떻게 인식하고 있는지 보여주는 한 사례이다.

> "여기서 공부 열심히 시켜서 서울로 대학 보내면, 육지 며느리에게 아들을 빼앗긴다. 여자가 서울말을 하면 부드럽고, 애교스럽고, 서울남자는 말씨 때문에 자상해 보인다. 그에 반해 제주사람들은 애교가 전혀 없다. 좋아한다는 표현을 해도 말이 투박해서 싸우는 것 같다. 그렇지만 서울사람들은 야들야들하게 잘한다."(38세, 여)

한편 현재의 제주사회 내에서 그 성원들은 두 방언을 상이한 사회적 환경 속에서 습득하고 있다. 제주말이 가족, 친구와 같은 친밀한 사람들과의 긴밀한 상호작용에서 습득되는 언어라면 표준말은 주로 공식교육을 통해 습득되는 언어이다. 특히 공식교육에서는 제주말 사용이 금지되고 표준말만을 사용할 것이 강제되기도 했으며, 동시에 직업이나 장래를 위한 교육적 필요성 때문에 표준어의 능숙한 사용이 장려되기도 한다.

또한 제주말은 개인에게 있어서 비공식적 영역에서 일차적으로 습득되는 자연스러운 말로서의 성격을 지닌다면, 표준말은 제주말을 습득한 후에 학교 등의 공식교육 기관을 통해서 이차적으로 습득되는 말이므로 "어색하고, 생각하면서 말해야 하는" 부자연스러운 말이 되는 것이다.

3) 두 방언 사용의 사회적 분포

앞서 제주사회에서 일상적으로 사용되는 두 방언은 제주인들의 이원적인 지역구분 범주인 제주/육지에 일치함을 보았다. 그러나 제주사회 내부에서도 두 방언은 각기 상이한 화자집단과 민간 지각상으로 연계되는 것으로 나타난다. 즉 제주인들은 두 방언 중 어느 한 방언을 주로 선택하여 의사소통하는 다양한 화자집단의 사회적 분포를 지각하고 있는 것이다.

우선 공간별 분포를 살펴보면, 제주 사람들은 '촌'에서는 주로 제주말을 사용하고, ‘도시’에서는 주로 표준말을 사용한다고 지각하고 있다. 또한 ‘도시’ 내에서도 ‘신제주’, ‘아파트’, ‘백화점’ 등의 공간에서는 표준말을, ‘단독주택’, ‘5일장’ 등의 공간에서는 제주말을 사용한다고 지각한다. 이러한 두 방언 사용의 공간별 분포는 각 공간별 집단이 지닌 성격에 대한 제주 사람들의 평가가 특정 방언의 사용에 반영되어 인식된 결과이다. 즉 표준말을 주로 사용하는 ‘도시-신제주-아파트-백화점’으로 이어지는 공간은 심리적으로 ‘비제주인’의 영역에 속하는 것으로 지각되며, 제주말을 주로 사용한다고 지각되는 ‘촌-(구)제주-단독주택-5일장’이라는 공간은 전형적인 제주 생활과 연결된다. 따라서 이러한 두 가지 종류의 공간은 각기 ‘현대사회’와 ‘전통사회’의 성격을 지닌 것으로 지각되며, 이러한 공간별 성격이 특정 방언의 사용과 연결되는 것이다.

한편 두 방언의 사용은 사회적 지위 또는 계층에 따라서도 다르게 분포되고 있다. 제주사람들은 성원들의 사회적 지위에 따라 각기 상이한 방언을 사용하고 있는 것으로 인지하고 있으며, 어떤 방언을 주로 사용하느냐에 따라서 그 사람의 생활수준, 학력, 직업 등의 사회적 지위를 알 수 있다고 말한다. 일반적으로 제주사람들은 생활수준이 높을수록, 그리고 고학력일수록 표준말을 사용한다고 인식한다.

또한 제주사회 내에서 여성은 좀 더 표준어 지향적이고, 남성은 좀 더 제주말 지향적인 것으로 나타난다. 이러한 성별 차이는 제주사회에만 한정되는 것이 아니라, 거의 보편적인 현상으로서, 여성이 변화해가는 언어상황이나 위세에 보다 민감하게 반응하기 때문인 것으로 설명될 수 있으며(Gal 1978 참조), 각 방언이 지닌 어감에서의 차이와도 연결되는 것으로 보인다. 일반적으로 제주사람들은 “서울말은 부드럽고 애교 있으며, 제주말은 억세고 무뚝뚝하다”고 평가하는데, 이러한 어감에의 평가가 두 방언 사용의 성별 분화와 연결되기도 한다.

마지막으로 두 방언 사용은 연령별로도 상이하게 분포되고 있어서, ‘어릴수록 표준말’, ‘늙을수록 제주말’이라는 언어 사용 경향을 보인다. 즉, 표준말의 습득은 외부와의 접촉, 공식 교육에 의한 것이므로, 외부와 단절되고 교육 기회가 적었던 노년층의 경우 자연히 주로 제주말을 사용하게 되고, 과거보다 외부와의 접촉이 더욱 긴밀해지고, 조기교육의 보편화로 표준어의 조기습득이 가능해진 현재의 어린 연령층의 경우 표준말 사용이 더욱 자연스럽게 이루어진다는 것이다.

그러나 어린 연령층에서의 제주말의 일차적 습득과 사용은 현재도 계속되고 있다. 여전히 가정에서의 제주말 습득이 모어(mother tongue)로서의 언어 습득이 되며, 또래집단과의 제주말 사용은 여전히 나타난다. 이에 따라 어린 연령층으로 갈수록 선생님이나 어른과의 상호작용에서는 주로 표준말을 사용하고, 동년배 친구들과는 제주말을 사용하는 경향을 보이게 된다.

2. 두 방언 사용의 사회적 규칙

대부분의 제주 사람들은 실제 언어생활에서 한 가지 방언만을 사용하는 것이 아니라, 구체적인 상황에 따라 두 방언을 상호 교체적으로 선택하고 있는데, 이것은 특정 방언의 선택에 다양한 사회적 또는 사회 맥락적 요인이 작용함을 의미하는 것이다. 따라서 제주사회 내에서 나타나는 구체적 말사례(speech event)의 분석을 통해서, 특정 방언의 선택을 제약하는 사회 맥락적 요인을 밝히는 작업이 필요하게 된다. 이러한 분석은 "언어 사용의 사회적 적절성에 초점을 맞춘 의사소통 능력의 연구"(왕한석 1987: 24)로 정의내려지는 말하기의 민족지학에서의 이론적 목표와 일치하는 것이다. 본 절에서는 제주사회 내에서 두 방언의 선택에 영향을 미치는 다양한 사회적 요인들을 그것의 상대적 중요성에 따라 기술하도록 하겠다.

1) 지역 정체성: '육지' 대 '제주'

두 방언 사용에 있어서 가장 우선적인 원칙은 상대방의 지역정체성에 따른 방언의 선택이다. 즉 상대의 출신 지역에 따라서 "육지사람에게는 표준말을 쓰고 제주사람에게는 제주말을 하는" 것이다. 다음은 관광 가이드가 상대방의 정체성에 따라서 자신의 언어를 어떻게 수정하고 있는지를 보여주는 사례이다.[6]

〈사례 1〉

-물리적 환경: 이틀 코스로 짜여진 제주도 관광 마지막 날, 농장의 휴게실 안
-사회적 장면: 제주도 관광 도중 농장에서 관광 안내원이 관광객 1명 및 농장 주인 등과 함께 휴게실에서 쉬면서, 당시 제주도 내를 떠들썩하게 했던 학생 납치사건에 대해 이야기하고 있는 중이다.
-참여자: A(관광 가이드, 30+, 여, 제주), B(관광객, 60+, 남, 육지),
C(농장 주인, 40+, 남, 제주)
*이때 A와 C는 서로 잘 알고 있는 사이이며, B는 관광객으로서 육지 출신이다.

A: [C를 쳐다보며] **가이 죽었으면 어떵할 거니. 어멍 아방 얼마나 애탐시게.** (그 아이 죽었으면 어떡해. 엄마 아빠가 얼마나 애가 탈까.)
B: 죽이지는 말았어야 하는데, 인물도 잘 생겼드라구, 사진 보니까.
A: [B를 쳐다보며] 죽은 걸로 봐야죠.
C: [A를 쳐다보며] **게난, 아방이 얘기하는 건, 경찰하고 언론이 자기네 아들을 죽였댄 하는 거지.** (그러니까 아버지가 말하는 건 경찰하고 언론이 아들을 죽였다고 하는 거지.)
A: [C에게] **조용히, 떠들지 말고 경 처리했으면 살았을 거라.** (조용히 떠들지 말고 그렇게 처리했으면 살았을 거야.)
B: [고개를 끄덕이며] 살았을 거야.
A: [B에게] 그렇게 했다면 살았죠.

위의 사례를 통해 동일한 언어상황 내에서 청자(addressee)의 지역 정체성에 따라 화자가 사용 방언을 적절히 조정하고 있음을 알 수 있다. 이처럼 상대방의

6) 앞으로 제시할 다양한 말사례에서, 제주말은 **볼드**체로, 표준말은 명조체를 사용하여 표기하며, 전환(switching)이 일어난 부분은 기호 *로 표시하거나 여러 번 전환이 일어난 경우에는 일련번호로 표시하기로 하겠다. 또한 말사례가 일어났던 실제적 상황은 물리적 환경(setting)과 사회적 장면(scene)으로 나누어 기술할 것이고, 각 장면에서의 참여자들에 대해서는 개인의 연령(숫자 뒤 +기호는 대를 의미한다), 성, 출신지역 등과 함께, 말상황에서 작용하는 참여자들 간의 역할관계를 제시하겠다. 대화 중 ( )표시로 나타나는 부분은 제주말을 표준말로 옮긴 것이다. 한편 실제적인 대화의 이해에 있어서는 말의 강세(accent)나 억양(intonation) 등이 중요한 역할을 하고 있으므로 이것을 말사례에 표시해 주어야 하지만, 본 연구의 범위를 넘어서는 것이므로 여기서는 다루지 않기로 하겠다. 다만 말사례를 해석하는 데서 보다 정확한 맥락적 단서(contextualization cue)를 제공하기 위하여 몸짓, 표정, 목소리의 크기, 억양 등에 대한 개략적 설명을 [ ]로 표시하여 제시하도록 하겠다.

정체성에 따라 언어선택이 쉽게 일어나는 것은 이미 그것에 대한 정보를 잘 알고 있는 경우이다. 〈사례 1〉에서 관광 가이드 A는 관광객 B가 육지사람이며, 이미 잘 알던 농장 주인인 C는 제주사람이라는 사실을 분명하게 알고 있었기 때문에, 청자에 따라서 손쉽게 두 방언 간의 선택을 할 수 있었던 것이다.

그러나 상대방의 정체성을 잘 모르는 경우에는 방언 선택의 조정 과정이 일어나게 되는데, 이때 상대방이 사용하고 있는 말 자체가 중요한 단서로 작용한다. 즉 상대가 사용하는 방언 자체가 그 사람의 출신을 알려주는 단서가 되는 것이다. 특히 제주말의 경우, 제주말 사용과 화자의 정체성은 직접적으로 연결된다. 일반적으로 제주 사람들은, 제주말은 "육지사람이 아무리 흉내를 내려고 해도 할 수 없는" 독특한 말로 인식하고 있으므로, 이에 따라 '제주말 사용'은 곧 상대방이 '제주인'임을 나타낸다고 생각하는 것이다. 다음은 상대방의 겉모습만 보고 그 사람이 육지출신인 줄 알았다가, 제주말을 사용하는 것을 보고 제주인임을 알게 되는 사례이다.

〈사례 2〉
-물리적 환경: 상점 안
-사회적 환경: 물건을 구입한 후 주인과 손님의 대화
-참여자: A(주인, 40+, 남), B(손님, 40+, 여)
*이때 A와 B는 처음 만난 사이로서 서로의 출신을 모른다.

[B가 물건 값을 제주말로 흥정하고 난 후]

A: **아지망은 우리나라 사람 안 닮은 거 같은데….** (아주머니는 '우리나라 사람(제주인)' 같지 않은데….)

B: **제주사람, 나도.**

A: **게난 마씸. 말 잘햄서 마씸.** (글쎄 말입니다, 말을 잘해가지고요.)

B: **제주 사람이 제주말을 못해여?** (제주사람이 제주말을 못하겠어요?)

A: **아, 게난, 난 저디 저쪽 물 건너 나라 사람인줄 알아신디….** (아, 글쎄, 난 저기 저쪽 '물 건너 나라 사람(육지인)'인줄 알았는데….)

B: **아니, 나 완전 토백이 제주우다.** (제주 토박이입니다.)

이와 같이 상대방의 정체성에 따른 방언 선택은 상대방이 사용하는 말(방언)에 따른 선택이므로, "상대방이 표준말을 쓰면 표준말로 대답하고, 제주말을 쓰면 제주말로 대답"하는 규칙이 성립되는 것이다.

한편 "상대방이 육지사람인지, 제주 사람인지 모를 경우, 무턱대고 제주말을 사용하는 것은 결례"라고 흔히 말하듯이, 상대방과의 안면이 전혀 없는 낯선 경우에는 표준말 사용이 예의의 차원에서 바람직한 것으로 생각된다. 따라서 전혀 안면이 없는 두 제주인이 처음 만났을 경우, 처음에는 표준말을 사용하다가 점차로 제주말 사용으로 나아가는 것이 자연스러운 언어적 상호작용의 흐름이라고 여겨진다.

〈사례 3〉
-물리적 환경: 제주도청 민원실
-사회적 장면: 한 민원인이 도청 직원에게 문의하는 장면
-참여자: A(민원인, 40+, 남, 제주), B(직원, 40+, 남, 제주)
*이때 A와 B는 초면으로 서로의 출신지역을 전혀 모르는 상태이다.

[A가 문으로 들어와 두리번거리다가 창구에 앉아 있는 B에게 다가온다]
A: 안녕하십니까? 지하수 등록하는 것은 어디로 가야 합니까?
B: [A의 말을 잘 알아듣지 못하고 다시 묻는다] 예? 어떻게 오셨습니까?
*A: **저, 지하수 등록하는 거 얼루 가야 되카 마씨?** (지하수 등록하는 것은 어디로 가야 됩니까?)
*B: **지하수 마씨?** (지하수 말씀입니까?)
A: 예, 신문에 공고 나 있어가지고…
B: **저기 동관예, 3층 농어촌 과로 가십서. 3층 올라강예**(3층 올라가서요).

〈사례 3〉에서 A와 B는 초면으로 서로의 출신지를 모르지만, A는 방언 전환의 뚜렷한 동기 없이도 표준말에서 제주말로 자연스럽게 방언 선택을 변경시키고 있으며, B도 동일한 방향으로 대화를 진행시키고 있음이 발견된다. 이러한 대화 형식은 가장 빈번하게 관찰되는 것으로서, 서로 표준말에서 시작하여, 한쪽에서 제주말을 사용하기 시작하면 다른 쪽에서도 제주말로 호응을 해주는 것이 자연스러운 대화의 진행과정이 된다. 그러나 이러한 호응이 일어나지 않는 경우에는 방언 선택을 여러 번 수정하는 과정을 겪게 된다.

〈사례 4〉

-물리적 환경: 자동차 보험 영업소 사무실

-사회적 장면: 영업소장인 A와 교통사고를 낸 보험 의뢰인 B가 교통사고의 상황을 보고하는 서류를 작성하고 있다.

-참여자: A(영업소장, 30+, 남, 제주), B(고객, 40+, 여, 출신은 모름)

*이때 A와 B는 전혀 안면이 없는 상태이다.

[A와 B는 책상 앞에 나란히 앉아 서류를 펴놓고 있다]

A: 언제 사고가 났습니까?

B: 어제 1시.

A: 어제 1시면, 16일 01시로 적으셔야 됩니다.

①B: [A의 말에 따라 서류를 작성하다가] 여기엔 그냥 5·16 도로라고 하면 됩니까?

②A: **어디에서 어디였수가?**

B: 성관악에서 서귀포까지.

A: **아, 그러니까, 제주시에서 오는 방향이지예? 제주시에서 서귀포 방향으로 오다가예? 그 위치가 정확하게 어디라고 했수가?**

③B: 나무터널… [한참을 생각한다] 통과했는지 안했는지 모르겠네. 아빠한테 전화해 봐야겠네. [책상 옆의 전화를 가리키며] 이거 써도 되죠? [전화한다] 여보세요. 난데요, 우리 그, 나무터널 지나서에요? 거기가… 알았어요. [전화를 끊고 A에게] 나무숲 지나서 왔다는데요.

④A: 나무숲 지나서 오래 있다가 사고 났어요? 아니면 지나자마자? [B가 생각나지 않는다는 듯 웃는다] 그러니까, 거기 가 보면은 큰 커브 있잖아요. 중앙 분리대 있는 데, 화분 있는 데요.

여기에서 A는 B의 출신을 모르고 있으므로 끊임없이 자신의 언어 사용을 수정하고 있다. A는 B에게 처음에는 표준말을 사용하다가 ②부분에서 갑자기 제주말을 선택하고 있는데, 이것은 제주 사람들의 일반적인 인식—"제주사람이 표준말을 쓴다고 하더라도 제주 사람 고유의 발음이나 억양에서의 특징 때문에 제주 출신임을 알 수 있다."—과 관련된다. 즉 ①에서 B의 억양이 '제주사람이 표준말을 했을 때의 억양'과 유사했기 때문에, A는 B의 억양으로 B가 제주사람일 것이라고 짐작, '제주인에게는 제주말'이라는 원칙하에 ②에서는 제주말을 선택한 것이다.

그러나 이러한 제주말 선택이 잘못된 것임을 알 수 있게 해주는 부분이 ③부분이다. B는 A가 제주말을 쓰는 데도 계속해서 표준말을 사용하고 있었으며, 심지어는 자신의 남편에게까지 '서울 말씨'로 이야기하고 있는 것이다. 이것을 통해 A는 B가 제주사람이 아니라는 사실을 알게 되고, 이후 ④부분부터는 다시 표준말을 선택하게 된다.

한편 상대방의 정체성에 따른 방언 선택의 수정은 심지어 말단계(speech level)의 수정을 동반하기도 한다. 다음은 연구자가 현지조사 과정에서 겪었던 한 사례이다.

〈사례 5〉
-물리적 환경: 도청민원실
-사회적 장면: 연구자가 민원실에서 참여관찰하는 첫날, 연구자를 소개받은 민원실 여직원 A와 연구자가 대화를 나누는 장면
-참여자: A(직원, 30+, 제주), B(연구자, 20+, 서울)
*이때 A와 B는 초면이며, A는 B가 민원실에 자료수집차 2주간 머무를 것이라는 사실만 알고 있다.

A: **고등학교는 어디 나완?**
B: 진선여고 나왔어요.
A: **신성여고**[7]**라?**
B: '신성여고'가 아니라 진선여고요.
A: **진선여고가 어디? 그런 학교도 이서**(있어)?
B: 저기 서울 역삼동 있는데 거기….
①A: [놀란 표정으로] **그럼 집이 제주도 아니?**
B: 예. 서울이에요.
②A: 서울? [웃음] 그럼 제주도 말 못 알아먹겠네, 어떻게 여기까지? 그럼 실수했네, 반말하면 안 되겠네. 미안해요. 제주도는 하도 좁아가지고, 거의 아니까, 거의 누구 후배 이러니까, 미안해요. [민망한 듯 웃는다]
B: 아니에요, 그냥 반말하세요. 한참 어린데요, 뭘….
C: 안 되지, 반말하면. 미안해요. 난 제주돈 줄만 알고.

여기에서 화자 A는, 연구자가 제주도 사람인 줄 알았던 ①부분까지는 제주말을

7) 제주시내에 있는 고등학교 이름

사용하고 있으며. 연구자가 제주인임이 아님을 확인한 후 ②부분부터는 표준말을 사용하고 있다. 이러한 방언 간의 전환은 상대방의 정체성에 따른 방언 선택의 원칙에 따른 것이다.

그런데 더욱 특이한 것은 상대방의 정체성에 따라서 방언 선택이 수정되었을 뿐만 아니라, 말단계(speech level)의 변화가 나타난다는 점이다. A는 상대방이 제주인인 줄 알았던 ①부분까지는 제주 낮춤말인 'ᄒᆞ라'체를 사용하고 있으나, ②부분부터는 표준말의 '해요'체를 사용하고 있다. 여기서 '제주인'이라는 정체성은 언어적 상호작용에서 상대방과의 연령 차이에 의한 자연스러운 말단계의 선택으로 이어지고 있음을 알 수 있다. 이러한 말 행위의 특성은 제주사회가 아직도 '제주인은 모두 친척'이라는 강한 유대감에 바탕한 '소규모 면식 사회'로서의 특징을 지니고 있음을 반영한다.

> "서울사람들은 팔도에서 모인 사람이니까 서로 존칭어를 많이 사용하는 것 같다. 그러나 여기(제주도)는 좁으니까 모르는 사람이라도 만나서 얘기하다 보면 선후배 또는 친구 등으로 어느 쪽으로든 연관이 된다. 그래서 손아래 사람에게는 존칭어를 잘 붙이지 않는다. 모르지만 어떻게든 연관이 되니까 상대방이 한 살이라도 어리면 편안하게 말을 놓는다."(29세, 남)

또한 이러한 '소규모 면식 사회'로서의 성격으로 인해서 제주사람들끼리의 표준말 사용 범위는 극히 제한된다. 일반적으로 "제주 사람들은 서로 잘 알고 있다"고 인식되고 있으므로, "뻔히 제주사람이라는 것을 알면서" 표준말을 쓰는 것은 부정적으로 평가되고는 한다. 따라서 '육지'와 '제주'라는 지역 정체성에 따른 방언 선택은 언어사용에서의 가장 우선적인 규칙이 되며, 이에 따라 일상적인 제주 사람들의 상호작용은 대부분 제주말로 이루어진다.

2) 상황: 공식 대 비공식

다음으로 적용되는 두 방언 사용의 규칙은 '공식적 상황에서는 표준말을 사용한다'라는 말상황(speech situation)의 공식성 또는 격식성(formality)에 따른 언어 선택이다. 따라서 상대방의 지역 정체성에 의한 첫 번째 언어 사용 원칙은 상황에 따라서 달라지기도 하는 것이다.

제주사회 내에서 '공식적 상황에서의 말하기'란 극히 한정되어, '강의', '수업 중 대답하기', '발표', '회의' 등 '전체 앞에서의 말하기'라는 형식을 취할 때이다. 특히 일대다 구조의 말하기—즉 청자가 개인 청자가 아닌 집합적인 청중(audience)이 될 때—가 대표적으로, 이러한 상황이 흔히 "공식적인 자리"라고 정의되며 이러한 장면에서는 표준말 사용이 당연시된다.

다음 사례는 공식적 상황인 '수업시간'과 비공식적 상황인 '노는 시간'에서의 방언 선택의 차이를 보여주는 사례로서, 여기에서의 언어 선택의 차이는 각 상황 내에서의 활동(activity), 화제(topic) 등이 달라지기 때문이라고 설명할 수 있겠다.

〈사례 6〉
상황 ①
-물리적 환경: 일요일 아침, 교회의 일요 성경 학교, 교회 안의 교실
-사회적 장면: 예배를 마친 후, 성경 학교에서 초등부 학생들이 성경 공부를 하는 장면
-참여자: A(교사, 20+, 여, 제주), B(국교 1년, 남, 제주), C(국교 1년, 남, 제주), 그 외 학생들 5명 정도

A: …그런데, 하나님께서 에덴 동산에 있는 것 중 선악과 나무는… [말끝을 올리며, 학생들의 대답을 유도한다].
B: [머뭇거리며] 먹으면 안 되는데….
C: [큰소리로] 먹으면 죽는다고 그랬어요.
A: 네, 안 된다고 그랬어요.
B: [큰소리로] 죄가 되어서요.

상황 ②
-물리적 환경: 교회 마당
-사회적 장면: 일요 성경학교에서의 수업을 마친 후, 아이들끼리 장난을 치면서

논다.
-참여자: B(상황 ①과 동일), C(상황 ①과 동일), 그 외 학생들 2~3명

[한 아이가 뛰어 와서 B의 가방을 빼앗아 달아난다.]
B: [큰 소리로 고함을 치며] **가방 뺏안. 내 가방 뺏안.** [가방을 빼앗은 아이 뒤를 좇는다]
C: [B를 부르며] **야! 영수 저기 나완. 야! 영수 나완, 국수 먹으러 가멘.**

그러나 동일한 화제라고 하더라도 상황의 변화에 따라서 상이한 방언으로 말하는 경우도 많다. 다음 〈사례 7〉은 동일 화제를 상황별로 다른 방언을 선택하여 표현하고 있는 경우이다. 특히 다음 사례는 일반적인 제주 사람들의 두 방언에 대한 평가—"표준말은 격식적이며, 딱딱하며, 진지하고," "제주말은 격의 없고, 친근감 있고, 장난스럽다"—와 방언 선택의 상황별 변이가 연결되는 것임을 잘 보여준다.

〈사례 7〉
상황 ①
-물리적 환경: 학술회의장 안
-사회적 장면: 학술회의의 사회자(A, 40+, 남, 제주)가 청중들에게 제1부가 끝났음을 알리고, 회비를 납부할 것을 부탁한다.

A: 점심을 드시고, 2부는 1시 30분부터 이 자리에서 다시 갖겠습니다. 이어서 공지사항을 알려 드리겠습니다. 우리 회원 여러분께 간곡히 드리는 말씀은 회비를 꼭 납부해 주십사하는 부탁입니다. [이하 표준말로 진행]

상황 ②
-물리적 환경: 점심식사 후 회의장 밖의 등록대 앞
-사회적 장면: 회의 참여자들이 점심을 먹고 2부 순서를 기다리고 있는데 이때 사회자였던 A가 다른 회의 참여자 B에게 회비를 낼 것을 부탁한다.
-참여자: A(상황 ①과 동일), B(회의 참여자, 40+, 남, 제주)

A: **선생님, 회비 냇수가?**
B: [장난스러운 표정으로] **나? 나 회비 내여신가**(냈나)**?** [사람들 웃음]
A: **내봅서게.** [웃음]

B: [천연덕스럽게] **나 돈 엇다게**(돈 없어). [웃음]

위의 사례에서 보면 상황 ①은 공식적 상황으로서 화자 A는 표준말을 사용하여 회비를 낼 것을 알리고 있지만, 상황이 비공식적으로 변하여 상황 ②가 되자 제주말을 사용하여 말하고 있음이 발견된다. 또한 상황 ①과 ②가 모두 같은 화제(topic)이지만, 상황 ①의 경우에는 격식적이고 진지하게, 상황 ②의 경우에는 비격식적이며 장난스럽게 표현되고 있음을 알 수 있다.

한편 같은 공식적 상황 내에 있더라도, 참여자들 간의 상황적 중심성에 따라서 상이한 방언 선택이 일어날 수 있다. 일반적으로 공식적 상황에서 중심(또는 초점)이 되는 화자는 표준말 사용을, 그렇지 않은 경우에는 그대로 제주말 사용을 보인다. 특히 청자가 집합적 청중이 되는 일대다 구조에서의 화자와 "사적으로 이야기하는" 일대일 구조에서의 화자는 상이한 언어선택을 보인다.

〈사례 8〉
-물리적 환경: 절의 대웅전
-사회적 장면: 주지승이 49제를 지내러 온 상주의 친척, 친지들(약 50명 정도) 앞에서 법문을 한다.
-참여자: 주지승(60+, 남, 제주), 청중 A(40+, 여, 제주), 청중 B(50+, 여, 제주)
*이때 청중 A와 B는 서로 친척으로, 주지승이 마이크를 통해 법문을 하는 불상 앞의 단상에서는 조금 멀리 떨어진 대웅전의 문 쪽에 앉아 있다.

주지: …이번에 올림픽에서 금메달을 딴 황영조 어머니가 테레비에 나와서 애기를 하는데, 황영조가 바르셀로나 거기 울림픽에 출전한 그 시간에, 어머니는 강원도 산중에 있는 영은사라는 절에 가가지고 그냥 무릎이 까지고 이마가 깨지도록 정성만을 들였답니다….
[법문은 계속되나, 법문을 듣고 있던 두 아주머니가 서로 말한다]
A: **그 여자 제주사람이우다.**
B: **누게가**(누가)?
A: **그 바르셀로나에서 금메달 딴 황영조 어멍이 제주사람이우다. 지네 아방은 육지사람이고이, 그 여자가 육지에 강, 그 집 아방이 며느리 삼으켄 해가지고…**
B: **기**(그래)?

여기에서 동일한 공식적 환경 및 상황에의 참여자라고 하더라도, 전체를 대상으로 이야기하는 화자는 표준말을 사용하지만, (말상황에서 중심이 되지 않는) 개별 청중들 간의 일대일 대화는 비공식적 상황으로 인지되어 진행된다는 사실을 알 수 있다. 이러한 언어 사용은 심지어 청중 중 한 명이 "전체 대상의 전달자"에게 말을 할 경우에도 마찬가지로 적용된다. 특히 공식성의 정도가 다소 약할 때 이러한 말사용이 나타난다.

〈사례 9〉
-물리적 환경: 아파트 단지 내 관리사무소 안
-사회적 장면: 아파트 단지 내 부녀회모임에서 아파트 관리사무소장이 청중들(약 20명) 앞에서 공지사항을 알린다.
-참여자: A(관리 사무소장, 40+, 남, 제주), B(부녀회원, 30+, 여, 제주)

A: 아니, 쓰레기통 폐쇄 날짜는 정확하게 나오지 않았는데, 우리가 3차에 걸쳐서 방송을 할 겁니다. 3차 방송할 때 그때 우리가 날짜를 정할 겁니다. 우리가 하루에 다할 수는 없으니까 일주일간 돌면서 폐쇄를 시킬 겁니다.
B: **그건 그거고예. 저 베란다 앞에 쇠 있지예? 그게 다 삭아가지고, 우리 같은 5층 같은 경우는 밑에 샤시를 해가지고 잠그게끔 했는데예, 거기 애가 빠져 마씨**(애가 빠져요).
A: 아, 삭아갖구요? 아 그런 경우에는요. 그거는요. 조사를 해갖구…
B: **그것도예, 한두 군데가 아니라 갖구예, 다 어서진 상태가 세 군데 되구예**(없어진 상태가 세 군데 되구요), **거의가 삭았어 마씨**(거의 삭았어요).

〈사례 9〉의 상황은 앞서 〈사례 7〉의 '학술 발표회'에서와 같이 공식성이 강한 상황은 아니다. 참여자들은 이웃주민들로 구성되었으며, '관리소장'이라고 해도 이미 잘 알고 있는 상태이므로, 형식성의 지배가 그리 크지 않은 상황이라는 것을 알 수 있다. 다만, 화자 A는 "아파트 측"을 대표해 주민들 전체에게 공지사항을 보고하는 입장이므로 표준말을 선택한 것이고, 같은 상황이라고 해도 B는 청중 전체를 대상으로 말했다기보다는 이전부터 잘 알고 있던 A에게 개인적으로 말하고 있는 형식을 취하고 있으므로 제주말을 선택하고 있는 것이다.

이러한 언어 선택은 물리적으로는 동일한 환경일지라도 참여자의 주관적 또는 심리적 판단에 따라 사회적 상황의 공식성 여부가 다르게 판단되어 언어 사용에 영향을 미치는 경우를 보여준다. 즉 참여자가 인지하는 주관적인 상황의 차이에 따라서 공식적 상황으로 인지하는 경우에는 표준말을, 비공식적 상황으로 인지하는 경우에는 제주말을 선택하는 것이다.

3) 사회적 거리: 친밀도

한편 말하기의 상황이 비공식적일 때에는 상대방과의 사회적 거리(social distance)에 따라서 상이한 방언을 선택한다. 즉 표준말이 강제되지 않는 비공식적인 상황이라고 하더라도, 참여자 간의 친밀도의 정도에 따라서 상이한 방언을 선택하게 되는 것이다.

앞서 살핀 바와 같이 제주말은 1차집단 내에서 자연스럽게 습득된 '친근한' 말, '편안한' 말이므로, "친할수록 제주말"이라는 원칙이 성립된다. 또한 표준말은 공식교육을 통해 2차적으로 습득한 '격식적'인 말이므로, "관계가 멀수록 표준말"이라는 원칙도 성립된다. 그래서 많은 제보자들이 "처음에 만나서는 표준말로 이야기하다가 어느 정도 이야기를 나누면서 점차로 제주말을 하게 되고, 나중에는 제주말로 인사하고 헤어진다"고 말하고 있는데, 이것은 친밀도의 증가에 따른 언어 선택의 변화를 가리키는 것이다.

〈사례 10〉

-물리적 환경: 한여름의 오후, 서귀포 시내의 번화가에 있는 한 상점 안

-사회적 장면: 점심식사 후, 평소 상점의 점원 B와 잘 알고 지내던 A가 방문했다.

-참여자: A(20+, 남, 제주), B(점원, 20+, 여, 제주), C(점원, 20+, 여, 제주)

*여기서 점원 B는 오래전부터 있던 점원이며, 점원 C는 새로 온 점원이다. 화자 A는 B와는 잘 아는 사이이지만, C와는 안면만 있고 별로 친하지 않다.

[상점 안으로 A가 들어선다. 이때 상점 안에는 B만 있고, C는 다른 곳에 가 있다. A는 새로 온 점원인 C에 대해서 이야기한다.]

A: **어제 놀앙, 게난 '목마' 갔다 왔주게. 그런데 C도 친구하고 가그네 걸음도**

하튼 짝짝, 쪼글락 해가지고이(조그마한 것이).

[이때 C가 수박을 담은 접시를 들고 등장한다 : C를 향하여] 아이고 실수. 아무 말도 안했습니다. [B를 원망스럽다는 표정으로 쳐다보며] **있으면 있다고 ㄱ르지**(말하지).

C: [접시를 A 앞에 놓으며] 수박 드세요.

A: [C가 긴팔 옷을 입은 것을 보고, C에게] 안 덥습니까? 안 더워요? 아, 긴팔을 입고, 날도 더운데.

B: [A를 팔꿈치로 찌르며] **내비서게**(상관하지 마세요). **수박이나 먹읍서.**

A: [C에게] 그때 '목마' 갔었죠? 친구랑 같이 왔었죠? 나 거기서 본 것 같은데.

B: [C에게] **아니, 너 '목마' 갔다 왔냐, 어저께?**

C: [B에게] **며칠 되신게.** (며칠 됐는데.)

〈사례 10〉에서 보면, A, B, C는 상대방과의 사회적 거리의 원근에 따라서 상이한 방언을 선택하고 있다. B는 A와 C 모두와 친밀한 사이이므로 제주말을 계속해서 사용했고, A는 친밀한 관계인 B와는 제주말을, 아직 친밀한 관계가 형성되지 않은 C와는 표준말을 쓰고 있으며, C도 마찬가지로 B에게는 제주말, A에게는 표준말을 선택했다.

한편 이러한 '사회적 거리'라는 요인을 좀 더 조작적으로 세분화하면, '객관적' 거리와 '주관적' 거리로 구분할 수 있을 것이다. 여기서 객관적 거리란, 참여자들의 개인적 특질(individual traits)—출신지, 직위, 성별, 나이 등—의 차이에 따른 사회적 거리를 가리키는 것이라면, 주관적 거리란, 참여자들 간의 심리적, 감정적 친소관계에 따른 친밀도(intimacy)를 가리키는 것이라고 정의내릴 수 있겠다.[8] 따라서 이러한 조작적 정의에 따르면, 제주사회에서 두 방언 사용에 작용하는 '사회적 거리'의 차이는 주로 엄밀한 의미에서의 주관적 심리적 거리 즉 '친밀도의 정도'에 해당한다. 다음 〈사례 11〉의 상황 ①과 ②는 동일 화자가 각 상황에서의

8) 개인 간에 작용하는 사회적 관계를 수직적 사회관계인 권력 또는 지위관계(power-status)와 수평적 사회관계인 연대 또는 친밀관계(solidarity-intimacy)로 나누어 제시하면서(Brown & Gilman 1960; Brown & Ford 1964 참조), Brown & Gilman은 연대(solidarity)관계는 ①특정의 개인적 특질-정치적 소속, 가족, 종교, 직업, 성, 출신지역-에 의한 "객관적 유사성(objective similarities)"과 ②잦은 접촉에 의한 "동지성(like-mindness)의 형성"으로 이루어져 있음을 설명한 바 있다(Brown & Gilman 1960: 258).

청자들과의 심리적 원근에 따라 상이한 방언을 선택하고 있음을 보여준다.

〈사례 11〉
상황 ①
-물리적 환경: 한낮의 길가
-사회적 장면: 이전에 살았던 동네의 이웃들이 우연히 만나 서로 인사한다.
-참여자: A(여, 40+, 주부, 제주), B(남, 50+, 공무원, 제주)
*이때 A와 B는 이전에 이웃에 살았던 사람들이며, 특히 A는 B의 부인과 친하여 평소 왕래가 빈번했던 사이이다.

B: [길을 가는 A를 보고 : 반가운 목소리로] **오랫만이우다. 아니, 민우엄마, 호끔 늙읍서**(조금 늙으세요). **아가씬 줄 알안예**(아가씬 줄 알았어요).
A: [웃으며] **어떰 지내셤수가**(어떻게 지내세요)? **어떵 지금 여기 나오셨수가**(어떻게 지금 여기 나오셨어요)?
B: **지금 시간이 한걸하거든**(지금이 한가하거든).

상황 ②
-물리적 환경: 직장의 사무실 복도
-사회적 장면: A의 남편 사무실 근처에서 A가 우연히 남편의 동료인 C를 만난다.
-참여자: A(상황 ①과 동일), C(남, 50+, 공무원, 제주)
*C는 A의 남편과 직장동료로서, A와는 평소에 인사 정도 하는 관계이다.

A: [지나가던 C를 보고 : 정중하게] 안녕하십니까?
C: 어이구, 안녕하십니까? 어떻게…. 아니 학부형이라도 미스코리아십니다.
A: [쑥스럽다는 듯이] 어이 감사합니다. 어휴 여전하십니다.

〈사례 11〉에서 화자 A는 상황 ①, ②에서 상이한 방언을 선택하고 있음이 발견된다. 이때 A는 참여자 B, C가 모두 제주사람임을 잘 알고 있으며, 상황 ①, ②는 모두 비공식적인 상황이라고 할 수 있다. 또한 B와 C의 객관적인 속성—사회적 지위, 성별, 나이—등을 비교해 보았을 때, 두 사람은 모두 동등한 자질을 지니고 있으므로, A와의 관계에 있어서 B와 C는 '객관적 거리'에 있어서는 동일하다고 말할 수 있다. 따라서 방언 선택에서의 상황별 변이는 참여자들 간의 '심리적 거리' 즉 '친밀도'의 차이에 따른 것임을 알 수 있다. 친밀도가 높은 A와 B의 상호작용에서는 제주말이 사용되고, 친밀도가 낮은 A와 C는 표준말을 사용하여 상호 격식적인 상호작용을 하고 있는 것이다.

참여자들 간의 친밀도가 높은 경우 상대방과의 '객관적 거리'는 종종 무시되기도 한다. 우선 상대방과의 지역정체성에 의한 객관적 거리가 친밀도에 따라 무시되는 경우를 살펴보도록 하겠다. 앞서 지역 정체성에 의한 방언 선택을 살핀 바 있는데, 친밀도가 큰 경우에는 상대가 육지 출신이라고 하더라도 제주말을 사용하는 것이 일반적이다. 정체성이 중요시되다가도 일단 친밀한 관계가 형성되고 나면 그 이후에는 별로 중요시되지 않는 것이다.

〈사례 12〉
-물리적 환경: 호텔 커피숍
-사회적 장면: 부산에 있는 계열사 직원들이 여름휴가를 받아 제주도로 여행을 왔다. 제주지사의 직원들이 관광 안내를 하다가 커피숍에서 커피를 마시며 잡담을 나눈다.
-참여자: A(제주지사 직원, 20+, 여, 제주), B(제주지사 직원, 30+, 남, 부산), C(부산지사 직원, 20+, 여, 부산)
*A와 B는 서로 친하고, B와 C는 서로 안면이 있지만, A와 C는 초면인 상태이다.

A: [C에게] 나중에 신혼 여행 와가지고 렌트해가지고 안 가본 데 가보고 그러세요.
B: 이런 데서 커피도 마시고, 스쿠버 다이빙도 한 번 하고….
C: 스쿠버도 하세요?
A: [B에게] **그런데, 나예, 스쿠버 한댄 하니까**(한다고 하니까) **산소통이 나만해. 스쿠버 안 한 가장 큰 이유가 그거.**
B: 무슨 소리 해쌌노? 경석이 동생도 하는데. 갸는 통을 못 매가지고, 자기 혼자 들지 못 하고, 남이 들고 바다에 넣어줘야 된다니까. 그래도 바다에 들어가면 인어다, 인어.

여기서 A는 B에게는 제주말, C에게는 표준말을 선택하여 이야기하고 있다. 이때 B와 C가 모두 육지사람이라는 것을 생각하면, A는 상대방의 지역정체성에 의

한 언어선택의 규칙을 C에게만 적용하고 있음을 알 수 있다. 즉, A와 B는 같은 회사의 동료로서 그 친밀도가 상대적으로 높으므로, B가 육지 출신이라는 사실이 무시되고 있는 것이다.

또한 직장 내에서와 같이 참여자들 간의 지위 차이가 보다 명확히 규정된 상황에서는, 상대방과의 지위나 직급의 차이에 의한 '수직적 사회관계'와 친밀도에 의한 '수평적 사회관계'(Brown & Ford 1964 참조)가 공존하게 되는데, 이때에도 방언 선택에 있어서는 '수평적 사회관계'로서의 친밀도가 우선적으로 작용한다.

〈사례 13〉

-물리적 환경: 일요일 오후, 회사 건물 앞

-사회적 장면: 일요일에 직장에 나온 직장동료 A와 B가 서로 이야기를 나누는 장면이다.

-참여자: A(50+, 남), B(40+, 남), C(50+, 남, B의 직속상관)

*이때 A와 B는 서로 다른 과에 근무하는 직원이지만 친밀도가 높고, C는 B의 직속상관으로서 B와는 친밀도가 높지만, A와는 친밀도가 낮다.

A: [건물의 현관으로 들어가려다가 B를 만난다] **무사 왔어**(왜 왔어)? **일요일날. 까만히 집이서 애들이랑 수박이나 까먹고**(가만히 애들이랑 수박이나 먹지)….

B: **무사 오셨수가**(왜 오셨습니까)? **어디에 오셨수가**(어디에 오셨습니까)?

A: **아 누구, 병철이 만나젠**(만나려고)….

[이때 B의 직속상관인 C가 등장한다]

A: [C를 향하여] 아이구, 왜 출근하셨습니까?

C: A계장은 왜 나왔습니까?

A: 나야 뭐, 누구 만날 사람이 있어서….

C: [B에게] **나 담당구역 좀 돌앙 옵주**(담당구역 좀 돌아서 오겠소). **자, 담당구역 좀 방 옵주**(보고 올게요).

B: [C에게] **경헙서**(그렇게 하십시오).

〈사례 13〉에서 참여자들 간의 관계를 살펴보면 참여자 A와 B의 사이에는 적어도 방언 선택에서 수평적 거리만이 작용하고, C와의 관계에 있어서는 수직적 거리도 함께 작용하고 있음을 알 수 있다. 여기에서 A는 B에게는 제주말을 C에게는 표준말을 사용하고 있고, B의 경우는 A, C 모두에게 제주말을, C의 경우에는 A에게는 표준말, B에게는 제주말을 사용하고 있음을 발견할 수 있다. 즉 A와 C는 친밀도가 낮으므로 표준말을 선택하고 있는 것이고, B와 C는 같은 과의 직속상관과 부하직원이므로 친밀도가 높으므로, 제주말을 사용하고 있는 것이다. 이처럼 제주사회에서는, 친밀도가 높은 참여자들 간에는 '지위 관계'가 분명하게 나타나고 강조되는 환경에서도 방언 선택에 있어서 상대적 지위 차이에 의한 수직적 거리는 무시될 수 있다.

지금까지의 기술을 통해서 "친할수록 제주말, 거리가 멀수록 표준말"이라는 언어 선택의 규칙이 있음을 살폈다. 그러나 여기에서 보다 확실하게 적용되는 것은 "친할수록 제주말"이라는 원칙에만 한정되며, "거리가 멀수록 표준말"이라는 원칙은 화자의 연령이 어리거나 젊은 여성일 때 보다 확실하게 적용된다. 이 경우 특히 '화자의 연령'이 중요하게 작용한다.

〈사례 14〉
-물리적 환경: 신제주에 있는 백화점 잡화코너
-사회적 장면: 백화점에 머리띠를 사러 나온 모녀 A와 B가 물건을 고르고 있다.
-참여자: A(B의 딸, 10+, 여), B(어머니, 40+, 여), C(판매원, 20+, 여)
*이때 A와 B는 모녀관계이며, C와는 모두 초면인 상태이다.

C: 이거 예쁠 텐데 해봐요. [A에게 머리띠를 해준다]
A: [머리띠가 너무 죄는 듯 얼굴을 찌푸린다 : B에게] **단단한 정도가 아니.** (단단한 정도가 아니야.) [C에게] 다른 건 없어요?
B: **다른 거 줘봅서.**
C: 늘어날 거에요. 그것 좀 늘리면 되는데.
[B는 A가 했던 머리띠를 손으로 늘린다]
A: [B를 놀란 표정으로 쳐다보며] **엄마, 나 마음 바뀌면 어떵허젠 경 막 늘리내** (엄마, 나 마음 바뀌면 어떡하려고 그렇게 늘려)?
B: **이거 사라게.** [C에게] **이거 얼마우꽈?**
C: 1500원이에요.

여기서 A와 C, B와 C는 모두 친밀도가 낮은 관계이다. 그러나 B의 경우에는 친밀도가 낮다고 하더라도 그대로 제주말을 사용하고, A의 경우에는 어머니인 B

에게는 제주말, 판매원인 C에게는 표준말을 사용하고 있다. 이처럼 어린 연령층으로 내려갈수록 '친하지 않을수록 표준말'이라는 원칙이 명확하게 나타나고, 화자의 연령이 높아질수록 친밀도에 의한 방언 선택의 차이는 그리 두드러지게 나타나지 않는다. 따라서 높은 연령층에서는 "친하든 안 친하든 제주사람이면 제주말을 쓴다", "공식적인 자리만 빼놓고 언제나 제주말을 쓴다"는 등 지역정체성과 상황에 의한 방언 선택이라는 두 가지 규칙만이 주된 언어사용 원칙으로 나타난다.

그러나 화자의 연령이 많다고 하더라도 "친할수록 제주말"이라는 원칙의 적용은 확실하므로, 화자의 연령에 따라서 고려해 보아야 할 것은 "멀수록 표준말"이라는 규칙에 한정된다. 그러므로 다음 항에서는 친밀도가 낮은 경우의 언어 사용을 살펴보도록 하겠다.

4) 사회적 지위

앞 항에서 상대방과의 친밀도가 높을수록 제주말을 선택한다는 원칙을 기술하면서, 또한 지위관계가 강조되는 상황에서는 친밀도에 의한 수평적 거리가 가까우면, 상대방과의 수직적 관계가 무시된다는 사실을 언급하였다. 그러나 상대방과의 친밀도가 낮은 경우, 이러한 수직적 관계는 중요한 요인으로 부각된다.

일반적으로 수직적 관계로서의 지위 또는 권력관계(status-power)는 ① 연령 차이(difference of age)와 ② 직업 지위의 차이(difference of occupational status)에 의해 형성되는 것으로 설명되는데(Brown & Ford 1964: 236),[9] 제주사회의 경우 표준말의 선택에는 연령 지위가 아닌 직위의 차이, 즉 좁은 의미에서의 사회적 지위의 차이만이 작용하며, 연령 지위의 차이는 제주말을 할 경우 말단계의 선택에서 작용하게 된다. 또한 앞에서 언급하였듯이 이러한 사회적 지위의 차이가 두 방언 선택에 영향을 미치는 경우는 참여자들 간의 친밀도가 낮을 때에만 한정된다는 점이 특징적이다.

9) 한국사회에서의 존댓말 사용에 작용하는 사회언어적 규칙(sociolinguistic rule)을 분석한 왕한석(1979)은 말단계의 선택에 작용하는 지위의 차이(status difference)가 친족관계에서의 항렬, 연령, 직업에서의 지위, 성별 등에서의 차이로 구성되고 있음을 제시한 바 있다.

〈사례 15〉

-물리적 환경: 병원 내의 진료실

-사회적 장면: 환자 A가 의사 B의 진료를 받고 있다.

-참여자: A(환자, 50+, 여, 제주), B(의사, 30+, 남, 제주), C(간호사, 20+, 제주)

*이때 A, B, C는 서로 제주출신이라는 것을 알고 있으며, 환자 A는 B, C 모두와 친밀도가 낮다.

A: 전에 갑상선 수술해나니까는 다음에는 일 없습니까?
B: 그 후에 갑상선 기능 검사 쭉 하시지 않으셨어요?
A: 그때 수술해가지고, 서울에 가서 했습니다. 지금 한 25년 됐습니다.
B: 지금까지 괜찮으시면 괜찮은 겁니다.
[진찰을 다한 후에 환자 A는 옆에 있던 간호사 C에게 말한다]
A: **이제 약타레 가면 되크냐**(이제 약타러 가면 되는 거지)?
C: **심전도 올해 한 번도 안 찍었수가**(심전도 올해 한 번도 안 찍었습니까)?
A: **심전도 작년 가을에 찍어져신가**(작년 가을에 찍었나)?

〈사례 15〉는 사회적 지위의 차이에 따른 방언 선택이 명확하게 드러나는 병원에서의 한 사례이다. 여기서 환자 A는 의사인 B와 간호사인 C와는 모두 친밀도가 낮은 상태이지만, 동일 상황에서 각각의 사람에게 서로 다른 방언을 선택하고 있다. 그것은 바로 상대방의 사회적 지위에 따른 언어선택으로 해석된다. 즉, '의사'와 '간호사'라는 상대방의 '지위'의 차이에 의해서 '의사'에게는 표준말, '간호사'에게는 제주말을 선택하고 있는 것이다.

이처럼 친밀도가 낮은 참여자들 간에는 상대방의 사회적 지위에 의한 수직적 관계가 중요시되며, 이에 따라 참여자들의 지위나 직급이 강조되는 상황에서 언어적 상호작용은 비호혜적인(non-reciprocal) 유형으로도 나타날 수 있다. 이것은 상대방과의 친밀도가 낮은 상황이라고 하더라도, 참여자들 간의 상대적 지위에 따라서 그 거리감의 정도는 다소 다르기 때문이라고 설명할 수 있다. 즉 '어려운 사람'에게는 표준말을, 그렇지 않은 사람에게는 제주말을 사용하게 되는 것이다.

〈사례 16〉

-물리적 환경: 보험 영업소 사무실

-사회적 장면: 영업소의 주무로 있는 A가 새로 온 보험 모집인 B와 영업소장 C에게 커피를 대접하려 한다. 이때 소장은 사무실 앞쪽에 있는 책상에 앉아서 신입사원들의 서류를 점검하고 있었고, 주무는 사무실 뒤쪽에 있는 책상에, 신입 보험 모집인인 B는 주무 책상 근처의 의자에 앉아 있다.

-참여자: A(주무, 20+, 여), B(보험 모집인, 40+, 여), C(소장, 40+, 남)

*이때 B는 신입 모집인이며, A도 입사한지 얼마 되지 않은 상태이므로, A, B, C 모두 친밀도가 낮다.

A: [B에게] **커피 드실 거마씨**(커피 드실 겁니까)?

B: [A에게 : 웃으며] **아니, 안 먹을 꺼**(안 먹을 거야).

A: [C에게] 소장님, 커피 드실 겁니까?

C: [서류를 뒤적이다가] **거기 전화 안 받으멘**(전화 안 받아)?

A: [의아하다는 듯이] 어디 말입니까?

C: [A를 쳐다보여] **신입 사원. 전화 안 받으멘?**

A: 아직 전화 안 해봤는데요.

〈사례 16〉에서 보면, A는 B, C 모두와 친밀도가 낮은 데도 불구하고, B에게는 제주말, C에게는 표준말을 선택하고 있는데, 이것은 A와 B의 관계는 '지위의 차이'라는 수직적 거리가 작용하지 않는 반면, A와 C의 관계에 있어서는 수직적 거리가 작용한 결과이다. 이 사실들을 통하여 참여자들 간에 친밀도가 낮고 상대방의 지위가 높을 때에만 표준말이 사용된다는 것을 알 수 있다.

또한 여기서 주목해야 할 것은 A와 C의 상호작용에 있어서 A는 표준말 사용을, C는 제주말 사용을 보이고 있다는 점이다. 이것은 동일한 말상황이라고 하더라도, A와 C의 상대적 지위에 따라서 긴장의 정도가 다르므로, A는 C에게 격식적인 표준말 사용을, C는 A에게 비격식적인 제주말 사용을 보이는 것이다. 따라서 참여자 간의 상대적 지위가 명확한 상황, 즉 수직적 거리가 강조되는 상황에서 친밀도가 낮은 참여자들 간에 비호혜적 방언 선택–'상위자'에게는 표준말, '하위자'에게는 제주말–은 빈번하게 발견되며, 이때 상위자에게 표준말을 사용하는 것은 언어적 상호작용에 좀 더 '격식적'이라는 의미자질을 부여하게 된다.

이처럼 친밀도가 낮은 참여자들 간의 상호작용에서는 상대방의 사회적 지위에 따른 수직적 원근에 따라서 각각 표준말과 제주말을 선택함을 알았다. 즉, 친밀도가 낮고 상대방의 사회적 지위가 상대적으로 높은 경우에는 표준말 사용이 더욱 '격식적' 성격을 지니고 있으므로 바람직하게 여겨지고, 친밀도가 낮다고 하더라도 참여자 간의 수직적 관계가 강조되지 않는 상황이거나 상대방의 사회적 지위가 더 낮은 경우에는 "편안하게" 제주말을 사용하는 것이다. 그러나 앞서도 언급했듯이, 이러한 수직적 거리의 원근은 상대방과의 수평적 거리의 원근, 즉 친밀도가 증가할수록 무시되는 경향을 보인다. 그것은 상대방의 사회적 지위가 높다고 하더라도 친밀도가 높으면 제주말을 사용하는 것이 더욱 "공손한" 또는 사회적으로 적절한 언어행위인 것으로 이해되고 있기 때문이다. 이러한 경향은 특히 청자의 연령지위가 높을 경우에 두드러지게 나타난다.[10)]

이상으로 두 방언 간의 선택에는 참여자들 간의 사회적 관계의 유형으로서 친밀도(수평적 관계)와 사회적 지위(수직적 관계)라는 요인이 상대적 중요성을 지니고 순차적으로 작용하고 있음을 살펴보았다. 이러한 참여자들 간의 사회적 관계에 의한 두 방언 사용을 종합하여 도표화하면 다음과 같다. 다음 〈그림 1〉에서 나타나는 수평축은 참여자들 간의 친밀도에 의한 관계를, 수직축은 청자와의 지위관계를 각각 표시하고 있으며 +, −는 각각의 축에서 작용하는 자질의 유무 또는 강도를 표시한다.

〈그림 1〉을 통해서 보면 두 방언 중 표준말의 선택은 [−친밀도][+사회적 지위]의 두 가지 요소가 함께 작용하는 경우에만 주로 나타남을 알 수 있다. 한편, 〈그림 1〉에서 참여자 간의 지위관계가 작용하지 않을 때에는 친밀도에 의한 수평축만이 작용하는데, 여기서 [+친밀도]의 범주에서는 제주말을 사용하며, [−친밀도]에서는 표준말과 제주말이 모두 선택 가능하게 된다. 이때 표준말 선택에는 화자의 연령(어릴수록), 성별(여성일수록)의 요인이 또한 작용한다.

---

10) 일반적으로 제주사람들은 '친한 어른(연령지위, 직업적 지위에서의 상위자)'에게는 제주말을 쓰는 것이 더 공손하다고 평가하고 있는데, 다음 제보자의 말은 이러한 점을 잘 보여 주는 예이다. "친하지 않을 때 표준말을 쓰는 것은 예절 바르게 보이지만, 친한 사람에게 표준말을 쓰면 너무 격식적으로 대하는 것 같아 오히려 무례할 수 있다. 직장 상사라고 해도 집안에서 윗어른에게 하듯이 제주말을 쓰는 것이 더욱 공손한 것이다."(52세, 남) 또한 이것은 노년층으로 갈수록 표준말에 익숙지 않다는(1절의 "3) 두 방언 사용의 사회적 분포" 참조) 평가에서 부분적으로 기인한 것으로 보인다.

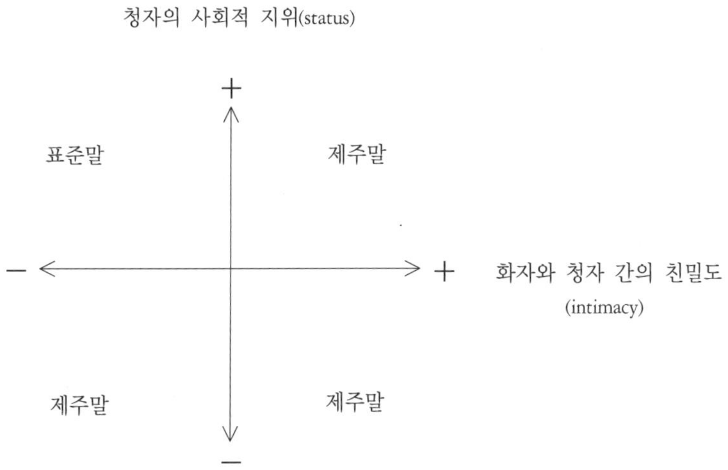

〈그림 1〉 참여자들 간의 사회적 관계에 따른 두 방언 선택

다음으로는 이제까지 살펴보았던 두 방언 사용의 사회적 규칙으로 작용하는 지역 정체성, 상황의 공식성, 참여자 간의 친밀도, 사회적 지위라는 여러 사회적 요인들을 종합하여 그 요인들 간의 상호관계를 살펴보도록 하겠다. 상대적 중요성에 따라 순차적으로 작용하는 사회적 요인들을 종합하여 도표화하면 다음 〈그림 2〉와 같다.

한편 방언 선택에 영향을 미치는 또 다른 사회적 요인으로는 발화 경로(channel)가 있는데, '방송', '문서', '전화' 등의 발화경로에서는 표준말을 사용한다. 특히 '방송'에서의 말하기는 "대중을 상대로 하는" 공식적 말하기의 성격을 강하게 지니고 있는 것으로 인식되어, 공식적 상황에서의 말하기와 마찬가지로 표준어 사용이 당연시된다. 따라서 심지어는 방송에서의 '무의식적' 제주말 사용을 '촌스럽다'고 표현하기도 한다. 또한 일반적으로 '국가 - 표준어 - 정서법'이 상호 연결되어 있다는 점을 생각할 때(이익섭 1984 참조), 문자 언어의 사용 즉 '문서' 등에는 표준말을 사용하게 됨이 당연할 것이다. '전화'라는 전달매체를 이용할 경우에도, 일반적으로 상대방을 확인하기 전까지는 모두 표준말을 쓴다. 다음은 동일한 말 내용이 대화와 '전화'라는 발화경로의 변화에 따라서 각기 다른 방언으로

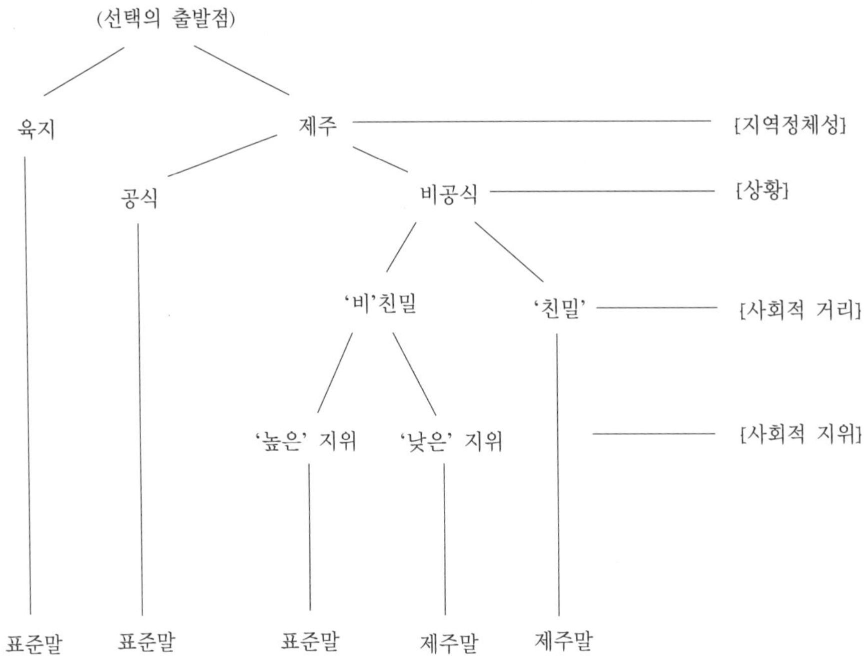

〈그림 2〉 두 방언 사용의 사회적 규칙[11]

표현되는 사례이다.

〈사례 17〉
상황 ①
-물리적 환경: 도청 민원실
-사회적 장면: 민원인에게 차량 소유권 이전에 대한 안내를 해주는 장면
-참여자: A(도청원, 40+, 남), B(민원인, 30+, 남)

A: **소유권 이전하시게 되면예, 인감 증명 1통, 거기 용도는 차량 이전용이라**

11) 위의 규칙은 화자가 대체로 표준말 사용 능력이 뒤떨어지는 노년층을 제외한 청·장년층 이상의 세대에 적용되는 것으로, 연령별로 두 방언 사용의 규칙은 다소 차이를 보인다. 특히 친밀도에 따른 방언 선택의 규칙은 화자의 연령이 어리거나 젊은 여성일수록 더욱 확실하게 나타난다. 어릴수록 그리고 젊은 여성일수록 친밀하지 않은 사람과의 상호작용에서 표준말 선택이 더욱 빈번하게 나타나는 것이다.

쓰십서. 그리고예, 주민등록 1통 띠어 옵서. [이하 계속 제주말로 진행]

상황 ②

이번에는 동일한 상황에서 A가 전화상으로 안내를 하는 장면이다.

A: 소유권 이전해야 됩니다.… 그렇죠. 인감증명 1통, 그리고 양도 증명서 있습니다. 주민등록 1통,… 그리고요. 다 쓰셨습니까? [이하 계속 표준말로 진행]

이 밖에 제주 사람들은 화제(topic), 장소(location) 등에 따라서도 각각 상이한 방언을 선택한다고 보고하고 있으나 이것은 일종의 이상적(ideal) 측면일 뿐, 실제적인 언어 사용에서는 거의 나타나지 않는다.[12] 즉 화제와 장소라는 요인의 제시를 통해 특정 방언의 선택을 예견할 수는 없는 것이다.

3. 두 방언 간의 전환

앞 절에서는 제주사회에서의 두 방언 사용에 작용하는 다양한 사회적 요인들을 분석하여, 두 방언 사용의 사회적 규칙을 발견하였다. 그러나 이러한 사회적 규칙은 엄밀히 말하자면, 특정 방언의 선택을 가능하게 하는 대체적인 사회적 조건만을 제시해 줄 뿐이며, 실제의 방언 사용을 정확하게 예측할 수는 없다.

제주사회에서의 실제적인 두 방언 사용 양상을 살펴보면 개별 화자가 뚜렷한 사회 맥락적 변화 없이도 다른 방언을 선택하고 있음이 보다 미시적인 차원에서는 빈번하게 관찰된다. 이때 동일 화자가 동일 말상황에서 동일 청자에게 다른 코

12) 여기서 '화제'의 경우, 제주사람들은 '공적인 이야기'는 표준말로, '사적인 이야기'는 제주말로 한다고 말하고 있으나, 실제의 사용상을 보면, 화제에 따른 방언 선택의 변화는 확실하지 않다. 다만 제주말의 '진한 정도'만이 변화하는 경우가 대부분이다. 이에 따라 '농담조의 사적인 이야기'는 상대적으로 좀 더 '진한 제주말'을 사용하고, '진지한 공적인 이야기'는 좀 더 표준말에 가까운 '옅은 제주말'을 사용하고 있는 것이다. 또한 '장소'의 경우, 앞서 두 방언 사용의 공간적 분포에서 살폈듯이 좀 더 '현대적'이라고 인지되는 공간이나 '공공적 장소'에서는 '표준말'을 사용한다고 하지만, 이러한 '장소별' 방언 선택도 실제의 언어사용에서는 명확하게 드러나지 않는다.

드(즉, 언어, 방언 등)로 전환하는 것은 코드 전환(code-switching)의 측면이며, 이것은 사회적 조건의 예시에서 예측할 수 없는 언어행위에 해당한다(Blom & Gumperz 1972; Gumperz 1982 참조).

이러한 코드전환 현상과 같은 언어행위의 분석은 특정 언어(또는 방언)의 선택이 단순히 사회적 요인에 의해 결정되는 것이 아니라, 반대로 언어의 선택으로 특정의 사회적 의미를 전달할 수 있음을 보여주는 것으로서, 청자와의 상호작용 과정 자체에 초점을 두어 어떠한 의미가 전달되고 해석되는지 그 해석의 과정을 살펴야 한다(Duranti 1988: 221). 따라서 여기에서는 두 방언 간의 전환이 야기하고 있는 보다 구체적인 사회적 기능 또는 효과에는 어떠한 것이 있는지 분석하도록 하겠다.

1) 거리감의 조정

두 방언의 전환을 통해 이루어지는 기능으로서 가장 빈번하게 관찰되는 것이 '거리감의 조정'이다. 제주사회 내에서 제주말과 표준말 사이의 전환은 참여자들 간의 사회적 거리를 확대하거나 축소시키는 거리감의 조정을 가능하게 한다. 우선 표준말로의 전환은 상대방과의 사회적 거리를 확대하여, 자신을 상대방으로부터 '분리'시키는 효과를 가져온다. 따라서 표준말로의 전환은 감정상의 변화가 기반이 될 때, 즉 제주사람들이 말하듯이 "큰소리가 날 때" 더욱 빈번하게 발견된다.

〈사례 18〉
-물리적 환경: 도청 민원실 내 채권 판매 창구
-사회적 장면: A가 채권을 사던 중, 채권을 파는 은행직원이 채권을 묶어주지 않자, 그 사실에 대해 항의한다.
-참여자: A(60+, 남, 채권 구입자), B(20+, 남, 은행직원)

A: [천 원짜리 공채가 다발로 나오지 않고 낱장으로 나오자] **어, 이건 무사 영 끌러정 나왔수가**(이건 왜 이렇게 끌러져서 나왔어요)? **다시 세볼 수도 없고 어떵하라고 영**(이렇게) **했수가? 묶어줍서.**

B: **다른 민원인도 있으니까 일일이 묶지는 못합니다게.**

*A: [화가 난 듯이 : 큰 목소리로 소리를 지른다] 아니, 민원을 이렇게 처리해도 되는 겁니까? 되는 거에요? 과장님한테 한 번 물어볼까요? 한 번 확인해 볼까요?

〈사례 18〉에서 A가 표준말로 전환한 부분은 상대방의 행동에 대해 이의를 제기하고, '과장님에게 한 번 물어볼까요?'에서와 같이 자신의 위치를 보다 상위로 이동시키는 부분이다. 즉 A가 '항의'를 하고 있음은 표준말로의 전환을 통해서 더욱 효과적으로 전달되고 있는 것이다. 여기서 표준말로의 전환은 상대방과의 사회적 거리를 넓히는 기능을 하고 있음을 알 수 있다. 따라서 이러한 사회적 거리의 확대라는 효과를 가져오는 표준말로의 전환은 특히 '훈계'나 '야단치기' 등의 목적에 적절하게 사용되기도 한다.

〈사례 19〉

-물리적 환경: 병원 접수처의 사무실.

-사회적 장면: 전날 보험카드를 가져오지 않은 환자를 다른 직원 C가 아는 사람이라는 이유로 보험으로 처리한 수납계 직원 B에 대하여 책임자 A가 훈계한다.

-참여자: A(30+, 접수처 주무, 남), B(20+, 수납계 창구 직원, 여), C(50+, 운전기사, 남)

[A와 C가 있는 사무실 안으로 수납 직원 B가 들어온다]

A: [B를 보고 : 화난 듯이] C **아저씨는 보험으로 해달렌 얘기도 안 했다잖아게.** *[큰소리로, 위협하듯이] 이리 와봐, 잠깐 와봐. 이 차트 이름은 누가 썼어?

B: [C에게 : 억울하다는 듯이] **아저씨가 아는 사람이니까 내일까지 보험카드 가져오기로 행으네, 보험으로 해달라고 안 했수가, 무사?**

A: [침착한 목소리로] 그러면 좋아. 이거 지금 서류를 보면 전화번호고 뭐고 내용이 아무 것도 없어요. 지금, 그러면 너 알지? 이런 식으로 하면...

B: **아, 게난, 직원이 부탁받앙 해준 거 아니꽈? 그럼 어떵허면 되쿠가?**

A: 최소한 전화번호라든지 어디 기관이라도 적어 놓으면 우리가 나중에 연락해서 다음날 찾을 수가 있어요. 그런데 책임은 나한테 있어. 업무과장이 나한테 그런다고, 왜 이렇게 했냐고. 그러면 나는 뭐라고 답변해야겠나?

여기에서는 잘못을 문책하고 있는 책임자 A가 표준말로의 전환을 보여주고 있다. 우선 A가 표준말로 사용 방언을 전환한 첫 번째 문장은 '이리 와봐....' 등의 위협조로 말하는 부분이다. 이것은 대화 상황의 긴장을 고조시킬 뿐만 아니라, 상대방과의 거리감을 강조, B의 잘못에 대해서 따질 것이 있음을 더욱 명확히 나타낸다. A는 다음 말에서도 계속해서 표준말을 사용하고 있는데, 여기에서는 내용상 B에게 '가르치기'의 형식으로 훈계를 하는 부분이다. 이 경우, 표준말의 사용은 화자 A를 B와의 관계에 있어서 보다 '상위'에 위치시키고, 자신의 말에 권위를 부여하는 효과를 가져온다.

한편 제주말로의 전환은 상대방과의 사회적 거리를 축소시켜, 상대방과의 '연결' 또는 '긴밀한 관계'의 의미를 전달한다. 일반적으로 제주말로의 전환은 상대방과의 유대와 친밀감을 강조하게 되는데, 이것은 상대방을 '내부인'으로 재정의함으로써, 참여자들 간의 관계를 사적인 것으로 규정하는 역할을 한다.

〈사례 20〉
-물리적 환경: 호텔 내 직원 식당
-사회적 장면: 밥을 안 먹으려는 딸과 억지로 먹이려는 아버지가 호텔 내 직원 식당에 들어온다. 그러나 셀프서비스(self-service) 방식으로 되어 있는 이 식당은 이미 배식시간이 끝난 상태이다.
-참여자: A(손님-아버지, 50+, 남), B(식당 종업원, 50+, 여), C(A의 딸, 10+, 여)

A: [딸에게 식판을 쥐어주며] **자자, 얼른 식판 들고 담아서 먹으라게.** [식당 종업원인 B에게] **여기 밥 줍서.**
B: 밥 없어요. 다 떨어졌어요. 배식시간이 끝났어요.
A: 밥 다시 하면 안 돼요?
B: 여긴 직원식당이라서 다시 밥 안 해요. 직원 중엔 먹을 사람도 없구요.
[그러는 사이 A는 셀프서비스로 담아먹는 밥솥 안을 들여다보다가 얼마 남지 않은 밥을 긁어서 딸의 식판에 퍼준다. 밥을 담고, 반찬 등도 식판에 담아주며 딸의 밥을 챙겨준다.]
*B: [A의 모습을 웃으며 쳐다보다가] **아버지가** 딸 **밥을 다 챙겨주고 이, 아버지 허고** 딸**이 거꾸로 됐구나게.** 딸**을 경 정성들영 키워나도 아버지 은혜 모를 거우다**(딸을 그렇게 정성들여서 키워도 아버지 은혜를 모를 거예요).

〈사례 20〉에서는 B의 말 전환을 주의 깊게 살펴볼 필요가 있다. 처음에 B는 A

가 제주말을 사용하고 있는데도, 표준말로 대답하고 있다. 이것은 자신의 공적인 입장을 강조하며, 상대방을 자신과 분리시키는 거리감을 표현하는 장면이다. 그러나 이후 A가 딸을 위하는 모습에 B는 동질감과 연민의 정을 느끼고, 제주말로의 방언전환을 통해 A와의 친밀감을 표현하고 있음이 발견된다. 여기서 표준말이 공적 관계를 표현하고 있는 것이라면 제주말은 사적 관계를 표현하고 있음을 알 수 있다. 이것은 각 방언의 사용이 상이한 역할 관계를 은유적으로 표현한다는 '은유적 전환(metaphorical switching)'(Blom & Gumperz 1972)의 예에 해당할 것이다. 즉 B의 제주말로의 전환은 A와 B가 가지는 관계의 성격이 '식당종업원-손님'의 관계에서 '자식을 키우는 같은 부모의 입장'으로 바뀌었음을 은유적으로 표현하고 있는 것이다.

이처럼 제주말로의 전환은 참여자들 간의 관계를 사적인 것으로 표현하며, 친밀감을 강조하는 기능을 하고 있으므로, 특히 '부탁'을 위한 말하기에서 빈번하게 발견된다.

〈사례 21〉
-물리적 환경: 제주시내의 한 의류상점
-사회적 장면: 옷을 고르던 손님이 다른 상점도 둘러보고 오겠다고 말한다.
-참여자: A(손님, 20+, 여), B(판매원, 30+, 남)

A: 아저씨, 한 번 더 둘러보고 올게요.
B: 그러세요. 그래도 이것만큼 고급스러운 건 없을 겁니다. 이거요, 굉장히 반응이 좋아서요. 이 디자인으로는 지금 3벌밖에 안 남았어요. 그리고 손님한테 맞는 칫수는 딱 이거 한 벌밖에 없어요.
*A: **아저씨, 둘러 보당 다시 들릴게 꼭 불들엉 놔둡서. 꼭 불들엉 놔둡서예.**

또한 넓혀졌던 사회적 거리를 좁히기 위한 '사과,' '달래기' 등의 목적을 위해서도 제주말로의 전환이 더욱 효과적인 의사소통의 수단으로 선택되고는 한다. 〈사례 22〉에서는 상호 표준말 사용으로 서로를 '분리'시키며 팽팽한 '맞섬'의 상태에 있던 두 사람이, 사과하는 부분에서는 상호 제주말 사용으로 전환하고 있음이 발견되며, 〈사례 23〉에서는 표준말로 상대방을 훈계한 후, 달래는 부분에서는 제주말을 선택하는 방언 전환이 나타난다.

〈사례 22〉
-물리적 환경: 〈사례 18〉과 동일
-사회적 장면: 〈사례 18〉과 동일한 상황이지만, 이번에는 서로 사과를 하는 장면
-참여자: A(〈사례 18〉과 동일), B(〈사례 18〉과 동일), C (40+, 남, 민원계장)

[A가 큰 목소리로 항의를 하자, 자리 뒤쪽에 있던 민원계장이 창구 쪽으로 걸어 나온다]
A: [C에게] 공채를 샀는데, 다 풀르고 줘요. 122만원어치 샀는데…
C: **아, 끌러 가지고?** [행원에게] **그거 경 어려워, 그거**(그거 그렇게 어려워)?
B: 일일이 백장씩 골라서 묶을 수 없잖습니까? 시간도 없는데.
C: **쉬는 시간 같은 때 영 세서 탁탁 액수에 맞도록 해야주게, 경 어려워?**
[B가 다시 채권을 세기 시작하여 묶어서 내준다]
*A: [타이르듯이] **게니까, 좀 세서 묶엉 주면 서로서로 좋지 않우꽈?**
*B: [채권을 주며] **미안하우다. 봉투에 넣어드리카 마씨?** [채권 다발을 봉투에 넣어준다] **여기 합서게.**
A: **아, 됐수다. 미안하우다.**

〈사례 23〉
-물리적 환경: 〈사례 19〉와 동일
-사회적 장면: 〈사례 19〉와 동일한 상황이지만, 이번에는 책임자 A가 B를 훈계하고 나서 달래는 장면이다.
-참여자: 〈사례 19〉와 동일

A: … [계속해서 훈계한다] 그래서 난 항상 조장들에게 항상 이야기하고 있거든. 수납 직원은 업무과 직원이니까 이런 건 해결할 수 있다는 얘기야.
B: [울먹이며] **게난 나 말은게**(그러니까 내 말은), **잘 해주고 욕 먹으니까 나가 신경질 나는 거라. 나가 아는 사람도 아니고.**
C: [A에게 : 미안한 듯이] **나가 아는 사람 분명하니까, 이 문제는 나가 꼭 해결해 놓을 크메…** (이 문제는 내가 해결해 놓을 테니까…)
*A: [누그러진 듯이] **게난 다음부터는이, 영 허지 마라이**(이렇게 하지 말아라). **됐다게, 일단은이, C 아저씨가 책임지켄 했으니까, 그 사람 전화번호 알아**

질 거라(그 사람 전화번호 알 수 있을 거야). **계난 넌 그걸 잘 명심만 하라게.**

한편 이러한 거리감의 조정은 전혀 안면이 없는 낯선 청자와의 상호작용 속에서, 일정한 이익을 얻기 위해 자신이 표현하고자 하는 사회적 정체성(social identity)을 의식적으로 부각시키려는 조작적인 언어사용에서도 나타난다. 대표적인 예는 말상황의 장소(location)별 방언선택의 변화인데, 제주사람들은 각각의 장소에 따라서 거리감을 강조하여 자신의 '지위'를 부각시키거나, 친밀감을 강조하여 상대방과의 '유대'를 이루려 하기도 한다.

> "시장에서는 제주말로 우스갯소리도 하면서 친근감을 줘야지 덤도 더 주고, 가격도 더 잘 깎아준다. 그러나 백화점에서는 어차피 정찰제니까 표준말을 쓰는 것이 더 낫다. 쇼핑하러 갈 때 집에서 입던 옷 그대로 화장도 안 하고 허술하게 해서 가면 대우를 못 받는 것처럼, 제주말을 순수하게 쓰면 촌스러운 사람 같아서, 거기 있는 아가씨들이 업신여기고 거들떠보지도 않는다. 잘 차려입고 가면 대하는 태도가 달라지듯이 말도 좀 신경 써서 표준말을 쓰는 것이 대우 받는다."(39세, 여)

이러한 '백화점에서의 표준말 선택'은 앞서 살펴보았던 두 방언 사용의 지위별 분포에 대한 인식을 바탕으로 하여, 상위계층에 대한 일종의 정형화된 인상(stereotyped impression)으로 자신을 표현하려는 인상의 조작(impression management)에 속하는 것으로 분석된다.

2) 상황의 조정

두 방언 간의 전환은 말상황(speech situation)을 조정하는 기능을 수행하기도 한다. 여기서 '상황의 조정'이란 시간, 공간 등의 물리적 배경 내부에 존재할 수 있는 여러 문화적 장면(scene)에서의 변화를 의미한다. 일반적으로 표준말로의 전환은 말상황에 증가된 공식성(formality)을 부여하고. 제주말로의 전환은 반대로 상황에 비공식적인 성격(informality)을 부여하는 기능을 한다.

우선 표준말로의 전환을 살펴보면, 사용 방언을 제주말에서 표준말로 전환시키는 것은 청중들의 주의를 집중시키며, 상황을 공식적으로 재정의 할 수 있다.

〈사례 24〉

-물리적 환경: 아파트 관리 사무소 안의 한 회의실

-사회적 장면: 쓰레기 분리수거에 대해서 각 반의 반장들끼리 모여 회의를 하고 있다.

-참여자: 부녀회장(A, 40+, 여), 그 외 주부들(15명 정도)

A: **일단예, 반별로 어떵 됐나 알아보게 마씸**(어떻게 되었나 알아봅시다). **여기서 반별로 하고 싶은 반이그네예, 결정을 봐버리게 마씸.**

주부1: **그런데예, 쓰레기를 가정 내려오지를 않아예. 5층에서 보일러통 던져부런.**

주부2: [놀라며] **그걸 어떵 던지나?**

주부1: [일어나서 던지는 시늉을 한다] **영 하메**(이렇게 해), **영 해서 던져 부런, 5층에서, 창밖으로 영영 던젼….**

[주부들이 모두 흥분해서 시끄럽게 계속해서 떠든다.]

주부3: **그런데예, 그 투입구 막는 거 하게 되면, 동별로 다 해야지, 반별로 하면예, 어딘 하고, 어딘 안하고 하면 안 됩니다게.**

[다른 주부들은 계속해서 보일러통을 던지는 사람에 대한 이야기로 정신이 없다.]

*A: 조용히 하세요. [소리를 지른다] 그 쓰레기 수거를 반별로 했으면 좋겠다는 말이 나온 이유는 지금 사실 우리 아파트에서 30% 정도밖에 호응이 안 되고 있습니다. [이하 표준말로 진행]

〈사례 24〉에서 '부녀회에서의 회의'라는 말하기의 상황은 참여자들이 서로 친밀하고, 또 지위의 차이가 분화되어 있지 않으며, 특정 행동을 규제하는 엄격한 규범도 존재하지 않기 때문에, 비공식적 상황에서의 말하기 유형과 거의 동일하게 나타난다. 그러나 회의의 중간에 '보일러 통을 던지는' 사실에 참여자들이 흥분하여 회의의 분위기가 산만해지자 회의를 주재해가는 부녀회장 A는 사람들의 주의를 집중시키고, 말상황을 공식적인 것으로 바꾸기 위하여 자신의 코드 사용을 표준말로 전환하고 있다. 또한 이러한 상황의 조정을 효과적으로 수행하기 위해서 목소리를 크게 하는 화조(key)의 변화까지 동반하고 있음이 발견된다.

반면 제주말로의 전환은 상황을 비공식적으로 재정의하는 수단으로서 기능하기도 한다.

〈사례 25〉
-물리적 환경: 영지 판매 농원의 판매장 안
-사회적 장면: 대부분이 육지인인 관광객을 상대로 영지를 판매하는 농원에서, 영지의 효과에 대해서 설명을 하고, 판매원들이 시음용 영지를 나누어 주는 장면이다.
-참여자: A(판매원, 30+, 여), B(손님이자 A의 이웃, 30+, 여), 그 외 판매원(5명 정도)과 관광객 (40명 정도)
*이때 B는 농장의 방문객이며, A와 B는 이웃으로 친밀도가 높다.

[영지의 효과를 설명한 후, 판매원들이 관광객들 앞으로 나간다]
A: 여기 실제로 영지를 탄 물을 나눠 드릴 테니까 마셔보시고, 주문하십시오.
[여러 판매원들이 영지를 탄 컵을 관광객들에게 나누어 준다. 그중 한 명인 A가 관광객들 틈에서 자신의 이웃인 B를 발견하고 다가간다.]
A: [눈을 찡긋거리며, 물컵을 B에게 준다 : 웃으며] 이거 드셔 보세요.
B: [웃으며] 아이, 고맙습니다.
[관광객들이 시식을 하고 주문을 한 후 자리를 빠져 나가기 시작한다. B는 A가 서 있는 문가 쪽으로 나간다.]
*A: [의외라는 듯이] **무사 완**(어떻게 왔어)?
B: [웃으며] **관광 완**(관광왔지).

〈사례 25〉에서 A가 제주말로 전환한 것은 상황의 변화를 나타내는 하나의 말단서(speech cue)로 작용하는 '상황적 전환(situational switching)'(Blom & Gumperz 1972 참조)에 해당한다. 즉 A는 제주말로의 전환을 통해 상황이 비공식적으로 변화했음을 알리고 있는 것이다. 또한 여기서 제주말로의 전환은 참여자들 간의 관계를 '판매원-손님'이라는 공적 관계에서 '이웃'이라는 사적 관계로 변화시키는 효과도 보이고 있다.

한편 두 방언 사이의 전환을 통한 상황의 조정은 진지성의 조정과 함께 나타나기도 한다. 다음 사례는 제주말로 전환을 함으로써 '장난스럽고 비격식적인 분위기'를 조성하고, 표준말로의 전환을 통해서는 '진지하고 격식적인 분위기'를 조성하는 과정을 보여주는 예이다.

〈사례 26〉
-물리적 환경: 운전면허 시험장 국기 게양대 앞
-사회적 장면: 운전면허 시험장의 시험관리인이 여러 응시자가 모인 앞에서 시험에 대한 안내를 하고 원서를 나눠 주고 있다.
-참여자: A(시험관리인, 30+, 남), 청중들(30명 정도)

A: [국기 게양대 앞으로 몰리는 시험응시자들에게] 일단 뒤로 나가세요. 여기서 있어도 막상 뒤로 가야 됩니다. ①[이때 혼자 떨어져서 앉아 있는 여자를 발견한다 : 한쪽 손을 허리에 올리고, 어깨를 비스듬히 한 채 한쪽 다리를 떨며 장난스럽게] **거기 시험 안 볼 거꽈? 아 집이서도 경 말 안 들엄수가**(집에서도 그렇게 말 안 들어요)?
[모인 사람들이 모두 웃는다]
②[다시 몸가짐을 바로잡고] 자, 시험 안내는 방송으로 하게 되어 있습니다. 그러니까 안내방송 기다리십시오. 제가 이 원서를 나눠 드릴 테니까 원서를 손에 딱 잡으시면은 막바로 학과장으로 올라가세요. 제가 이름을 이제부터 부르는데, 일일이 다 부르면 시간이 걸리니까 10명씩 부르면 대답하고 뒤로 나가세요.
③자, 김대영씨, [원서를 들여다보다가 주소를 보고] **조천 북촌이네 마씀.**
[사람들이 모두 웃는다. 관리인은 계속해서 이름을 부른다. 사람들 점점 관리인 쪽으로 몰려든다.]
④[큰 목소리로] 자 뒤로 가세요. 뒤로.

여기서 A는 30 명 정도의 청중 앞에서 혼자 말하고 있으므로, '전체 앞에서 말하기'라는 공식적 상황에서의 말하기 규칙을 따르는 것이 적절하다. 즉, 앞서 살펴본 언어선택의 사회적 규칙에 따른다면, 표준말을 사용하는 것이 당연시되는 것이다. A는 이러한 언어행위의 규칙에 따라 기본적으로 표준말을 선택하고 있지만, 부분적으로는 제주말을 사용하기도 한다.

위의 사례에서 제주말로의 전환이 일어난 부분인 ①과 ③에서 나타나듯이, 제주말로 된 부분은 군중 전체를 대상으로 했다기보다는 특정 개인과의 사적인 대화의 형식을 지님을 알 수 있다. 즉 전체 군중 속에서 특정의 청자를 지적하여, 말 행위가 일어나고 있는 공식적 상황 속에서 비공식적인 성격의 분위기를 유도하고 있는 것이다. 위의 사례에서 제주말로 전환된 부분은 모두 청중의 웃음을 유발시켰다는 사실에서도 제주말로의 전환이 상황을 비공식적 성격의 것으로 재전환했음을 입증할 수 있다. 이것은 개인 면접에서 많은 제보자들이 "모임이 좀 딱딱해진다 싶으면 제주말을 써서 분위기를 부드럽게 한다"라고 말했던 것과 관련된다. 반면 화자 A의 표준말 전환 부분인 ②와 ④를 보면 산만해진 상황을 공식적 상황으로 재정의하는 부분임을 파악할 수 있다.

3) 말 내용의 강조

앞서도 살펴보았듯이, 화제의 변화라는 요인은 특정 방언의 선택을 제약하는 규범적 규칙으로 작용하고 있지는 않지만, 방언 선택의 변화는 말 내용을 좀 더 효과적으로 전달할 수 있다. 일반적으로 표준말로의 전환은 이성적 내용을 강조하는 데 비해, 제주말로의 전환은 감정적 내용을 강조하는 기능을 갖는 것으로 파악된다.

우선 표준말로의 전환은 화자의 의견개진상의 절정(climax)에서 빈번하게 일어나며, 이것은 자신의 의견을 더욱 논리적인 것으로 표현하고, 그 의견이 주관적인 성격을 갖는 것이 아니라 객관적으로 타당한 것임을 강조하는 부분에서 나타나는 경향이 있다.

〈사례 27〉
-물리적 환경: 미술작품 전시회 전시장
-사회적 장면: 전시회에 온 문인과 화가가 각자의 협회 운영에 대해 이야기하는 장면이다.
-참여자: A(문인, 50+, 여), B(화가, 30+, 남). A와 B는 친밀도가 높다.

[전시회 기획에 대해서 이야기하던 중]

A: **선생님 때문에 이거 기획된 거구나예? 역시 젊은 사람이…. 실은 저 우리 협회에서 그 말 했다 하르방들한테 전에는 잘도 사랑받당, 지금은 잘도 미움받안예 …** [웃음] (협회에서 그 말 했다가 할아버지들(협회 원로들)한테 전에는 아주 사랑받다가 지금은 아주 미움받고 있는데요…)

B: **겐디, 일을 하젠 허면 호끔**(조금) **미움 받아야 돼 마씨.**

A: [웃으며] **아니, 나예, 50만 넘으면은 원로 중진으로 해서 일선에서 물러서고 회장, 부회장 뭐 이런 거는 40대에서 50까지만 하자 영 했단예, 입 쭈뻣쭈뻿 하멍들예 허시는데.** *[진지한 표정으로] 그니까, 예우는 하되, 그 사람들이 버텨서 이렇게 하라 저렇게 하라 이거는 안 된다, 우리가 못하더라도 40대가 못하는 것도 이제 탓할 때도 있어야지. 그러니까 통념을 바꿔야 돼. 영국 왕실 같이, …왕은 군림하나 통치하지 않는다 같이, 원로는 존재하나 관여하지 않는다 이렇게 못박아 버려야 돼.

〈사례 27〉에서 A의 말 사용 방식을 살펴보면, B와의 대화 초반에는 개인의 경험을 제주말을 사용하여 다소 장난스럽게 표현하다가 주장이 고조에 다다르자 표준말로 전환하고 있음이 발견된다. 이때 표준말로 전환된 부분은, 앞서 제주말로 표현된 개인적인 경험에 바탕한 이야기와는 달리 좀 더 일반적인 지식에 기초한 의견 제시 부분임을 알 수 있다. 따라서 위의 사례에서 표준말로의 전환은 화제의 진지성(seriousness)을 전달하는 한편, A의 의견을 보다 객관적인 것으로 표현함으로써 자신의 주장을 강조하는 기능을 하고 있다.

다음 사례에서도 표준말로의 전환은 주장의 강조 부분에서 나타난다. 제주말로 제시된 개인적 의견에 논리적인 근거를 제시하여 다시 한 번 반복, 설명하는 부분에서 표준말로의 전환이 나타나고 있는 것이다.

〈사례 28〉

-물리적 환경: 점심시간, 한 직장의 사무실

-사회적 장면: 점심을 먹고나서 휴식을 취하는 동료들끼리 당시 한참 관심의 대상이 되던 대통령 선거에 대해서 이야기하는 장면이다.

-참여자: A(과장, 50+, 남), B(다른 과 과장, 50+, 남). A와 B는 친밀도가 높다.

A: **겐디, OO직원들 서울에서 다 내려왔다 갔수다.**

B: **그러니까, 우리 지식인들이 보기에는 그것이 참 안 되는 거주게. 참 얼마나 혼란스러운 거꽈? 경비는 결국 국민한테 돌아가는 거우다. 망하지 않으려면 은행돈을 써야 하는데, 은행돈이 다 누구 돈이꽈? 다 국민들의 쌈지돈입주.**

A: [고래를 끄덕이며] **끝내는이?**

*B: [낮은 어조로 좀 더 느리게 힘을 주듯이 발음하며] 예, 그러니까 전부 국민 부담으로 돌아간다 이 말이야. 크게 생각을 하면, 그건 바람직하지 않다… 그 사람의 행태를 단순논리로 보는 게 아니고, 전체 흐름을 보면은 말입니다. OO기업이 그렇게 해도, 망하지 않습니다. 망하지 않으려면 그 자금이 지탱되어야 하니까 은행돈을 쓰게 되고… [이하 표준말로 진행]

〈사례 27〉과 〈사례 28〉에서 표준말로의 전환은 자신의 주장의 내용이 객관적으로 타당한 것임을 강조하고, 또한 논리적인 성격을 부여하는 효과를 거두고 있음이 동일하게 발견된다. 따라서 표준말로의 전환은 객관적 사실의 전달과 '이성적'인 내용의 강조에 더욱 효과적인 수단임을 알 수 있다.

반면 제주말로의 전환은 앞서도 살폈듯이 상대방과의 '사적 관계'를 은유적으로 표현하고, 상대방과의 유대와 친밀감을 강조하는 기능을 하고 있으므로, 개인적 호소에 적절하게 된다. 따라서 제주말로의 전환은 '감정적' 내용을 강조하는 데에 더욱 효과적이게 된다.

〈사례 29〉
-물리적 환경: 〈사례 24〉와 동일
-사회적 장면: 〈사례 24〉와 동일
-참여자: 〈사례 24〉와 동일

A: ① …분리수거가 전 가구가 호응만 하면, 반별로 하라 뭐라 이런 얘기할 필요 없이 우리가 하겠습니다 그러겠는데, 지금은 30% 정도만 호응하고 있고, 1년 365일 깡통 하나 안 갖다 놓는 사람은 안 갖다 놉니다.

② **그러나 사실 분리수거란 것이 나 일이 아닌 게 아니라 바로 나 일이우다게. 쓰레기 매립장을 강 봐야 알아 마씸. 쓰레기 문제가 얼마나 심각한지. 게난 반별로 하자는 취지가 뭐냐 하면은 반별로 자기가 직접 해봄으로써, 쓰레기 분리수거가 더 잘 될 거라고 믿기 때문에 반별로 하는 거우다.**

③ 지금 현재 30%가 호응하고 있는 상태에서 7-80%로 끌어들이기 위해서는

반에서 하는 것이 좋지 않겠느냐, 이런 생각에 반으로 하라는 거지, 그러니까 반장님들의 의견을 물어가지고 찬성하는 쪽이 많으면 그렇게 할 것이고, 반대하는 쪽이 많으면 어차피 지금 하는 대로 할 것입니다.

여기에서는 두 방언 사이의 전환을 통한 말 내용의 강조 기능이 보다 명확하게 나타난다. 우선 표준말이 사용된 ①부분은 '현재 동의하는 사람이 30%에 불과하다'는 객관적 사실을 전달하고 있는 부분이며, 또한 표준말로의 전환을 보이는 ③부분은 자신의 주장의 근거를 보다 논리적으로 표현하는 부분임을 알 수 있다. 반면 제주말로 전환된 ②부분은 '분리수거란 것이 나 일이 아닌 게 아니라 바로 나 일이우다게'와 같이 듣는 사람의 동조와 감정상의 호소를 의도하는 부분임을 알 수 있다.

4) 감정의 표현

코드전환의 또 다른 기능으로는 화자의 '감정 표현'을 들 수 있다. 그런데 여기서 감정의 표현이란 '자연스러운' 감정의 표현, 즉 '화남', '흥분' 등의 일차적인 감정을 표현하는 것에 해당하며, 이때의 방언 간의 전환은 무의식적으로 일어나는 경우이다.

〈사례 30〉
-물리적 환경: 한낮의 가정집 마당
-사회적 장면: 납세 고지서를 돌리던 동직원과 집주인이 서로 싸우는 장면
-참여자: A(집주인의 아들, 20+, 남), B(동직원, 30+, 남)

[B가 대문으로 들어오자 개가 심하게 짖는다. 그 사이 A가 등장]
A: [따지듯이] 어떻게 들어 오셨습니까? 어떻게 들어 오셨어요?
B: 문이 열려 있길래, 고지서를 드릴려고 들어 온 거에요.
A: [점점 목소리가 커지고 흥분하기 시작한다] 문이 열려도 그렇지 왜 들어옵니까? 이게 무슨 공권력이나 있는 일이라고 이래요? 아저씨가 무슨 공권력이 있어요? ***문이 열려 들어오면 그게 도둑 아니꽈게?**

B: [화가 나서] ***도둑이라니, 무슨 소리 햄수가게? 개 때문에 심장이 뛰어갖고 지금 하는 사람 헌티…. 개 좀 묶엉 길릅서.**
A: [대들듯이] **개를 묶엉 기르든 말든 무슨 상관이우꽈? 도둑이니까 개가 짖엄 주게.**

〈사례 30〉에서 우선 화자 A의 경우, 집에 '침입'한 낯선 사람에게 관계의 '분리'와 관련되는 '공식적 따지기'를 위해 표준말로 질문을 계속하다가, 감정이 고조되고 흥분하게 되자, 제주말로 전환하고 있음이 발견된다. 마찬가지로 B의 경우에도 도둑으로 오인된 것에 대한 부당함을 전달하기 위해서 표준말로 대응하다가, A의 전환과 함께 제주말로의 전환을 보여주고 있다. 즉 여기서 두 사람 모두의 제주말로의 전환은 '화남'과 '흥분'의 감정을 표현하고 있는 것이다. 마찬가지로 '놀라움'의 표현도 제주말로의 전환을 통해 이루어진다.

〈사례 31〉
-물리적 환경: 도청 민원실
-사회적 장면: 폐차를 신청하러 온 민원인이 압류 해지가 안 되어 있음을 알고 놀란다.
-참여자: A(민원인, 30+, 남), B(직원, 20+, 여)

A: 자동차 폐차시키려고 하는데요, 어떻게 하면 됩니까?
B: 성함이 어떻게 되세요, 차 남버는요? [A는 이름과 차 번호를 말해준다. B가 확인한 후] 압류가 들어와 있어서 이 차 말소 안 됩니다.
*A: [놀란 표정으로] **무사 마씀**(왜요)**? 압류 해지 했잖우꽈? 근데 아직 근저당 해지가 안 됐수가? 아직?**
B: **저당 설정이예, 됐을 때는 폐차가 안 돼 마씸.**
*A: [따지듯이] 아니, 글쎄, 그게 해지가 안 됐냐고요. 아니, 이 사람들이 돈을 다 받고, 말소를 그 다음날 한다고 그랬는데…
B: **본인이 와가지고 하는 게 더 정확한데 마씸.**

〈사례 31〉에서는 '놀람'에 의한 제주말 선택이 나타난다. 위의 화자 A는 제주말로의 전환을 통해서 자신의 감정을 표현하고, 다시 표준말로의 전환을 통해서 '공식적 따지기'의 형태를 띠는 '사회적 거리의 확대'라는 효과를 거두고 있다.

자연스러운 감정의 표현, 즉 '흥분', '화남', '놀람' 등의 표현은 모두 화자가 정상적인 '인위적으로 말을 골라서 하는' 이성적 상태에서 감정적 상태로 심리상태가 변화하였음을 나타낸다. 즉 감정이 고조되자, 더 이상 이성적인 언어의 선택이 불가능하게 되고, 대신 일차적으로 습득한 언어인 제주말로 전환을 하게 되는 것이다. 따라서 감정의 표현은 앞서 살펴보았던 두 방언 사용에 작용하는 다양한 사회적 요인들을 넘어서서 제주말로의 전환을 통해서 나타난다. 심지어는 상대방의 정체성을 무시하고 '육지사람'에게도 제주말을 사용함으로써, 자신의 감정을 표현 전달하게 된다.

〈사례 32〉
-물리적 환경: 관광지에 있는 한 식당 안
-사회적 장면: 관광 안내원이 전날 시간 약속을 어긴 관광객에게 화를 낸다.
-참여자: A(관광 가이드, 30+, 여, 제주), B(관광객, 50+, 남, 육지)

[B가 식당 안으로 들어와서 A의 옆에 앉는다]
*A: [화난 표정으로] **아지방, 어저께 경 허면 어떵헙니까게**(아저씨, 어저께 그러면 어떡해요)**? 더위 먹어난 죽을 뻔 했잖우까?**
B: [귀찮다는 듯이] 아, 알았어. 벌써 몇 번째야? 오늘 아침에 왜 이러는 거야? 오늘만 하면 헤어질 텐데. 어제는 야단 안 치고, 오늘은 왜 쳐, 왜?
A: [대들듯이] 어제는 야단칠 시간이 없었잖아요.

5) 위장의 측면

마지막으로 방언 전환의 기능을 의사소통 상의 '위장(disguise)'이라는 측면에서 살펴보고자 한다. 이러한 방언 전환의 기능은 특히 친밀도가 높은 사람들끼리의 상호작용에서 자주 나타나는 것으로서, 평소에는 제주말을 사용하던 사람들이 표준말로 전환하여 '남-남'의 관계로 위장하는 경우에 해당한다. 앞서 두 방언 간의 전환이 상대방과의 거리감의 조정을 가능하게 됨을 살핀 바 있듯이, 이러한 위장의 기능은 기본적으로 상대방과의 거리를 확대시키는 거리감의 조정에 속하지만, 표준말로의 전환을 통해 상대방과의 거리를 넓힘으로써 더욱 격식적이고 정중한 상호작용을 나타내고 '공손함'과 '부드러움'을 과장적으로 표현한다는 점에서 차이가 있다. 또한 이러한 위장의 효과를 위해서 제주사람들은 말의 억양, 목소리의 크기, 얼굴 표정 등을 변화시켜 그 효과를 극대화한다.

〈사례 33〉

-물리적 환경: 자동차 안

-사회적 장면: 부인(A)이 운전하는 차를 타고 가던 남편(B)이 부인에게 부탁을 한다.

-참여자: A(부인, 30+), B(남편, 30+)

B: **나 약속 이서난이, 누구 좀 만나고이, 가케.**

A: **누구?**

B: **고병선씨. 어제부터 약속해난. 금방 가커라.**

A: **빨리 옵서게. 술 많이 마시지 말고예.**

*B: [부드러운 목소리로] 사모님, 여기서 세워 주세요. 예, 고맙습니다. 먼저 가세요.

*A: [웃으며] 알았어요.

〈사례 33〉에서 B는 애정과 어리광을 동반한 부탁의 장면에서, 표준말로의 전환을 보이고 있다. 이것은 앞서 '거리의 조정'이라는 효과에서 '표준말은 상대방과의 분리를, 제주말은 연결을 나타낸다'라고 했던 것과 상충되는 것이다. 그러나, 여기에서 표준말로의 전환은 상대방과의 거리를 표현하려는 것이 아니라, 격식적인 관계로 위장하여 상대방에 대한 공손함을 더욱 과장적으로 나타내기 위한 것이다. 또한 '사모님' 등의 호칭의 변화와 말단계의 변화—낮춤말에서 높임말로—는 '타인' 대 '타인'이라는 격식적 관계로의 위장을 더욱 효과적으로 만드는 요소들에 해당한다. 이러한 변화와 함께 표준말로 전환하는 부분에서 화자는 유난히 목소리를 부드럽게 하고, 만면에 웃음을 띠는 등 표정까지 변화시키고 있는데 이러한 변화는 화자의 의도를 더욱 명확히 보여준다.

이러한 '위장'의 효과는 평상시 제주 존댓말을 사용하지 않는 대상—연령이나 사회적 지위에서의 하위자—에게 존댓말의 형태로 표준말을 선택할 때 두드러지게 나타나는데, 그 중 하나가 어린 아이들에게 '아기말(baby talk)'의 일종으로서 표준말에서의 높임말 단계를 선택하는 경우이다.

넓은 의미에서의 '아기말'이란, 유아에게 말을 할 때 사용하는 특이한 말씨체로서, 성인화자가 청자인 어린이들의 정형화된(stereotyped) 말하기의 특성을 채택하여 사용하는 언어사용 형태이다(Ervin-Tripp 1972: 240, 1969: 298). 따라서 제주사회 내에서 성인들이 아이들에게 말할 때 보이는 빈번한 표준말로의 전환은 교육적 효과를 위한 것일 뿐만 아니라, 두 방언 사용과 관련된 어린이들의 언어사용에 대한 정형화된 유형, 즉 '어릴수록 표준말을 사용한다'라는 두 방언 사용의 연령별 분포에 대한 지각과 '표준말을 쓰면 앳띠고 부드럽다'는 일반적인 언어 태도에 기반한 것으로 보인다.

이처럼 '아기말' 형식의 표준말의 사용은 성인들이 아이들의 말사용에서의 특성을 선택하는 것이므로 아이들에게 말을 걸 때뿐만 아니라, 아이들의 말을 흉내낼 때에도 나타나곤 한다. 여기서 참여자들은 일부러 목소리를 가냘프고 여리게 변형시키고, 소리의 높이(pitch)를 높이고 억양(intonation)을 과장하여 노래하듯이 말하는 등, 어조를 변화시켜 그 효과를 극대화한다.

〈사례 34〉
-물리적 환경: 토요일, 점심시간에 즈음한 길가의 상점 안
-사회적 장면: 길을 가다가 우연히 아들과 함께 들린 A가 점원인 B와 나누는 대화이다.
-참여자: A(방문객-C의 아버지, 30+, 남), B(점원, 20+, 여), C(A의 아들, 3세)
*이때 A는 B의 친구 남편으로, A와 B는 친밀도가 높다.

A: [아들을 데리고 상점 안으로 들어오다가] **아, 어째 미안하게시리 커피 마실 때를 같이 행 와진 거 닮다, 이.** (미안하게시리 커피 마실 때 왔구나.)

B: [A에게] **잘 셨수가예**(잘 쉬셨어요)? [A의 아들을 보며 : 반갑게] **지민이도 왔구나게. 아이구…** [아이의 엉덩이를 두드린다] ①지민이 어디 갔다 오는 거에요? 아빠랑 어디 갔었어요? [A를 향하여] **커피 드릴까예?**

A: **난 커피 됐수다게.**

B: **그럼 이거 포도라도 드십서.** [포도를 대접한다]
[아이를 향하여] ②지민아, 자, 포도, 포도 맛있게 먹어요.

A: [아들이 포도를 집으려 하자] **이거 비닐에 가정 강 먹자 이.**
[B에게] ③이모, 비닐 하나 주세요.

B: **비닐 어신디…**(비닐 없는데).

A: **물건 팔 때 싸는 거라도 하나 줍서. 포도 싸 강 집이 강 먹켄**(포도 싸가지고 가서 집에 가서 먹으려구).

〈사례 34〉에서 B가 표준말로 전환한 부분인 ①과 ②는 모두 A의 아들인 C에게 말 하는 부분으로서 '높임말' 단계로의 변화도 동반하고 있음이 발견된다. 또한 A가 표준말로 전환한 ③부분은 A가 자신의 아들의 말을 대신하여 B에게 말을 하는 부분임을 알 수 있다. 즉 아이에게 하는 말과 아이의 말을 대신하는 경우에 표준말로 전환이 일어나고 있는 것이다.

한편 이제까지 살펴본 '격식적 관계로의 위장'이라는 '관계의 위장'에서 뿐만 아니라, '말 내용의 위장'도 방언 전환을 통해 가능한 것으로 나타난다. 앞서 표준말로의 전환이 이성적 내용을 강조하는 기능을 하고 있음을 살펴보았는데, 여기에서 살펴볼 코드전환의 기능은 자신의 말이 객관적으로 옳은 것처럼 위장하여 자신의 주장을 강조하는 경우이다.

〈사례 35〉
-물리적 환경: 수확철의 귤밭
-사회적 장면: '파치'(상품 되지 못하는 귤)와 '상품'을 선별하는 사람들이 서로 이야기를 나눈다.
-참여자: A(50+, 여), B(50+, 남). 이때 A와 B는 친척 관계이다.

A: **오늘 잔친데예, 오라방신디**(오라버니에게) **오느라고 안 갔어예. 부주하기 싫어났는디 잘 됐수다. 뭐.**

B: **부주 안하면 안 되주게.** (부주 안하면 안 되지.) *[심각하게] 나중에 염라대왕 앞에 가서 심판 받을 때 부주 안 하면 큰일 납니다.

A: **무사**(왜)?

B: 염라대왕이 너는 인간관계에서 그렇게 야박하냐고 하면서 지옥 가서 맛 좀 보라고 합니다. 노태우 앞에선 시위를 해도, 염라대왕 앞에서 시위한 사람은

아무도 없습니다.

A: [웃으며] **어떵 경 알아점수가? 염라대왕 앞이 가봤수가?** (어떻게 그렇게 잘 알고 있어요? 염라대왕 앞에 가봤어요?)

*B: [웃으며] **몰라, 가 봐신가.** (몰라, 가 봤나.)

위의 사례에서 B가 표준말로 전환한 부분을 살펴보면 자신의 주장을 강조하는 부분임을 알 수 있다. 그러나 이러한 표준말로의 전환이 앞서 살핀 '말 내용의 강조'와 다른 것은, 진실이 아닌 것을 '마치 진실처럼' 표현하고 있다는 사실에서이다. 그러나 이러한 코드전환을 통한 '위장'은 실질적인 의사소통의 목적을 위한 것이라기보다 친밀도가 높은 사람들끼리의 일종의 '말놀이(speech play)'로 수행되는 것으로 이해되어야 한다.

한편 이러한 다양한 사회적, 언어외적 기능 이외에 두 방언 간의 전환은 대화 과정상의 또 다른 '언어적' 기능을 수행하고 있는 것으로 나타난다(Gumperz 1982; Gal 1979; Hill & Hill 1986 참조). 다음 살펴볼 두 방언 간의 전환은 인용(quotation), 자신이 말하고 있는 청자를 명확하게 하기 위한 청자 지적(addressee specification), 반복(reiteration) 등의 기능을 수행하는 경우이다.

〈사례 36〉 인용(quotation)

-상황: 이웃집 여자들끼리 모여서 이웃집 아이에 대한 이야기를 하고 있다.

-참여자: A(60+, 여), 그 외 이웃에 사는 주부 2명

A: [한 명을 가리키며] **요전 날, 이 집의 아들이 자전거 고장난 거라. 요기서. 그 놈을 고치려고 막 파들락 파들락 하는 거라. 게난 어딧 아이냐고 물어보나네,** '저요? 저 옆집애에요.' **영 허드라구. 게난 나가 고쳐준다고 하난,** '할머니가 고쳐 줄래요?' (웃음) **게난 난 도라이버 가정강 그 놈을 고치나네,** '어유, 감사합니다.' (웃음) **잘도 요망져, 애가**(애가 아주 똘똘해).

〈사례 37〉 청자 지적 (addressee specification)

-물리적 환경: 관광 농장

-사회적 장면: 홍보원이 관광객에게 안내를 하고 있다.

-참여자: A(홍보원, 30+, 남), B(농장장, 40+, 남), 그 외 관광객 40명 정도

[관광객들은 모두 앉아 있고, 홍보원인 A가 앞에서 안내를 한다]

A: 이왕 제주도 오신 김에 뭔가 좀 배우시고, 저희 제주 떠나시더라도, 우리 제주도 이미지 좀 많이 부각시켜 주시고요. 여러분 친구들이나… [이때 B가 A의 뒤쪽에 있는 문으로 들어온다 : A는 뒤돌아보며 B에게] ***아, 오셨수가? 이쪽으로 옵서.**

B: [계속하라는 듯이 손을 흔든다] 아, 하세요. 하세요.

A: [B에게] **잠깐만예.** [다시 뒤로 돌아 말을 계속한다] 친구분이나 동생분들에게 제주도 농산물 구입하시는 것부터 제주도 이미지를… [이하 표준말로 진행]

〈사례 38〉 반복(reiteration)[13]

-물리적 환경: 도청 민원실

-사회적 장면: 불법으로 위조된 서식을 사용한 민원인에게 사용할 수 없음을 말한다.

-참여자: A(직원, 40+, 남), B(민원인, 20+, 남)

A: [민원인이 제출한 신청서류 보고] 이거 어디서 났어요? **어디서 마씸?**

B: [머뭇거리며] **저기, 도장 파는 데 강…**

A: **이거는 백지에 복사한 거우다.** 이거 쓰면 안 됩니다. **이거 쓰면 안 돼 마씨.**

이처럼 두 방언 간의 전환은 구체적인 상호작용의 맥락 내에서 일정한 의미를 전달하는 효과적인 의사소통의 수단으로 존재하고 있으며 이것은 각 방언에 특정의 의미가 부여되어 있기 때문이라고 설명할 수 있다. 이에 따라 언어적 상호작용 과정 속에서 "다른 어떤 사회 맥락적 단서가 없이도 특정 코드의 선택만으로도 일정한 의미를 전달(Gumperz 1982: 83)"하게 되는 것이다.

---

13) 이러한 반복의 기능은 부분적으로 '말 내용의 강조' 기능과 중복되는 것으로 보인다.

4. 제주말과 표준말: 문화적 의미

이상의 연구 결과를 통해서 제주 언어공동체 내에서의 두 방언 사용 현상은 일정한 사회적 요인에 의해 제약되는, 즉 사회적 규칙에 의해 설명 가능한 언어 사용 행위이며, 또한 특정 방언의 선택은 의사소통의 과정에서 다양한 비지시적(non-referential) 기능들을 수행하고 있음이 밝혀졌다.

그런데 앞서 살핀 두 방언 사용의 제 측면들을 상호 비교, 대조해 보았을 때 이러한 상이한 차원의 언어행위가 모두 하나의 동일한 추상적 원칙하에 조직되어 있음을 발견할 수 있다.

우선 표준말 사용의 경우를 살펴보면, 표준말은 육지사람에게, 또는 제주사람이라고 하더라도 '남'으로 인식되는, 친밀하지 않고 사회적 지위가 높은 사람에게 사용되고 있으며, 마찬가지로 사용 방언을 표준말로 전환시키는 것은 참여자들 간의 사회적 거리를 확대시키거나 격식적인 관계로 위장하는 효과를 가져온다. 또한 표준말은 공식적인 상황에서 사용되는 말일 뿐만 아니라, 사용 방언의 표준말로의 전환은 상황을 공식적인 것으로 조정하며, 또한 이성적, 객관적인 성격의 말 내용을 강조하는 것으로 분석되었다. 이러한 표준말의 사용영역은 기본적으로 좀 더 공식적이고 거리가 먼 '남'과의 관계에 해당되는 것이다. 즉 표준말이란 '육지사람'으로 대표되는 '남', 즉 '그들 집단(they-group)'과의 상호작용에서 주로 사용되는 말로서, 상대방에 대한 '격식성'과 사회적 거리를 표현하는 '격식적인 말(formal dialect)'이라는 기본 성격을 지니는 것이다.

이에 반해 제주말은 제주사람에게, 그 중에서도 일차적으로 친밀한 사람에게 사용되며, 또한 참여자들 간의 사회적 지위의 차이가 강조되지 않는 경우에 사용된다. 따라서 제주말로의 전환은 참여자들 간의 사회적 거리를 좁혀 연대성과 친밀감을 표현하게 된다. 또한 제주말은 비공식적인 상황에서 사용되며, 제주말로의 전환은 상황을 비공식적인 것으로 조정하고, 감정을 표현하거나 감정적이고 주관적인 내용을 강조하는 데 효과적으로 사용된다. 다시 말하면, 제주말의 사용영역은 모두 '제주사람'으로 대표되는 '우리 집단(we-group)'과의 상호작용에 적용되는 것으로서, 제주말은 '우리'끼리, 즉 비격식적인 상황에서 상대방에 대한 친밀감과 연대성을 표현하는 '친밀한 말(intimacy dialect)'이라는 기본 성격을 지니게 되는 것이다.

이상의 논의를 종합하면, 표준말은 '남'이 쓰는 말 또는 '남'과의 상호작용에서 사용되는 '그들의 말(they-code)'인 데 반해, 제주말은 '우리'가 사용하는 말 또는 '우리'끼리 쓰는 '우리의 말(we-code)'이라는 의미를 기본적으로 가지고 있음을 알 수 있다.

이러한 사실은 제주사회 내에서 '육지'와 '제주'라는 이원적인 범주가 '외부집단(out-group)'과 '내부집단(in-group)'의 일차적인 경계로 작용하고 있다(유철인 1984, 1986)는 인지인류학적 연구 결과와 정확히 일치하는 것이며, 제주 무속의 구비전승(oral tradition)에서 공통의 모티프로서의 이항 대립의 구도가 바로 '제주사람'과 '육지사람' 간의 구분으로 이루어진다(Kim 1989)는 종교인류학적 연구와도 일치하는 것이다. 다시 말하면 제주/육지의 구분은 단순한 물리적 범주를 넘어서서 언어생활 및 다른 사회생활의 영역에서도 중심적으로 나타나는 제주사회에서의 '문화주제(cultural theme)' 또는 중요한 사회문화적 특성임을 추론할 수 있다.

그러나 언어생활에서 반영되는 '제주'와 '육지'의 구분 또는 '우리'와 '남'이라는 심리적 경계의 구분은 두 방언 간의 활발한 접촉이 이루어진 근래에 와서 부분적으로 변화하고 있는 것으로 관찰된다. 이 현상은 세대별로 상이하게 나타나는 두 방언 사용 유형의 차이에서 관찰되는 것으로, 제주사회에서의 언어 사용상의 변화 및 제주사회에서의 전반적인 사회문화적 변화의 방향을 예시해주는 것으로 생각된다.

앞에서 이미 기술하였듯이, 어린 연령층으로 갈수록 "주로 표준말"을 사용하는 경향을 보이는데, 이는 제주 언어공동체 내에서 어린 세대로 갈수록 표준말의 조기 습득이 더욱 용이해지고, 그 사용 기회가 더욱 증대되는 상황에 있기 때문일 것이다. 따라서 노년층의 경우에는 '제주사람이면 제주말'이라는 상대방의 지역

정체성의 구분만으로도 두 방언 간의 선택이 가능했지만, 어린 연령층으로 갈수록 친밀도의 정도에 따라 극히 한정된 범위의 가까운 사람－가족, 친구과의 상호작용에서만 제주말을 사용하며, 그 외 사회적 거리가 먼 낯선 사람이나, 지위, 연령상의 상위자에게는 모두 표준말을 쓰는 경향을 보이고 있다.

이러한 변화의 경향이 함의하고 있는 것은, 성인들의 경우는 외부집단과 내부집단 간의 구분을 명확히 인식하고, 표준말과 제주말이라는 두 방언을 외부집단과 내부집단에 각각 수평적으로 적용시키고 있는 데 비해, 어린이들의 경우는 외부집단의 언어를 내부집단의 성원들에게도 확대 적용시킴으로써, 내부집단의 언어 사용 범위가 점차 축소되고 있는 것이다. 이에 따라 두 방언 간의 차이가 존댓말 체계와 결부되어 제주말은 '반말'의 의미로, 표준말은 '존댓말'의 의미로 그 내용이 각기 축소될 가능성을 시사해 주기도 한다.

어린 세대에서 나타나는 이러한 두 방언 사용상의 변화는 두 방언 간의 접촉의 상황에서 외부집단의 언어와 내부집단의 언어가 통합되어 가는 과정일 것이며, 이 사실은 결국 제주사회가 '국가'라는 '더 큰 사회'의 부분으로 통합되어 가고 있음을 반영하는 것이다. 이제 '육지'란 '제주'와는 분리된 '외부집단'으로서가 아니라, 점차로 '제주가 소속되는 더 큰 사회'라는 의미로 변화하고 있는 것이다. 따라서 제주사회 성원들의 이중 성원권(dual membership), 즉 '제주사회'의 구성원이자 '더 큰 사회'의 구성원이기도 하다는 이중적인 사회적 정체성은 시간이 지남에 따라 더욱 강하게 작용할 것이며, 이에 따라 장차 '표준말'은 '남의 말'로서가 아니라 지금보다는 훨씬 중립적인 가치를 지닌 말로 사용되게 될 것으로 예측된다.

√참고문헌

강윤희, 1993, "제주사회에서의 두 방언 사용 현상," 서울대학교 인류학과 석사학위논문.

왕한석, 1987, "언어인류학" (미발표원고), (1996, "언어, 사회, 문화: 언어 인류학의 주요 조류," 『사회언어학』 4(1): 3-50).

유철인, 1984, "일상생활과 도서성: 제주도 문화에 대한 인지인류학적 접근," 『제주도연구』 1: 119-144.

______ 1986, "제주사람들의 문화적 정체감: 주변사회에 있어서의 적응 방식," 『탐라문화』 5: 71-93.

이정민, 1981, "한국어의 표준어 및 방언들 사이의 상호접촉과 태도," 『한글』 173/174: 559-584.

이익섭, 1984, 『방언학』, 서울: 민음사.

현평효, 1979a, "제주도 방언 연구에 관한 검토 I," 『방언』 1: 32-49.

______ 1979b, "제주도 방언 연구에 관한 검토 II," 『방언』 2: 34-55.

______ 1985, 『제주도 방언 연구: 논고편』, 서울: 이우출판사.

Blom, Jan-Peter and John J. Gumperz, 1972, "Social Meaning in Linguistic Structures," in John J. Gumperz and Dell H. Hymes (eds.), *Directions in Sociolinguistics*, New York: Holt, Reinhart and Winston, pp. 409-434.

Brown, Roger W. & Mauguerite Ford, 1964, "Address in American English," reprinted in D. H. Hymes (ed.), *Language in Culture and Society,* N.Y.: Harper & Row, pp. 234-244.

Brown, Roger W. & A. Gilman, 1960, "The Pronouns of Power and Solidarity," reprinted in P. P. Giglioli (ed.), *Language and Social Context*, Middlesex: Penguin Books, pp. 252-282.

Duranti, Alessandro, 1988, "Ethnography of Speaking," in Frederich J. Newmeyer (ed.), *Linguistics: the Cambridge Survey*, vol. IV, Cambridge: Cambridge Univ. Press, pp. 210-228.

Ervin-Tripp, Susan, 1969, "Sociolinguistics," reprinted in B. G. Blount (ed.), 1974, *Language, Culture and Society*, Cambridge, Mass.: Winthrop Publishers, Inc., pp. 268-334.

______ 1972, "On Sociolinguistic Rules," in John J. Gumperz and Dell H. Hymes (eds.), *Directions in Sociolinguistics*, New York: Holt, Rinehart and Winston, pp. 213-250.

Gal, Susan, 1978, "Peasant Men Can't Get Wives: Language Change and Sex Roles in a Bilingual Community," reprinted in John Baugh & Joel Sherzer (eds.), *Language in Use: Readings in Sociolinguistics*, New Jersey: Prentice-Hall, pp. 292-304.

______ 1979, *Language Shift: Social Determinants of Linguistic Change in Bilingual Austria*, New York: Academic Press.

Gumperz, John J., 1964, "Linguistic and Social Interaction in Two Communities," reprinted in Ben G. Blount (ed.), 1974, *Language, Culture and Society,* Cambridge, Mass.: Winthrop Publishers, Inc., pp. 250-266.

______ 1982, *Discourse Strategies*, Cambridge: Cambridge Univ. Press.

Hill, Jane H. & Kenneth C. Hill, 1986, *Speaking Mexicano: Dynamics of Syncretic Language in Central Mexico*, Tucson: The University of Arizona Press.

Hymes, Dell H., 1972, "Models of the Interaction of Language and Social Life," in John J. Gumperz and Dell H. Hymes (eds.), *Directionsin Sociolinguistics,* New York: Holt, Rinehart and Winston, pp. 38-71.

Kim, Seong-Nae, 1989, "Chronicle of Violence, Ritual of Mourning: Cheju Shamanism in Korea," Ph. D. Dissertation, Michigan Univ.

Wang, Hahn-Sok, 1979, "Sociolinguistic Rules of Korean Honorifics," 『인류학논집』 5: 91-118.

〈자료〉

제주도, 1992, 『제주도』 통권 제92호.

______ 1992, 『제주도지』 1, 2, 3권.

제주도, 주도교육청, 예총제주도지회, 1992, 『사투리 축제 작품집: 제31회 한라문화제 제주화생민속예술한마당』.

9 장

'농담'과 '곁말'의 구조와 사용양식*

최진숙

1. 서 론

언어인류학의 기본 전제는 언어가 지시적 기능 외에도 다양한 기능을 가지며, 언어가 전달하는 다양한 의미를 이해하기 위해서는 화자가 가진 의사소통능력(communicative competence)을 이해해야 한다는 것이다. 의사소통능력은 언어사용 및 해석의 규칙에 대한 지식이며, 언어인류학의 궁극적 목적은 바로 개별 사회의 화자들이 공유하는 지식을 고찰하는 것이다(Hymes 1972). 그러므로 언어인류학의 주요 질문 중 하나는 '발화의 다양한 의미는 어떻게 생성되며 이를 적절히 해석할 수 있는 근거는 무엇인가'라는 것이 된다. 이 질문을 적절히 탐구할 수 있는 연구 전략은, 같은 말이라도 다르게 해석될 수 있는 말행위에 주목하는 것이다. 그것은 화자와 청자가 인지하고 있는 사용 및 해석의 규칙에 따라 의미가 어떻게 달라지는지를 밝힐 수 있기 때문이다. 가령, 특정 발화를 '농담'으로 간주할 수 있는 근거는 무엇일까? 그것을 농담인지 모욕인지를 어떻게 판단할 수 있을까? 이러한 문

* 이 논문은 동일한 제목의 필자의 학위논문(최진숙 1995)을 수정 • 보완한 것이다.

제의식이 바로 본 연구의 출발점이다. 연구자는 말행위의 민간 명칭에서 출발하여, 행위자들이 인지하는 해당 말행위의 사용 규칙을 분석하고, 언어적 상호작용 과정에서 실제로 전달되는 다양한 의미를 해석해 보고자 하는 것이다.

말행위의 명칭에서 출발하여 말행위의 규칙을 찾아내고자 하는 시도는 Bateson (Bateson(서석봉 역) 1990: 189-202 참조)의 '상위 의사소통(metacommunication)' 개념과 밀접한 연관이 있다. '상위 의사소통적(metacommunicative)'인 행위는 가령, 현재 하고 있는 의사소통 행위에 대하여 '이것은 놀이이다'라는 식으로 말행위 자체의 맥락에 대하여 암시를 하는 것이다. 가령, Bateson은 '정신분열증(schizophrenia)'이라 명명되는 상위 의사소통행위를 발견하고 그것의 특질들을 찾아냄으로써 그것과 다른 의사소통 행위가 어떻게 구분되는지를 찾아보려고 하였다. 나아가 Bateson은 이러한 문제의식을 가지고 '해석의 틀'(frame)에 주목하였다. 고전적 사례로서 한 원숭이가 다른 원숭이를 만났을 때 깨무는 행동을 했다면 이것이 '장난'인지 '싸움'인지를 해석할 수 있어야 대응할 수가 있는데, 마찬가지로 특정의 발화를 이해하기 위해서는 화자의 의도를 해석할 틀에 대한 지식이 요구된다는 것이다. Bateson의 이 생각은 이후 Goffman(1974)에 의해 발전되었으나, 모두 개별 사회에서 발견되는 의사소통 행위의 문화적 특성을 이해하려는 시도까지 나아가지 않았다는 한계를 가진다.

말행위를 분석하기 위한 보다 본격적인 이론틀은 Hymes(1962, 1972 참조)의 '말하기 혹은 의사소통의 민족지학(ethnography of speaking or communication)'과 거기에서 제시되는 SPEAKING 모델[1]일 것이다. Hymes는 "개별 사회에서의 말

---

1) Hymes는 말사례(speech event)를 '언어사용의 규칙 또는 규범에 의해 직접적으로 지배되는 행위들'(1972: 56)이라고 하며 개별 말사례를 구성하는 총체적 구성요소들에 대한 분석틀을 다음과 같이 제안하였다. 이 구성 성분들은 개별적인 말하기의 예와 관련된 상대적 중요성에서는 서로 동등하지 않은 것으로 이해된다(왕한석 1987: 25).

1. Setting: setting(말하기의 자연적 배경), scene(장면에 대한 문화적 정의)
2. participants: speaker or sender(화자), addresser(화자의 메시지를 전달하는 사람), hearer or receiver or audience(청자) addressee(메시지가 궁극적으로 전달되는 대상)
3. Ends: purposes-outcomes(관습적으로 인지되는 목적) purposes-goals(개인적인 전략)
4. Act Sequences: message form(말이 표현되는 방식) message content(말의 내용)
5. Keys(어조, 태도, 예의 등과 같은 표현적 요인들)

하기(speaking)의 규칙을 일반화하는 것은 '말사례(speech event)'의 구성 성분들 간의 관계를 언급하는 형태를 취한다"(Hymes 1972: 65)고 하였다. 여기서 말사례는 '말행위(speech act)'와 동일시될 수도 있고 말행위를 포함하는 더 큰 단위가 될 수도 있다(앞의 글: 56). Hymes는 나아가 말행위를 이해하는 데서 그것의 기능(function)에 초점을 맞추었으며, 개별 사회에서 의사소통 행위가 조직되는 중요한 차원은 언어가 갖는 제 기능들에 의해 일차적으로 파악될 수 있다고 하였다. 그런데 이러한 기능이란 단순히 말사례를 구성하는 성분들의 결합으로 환원되거나 성분들로부터 직접적으로 도출되는 것은 아니며, 사회적 행위에 참여하고 있는 개인들의 의도와 요구로부터 이끌어낼 수 있는 것이다(Hymes 1972: 70).

그런데 개별 말사례는 화자와 청자의 언어적 상호작용으로 구성된다. 따라서 언어적 상호작용에 대한 분석을 통하여 우리는 말사례에서 행해지는 화자의 의도 및 전략을 파악하고, 청자에게 전달되는 다양한 사회적 의미를 해석할 수 있을 것이다. 이와 같이 상호작용을 중시하는 접근법은 사회언어학 내에서 '상호작용적 접근(interactional approach)'(Gumperz 1972: 17)이라 불리는데, 이러한 연구는 특히 행위자의 말사용에 초점을 맞춤으로써 개인들이 언어적 상호작용을 하기 위하여 의존하는 사회문화적 맥락에 대한 가정을 추론해내는 분석 방법을 취하고 있다(Gumperz & Herasimchuk 1975; Mitchell-Kerman 1972; Sacks 1972 등). Gumperz(1982)는 또 이를 담화(discourse)에 대한 '화자 지향적 접근(a speaker-oriented approach)'이라고도 부른다.

본 연구는 한국 사회에서 중요한 말행위의 범주인 '농담'과 '곁말'에 대한 사회언어학적 연구로, 특히 상호작용적 접근의 시각에서 구체적인 '농담' 및 '곁말'의 말사례들을 심층적으로 기술 분석해 보고자 한다.[2)]

---

6. Instrumentalities: channels(구두, 서면, 신호기 등에 의한 말의 전달 방식) forms of speech (언어, 방언, 말씨체 등의 언어 표현 양식들)
7. Norms: norms of interaction(말과 관련되는 특정 행위 및 자질) norms of interpretation (참여자에 의한 상호작용 규범의 의미 해석)
8. Genres(시, 신화, 속담, 욕 등의 전통적 장르 범주)

2) 언어적 상호작용으로서의 '농담'에 대한 대표적인 언어인류학적 연구로는 Basso의 연구(1979)가 있다. 그는 Western Apache의 말행위 범주인 '농담'(joking)의 사용에 대하여 그것

'농담'과 '곁말'에 대한 기존의 연구는 아직 그것에 대한 일반적인 유형을 정립하기에는 부족한 편일 것이다. 앞선 연구 중 Wang(1984)은 반촌 사회에서 '농'이라는 말행위가 호혜적 '반말' 사용과 마찬가지로 사회관계의 정도를 나타내주는 지표가 될 수 있음을 논의하였다. 물론 반촌 사회에 대한 연구이긴 하지만, 한국 사회에서 '농담'이 어떠한 맥락과 사회관계의 범위 내에서 사용되는가에 대한 이해를 도울 것이다. 그러나 '농담'이 다른 말행위와 구분되는 특질들을 통해 범주화되는 방식 그리고 언어적 상호작용 속에서의 실제의 농담 사용은 다루고 있지 않다. 또 한국 사회 내의 다양한 말행위 범주들의 민간 명칭들을 찾고 각 말행위 범주들의 특질을 기술한 연구 보고(왕한석 1994)가 있으나, 개별 사례들에 대한 기술이 미흡한 편이다. 그리고 '곁말'에 대한 박갑수(1979)의 논의는 그것의 정의 및 유형들을 기술하고는 있으나 단순히 사전적 정의에 그치고 있으며, 또 주로 고전문학에서 발췌한 사례들의 나열에 불과하므로 실제 언어적 상호작용 속에서의 곁말 사용을 다루지는 못하였다고 볼 수 있을 것이다.

본고에서는 '농담'과 '곁말'이라는 한국 사회에서 중요한 두 말행위 범주의 특질들을 찾아내고, 이러한 말행위가 실제 사용되는 과정에서 청자에게 전달되는 다양한 사회적 의미 및 상호작용 과정에서의 기능들을 이해하고자 한다. 다시 말해, 첫째 '농담'과 '곁말'이라는 말행위 범주는 어떠한 구조적 특징들에 의해 규정되며

의 '해석적(interpretive) 기능'과 '화용적(pragmatic) 기능'을 중심으로 분석하였다. Western Apache의 농담은 특정 대상을 패러디(parody), 즉 대상의 특징을 과장 혹은 왜곡하여 희화화하는 것이다. 특히 Western Apache의 농담은 백인을 희화화하는 내용이 많은데, 이는 외부인이자 '침략자'로서의 백인의 전형적인 모습을 그들이 어떻게 인지하는지를 잘 보여준다. 그러나 Basso는 여기서 그치지 않고 실제 언어적 상호작용 과정에서 농담이 어떻게 사용되는가에 초점을 맞추었다.

또 본고와 관련하여 특정 말행위 범주에 대한 '상호작용적 접근'을 채택한 대표적인 연구로 Mitchell-Kernan(1972)이 있다. 그녀는 미국의 흑인 사회에서 발달한 말행위 범주 중 'signifying'(암시, 함축적인 표현 방식)이라는 말행위를 중심으로 그것의 언어적 상호작용의 여러 측면들을 고찰하였다. 또한 일상적 상호작용에서 화자가 전략적으로 signifying을 사용하는 양상 및 청자가 사회문화적 배경 지식을 동원하여 전달된 의미를 해독하는 과정을 분석하였다. Mitchell-Kernan에 따르면 signifying은 우회적인 표현 양식을 특징으로 하는 일종의 언어예술(verbal art)이다. 그녀는 특정 말행위의 사전적 정의만으로는 화자가 전달하려는 의미가 맥락에 따라 달라짐을 설명할 수 없으며 상황적 맥락에 대한 지식이 있어야 전언의 의미를 해석할 수 있다고 보았다.

다른 말행위와 구분되는가, 둘째 언어사용의 사회문화적 맥락과 관련하여 실제 청자에게 전달되는 의미는 무엇이고 또 이들 말행위는 언어적 상호작용 속에서 어떻게 사용되는가를, 경험적 자료에 기반하여 기술 분석하고자 한다.

본 연구를 위해 연구자는 1994년 3월부터 7월까지 덕적도에서 현지조사를 수행하였다. 구체적으로 연구자는 면접을 통하여 개별 말행위 혹은 장르(genre)의 명칭들을 수집하고 이에 대한 민간 정의들을 파악한 후, 주민들의 일상적인 모임에 참여하여 라뽀(rapport)를 형성하는 동시에 실제 말사례들을 녹음 기록하였다. 그리고 다양한 실제 사례들을 얻기 위해 여러 말상황(speech situation)에 참여하려고 노력하였다. 연구자는 가정집만이 아니라 주민들이 주로 일하는 장소, 즉 부둣가, 밭, 갯벌 등을 자주 방문하였고 시간이 날 때마다 길가에서 대화를 나누는 마을 주민들의 모임에 합류하였다. 그리고 현지조사 기간 동안 파악한 주요 사회관계 및 마을의 사회문화적 특성 등에 대한 지식은 구체적인 농담과 겯말의 말사례에서 전해지는 의미를 이해하는 데 도움이 되었다.

2. 연구 지역 개관

연구자는 전통적인 말행위 범주에 대한 지식이 잘 남아 있을 것이라고 예상되는 소규모 공동체 사회를 연구 대상 지역으로 선정하였다. 현지조사지는 경기도 옹진군 덕적도에 속한 소야리라는 곳이다. 경기도 옹진군 덕적면 일대에는 모두 47개의 섬들이 있는데, 이 중 가장 큰 섬이 덕적도이고 여기서 약 3.5km 떨어져 있는 작은 섬이 바로 소야도이다.

조사지인 소야리는 도우, 턱굴, 큰마을, 선촌(혹은 새마을)의 4개 마을로 이루어지는데, 이 중 집중적인 조사 대상이었던 마을은 선촌이다. 선촌은 전체 소야리 중에서 가구 및 인구수가 가장 많은 곳이다. 그리고 주민들 중 마을의 사회조직에서 중심적 위치에 있는 이장, 부인회장, 노인회장, 어촌계장 등이 거주하고 있다. 이곳은 다시 위치에 따라 '웃(上)마을', '간뎃(中)마을', '아랫(下)마을'이란 작은 마을들로 나누어진다.

덕적도 전체의 인구는 1,396명이며 총 607세대이다. 이 중 소야리는 101세대에 234명으로 덕적군도 전체 인구의 17%를 차지하며 (덕적도의) 진1리 다음으로 규모가 큰 마을이다. 남녀 비율은 112:122 명으로 여성 인구가 약간 더 많은 편이다. 이는 1993년 12월 현재 주민등록상의 기록이며, 주민등록을 이전하지 않은 사람을 제외하면 조사 당시 실제로 상주하는 가구수는 77가구(큰마을 53가구, 턱골 14가구, 도우 10가구)에 인구수는 156명이다.[3] 이곳 사람들은 여유가 생기면 인천에 전셋집이라도 얻어서 자녀들을 거주하게 하거나 장사 나갔다가 폭풍주의보가 내려서 섬에 들어오지 못할 때 묵을 곳을 마련해 놓고 있었다. 그래서 실제로 이곳의 주민 수를 정확히 파악하기란 쉽지 않았다. 덕적도에는 노인 인구가 청년 인구보다 훨씬 많은데, 이는 대부분의 젊은이들이 인천에 거주하기 때문이다. 덕적도에서 젊은이들이 할 수 있는 일이란 뱃일을 하는 것 외에는 거의 없다. 뱃일이 점차 소규모화 되고 또 젊은이들이 뱃일을 기피한다는 점을 감안한다면, 배와 관련된 사업에 종사하는 사람이 감소하는 것과 조사지의 젊은 연령층이 감소하는 것과는 밀접한 관련이 있을 것이다.

소야리의 주민들은 친인척 관계를 중심으로 사회적 관계를 형성해 왔다. 그렇지만 평소 빈번하게 접촉하고 왕래하는 관계는 어릴 때부터 50-60년 이상을 줄곧 같은 동네에서 살아 온 친구관계이다. 특히 남자들의 경우에는 배씨, 최씨 대(對) 김씨, 조씨, 염씨로 나누어 자주 술자리를 갖는다. 이들은 한 동네에 살기 때문에 촌수로는 10촌이 되더라도 '다거서'(촌수를 가깝게 간주하여, 가령 5촌 당숙의 부인을 '작은어머니', 7촌 당숙을 '작은아버지'로 부름) 호칭하는 등 한 동네 사람으로 가깝게 지내는 편이다. 소야리 주민들은 친척 간의 위계 관계나 남녀 간의 사회적 거리를 엄격하게 따지지 않는 편이다. 특히 오랫동안 한 동네에서 알고 지내오던 이들이 많기 때문에 굳이 말행위에 대한 격식과 예의를 크게 중시하지는 않는다. 물론 거리낌 없이 자유로운 말행위가 가능하다고 해도 나쁜 소문이 나거나 혹은 상대방과의 관계가 어려워지는 일이 발생할 수도 있다. 무엇보다도 장기

3) 소야리의 이장의 제보에 의해 파악한 숫자임.

간 동안 잦은 접촉을 해온 데다가, 마을 주민수가 얼마 되지 않아 촌수로는 멀더라도 소수의 친척들만 남아 있기 때문에 친척 간의 가까운 관계를 중요시하는 것으로 보인다. 그러나 친밀한 사회관계를 맺고 있더라도, 사회관계에 대한 공식적 발언에서는 '먼저 생기면 촌수가 위이고 대우를 받아야 된다. 그러니까 사람이지, 안 그러면 개, 돼지나 다름없다'라고 하며 위계적 사회관계를 강조한다. 특히 항렬이 상하로 차이가 날 때 담배나 술을 같이 하거나 농담이나 욕과 같은 말행위는 엄격하게 금지된다고 한다.

소야리 주민들은 또 경제활동을 매개로 하여 일상적으로 상호작용을 하고 사회관계를 맺는다. 소야리 사람들의 주된 경제 기반은 바다와 갯벌에서의 어로 작업이다. 소야리 주민들은 굴 양식을 하지 않고 '강굴'을 직접 캐서 내다 파는데, 인천에 나가기만 하면 비싼 값에도(1kg에 8,000~9,000원) 금세 다 팔리기 때문에 이로써 자녀 교육비의 대부분을 충당하기도 한다. 그래서 '덕적굴에서 우러나온 배움'이라는 말이 있다고도 한다. 굴은 개별 소매로 팔거나 마을에서 한꺼번에 모아서 한 사람이 모두 팔고 오기도 한다.

부녀자들의 경우는 배를 타는 일을 제외하고는 모든 경제활동에 종사하기 때문에 일 년 내내 쉬지 않고 일한다. 하루 중에도 식사 때만 제외하고는 밭이나 갯벌에 나가서 일을 하기 때문에 부녀자들끼리 서로 만날 수 있는 시간은 별로 없는 편이다. 이에 비해 남자들은 밭일, 김 채취, 뱃일 등을 제외하고는 친구들끼리 만나 술자리를 갖는 때가 비교적 많다. 이러한 경제활동과 관련하여 일상적인 사회관계가 형성되고, 연구자가 주 자료인 말사례를 수집할 수 있었던 말장면(speech scene)도 주로 이러한 일상적인 사회관계에서 농담과 곁말을 주고받는 사례였다. 다음 절에서는 본격적으로 현지 연구를 통해서 수집한 실제 사례들을 중심으로 농담의 특질 및 사용양식을 살펴보도록 하겠다.

3. 농담의 특질과 사용 양식

'농담'이란 일반적으로 '실없이 장난으로 하는 웃음의 말'을 가리키는 말행위의 명칭이다(우리말큰사전 1975 참조). 제보자들에 의하면 '농담'은 '(상대방을) 놀리는 말', '서로 우스냥으로 하는 말', '서로 놀리고 장난하는 말'이라고 정의되므로 위의 사전적 정의와 크게 다르지 않다. 이러한 정의들을 보면 '장난', '웃음'과 같은 요소들로써 '농담'이라는 말행위를 규정짓고 있다.

그런데 왕한석(1994)에 따르면, '농담'이란 "넓은 의미에서는 '우스매소리'('웃자고 하는 소리')를 포함하는 웃기는 말, 장난치는 말 혹은 아랫사람이 윗사람에게 말장난을 하는 것"(1994: 59-60)이다. 또는 "말 그대로의 의미(literal meaning)는 궁극적 청자(addressee)에 대한 모욕이지만, 사회적 의미(social meaning)는 화자의 의도 및 이해의 면에서 장난"(Wang 1984: 166)이므로, '농담'을 통해 전달되는 의미는 '농담'의 맥락 혹은 농담을 해석할 수 있는 틀 속에서만 해석될 수 있다. '농담'을 표상의 의미 외에 또 다른 의미를 전달하는 말행위로 이해할 수 있는 자질들은 무엇일까? 전언의 실제 의미를 파악할 수 있도록 하는 특별한 장치는 무엇일까? 이러한 말행위가 사회적으로 허용되는 범위는 대체로 어디까지일까? 이러한 질문에 대한 답을, 연구 대상 언어공동체에서 '농담'이 실제로 사용되는 사례를 통해 구체적으로 찾아보고자 한다.

1) 농담의 구조적 특질

연구 대상 지역 주민들은 흔히 '농을 튼다'[4]라는 표현을 사용한다. 이는 화자와

4) 왕한석(1994: 62)에 따르면, 강화도에서 '농을 튼다'는 것은 주로 술자리나 함께 앉아 좌담을 하는 자리에서 잠시 동안 연령상 하위자가 친한 상위자에게 말장난, 즉 농담을 하는 것을 가리킨다. 흔히 평상시에 쓰이는 높임말을 쓰지 않고 친구지간의 말씨를 쓰는 등 평상시에는 하지 않는 말을 함부로 쓴다. 그러나 이는 순간적인 장난이며 서로 가까워지기 위해 하는 말장난에 불과하다. 그리고 농을 트는 데 있어서 '농은 윗사람이 터주는 것이지 아랫사람이 농을 틀 수는 없다'고 한다.

청자가 상호적으로 '농담'을 주고받을 수 있는 관계가 된다는 의미이다. 특히 '농'은 '농담'의 또 다른 명칭인 동시에 그것의 한 하위 범주로 규정할 수가 있다. 왜냐하면 '농담'은 넓게 보면 장난스럽게 혹은 웃음을 자아내는 말을 일반적으로 가리키지만, 평상시의 예의에서 벗어나는 표현을 써서 청자를 놀리는 것을 가리킬 때는 또 '농담'의 하위 범주로서의 '농(담)'으로 인지하기 때문이다.

그런데 때로는 '농담'과 또 다른 말행위 범주인 '우스냥소리'를 동일시하는 것을 볼 수 있다. '우스냥소리'란 '우스갯소리'의 방언형으로, 사전적 의미로는 '익살과 농담으로 하는 장난의 말'(우리말큰사전 1975)이며, 제보자들에 따르면, '우스냥소리'란 '남을 웃기는 말', '거짓말도 섞고, 곁말도 써가며 웃느라고 하는 소리'라고 정의되는 말행위 범주이다. 따라서 '우스냥소리'란 화자가 다양한 표현을 구사함으로써 청자의 웃음을 유발하는 말행위이다. 이것이 '농담'과 동일시되기도 하는 이유는 '장난'의 맥락과 '웃음'의 효과 때문일 것이다. '우스냥소리'를 포함하는 (넓은 의미의) '농담'은 다른 일상적인 말행위와는 구분되는 특질들을 지니고 있다. 무엇보다도 '농담'은 특정 맥락(context) 속에서 사용되며, 그 맥락 속에서 전언의 의미가 해석될 수 있는 말행위이다. 그러한 맥락은 어떻게 제시되는지, 어떠한 내용이 주로 전달되는지, '농담'을 통해 누가 누구에게 전언을 전달하는지 등이 바로 '농담'을 규정지을 수 있는 중요한 특질들이 된다. 다음에서는 관찰된 실제 사례들을 통해 이러한 농담의 특질들을 살펴보도록 하겠다.

(1) 농담의 맥락

조사지의 민간 정의에 따르면 '농담'은 "장난으로" 혹은 "놀 적에" 하는 말이다. 이러한 표현은 '농담'을 통해 전달되는 전언을 어떻게 해석해야 하는지에 대한 맥락적 단서를 가리킨다. 그리고 제보자들은 '농담도 때와 장소가 있다', '상대방의 기분을 봐서 해야 한다'는 언급도 하였다. 이는 '농담'을 하기 위해서 그리고 농담을 통해 전달된 의미를 해석하기 위해서는, 맥락에 대한 적절한 지식을 필요로 한다는 것을 가리킬 것이다. 이는 청자로 하여금 화자가 전달하는 바에 대하여 통상적인, 진지한 맥락 내에서 그 의미를 해석한다면 전언의 정확한 의미를 파악할 수 없음을 암시해 주기도 한다.

〈사례 1〉

-물리적 환경: 대낮, 주민들이 모여 있는 C의 집

-참여자: A(남, 50대), B(남, 60대, A와 나이 차이가 5세 정도. 계모임이나 평소 잦은 방문으로 서로 친한 사이이다.), C(남, 40대, B의 조카), 그 밖에 2-3명의 주민들

-장면: 동네에서 친한 사람들이 몇 명 모여서 C의 집 마당에서 술자리를 벌이고 있다. 이 때 마침 B가 대문을 열고 마당으로 들어온다.

A: (막 들어오는 B에게, 웃음 띤 얼굴로) **아 왜 자꾸 와-아. 올려면 먹을 거 가지구 와. 여기서 남의 안주 축내지 말구.**

(B가 앉지도 않고 다시 가려는 몸짓을 취한다.)

A: 아. 그렇다고 가나-아?

B: (멈춰서더니 웃으면서) 가-래매?

(모두 웃는다. B는 다시 돌아 와서 자리에 앉는다.)

A는 평소 때의 말을 하는 방식과는 달리 말소리를 길게 늘여서 큰 소리로 말을 함으로써 (밑줄 친 부분) 그리고 웃음 띤 표정을 지음으로써, 진행 중인 발화가 '농담'임을 암시하고 있다. B의 가려는 몸짓은 B가 그러한 맥락 내에서 이미 말의 의미를 해석하였기 때문에 A와 마찬가지로 장난을 하려고 함을 보여준다. 그리고 이어서 A가 다시 B에게 특정 화조(key)로써 '농담'임을 암시하는 두 번째 단서를 제공하고 있다. B가 '가래매?' 하며 반문하지만, 이는 A의 '농담'에 대해 적절히 반응하기 위해 '농담'을 하는 것이다. 이 사례에서 A, B와 같은 참여자들이 농담을 이해할 수 있는 근거는 바로 화조와 같은 준언어적(paralinguistic) 자질들에서 찾을 수 있다.

이 대화는 연극 무대에 등장하는 배우가 한 마디씩 대사를 교환하는 장면을 연상시킨다. 왜냐하면 A, B 모두 '이것은 장난이다'라는 전제를 공유한 상태에서 평상시와는 달리 과장된 어조로 대화를 이어가고 있기 때문이다. 가령 청자가 '왜 자꾸 와, 올려면 먹을 것 갖고 와'를 진지하게 수용한다면 이는 쓸데없이 트집을

잡는 것이라고 오해할 것이다. 그러나 화자들 모두가 이 발화가 '농담'의 맥락 내에서 수행되었다는 점을 인식하고 있기 때문에 위와 같은 '의례적인' 대화의 진행이 가능했던 것이다. 이와 같이 평상시의 목소리 크기 및 높이, 말소리의 길이, 표정, 몸짓 등과 같은 비언어적(nonverbal) 요소들을 변화시킴으로써 화자는 청자에게 '지금 말하는 것은 진지한 내용이 아니다'라는 단서를 제공하고 있다.

〈사례 2〉

-물리적 환경: 한낮, 여객선이 도착할 부둣가

-참여자: A(남, 50대, 주민), B(남, 50대, 객선 선원), C(남, 50대, 주민). A, B, C는 모두 서로 친밀한 관계이다. 그 밖에 2-3명의 주민들

-장면: 여객선이 출발하기를 기다리는 주민들이 진리 도우에 옹기종기 모여 있다. 정박해 있는 배의 선원 23명과 마을 주민 중 2-3명이 함께 앉아서 이야기를 나누고 있는 중이다. '새마을호'라는 배는 인근 도서로 가는 작은 배이다. 배에 탈 사람은 많은데 정원이 제한되어 있다. 그런데 7월이 되면서 섬으로 밀려오는 관광객들 때문에 주민들이 그 배에 탈 수가 없는 상황이 벌어졌다. 여기 모여 있는 이들은 이러한 피해 상황에 대하여 논란을 벌이고 있는 중이다.

B: 저번 때도 여기 사람들이 다 못 탔다구.

A: 아니 그러면 이 곳 주민들을 먼저 태워야지. 놀러가는 사람보다 우선이지. 주민들을 떼어 버리고 가면 되나.

B: 나는 표 산 사람만 싣고 간다 이거여.

A: **그럼** (크고 굵은 목소리로) **'당신 놀러 갈 사람이여? 놀러갈 사람이면 일루[이리로] 나와' 하면**....

B: 그래도, 나는 저기...

A: (큰 소리로 B를 향해서 윽박지르듯이) <u>**자네 가! 오늘 날짜로 백령도 발령이여! 주민들을 떼어버리고 가면 되나**?</u>

B: (목소리가 같이 커진다) **아 누가 주민들을 떼어버리고 간다고 그려**?

①C: (작은 목소리로) 저 그러면 도서들, 저기 외곽도 사람들을 새마을호가 다 수용을 못허니까...

②A: (C를 쳐다보며) **야 오늘 배 하나 더 생기겠네, 하하**...

(모두 웃음. C는 어리둥절한 표정)

B: (웃으며 C에게) **해 봐, 해 봐.**

(모두 웃음)

C: (그제서야 웃으며) **나도 운영 좀 해 볼라고 그랬지.**

(모두 웃음)

이 대화 장면에서 화자 A, B는 모두 목소리 크기를 갑자기 크게 하고 목소리의 질을 거칠게 함으로써 마치 말다툼을 하는 것처럼 보인다. 그렇기 때문에 C는 이들의 대화가 진지한 것이라고 생각하여 ①과 같이 심각하게 고려하는 태도를 취한다. 그러나 이제까지의 대화가 농담이었음을 밝혀주는 것이 바로 ②에서와 같이 C를 장난스럽게 놀려주려는 시도이다. 화자 A는 ②에서 '새마을호 문제를 진지하게 고민하다 보니 배 하나 더 만들 생각까지 하는구나'라는 의미를 함축한 전언을 전달하고 있는 것이다.

화자들이 여기서 주고받았던 대화는 농담이라고 암시되는 몇 가지 요소들을 지니고 있다. 우선 화자 A는 목소리의 질을 변화시킴과 동시에 마치 관광객들이 앞에 있는 것인 양 말을 하고 있다. 그리고 B도 A가 진행하는 농담의 수준에 맞추어 목소리의 질을 변화시킴과 함께 '싸우는 척'하는 모습을 보여주고 있는 것이다. 그래서 이들은 일상적인 말사용의 방식에서 벗어나서 순간적으로 둘이 말다툼하는 것 같은 장면에 참가하게 된다. 이러한 농담의 맥락을 이해하지 못하고 진지하게 반응하는 C에게 A, B는 '농담'의 단서를 다시 제공해주고 있다. 가령 '오늘 배 하나 더 생긴다'와 '해 봐'라는 것은 사실이 아니며, 그 말을 하는 데에도 시종 웃음 띤 얼굴 표정을 유지하고 있기 때문이다. 마침내 C도 농담 맥락을 이해하게 되어 A, B가 설정한 가상의 세계에 진입하는 농담을 하게 된다.

이와 같이 화조의 변화는 화자들로 하여금 이 대화가 농담이라고 해석할 수 있는 단서를 제공한다. Tannen(1985)에 의하면, 친구와 전화 통화를 하고 있는데 갑자기 친구가 큰 소리로 "그만 해!"라고 명령하는 것을 들었을 때 이것이 전화 상대방에게 하는 말이 아니라 화자가 키우고 있는 개한테 하는 명령이라는 것을 이해할 수 있는 이유는, 바로 갑작스러운 화조의 변화가 전언 해석의 틀(frame)을 제공하기 때문이라고 한다. 마찬가지로 일상적 대화 도중의 화조의 변화도 또 다른 해석의 틀을 제공하고 청자는 이에 따라 전언의 의미를 해석할 수 있게 되는 것이다.

덧붙여 화자들이 농담의 맥락을 형성하는 데서 마치 서로 '싸우는 것처럼' 보이는 것은 놀이의 특성 중 하나인 '가장(make believe)'(김윤수 역 1993: 20)의 요소라고 할 수 있을 것이다. 이 '가장'이라는 의미는 일상적인 혹은 실제의 생활을 벗어나서 단지 재미로 놀이에 참여하는 것을 가리킨다(앞의 글: 20-21). 그러므로 농담이란 이러한 놀이의 맥락 내에서 행해지고 또한 해석되는 것이라고 할 수 있다.

이상과 같이 '농담'은 목소리의 질과 강약, 표정, 몸짓 등과 같은 비언어적 단서들(cues)을 주요 특질로 함을 보았다. 이러한 요소들은 화자가 전달하려는 전언을 해석하는 데 필요한 전제를 형성하는 '맥락화 단서(contextualization cues)'(Gumperz 1982)로서 기능한다. '맥락화 단서'란 '그 행위가 무엇인가', '의미적 내용이 어떻게 이해되어야 하는가', '각 문장 혹은 발화의 전후가 어떻게 연결되는가'를 표시하는 언어적 형태의 특질들이다(Gumperz 1982: 131). 이러한 단서들에 의해 암시되는 맥락을 고려하지 않은 채 화자의 발화 자체만을 가지고는 발화되는 의미를 적절히 해석할 수가 없을 것이다.

(2) 농담의 화제

앞에서 농담 화자는 '장난(놀이)'이라는 상황적 요소를 동반하여 청자에게 전언을 전달한다고 하였다. 그러한 상황적 요소는 농담에서 주로 등장하는 화제(topic)와도 밀접한 연관이 있는 것으로 보인다. 여기서는 화자가 청자를 '놀리는' 데 주로 채택하는 화제에는 어떤 것들이 있는지를 살펴보기로 하겠다.

〈사례 3〉

-물리적 환경: 오후, 나룻배터
-참여자: A(여, 50대), B(남, 50대, 나룻배 선장), 그 밖에 마을 주민들 3-4명
-장면: 배터에 사람들이 모여서 나룻배를 탄 채 떠나기를 기다리고 있다. 나룻배가 아직 떠나지 않고 오래 기다리게 되자 A가 빨리 시동을 걸라고 조른다. 그런데 선장이 계속 늑장을 부리자 A가 선장에게 화를 낸다.

A: (화가 난 표정) 왜 빨리 떠나지 않고 뭘 해. 남 열 돋구고 그래.
B: (웃음 띤 표정) **열 낼라면 신랑한테 내지 왜 나한테 내.**

A: 신랑한테 왜 열을 내나.
B: **신랑한테 열을 내야 재밌지, 안 내면 재미있나.**
(주위 사람들 모두 웃음. A가 B를 눈흘기며 쳐다보지만 계속 화를 내지는 않는다.)

여기서 A는 '열 돋군다'라는 말을 '화를 나게 한다'라는 의미로 사용한 반면, 농담 화자는 이것을 '성관계'를 의미하는 '열 낸다'라는 단어로 바꿔 사용하였다. 여기서 사용한 어휘 '열'은 중의성(ambiguity)을 가진다. 그러므로 청자가 해당 전언을 제대로 해독하려면 여기서의 '열'이라는 단어가 어떠한 의미를 내포하고 있는가, 그리고 이러한 상황에서 화자가 청자 자신에게 어떠한 어조로 발화하고 있는가를 의식하지 않으면 안 된다. 만약 청자가 이 말을 화자의 의도대로 해석한다면 '수치심'을 느끼게 되고, 그렇게 해석하지 못했을 때는 '농담'이라는 전언의 의미를 알 수 없게 된다. 따라서 화자는 의도적으로 이러한 어휘를 사용하여 청자에게 두 가지 전언 해석 결과 중 하나를 요구하고 있는 것이다.

그런데 이렇게 모호하고 간접적인 표현은 특히 성적 함의를 지니는 화제를 다룰 때 자주 등장한다. 성적인 대상을 직접적으로 지칭하는 것은 연구 대상 사회에서도 문화적 '금기'로 간주되고 있다. 간접적이고 모호한 표현일지라도 일상적인 대화에서는 삼가는 것이 보통이지만, 농담의 화제에는 이와 같이 문화적으로 금기시되는 것들이 포함된다(Brukman 1975 참조).

다음의 사례는 성에 관련되는 것은 아닐지라도 또 다른 의미에서 금기시되는 화제를 담은 농담의 예이다.

〈사례 4〉
-물리적 환경: B의 집 마당 .
-참여자: A(남, 60대 후반, B의 친구, 평소에 이 집을 자주 방문하는 사람), B(남, 70대 초반), C(여, 80대 후반, B의 작은 어머니)
-장면: 마당에 B와 C, 그리고 B의 부인 등이 나와 있다. C는 몸이 좋지 않아서 자기 집으로(바로 옆집) 가려던 참이었다. 그런데 A가 B의 집에 불쑥 들어와서 이렇게 사람들이 마당에 나와 있을 것을 보았다. 인사를 하고는 C에게 다가가서 말을 건네는 장면이다.

A: (마당으로 들어서서 C에게로 다가간다.) **어느 할매요, 그거**[C를 지칭]?

B: (웃으며) 우리 할매지 뭐.

①A: (웃음 띤 표정으로) **우리 할매가 누구네 할매유**? **철수**(C의 손자 이름, 가명)**네 할매유**? **성배**(B의 이름, 가명)**네 어메유**? **어느 게 기유**? **할마이**! **당집**[무당집 혹은 서낭당]**에서 할아배가 누워서 기다리고 있어**, **빨리 오라구**.

C: (빨리 나가려고 한다.) 오든지 말든지. 올라면 오구.

②A: (웃으며) **할매**, **할아배**, **성님**, **동생 4식구 누워 계슈**. **빨리 가야지**.

(C가 A에게 눈을 흘기며 화가 난 듯 아무 소리 안 하고 돌아선다.)

여기서 화자 A는 자신보다 나이가 많을 뿐만 아니라 친구의 작은 어머니인 청자 C에게 농담을 하였다. 이 사례에서 화자는 우선 '어느 할매요, 그거?'라는 발화를 시점으로 농담의 시작을 알리고 있다. 왜냐하면 상대방을 덜 존경하는 표현을 사용함으로써 일상적인 말행위에서 벗어나고 있기 때문이다. 그리고 여기서 더 나아가 '당집에서…'는 먼저 죽은 남편이 기다리고 있다는 메시지로 '빨리 죽어야 한다'라는 내용을 전달하고 있다.

이 농담의 궁극적인 청자인 C는 '오든지 말든지, 올라면 오구'라고 하면서 농담 화자의 말 자체에 대해서 소극적으로 반응하고 있다. 그러나 ②에서 화자 A가 무례한 농담을 다시 반복하자 이번에는 화가 난 표정을 지은 채 대화가 진행되고 있던 현장을 떠난다. 이는 C가 농담의 맥락을 파악했음에도 불구하고 농담 화자가 선택한 화제 자체가 통상적으로 허용되는 범위를 벗어난 것으로 여겼기 때문이다.[5)]

농담의 화제는 실제로는 다양하지만 이상에서 제시한 대표적 사례들에 기반하여 크게 세 가지로 나누어 볼 수 있겠다. 첫째, 특정 대상에 대한 인신공격, 비난의 내용을 화제로 삼는다. 따라서 화자는 놀림의 대상이 되는 특정 개인에 대한 배경지식을 가져야 농담을 할 수 있다. 둘째, 특히 성적 함의를 지니는 화제가 빈

---

5) 다음 절에서 볼 수 있듯이, '곁말'의 특징 중 하나도 은유적 표현이다. 그러나 이와 같은 말사례를 '곁말'보다는 '농담'으로 규정할 수 있는 이유는 바로 화제의 특성 때문이다. 덕적도 제보자들은 '성'이나 '죽음'과 같은 일탈적 화제와 같이 기존의 사회 관계를 위협할 수 있는 특징은 곁말보다는 농담과 연관지어 생각하였다.

번하게 등장한다. 성에 대한 농담은 주로 간접적인 표현 방식으로써 성적 함의를 전달하는 것이다. 셋째는 노인에게 죽음에 관련된 내용을 말하거나 혹은 평소 때보다 덜 존대하는 말을 쓰는 등 문화적 금기와 관련되는 사항이다. 이는 둘째 유형과 함께 문화적 금기 및 사회 규범으로부터의 일탈된 내용이라는 특성을 지닌다. 농담에 동원되는 화제는 개인에 대한 인신공격 혹은 문화적 금기 사항이기 때문에 항상 청자의 반응 및 태도를 염두에 두지 않을 수 없다. 그리고 이러한 화제들이야말로 농담의 범위 내에서만 허용되므로 농담을 규정짓는 특질 중의 하나가 될 것이다.

(3) 농담 관계

'농담이란 서로가 트는 것이다', '(농담은) 아무하고나 할 수 없다' 등과 같은 조사지에서의 언명은 농담이 허용되는 관계를 규정하고 있다. 그리고 '객지 10년 벗, 내 고향 5년 벗 한다'라는 말은 '동갑 친구'의 범위를 연령 관계로 설정해 놓은 것이다. 이 동갑 친구들간에는 서로 '농'을 할 수 있는데, '농할 수 있는' 관계와 '벗하는' 사이는 서로 동등하고 친밀함을 전제로 한다는 점에서 관련되어 있는 것으로 보인다.[6] 친구 사이일지라도 동성이 아니라면 '농'을 트거나 반말을 하는 것은 서로 불편하다. 한 남성제보자는 '여자는 거리가 달분데[다른데} 어떻게 여자한테 농을 거나?'라고 하며 남성과 여성 간의 엄격한 구분을 강조하였다.

친척간에는 '농'이란 엄격히 제한되는 말행위이다. 원칙적으로 친척의 범위는 '함부로 농을 할 수 없는' 관계이기 때문이다. 특히 친척 중에서도 항렬이 높을 경우에는 농을 할 수가 없다. 따라서 농이 가능한 관계와 그렇지 않은 관계를 구분함에 있어서 사실상 항렬보다는 친척과 비친척의 구분이 일차적 중요성을 지닌다

---

6) 반촌 사회의 사회적 관계에서 연배(age mates)는 9세 이내로 규정되며, 이는 친근하고 동등한 관계로서 '벗'(speech friendship)이라고도 부른다. 벗이란 첫째, 어릴 때의 놀이 동무가 어른이 되어서까지 연장된 사회관계를 가리킨다. 그래서 2~3세 정도 연령 차이가 나도 서로 '벗하는 사이'가 될 수 있다. 둘째, 서로 친밀하지 않은 사람들이 친근하고 동등한 사이로 변한 경우이다. 대개 연장자가 먼저 제안을 하고 연소자가 이에 동의하면 '벗하는 사이'가 될 수 있다(Wang 1984: 160-161).

〈표 1〉 농담 관계의 이상적 규칙

농담의 가능여부	+	-
화자와 청자의 성별 구분	남성-남성 여성-여성	남성-여성 여성-남성
연령구분	동갑	동갑의 범위를 벗어난 연령
관계 범주	친구	친척

고 보아야 할 것이다. 결국 ① 연령상의 구분, ② 성별 구분, ③ 친척관계인가 아닌가의 구분이 상호 농담 관계를 결정할 수 있는 중요한 기준이 된다.

이상과 같은 '농담 관계'에 대한 제보자들의 진술을 토대로 농담이 가능한 관계와 그렇지 않은 관계를 위의 〈표 1〉과 같이 도식화 할 수 있을 것이다.

제보자들은 이와 같은 이상적(ideal) 농담관계의 원칙을 언급하지만, 실제 언어 사용 사례를 보면 여기서 벗어나는 경우들도 다수 발견되었다. 가령 남성 화자의 경우에는 남성에게만 농을 할 수 있는데 만약 상대방이 여성이면서 동시에 연령이 많을 때는 농하는 것이 가능하다. 단 나이 많은 여성일 경우, '어머니 같은 분', 즉 친근감이 드는 손윗사람이어야 한다는 조건을 충족시켜야 한다. 그러나 상대방이 남성이라 할지라도 친척의 범주에 속하는 사람이라면 농을 함부로 할 수가 없다. 여성 화자의 경우에도 마찬가지로 동성의 대상에게만 농을 할 수 있다. 그러나 상대방이 연상일 때는 농을 할 수가 없으며 또 동갑일지라도 친구가 아닌 친척일 경우에도 하지 못한다. 그리고 청자가 동갑이라고 해도 그 남편이 화자 자신의 남편보다 연령이 많을 경우에는 농을 하기가 어렵다고 한다. 이는 여성의 경우 자기 자신의 연령보다는 남편의 연령 혹은 남편의 사회적 지위가 자신의 지위에 직접적으로 영향을 미친다는 점을 보여준다.

그리고 '동갑'이라는 연령적 범위와 관련하여 적게는 1~2세에서 많게는 10세 차이까지도 동갑으로 인식하기도 하였다. 무엇보다도 농담을 할 수 있는 연령을 '동갑'이라는 범위로 한정한다는 점이 중요할 것이다. 이러한 친구관계를 달리 표현하면 '나이가 얼추 맞는 사람', '어릴 때부터 친하고 나이가 걸맞는 사람' 등이 된다.

다음 사례는 연령의 차이로 위계적 관계를 맺고 있음에도 불구하고 농담을 하여, 위에서 본 사례들에 비해 참여자들 상호간의 관계가 위기를 맞을 수도 있음을 보여준다.

〈사례 5〉

-물리적 환경: 마을의 부둣가

-참여자: A(여, 50대 중반), B(여, 50대 중반), C(여, 60대 초반). 이들은 모두 친척은 아니다. 그러나 연령 차이 때문에 A, B가 C에게 '성님'이라고 부른다. 그 밖에 2-3명의 주민들도 함께 모여 있다.

-장면: 마을에 초상이 나서 이 날 마침 상여가 나가는 날이다. 그래서 상여가 있는 부둣가에 주민들이 많이 모여 있다. B가 손자를 등에 업고 나타났다. 인천에 사는 딸의 둘째아이를 친정어머니인 B가 맡아 기르고 있는 중이었다.

A: (B가 등에 애기를 업고 걸어오는 걸 보고) 왜 애기는, 애기는 데리구 있수?

B: 할매[자기 자신을 지칭]가 데리고 있네.

A: 그 동상 할매 있잖우.[손주의 친할머니가 인천에 사는데 거기서 애기를 봐줘도 되지 않느냐는 뜻이다.]

B: 왜 외손주도 이뻐 죽는디.

C: (입을 삐죽거리며) 난 내가 난 거 아닌 거는 **이뻐를 안 해**.

A: **성님이 사람인가. 그러니께**?

(모두 웃음. C는 아무 소리도 않고 무표정하다.)

농담 화자는 자기보다 연상의 청자에 대하여 '성님이 사람인가?'라는 물음을 던졌다. 이는 '손주를 예뻐하지 않기 때문에 사람이 아니다', 즉 '인정이 없다'라는 의미이다. 이 농담은 상대방에 대한 '인신공격'을 그 내용으로 한다. 하지만 농담의 상대방은 주위 청중들의 반응과는 달리 무표정하게 반응으로써, 농담 화자의 농담에 대하여 동일 수준에서의 농담을 하지 않겠다는 점, 그리고 화자가 시작한 농담을 단순히 웃어넘기지 않겠다는 의도를 표현하고 있다. 결국 손위 사람에게 농담을 던졌을 때 청자가 이에 농담으로 반응하지 않는다는 것은, 평소 엄격한 상하관계에서 할 수 있는 말행위의 수준을 넘어서지 않겠다는 청자의 의도를 보여준다고 하겠다.

연구 대상 사회에서 농담을 할 수 있는 관계 범위의 사람은 친밀하고 동류의식을 느끼는 사람이며, 연령과 항렬에 의한 위계와 '어려움'도 정서적인 면에서의 '거리감'이 아니라면 농담이 가능한 범위라고 인지되고 있다. 그리고 이상적으로 농담의 가능 여부를 도식화한 것과는 달리 실제 농담이 사용되는 양상에 있어서는 이성 간에, 연령 차이가 나는 사람들끼리, 그리고 친척간에도 농담을 하는 경우도 없지 않았다. 이로 보아 주민들은 농담 가능 여부를 이상적 규칙으로 엄격하게 규정하는 것과는 달리, 친밀하고 동등한 사회관계에서는 비교적 자유롭게 농담을 널리 사용하는 것으로 보인다.

'농담'은 '장난' 혹은 '진지하지 않음'이라는 맥락에 대한 규정이 무엇보다도 중요하다. 그래서 지시적 의미상으로는 상대방을 모욕하는 것일지라도, '농담'의 맥락 내에서 전달된다는 점을 전제로 하여 화자가 청자를 놀리거나 장난을 치는 것으로 이해할 수 있다. 특히 농담에서 주로 등장하는 화제인 인신공격, 사회적 금기 사항의 언급 등은 '농담으로'라는 맥락적 전제 하에서 일시적이고 의례적으로 전달되는 전언의 내용이 된다. 그런데 이러한 화제는 특히 화자와 청자가 농담을 주고받을 수 있는 사회적 관계의 범위와 밀접한 관련을 맺고 있다. 왜냐하면 '농담'은 상대방과의 동등하고 친밀한 관계를 전제로 수행되는 말행위이기 때문이다. 연구 대상 지역에서는 비교적 위계가 엄격하지 않은 사회관계를 유지하고는 있으나, 제보자들의 진술에서 제시되는 이상적 규칙은 '농담'을 사용할 수 있는 관계를 엄격히 제한하고 있다. 그러나 이와 같은 이상적 규칙은 농담의 비일상적이고 일탈적인 성격을 강화시킬 뿐 실제 사용에 있어서는 엄격한 허용과 제재를 규칙의 근간으로 삼고 있지는 않다. 일탈적 성격을 나타내는 농담의 사례들은 다음 항에서 기술 분석될 것이다.

2) 상호작용 과정에서의 농담의 전략적 사용

앞에서 보았듯이 농담은 맥락, 화제, 농담 관계 등의 특질들로 규정될 수 있다. 여기서는 이러한 농담의 규칙을 알고 있는 화자들이 실제의 상호작용 속에서 농담을 전략적으로 사용하는 양상 및 그것을 청자들이 해석하는 양상들을 기술하고자 한다.

(1) 분위기의 전환

앞에서 농담의 맥락에 대한 지식을 가지고 있어야 농담으로 전달되는 전언의 의미를 제대로 해석할 수 있다고 하였다. 이러한 농담의 규칙은 다시 농담 화자에 의해 전략적으로 이용될 수도 있을 것이다. 여기서는 농담을 통하여 화자가 진지하지 않은 맥락을 만들어내는 사례들을 분석하고, 농담이 가지는 관련 사회적 기능들을 살펴보도록 하겠다.

〈사례 6〉

-물리적 환경: 턱굴의 초상난 집 앞

-참여자: A(남, 60대, 소야리 사람), B(남, 60대, 턱굴사람). A와 B는 모두 죽은 사람의 먼 친척뻘 되는 사람이다. 그 밖에 마을사람들 4-5명, 연구자

-장면: 턱굴에 있는 어느 집에 초상이 나서 소야리에서도 몇 명이 왔다. 마을 사람들이 모여서 술자리를 하며 이야기를 나누는 장면이다. 고인은 이 마을에서 혼자 살고 있었는데 건강도 안 좋은 상태에서 술을 많이 마시고는 혼자 괴로워하다가 죽은 사람이다. 발견된 것도 사망 후 이틀이 지나서였다.

A: (흥분된 상태) 혼자 살면 그러. 다 그래. 누가 들이다 보나.
B: (약간 시큰둥하게) 맞어.
A: 저러구 혼자 있다 죽는 거여.
B: (먼 산을 바라보며 느리게 말한다.) **맞-어. 자네 말이 맞네.**
A: (B를 쳐다보며) 으잉?
(다른 사람들이 웃는다.)
B: (웃으며 느리게) **자네 말이 맞어-. 경험을 해봤으니께 알겠지.**
A: (화난 듯한 얼굴로) **으잉? 너 하늘 좀 쳐다봐라.**
(모두 웃음. B는 아무 말 하지 않고 딴전을 피운다.)

화자 B는 A가 초상집에 와서 망인의 죽음[7]을 안타깝게 여기고 슬퍼하는 기분,

7) 초상집과 같은 상황은 많은 사람들이 모이고, 많은 대화를 나누는 기회를 제공한다. 이 마을에는 특히 노인들이 많이 살고 있어서 그런지 연구자가 짧은 기간 동안 체류하는 동안에도 3회 정도의 초상을 치르는 것을 볼 수 있었다. 초상집에서 친척, 친구들이 모

분위기를 진지하게 받아들이지 않고 오히려 '농담'으로 대답을 하고 있다. B는 A의 흥분된 주장에 대하여 진지하고 적극적인 응수를 하려는 목적이 없었던 것이다. 화자는 최종적으로 '경험을 해봤으니께 알겠지', 즉 '혼자 살다가 죽어 봤으니까 알겠지'라는 말을 하고 있는데, 이는 비현실적인 일을 상정하는 것이다. 그럼으로써 또한 상대방의 진지한 태도와는 반대되는 분위기로 이끌어가려는 의도를 비치고 있다.

다음의 사례에서는 앞의 화자들이 평상시의 어조로 말하고 있음에 비해 농담 화자는 특정한 어조로 바꾸어 말을 함으로써 분위기가 전환된다. 이것은 '부호 전환(code-switching)'과 같이 특정한 말투로 바꾸어 분위기 전환의 효과를 가져오는 사례가 될 것이다.[8)]

〈사례 7〉

-물리적 환경: 모처럼 비가 내리는 날의 대낮, A의 집 안방

-참여자: A(여, 60대), B(여, 60대), 연구자. 그리고 여기서 흉내의 대상은 'OO어매'라고 불리는 사람으로 A, B와는 빈번하게 왕래하는 친근한 관계는 아니다.

-장면: 2명의 화자가 얘기를 나누던 중 대화 현장에 없는 OO어매라는 동네 사람의 말투를 장난스럽게 흉내내는 장면. 이 OO어매라는 동네 할머니의 말투는 말을 길게 늘여서 하는 신세 한탄조나 마치 염불 외듯 말하는 것이 특징이다. 이 날은 마침 비가 내려서 굴 따러 가는 부녀자들이 거의 집에 있거나 혹은 친구 집에 놀러 갔다. 그런데 여기서 흉내의 대상인 OO어매는 혼자서 집에 누워 있었다. A는 OO어매 집에 들렀다가 오는 길이다.

A: OO어매가 안 좋은가 봐.

연구자: 아침에 가 봤더니 누워 계시더라구요.

B: **아 속-이 아퍼서-, 신경을 써가지고 그런 게지-, 아-니-보-시랑-**(길게 끌면서

여서 서로 농담을 주고받는 것은 흔히 볼 수 있는 장면이기도 하지만, 화제의 측면에서 보아도 '죽음'은 이들의 대화 화제에 많이 오르는 것 중의 하나였다. 그러나 농담의 화제로서 죽음을 이야기함으로써 이들은 한편으로는 죽음이란 아주 가까이 존재하고 있음을 표현하는 것이 될 것이다.

8) 이러한 부호 전환으로써 실제의 언어적 상호작용에서 의미상 중요한 정보를 전달할 수 있다(Gumperz 1982: 63). 한국 사회에서 이러한 부호 전환의 유표적(marked) 사용에 대해서는 강윤희의 연구(1993: 64-88)를 참조할 수 있다.

말한다. 끝에 '아니 보시랑'은 별 뜻도 없이 염불 외는 것처럼 흉내낸 것)
(모두 웃음)
A: 아이그--
(웃으며 B를 나무라는 듯한 표정으로 쳐다본다.)

이 사례에서 농담 화자는 특정 인물의 말투를 흉내 냄으로써 그 대상을 익살스럽게 놀리고 있다. 이 말사례는 개인의 특이한 말투를 흉내 냈다는 점에서, '숭내내기'(다른 사람의 행동 및 말하는 양식을 흉내 내는 것)라는 말행위 범주인 동시에 농담으로 규정될 수 있는 것이다. 이러한 특이한 말투로 바꿈으로써 장난의 맥락 내에서 그 의미가 해석될 수 있기 때문이다. '속이 아퍼서 신경을 써가지고'라는 표현은 OO어매의 현 상황을 농담 화자가 상상을 한 것이고, 그 말을 하는 데서 '아니 보시랑…'과 같이 느린 말투인 동시에 염불 외는 듯한 양식은 OO어매의 어조를 과장되게 흉내 내는 것이다. 이러한 말행위는 청자들의 웃음을 유발할 뿐만 아니라 이제까지의 진지한 분위기를 한순간 장난스러운 것으로 바꾸는 역할을 한다.

〈사례 6〉과 〈사례 7〉은 모두 패러디를 기본 전략으로 농담을 하고 있다. 농담은 크게 보면 이와 같이 특정 인물의 말투를 흉내 내는 패러디를 포함하는데, 이는 Mitchell-Kernan(1972)이 논의한 marking(흉내 내기)과 유사하다. Marking은 미국의 흑인들 특유의 말행위 범주 중 하나로, 놀림 대상의 말투 혹은 억양 등을 흉내 내는 말행위이다. 이것은 서론에서 언급한 signifying과 마찬가지로 간접적이고 냉소적으로 상대방을 비판하는 내용을 전달하는 효과를 가진다고 한다. 〈사례 7〉의 흉내 내기도 다른 유형의 농담과 마찬가지로 진지한 맥락이라면 '모욕'에 가깝겠지만, 농담의 맥락에서는 웃음을 자아내는 흉내 내기가 된다.

(2) 사회적 관계의 조정

덕적도의 농담 화자들은 '나에게도 농을 하는 사람' 혹은 '서로 (농을) 할 수 있는 사람'에게는 농담을 할 수 있다고 하며, 농담을 상호적으로 할 수 있는 사회관계의 범위를 잘 인지하고 있다. 그러나 이러한 관계 범위는 고정된 것이 아니라 지속적인 상호작용에 의해서 만들어지는 것으로 보인다. 그것은 구체적인 상황에 따라 현실 속에서 고정된 관계가 항시 변화하고 도전받기 때문이다. 그리고 이러한 관계는 화자와 청자들이 일상적인 상호작용 속에서 끊임없이 기존의 관계를 유지하고 확장하는 과정을 통해서 만들어진다. 앞에서 농담이 허용되는 관계에 대한 이상적 규칙을 도식화한 바 있다. 다음의 사례에서 보듯이 농담 화자는 표면상의 규칙을 깨뜨림으로써 기존의 엄격한 사회관계에 도전하고 또 그것을 조정한다.

〈사례 8〉
-물리적 환경: B의 집 마당
-참여자: A(남, 80대), B(남, 80대, A의 당숙), C(여, 80대, A의 당숙모)
-장면: A가 B의 집에 놀러 와서 같이 이야기를 나누고 있던 중 밭일하러 갔다가 돌아오는 C를 보자 '농담'으로 인사를 대신하는 장면이다.

A: (C가 마당으로 들어오는 것을 보자 웃음 띤 얼굴로) **어디 할맨가요? 할배 잡으로 왔소? 일 좀 그만 하시겨.**
C: (웃음 띤 표정으로) **아유, 조카님 오셨어요.**

화자 A는 C를 보자마자 농담으로 인사말을 대신하고 있다. 특히 '어디 할맨가요? 할배 잡으러 왔소?'라는 발화는 마치 낯선 사람을 상대하듯이 C가 이 집에 들어 온 이유 혹은 용건에 대하여 질문하는 것이다. 그러나 이것은 상대방에게 대답을 요구한다기보다는 오히려 친교의 강화를 위한 형식적인 질문에 지나지 않는다.[9] 더군다나 화자 A가 당숙모에게 '할매'라는 호칭을 쓰는 것은 평상시의 격식과 예의범절에 어긋나는 것으로 간주될 수 있으며, '할배 잡으로 왔소?'라는 말은 그 자체로 비현실적이고 우스꽝스러운 것이다. 그런데 청자는 이것을 농담으로 해석하였기 때문에, 의례적 인사를 한 것에 대한 답으로서 자신도 지시적 응답이 아닌 가벼운 인사말을 하고 있는 것이다. 이 농담 사례가 참여자들의 일상적인 친척관계에서 일탈하는 예라면, 다음의 사례는 남녀관계의 엄격한 경계를 넘어가는 일탈의 예로 볼 수 있을 것이다.

---

9) Malinowski(1923)는 'phatic communion'이야말로 말의 지시적 의미(referential meaning)보다는 사회적 의미(social meaning)를 중요시하는 의사소통 행위라고 보았다(Hickerson 1980: 86-87).

〈사례 9〉

-물리적 환경: 대낮, 마을 한 복판의 좁은 길가
-참여자: A(남, 60대), B(여, 60대). A와 B는 동갑 연배이고 이 동네에서 어렸을 때부터 계속 알고 지내던 친구 사이이다.
-장면: 지나가다 A가 B에게 장난스럽게 인사말을 건네는 장면.

A: (웃으며) **할매, 이뻐졌수. 나이 먹을수록 젊어지네.**
B: (웃지만 화가 난 것처럼 흘겨보며) **저 놈의 할아배가 그냥, 못하는 소리가 없구먼.**

화자와 청자는 성인 남성과 여성이기 때문에 앞서 도식화한 이상적인 규범상으로는 농을 할 수 없는 관계이다. 그러나 여기서는 이성간에 농담이 이루어지고 있다. 나아가 이 사례에서는 일상적인 말행위에서 취하는 어휘 선택과는 차이가 있음을 볼 수 있다. 가령 '나이 먹을수록'과 '젊어지네'는 상반되는 의미를 지니는 어구이다. 즉 단순히 남성이 여성에게 '장난거는' 형식일 뿐만 아니라 '웃음'을 자아내는 내용까지 포함하고 있다. 왜냐하면 '나이 먹는다'와 '젊어진다'라는 의미상의 대조를 이용하는 말놀이(speech play)를 들은 청자가, 그것을 놀이의 상황에서 행해지는 발화로 간주하고 웃기 때문이다.[10] 청자는 말하는 상황이 진지하지 않다는 판단을 내리고, 이에 따라 농담의 내용이 어떻든 웃음으로 응대해야 함을 알고 있는 것이다.

농담을 들은 B는 A와 B가 동성의 친구지간이 아니므로 일정한 거리를 유지해야 할 관계라는 것을 자신의 '화가 난 척하는' 반응으로 전달한다. 이러한 청자의 반응은 이들의 관계가 농을 자유로이 할 수 있는 관계가 아니라는 점을 암시해준다. 그럼에도 불구하고 화자는 이러한 농담을 하고 청자로부터 그것에 대한 평가를 받으며 그리고 두 사람 간의 관계를 다시 확인한다.

이상과 같은 여러 사례들을 통하여 다양한 사회관계에서 '농담'이 화자에 의해서 어떻게 행해지고 청자에 의해서 어떻게 수용되는가를 살펴보았다. 친근한 사이

10) Abrahams에 의하면 이 '웃음'의 자원은 일상적인 발화의 방식이 아닌 예측하지 못하는 방식이라는 점에서 찾을 수 있다(Abrahams 1983: 72).

인 경우에는 매우 공격적인 발언을 하더라도 친교적인 의사소통 행위로 기능하는 데 반해, 이성 간이나 연장자와 연하자 간에는 농담의 상호교환이 잘 이루어지지 않는다. 하지만 농담이 일정한 허용 범위 내에서만 이루어지는 것이 아니라 오히려 농담 화자는 농담을 통해 화자와 청자 간의 관계에 도전하고 거리가 있는 관계에서 친근한 관계로 바꾸려는 시도를 하기도 한다. 그러나 이러한 시도가 사회관계에 영구적인 변화를 야기하는 것은 아니다. 우리가 살아가는 '세계'를 기존의 관계인 '현실세계'와 '농담이 진행되는 세계'로 구분하였을 때, 다음 〈표 2〉와 같이 일시적으로 사회적 관계의 변형이 이루어지는 것으로 정리할 수 있겠다.

〈표 2〉 '현실세계'와 '농담 세계'의 구분

현실세계에서의 화자-청자관계	'농담'이 진행되는 세계
친구관계(친밀함)	친밀한 관계의 파괴
이성 관계(어려움, 거리감)	이성간의 친밀함
위계 관계(어려움)	동등한 관계

위에서 다시 한 번 '농담'이 언어적 상호작용에서 친근감을 전제로 하여 상대방에 대해 비난을 하거나 혹은 장난을 거는 말행위이긴 하지만, 전달되는 의미 자체는 '농담'의 맥락 내에서만 이해될 수 있다는 점을 알 수 있다. '농담'은 일시적이자 의례적으로 기존의 사회관계를 파괴하는 내용을 담고 있기 때문이다. 그렇기 때문에 농담은 기존의 관계에 도전을 하고 일탈을 시도한다는 점에서 '위험'한 수준에 근접하거나 또는 이를 넘어서는 말행위라고 할 수 있을 것이다.

요컨대 농담이란 '놀이'라는 상황적인 맥락과 일정한 사회관계 내에서 행해질 수 있는 말행위이다. 그리고 특정 대상의 개인적인 약점 혹은 사회적 규범에서 벗어나거나 금기시되는 내용을 말하는 행위라고 볼 수 있다. 농담 화자는 이러한 특질들을 전략적으로 사용하여 진지한 분위기를 그렇지 않은 것으로 전환하고, 친밀감을 확인하고, 상대방의 행위에 대해 간접적으로 제재를 가하기도 한다. 화자는 청자와 공유한 지식에 기반하여 전언을 전달하고 청자가 그것을 사회적 맥락에 따라 적절하게 해석할 수 있도록 유도한다. 다음 절에서는 크게 볼 때는 농담에 속하지만, 하위 범주로서의 농담과 구별되는 곁말 고유의 특질과 사용양식에 대하여 살펴보도록 하겠다.

4. 곁말의 특질과 사용 양식

'곁말'은 연구자가 현지에 들어가기 전에는 거의 들어본 적이 없는 용어였다. 연구 대상 지역에 '곁말'이라는 명칭이 쓰인다는 것도 '농담'에 대한 민속 정의 중 하나인 '곁말도 섞어가며 하는 말장난'이라는 말을 들으며 사실상 알게 되었다. 그런데 곁말에 대한 사전적 정의는 '은어'(jargon)의 정의와 유사했다. 즉, 곁말이란 '(일정한 범위의 사람들 사이에서만 쓰이는 말로서) 어떤 목적 아래, 정상적인 말로 사물을 직접 말하지 않고 다른 말을 빌어서 표현하는 말'이다. 가령 '희떱다'를 '까치 배때기 같다', '싱겁다'를 '고드름 장아찌 같다', '불'을 '병정', '아편'을 '검은 약'이라고 하는 말 따위이다(새우리말큰사전 1975 참조). 이는 '곁말'이 특정 집단 내에서만 그 사용과 해석의 규칙을 공유한다는 좁은 정의가 될 것이다. 같은 맥락에서 '곁말'을 또 '변말'과 동일시하기도 한다(새우리말큰사전 1975 참조).

보다 전문적으로는 곁말의 형식적 차원을 강조한 정의가 있다. 곁말은 '빗대어 하는 말, 즉 비유적인 표현을 쓰는 말', '동음이의어를 사용한 말장난', '비꼬는 말 참견'(박갑수 1979: 335) 등의 3가지 유형으로 나뉜다. 이와 유사하게 곁말을 '같은 말을 다른 뜻으로 쓰는 것'과 '동음이자를 써서 뜻의 묘를 부리는 기법'으로 정의하기도 한다(김봉군 1993: 600). 이는 곁말을 수사법(rhetoric)의 한 종류로 보는 시각일 것이다.

덕적도에서 사용되는 곁말의 민간 정의는, 위의 박갑수의 정의와 크게 다르지 않았다. 제보자들에 따르면, 곁말이란 ① '말장난', '보통말을 그것과 같은 뜻을 지닌 다른 말로 농담 삼아 하는 말', ② '바로 말하지 않고 곁으로 돌려서 하는 말,

또는 말을 어렵게 만드는 것'이라고 한다. 곁말을 '농담'의 한 하위 범주로 볼 수도 있지만 무엇보다도 우회적인 표현을 사용한다는 점이 강조되었다. 그리고 ③ '말하다가 (상대방의 말과) 비슷하게 하는 말', 또는 '이 짝에서 말하면 그 말을 받아서 저 짝에서 터져 나오는 말'이라는 정의는 동음이의어로 말장난하는 것을 가리킨다. 또한 ④ '비꼬는 말', '넝거패는[(상대방을) 넘기는] 말' 등과 같이 정의되기도 한다. 이와 같은 정의는 "바로 말하지 않고 비꼬아서 말하면서 동시에 상대방의 감정을 직접적으로 건드리기보다는 동시에 웃기는 말"(왕한석 1994: 62-63)이라는 정의와 크게 다르지 않다.

일반적으로 곁말은 '말장난', '빗대어 말하는 것'이므로 말의 기술(skill or art)의 발현으로 보기도 한다. 연구 지역 주민들은 '곁말은 하는 사람이 따로 있다', 혹은 '입담 좋은 사람이나 한다'라고 하며 말재간을 강조하였다. 언어표현 자체에 국한한다면 곁말 화자가 즉흥적으로 지어내는 다양한 표현은 일상생활 속에서의 '언어예술'이라고 볼 수도 있을 것이다. 물론 특별한 말재주가 항상 긍정적으로만 평가되는 것은 아니다. 소야리 사람들은 오히려 곁말을 한 화자에 대하여 '저 사람 원래 저렇게 싱거워' 혹은 '그짓말을 섞어서 닿지도 않는(이치에 맞지 않는) 소리를 해대는 거여' 라는 식으로 핀잔을 주기도 한다.

전체적으로 곁말은 말장난으로 정의되는 '곁말'과 우회적 비난으로서의 '꼬는 소리'라는 두 가지 하위 범주로 나뉘는 것으로 보인다. 전언이 우회적으로 전달된다는 점에서는 상위 범주로서의 곁말도 '꼬는 소리'와 그 특징을 공유한다. 하지만 좁은 의미에서의 '곁말'이란 이러한 부정적인 함축과는 별개로 유희적 표현에 해당되는 말행위이므로 '꼬는 소리'와는 구분된다. 다시 말하여 '꼬는 소리'도 간접적으로 전언을 전달한다는 점에서는 곁말로 통칭될 수 있지만, 그것은 역설(paradox), 모순(irony) 등을 통해 부정적 의미를 함축하는 것이다. 그리고 이 '꼬는 소리'를 제외한 일상적인 말놀이(speech play) 유형들은 '곁말'로 구분된다. 본고에서는 이 두 범주를 모두 통칭하는 곁말의 특징 및 실제 사용 사례들을 기술하기로 하겠다.

곁말과 같은 말놀이를 일종의 언어예술로서 분석한 연구로는 Sherzer(1993)의 발리 사회의 말놀이 연구가 있다. Sherzer는 발리 사회에서 흔히 발견되는 말놀이의 사례들을 수집하고 그 구조적 특질들을 기술하였다. 특히 한국 사회에서의 곁말과 유사한 것으로 'pun(예기치 않게 두 개의 관련 없는 의미를 동음의 단어로 연결시키는 것)'이나 'comeback(비논리적이고 교묘한 말대꾸)'(Sherzer 1992: 221)과 같은 유형의 말놀이의 구조적 특징에 주목하였다. 그러나 이 글에서는 Sherzer가 취한 방식과는 달리, 곁말의 구조적 특질 외에도 언어적 상호작용 속에서 전언이 전달되는 방식 및 해독되는 양식에 초점을 맞추어 곁말이 전략적으로 사용되는 양상에도 주목하고자 한다.

1) 곁말의 구조적 특질

'곁말'은 전언의 우회적인 전달과 말놀이를 위하여 사용하는 말행위이다. 그렇다면 전언을 간접적으로 전달하기 위해서는 어떠한 표현 양식들을 사용할까? '곁말'의 주요 구성 특질들은 앞에서 언급한 몇 가지 정의들에 의존하기보다는 실제의 말사례를 분석함으로써 보다 구체적으로 드러날 것이다. 이 항에서는 곁말의 실제 사례들을 통하여 그것의 표현 양식상의 유형들을 살펴보기로 하겠다.

(1) 은유적 표현

'은유(metaphor)'란 "하나의 의미 영역을 1차적으로 지칭하는 것이 2차적으로 전이된 의미로 사용되는 단어 혹은 구절"(Hickerson 1980: 114)을 가리킨다. 은유법은 전통적으로 일상적 언어에서 벗어나서 시와 같은 장르에서 주로 사용되지만, 일상 속에서도 "구체적 개념의 논리를 가지고 추상적 개념의 구조를 구성"(Lakoff 1992: 417)하는 데 은유가 중요한 역할을 담당할 수 있다. 그러나 은유를 단순히 특정 단어와 유사한 의미를 지니는 다른 단어로 대치하는 것만으로 정의해서는 그 의미를 이해하기 어렵다. 오히려 "화자의 의도와 청자의 태도 간의 상호작용"(Black(권두환 역) 1977: 273)의 맥락 속에서 화자가 구사하는 은유적 표현의 의미를 제대로 이해할 수 있을 것이다.

〈사례 10〉

-물리적 환경: A의 집 마루

-참여자: A(남, 60대), B(남, 60대), 연구자. A는 덕적도 출신이고, B는 타지 출신이지만, A가 운영하는 배의 기관장이었기 때문에 이 마을에서 약 20여년 정도 살았다. 이들은 오랜 친구 사이이다.

-장면: B가 고혈압 때문에 얼마 전에 쓰러진 적이 있다. 이 사실을 A가 연구자에게 말해주는 장면.

①A: (연구자를 보며 B를 손가락으로 가리킨다.) 이 사람이 하늘로 올라가다 다시 내려온 사람이여.

B: 술은 무슨... 안 마셔, 이젠.

②A: 술먹었다간 나한테 어떻게 할라구. 죽겄다고 살려놓으니께 또 어딜 가? 갈라면 가.

B: (말없이 웃음)

이 사례에서 A는 은유적 표현을 쓰고 있다. 우선 첫 번째로 '하늘로 올라감'이란 '죽다'를 대체하는 표현이며, '다시 내려온'이란 '재생'을 의미한다. 두 번째의 은유적 표현은 '간다'라는 표현으로 마찬가지로 '죽음'을 대체한다. 이 뿐만 아니라 각각의 발화에서 의미상의 대조법을 사용하고 있다. ①에서는 '올라감'과 '내려옴'이라는 대조를, 그리고 ②에서는 '살다'와 '가다'를 대조하여 사용하였다.

이와 같이 은유적 표현을 사용해도 두 사람은 관련 지식을 공유하므로 청자는 화자의 말을 적절히 해석할 수가 있다. 청자가 이러한 해석의 능력을 갖고 있지 않다면 화자의 발화는 '무의미한' 것이 될 것이다. 곁말 화자는 특정한 어휘나 구절을 적절히 표현하는 언어적 기술과 더불어 공유하는 배경 지식을 적절히 동원하는 문화적 지식을 가져야 한다. 더 나아가 동일한 어휘라 할지라도 맥락에 따라서 의미가 변화할 수도 있다. 위 사례에서는 청자의 경험을 지시하기 위하여 '가다'라는 죽음에 대한 은유를 사용했지만, 그것은 다른 맥락에서는 달리 해석될 수 있는 어휘인 것이다.

은유적 표현 방식은 곁말에 빈번하게 등장하는 형식적 특질이다. 대개 동일한 음을 가진 어휘, 관용적인 구절의 선택 등 여러 가지 방식이 있다. 이러한 표현 방식을 통해 전달되는 전언을 적절히 해석하기 위해서는 화자와 청자가 공유하는 배경적 지식을 기반으로 하여 그것의 의미를 연상해야만 한다. 이러한 표현 양식은 곧 곁말이 갖는 전언의 간접적 전달과 예술적 표현이라는 중요한 특질을 보여주는 것이기도 하다. 그런데 무엇보다도 은유적 표현은 지시 대상을 불분명하게 함으로써 말의 의미를 모호하게 하는 효율적인 방식일 것이다.

(2) 운문의 형식

은유적 표현과 함께 곁말을 '언어예술'로 간주할 수 있게 해주는 또 다른 특질은 바로 운문의 형식이다. 곁말의 민간 정의에서는 운문적 형식이 언급되지 않았지만, 실제의 사례 중에는 일상적인 말사용과는 다른 운문의 형식이라는 말놀이의 양식을 뚜렷이 발견할 수 있었다. 물론 일반적인 운문 형식의 규칙을 그대로 따르고 있지는 않지만, 다음과 같이 화자가 율격[11]을 맞추어 발화를 하는 사례들에서 운문의 형식적 요소가 발견된다.

〈사례 11〉

-물리적 환경: 대낮의 마을회관 앞

-참여자: A(여, 80세), B(남, 69세, A의 외삼촌뻘). B는 A를 '어른조카'라고 지칭한다. 그 밖에 마을 사람들 3-4명

-장면: 보리 수매하는 날로, 마을에서 보리를 경작하는 사람들은 다 나와 있다. A가 진마을을 다녀와야 한다며 서두르고 있다. 원래 이 부둣가는 진마을로 가는 나룻배가 정박하는 곳이 아니기 때문에 산을 넘어 소야리 도우까지 걸어가야 한다. 그런데 마침 마을 사람 중 한 명이 작은 어선으로 진마을 쪽으로 간다고 하자 이것을 얻어 타고 진마을에 다녀오려고 하였다. 그런데 같이 만나서 가기로 한 사람이 아직 나오지 않자 초조해 한다.

A: (서성거리며) 아 왜 이리 안 나와.

B: (A를 보고) 어디 가는데?

A: 진말[진마을]에 댕겨 올려구 그러지. 잘못허면 늦는당께.

B: (웃음 띤 얼굴로) **아 오늘 못가면 내일가지(↗),**

---

11) 율격(metre)은 율문(verse)을 이루고 있는 소리의 반복적이고 규칙적인 양식을 말한다. 율격을 이야기할 때, 소리, 반복성, 규칙성이 중요하며 산문과 율문을 가려주는 변별적 자질이라고 할 수 있다(김대행 1990: 12).

아 모래가 타나(↗),
돌이 크나(↘),
소금이 쉬어(↗),
바닷물이 줄어(↘),
세월이 좀먹어(↘),
소털 같은 세상에(↘),
왜 그리 바빠(↗).

(A는 아무 소리 안하고 "이그 그냥" 하며 웃고, 다른 사람들도 모두 웃는다.)

여기서 사용되고 있는 구절들은 모두 동일한 형식과 일관된 의미를 가진다. 우선 각 구절의 주어에 해당하는 '모래', '돌', '소금', '바닷물', '세월'은 모두 '자연의 일부분 혹은 자연 현상'이며, '영원불멸함'이라는 동일한 의미를 함축하고 있다. 뿐만 아니라 통사적으로는 주어+술어(자동사)의 결합과, 어미 형태의 동일함('-나'와 '-어') 등의 압운(rhyme)으로 전체적으로 등가를 가지는 절들을 나열하고 있는 공통점을 지닌다.[12] 이에 덧붙여 화살표로 표시된 억양의 변화는 마치 노래를 부르는 듯한 효과를 가져오므로 시적 형식 중 리듬(rhythm)의 요소를 잘 부각시켜주고 있다. 그리고 화자는 '자연현상'+'변화'라는 의미구조를 설정하고 이러한 것들을 모두 의문문의 형식으로 제시하고 있다. 가령 '모래가 타나'라는 의문문은 '모래는 타지 않는다'라는 의미를 전달하기 위한 것이며, 다른 구절들도 모두 마찬가지이다. 그래서 '절대로 일어날 수 없는 일'이라는 일관된 의미의 배열을 통해 청자에게 궁극적으로는 '시간은 영원하니 절대 서두르지 말라'는 전언을 전달하려고 한 것이다. 맨 마지막의 '소털 같은 세상'은 앞의 구절들과 운율은 맞지 않지만, 내용상으로는 앞의 구절들과 똑같이 '수량적으로 무한함'을 의미한다는 점에서 전체 구절을 통해 전달하려는 전언을 더욱 구체화한 것으로 보인다. 이 짧은 어구들을 나열하는 형식을 빌은 곁말은 전체적으로 형식과 내용 면에서 일관성을 지니고 있다는 점, 그리고 주어진 상황에 매우 적절한 메시지를 전달하고 있다는 점에서 화자의 말하는 기술이 아주 잘 부각된다는 특성을 지닌다.

12) Jakobson에 의하면 이러한 등가적 단위의 규칙적 반복이야말로 시적 기능에서 특히 활용되는 수단이며 이는 마치 음악에 있어서의 박자와도 같다고 한다(김태옥 역 1977: 156).

다음의 사례에서도 곁말 표현은 운문적 형식을 빌리고 있다. 그러나 위 사례에서와 같이 대등한 구절들의 나열이 아니라 특정 발음의 과장과 강조로 '율격(metre)'을 맞추고 있다는 점에서 운문적 형식이라고 볼 수 있을 것이다.

〈사례 12〉

-물리적 환경: 더운 여름 밤, 부둣가

-참여자: A(남, 30대, 이 동네 사람은 아니지만 이 마을에서 뱃일을 약 10년 동안 해 왔기 때문에 이곳 주민이나 다름없다), B(여, 50대), C(남, 30대), 연구자

-장면: 너무 더워서 마을 주민들이 잠을 못 이루고 밖에 나와서 더위를 식히고 있다. 부둣가의 여기저기에 몇 사람씩 모여서 이야기를 나누고 있다. 연구자가 참여한 이 모임에서는 A가 총각이기 때문에 결혼문제에 대하여 다 같이 걱정하는 내용의 이야기를 하고 있다.

B: (A에게) 넌 뭐 허고 있냐? 빨리 돈 벌어서 배나 하나 사지. 그래야 데이또[데이트]도 허든가 주워오지.

C: 그래야 **아파또**[아파트] **하나 떡**(길게 늘여서 발음)**허니 장만해 놓고,**
네꾸타이[넥타이] **매고,**
찌꾸다[(얼굴에 화장품을) '찍어다'를 강조하여 발음] **바르고,**
후까시 잡고,
여자하나 꼬시지.

(모두 웃음)

A: 내 성질이 색시 있으면 있고 말면 마는 거지, 어디 가 아가씨더러 졸르지도 않고 말도 않고......

B: 그러니 생전 가야 장가를 못 가지.

(모두 웃음)

A: 못 가면 마는 거지.

(모두 웃음)

곁말 표현 부분을 경음화된 발음에 주목해 본다면, 일정한 강약의 박자를 가지고 있는 말사용임을 알 수 있다. 먼저 B의 발화 중에서 '데이또'라는 어휘가 등장하자, A는 이러한 경음화된 발음을 흉내 냄과 동시에 더 강조하여 거의 모든 어휘를 경음화하고 있다. 특히 경음화된 각 어휘가 일본어에서 외래어를 발음하는

양상 그대로를 사용하였다는 점에서 B가 말한 '데이또'와 발음상 유사성을 유지하고 있음을 볼 수 있다. 이 뿐만 아니라 '아파또'는 앞선 화자의 '데이또'에서 '-또'와 압운을 이루기 위하여 선택된 어휘이다. 압운(rhyme)이란 동일한 어휘의 반복이 아니라 동일한 음의 반복인데 그것도 음성의 차원에서 이루어지는 시 형식 중 하나이다(김대행 1990: 23-24). 그런데 '아파또', '네꾸따이', '찌꾸다', '후까시'는 일본어의 외래어 발음이라는 점에서 '데이또'와 일관성을 유지하는 어휘 항목임에 반해, 우리말 '떡허니'는 강약의 박자를 맞추기 위한 선택으로 보인다.

그런데 여기서 선택된 어휘들은 경음화된 일본어식 발음이면서 또 강약의 박자를 형성한다는 점뿐만 아니라, 각 어휘의 의미 면에서도 일관성을 유지하고 있다. 화자 C는 '아파트', '넥타이', '후까시' 등으로써 도시 부자들의 외양적 조건들을 표현하고 있다. 그것도 청자에게는 '실제로 일어날 수 없는 일'인 것처럼 장난스럽게 제시하고 있다. 화자는 발음상의 과장과 강조, 그리고 유사한 의미 차원의 어휘들을 나열함으로써 청자를 놀리려는 의도까지 드러내고 있는 것이다.

이와 같이 운문적 형식을 빌어서 전언을 전달하는 표현 양식이 곁말을 규정짓는 특질 중의 하나이다. 운문적 형식이란 율격을 따르기 위한 구절 혹은 어휘의 규칙적인 배열을 의미한다. 여기에는 첫째, 유사한 형식과 의미를 가지는 구절을 나열하는 것이 있다. 이러한 유형은 은유적 표현과 함께 동일한 통사 구조 및 동일한 의미 차원의 반복의 형식을 갖는다. 둘째, 억양과 발음상의 강약으로 율격을 따르는 것으로, 이러한 유형은 실제 말하는 장면에서만 확인될 수 있는 발음상의 강약이며, 시의 운율적인 측면을 모방하는 것이다. 마지막으로 압운의 규칙을 가지는 어휘의 나열이 있다. 이와 같은 형식들은 모두 화자가 전달하려는 바를 강조하거나 또는 예술적으로 표현하는 효과를 가질 것이다.

(3) 동음이의어에 의한 말장난

곁말을 규정하는 데서 앞의 두 구조적 특질과 무관하지 않은 또 다른 특질이 바로 동음이의어(homonym)의 사용이다. 소야리 사람들은 동음이의어를 사용하는 것을 특히 '장난'에 해당하는 말이라고 인지한다. 그래서 곁말을 '말장난'이라 하기도 하고, 곁말을 하는 사람을 두고 '싱거운 사람'이라고도 하는 것이다. 일반적으로 동음이의어를 사용하는 표현 기법을 '곁말'이라고 인지할 때는 동류 집단의 성원들 간에 장난을 치는 것으로 간주한다.

〈사례 13〉
-물리적 환경: A의 집 마당
-참여자: A(남, 70대), B(남, 60대)
-장면: A의 집으로 B가 방문하여 마당에 앉아서 이야기를 나누고 있다. A는 약 3주일 동안 인천에 있는 딸의 집에 머물다 돌아왔다. 오랫동안 비워 놓았기 때문에 집이 지저분하고 어수선하였다.

B: 오늘 돌아온 거여?
A: 어. (마당을 둘러보면서) 풀도 나고, 에이, 나갈 집 같으니.
B: (웃음 띤 얼굴로) **나간 집**이지, 그럼, 언제 들어 앉았었나?
(모두 웃음)

여기서 A가 말한 '나갈 집'의 '나갈'은 '어수선하고 지저분해서 정신이 없는, 정신이 나간 듯한'의 의미로 사용한 단어이다. 그런데 이것을 B가 받아서 '사람이 나가고 없는'이란 뜻으로 동일한 음의 단어를 사용한 것이다. 뿐만 아니라 '나간'과 함께 '들어 앉았었나'라는 대조적 의미를 지니는 어휘를 이어 선택함으로써, 화자 B는 자신이 말한 '나간'이 A가 말한 '나갈'과는 의미가 다른 것임을 분명히 하고 있다.

동음이의어의 사용에는 앞선 화자의 발화 속에서 선택된 어휘와 동일한 음을 가지면서 동시에 다른 뜻을 지니는 어휘를 동원하는 것, 그리고 앞의 화자가 질문한 바에 대하여 동음이의어를 사용하여 무의미한 답변을 하는 것 등이 있다. 이러한 표현 양식은 '곁말꾼'의 즉흥적이고 기민한 말재간이 요구되는 것이기도 하다. 동음이의어를 교묘하게 사용하는 방식은 앞서 기술했던 '은유'와 마찬가지로 지시대상을 모호하게 만드는 전략이며, 이도 마찬가지로 간접적인 의미 전달의 효과를 지닌다.

정리하면, 위의 사례들을 통해서 본 곁말의 특질들은 '농담'의 특질들과 비교해 볼 때 내용보다는 형식적 차원에서 더 두드러진다. 이 형식적 차원이란 언어 형식적 요소들의 다양한 조작(manipulation)을 의미한다. 이러한 곁말의 형식들은 언어의 '시적 기능', 즉 메시지의 형태가 주목되는 상황(Hymes 1964: 291)을 잘 보여주는 사례가 될 것이다. 이와 같이 시적 기능을 수행하는 형식적 요소들에는 보통 압운(rhyme), 반복(repetition), 리듬(rhythm), 율격(metre), 동음이의어 사용(pun), 은유적 표현(metaphor), 심상(imagery) 등이 있다. 따라서 이러한 요소들은 '일상적'인 언어와 '놀이의' 혹은 '예술적' 언어를 구분할 수 있는 기준인 것으로 여겨진다(Hymes 1976).

2) 상호작용 과정에서의 곁말의 전략적 사용

곁말을 구조적으로 규정짓는 여러 표현 양식은 일상적인 상호작용 과정에서 화자가 말하려는 목적 및 의도를 암시하는 데 이용될 수 있을 것이다. 이 항에서는 언어적 상호작용 속에서 곁말이 사용되는 실제 사례들을 통하여 화자가 어떤 의도를 전달하고자 하며 청자는 이를 어떻게 해독하며 반응하는지의 과정을 살펴보려고 한다. 그럼으로써 언어적 상호작용 과정에서 참여자들에 초점을 맞추어 그들이 실제 만들어가고 해석해가는 말사용의 양식을 고찰해보고자 한다.

(1) 단순한 놀이의 차원

곁말의 정의에는 '농담'과 마찬가지로 '놀이'의 맥락 내에서 사용되는 말이라는 점이 포함된다. 그 중 특히 곁말의 다양한 표현 양식은 이러한 놀이의 차원을 한층 더 부각시켜 줄 것이다. 소야리 사람들은 특별한 의도를 가지지 않더라도 놀이의 차원에서 다양한 표현을 즐겨 사용하는데, 다음의 사례는 곁말을 유난히 잘하는 사람의 것으로 한 제보자가 알려준 것이다.

〈사례 14〉
소야리 마을에는 다른 사람에게 별명을 지어 부르기를 유난히 즐기는 곁말꾼이 있는데, 그가 친구 집에 가서 동갑내기 친구들의 별명을 사용하여 말하는 장면이다.

(해수라는 별명을 가진 사람의 집에 곁말꾼이 찾아와서)
"해수야, 동갑네하고 사발포로 개우럭잡아 안주하세"(라고 하고는 여기 불리어진 친구들과 함께 낚시하러 나갔다고 한다.)
[해수 : 평소에 기침을 자주 하기 때문에 해소라고 부르는데 이것을 해수라고 잘못 발음한 것이 굳어진 별명이다. / 동갑네 : 갑동이라는 이름의 친구를 지칭 / 사발포 : 언표라는 이름 / 개우럭 : 우럭처럼 눈이 크고 튀어나온 사람에게 붙인 별명 / 안주: 주안이라는 이름]

이 사례에서는 친구들의 별명을 부르는 것뿐이 아니라 특정 메시지를 전달하기 위해 그 별명들을 적절하게 조합 나열하는 표현 방식을 취하고 있다. 먼저 '해수'라는 별명은 상대방이 '기침을 자주 한다'는 개인적인 특성으로부터 별명의 자원을 찾았다. '동갑네'라는 것은 '갑동'이라는 원래 이름을 거꾸로 읽은 후 그것이 '동갑'이 되자 '동갑네'라는 보통 명사로 바꾸었다. '사발포'라는 것은 '언표'라는 이름에서 '-표(포)'라는 유사한 음운 자질을 취하여 만든 별명이다. '개우럭'은 상대방의 신체적 특징으로부터 별명을 지은 것이다. 마지막으로 '안주'는 '주안'이라는 원래 이름을 거꾸로 읽는 형식을 취하였다. 그런데 위에서 '해수'와 '동갑네'는 개인에 대한 호칭과 지칭으로 쓰이고 있는 데 반해, '사발포'는 생선을 잡기 위한 도구로서, 그리고 '개우럭'은 생선의 명칭으로, 그리고 '안주'는 술안주의 의미로 사용되고 있다. 위의 곁말을 해독하면, '해수야, 갑동이, 언표, 개우럭, 주안이하고 같이 우럭 잡으러 가자. 잡아서 술안주하여 함께 술 마시자'라는 전언을 전달하고 있는 것이다. 그러므로 위의 표현은 특정 인물의 별칭인 동시에 또다른 의미를 함축하고 있는 어휘로 쓰였다는 것을 알 수 있다.

이렇게 단순히 별명을 붙인다는 점 외에도 이러한 별명들이 특정한 메시지를 전달하기 위한 은유적 항목으로 사용된다는 점에서, 이 화자의 언어적 창의성이 특별히 돋보인다. 별명 자체도 인물 혹은 이름의 특징을 은유적 표현으로 대치한 것이지만, 이러한 것을 이용하여 특정한 전언을 간접적으로 전달하였다는 것은 소위 '곁말꾼'이 아니고는 하기가 매우 어렵다는 것이 제보자들의 평가이다. 뿐만 아니라 위와 같은 별명의 적절한 배합은 친구들끼리만 의사소통이 가능한 일종의 암호로서 사용되는 것이기도 하다. 이는 앞에서 '곁말'의 사전적 정의에서 '특정 집단 내에서만 사용되는 말'이라는 특징까지도 포괄하고 있는 것이라 할 수 있겠다.

〈사례 15〉

-물리적 환경: C의 집 안방

-참여자: A(여, 60대 초반), B(여, 70대 초반, 여기 모여 있는 사람들 중 가장 나이가 많다), C(여, 50대 후반, 이 집 주인). 그 밖에 거의 A와 비슷한 또래이다. 이들은 모두 남편과 사별했기 때문에 혼자서 살고 있는 노인들이다.

-장면: 할머니들 6~7명이 방에 모여 앉아서 이야기를 나누고 있다. 그 중 한 사람이 연령 차이가 조금씩 있으므로 나이 순서대로 옛날 이야기를 해보자는 제안을 한다.

A: 여기서부터 일번이여 그러면서 죽 돌려가매 얘길하든지 해야지.

B: 아니 여기서두 일번 찾나?

A: 음머이? 그래두 영자[선원 중 가장 고령이자 연륜이 있는 사람을 일컬음]가 있잖우. (나이가 많은 사람부터 시작하여 한 명씩 가리킨다.) **영자님, 이자님, 삼자님, 사자님, 여기 삼자는 <u>두 개</u> 있네. 이 아지매하고 <u>저거</u>는 사잘세.**

(모두 웃음)

이 사례에서는 화자는 연령이 많은 사람부터 한 명씩 지칭을 하고 있다. 화자는 '영자', '이자', '삼자'가 선원들의 지위에 대한 명칭이라는 점을 이용하여 모인 사람들을 연령 순서대로 지칭한 것이다. 그런데 '사(4)자'는 선원들의 지위를 지칭하는 데 쓰이는 말은 아니지만, 이(2), 삼(3)의 다음 순서로는 사(4)를 덧붙임으로써 즉흥적으로 새로운 지위에 대한 지칭어를 만들어 낸 것이다. 화자의 창의적인 표현 능력을 보여주는 예일 것이다.

여기서 또 주목해야 할 것은 '두 개'와 '저거'라는 지칭이다. 통상적으로는 사람에게 물건을 지칭하는 표현을 쓴다면 상대방의 기분이 나빠질 것이다. 청자가 자신을 무시하였다고 여길 것이기 때문이다. 그러나 여기서는 참여자들 모두가 이러한 곁말을 장난의 맥락에서 사용하는 것으로 해석하므로 오해의 위험성이 없는 것으로 보인다.

〈사례 16〉
장면과 참여자는 위의 사례와 동일.

A: 이제 보니께는 성헌 건 하나도 없네. [마침 그 곳에 모인 할머니가 모두 과부였다.] 어디서 골라두 이런 사람만 골랐냐. (한 명씩 가리키며) **한근, 걸간, 석관, 넉달, 오금, 여석달. 다 병신이여. 하나두 짝꿍이 없으니 웃기네 그려.**
(모두 웃음)

이 사례에서도 위의 예처럼 모여 있는 청자들을 한 명씩 지칭하고 있지만, 이번에는 연령과 같은 순서를 따지는 것이 아니라 단지 사람 수를 헤아리고 있다. 그런데 마치 사람이 아닌 물건을 세듯이 '한 근'이라고 지칭하고는, 다음에는 다양하게 그 단위를 달리 하면서—관, 달— 한 명씩 세면서 나열하였다. 물론 '걸간'[13)]과 같은 것은 숫자라는 일관성에서는 제외되고 또 '오금'의 경우는 '오(5)'라는 것 외에 여타의 단위와는 다른 경우이다. 그러나 이런 일관성에서 벗어난 어휘들이 이 '곁말'의 말사례 전체가 담고 있는 의미를 모호하게 만들지는 않는다. 왜냐하면 화자가 전달하려는 전언의 중요성은 그러한 숫자가 아니라 그렇게 숫자로 불리어진 사람들이 모두 '병신'이라는 점을 강조하는 것이기 때문이다. 여기 모인 사람들이 모두 '짝꿍이 없다'라는 이유를 들어 '성헌 것'이 아니라는 의미를 함축하고 있는 것이다. 화자는 일단 '성헌 건 하나도 없다'라는 표현으로 이후의 말놀이가 간접적으로 전달할 화자의 태도를 전제하고 있다. 그러나 이러한 표현은 '장난'의 범위 내에서 진행되는 것이므로 진지한 의미로 수용하는 청자는 없고, 단지 화자의 말솜씨에 모두들 웃고 즐기게 되는 것이다.

'곁말'이 일상적 상호작용에서 단순한 말놀이의 차원으로 사용되는 양상에는 별

---

13) 이것을 채록한 후 연구자가 이 말의 뜻을 해독할 길이 없어 이 곁말의 연행자에게 물어보았으나 연행자 자신도 '즉석에서 나온 것이라' 모른다고 하였다. 하는 수 없이 다른 제보자 혹은 사전을 참조하여 윷놀이의 '걸'이 아닐까 하는 추측을 해 보았다. 그러나 '걸'은 '세끝(3)'을 의미한다고 한다. 이와 같이 즉흥적인 말놀이에 있어서는 일정한 규칙을 벗어나는 것이 순간적으로 나타날 수도 있다.

명 붙이기, 우스냥소리를 하는 것, 그리고 상대방을 무시하는 듯한 지칭어를 나열하는 방식 등이 있었다. 이 경우들에서는 모두 곁말 화자가 어휘를 적절하게 선택하여 주어진 상황에서 익살스럽게 표현하면 청자들은 '놀이'의 맥락 내에서 그러한 '곁말'을 해석하는 것으로 나타난다.

(2) '꼬는 소리'로서의 곁말: 암시적 비난

여기서는 광의의 곁말의 하위범주인 '꼬는 소리'로 주로 사용된 사례들을 기술하고자 한다. 제보자들에 의하면, '꼬는 소리'는 '상대방이 아니꼽게 느껴지거나 상대방이 나의 말을 들어주지 않아서 미울 때' 주로 사용한다고 한다. 특정 대상에게 '비꼬아서' 말한다는 것은 화자가 의도하는 바를 직접적으로 말하지 않고 오히려 의미하는 바와는 정반대의 의미 혹은 '논리적 모순'(irony)을 지니는 표현을 사용하는 것을 가리킨다. '꼬는 소리'로서의 곁말은 대개 대화 상대방에게 직접적으로 메시지를 전달하지 못하는 비난이나 부정적인 평가 등을 간접적으로 전달하려는 의도를 함축한다.

〈사례 17〉
-물리적 환경: 작은 고기잡이 배의 내부
-참여자: A(남, 50대, B의 숙부), B(남, 30대, A의 장조카)
-장면: B는 A의 배에서 뱃일을 하고 있었다. 평소에 술을 많이 마셔서 숙부에게 자주 야단맞는 편이었는데 이날따라 평소보다 술을 많이 마시고는 대낮부터 취해 있자 숙부가 다가가서 '꼬는 소리'를 하는 장면이다.

A: **얘, 개새끼는 보름만에 눈떴는데 너는 왜 눈을 안뜨니?**
B: 죄송헙니다. 제가 아무 때고 눈뜰 때가 있겄죠.

이 사례는 한 제보자의 기억에 의존한 것이다. 이 사례에서 '개새끼가 눈을 뜨는 것'은 개가 태어난 지 보름만에 눈을 뜨는 것을 가리키고, '너(조카)가 눈을 뜨는 것'은 술에 취해서 감고 있는 눈을 뜨는 것, 즉 취한 상태에서 깨어나라는 의미를 내포하고 있다. 화자 A는 특히 '개새끼'와 청자를 비교함으로써 청자를 간접적으로 비난하려는 의도를 보다 효과적으로 드러내는 것으로 보인다.

〈사례 18〉

-물리적 환경: B의 집 마당

-참여자: A(남, 60대, 아랫마을 사람, B를 '성님'이라고 부르면서 친하게 지낸다.), B(남, 70대, 웃마을 사람), C(여, 60대, B의 부인), 연구자

-장면: A가 B의 집에 오다가 아랫마을의 D를 만났는데 그가 인사는커녕 못 본 체 하고 지나갔다고 한다. A는 아랫마을에 살지만 웃마을에 절친한 사람이 많이 살기 때문에 자주 올라오는 편이다. 그래서 A가 그에 대한 이야기를 하는 중이다. 참여자들은 D와 평소에 서로 가깝게 지내는 사이가 아니다.

A: 그 사람[D를 지칭] 왜 말 않는지 몰라.

C: 왜 안 해? 말 않우[안 하우]?

A: 몰러 저번에 00네 아배하고 뭐이 **들이 받았대나** 뭐.

C: 00네 아배하고 들이 받았으면 00네 아배하고 상관이지 왜 또 **엎어졌더니 자빠졌구만**.

(모두 웃음)

A: 그리게[그렇게] **사람이 항상 엎어지고 자빠지고 하는 걸 좋아허는 게 아니라 어느 때는 비뚤어졌지**.

(모두 크게 웃는다.)

C: 우리는 그러지 않는데 그 어쩐 일이여.

B: 그리게[그렇게] 하는 사람이 틀린[나쁜] 사람이여.

(모두 고개를 끄덕인다.)

이 사례에서 진하게 표시한 부분은 모두 상황과 사회관계, 사람의 성격을 비유하는 표현이다. '들이 받았대나'는 다툼이라는 상황을 비유하여 표현하는 것이고, '엎어지고 자빠지고 비뚤어지고' 등은 사람의 성격을 행동과 사물의 이미지를 가리키는 어휘로써 대체한 것이다. 우선 '엎어지다'는 엎어지는 행동을 가리킴과 동시에 '누군가와 친하게 지내다'라는 의미를 가진다. 그리고 '자빠졌다'라는 것은 뒤로 넘어진 것을 가리킴과 동시에 누군가와 친하게 지내다가 그 관계가 다시 나빠졌다는 의미를 함축하고 있다. 마지막으로 '삐뚤어진' 것은 비뚤어진 상태를 가리킴과 동시에 성격이 바르지 않음을 의미한다. 이는 모두 아랫마을에 사는 D씨

의 특성을 표현하는 말이다. 그래서 전체적으로 지칭하는 대상의 행동과 성격에 대하여 우회적으로 부정적인 태도를 표현하고 있는 것이다. 이 사례에서 화자의 창의성을 보여주는 부분은 바로 '엎어지고 자빠지는'에 뒤이어 '비뚤어졌지'를 선택한 점일 것이다. 그리고 참여자들은 이러한 비유와 암시적인 표현이 어떤 의미를 전달하는지에 대하여 모두 적절하게 해석하고 있음을 볼 수 있다.

(3) 비난에 대한 회피

곁말은 특정 맥락 속에서 상대방을 우회적으로 비난할 뿐만 아니라 비난에 대한 직접적인 대응 대신에 사용되는 경우도 있다. 즉 상대방에게서 비난을 들었거나 난처한 처지에 빠졌을 때 이에 대하여 진지하게 대응하기보다는 곁말을 사용하여 빠져나가는 경우이다. 이러한 경우에는 특히 상대방이 보내는 핀잔이나 비난에 대하여 곁말 화자의 기민한 대응이 요구된다. 흔히 Sherzer가 연구했던 '말대꾸'(comeback)와 같이 동음이의어를 사용하여 말대꾸를 하는 방식이나 혹은 비논리적인 발화를 의도적으로 선택하는 양상이 발견된다. 다음의 예는 동음이의어를 사용하는 방식이다.

〈사례 19〉
-물리적 환경: 이른 봄의 대낮이다. 장소는 A의 집 안방
-참여자: A(남, 60대), B(남, 60대), 그 밖에 2-3명의 친구들, 연구자
-장면: 동네의 친구지간인 노인들이 모여서 A의 집에 모여서 이야기를 나누고 있는데 갑자기 A가 화투를 치자는 제안을 하는 장면이다.

A: (방의 아랫목으로 들어가며) 오늘 춥네.
B: (손가락으로 이불을 쌓아 놓은 곳을 가리키며) 거[거기에] 이불 좀 꺼내.
A: (담요를 가져다 깔면서) 모였는데 화투나 칠까?
B: (A를 힐끗 쳐다보며) 자네 매일 놀음 한다고 동네방네 소문 다 났어.
A: 어디가?[어디에?] **동네는 알겠는데 방네는 뭐유**? (방안을 둘러보며) **방내**?
(모두 웃음)

여기서는 A가 놀음하는 것에 대하여 B가 장난스럽게 비난을 하자, B의 말을

이어 받아서 A가 동음이의어 곁말을 사용하고 있다. B의 발화에 대하여 A는 다시 질문을 하는 형식을 취함과 동시에 '방내'라는 동음이의어의 표현을 사용하여 고의적으로 상대방이 전달하는 전언의 의미를 전혀 다른 방향으로 해독하는 것처럼 보여주는 것이다. 이는 대화의 진행 자체를 방해하기도 하고 또한 '방내'라는 새로운 어휘를 사용함으로써 청자에게 의미 해독의 혼란을 주며 다시 화자 B에게 장난을 치는 것이기도 하다. 그럼으로써 앞선 화자가 자신에게 가한 가벼운 공격을 적절하게 회피하는 것이다.

〈사례 20〉

-물리적 환경: A의 집 마루

-참여자: A(남, 40대), B(남, 50대, 젊을 때 A의 아버지가 부리는 배에서 선원으로 일했었다.)

-장면 : A의 집에 A와 친하게 지내는 마을 사람들이 하나 둘씩 모이더니 마당에 술자리가 벌어졌다. (평소에 이집에는 손님들이 많다.)

A는 연구자들과 마루에 있었는데 마당에서 술을 마시다가 집에 돌아가려는 B를 불러서 술을 따라 주면서 이야기를 나눈다. 특히 A가 어릴 때의 기억을 더듬으며 B가 당시 낙지 잡으러 가는 데 안 데려 갔던 것이 원망스러웠음을 이야기 하는 중이다.

(가려던 B를 불러서 술을 따라 주며)

A: (연구자들에게) 이 분이 옛날에 우리 배에서 일했었지. 나 어렸을 땐데, 낙지 잡으러도 다니구.

B: (받은 술을 마시며) 그랬었나?

A: 그런데 그때 그렇게 데려가 달라고 허는데 안 데려간 이유가 뭐유?

B: (놀란 듯 A를 쳐다본다) 내-가? 언제?

A: 아, 나 열 살 땐가 그랬잖수.

B: 이 사람 기억력도 좋은가 봐. **머리가 보통 대가리가 아냐**.

(청중들 모두 웃음)

A: (잠자코 웃는다.)

이 사례를 이해하려면 A와 B의 개인적인 배경에 대하여 알아야 한다. 우선 A는 과거에 할아버지와 아버지가 이 마을에서 부유하고 많이 배운 사람 축에 속했었다는 것을 매우 자랑스럽게 여기는 사람이다. 그래서 과거 자신의 집에서 부리던 수 척의 배에 마을 사람들 다수가 뱃사람으로 일했었다는 것을 연구자에게 이야기해 주고 있는 중이었다. 이러한 상황에서 마침 한 예로 제시될 수 있는 사람을 불러 세워서 연구자에게 소개를 해준 것이다. 왜냐하면 그 사람과 공유하는 과거의 일을 이야기하는 것은 이제까지 연구자에게 말해 준 자신의 '과거'를 입증해 줄 수 있는 계기가 될 수 있기 때문이다.

그러나 B는 이러한 A의 의도를 파악하고, 오히려 이를 반격할 수 있는 전략을 선택하였다. 그 전략이 바로 '머리가 보통 대가리가 아냐'라는 곁말의 사용이다. 곁말 화자는 A에게 '기억력이 좋다'라고 마치 칭찬을 하는 듯이 보이지만, 사실은 '머리가 보통 대가리가 아냐'라고 함으로써 앞의 표현과는 정반대로 빈정대는 것이다. 왜냐하면 '대가리'라는 어휘는 지시적으로는 '머리'와 동일하지만 함축된 의미상으로는 화자의 반감 및 경멸적인 태도를 포함하고 있기 때문이다.

이상의 사례들에서 화자가 자신이 난처하거나 위기에 몰리는 상황에서 전략적으로 곁말을 사용함으로써 그러한 상황에서 벗어남과 동시에 상대방에 대한 우세를 점하려는 방식을 보았다. 대개 화자는 간접적인 표현 및 동음이의어의 사용으로 자신의 의도 및 태도를 우회적으로 표출하는 것이다. 화자는 부정적인 태도를 가지고 곁말을 사용하기는 하지만 청자와 정면에서 말싸움을 하는 것은 아니다. 오히려 곁말이 그러한 갈등 상황을 방지하는 역할을 할 것이다.

이상과 같이 곁말이 언어적 상호작용 속에서 사용될 때에는, 첫째, 단순한 놀이의 차원에서 은유 및 운문적 형식으로 다양한 말장난을 즐기는 경우, 둘째, 화자가 상대방을 비판하기 위하여 곁말로써 암시하는 경우, 그리고 셋째, 화자가 곁말을 사용하여 자신의 난처한 상황에서 교묘히 벗어나려는 사례 등이 있음을 살펴보았다. 무엇보다도 곁말은 화자가 말하는 바의 의미를 우회적으로 전달하므로 주어진 전언을 해독하는 데서 참여자들의 사회문화적 배경 지식이 전제되어야 한다.

5. 요약 및 결론

본고는 덕적도 내의 소야리라는 한 어촌 촌락에서 중요한 말행위 범주인 '농담'과 '곁말'의 민간 정의, 분석적 특질들, 언어적 상호작용 과정에서의 사용 양식 등을 의사소통의 민족지학의 접근법을 적용하여 심층적으로 기술 분석한 것이었다. 본고의 주요 내용을 요약하면 대략 다음과 같을 것이다.

첫째, 농담은 일상적인 것에서 벗어남, 진지하지 않음, 가장의 맥락에서 사용 해석된다는 특징을 가진다. 화자는 비언어적인 특질들, 즉 목소리의 자질, 크기, 높이, 말소리의 길이, 몸짓, 표정 등과 같은 단서들로 농담의 맥락을 암시한다. 농담의 화제와 관련하여서는 특정 대상에 대한 인신공격과 남성이 여성에게 성적 함의를 지니는 농담을 하는 것, 연하자가 연상자에게 특히 노인들에게 '죽음'에 관련된 내용을 말하는 것 등과 같은 사례들을 살펴보았다. 화자는 대개 이러한 화제를 가지고 특정 대상을 곤경에 빠뜨리거나 특정 대상에게 장난을 친다. 그런데 이러한 화제들은 농담의 맥락이 아니라면 그리고 화자와 청자가 동등하고 친밀한 관계가 아니라면 함부로 말할 수 없는 것들이다. 이러한 맥락과 화제는 다시 농담이 허용되는 사회관계의 범위와 상관된다. 농담이 허용되는 사회관계는 이상적으로는 '동성의 동갑내기 친구'로 한정되지만 그 범위는 사실은 더 확대된다.

이와 같이 말하는 맥락과 선택되는 화제 그리고 서로 말할 수 있는 사회관계 등이 중요한 특질로 부각되는 농담은, 언어적 상호작용 과정에서 다양한 사회적 의미를 전달한다. 화자는 농담의 비언어적 형식 등을 빌어 농담의 단서를 제공함으로써 분위기를 전환시킨다. 그리고 농담은 형식적인 인사와 같이 언어의 친교적 기능(phatic function)을 수행한다. 또한 화자는 농담의 맥락 내에서 상대방에 대한 고의적인 비난을 함으로써 기존의 사회관계를 위험하게 만들기도 하지만, 이는 오히려 사회관계를 유지하고 확장하기 위한 수단이 되기도 한다. 그리고 화자는 농담의 맥락을 이용하여 상대방에게 간접적으로 요구와 명령을 하기도 한다.

다음으로, 곁말은 넓게 보면 농담의 영역에 속하지만 독립된 말행위의 범주로서 인지되기도 한다. 곁말의 특질은 그 형식적인 측면에서 다음과 같이 세 가지로 나뉜다. 첫 번째, 은유적 표현으로서 전언을 간접적으로 전달한다는 점이다. 두 번째, 운문의 형식으로 이는 일상적인 언어 사용에 있어서 예술성과 화자의 창의성을 발견할 수 있는 특질이 된다. 세 번째, 널리 알려진 특질로서 동음이의어의 사용이다.

곁말은 이와 같이 다양한 표현 양식으로 규정될 수 있는 말행위의 범주인데, 특히 곁말의 사례로부터 언어예술의 일반적인 특질들을 발견할 수 있었다. 그 중에는 은유, 압운, 의미상의 대조 등과 같은 표현 양식이 많이 나타났다. 소야리 주민들은 이러한 언어예술로서의 곁말을 대화 과정에서 즐기기도 하지만, 한편으로는 농담과 마찬가지로 상황과 사회관계의 요소들이 그 사용을 제약한다고 보았다. 전체적으로 곁말은 "메시지의 형태가 주목됨으로써 언어 전달의 시적 기능(poetic function)을 수행하는"(Hymes 1964: 291) 일상적 말행위가 될 것이다.

곁말은 또 언어적 상호작용 과정에서 화자가 전략적으로 사용하는 표현 방식이기도 하는데, 대체로 다음의 기능들을 파악할 수 있었다. 첫째, 단순히 놀이의 차원에서 진행되는 곁말의 연행으로, 이것은 곁말 화자가 특유의 독창성을 발휘하여 일상적인 말놀이를 하는 경우이다. 둘째, 화자가 자신에게 가해진 비난을 재치 있게 피하기 위하여 동음이의어를 사용하여 무의미한 답변을 함으로써 도리어 상대방에 대하여 말로써 우세를 점하려는 사례들이 있었다. 셋째, 화자는 곁말을 사용함으로써 또 암시적 비난을 할 수도 있다.

본고는 농담과 곁말의 구조적 특질 외에도 이 장르들이 실제의 언어적 상호작용 과정에서 어떻게 사용되는지를 구체적으로 분석하였다는 점에서 그 의의를 찾을 수 있을 것이다. 아직까지 농담과 곁말이라는 말행위 또는 장르가 구체적인 상호작용의 과정 속에서 사용되는 양식의 유형을 본고와 같이 기술한 연구는 없는 것으로 안다. 물론 본고에서 기술한 농담과 곁말의 사용 양식은 특정 언어공동체 내에서 관찰된 연구 결과에 불과하므로, 한국 사회 내의 농담과 곁말의 일반적인 유형을 대표하는 것은 아닐 것이다. 향후 한국 사회 내의 다른 지역에서의 경험적 연구가 계속된다면, 문화적으로 중요한 말행위의 범주 및 유형 그리고 그것의 사용 양상에 대한 보다 신뢰할 수 있는 일반화가 가능할 것이다.

√참고문헌

강윤희, 1993, "제주 사회에서의 두 방언 사용 현상," 서울대학교 인류학과 석사학위논문.

김대행 편, 1990,『운율』, 서울: 문학과 지성사.

김봉군, 1993,『문장기술론』, 서울: 삼영사.

박갑수, 1979, "곁말의 재미,"『월간 중앙』3월호: 334-340.

신기철, 신용철 편저, 1975,『새우리말큰사전』, 서울: 삼성 출판사.

왕한석, 1987, "언어인류학" (미발표원고), (1996, "언어, 사회, 문화: 언어 인류학의 주요 조류,"『사회언어학』4(1): 3-50).

_____ 1994, "강화도의 언어문화" (미발표원고), (2009,『한국의 언어 민속지 1: 서편』, 교문사, pp. 13-112).

최진숙, 1995, "'농담' 및 '곁말'의 구조와 사용양식," 서울대학교 인류학과 석사학위논문.

Abrahams, Roger D., 1983, *The Man-of-Words in the West Indies: Performance and the Emergence of Creole Culture*, Baltimore: the Johns Hopkins University Press.

Basso, Keith, 1979, *Portraits of 'the Whiteman': Linguistic Play and Cultural Symbols among the Western Apache*, Cambridge: Cambridge University Press.

Brukman, Jan, 1975, "Tongue Play: Constitutive and Interpretive Properties of Sexual Joking Encounters among the Koya of South India," in Mary Sanches and Ben G. Blount (eds.), *Sociocultural Dimensions of Language Use*, New York: Academic Press, pp. 235-267.

Goffman, Erving, 1974, *Frame Analysis: An Essay on the Organization of Experience*, New York: Harper Colophon Books.

Gumperz, John J., 1972, "Introduction" in John J. Gumperz and Dell H. Hymes (eds.), *Directions in Sociolinguistics*, New York: Holt, Rinehart, and Winston, pp. 1-25.

________1982, *Discourse Strategies*, Cambridge, UK: Cambridge University Press.

Gumperz, John J. and E. Herasimchuk, 1975, "Conversational Analysis of Social Meaning," in M. Sanches and B. Blount (eds.), *Sociocultural Dimensions Of Language Use*, New York: Academic Press, pp. 81-115.

Hickerson, Nancy P., 1980, *Linguistic Anthropology*, New York: Holt, Rinehart and Winston.

Hymes, Dell, 1962, "The Ethnography of Speaking" in Joshua A. Fishman (ed.), *Readings in the Sociology of Language*, The Hague: Mouton, pp. 99-138.

_______ 1972, "Models of the Interaction of Language and Social Life," in John J. Gumperz and Dell Hymes (eds.), *Directions in Sociolinguistics*, New York: Holt, Rinehart and Winston, pp. 35-71.

_______ 1976, "Introduction," in Barbara Kirshenblatt-Gimblett (ed.), *Speech Play: Research and Resources for the Study of Linguistic Creativity,* Philadelphia: University of Pennsylvania Press, pp. 121-146.

_______ (ed.), 1964, *Language in Culture and Society*, New York: Harper and Row, pp. 3-14.

Lakoff, George, 1992, "Metaphor and Semantics," in William Bright (ed.), *International Encyclopedia of Linguistics*, New York: Oxford University press.

Mitchell-Kernan, Claudia, 1972, "Signifying, Loud-talking and Marking," in Thomas Kochman (ed.), *Rappin' and Stylin' Out*, Urbana, IL: University of Illinois Press.

Sacks, Harvey, 1972, "On the Analyzability of Stories by Children," in John J. Gumperz and Dell Hymes (eds.), *Directions in Sociolinguistics,* New York: Holt, Rinehart and Winston, pp. 325-345.

Sherzer, Joel, 1983, *Kuna Ways of Speaking,* Austin: University of Texas Press.

_______ 1992, "Verbal Play," in William Bright (ed.), *International Encyclopedia of Linguistics,* New York: Oxford University Press.

_______ 1993, "On Puns, Comebacks, Verbal Dueling, and Play Languages: Speech Play in Balinese Verbal Life," *Language in Society* 22: 217-233.

Tannen, Deborah, 1985, "Frames and Schemas in Interaction," *Quaderni di Semantica* 6(2): 326-335.

Wang, Hahan-Sok, 1984, "Honorific Speech Behavior in a Rural Korean Village: Structure and Use," Ph.D. Dissertaion, University of California, Los Angeles.

Bateson, Gregory (서석봉 역), 1990, "유희와 환상에 관한 이론" ("A Theory of Play and Fantasy: A Report on Theoretical Aspects of the Project for Study of the Role of Paradoxes of Abstraction in Communication" in *Steps to an Ecology of Mind*, 1972), 『마음의 생태학』, 서울: 민음사.

Black, Max (권두환 역), 1977, "은유" ("Models and Metaphors: A Study of Language and Philosophy," 1962), 이정민 외 편, 『언어과학이란 무엇인가』, 서울: 문학과 지성사.

〈자료〉
덕적면사무소, 1994, 세대별 명부.
___________ 1994, 토지(소야리) 및 어선 소유 현황 자료(덕적면 전체).
옹진군지 편찬위원회, 1985, 『덕적도사』.
옹진군청, 1985-1993, 『옹진군 인구 통계 연보』.

10 장
결혼이민 여성의 한국어 학습과 언어사회화*

강나영

1. 서 론

1) 문제의 제기

국제결혼 여성 혹은 가정을 대상으로 한 연구는 한국인 남성과 외국인 여성의 국제결혼이 성행하기 시작한 1990년대 중반 이후 꾸준히 발표되어 왔다. 그러나 연구의 경향은 소수의 연구(왕한석 2007; 왕한석 · 한건수 · 양명희 2005)를 제외하고는 언어 및 문화 차이로 인한 갈등, 종교와 경제적 차이로 인한 갈등, 이주여성의 인권 침해와 같은 피해 사례와 관련된 연구에 치우쳐 왔다. 물론 외국인 부인이 한국인 남편 가족들에게 일방적으로 적응하도록 요구되는 현실의 '부당함'에 대한 지적들은 현대 한국 사회를 향한 타당한 비판(김지은 2007; 윤형숙 2005; 이혜경 2005; 한건수 2006)일지라도, 국제결혼한 여성이 한국 사회에서 또는 가

* 이 논문은 동일한 제목으로 『한국문화인류학』 42(1) (2009, pp. 221-260)에 실렸던 글을 편집상의 수정을 한 것이다.

정에서 실제로 어떻게 적응하며 살아가고 있는지에 대한 심층적인 연구가 되기에는 다소간 한계를 지닐 것으로 보인다. 이에 본 연구는 결혼이민 여성의 한국어 학습과 사용을 연구주제로 하여 이들이 한국어의 무엇을 그리고 어떻게 배우고 의사소통하는지에 대하여 살피고, 이를 통해 결혼이민 여성의 한국 문화 적응의 한 양상에 대하여 논의하고자 한다.

'결혼이민 여성의 한국어 학습과 언어사회화'의 본 연구를 위해서는 결혼이민 여성의 언어 학습을 바라보는 새로운 이론적 개념이 요구된다. 촘스키(Noam Chomsky)로 대표되는 형식언어학의 언어 습득 연구는 언어의 구조적인 규칙, 즉 문법성(grammaticality)의 파악에 주안점을 두는 언어 능력(linguistic competence)으로 설명되었다. 그러나 하임즈(Dell Hymes)는 언어 능력은 언어 습득을 설명하는 데 있어 제한적인 개념이라는 비판을 제기하였고, 언어 능력은 언어 사용(language use)의 '사회적 적절성(social appropriateness)'에 대한 '의사소통능력(communicative competence)' 개념으로 확장될 필요가 있음을 지적하였다. 그에 따르면 의사소통 능력은 "언제 말할 수 있고 언제 말해서는 안 되는지, 그리고 누구와, 언제, 어디서, 어떤 방식으로, 무엇에 대해 말해야 하는지에 관한 능력"(Hymes 1971: 277-278)이다. 말하자면 의사소통 능력이란 "화자가 가진 어떤 언어의 구조적 규칙에 대한 지식뿐만 아니라 언어 사용의 '문화적 규칙'에 대한 지식까지를 포괄하는 개념"(왕한석 1996: 30)으로, 언어 사용의 문화적 규칙을 이해하고 이 규칙에 따라 적절하게 말을 할 수 있는 능력까지 포함된 개념이다.

의사소통 능력은 '언어사회화(language socialization)' 과정에서 보다 확연하게 드러난다. 외국인 언어 학습자의 한국어 학습에 대한 언어학적, 인류학적 연구는 언어사회화라는 이론적 개념으로 설명가능하기 때문이다. 달리 말하여 어린이/제2언어 초심자가 언어를 배우는 과정은 각 문화가 해당 사회의 가치관에 적합한 행동을 하도록 사회 성원을 사회화하는 과정의 일부가 되기 때문이다. 언어를 습득하는 과정은 사회의 한 성원이 되는 과정이고, 사회에서 한 명의 성원이 되는 과정은 언어의 지시적 기능(referential functions)을 습득한다고 해서 자동적으로 이루어지는 것이 아니라, 언어의 사회적 기능(social functions)을 익히는 과정을 통해 실현된다(Ochs and Schieffelin 1982: 2-3). 하여 언어사회화 과정은 학습자가 '어떻게 언어를 사용하도록 사회화 되는가(socialized to use language), 그리고 어떻게 언어 사용을 통해 사회화 되는가(socialized through the use of language)를 포함하는 개념'으로 설명될 수 있다(Schieffelin and Ochs 1986: 184). 제2언어 학습자가 제2언어의 언어문화에 적응하여 사회화되어 가는 과정, 즉 언어사회화의 관점을 채택한 연구로는 요청, 거부, 명령, 감사와 같은 화행(speech acts)을 이해하고 행하는 것(Falsgraf and Majors 1995; Poole 1992), 호칭어 선택과 같은 지위를 나타내는 언어적 표현을 익히고 사용하는 것(DuFon 1999), 존댓말의 사용(Marriott 1996)과 같은 언어 습득의 영역을 제2언어의 문화적 가치의 학습과 관련지은 연구들이 있다.

이러한 이론적 개념을 바탕으로 할 때, 한국어의 의사소통 능력에는 '존댓말'[1], '호칭어'와 관련한 영역을 들 수 있다. 한국어의 존댓말, 호칭어의 학습은 단지 지시적 기능의 습득만을 함의하는 것이 아니라, 한국이라는 언어공동체의 한국어 화자와 청자로서의 적절한 사용의 규칙에 대한 '문화적 지식'을 포함하기 때문이다. 말하자면 한국어 화자는 지시적 기능은 동일하지만 사회적 기능이 다른 여러 문장을 사회적 사용 규칙에 따라 적절하게 사용할 수 있어야 하고, 대화상대와 대화참여자에 어울리게 높이거나 낮추어 사용할 수 있어야 한다. 그리고 호칭어의 사용에서도 그것의 지시적 기능뿐만 아니라 언어 사용의 규칙에 대한 문화적 지식의 학습은 중요한데, 본 연구의 연구대상자들의 경우 혼인한 여성이므로 친척호칭

---

1) 본 연구에서는 청자존댓말과 주체존대의 선어말어미 -시-를 주로 다룬다. 한국어는 주어인 명사구보다 동사(혹은 형용사)가 문장에서 중심 역할을 담당하기 때문에, 동사 어간과 어미 사이에 선어말어미 -시-를 넣거나 넣지 않는 것, 그리고 문장 종결어미에 적절한 동사어미를 선택하는, 즉 '말 단계'(speech levels)의 설정이 존댓말 표현에서 핵심적인 역할을 한다(Wang 1979: 98). 외국인 여성들이 일상적으로 사용하는 청자존댓말, 특히 말 단계의 수는 '해요체'로 대표되는 존댓말과 '반말'의 두 단계가 주로 쓰인다. 본래적 의미의 반말이란 해라체와 하게체, 하게체와 하오체의 중간 정도에 해당하는 말로, 존대도 하대도 아니게 말끝을 흐려서 하는 반(半)말을 뜻한다. 그러나 오늘날 한국사회에서 반말이란 해라체, 해체를 통합한 "존댓말에 대응되는" 반말의 의미로 쓰이는 만큼, 본 연구에서도 이러한 언어 사용의 규칙을 학습한 연구대상 여성들의 존댓말의 말 단계 구성의 층위를 해요체와 반말의 두 단계로 나누어 살피고자 한다.

어의 습득의 중요성은 보다 클 것이다. 또한 호칭어, 존댓말은 그 자체가 한국어에서 특징적인 부분이고, 아울러 언어 학습자의 입장에서도 학습에서 단연 많은 어려움을 수반하며, 한국어 학습에서 중요한 부분에 해당한다고 볼 수 있다. 그 때문에 결혼이민 여성이 적절한 호칭어를 선택할 수 있고 그에 공기(co-occurrence)하는 존댓말을 사회적 장면에 따라 적절하게 사용할 수 있는 것은 한국어 학습에서 중요한 의사소통 능력 영역에 해당할 것으로 상정할 수 있다.

이상의 결혼이민 여성의 한국어 학습의 연구에 대한 현실사회적 필요성과 호칭어, 존댓말의 학습이 가지는 중요성과 가치를 고려하여 본 연구에서는 다음의 두 가지 연구질문을 다룬다. 하나는 외국인 부인들의 한국어 호칭어, 존댓말 의사소통 능력의 학습 및 사용에 대한 기술이고, 다른 하나는 연구대상 여성들의 호칭어, 존댓말 사용의 상이한 의사소통 능력을 가능케 한 다양한 언어사회화 과정에 대한 분석이다. 구체적으로는, 2절에서는 외국인 부인들의 가족관계 및 결혼이민 여성 관계의 호칭어, 존댓말 사용의 양상에 대하여 기술하고, 이어 3절에서는 그녀들의 호칭어, 존댓말 학습 및 사용에서 보이는 주요 특징들에 대해 살피고, 4절에서는 연구대상 여성들이 보이는 변이의 양상과 그녀들의 다양한 언어사회화 과정에 대하여 논의할 것이다.

2) 연구대상 및 연구방법

본 연구는 2006년 1월 3일부터 3월 7일까지의 두 달여 동안 전라북도 농촌 마을에서 행해진 현지조사를 바탕으로 한다. 한국어의 학습과 사용이라는 연구주제에 따라 의사소통에 크게 어려움이 없는, 즉 가정에서의 일상의 언어생활과 가정 바깥의 사회에서의 언어적 상호작용도 잘 수행할 수 있는 여성을 연구대상으로 선정하였다. 그리고 시부모와 함께 사는 경우 가족, 이웃 등과의 언어적 접촉의 상황이 보다 많을 것이므로, 시부모와 동거하며 자녀가 있는 여성들을 연구대상자로 선정하였다. 또한 하나의 출신국(또는 언어)으로 한정하지 않고 여러 출신국(일본, 중국(한족), 필리핀, 몽골)의 결혼이민 여성들을 연구대상자로 함으로써 한국

〈표 1〉 연구대상자 개괄[2)]

이름	출신국	연령	체재기간	학력	시부모 동거여부	자녀수	혼인의 경로
1미즈코사와이	일본	45세	13년 6개월	전문대졸	시모	3	통일교
2하라사유리		45세	13년 3개월	대졸	시모	5	
3호시노데루미		38세	12년 6개월	전문대졸	시부모	4	
4주비령	중국 (한족)	30세	7년 11개월	중졸	(사망)[3)]	2	지인의 소개
5모진여		29세	3년 1개월	중졸	시부모	1	
6로메린	필리핀	29세	6년 7개월	대학중퇴	시부모	3	통일교
7말란타니		32세	6년 5개월	전문대졸	시부모	3	
8졸타르갈	몽골	27세	2년 9개월	전문대졸	시부모	1	국제결혼 정보업체
9할리오나		29세	3년 0개월	대졸	시부모	1	

어 학습, 한국 문화 적응의 다양한 양상을 드러내고자 하였다. 위의 〈표 1〉은 연구대상자의 인적사항을 간략히 목록화한 것이다.

연구대상 여성들이 한국 남성과 혼인하게 된 계기는 출신국에 따라 차이를 보인다. 일본 및 필리핀 여성은 세계평화통일가정연합(통일교)이라는 종교단체를 통해, 중국(한족) 여성은 지인의 소개로, 몽골 여성은 국제결혼정보업체를 통해 한국으로 오게 되었다. 이들의 연령은 20대 후반~40대 중반으로, 일본 여성의 연령이 높은 편이고, 일본 여성을 제외한 나머지 6명은 20대 후반~30대 초반이다. 또한 출신국에 따라 체재기간이 뚜렷하게 구분됨을 볼 수 있다. 일본 여성이 10년 이상, 필리핀 여성이 6년 이상으로 체재기간이 긴 편이고, 몽골 여성은 최근 2~3년 사이에 한국으로 이주하였다. 그리고 학력에서는 중학교까지를 졸업한 중국(한족) 여성을 제외하고서는 모두 전문대학 졸업 이상으로 남편보다 학력이 높다. 한국으로 오기 전 2하라사유리는 일본에서 사회복지사로, 9할리오나는 몽골에서 한국 의류를 수입하는 무역회사에서 일하였다. 1미즈코사와이, 8졸타르갈은 각각 소아과, 방사선과 간호사였으며, 3호시노데루미는 미용사로 일하였다. 6로메린은 필리핀에서 대학생이었으

2) 본 연구의 연구대상자를 비롯한 인명은 가명임을 밝혀둔다.

3) 4주비령은 혼인 생활 동안 함께 살던 시모가 사망한 예외적인 경우이다.

며, 4주비령과 5모진여, 7말란타니는 식당 등에서 일한 바 있다.

연구자는 연구대상자들의 일상 언어생활의 '말상황(speech situation)'을 관찰하는 것을 원칙으로 하고, 호칭어와 존댓말의 학습과 사용에 관한 심층면접을 병행하였다. 연구자는 연구대상자의 가정에서 함께 거주하였고, 그것을 허락하지 않는 연구대상자에 한해서는 가정을 방문하여 조사를 하였다. 그들의 가정에서는 남편, 시부모, 자녀, 이웃, 친척 등과의 언어적, 비언어적 의사소통을 녹음, 관찰하고 기록하였다. 그리고 외출 시에 동행하여 한글학교, 시장, 병원, 교회, 은행, 관공서 등의 여러 사회적 장면에서의 상호작용을 관찰하였다. 그리고 일부 연구대상자의 개인적 기록인 메모, 일기, 편지 등도 동의하에 연구자료로서 활용하였다.

마지막으로 언급하고 싶은 것은 본 연구의 연구관점과 관련한 것이다. 본 연구는 조사기간 및 연구대상자의 수에서 한계를 지니기 때문에 본 연구의 타당성에 대한 의문이 제기될 수 있다. 이에 본 연구가 견지하는 관점은, 첫째 9명의 연구대상 여성의 한국어 의사소통 능력을 일련의 '발달의 과정'으로 설명하고자 함은 아니며, 따라서 연구대상자들의 학습의 상이한 수준에 대해 '위계화'하려는 것도 아니라는 점이다. 둘째 본 연구는 상이한 한국어 의사소통 능력을 설명함에 있어 한국어 학습에 영향을 미친 '모든' 요인들에 대한 분석을 시도하는 것은 아닌, 말하자면 언어사회화 과정 전체에 대한 연구라기보다는 언어사회화 과정의 한 부분에 대한 연구이다. 따라서 가족관계 및 가족 바깥의 결혼이민 여성 관계를 중심으로 하여 9명의 결혼이민 여성들이 한국어의 무엇을 그리고 어떻게 배우고 의사소통하는지를 살핌으로서 이들의 한국어, 한국문화 적응의 한 중요 양상에 대해 고찰하는 것이 본 연구의 목적이다.

2. 한국어 의사소통 능력의 학습: 호칭어, 존댓말의 사용

1) 가족관계

(1) 외국인 부인이 한국 사회에서 맺은 가족관계 중 가장 가까운 사람인 남편을 부르는 호칭어를 살펴보면, '자녀 이름+아빠', '여보', '자기야', '이름(+씨)' 등이 있고, 이 호칭어들은 현대 한국 사회에서 부부간에 적절한 맥락에 따라 널리 사용되는 것이다. 그 중 '자녀 이름+아빠', '여보'는 보편적으로 사용되며, '자기야'는 연령이 높지 않고 결혼 생활이 길지 않은 5모진여, 8졸타르갈, 9할리오나 부부에 의해 사용된다. 이름(FN, first name)과 관련한 호칭어로는 '이름+씨'와 '이름+아/야'가 있는데, 모두 한국어 학습의 초기(주로 자녀 출산 이전)에만 사용된 것으로 보인다. 가령 1미즈코사와이는 '이름+씨', 7말란타니는 '이름+아/야'로 남편을 호칭하였지만, 남편을 이름으로 호칭하는 것을 시가 가족들이 제재하였기 때문에 사용하지 못하게 되었다. 그리고 9할리오나 등은 '자녀 이름+아빠'와 '이름+씨' 둘 다 사용하는데, 전자는 일상적으로, 즉 일반적, 규범적으로 사용되는 것이고, 후자는 전략(strategy) 혹은 조작(manipulation)의 측면(왕한석 2005a: 39)에서 사용되는 것으로, 이것은 화자 자신의 언짢은 심리를 표출하고, 부부간의 새로운 사회적 관계, 즉 평등한 관계를 (재)정립하기 위해 사용되는 것으로 보인다.

그리고 부부간의 말 단계의 선택과 사용에서는, 외국인 부인은 대칭적인(symmetrical) 말 단계의 주고받음을 지향한다. 물론 남편과 아내가 대칭적으로 존댓말을 주고받는 것이 이상적인 말 사용의 규범이겠지만, 그것이 항상 용이한 것은 아닌 것으로 보인다. 말하자면 "남편은 아내에게 반말을, 아내는 남편에게 높임의 말을 쓴다"는 인식과 경향이 한국 사회 전반에 여전히 존재하기 때문이다. 연구대상 여성들은 부부간의 비대칭적인(asymmetrical) 말 단계 사용이 일반적임을 알고 있지만, 그것의 학습과 사용이 강요되는 사회적 압력에 대해 불만을 토로 하기도 하였다.

(2) 다음으로 시부모에 대한 말 사용을 보면, 시부와 시모에게의 말 행위가 대조를 이룸을 볼 수 있다. 언어 사용의 규범적인 면에서 볼 때 며느리는 시아버지를 '아버님'으로, 시어머니를 '어머님'으로 호칭하고, 그에 적절한 존댓말을 사용해야 하겠지만, 그 사용의 모습은 여러 변이형들을 안고 있다. 예를 들어 (2명의 몽골 여성을 제외한) 모든 연구대상 여성이 시아버지를 '아버님'이라 호칭하는데 비해, 시어머니를 '어머니', '엄마'라고 호칭한다. 그리고 존댓말의 사용에서도 시모에게보다는 시부에게 더욱 높임의 말씨체(speech style)를 사용하였다(가령 시아버지에게만 주체존대의 선어말어미 -시-를 삽입하여 말하는 것). 이는 '격식성'과 '친밀도'에 대한 한국 언어문화의 문화적 지식으로써 설명할 수 있을 것이다. 한국 사회에서 (며느리와 이성간인) 시아버지는 시어머니보다 더 엄하고 거리가 먼 존재로 그려지기 때문에 보다 격식성을 드러내는 말 표현을 하는 반면, (동성간인) 시어머니는 시아버지보다 더 친밀하고 가깝게 여겨져 격식성은 낮지만 친밀감을 보다 드러내는 말 표현을 하는 것이다.

(3) 그러나 시부모에게의 언어 사용이 한국인들이 공유하는 언어문화에 보다 적절한 것인 반면, 남편의 손위, 손아래형제 및 배우자에게의 말 사용은 다른 양상을 보인다. 먼저 남편의 손위형제에 대한 말하기 방식을 보면, 남편의 형 내외에게 '시숙님'/'아주버님'(시숙), '형님'(손위동서)의 호칭어를 쓰며, 이 친척형(kin type)에게는 해요체를 사용한다. 그러나 이러한 적절한 사용 규칙과 달리 남편의 손위여형제인 남편의 누나, 즉 손위시누이에 대한 말 사용은 흥미롭다. 손위시누이를 '형님'이라 호칭하는 것 이외에도, '언니', '고모'를 사용하고, 예외적으로는 '노나'[누나]로 호칭하기도 하며, 존댓말의 사용에서 해요체가 사용되더라도 주체존대의 선어말어미 -시-는 생략되었다. 그런데 이때의 '언니' 등의 호칭어는 학습의 초심자가 보다 쉽게 한국어, 한국 문화에 적응하도록 돕는, 넓은 의미에서의 '아기말'(baby talk)(왕한석 2005b) 역할을 하는 것으로 보인다. 말하자면 청자가 여성일 때(특히 연령이나 항렬에서 상위자일 때) '정상어'인 '형님' 대신에, 외국인 여성들에게 보다 익숙한 호칭어인 '언니'를 사용케 하여 친척호칭어와 친척관

계에 대한 학습을 돕는 것이다. 그러나 어린이가 성장함에 따라 아기말을 자연스레 사용하지 않게 되는 것과 달리, 연구대상 여성들이 이 시기에 배운 '언니'라는 호칭어는 고착되거나, 자녀 출산 후 자녀와의 관계를 매개로 한 '고모'와 병용되기도 하고, '형님'으로는 매우 드물게 바뀐다. 그리고 '노나'[누나]는 8졸타르갈의 표현인데, 그녀는 남편이 사용하는 호칭어인 '누나'를 모방하여 손위시누이를 '노나'로 호칭하며, 지칭시에도 '킨노나[큰누나]', '의정부노나', '순창노나'라는 형제서열이나 거주지와 같은 유별적인 한정어를 붙여 표현하였다.

한편 한국의 친척관계에서 동서간의 관계가 시누이와의 관계보다 친밀할 것이기 때문에 손위시누이에게 사용하는 호칭어가 사용 규칙의 강제력 면에서 더욱 엄격하리라 예상할 수 있을 것이다. 하지만 손위동서에 대한 말하기가 친척관계에서의 공유되는 언어 사용의 규범에 더욱 근접하는 것으로 보인다. 이것은 연구대상 여성들의 경우, 남편을 제외한 다른 남자 형제들은 서울 등의 도시로 분가하여 살기 때문에 자주 만나지 못하는 반면, 남편의 여자 형제들은 친정과 멀지 않은 곳으로 혼인하여 거주하고 왕래가 잦은 것과 관계가 있을 것이다. 말하자면 가까운 곳에 거주하여 자주 접촉하는 손위시누이를 심정적으로 더욱 가깝고 친밀하게 느끼기 때문에, '형님' 이외에 '언니', '고모' 등의 다른 형태의 호칭어를 사용할 수 있고, 말을 엄격하게 높이지 않아도 되는 여지가 존재하는 것으로 보인다.

〈사례 1〉
7말란타니(필리핀, 32세, 6년 5개월)

손위시누이: 추운데 고생이 많다.
7말란타니: 〈시누이 가족을 배웅하며〉 "언니 오면 얼마나 좋아…"
〈딸에게〉 "고모부한테 인사해야지."

〈사례 1〉은 7말란타니가 손위시누이 가족을 배웅하는 말 사례이다. 7말란타니는 손위시누이를 '언니'로, 그 남편을 '고모부'4)로 칭하고, 손위시누이에게 말끝

4) 시매부에 대한 호칭어는 시대와 지역에 따라 다르다. 왕한석(1992: 147-148)에 따르면, 경상남도의 함양지역에서는 손위시매부를 '서방님'으로, 손아래시매부를 '성(LN, last

을 흐림으로써 친밀함을 드러내는 반말의 말 단계를 사용한다. 그리고 시매부에게는 자녀를 통해 간접적으로 인사를 함으로써 '엄격한 예의의 규칙' 혹은 '회피의 규칙'을 따르는 '회피 관계'(avoidance relationship)의 전략을 사용하는, 상당한 수준의 한국어 의사소통 능력을 구사한다.

(4) 마지막으로 상위 항렬의 시부모, 동 항렬의 남편의 형제와 그 배우자 이외에도, 하위 항렬의 조카에게 사용하는 말하기 방식에 대해 살필 필요가 있다. 혼인한 여성은 남편의 항렬과 상대적 연령에 따라 친척관계에서 지위가 결정되고, 또한 남편의 가족에게는 상위 항렬뿐만 아니라 동 항렬에게도 손위/손아래에 관계없이 친척호칭을 사용하고 존댓말을 사용하는 것이 원칙으로 간주된다. 그러나 하위 항렬의 조카는 이름으로 호칭하고 굳이 말을 높여 하지 않아도 되기 때문에, 조카에게의 말 사용의 양상은 앞서 기술된 친척관계의 말하기 방식과는 다를 것이라 추측가능하다.

〈사례 2〉
2 하라사유리(일본, 45세, 13년 3개월)

〈조카에 대한 호칭어를 묻는 질문에 대해〉 "나이가 비슷한 것이는 이름으로 부르고요, 애기 엄마가 됐으면 애기 이름을 부르는 것 같아요. 그렇게 애기 엄마가 됐으니까 이름으로 안 부를까요? 누구 아빠, 엄마 이렇게…"

〈사례 3〉
4 주비령(중국(한족), 30세, 7년 11개월)

"조카들도 나보다 나이가 많으니까. 자연스럽게 '-요, -요' 나온다니까. 조카들이 '숙모, 말씀 편하게 하세요' 하는데… 그런데 저렇게 나이 많은데… 조카(에게)는 반말해도 상관없는데 그렇게는 안 되더라고. 조카며느리한테는 반말 못하고."

---

name)+서방(님)'으로 호칭하였다고 한다. 그러나 시매부와의 관계는 직접적인 접촉을 피하는 관계이므로 호칭하지 않는 것 역시 용인되는 호칭의 한 방식이기도 하다. 최근에는 자녀와의 관계를 매개로 한 '고모부'라는 호칭어도 널리 사용된다.

〈사례 2〉에서 [2]하라사유리는 개인명 중 '이름'으로 호칭하는 것이 한국어의 전체 호칭어 목록 중 가장 낮은 단계(왕한석 2005c: 106)라는 것을 알고, 또한 성인을 이름만으로 호칭하는 것이 한국어의 언어문화 규범에 적절하지 않음을 아는 것으로 판단된다. 즉 호칭어의 존대 표현의 위계에 대해서 알고 있기 때문에, 이름보다 상위 단계인 '종자명호칭'(從子名呼稱, teknonymy)[5]을 호칭어로 선택한 것이다. 또한 〈사례 3〉에서 [4]주비령은 하위 항렬인 조카에게는 말을 놓아서 해도 됨을 알지만, 자신보다 연령이 높은(한국인 남편과 외국인 부인 간의 연령차가 크기 때문) 조카 및 조카며느리에게 말을 낮추어 하지 못하고 해요체를 사용할 수밖에 없다고 말한다. 다시 말하여 '항렬과 연령의 전도 문제'(generation-age inversion problem)가 조카와의 말 사용 관계에서 발생하는 것이다.

2) 결혼이민 여성 관계

(1) 현대 한국 사회에서 '이름+씨'의 호칭어는 연령이 비슷한 사람들간에 상호적으로 사용되는 것이지만, 상대적으로 나이가 어린 사람이 나이가 더 많은 사람에게 사용하는 것은 다소 어색한 느낌을 준다. 그러나 일본 여성들은 '이름+씨'를 연령상 상위자가 하위자에게 사용하고, 나아가 이를 연령상 하위자가 상위자에게 중립적으로 사용할 수 있는 호칭어로 보아 '이름+씨'를 대칭적으로 그리고 빈번하게 사용한다. 이러한 쓰임은 모어인 일본어의 '이름+상(さん)'의 호칭방식에서 연유한 것으로 보인다. 일본어에서 '이름+상(さん)'은 화자와 청자의 연령차에 개의치 않고 두루 쓰일 수 있기 때문이다. 그리고 이는 후술할 일본어의 사회언어적 규범이 한국어의 사용으로 전이(transfer)된 형태일 것으로 생각된다.

〈사례 4〉
[1]미즈코사와이(일본, 45세, 13년 6개월), [2]하라사유리(일본, 45세, 13년 3개월)

---

5) 종자명호칭이란 '자녀 이름+어머니'와 같이 자녀의 이름을 사용하여 그 부모나 관련 친척을 부르는 호칭어이다.

2하라사유리: 〈연구자를 가리키며〉 "사와이씨, 뭐, 무엇을 하고 있는 거야?"
1미즈코사와이: "아, 우리들 일본 사람들 어떻게 한국말 쓰는가… 일본 사람 만나고 싶다고 (교회 온 거야.)"
2하라사유리: "새로운 식구 온 지[줄] 알았어."

〈사례 4〉에서 연령이 동일한 두 일본 여성은 서로를 '이름+씨'로 호칭하며, 반말의 말 단계를 대칭적으로 사용한다. 하지만 대화참여자, 대화상황에 따라 호칭어와 그에 공기하는 말 단계의 사용은 대칭적 혹은 비대칭적으로 조정될 수 있다. 그리고 일본 여성들이 사용하는 호칭어에는 '이름+씨' 외에도 '언니'와 '종자명호칭'이 있다. '언니'의 호칭어를 받는, 연령이 더 높은 일본 여성은 연하자를 '자녀 이름+엄마'의 종자명호칭 혹은 '이름+씨'로 호칭한다. 말하자면 본 연구의 연구 대상 일본 여성들의 호칭어 사용상의 특징 중 하나는, 연령이 어리다고 해서 개인명으로써 부르거나 '너' 등의 2인칭 대명사를 사용하기보다는, '종자명호칭'이나 '이름+씨'를 사용하여 '언어적으로 대우해 주려는' 의도를 호칭어를 통해 실현한다는 점이다.

그러나 호칭어의 사용에서 연하자에 대한 언어적 대우를 담지하는 일본 여성과는 달리, 연구대상 중국(한족) 여성들의 말의 주고받음은, 그중에서도 호칭어의 사용은 보다 엄격한 '상대적인 연령차'에 근거한다. 그러나 말 단계의 선택은 대체로 대칭적이다.

〈사례 5〉
4주비령(중국(한족), 30세, 7년 11개월), 5모진여(중국(한족), 29세, 3년 1개월)

5모진여: 〈5모진여가 아파트에 사는 것을 4주비령이 부러워하자〉 "언니도 아파트 하나 사."
4주비령: "야, 그럼 우리집에 니가 살고, 내가 아파트[에] 살게."
5모진여: "내가 뭐 돈도 없잖아, 어떻게 사냐?"

〈사례 5〉에서는 '언니', '너', '야'와 같은 표현이 호칭어로 사용되었다. 4주비령은 5모진여를 '야', '너', 5모진여는 4주비령에게 '언니'라 호칭하며 두 여성은 대칭적으로 반말을 사용하였다. 이에 대해 [4]주비령은 "중국말은 '존경말', '반말'이 없기 때문에" 한국어로 대화할 때에도 서로 대칭적인 말 단계를 사용할 수밖에 없다며, 모어의 언어문화가 한국어의 사용에 영향을 미쳤다는 나름의 견해를 피력하였다.

중국(한족) 여성들과 마찬가지로, 필리핀 여성들의 호칭어 선택, 사용에서도 연령차를 기반으로 '언니'가 주로 사용된다. 그러나 구체적인 쓰임의 규칙은 다소간 차이가 있다. 말하자면 중국(한족) 여성들의 사용의 규칙처럼 단 1살의 연령차라도 '언니'라고 호칭하는 엄격한 법칙이 적용되는 것이 아니라, 오히려 연령차가 '어느 정도' 나는 경우에만 '언니'의 호칭을 사용하고, 그보다 적게 나는 경우에는 '이름'으로 호칭한다. 물론 '어느 정도'에 대한 정확한 기준을 세우는 것은 어렵지만, 이들의 말 사용 규칙을 종합해보면, 대체로 5살 이상의 연령차가 있는 경우 '언니'라고 호칭한다. 연령차가 크지 않은 상대에게 '언니'라 호칭하는 것은 "서로가 불편하다"([6]로메린)며, 그러한 관계에서는 필리핀에서의 호칭방식대로 '이름'으로 칭하며, 대칭적으로 반말을 사용한다. 마찬가지로 몽골 여성들의 호칭어와 존댓말 사용은 필리핀 여성들의 사용의 모습과 매우 유사하다. 연령차가 큰 경우에는 '언니'라는 호칭어를 사용하고, 연령차가 적은 경우에는 몽골에서 하듯이 '이름' 또는 '몽골 이름의 애칭'을 사용한다. 가령 2살 차이인 [8]졸타르갈과 [9]할리오나는 서로를 몽골 이름의 애칭으로 호칭하며, 이들은 대칭적으로 반말을 사용한다.

(2) 그러나 출신국이 같은 여성들의 관계와는 달리, 출신국이 다른 외국인 여성들의 상호교류는 활발하지 않은 편이다. 가령 지역사회의 군청 등에서 실시하는 '한글학교'에는 여러 국적의 외국인 여성들이 모이지만 국적이 같은 사람들로만 무리를 이루어 친하게 지낸다. 출신국이 다른 외국인 여성들의 관계가 긴밀하지 않은 이유는 같은 국가 출신이 아니라는 점에서 감정적 유대가 깊지 않고, 공통의 화제를 찾기가 어렵고, 그리고 의사소통을 위해서 반드시 한국어를 사용해야 한다는 점에서 부담을 느끼기 때문인 것으로 보인다. 따라서 서로간의 접촉이 활발하지 않은 출신국이 서로 다른 여성들 사이에서는 '개인명', '자녀 이름+엄마'의 종

자명호칭, '언니' 등을 사용한 직접적인 호칭어보다는, 간접적인 지칭어 표현을 주로 접할 수 있었다. 가령, '태국 언니', '필리핀 언니'와 같이 '출신국+언니' 형태가 있다. 물론 이때 '언니'는 연령차에 근거한 지칭어이라기보다는, '분' 혹은 '사람'을 뜻하는 말일 터인데 '언니'에 출신국과 같은 기억하기 쉬운 상대방의 특징을 한정어로 사용한 것이다.

〈사례 6〉
1미즈코사와이(일본, 45세, 13년 6개월)

'지금 온 언니는 방축리 이치카와미사오씨'
'옆에 있었던 언니는 청용리 히카와미하루씨'
'또 지금 온 언니는 대장리 하라사유리씨'
'남평[남편]하고 있는 언니는 몬골[몽골] 아료나씨'

〈사례 6〉은 1미즈코사와이가 연구자에게 통일교 예배에 참석한 사람들의 이름을 적어준 메모이다. 그녀는 지칭되는 상대방을 연구자가 쉽게 식별할 수 있도록 이름에 앞서 거주지명을 적어주었으며, 일본인이 아님을 외모로서도 쉽게 알 수 있는 몽골 여성에 대해서는 출신 국가명을 명기해 주었다. 앞서 언급한 바와 같이 1미즈코사와이 등은 '사람', '분'에 준하는 표현으로서 '언니'를 사용하고, 이 경우 화자 자신과 지칭되는 상대와의 연령 차이는 고려되지 않는다. 그러므로 1미즈코사와이보다 연하자인 '이치카와미사오(35세)', '히카와미하루(40세)', '아료나(30세)'에게 '언니'를 사용하고, 나이가 같은 '2하라사유리(45세)'에게도 '지금 온 사람'을 사용하는 대신 '지금 온 언니'라고 표현한다. 이 경우 '언니'는 한국어의 사회언어적 규범에는 위배되는 것일지라도, 한국어를 배우는 외국인 여성들의 언어적 적응의 한 단면을 드러내는 예에 해당한다고 볼 수 있다.

이상으로 2절에서는 1)의 친척관계, 2)의 결혼이민 여성 관계의 실제의 말 행위를 기술, 분석함으로써 연구대상 여성들의 한국어 의사소통 능력 학습에 대하여 살펴보았다. 이 여성들은 친척관계에서는 한국어의 언어문화에 적절한 친척호칭어와 존댓말을 사용할 수 있으며, 이에 대한 존댓말, 호칭어 학습은 상당한 수준으로 진척된 것으로 보인다. 그러나 결혼이민 여성들의 한국 생활에서 친척관계만큼이나 중요하고 가까운 출신국이 같은 여성 관계에서는 친척관계의 언어 사용과는 다른 양상을 보인다. 친척관계와 출신국이 같은 외국인 여성 관계의 의사소통에서의 주요한 다른 특징들에 대해서는 3절에서 자세히 살피도록 하겠다.

3. 한국어 의사소통 능력 학습의 전략과 사용상의 특성

1) 과잉일반화

연구대상 여성들은 존댓말/반말에 대하여 다음과 같은 자신만의 용어 또는 표현(idiolect)을 만들어서 사용하였다. 예를 들어 존댓말에 대해 4주비령은 '존경말', 6로메린은 '좋은 말', 8졸타르갈과 9할리오나는 '깨끗한 말'이라 표현하였고, 반면 7말란타니는 반말을 '편안한 말'로 표현하였다. '좋고 깨끗한'이라는 존댓말에 대한 형용사 표현 혹은 '편안한'이라는 반말에 대한 말 표현은, 그녀들의 삶에서 말 단계의 선택과 사용이 지니는 '문화적 중요성'을 드러낼 뿐만 아니라, 그와 동시에 존댓말의 선택과 사용에 대한 '민감함'과 '부담감'을 대변한다.

〈사례 7〉
2하라사유리(일본, 45세, 13년 3개월)

"일부러 (자녀들에게 존댓말을) 하는데 애들은 오히려 학교에서 살다보니까, 친구들하고 이야기하니까 엄마한테도 친구처럼 이야기를 하는데 늘 내가 다시 이야기해 보라고… 고치기는 하는데… 그렇게 해서 애들한테 가르치는 것이 좋지 않은가… 내가 처음에 그렇게 아빠[남편]한테 반말 배웠으니까 (아이들이) 배울 때는 반말하지 말자고. 그래도 아빠는 계속 반말해요, 애기한테는. 오히려 어쩔 수 없으니까 내가 혼자서라도 그렇게 하다보니까, 그렇게 배우는 것이 아닌가 싶어서 일부러 (존댓)말을 하는데 애들은… 몰라요, 애들은 어떻게 생각하는지… (웃음)"

[2]하라사유리는 존댓말 학습에 있어서의 '민감함'을, 자녀들이 존댓말에 미숙할지도 모른다는 '두려움'으로 연결지었다. 그녀는 한국어 학습의 초기에 남편, 시부모에게서 반말만을 들었고 그러한 언어적 입력(input) 때문에 자신도 반말을 먼저 학습하게 되었다고 술회하며, 자녀들이 자신과 같은 학습의 전철을 밟지 않도록 자녀들에게 존댓말로 이야기하며 가르친다는 것이다.

그런데 존댓말 학습에 대한 부담은 이들의 존댓말 학습의 순서에서 기인한 것으로 보인다. (본 연구대상 여성들과는 달리) 체계적 교육으로서 '제2언어로서의 한국어'를 배우는 외국인 학습자는 해요체의 존댓말을 먼저 배우고 반말은 그 이후 배우게 된다. 이와 같은 말 단계 학습의 순서는 Marriott(1996)의 연구에서도 볼 수 있다. 모어가 영어이며 제2언어로서 일본어를 배우는 학습자의 청자존댓말 학습에서, 먼저 존칭형(polite style, -です/-ます), 그 다음으로 평칭형(plain style, -だ), 마지막으로 극존칭형(deferential style, -ございます)을 배우는 존댓말 학습의 순서를 따른다. 말하자면 일본어를 배우는 외국인 학습자는 교실의 의사소통 수행을 통해 자주 접하게 되는 말의 형태인 존칭형을 먼저 배우고, 교실 바깥의 또래집단과 일상적으로 어울리게 됨에 따라 평칭형을 배우게 되는 것이다.

그러나 연구대상 여성들은 체계적 교육보다는 남편이나 시부모의 말을 따라함으로써 일상에서 자연스럽게 한국어를 습득한다. 따라서 가족의 언어적 입력에 따라 반말을 먼저 습득하며, 존댓말의 학습은 그 이후에, 즉 존댓말이 요구되는 상황에서 반말을 사용한 것에 대한 지적이라는 부정적 자극을 통해 이루어지는 것으로 보인다. 그리고 반말의 사용으로 인한 언어 학습 초기의 경험들은, 반말의 사용 그 자체를 부정적으로 인식하게 하고, 따라서 응당 사용해야할 상황에서조차도 반말의 사용을 의식적으로 꺼리게 만든 것으로 생각된다.

존댓말, 호칭어에 대한 민감함은 주로 친척관계에서 발생한다. 예를 들어 서구사회로 이주한 여성들은 '이민자', '어머니', '제2언어 학습자', '노동자', '아내' 등의 역할을 가지는 데 비해(Norton 2000: 126), 한국으로 이주한 외국인 여성들에게는 '며느리'라는 역할이 더하여진다. 특히 며느리로서, 친척관계에서의 말하기는 주로 비대칭적인 말 단계의 상호교환이기 때문에 적절한 존댓말 사용에 대한 부담은 더욱 커진다고 볼 수 있다. 따라서 화자들은 그 부담을 줄이기 위하여 대화에 언급되는 지칭자, 청자와의 관계 혹은 대화상황을 단순화시켜 모든 상황에 해요체의 존댓말을 사용하거나 주체존대의 -시-를 삽입하는 등의 '과잉일반화(overgeneralization)'의 경향을 보인다.

과잉일반화란 학습자가 목표어의 특정 규칙을 넘어서서 목표어(본 연구에서는 한국어)를 사용하는 것으로, 제2언어 학습에서 광범위하게 사용되는 중요한 학습의 전략이다(브라운 2005: 109). 말하자면 과잉일반화는 제2언어 학습자들이 언어적 지식이 없거나 혹은 그 지식에 접근할 수 없을 때 생기는 의사소통상의 문제점을 해결하기 위해 사용하는 것으로, 아직 처리할 준비가 되지 않은 제2언어의 특징을 무시하고, 학습의 과업을 단순화시키고, 화자 자신만의 규칙을 창조하려는 것이다(엘리스 2001: 51).[6)]

〈사례 8〉
2하라사유리(일본, 45세, 13년 3개월)

〈조카가 집에 다녀갔다는 이야기를 하며〉 "근데 아들, 아드님이가[이] 두 명, 두 분만 왔다가…"

〈사례 8〉은 전형적인 과잉일반화의 예이다. 2하라사유리는 조카에 대해 이야기하면서 처음 이야기한 '아들'과 '두 명'을, 연구자를 의식하여 '아드님'과 '두 분'으로 자가교정(self-correction)하여 말한다.

---

6) 여러 화자들의 이러한 과잉일반화 경향은 인도네시아어를 배우는 학습자에 대한 DuFon(1999)의 연구에서도 볼 수 있다. 인도네시아어의 2인칭 대명사는, 일찍이 Brown과 Gilman(1960)이 연구한 바 있는 유럽어의 T/V형과 같은 형태로, 낮춤 혹은 친밀감의 대명사인 T형에 해당하는 'kamu'와 존경 혹은 격식성의 대명사인 V형에 해당하는 'anda'가 있다. 이 연구의 학습자들의 사용 전략 중 하나는 모든 청자에게 하나의 호칭어를 사용하는 것으로, 인도네시아어 학습자들은 존경의 의미가 낮은 'kamu'보다는 존경과 격식성을 전달하는 'anda'의 사용을 과잉일반화하는 것이다. 이러한 과잉일반화는 학습자가 대화상황에 어울리는 적절한 호칭을 선택해야만 하는 사회언어적 부담을 줄이기 위한 단순화 전략에 해당한다.

〈사례 9〉
1미즈코사와이(일본, 45세, 13년 6개월)

"차라리 높으게 말해 놓으면 쉽게 써 버릴 수 있을 거 같애서... (웃음) 차라리 다 똑같애고, 저는, 어떤 사람 앞에라도 '저는', '저는'… 왜냐면 오히려 높은 사람 앞에서 '나는', 그 말하고 기분 나쁘게 하는 것보다 차라리 지나가 버리잖아요, 그러니까. (웃음) 사람 보면서 따로따로 써야 하는데…"

〈사례 9〉와 같이, 다시 말하여 "존댓말을 제대로 사용하지 못해서 상대방을 기분 나쁘게 하느니 모든 대화상대방에게 존대 표현을 한다"와 같이, 과잉일반화는 적절한 호칭어나 존댓말 사용에 대한 부담을 줄이기 위한 하나의 전략으로 활용된다.

2) 모어의 사회언어적 규범의 전이

앞서 논의한 바와 같이 비대칭적 호칭어, 존댓말 사용이 전제되는 친척관계에서는 존대의 말하기를 지향하고, 그러한 말하기를 과잉일반화하는 경향이 나타난다. 그러나 출신국이 같은 외국인 여성 관계에서는 대체로 호칭어, 존댓말이 대칭적으로 사용된다. 출신국이 같은 외국인 여성 관계에서의 이러한 평등한 관계 지향의 경향은, 모어의 사회언어적 규범이 한국어의 호칭어, 존댓말 선택에 '전이' 되는 상황이 빈번하게 발생하는 것에 기인한다.[7]

---

7) 전이는 이전의 지식이나 경험이 이후의 학습에 옮겨지는 것을 통칭하는 용어이다. 제2언어 학습에서 선행지식이 현재의 과제를 학습하는 데 도움을 주는 경우, 즉 이전에 배운 것이 현재 학습하는 내용에 정확히 적용되는 경우를 가리켜 긍정적인 전이라고 한다. 반면, 이전의 지식이 이후의 과제수행에 방해가 되는 경우를 부정적인 전이라고 하는데, 이를 가리켜 간섭(interference)이라고 부를 수 있다. 이전에 배운 것이 잘못 전이되거나 부정확하게 연관됨으로써 선행학습 자료가 후행학습 자료에 간섭하기 때문이다. 제2언어 학습자들이 언어 학습 과정을 촉진하기 위해 선행경험을 사용하리라는 것은 분명하기 때문에 그간 제2언어 학습 연구에서 간섭의 영향, 즉 모어가 목표어에 끼치는 간섭의 영향은 강조되어 왔다. 그러나 제2언어 학습자의 모어가 제2언어 학습에 긍정적으로 전이되어 제2언어 학습이 촉진되는 효과를 얻을 수 있다는 점에도 주목할 필요가 있다(브라운 2005: 108-109).

연구대상 여성들은 자신이 맺은 사회적 관계와 그 속에서의 정체성에 따라 호칭어, 존댓말을 다르게 사용한다. 사회적 정체성은 고정된 것이라기보다는 협상되고 특정의 상호작용을 통해 중요성이 획득되는 것(Rampton 1995: 486)으로, 시간과 사회적 공간에 따라 변화한다. 때문에 연구대상 여성들은 대화의 맥락 속에서 자신을 어떻게 규정짓는가, 대화상대는 누구인가에 따라 변화하며 (재)구성되는 사회적 정체성을 대화상대와 대화참여자에 따라 다르게 표방하기 위해 언어의 사용을 달리 하는 것으로 보인다.

〈사례 10〉
⑧졸타르갈(몽골, 27세, 2년 9개월), ⑨할리오나(몽골, 29세, 3년 0개월)

연 구 자 : 〈⑨할리오나에게〉 아가씨를 왜 '인숙씨'라 부르던데… 왜 '인숙씨'라 불러요?
⑨할리오나: "아가씬데, 나이가 제보다, 저보다, 뭐야…"
⑧졸타르갈: "근데 나이가 상관없어. 어차피 동생이라고 하니까 '아가씨'라고 불러야 해. '인숙씨' 이러면... 자기가 높으니까 밑에 사람들한테 그렇게 '-씨', '-씨', '-씨' 안 좋아. '아가씨'라고 불러야 해."
⑨할리오나: "그렇게 생각은 있는데 그래도 처음부터 '-씨' 했으니까."
⑧졸타르갈: "지금 바꿔야 해. 2년 살았으니까, 살다보니까… '아가씨'라고 불러야지. 맨날, 맨날 안… 날마다 안 부르잖아. 그러니까 어차피 한 번씩 부를 때 '아가씨'라고 부르고… 들으면 아가씨들 기분도 좋고요. (손위시누이에게는) '형님', '형님'하고. 어차피 우리는 한국에 살잖아. 몽골 아니면 미국 같은 거[미국에] 있었으면 이름도 부르고... 한국이야, 한국 사람이야, 한국에 살잖아."

〈사례 10〉은 손아래시누이에게의 호칭어 사용에 관한 몽골 여성들의 대화이다. ⑨할리오나가 손아래시누이를 '이름+씨'로 호칭한다고 하자, ⑧졸타르갈은 자신들은 몽골이 아닌 "한국에 살고, 한국 사람이기 때문에" 한국 사회에서 적절하다고 여겨지는 한국식 친척호칭어를 사용해야 한다며, 손아래시누이를 '이름+씨'가 아닌 '아가씨'로 호칭해야 한다고 강하게 주장한다. 그러나 이러한 "한국에 살고, 한국 사람이기 때문에"라는 규칙은 몽골 여성 관계에서는 그대로 적용되지 않는다. 가령 연령차가 크지 않다면, 연령상 하위자가 상위자에게 '언니'라는 호칭어를 사용하고, 연령상 상위자가 하위자에게 '개인명'으로 부르는 한국의 (넓은 의미의) 친구관계의 말하기 규범은 몽골 여성들의 대화에서는 찾아볼 수 없다. 오히려 몽골 여성 관계에서는 "우리는 몽골 사람이니까"(8졸타르갈)라는 새로운 기준이 적용되는 것이다. 몽골 여성들은 몽골에서 사용하는 것과 같은 몽골 이름의 애칭을 호칭어로서 대칭적으로 사용하고, 청자존댓말 역시 반말을 상호교환하는 것을 선호한다.

몽골 여성들의 말 사용에서 "우리는 몽골 사람이니까"라는 모어의 사회언어적 규범을 적용하는 것은 다른 출신국 여성 관계에서도 공통적으로 나타난다. 예를 들어 일본 여성간에는 앞서 2.2에서 언급된 바와 같이, '이름+상(さん)'의 호칭방식에서 연원한 '이름+씨'의 호칭어가 광범하게 쓰이고, 이에 더하여 okusan(奥さん)을 번역한 표현으로 짐작되는 '부인'이라는 지칭어도 널리 사용된다. 부인이란 남의 아내를 높여서 부르는 말인데, 오직 일본 여성들만이 이를 사용하였다. 일본 여성들은 서로를 지칭함에 있어서 '부인'이라고 하고, 그에 더하여 출신국이 다른 여성을 지칭하면서 '필리핀 부인', '태국 부인'이라는 표현도 사용하였다. 이와 같은 '부인'이라는 말은 시부모나 남편 등의 가정 내에서의 언어적 입력을 통해 학습되었다기보다는, 외려 일본어의 사회언어적 규범이 전이된 형태일 것으로 생각된다. 그리고 중국(한족) 여성들의 대화에서도 유사한 사용을 볼 수 있다. 중국어에는 "'존경말'과 반말이 없으므로"(4주비령), 중국(한족) 여성들은 연령차가 있더라도 대칭적인 반말을 사용한다. 다시 말하여 외국인 여성들은 자신들을 한국인, 즉 한 가정의 아내, 어머니, 며느리라기보다는, 출신국이 같은 외국인 여성 관계에서는 모국의 성원들의 만남이라고 보아 모어의 사회언어적, 문화적 규범을 적용하는 것이다. 이것은 동시에 한국 사회의 사회적 관계에서 사용되는 언어문화를 실천하지 않는 것을 통하여, 한국 사회 혹은 한국 사회의 성원들과 사회적, 심리적 거리감을 유지하고 싶은 의도를 드러내는 것으로도 생각해 볼 수 있다.

정리하자면 친척관계에서는 비대칭적인 친척호칭어와 그에 공기하는 존댓말을 주고받는 것이 보통이고 그것을 지향하는 반면에, 출신국이 같은 외국인 여성 관계에서는 상호간에 대칭적인 호칭어, 존댓말을 사용하려는 경향이 있다. 다시 말하여 친척관계에서는 비대칭적인 호칭어, 존댓말로써 한국어의 언어문화에 근접하는 말하기를 하려고 노력하고 그 결과 때로는 존대하지 않아도 되는 대상이나 상황에까지 언어적으로 존경을 표하는 과잉일반화의 경향이 나타난다. 반면에 출신국이 같고, 유대감이 강하여 친척관계와는 다른 사회적 정체성으로서 표방되는 결혼이민 여성 관계에서는 대칭적인 호칭어, 존댓말이 사용되는데 이것은 모어의 사회언어적 규범이 한국어의 사용으로 전이된 것으로 설명할 수 있다.

4. 의사소통 능력의 변이와 언어사회화 과정

2절과 3절에서 결혼이민 여성들이 호칭어, 존댓말과 관련한 한국어 언어문화의 영역에서 무엇을 배우고 사용하며 그 의사소통상의 특징에 대해 논의하였다면, 4절에서는 그 속에서 볼 수 있는 연구대상 여성들의 상이한 의사소통 능력과 그것에 영향을 미친 다양한 언어사회화 과정에 대해 논의하고자 한다. 앞서 언급한 것처럼 연구대상 여성들은 일상생활에서 자연스럽게 한국어를 배우지만, 단지 가족중심의 일상의 언어생활의 쓰임을 넘어서서, 연구대상 여성들이 더욱 풍부하고 유창한 호칭어와 존댓말을 학습하게 된 배경에 대해 설명하고자 함이다. 그러나 제2언어 학습에 영향을 미치는 요인들은 매우 복잡다기하며, 한국어라는 목표언어의 구조 및 사용상의 특수성, 연구대상 집단의 특수성, 개별 화자의 개인적, 심리적 요인 등에 따라 여러 요인들은 가변적으로 다른 중요도로 복합적으로 작용한다(왕한석 2007: 371-376). 따라서 본 연구에서는 연구대상 여성들의 한국어 학습에 영향을 미친 주요 변수로서 '가정 바깥세계와의 사회적 접촉'과 '한국어 교육의 경험'을 중심으로 설명하여 볼 것이다.

1) 사회적 접촉

(1) 종교 활동을 통한 언어사회화

본 연구의 필리핀 여성과 일본 여성은 통일교의 '축복결혼'을 통해 한국으로 이주하였다. 통일교의 축복결혼을 하면 입국한 직후부터 교회에서 일정 기간(6개월 정도)을 지내야 하는 '임지기간'(任地期間)이라는 수련의 시간을 보낸 후 '가정출발'을 하게 된다. 임지기간에는 한국어 및 한국 문화 적응에 관한 교육을 받는데, 한글의 자음과 모음을 익히고 읽기, 쓰기 등의 초보적인 한국어 교육 및 한국음식 조리법과 같은 한국 문화 적응 교육이 실시된다. 그러나 임지기간이 끝나고 본격적인 한국에서의 혼인 생활이 시작되면 오직 일본 여성만이 교회에 다닌다.[8)]

통일교 교회 종교 활동을 하는 일본 여성들은 호칭어, 존댓말의 사용에서 흥미로운 양상을 보인다. 종교 활동에서 요구되는 특수한 말 표현을 사용하는데, 그 호칭어들로는 '하나님'(신), '참부모님'(교주부부), '목사님'과 '사모님'(목사부부), '장로님', '권사님', '집사님'이 있다. 그리고 이 호칭어가 사용되는 대상, 특히 '하나님', '참부모님', '목사님/교회장님', '사모님'에게는 주격조사 '-이/-가'보다는 '-께서' 혹은 '-께옵서'가 사용된다. 마찬가지로 호칭어와 공기하는 말 단계의 선택에서도 다양한 층위가 구성된다. 일상의 생활세계에서와 달리, 교회라는 종교적이고 격식적인 말 상황에서는 '-합니다'와 같은 합쇼체뿐 아니라, '-하나이다'와 같은 한국인들도 특수한 상황에서만 사용하는, 즉 기도문 등에서만 쓰이는 극존칭의 고어체도 사용된다. 따라서 일본 여성들의 말 단계는 '-해', '-해요', '-합니다', '-하나이다'의 4단계의 층위로 구성되고, 또한 존댓말 사용에서 주체존대의 선어말어미인 -시-에 -옵-을 더한 공손의 표현이 사용된다. 일상어에서는 잘 사용되지 않

8) 통일교는 초기에는 신도들을 중심으로 일본 여성과 한국 남성과의 축복결혼을 주선하였으나, 1990년대 중반 이후에는 필리핀 여성과 한국 남성과의 결혼을 주선하면서, '교회의 신도가 아닌 농촌 총각들'과 '경제적인 상승을 원하는 필리핀 여성'과의 결혼을 추진하기 시작하였다. 이와 같은 이유로 일본 여성들은 가족 모두가 교회에 가지만, 필리핀 여성들은 연구대상자 및 시가 가족들이 통일교 신도가 아니기 때문에(⑥로메린), 혹은 교회에 가는 것을 반대하는 시부모로 인하여(⑦말란타니) 더 이상 교회에 출석하지 않는다.

는 특수 목적의 호칭어, 존댓말로 구성된 격식적 상황에서의 말하기 방식은 교회에서 목사의 설교, 성경을 읽고 기도문 외우는 것, 그리고 어린이 예배 진행 등을 반복함으로써 학습된 것으로 보인다.

〈사례 11〉
"가정맹세 1, 천일국 주인 우리 가정은 참사랑을 중심하고 본향땅을 찾아 본연의 창조 이상인 지상 천국과 천상 천국을 창건할 것을 맹세하나이다."

〈사례 12〉
1미즈코사와이(일본, 45세, 13년 6개월)

"열시가 되었으니까 어린이 예배를 시작하겠습니다. 일어서세요. 차렷~ 차렷~ 어린이 예배를 시작하겠습니다. 하나님과 참된 참부모님께 경례, 바로. 자, 어린이 기도하겠습니다."
"자, 오늘은 2006년을 맞이하여, 첫 번째 어린이 예배니까… 〈영준이가 장난치자〉 영준아~ 자, 보세요. 오늘은 첫 번째 어린이 예배니까 1년 동안의 자신의 목표를 앞으로 나와서 발표를 해보겠습니다."

〈사례 11〉은 '-하나이다'와 같은 문장 종결어미가 사용된, 일본 여성들이 암기하고 있는 일종의 기도문인 '가정맹세'이고, 〈사례 12〉는 1미즈코사와이가 진행하는 '어린이 예배'의 한 부분이다. 예배라는 고도로 격식적인 말의 상황에서 '-합니다'와 같은 합쇼체가 사용되었고, 신과 교주는 '하나님'과 '참부모님'으로 호칭되며, 이들을 높이는 조사 '-께'도 사용되었다.

〈사례 13〉
2하라사유리(일본, 45세, 13년 3개월)

"목사님한테는 '진지 드세요' 해야 해. 한국에는 쓰는 말이 따로 있어. …시어머니한테 쓰는 말, 남편한테 쓰는 말 따로 있어. 시어머니한테 '밥 드세요' 안 돼. 시어머니한테는 '진지 드세요' 하고… 남편한테는 '식사하세요' 해도 괜찮아."

예배 등의 공식적인 행사가 끝난 후의 통일교회는 외국인 부인들이 담소를 나누며 그들 생활 전반의 정보를 나누는 장이며, 또한 새로이 혼인이주한 여성의 임지기간의 장소이기도 하다. 연구자는 일본 여성들이 임지기간을 보내는 여성에게 한국어와 한국 문화에 대해 가르쳐 주고 조언하는 장면을 종종 대할 수 있었다. 〈사례 13〉은 한국으로 입국한지 6개월이 채 되지 않은 한국말이 매우 서툰 몽골 여성인 '아료나'가 목사에게 "밥 드세요"라고 표현하자, ②하라사유리가 '진지 드세요'가 적절한 표현임을 알려주는 말사례이다.

(2) 경제 활동을 통한 언어사회화

본 연구의 연구대상자들이 주로 주부로서의 삶을 사는 반면, ④주비령은 매일 출근하는 일터를 가지고 있다. ④주비령은 1998년 10월 한국으로 입국한 후 2년 뒤인 2000년 11월부터 현지조사 시점인 2006년까지 약 6년간 남편과 함께 K군의 버스 터미널에서 매점을 운영해 오고 있다. 매일 가정 바깥세계인 매점에 나가 여러 낯선 사람들을 정기적으로 접촉해 온 것이 한국어 학습에 가장 크게 도움을 주었을 것으로 보인다.

주비령의 청자존댓말은 '-해', '-해요', '-합니다'의 3단계로 구성되는데, 흥미로운 것은 '-해요'와 '-합니다'의 사용이다. 이 화자는 청자존댓말의 말 단계를 결정하는 요인으로 '청자의 성별'을 기준으로 삼는다. 말하자면 남성과 여성에게 각기 다른 말 단계를 선택하는 흥미로운 말 사용의 양상을 보인다.

〈사례 14〉
④주비령(중국(한족), 30세, 7년 11개월)

"'안녕하십니까?' 인사할 때 이렇게도 쓰는데 근데 그냥 '안녕하세요?' 이러잖아요. '안녕하십니까?'는 거의 뭐 남자, 남자분 많이 써요. 남자, 남자분은 '안녕하십니까?' 이러고, 여자, 여자분은 '안녕하세요?' 그러고. 집에는 있을 때는 이런 말 쓸 일이 없고, 장사하면서는 이런 말 많이 써요, '여기 있습니다', '뭐 필요합니까?' 이렇게 써야죠. '여기 있어요' 이렇게 할 수 없잖아요. 여기 있습니다(라고 해야죠)."

4주비령 자신의 설명과 같이, 손님을 여성과 남성으로 구분하여 여성에게는 '-해요'로 문장을 구성하고, 남성에게는 '-합니다'로 문장을 구성한다. 이러한 말의 사용 규칙에 따라, 4주비령은 여자 손님에게는 "안녕하세요?", "뭐 필요해요?", "여기 있어요"라고 말하는 반면, 남자 손님에게는 "안녕하십니까?", "뭐 필요합니까?", "여기 있습니다"라고 말을 함으로써, 여성에게는 해요체를, 남성에게는 합쇼체를 사용한다.

이에 다음과 같은 설명이 가능할 것이다. 첫째, 청자의 성별에 따라 말씨체를 구분하여 사용하는 것은 이 화자가 남성과 여성간의 사회적, 심리적 거리를 인식하기 때문인 것으로 생각해 볼 수 있다. 사회적, 심리적 거리감은 대화참여자 상호간의 친소관계에서 기인하는 것으로, 이성관계는 동성관계보다는 친밀도가 떨어지기 때문에 이성에게 사용하는 말씨체와 동성에게 사용하는 말씨체가 달라진다(이기갑 2000: 200). 말하자면 사회적, 심리적 거리감이 보다 강한 남성에게 거리감과 격식성을 드러내는 합쇼체를 사용하고, 반대로 거리감이 크지 않은 여성에게 해요체를 사용하는 것이다. 둘째, 4주비령이 남성어와 여성어에 대한 나름의 판단의 기준을 가진 것이라 볼 수 있다. 즉, 합쇼체는 남성어에 보다 가깝고, 해요체는 여성어에 더욱 가깝다고 판단하였으리라는 것이다. 최근 들어 젊은 세대에서는 해요체가 남녀 모두에 의해 사용되는 변화가 진행되고 있을지라도, 해요체는 여전히 여성에 의해 많이 사용되며, 여성어적인 특성을 지닌다고 인지된다. 이에 4주비령이 해요체와 합쇼체에 대한, 한국인들이 일반적으로 공유하는 언어문화를 습득하는 언어사회화 과정을 경험하였고, 그 결과 '-해요'와 같은 말씨체는 여성에게, '-합니다'와 같은 말씨체는 남성에게 사용하게 된 것이라 볼 수 있을 것이다.

남녀에 따라 다른 말 단계를 선택하여 사용하는 것은 4주비령이 아닌 다른 연구대상 여성들에게서는 찾아볼 수 없는 그녀만의 유일한 특성이다. 다시 말하여 4주비령보다 체재기간이 짧은 다른 중국(한족) 여성인 5모진여, 필리핀 여성인 6로메린과 7말란타니, 그리고 몽골 여성인 8졸타르갈, 9할리오나 등에게서 이러한 말 사용이 나타나지 않음은 물론이고, 이 여성보다 체재기간이 긴 1미즈코사와이, 2하라사유리, 3호시노데루미의 일본 여성들에게서도 나타나지 않는 독특한 방식의 말하기이다. 4주비령의 경제 활동이라는 가정 바깥세계와의 또 다른 접촉을 통한 언어사회화의 과정은 그녀에게 일상의 언어생활에서 필요한 최소한의 말 표현을 뛰어넘는, 다양한 목적과 형태의 말하기 방식의 습득의 계기를 제공하였음이 자명하다. 말하자면 체재기간이 길어질수록 한국어의 다양한 표현을 익힐 수 있는 개연성은 높아지지만, 체재기간보다 더욱 중요한 것은 한국어의 다양한 의사소통의 상황을 접한 정도일 것이다(Kasper and Rose 2002: 196). 가정 외부사회에서 다양한 사회적 역할을 경험할 때 그에 상응하는 말하기 방식 역시 익힐 수 있을 것이기 때문이다.

이상과 같이 통일교 교회의 종교 활동을 통해 한국어 구사 능력이 향상된 일본 여성들과 매일 출근해야 하는 일터를 가진 4주비령은 외부세계와 정기적이고 꾸준한 접촉을 해옴으로써 한국어 의사소통 능력을 향상시켜 왔다. 이와 같이 가정 바깥세계와의 접촉이 많을수록 한국어 학습의 수준은 향상되어 갈 것인데, 가족 이외의 사람들과의 언어적 접촉을 통해 보다 많은 언어적 입력을 얻을 수 있으며, 다양한 사회적 상황에서의 말하기 규칙을 익히고 언어적 수행을 행할 수 있을 것이기 때문이다. 그러나 5모진여(중국(한족)), 7말란타니(필리핀), 9할리오나(몽골)는 한국어 의사소통 능력이 유창하지 못한 편이다. 이 여성들은 앞서 언급된 화자들이 가졌던 한국어 학습에 있어서의 유리한 언어 학습의 과정을 경험하지 못하였으며, 활동 영역이 가정 내로만 한정되고, 이 여성들이 맺고 있는 사회적 연계망은 가족 및 출신국이 같은 여성으로만 구성되는 한계를 공통적으로 지닌다. 즉 이들은 이러한 한국어 학습의 환경적 제약으로 인하여, 가정 바깥세계에서 말하기를 피하거나 최소한으로 말하려는 등, 소극적으로 의사소통에 참여해 왔다. 그것은 한편으로는 완전하지 못한 한국어 구사 능력 때문에 자신감이 부족하기 때문이고, 다른 한편으로는 친분이 두텁지 않은 낯선 한국인과 관계를 맺는 것을 꺼리기 때문일 것으로 보인다.

2) 체계적인 한국어 교육을 통한 학습

[8]졸타르갈은 2년 9개월이라는 상대적으로 짧은, 연구대상자들 중에서는 가장 짧은 체재기간에 비해서 탁월한 한국어 학습의 성취를 이루었다. 한국어를 배우고자 하는 강한 학습의 동기와 적극적인 성격, 그리고 남편과 시부모의 우호적이고 긍정적인 언어적 입력 또한 한국어를 빨리 배우는 데 중요한 영향을 미쳤을 것으로 판단된다. 그리고 이러한 이유 외에도 [8]졸타르갈이 9명의 연구대상 여성 중 유일하게 체계적 학습의 기회를 가졌다는 점도 한국어 의사소통 능력 학습에 매우 긍정적인 요인으로 작용하였을 것이다. 이 여성은 한국으로 혼입한 지 6개월 즈음부터 현재까지 2년여의 기간 동안 S대학교의 한국어 인터넷 강좌에 등록하여 공부를 하여 왔다. [8]졸타르갈도 본인의 한국어 의사소통 능력이 단기간에 급상승한 것은 이러한 여러 긍정적 언어 학습의 경험들이 어우러진 덕분임을 이야기한다.

[8]졸타르갈이 체계적인 한국어 교육을 통해 한국어를 배웠다는 것은 이 화자가 다른 화자들이 잘 수행하지 못하는 복문을 만들거나 이어진 문장, 안은 문장을 이용하여 말을 하는 등의 능숙한 문법적인 능력을 지녔다는 점에서도 드러난다. 그러나 한국어 교육의 경험이 이 화자에게 미친 학습의 효과는 단순히 이에 그치지 않는다.

〈사례 15〉
[8]졸타르갈(몽골, 27세, 2년 9개월)

'한국에 오는 지[온 지] 벌써 2년이 지나갔지요. 물론 그 동안 힘들 때도 있고, 좋을 때도 있고, 외롭께도[외로울 때도] 있었는데, 그 때는 내 남편이 옆에서 힘이[힘을] 주셨지요. 친구저럼[친구처럼] 무든[모든] 것을 알려 주셨고, 도[또] 너무 잘해 준은[준] 것은 내 운명이라고 생각했답니다. 우리는 지금 행복한 가족을 갖고 있어요. 그리고 제가 엄마가 되는 것은 이 새상[세상]에서 제일 행복했습니다. 우리집에 우리 아이가 있었어[있어서] 더욱 재미있었고 더 행복했지요. 제가 가족들한테 특별한 시간내서 고맙다고 말씀을 들어 분[드려 본] 적이 없습니다.

지금은 생각을 해보면 특히 시어머님한테 이런 말씀[말씀]을 듣고[드리고] 싶습니다. 어머님께서 처를[제가] 처음 올[왔을] 때 처[저]한테 동화를 못해서 고생 많이 하시지요[하셨지요]. 그리고 그 동안 처[저]한테 조금이라도 알려 주셔서 또 체[제] 성격을 참을 수 있어 주셔서[참아주셔서], 가끔 며느리부터[며느리보다] 딸 라고[딸이라고] 생각해 주셔서 너무 감사합니다. 저는 가족에게서 사랑을 많이 받기 때문에 저도 사랑을 주는 것이[것을] 알았습니다. 지금은 제가 가족들한테 할 수 있는 만큼 사랑을 하고 싶습니다. 그래서 부모님께서[에게서] 앞으로도 많은 사랑을 받기 위해서 할 수 있는 만큼 노력하겠습니다. 찰한서러운[자랑스러운] 엄마, 착한 며느리가 됬기[되기] 위해서 열심히 노력하면서 행복하게 잘 살겠습니다. 그리고 어머님, 아버님도 건강하게 오래 오래 살았으면 좋겠습니다.'

〈사례 15〉는 [8]졸타르갈이 시어머니에게 쓴 편지이다. 이 편지글에서 볼 때, [8]졸타르갈이 구어체와 문어체를 구분하여 사용할 수 있음을 알 수 있다. 다른 연구대상자들의 한국어 학습이 말하기/듣기를 중심으로 이루어진 데 반해, 이 여성은 말하기/듣기뿐 아니라 읽기/쓰기의 학습도 아울러 행하였기 때문에 구어체와 문어체를 구분하여 사용할 수 있는 것으로 판단할 수 있다.[9] 이를 테면, 일상의 언어생활에서 시어머니를 호칭할 때 사용하던 '엄마' 혹은 '어머니' 대신 '어머님'이 사용되었으며, '시어머님'과 '어머님'을 구분하여 사용함으로써 지칭어와 호칭어를 상황에 따라, 그리고 상대에 따라 적절히 구분하여 사용할 수 있음을 보여준다. 그리고 일상어에서 사용하던 존대의 말 단계인 해요체는 물론이고, '-합니다'와 같은 종결어미도 빈번히 사용한다. 그리고 이 화자는 (맞춤법이 틀리기는 하지만) 존대의 특수 어휘를 잘 사용하는 편이다. 겸양의 1인칭 자칭어인 '저, 제가' 등의 표현도 볼 수 있으며, 문장의 주체인 시어머니를 높이는 '-께서'와 같은 표현도 눈에 띈다. 또한 "이런 말씀[말씀]을 듣고[드리고] 싶습니다"의 표현에서처럼, '말씀드리다'라는 객체존댓말을 잘 활용할 수 있는, 다시 말하여 '말'의 높임말인 '말씀' 그리고 이에 공기하는 동사가 '드리다'임을 잘 숙지하고 있다고 할 수 있다.

그러나 [8]졸타르갈의 편지글에서의 문어체의 호칭어, 존댓말 사용과 일상생활

9) 물론 이 편지글에서 문법적 오류 및 존댓말 사용상의 오류가 없는 것은 아니다.

에서의 구어체의 사용은 상당히 다르다. 이 여성이 실제의 수행으로 표출하는 말하기 방식과 지식으로서 가지고 있는 호칭어, 존댓말의 학습의 내용은, 위의 편지글과 아래의 〈사례 16〉을 비교해 볼 때 상이함을 알 수 있다. 〈사례 16〉에서 볼 수 있는 바와 같이 8졸타르갈이 시부모에게 하는 말하기는 마치 딸이 친정부모에게 말하는 듯한, 친밀하지만 다소간은 무례하다고 느낄 수도 있는 말 사용 사례이다.

〈사례 16〉
8졸타르갈(몽골, 27세, 2년 9개월)

〈집으로 걸려온 전화를 시아버지는 방에서, 며느리는 거실에서 동시에 받자〉
"아버지, 내가 받았어, 끊어."
〈시어머니에게 문안인사를 하며〉 "어머니, 잘 주무셔."
〈거실에서 잠든 시어머니를 깨우며〉 "어머니, 방에 들어가서 주무셔."

이 화자는 시아버지에게 "아버지, 내가 받았어, 끊어."라든가, 시어머니에게 "어머니, 잘 주무셔.", "어머니, 방에 들어가서 주무셔."라고 말하면서도, "아버님, 제가 받았어요.", "어머님, 안녕히 주무세요.", "어머님, 방에 들어가서 주무세요."라는 표현이 적절함을 알고 있다. 다만 이것을 일상어에서는 잘 사용하지 않지만 문어체에서는 적절하게 사용하는 것이다.

제2언어 습득에서 '지식(knowledge)' 혹은 '이해(comprehension)'의 수준은 실제의 말하기(production)의 수준보다 높은 것이 일반적인데(Saville-Troike 2003), 이 여성의 경우에도 실제의 수행에서는 나타나지 않더라도 지식의 수준에서는 적절한 호칭어, 존댓말에 대해 이미 학습한 것으로 보인다. 말하자면 실제의 수행에서는 잘 드러나지 않더라도 지식 또는 이해로 지니고 있는 한국어 학습의 결과가 편지글에서는 실현되는 것이다. 이와 같이 8졸타르갈의 호칭어, 존댓말 사용이 지식의 수준과 실제 수행의 수준이 다른 양상으로 나타나는 것은 체재기간이 길지 않아 존댓말 사용이 이 화자에게 아직 완전하게 체화되지 않았기 때문일 것으로 해석할 수 있다.

마지막으로 출신국(즉 모어), 연령, 체재기간 등의 언어 학습의 제반조건은 유사하지만 한국어 구사 능력에 있어서는 상이한 의사소통 능력을 지닌 8졸타르갈과 9할리오나를 비교하여 봄으로써 한국어 학습에 긍정적 영향을 미친 언어사회화 과정에 대해 다시 한 번 알아볼 수 있다. 두 여성은 모두 몽골 출신으로, 9할리오나가 29세, 8졸타르갈이 27세로 연령이 비슷하고, 체재기간 역시 9할리오나가 3년, 8졸타르갈이 2년 9개월로 서로 비슷하지만, 두 여성의 한국어 의사소통 능력은 현격한 차이를 보인다. 9할리오나는 한국 입국 1년 전부터 모국에서 한국어를 배운 바 있는, 연구대상자 중 유일무이한 화자임에도 불구하고, 한국어 학습 초기에 가족들의 다양한 언어적 입력을 경험하지 못하였고[10], 내성적인 성격으로 인하여 가정 밖의 외부세계와 적극적으로 접촉하지 않았기 때문에 한국어 의사소통 능력이 향상되지 못한 것으로 보인다. 그녀는 가족이 아닌 다른 한국 사람과 접촉할 수 있는 기회를 거의 가지지 못한 채 극히 제한적인 의사소통의 관계망만을 구축한 채 일상을 보내고 있었다. 따라서 이 여성의 한국어 구사 능력은 최소한으로 요구되는(특히 가족관계와 출신국이 같은 여성 관계), 호칭어와 해요체의 존댓말을 익히고 사용할 수 있는 것에 한정된다.

이상으로 한국어 의사소통 능력의 학습에 지대한 영향을 미친 종교 활동, 경제활동 등의 가정 바깥세계와의 접촉과 한국어 교육의 경험이라는 언어사회화 과정을 통해 결혼이민 여성이 일상적 언어생활의 쓰임을 넘어선 호칭어와 존댓말의 의사소통 능력을 서로 다른 정도와 내용으로 습득하게 되었음을 살펴보았다. 일본여성들(1미즈코사와이, 2하라사유리, 3호시노데루미)의 경우 통일교 교회에서의 활동이라는 종교 활동을 통해, 중국(한족) 여성인 4주비령은 매일 출근해야 하는 일터에서의 언어적 상호작용을 통해 가정 중심의 일상어를 넘어선 다양한 호칭어, 존댓말을 학습할 수 있었고, 몽골 여성인 8졸타르갈은 연구대상 여성 중 유일하게 체계적인 한국어 교육의 경험을 가진 덕택에 짧은 체재기간에 비해 한국어 의사소통 능력이 비약적으로 향상된 것을 볼 수 있다.

---

10) 9할리오나는 한국어 학습의 초기에 인근 대도시에 분가하여 살다가, 자녀를 출산한 즈음부터 시부모와 함께 살기 시작하였다.

5. 결 론

연구자는 본 연구에서 결혼이민 여성들의 한국어 의사소통 능력의 학습과 사용에서 중핵적 부분을 이루는 호칭어, 존댓말의 학습과 사용에 대해 다루었다. 연구대상 여성들은 결혼이민 여성 관계에서보다는 가족관계에서 한국인이 공유하는 언어문화에 근접하게 호칭어와 존댓말을 사용함을 볼 수 있었다. 그러나 이들 외국인 부인들은 한국어와 모어의 차이로 인하여 호칭어, 존댓말 영역의 학습과 사용에서 다음의 두 가지 특징을 일반적으로 보인다. 하나는 가족관계에서 존대하지 않아도 되는 상황, 상대에까지 존대 표현의 호칭어와 말 단계를 선택하는 과잉일반화라는 특징이며, 다른 하나는 결혼이민 여성 관계에서 모어 사회언어적 규범이 한국어의 호칭어, 존댓말 사용 규범에 전이된다는 특징이다. 그리고 연구대상자들 개별적으로는 호칭어, 존댓말의 사용에서 상이한 의사소통 능력을 가진 변이의 양상을 보이는데, 외부세계와의 접촉, 체계적 교육 등의 언어사회화 경험이 주요한 영향을 미친 변수로 작용함을 알 수 있었다. 이상의 연구질문의 결과로서, 언어의 학습은 언어적 지식의 습득뿐만 아니라 문화적 지식의 습득에 의해서도 이루어져야 하며, 또한 언어적 지식과 문화적 지식의 적절한 습득을 위해서는 가정이라는 한정된 언어생활에 머무르지 않고 가정 외부사회에서 적극적이고 다양한 언어사회화 과정을 경험하는 것이 중요함을 알 수 있다.

끝으로 본 연구는 (몇몇 소수의 연구를 제외하고는) 국제결혼 연구에서 거의 다루어지지 못했던 결혼이민 여성의 한국어 의사소통능력의 학습과 언어사회화를 연구주제로 하여 결혼이민 여성들의 생생하고 실제적인 한국 사회 적응의 양상에 대해 논의한다는 점에서 그 의의가 있을 것이다. 그러나 한편으로는 농촌지역에 거주하는 결혼이민 여성의 호칭어, 존댓말의 학습을 주로 다루었다는 점에서 또 다른 한계를 지닐 것으로 보인다. 도시지역에 거주하는 결혼이민 여성의 한국어 학습의 과정, 내용, 양상 등은 농촌지역의 외국인 여성들의 상황과는 다를 것이기 때문이다. 또한 호칭어, 존댓말의 학습이 한국어를 배우는 데 있어 중요할지라도,

결혼이민 여성이 처한 학습 환경, 언어사회화 과정에 따라 한국어의 의사소통 능력의 중요 부분을 달리 구성하는 흥미로운 연구주제들이 있을 것이기 때문이다.

√참고문헌

강나영, 2007, “여성 결혼이민자의 한국어 의사소통 능력의 학습,” 서울대학교 인류학과 석 사학위논문.

김지은, 2007, “한국인 아내 만들기: 베트남 여성 사례를 통해 본 결혼이민의 제도화,” 『비교문화연구』 13(2): 41-72.

브라운, 더글라스 (이흥수・박주경・이병민 역), 2005, 『외국어 학습・교수의 원리』, 서울: Pearson Education Korea.

왕한석, 1992, “한국 친족호칭체계의 의미 기술,” 『한국문화인류학』 24: 139-193.

______ 1996, “언어・사회・문화: 언어인류학의 주요 조류,” 『사회언어학』 4(1): 3-50.

______ 2005a, “호칭어의 주요 이론과 연구 시각,” 『한국 사회와 호칭어』, 서울: 도서출판 역락, pp. 17-48.

______ 2005b, “한국의 아기말,” 『사회언어학』 13(1): 151-189.

______ 2005c, “신분지위호칭에서 의사친척호칭으로: 사회계급의 변화와 호칭 사용의 변화,” 『한국 사회와 호칭어』 , 서울: 도서출판 역락, pp. 97-126.

______ 2007, 『또 다른 한국어』, 파주: 교문사.

왕한석・한건수・양명희, 2005, 『국제결혼 이주여성의 언어 및 문화 적응 실태 연구: 전라북도 임실군 (및 순창군, 남원시) 일원 사례 보고서』, 서울: 국립국어원.

엘리스, 로드 (박경자・장미경・오은진 역), 2001, 『제2언어 습득』, 서울: 도서출판 박이정.

윤형숙, 2005, “외국인 출신 농촌주부들의 갈등과 적응: 필리핀 여성을 중심으로,” 『지방사와 지방문화』 8(2): 299-339.

이기갑, 2003, 『국어 방언 문법』, 서울: 태학사.

이혜경, 2005, “혼인이주와 혼인이주 가정의 문제와 대응,” 『한국인구학』 28(1): 73-106.

한건수, 2006, “농촌 지역 결혼 이민자 여성의 가족생활과 갈등 및 적응,” 『한국문화인류학』 39: 195-219.

Brown, Roger and Albert Gilman, 1960, “The Pronoun of Power and Solidarity,” in Thomas

A. Sebeok (ed.), *Style in Language,* Cambridge: The MIT Press, pp. 253-276.

DuFon, Margaret, 1999, "The Acquisition of Linguistic Politeness in Indonesian as a Second Language by Sojourners in a Naturalistic Context," Ph.D. Dissertation, University of Hawaii.

Falsgraf, Carl and Diane Majors, 1995, "Implicit Culture in Japanese Immersion Classroom Discourse," *Journal of the Association of Teachers of Japanese* 29(2): 1-21.

Hymes, Dell, 1971, "On Communicative Competence," in John Pride and Janet Holmes (eds.), *Sociolinguistics,* Harmondsworth, Middlesex: Penguin, pp. 269-293.

Kasper, Gabriel and Rose Kenneth, 2002, *Pragmatic Development in a Second Language*, Blackwell.

Marriott, Helen, 1996, "The Acquisition of Politeness Patterns by Exchanging Students in Japan," in Freed Barbara (ed.), *Second Language Acquisition in a Study Abroad Context,* Amsterdam: Benjamins, pp. 197-224.

Norton, Bonny, 2000, *Identity and Language Learning*, Harlow, England: Pearson.

Ochs, Elinor & Bambi Schieffelin, 1982, "Language Acquisition and Socialization: Three Developmental Stories and Their Implications," *Working Papers in Sociolinguistics*, 105, Austin, TX: Southwest Educational Developmental Laboratory.

Poole, Deborah, 1992, "Language Socialization in Second Language Classroom," *Language Learning* 42(4): 593-616.

Rampton, Ben, 1995, "Language Crossing and the Problematisation of Ethnicity and Socialization," *Pragmatics* 5(4): 485-513.

Saville-Troike, Muriel, 2003, *The Ethnography of Communication* (3rd Edition), Blackwell.

Schieffelin, Bambi and Elinor Ochs, 1986, "Language Socialization," *Annal Review of Anthropology* 15: 163-191.

Wang, Hahn-Sok, 1979, "Sociolinguistic Rules of Korean Honorifics,"『인류학논집』5: 91-118.

부록

11 장
중국 카작족 존댓말의 구조와 사용 유형*

김우진

1. 서 론

존댓말은 한국어를 비롯하여 지구상의 일부 언어에서만 나타나는 특징적인 언어 예법으로서 해당 문화의 중요한 특질들을 반영한다는 점에서 인류학자들과 언어학자들의 주목을 받아왔다. 특히 자바어, 일본어, 한국어의 존댓말이 잘 알려져 있는 편이고, 이들에 대한 대표적인 연구로는 Geertz(1960), Wolff & Poejosoedarmo(1982), Errington(1988)의 자바어 존댓말 연구, Inoue(1979), Ide(1982)의 일본어 존댓말 연구, Wang(1984)의 한국어 존댓말 연구 등이 있다. 이 글은 중국 신강(新疆) 지역 카작족[1] 촌락 사회에서 수행한 인류학적 현지조사를 바탕으로 지금까지 잘 알려지지 않았던 카작어 존댓말의 구조와 사용 원리를

* 이 논문은 "중국 카작족 존댓말에 대한 사회언어학적 연구"라는 제목으로『비교문화연구』12(2) (2006, pp. 5-56)에 실렸던 글을 편집상의 수정을 한 것이다.

1) 민족 명칭인 '카작'은 영어에서는 대개 Kazakh이라고 표기하고 한글 표기는 '카자흐', '까자흐', '카자크' 등 여러 형태가 사용되고 있으나, 이 글에서는 최대한 원어의 발음에 가깝도록 '카작'으로 일관되게 표기하였다.

기술하고자 한다.

이 글에서 연구 대상으로 삼고 있는 카작족은 카작스탄 공화국을 중심으로 하여 중국 신강 지역, 러시아, 우즈베키스탄 등지에 분포하는 중앙아시아의 대표적인 유목민족이며 총 인구 수는 약 1천만 명에 달한다. 카작족이 분포하는 지역은 과거의 공산진영(구소련, 중국, 몽골 등)에 속하여 이들의 문화에 대한 한국이나 기타 서방 세계의 인류학자들에 의한 인류학적 연구[2]가 매우 부진할 수밖에 없었다. 또 카작족의 문화를 다룬 소수의 기존 연구들은 대부분 경제 방식이나 사회조직에 관한 고찰에 편중되어 있고, 본 연구에서와 같은 규범, 언어, 지식, 예절 등 추상적인 관념의 영역에 대한 경험적인 접근은 거의 시도되지 않았다.

존댓말의 구조와 사용 원리를 밝히는 것을 목적으로 하는 본 연구는 다음과 같은 점에 착안하였다. 카작어의 존댓말에는 대화시 청자(addressee)에 대한 거의 모든 언급에서 존칭 혹은 평칭의 선택이 강제된다는 구조적 특성이 있다. 청자에 대한 언급에는 청자를 가리키는 대명사 및 호칭, 청자를 주체로 하는 행동이나 상태, 청자의 소유 등이 모두 포함된다. 따라서 2인칭 대명사에는 물론이고, 2인칭 대명사가 주어인 문장의 술어(predicate)에 반드시 청자에 대한 존경 여부가 표시되는 것이다. 카작어 존댓말의 이러한 구조적 특성은 단순히 존칭과 평칭의 여러 표현들이 존재한다는 언어적 사실을 말해줄 뿐만 아니라 그러한 표현들을 누구에게 어떤 상황에서 선택·사용할 것인가에 관한 문화적인 지식을 수반한다. 즉 적절한 존댓말 사용의 규칙은 카작족 사회의 성원이라면 마땅히 알고 있어야 하는 필수적인 지식이며, 이것은 바로 말하기의 민족지학(ethnography of speaking)(Hymes 1962, 1974)에서 제시한 '의사소통능력(communicative competence)'에 해당하는 것이다. 문화를 공유된 의미의 체계 내지 지식의 체계라고 규정한다면, 존댓말과 같이 모든 사회성원들이 공유하는 문화-특수적인(culture-specific) 지식의 범주는 해당 문화의 전체적인 특징과 성격을 확연하게 보여줄 수 있는 영역의 하나일 것이다. 이에 본 연구는 카작어 존댓말의 구조를 파악하고, 실제 대화에서

---

2) 카작족 및 카작 문화를 다룬 소수의 연구로 Murdock(1934), Hudson(1938), Krader(1963), Bacon(1966), Benson and Svanberg(1988, 1998), Svanberg(1999) 등이 있다.

존댓말의 사용에 영향을 주는 사회적 변수들을 발견하고, 나아가 그러한 사회적 변수들 간의 상호관계(즉 사용의 규칙)를 규명함으로써, 카작족 문화에 대한 이해를 심화하는 데에 일조하고자 한다.

이 글은 2005년 4월 16일부터 동년 8월 20일까지 약 4개월간 중국 신강(新疆)의 이리(伊犁) 카작 자치주 곽성현(霍城縣) 과자구향(果子溝鄉)에 위치한 알말르사이(*Almalïsay*, 15가구)와 믕충쿠르(*Mïŋšuŋqur*, 20가구)라는 두 유목 촌락에서 수행한 민족지적 연구를 기초로 하여 작성된 것이다. 자연 대화 상황에서 존댓말 표현이 사용된 250여개의 발화 사례를 수집하였고, 이를 기본 자료로 하여 카작어 존댓말의 구조와 사용 규칙을 도출하였다.

2. 카작어 개관

본격적인 논의에 앞서 카작어의 일반적인 특징을 간략하게 개관하여 이해의 편의를 도모하고자 한다. 우선 카작어는 유형적으로 교착어(膠着語, agglutinating language)이며, 계통적으로는 투르크어족(Turkic language family)에 속한다. 여기서 소개하는 카작어의 음운, 형태, 통사적 특징들은 여타 투르크 제어(諸語)와 상당히 유사한 면을 보여준다.

먼저 카작어의 음운에 대해 살펴보도록 하겠다. 아래의 〈표 1〉과 〈표 2〉는 카작어의 모음과 자음이다. 아래 표들에서 각 모음과 자음의 표기는 Johanson & Csató, *The Turkic Languages* (1998)에서 사용된 카작어 표기 방식을 따른 것이며, 본 논문에서는 이 방식을 일관되게 준수하였다.

〈표 1〉 모음

	전 설 모 음		후 설 모 음	
	평순	원순	평순	원순
고 모 음	i	ü	ï	u
저 모 음	e, æ	ö	a	o

〈표 2〉 자음

	순음	치조음	경구개음	연구개음	성문음
파열음	b, p	d, t		g, k, q	
마찰음	f	z, s	ž, š	γ , χ	h
비음	m	n		ŋ	
유음		r, l, ł			
활음	w		y		

위의 표에서 보듯이 카작어에는 5개의 전설모음(æ, e, i, ö, ü)과 4개의 후설모음(a, ï, o, u)이 있는데, 이러한 전설모음과 후설모음의 대립을 기준으로 하는 모음조화(vowel harmony)는 카작어의 매우 특징적인 음운현상이다. 즉, 카작어에서 한 단어의 모음들은 모두 전설모음이거나 모두 후설모음이 된다는 것이다. 이러한 전설모음과 후설모음의 대립은 자음에도 영향을 주어, 카작어의 [k]와 [g]는 오직 전설모음과 함께, [q]와 [ɣ]는 오직 후설모음과 함께 나타나게 된다. 이처럼 특정 자음의 출현이 각각 전설모음과 후설모음에 의해 결정되는 현상을 이른바 '자음조화(consonant harmony)'(Poppe 1965)라고 한다. 그 밖에 유성 자음과 무성 자음의 구분에 의한 자음동화(consonant assimilation) 현상이 일어나는데, 특히 순행 유성음화가 대표적이다.

형태면에서 카작어는 전형적인 교착어의 특징을 잘 보여준다. 단어의 문법적인 기능은 어간에 각종 접미사를 부착함으로써 표시된다. 어간은 여러 접미사와 결합하여 길게 확장될 수 있는데, 굴절어와 달리 어간과 접미사가 결합되는 데 있어서 어간의 내적 변화는 일어나지 않으며, 각 접미사들은 그 고유의 단일한 기능만을 수행한다. 접미사의 배열순서도 매우 엄격하게 규정되어 있다. 특히 파생접미사는 굴절접미사에 선행한다. 어간 말음과 접미사 두음 사이의 음운변화나 탈락 현상을 제외하면, 카작어의 접미사는 매우 기계적으로 어간에 결합된다고 할 수 있다. 예컨대 명사의 곡용은 '명사어간+복수+소유인칭+격'의 순서이고, 동사의 파생은

'동사어간+태+부정+상+법+시제+인칭+의문'의 순서이다. 카작어에서 아무런 접미사가 결합되지 않은 동사어간은 2인칭 단수 명령형(imperative)이 된다.

통사면에서는 수식어가 피수식어에 선행하며, 문장의 기본 어순은 '주어+목적어+술어'(SOV)의 형태이다. 문장성분들 간의 통사적 관계는 주로 어순보다는 격(case)에 의해 결정된다. 카작어의 격(절대격, 속격, 대격, 여격, 처격, 탈격)은 격접미사(case suffix)에 의해 표시된다. 소유관계를 표현하는 '수식어+피수식어' 명사구에서 선행하는 수식어는 소유의 주체, 뒤따르는 피수식어는 소유의 대상이 되는데, 이 때 수식어에는 속격 접미사(genitive case suffix)가 수반되고, 피수식어에는 소유 주체의 인칭을 표시하는 소유 접미사(possessive suffix)가 결합된다. 예컨대 *attïŋ basï* "말의 머리"는 *at*"말" *-tïŋ*"의"(속격접미사) *-bas*"머리" *-ï*"그의"(3인칭 소유 접미사)로 분석될 수 있다. 카작어의 문장이나 절에서 주어는 종종 생략된다. 술어는 명사술어와 동사술어의 두 유형으로 구분된다. 일반적으로 술어는 주어의 인칭을 표시하는 술어접미사(predicative suffix)를 수반한다. 가령 명사술어문인 *Men muɣalïmmïn*"나는 교사이다"는 *men*"나" *-muɣalïm*"교사" *-mïn*"나는 …이다"(1인칭 술어접미사)로 분석되고, 동사술어문인 *Sen qaida barasïŋ?*"너는 어디 가니?"는 *sen*"너" *-qayda*"어디" *-bar*"가다" *-a*(현재) *-sïŋ*"너는 …하다"(2인칭 술어접미사)로 분석할 수 있다.

카작어는 넓은 지리적 분포에도 불구하고 지역에 따른 방언의 차이는 미약한 편이나, 크게 북부방언과 남부방언으로 구분할 수 있고, 중국 신강지역에서 사용되는 카작어는 남부방언에 속하여, 카작스탄에서 표준으로 삼는 북부방언과는 약간의 차이를 보이는 것으로 보고된 바 있다(Benson & Svanberg 1998: 173). 카작어의 표기에 있어서 현재 카작스탄 공화국은 키릴문자를 사용하는 데 반해, 중국에서는 아랍문자를 사용하고 있다.[3)]

---

3) 카작어와 투르크 제어에 대한 좀 더 상세한 소개는 Kirchner(1998)과 Johanson(1998)을 참고할 것.

3. 존댓말의 구조

카작어에서 존경의 표시는 크게 다음의 4가지 언어표현 범주에서 이루어진다. (1) 인칭대명사(personal pronouns), (2) 소유 접미사(possessive suffixes), (3) 술어접미사(predicative suffixes), (4) 호칭어(terms of address). 필자는 이 네 가지 범주 안에서 존칭과 평칭의 어형이 구별되는 영역만을 묶어 그것을 카작어의 '존댓말 언어목록(honorific speech repertoire)'이라고 부르고자 한다. 이 장에서는 카작어 존댓말 언어목록을 구성하고 있는 표현들로는 어떤 것들이 있는지 살펴보고, 여러 표현들이 서로 어떻게 결합되는지, 즉 목록들간의 공기관계(共起關係, co-occurrence)[4]를 알아보도록 하겠다.

여기서 다루는 존댓말 언어목록들은 모두 대화시에 화자(speaker)가 청자(addressee)를 존대(혹은 평대)하는 언어표현들이다. 카작어에서 대화 당사자 이외에 언급되는 대상을 존대하는 데에 사용되는 소수의 어휘적 표현들은 이 연구의 논의에서 제외하였다.[5] 또한 카작어에서는 화자가 청자를 존대를 해야 하는 관계일지라도 모든 문장에서 존경이 표시되는 것은 아니다. 아래에서 설명될 존댓말 언어목록을 제외하면 카작어의 문장은 대부분이 존대나 평대의 구별이 없는 중립적인 의미를 갖는다. 즉 존대 혹은 평대의 구분이 일어나고 그 대상이 대화시의 청자가 되는 언어 표현들만으로 논의의 범위를 한정하였음을 밝혀둔다.

---

4) Ervin-Tripp(1972)은 언어 목록 중에서 특정한 요소들이 선택되고, 요소들 간의 특정한 결합만이 허용되는 현상을 설명하기 위한 개념적 틀로서 '교체(alternation)'와 '공기(co-occurence)'라는 두 가지 축의 사회언어적 규칙을 제시한 바 있다. 이 이론을 카작어 존댓말의 사례에 적용한다면, 가령 존대의 표시 여부에 따라 2인칭 대명사의 존칭과 평칭 중 어느 한 형태가 선택되는 현상은 '교체'에 해당하고, 한 문장에서 주어가 존칭 대명사일 때 술어접미사도 존칭이 사용되는 현상은 '공기'에 해당한다고 볼 수 있다.

5) 카작어에서 대화시 청자가 아닌 언급대상을 존대할 수 있는 표현, 즉 지칭자 존대의 표현은 거의 발달하지 않았으나, 예외적으로 *adam*"사람"/*kisi*"분"의 표현이 있다. 원래 "손님"을 의미하는 *kisi*는 평대의 표현인 *adam*"사람"에 대응하는 존대 표현으로 사용된다. 말하자면 adam은 3인칭 평칭, *kisi*는 3인칭 존칭에 해당한다고 볼 수 있을 것이다. 예) *seniŋ ækeŋ qaydan kelgen* ***adam?*** (네 아버지는 어디서 온 **사람**이냐?); *seniŋ ækeŋ qaydan kelgen* ***kisi?*** (네 아버지는 어디서 온 **분**이냐?)

인칭대명사, 소유접미사, 술어접미사는 공히 문법적 범주이고, 호칭어는 어휘적 표현이다. 세 가지 문법적 범주들의 일차적인 기능은 인칭(person)의 표시인데, 1인칭과 3인칭을 제외하고 2인칭에서만 존대와 평대의 변별이 존재한다. 다시 말해서 2인칭 대명사에서 존칭 2인칭 대명사와 평칭 2인칭 대명사가 구분되고, 2인칭 소유접미사에서 존칭 2인칭 소유접미사와 평칭 2인칭 소유접미사가 구분되며, 2인칭 술어접미사는 존칭 2인칭 술어접미사와 평칭 2인칭 술어접미사로 구분되는 것이다. 먼저 카작어에서 존경이 표시되는 이들 세 가지 문법적 범주들을 하나씩 살펴본 뒤, 어휘적 표현인 호칭어에 대해 검토하고자 한다.

1) 인칭대명사, 소유접미사, 술어접미사

인칭대명사, 소유접미사, 술어접미사는 모두 카작어에서 존대가 표시되는 문법 범주들이다. 이 세 가지 범주들의 일차적 기능은 인칭(person)의 표시이며, 부차적으로 수(number)와 존경 여부를 표시하는 기능을 가지고 있다. 본 연구의 관심사인 존경의 표시는 2인칭에서만 이루어진다. 즉 2인칭 대명사, 2인칭 소유접미사, 2인칭 술어접미사가 존댓말 언어목록에 포함되는 것이다. 인칭, 수, 존경 여부에 따른 카작어의 인칭대명사, 소유접미사, 술어접미사의 여러 형태들을 도표화하면 다음 〈표 3~7〉과 같다.

〈표 3〉 인칭대명사

		단수	복수
1인칭		men	biz
2인칭	평칭	sen	sender
	존칭	siz	sizder
3인칭		ol	olar

〈표 4〉 소유접미사

		단수	복수
1인칭		-m, -ïm, -im	-mïz, -ïmïz, -miz, -imiz
2인칭	평칭	-ŋ, -ïŋ, -iŋ	-ŋdar, -ïŋdar, -ŋder, -iŋder
	존칭	-ŋïz, -ïŋïz, -ŋiz, -iŋiz	-ŋïzdar, -ïŋïzdar, -ŋizder, -iŋizder
3인칭		-sï, -ï, -si, -i	

〈표 5〉 술어접미사 – A형

		단수	복수
1인칭		-mïn, -bïn, -pïn, -min, -bin, -pin	-mïz, -bïz, -pïz, -miz, -biz, -piz
2인칭	평칭	-sïŋ, -siŋ	-sïŋdar, -siŋder
	존칭	-sïz, -siz	-sïzdar, -sizder
3인칭		∅, -dï, -di	

〈표 6〉 술어접미사 – B형

		단수	복수
1인칭		-m	-q, -k
2인칭	평칭	-ŋ	-ŋdar, -ŋder
	존칭	-ŋïz, -ŋiz	-ŋïzdar, -ŋizder
3인칭		∅	

〈표 7〉 술어접미사 – C형

		단수	복수
1인칭		-yïn, -yin, -ayïn, -eyin	-yïq, -yik, -ayïq, -eyik
2인칭	평칭	∅	-ŋdar, -ïŋdar, -ŋder, -iŋder
	존칭	-ŋïz, -ïŋïz, -ŋiz, -iŋiz	-ŋïzdar, -ïŋïzdar, -ŋizder, -iŋizder
3인칭		∅, -dï, di	

위의 표들이 보여주는 바와 같이 인칭대명사, 소유접미사, 술어접미사는 공통적으로 2인칭에서만 존칭과 평칭의 형태적 변별을 갖추고 있다. 1인칭과 3인칭은 그러한 구분이 이루어지지 않으므로, 이하의 설명에서는 편의상 2인칭 존칭대명사는 '존칭대명사'로, 2인칭 평칭대명사는 '평칭대명사'로, 2인칭 존칭 소유접미사는 '존칭소유접미사'로, 2인칭 평칭 소유접미사는 '평칭소유접미사'로, 2인칭 존칭 술어접미사는 '존칭술어접미사'로, 2인칭 평칭술어접미사는 '평칭술어접미사'로 줄여 부르기로 하겠다.

먼저 인칭대명사(personal pronouns)를 살펴보면, 존칭/평칭이 구분되는 2인칭 대명사의 평칭 단수 *sen*"너", 평칭 복수 *sender*"너희", 존칭 단수 *siz*"당신", 존칭 복수 *sizder*"당신들" 등 4가지 형태가 존댓말 표현에 해당된다. 이들은 1,3인칭의 대명사와는 달리 발화시에 존칭과 평칭 중의 선택이 강제된다는 특징을 갖고 있다. Brown의 T/V 모델[6]과 비교한다면, 대체로 *sen*으로 대표되는 평칭대명사는 유럽어의 'T형'에, *siz*로 대표되는 존칭대명사는 유럽어의 'V형'에 해당한다고 볼 수 있다. 이들 2인칭 대명사는 뒤에서 설명할 술어접미사와 더불어 카작어 존댓말의 핵심적 문법 범주이다.

소유접미사(possessive suffixes)는 카작어의 특징적인 문법 범주의 하나로서, 명사의 뒤에 결합되어 명사의 소유관계를 표시하는 접미사이다. 엄밀히 말하면 소유인칭 접미사라고 해야 할 것이다. 소유접미사의 기능을 이해하기 위하여 다음의 예를 살펴보자.

meniŋ dæpterim"나의 공책" ⇒ meniŋ"나의"(1인칭 단수 대명사 속격)+dæpter"공책"(피소유 명사)+-im"나의"(1인칭 소유접미사)

---

6) Brown과 Gilman(1960)은 유럽 제어(諸語)의 2인칭 대명사가 이른바 'T형'과 'V형'의 두 부류로 대별되고, 이 두 형태 사이의 선택은 힘 또는 권력(power)과 연대감(solidarity)이라는 두 차원의 사회적 변수에 의해 이루어진다고 제시하였다. 이것은 지금까지도 호칭어 연구의 대표적인 이론 모델이 되고 있다. 존댓말 연구의 시각에서 보면 이 모델에서 제시된 'V형' 인칭대명사가 존대 표현의 한 형태에 해당한다고 할 수 있다. 카작어 존댓말 체계에서 중요한 한 축을 이루는 2인칭 대명사 sen과 siz는 유럽 제어의 T와 V 패턴에 상당히 근접한 것으로 보인다.

이 예에서 앞의 *meniŋ*"나의"를 생략하고 간단히 *dæpterim*이라고 하여도 의미는 역시 "나의 공책"이다. 소유 주체의 인칭을 표시하는 것을 일차적인 기능으로 하는 소유접미사는 위의 〈표 4〉에서 보이듯이 그 종류가 모두 7가지인데, 그 중에서 존칭과 평칭의 변별을 갖춘 2인칭 소유접미사 4가지가 존대 표현의 범주에 속한다. 2인칭 소유접미사가 사용되는 경우로 다음과 같은 예를 들 수 있다.

seniŋ basïŋ"너의 머리" ⇒ seniŋ"너의"(2인칭 단수 평칭 대명사 속격)+bas"머리"(피소유 명사)+-ïŋ"너의"(2인칭 단수 평칭 소유접미사)

sizdiŋ eškiŋiz"당신의 산양" ⇒ sizdiŋ"당신의"(2인칭 단수 존칭대명사 속격)+eški"산양"(피소유 명사)+-ŋiz"당신의"(2인칭 단수 존칭 소유접미사)

대체로 명사의 앞에서 인칭대명사 속격이 생략되더라도 이들 소유접미사가 소유관계를 표시하므로, 카작어는 명사의 소유 표시에 대한 문법적 강제성이 비교적 높은 언어라고 할 수 있다. 또 2인칭의 소유 표시를 하는 경우에는 반드시 존칭과 평칭의 선택이 문법적으로 강제되는 것이다. 이와 같이 소유접미사는 출현 빈도가 비교적 높은 문법 범주로서 존댓말 언어목록의 중요한 일부분을 형성하고 있다.

술어접미사(predicative suffixes)는 전술한 소유접미사와 마찬가지로 일종의 접미사이며, 일반적으로 "personal marker" 혹은 "subject representative"라고 불리는 카작어의 특징적인 문법 범주이다. 술어접미사는 문장이나 절의 술어에 결합되어 주어의 인칭을 표시하는 기능을 담당한다. 명사, 동사, 형용사에 모두 결합될 수 있지만 통사적으로는 문장이나 조건절의 술어에만 결합되고, 의문문을 제외한 모든 경우에 언제나 문장이나 절의 가장 말미에 위치하는 특성이 있다(명사 술어에 결합될 경우에는 계사의 기능까지 담당한다). 술어접미사는 그 종류가 매우 다양한데 크게 A, B, C의 세 가지 유형으로 구분된다(〈표 5, 6, 7 〉참조). 우선 B형은 과거시제 문장이나 조건절의 술어와 결합되고, C형은 명령형(imperative) 술어에 결합된다. A형은 여타의 모든 동사 술어와 명사 술어에 적용된다. 술어접미사의 경우도 존칭, 평칭의 구분은 2인칭에서만 나타난다. 이들 2인칭 술어접미사의 존칭/평칭 및 단수/복수의 변이형들이 카작어 존댓말의 또 다른 핵심 요소가 된다. 다음은 2인칭 술어접미사가 사용된 예이다.

bardïŋ“너는 갔다” ⇒ bar“가다”(동사)+-dï(과거시제)+-ŋ“너는 … 한다”(2인칭 평칭 단수 술어접미사)

bardïŋïz“당신은 가셨습니다” ⇒ bar“가다”(동사)+-dï(과거시제)+-ŋïz“당신은 … 하십니다”(2인칭 존칭 단수 술어접미사)

투르크어족에 속하는 카작어는 Brown 모델의 기초가 되었던 유럽 제어(諸語)와 달리, 문장에서 인칭대명사 주어의 생략이 비교적 용이하므로 생략된 주어의 인칭을 술어접미사가 나타내 주는 경우가 많다. 이러한 주어 인칭의 의무적인 표시는 카작어 문법의 두드러진 특징의 하나이며, 특히 2인칭의 경우 술어접미사에서 존칭과 평칭의 선택이 강제된다는 점이 중요하다. 아마도 카작어 존댓말의 여러 표현들 가운데 문법적 강제성이 가장 높은 것은 바로 술어접미사일 것이다.

지금까지 살펴본 세 가지 문법 범주의 어형들 중 존대와 평대의 구별이 이루어지는 2인칭 영역만을 일괄적으로 정리해보면 다음의 표와 같다.

〈표 8〉 존댓말의 문법적 범주

<table>
<tr><th colspan="2" rowspan="2"></th><th colspan="2">평 칭</th><th colspan="2">존 칭</th></tr>
<tr><th>단수</th><th>복수</th><th>단수</th><th>복수</th></tr>
<tr><td colspan="2">대명사</td><td>sen</td><td>sender</td><td>siz</td><td>sizder</td></tr>
<tr><td colspan="2">소유
접미사</td><td>-ŋ,-ïŋ, -iŋ</td><td>-ŋdar, -ïŋdar, -ŋder,
-iŋder</td><td>-ŋïz, -ïŋïz,
-ŋiz, -iŋiz</td><td>-ŋïzdar, -ïŋïzdar,
-ŋizder, -iŋizder</td></tr>
<tr><td rowspan="3">술어접
미사</td><td>A형</td><td>-sïŋ, -siŋ</td><td>-sïŋdar,
-siŋder</td><td>-sïz,
-siz</td><td>-sïzdar,
-sizder</td></tr>
<tr><td>B형</td><td>-ŋ</td><td>-ŋdar,
-ŋder</td><td>-ŋïz,
-ŋiz</td><td>-ŋïzdar,
-ŋizder</td></tr>
<tr><td>C형</td><td>∅</td><td>-ŋdar, -ïŋdar,
-ŋder, -iŋder</td><td>-ŋïz, -ïŋïz,
-ŋiz, -iŋiz</td><td>-ŋïzdar, -ïŋïzdar,
-ŋizder, -iŋizder</td></tr>
</table>

2) 호칭어

호칭어(terms of address)는 위에서 소개한 3가지 문법 범주들과 함께 존댓말 체계의 다른 한 축을 이루는 어휘적(lexical) 표현이다. 카작어에서 사용되는 호칭어는 크게 친척호칭(kinship terms of address), 의사친척호칭(fictive kinship terms of address), 이름(personal names), 우회명칭(euphemistic names), 직함(titles) 등이 있다.

카작어에서 모든 친척관계로 확대 적용되는 소수의 기본적인 친척호칭은 aɣa "형님", *tæte*"누님", *ata*"할아버지", *apa*"할머니"의 4종이다. 여기에 친아버지에게만 호칭되는 æke와 친어머니에게만 사용되는 *šeše*, 형수에게 호칭되는 *žeŋge*가 일반적으로 사용되는 친척호칭의 목록에 포함될 수 있다(〈표 9〉 참조).

친척 호칭 가운데 먼저 *aɣa*와 *tæte* 호칭을 살펴보면, 본래 전자는 친형(eBr), 후자는 친누나(eSi)를 가리킨다.[7] 그러나 이 두 호칭의 적용범위는 매우 넓어서 화

〈표 9〉 주요 친척호칭의 일차적 의미와 사용범위

친척호칭	일차적 의미	사용 범위
ata	"할아버지", "큰아버지"	부모 손위의 남성친척 (배우자의 아버지 포함)
apa	"할머니", "큰어머니"	부모 손위의 여성친척 (배우자의 어머니 포함)
aγ a	"형님", "작은아버지"	화자 손위~부모 손아래의 남성 친척
tæte	"누님", "작은어머니"	화자 손위~부모 손아래의 여성 친척
æke	"아버지"	아버지
šeše	"어머니"	어머니
žeŋge	"형수"	동일항렬 남성 친척의 배우자 (남편 혈족의 아내는 제외)

7) 앞으로 사용할 친척용어는 다음과 같은 약어로 표시하겠다.
Fa: 아버지, Mo: 어머니, Hu: 남편, Wi: 아내, Br: 형제, Si: 자매, So: 아들, Da: 딸, Pa: 부모, Ch: 자녀, Sb: 형제자매, Sp: 배우자, e: 손위, y: 손아래

자보다 손위이면서 화자의 부모보다는 손아래의 거의 모든 친척에게 호칭으로 사용된다. 구체적으로 *aɣa* 호칭은 *eBr*뿐만 아니라 FayBr, MoyBr, FaySiHu, MoySiHu, HueBr, WieBr, HueSiHu, WieSiHu 등의 호칭이 되고, *tæte* 호칭은 eSi를 비롯하여, FaySi, MoySi, FayBrWi, MoyBrWi, HueSi, WieSi, HueBrWi 등의 호칭으로 사용된다. 여기서 항렬(generation)의 요인이 퇴색되어, 형은 숙부나 외삼촌과, 누나는 숙모나 이모와 같은 호칭 등급에 놓이게 되는 카작 문화의 특징적인 현상을 관찰할 수 있다. 한편 *tæte* 호칭의 사용범위는 *aɣa*의 그것과 정확하게 대칭되지는 않는데, 그것은 eBrWi, WieBrWi 등의 관계에서 *tæte* 대신 후술될 žeŋge 호칭을 사용하기 때문이다.

한편 *ata*와 *apa* 호칭은 전술한 *aɣa, tæte* 호칭 다음으로 사용 범위가 넓다. 구체적으로 *ata* 호칭은 FaFa, MoFa를 비롯하여 FaFaBr, MoFaBr, FaeBr, MoeBr, FaeSiHu, MoeSiHu, WiFa, HuFa 등에게 사용되고, *apa* 호칭은 FaMo, MoMo를 비롯하여 FaMoSi, MoMoSi, FaeSi, MoeSi, FaeBrWi, MoeBrWi, WiMo, HuMo 등에게 사용된다. 여기에서도 G_{+1} (숙항(叔行)) 과 G_{+2} (조항(祖行))의 항렬구분이 모호해지고 그보다는 화자 부모와의 손위관계(seniority)에 의해 *ata /apa*의 호칭여부가 결정된다. 또 배우자의 부모(WiFa, WiMo, HuFa, HuMo)는 친부모보다 격이 높은 *ata, apa*로 호칭된다는 점도 특징적이다.[8)]

"형수"를 의미하는 *žeŋge*는 동일 항렬 손위 남성 친척의 아내에게 사용되는 호칭이다. 이 호칭의 사용은 남성 화자의 경우와 여성 화자의 경우가 대칭을 이루지 않는다. 그 이유는 남성 화자가 아내의 동일 항렬 손위 남성 혈족의 아내들에게 *žeŋge* 호칭을 사용하는 반면, 여성 화자는 남편의 동일 항렬 손위 남성 혈족의 아내들에게 *žeŋge*가 아닌 *tæte* 호칭을 사용하기 때문이다. 대표적으로 남성은 WieBrWi를 *žeŋge*로 호칭하고, 여성은 HueBrWi를 *tæte*로 호칭하는 점이 대비된다. 그러나 이 호칭으로 부를 수 있는 관계의 친척들은 대부분 이른바 '농담관계'에 해당하여 화자와의 나이 차이가 현격하지 않은 한, 존경의 의미를 가진 친척호

8) 이와 같이 조부모에 대한 호칭이 배우자의 부모를 비롯한 높은 수준의 존경을 요하는 대상에게 확대 적용될 수 있는 이른바 극존칭으로 기능하는 현상은 일찍이 Radcliffe-Brown의 고전적인 저작인 *The Andaman Islanders*(1964[1932]: 57-80)에서도 보고된 바 있다.

칭보다는 오히려 직접 청자의 이름을 부르는 것이 일반적이다.[9] 이처럼 호칭 선택에 영향을 주는 사회적 변수인 농담관계에 대해서는 뒤에서 상세히 논하도록 하겠다.

이 밖에 아버지에게는 *æke*, 어머니에게는 *šeše* 호칭이 사용되고, 손아래 형제자매 및 자녀에게는 모두 이름을 부르며, 배우자간에도 서로 이름을 부른다. 언니, 누나에 대해서 이상적으로는 *æpike*라는 호칭이 존재하나, 실제로는 거의 사용되지 않고 그 대신 *tæte*나 *jiejie*[姐姐](한어 차용어 "누나")[10]로 호칭되고 있으므로, *æpike* 역시 친척호칭의 목록에 포함하지 않았다. 매우 한정된 경우에만 사용되는 *jiejie* 호칭은 후술할 존댓말의 조작적 사용에 관한 논의에서 별도로 다루어질 것이다.

친척이 아닌 청자에게 사용하는 친척호칭을 의사친척호칭(fictive kinship terms of address)이라고 한다. 일반적으로 사용되는 의사친척호칭은 *ata, apa, aɣa, tæte, žeŋge*의 5가지가 있다. 친척에 대한 호칭이 화자와 청자 간의 손위관계(seniority)를 중심 원리로 구조화된 것에 반해, 비친척에 대한 의사친척호칭의 사용은 자연적인 나이(age)를 일차적 기준으로 한다. 친척관계에서 부모 손위의 친척에게 사용되는 *ata*와 *apa* 호칭은 비친척관계에서 대략 화자보다 25세 연상의 청자에게 사용되고, *aɣa*와 *tæte* 호칭은 대략 화자보다 3~25세 연상의 청자에게 사용된다.[11] 마지막으로 *žeŋge*는 비친척 관계에서 화자가 남성이고 청자가 남성 손위 친구의 아내인 경우에만 제한적으로 사용할 수 있으며, 친척관계에서와 마찬가지로 이런 관계에서 나이 차이가 심하지 않은 경우에는 주로 청자의 이름을 부른다.

이름(personal names)은 원칙적으로 친척, 비친척을 막론하고 화자와 동격이거나 손아래의 모든 청자에게 사용할 수 있는 호칭어이다. 중국 카작족의 이름은 성이 없고 공식적인 서류상에서는 '이름+아버지 이름'으로 적도록 되어 있으나, 일

9) "형수(*žeŋge*)" 호칭이 사용되는 관계 중에서도 WieBrWi의 경우는 농담관계에 해당되지 않는다.

10) 본 논문에서 중국어의 로마자 표기는 중화인민공화국에서 사용되는 한어병음(漢語拼音, hanyu pinyin)체계를 택하였다. 필요한 경우에는 한자를 병기하였다.

11) 여기서 '약 25년'은 대략 부모-자녀간의 나이 차이에 부합하고, '약 3년'은 동년배라고 여겨지는 연령 범위의 상한이라고 볼 수 있다.

상적으로는 개인의 이름만을 사용한다. 카작어에서 대부분의 호칭은 '이름', '이름+친척호칭', 이름을 생략한 친척호칭의 3가지 형태로 구분될 수 있다. 본 연구에서 논의하는 존대 표현으로서의 '이름'은 친척호칭이나 기타 직함 등을 수반하지 않는 이름만을 가리키고, '이름+친척호칭'의 형태는 '친척호칭'으로 간주하였다.

우회명칭(euphemistic names)은 여성 화자가 남편의 남녀동생에게 사용하는 특이한 호칭인데, 본 논문에서는 이름의 일종으로 취급하고자 한다. 우회명칭은 카작족의 관습에서 시집 온 여자가 남편의 부모 및 형제자매의 이름을 말할 수 없다는 금기 또는 예법과 관련된 호칭이다. 이 금기에 의하면 남편의 부모와 형제자매의 이름은 지칭으로도 부를 수가 없고 그들의 이름과 비슷한 현상이나 사물을 가리키는 일반명사도 말할 수가 없으며, 그들과 이름이 같은 동명이인의 이름도 언급할 수가 없다. 남편의 부모나 남편의 형, 누나에 대해서는 *ata, apa, aɣa, tæte* 등 적절한 친척호칭을 사용하면 손쉽게 그들의 이름 사용을 회피할 수가 있다. 그러나 남편의 손아래인 남녀동생들에 대해서는 친척호칭을 사용할 수가 없기 때문에 직접 새로운 이름을 지어서 부름으로써 그들의 이름을 회피하는 금기를 준수하는 효과를 얻는 것이다. 동명이인의 경우에도 친척호칭을 사용할 수 없는 동격 혹은 손아래의 청자에게는 이러한 새로운 이름을 지어 부르게 된다. 이처럼 특정 친척의 이름을 회피하기 위해 별도로 지은 이름들을 우회명칭이라고 부르기로 한다. 우회명칭은 그 자체로서 흥미로운 문화적 현상임에 틀림없으나, 본 연구에서 논의하고 있는 존댓말 체계 내에서 우회명칭이 존경의 수준을 결정하는 중요한 요소라고 보기는 어려우므로, 이를 이름의 일종으로 다루고자 한다. 이에 따라 존댓말에 대한 이하의 논의에서 '이름'이란 우회명칭까지를 포괄하는 넓은 개념임을 밝혀 둔다.

직함(titles)은 친척호칭이나 이름 등 여타 호칭어에 비하여 사용 빈도가 현저히 낮고 존댓말 체계에서 매우 주변적인 위치에 머무르고 있다. 물론 본 연구의 현지조사는 직업 분화 정도가 비교적 낮고 주민의 대부분이 목축민들로 이루어진 지역에서 행해졌다는 점을 감안해야 할 것이다. 호칭으로 사용할 수 있는 직함으로는 *xiangzhang*[鄉長]"향장", *muɣalïm*"교사", *xiaozhang*[校長]"교장", *duizhang*[隊長]

"대장", *laoban*[老板]"사장", *shuji*[書記]"서기" 등이 있다. 먼저 *muɣalïm*은 화자가 학생이고 청자가 교사인 경우 이외에는 호칭으로서 잘 사용되지 않고, 그 외의 직함들은 대부분이 한어식(漢語式) 명칭이며 규범적인 존댓말 언어목록에 편입되지는 못 한 채 특정 사회관계에서 유표적(有標的)으로만 사용되기 때문에 그 용도가 매우 제한적이다(이 가운데 특히 *xiangzhang*[鄕長], *laoban*[老板], *shuji*[書記]는 청자의 실제 직업과 아무 관련 없이 사용될 수 있는 호칭으로서, 뒤에서 다룰 존댓말의 비규범적 사용에 대한 논의에서 다시 언급될 것이다). 아울러 카작어의 전통적인 호칭으로 *kæriya*"노인장"과 *aq-saqal*"흰 수염"이 있다. 양자 모두 "어르신" 정도로 번역할 수 있는 지위 호칭어(status terms)인데, 화자와 청자간의 상대적인 나이에 관계없이 50대 이상 남성 청자에게 존경의 의미로 사용될 수 있다. 다만 이 둘 역시 그 사용 빈도가 매우 낮을 뿐 아니라 많은 경우에 *ata* 등의 호칭으로 대체되기 때문에 존댓말 체계에서 중요한 기능을 수행하지는 못하는 호칭어라고 하겠다.

지금까지 살펴본 바와 같이 존대 표현으로서의 호칭어는 친척호칭, 의사친척호칭, 이름 등 세 종류의 호칭이 중심을 이룬다. 다음 절에서 다루게 될 존댓말 언어목록의 공기관계란 주로 이들 세 가지 호칭어와 존댓말의 문법적 범주들(인칭대명사, 소유접미사, 술어접미사) 간의 결합관계(結合關係, syntagmatic relationship)를 가리킨다. 단 존댓말의 조작적 사용에 대한 논의에서는 일부 직함의 사용상도 다루어질 것이다.

3) 존댓말 언어목록의 공기관계

이 절에서는 앞서 살펴본 존댓말의 4가지 언어표현 범주들(즉, 인칭대명사, 소유접미사, 술어접미사, 호칭어)이 실제 발화에서 어떻게 조합될 수 있는지 살펴보겠다. 실제 사용 가능한 존대 표현들의 조합은 그 종류가 적은 편이다. 우선 네 부류의 존대 표현들 가운데 호칭어를 제외한 인칭대명사, 소유접미사, 술어접미사는 인칭, 수, 존경여부에 있어서 서로 기계적인 대응을 보인다. 즉, 존칭대명사인 *siz*

는 존칭소유접미사 및 존칭술어접미사와 공기하고, 평칭대명사 *sen*은 평칭소유접미사 및 평칭술어접미사와 공기하는 것이다. 이들 3가지 문법범주들이 모두 사용된 이상적인 문장으로 다음과 같은 예를 들 수 있다.

Sen üyiŋe barasïŋ ba?
"너 너의 집에 가느냐?"
(평칭대명사-평칭소유접미사-평칭술어접미사)

Siz üyiŋizge barasïz ba?
"당신은 당신의 집에 가십니까?"
(존칭대명사-존칭소유접미사-존칭술어접미사)

물론 이 3가지 문법 요소가 동일 문장에서 모두 사용되는 경우는 드물지만, 이 3가지 중에서 두 가지 이상이 공기할 때는 반드시 인칭, 수, 그리고 존경 여부가 일치되어야 한다. 따라서 대명사, 소유접미사, 술어접미사의 세 영역에서 사용 가능한 존대 표현의 공기 관계는 위의 예문에서 보는 것과 같이 <*siz*-존칭소유접미사-존칭술어접미사>와 <*sen*-평칭소유접미사-평칭술어접미사>의 2가지뿐이다.

한편 호칭어는 우선 친척호칭(및 의사친척호칭)을 사용하는 경우와 이름을 사용하는 경우로 양분된다. 친척호칭은 다시 *ata/apa*의 단계(level)와 *aɣa/tæte*의 단계로 나눌 수 있다. 기타 친척호칭(*æke, šeše, žeŋge*)은 *aɣa/tæte*의 단계에 포함된다. 즉, 가장 하위에 이름 호칭이 위치하고, 그 상위에 *aɣa/tæte* 호칭이, 가장 상위에는 *ata/apa* 호칭이 위치하는 3단 구조가 되는 것이다. 이 절의 논의에서 핵심이 되는 것은 바로 상술한 문법적 요소들의 2단 구조가 호칭어의 3단 구조와 어떻게 결합하는지를 밝히는 것이다.

호칭어의 가장 낮은 단계를 이루는 이름 호칭은 <*sen*- 평칭소유접미사-평칭술어접미사>의 조합과 공기하고, *aɣa/tæte* 호칭과 *ata/apa* 호칭은 공히 <*siz*-존칭소유접미사-존칭술어접미사>의 조합과 공기한다. 이론적으로 생각해 볼 수 있는 다른 조합, 가령 <*siz*-존칭소유접미사-존칭술어접미사>와 이름 호칭의 공기라든가, <*sen*－평칭소유접미사－평칭술어접미사>와 *ata* 호칭의 공기는 실제 사용에서 결코 나타나지 않는다.

따라서 카작어 존댓말 언어목록의 공기관계는 다음의 표와 같이 적게는 3단계, 많게는 4단계로 구조화할 수 있다. 표에서 Ⅰ⁺형, Ⅰ형, Ⅱ형의 공기관계가 일반적으로 사용되는 존댓말의 말단계(speech levels)이다. 그리고 위와 같은 공기관계로 정리된 것이 바로 카작어 존댓말의 기본구조이다. 다만 예외적으로 *a ɣa/žeŋge*의 호칭이 <*sen*－평칭소유접미사－평칭술어접미사>와 공기하는 경우인 Ⅱ⁺형이 있는데, 이 말단계는 특수한 사회적 관계나 상황에서만 제한적으로 사용되는 것이다. 요컨대 존댓말 언어목록의 공기관계는 기본적으로 3등급의 말단계에 예외적인 1개 등급(즉 Ⅱ⁺형) 이 추가된 형태로 구조화된다. 다음 장에서는 이러한 조합들이 각기 어떠한 사회적 관계에서 사용되는가에 대하여 본격적으로 알아보도록 하겠다.

〈표 10〉 존댓말 언어목록의 공기관계

<table>
<tr><td rowspan="2">존칭</td><td>Ⅰ⁺형</td><td>ata/apa - siz - 존칭소유접미사 - 존칭술어접미사</td></tr>
<tr><td>Ⅰ형</td><td>aγ a/tæte - siz - 존칭소유접미사 - 존칭술어접미사</td></tr>
<tr><td rowspan="2">평칭</td><td>(Ⅱ⁺형)</td><td>(aγ a/žeŋge - sen - 평칭소유접미사 - 평칭술어접미사)</td></tr>
<tr><td>Ⅱ형</td><td>이름 - sen - 평칭소유접미사 - 평칭술어접미사</td></tr>
</table>

4. 존댓말의 사회적 사용 규칙

지금까지 카작어 존댓말 언어목록의 구성 요소와 각 요소들의 결합관계로부터 형성되는 말단계를 살펴보았다. 이 장에서는 그러한 구조를 가진 존댓말이 다양한 사회적 맥락 속에서 어떠한 규칙에 의해 사용되는지를 밝히고자 한다. 여기서 소개할 존댓말의 사용 규칙은 현지조사에서 수집된 실제 발화 자료들로부터 도출된 것으로서, 크게 규범적 사용(normative usage)과 조작적 사용(manipulative usage)으로 구분해서 기술할 수 있다. 전자는 주로 대화 참여자의 사회적 관계를 기준으로 하는 용법이며, 후자는 말하는 사람의 의도 및 대화시의 상황적 요인에 따른 용법을 가리킨다. 먼저 규범적 사용은 다시 '일반 규범'과 '특수 규범'으로 나누어 볼 수 있는데, 일반 규범은 대부분의 사회적 관계에 적용될 수 있는 존댓말 사용의 기본 원리이며, 특수 규범은 일반 규범에서 벗어나는 예외적인 사회관계에 적용되는 2차적인 규칙을 뜻한다. 사회적 관계에 기초한 두 종류의 규범적 용법(즉 일반 규범과 특수 규범)을 검토한 뒤, 각종 사회적 상황이나 개인의 의도에 따라 존댓말이 사용되는 조작적 용법에 대해 살펴볼 것이다. 이들 일반 규범, 특수 규범, 조작적 용법은 모두 사회적으로 적절한 존댓말의 사용을 위한 필수적인 문화적 지식인 의사소통 능력의 핵심적인 일부분을 이루고 있다.

1) 일반 규범

일반 규범은 대부분의 사회적 관계에 적용되는 존댓말의 규범적 용법을 가리키는 것으로, 대화 참여자의 다양한 사회적 관계가 말단계의 선택에 어떻게 작용하는가를 보여주는 존댓말 사용의 가장 기본적인 원리이다. 일반 규범을 최대한 간결하게 도식화하면 다음의 〈표 11〉과 같다.

〈표 11〉 존댓말의 일반 규범[12)]

말단계	존대 표현의 공기관계	청자의 화자에 대한 관계	
		친척관계에서	비친척관계에서
Ⅰ$^{+}$형	siz - 존·소 ·존·술 - ata siz - 존·소 - 존·술 - apa	부모 손위	대략 25세 이상 연상의 사람
Ⅰ형	siz - 존·소 - 존·술 - aγ a siz - 존·소 - 존·술 - tæte	화자 손위 ~부모 손아래	대략 3~25세 연상의 사람
Ⅱ형	sen - 평·소 - 평·술 - 이름	손아래친척, 배우자, 동년배의 방계친 형제자매	동년배, 연하의 사람

(1) 친척관계에서

카작 사회는 전통적으로 친척 조직에 기반한 사회이며, 존댓말도 대체로 친척관계에서의 용법이 기본이 되고, 그것이 다시 비친척관계로 확대 적용되는 양상을 띠므로, 먼저 친척관계 내에서의 규범부터 살펴보는 것이 기술의 적절성을 가진다고 여겨진다.

위의 표에서 보이듯이 청자가 손아래이거나 배우자, 혹은 동년배의 방계친 형제자매일 경우 평칭인 Ⅱ형 표현을 사용한다. 청자가 손위 사람이면서 화자의 부모 연배 이하이면 Ⅰ형의 존칭 표현이 사용된다. 청자가 화자의 부모보다 손위이면 Ⅰ$^{+}$ 형의 존칭이 사용된다. 좀 더 세분하여 설명하면 부계친척의 경우 아버지를 기준으로 그 보다 손위이면 Ⅰ$^{+}$형, 손아래이면 Ⅰ형을 사용하고, 모계친척은 어머니를 기준으로 손위이면 Ⅰ$^{+}$ 형, 손아래이면 Ⅰ형을 사용한다. 시가친과 처가친은 배우자를 기준으로 손위이면Ⅰ형, 손아래이면 Ⅱ형을 사용하고, 배우자 부모를 기준으로 손위이면Ⅰ$^{+}$형, 손아래이면 Ⅰ형을 사용한다. 단, 화자 자신의 친아버지에게는 <*siz*－존칭소유접미사－존칭술어접미사－*æke*> 형이, 친어머니에게는 <*siz*－존칭소유접미사－존칭술어접미사－*šeše*> 형이 사용된다.

12) 표에서 '존·소', '존·술', '평·소', '평·술'은 각각 존칭소유접미사, 존칭술어접미사, 평칭소유접미사, 평칭술어접미사를 가리킨다.

① Ⅰ$^{+}$형: 청자가 부모 손위인 경우

가장 높은 등급의 말단계인 Ⅰ$^{+}$형은 존칭대명사, 존칭소유접미사, 존칭술어접미사와 *ata* 또는 *apa* 호칭의 공기로 이루어진다. 존칭대명사는 *siz*, 존칭소유접미사는 *-ŋïz/-iŋïz/-ŋiz/-iŋiz*, 존칭술어접미사는 *-ŋïz/-iŋïz/-ŋiz/-iŋiz*, *-sïz/-siz* 가 사용되고, 호칭은 남성 청자일 경우 *ata*, 여성 청자일 경우 *apa*를 부른다. Ⅰ$^{+}$형은 부모 손위의 친척에게 사용되는 존댓말이다. 상술하면, 부계친 중 아버지 손위의 혈족(FaFa, FaMo, FaeBr, FaeSi 등)과 그들의 배우자들(FaeBrWi, FaeSiHu 등), 모계친 중 어머니 손위의 혈족(MoFa, MoMo, MoeBr, MoeSi 등)과 그들의 배우자들(MoeBrWi, MoeSiHu 등), 그리고 장인, 장모, 시아버지, 시어머니 및 그 손위의 처가친, 시가친(WiFa, WiMo, HuFa, HuMo, WiFaFa, WiFaMo, WiMoFa, WiMoMo, HuFaFa, HuFaMo, HuMoFa, HuMoMo, WiFaeBr, WiFaeSi, WiMoeBr, WiMoeSi, HuFaeBr, HuFaeSi, HuMoeBr, HuMoeSi 등)에게 사용한다.

여기서 필자가 사용하는 '손위(seniority)'라는 표현은 대화 참여자들간의 상대적인 '나이(relative age)'와 구분되는 개념이다. 나이 그 자체만으로는 친척 내의 서열 내지 위계를 결정하는 기준이 되지 못한다. 예컨대 막내 삼촌의 아내라든지 아내의 언니나 오빠 등이 본인보다 연하일 수 있지만 이들은 모두 본인의 손위 사람이 되는 것이다. 같은 논리로 시아주버니의 자녀, 누이동생의 남편 등은 본인보다 나이가 많은 경우라도 본인의 손아래 사람이 된다.

친부모에 대한 존댓말의 단계는 Ⅰ$^{+}$형과 Ⅰ형을 구분하는 기준이 된다. 아버지에게는 <*siz*－존칭소유접미사－존칭술어접미사－*æke*>가 사용되고, 어머니에게는 <*siz*－존칭소유접미사－존칭술어접미사－*šešе*>가 사용되는 것이 이상적인 모델이다. '아버지'에 해당하는 *æke* 호칭은 Ⅰ$^{+}$형 호칭인 *ata*보다는 격이 낮고, Ⅰ형 호칭인 *aɣa*보다는 격이 높으므로, 아버지에 대한 존댓말은 양 단계의 경계에 위치한다고 볼 수 있겠다. 마찬가지로 '어머니'를 뜻하는 *šešе* 호칭도 *apa* 단계와 *tæte* 단계의 경계에 놓여 있는 셈이다. 그러나 필자는 화자의 아버지와 어머니에 대해서는 별도의 존댓말 단계를 설정하지 않고 후술할 Ⅰ형에 포함시켰다. 그것은 *æke* 호칭이 종종 *aɣa* 호칭으로 대체되고, *šešе* 호칭이 *tæte* 호칭으로 대체될 수 있기 때문이다.

아울러 배우자 부모와의 관계가 존댓말 체계 안에서 차지하는 위치에 대해서도 약간의 설명이 필요하다. 이론상 배우자의 부모는 친부모의 손위도 손아래도 아닌 동격이 된다. 그러나 부모에 대한 호칭과는 달리 배우자의 아버지에 대한 호칭인 *ata*와 어머니에 대한 호칭인 *apa*는 *aɣa*나 *tæte*로 대체되지 않는다. 이에 따라 필자는 배우자의 부모에 대한 관계를 Ⅰ형이 아닌 Ⅰ⁺형으로 분류하였다.

다음은 친척관계에서 사용되는 존댓말 Ⅰ⁺형의 사용례이다. 실제 자연 대화로부터 관찰, 수집된 문장으로서 Ⅰ⁺형의 사회적 관계에 해당하는 경우이다.

> **Apa**, maγ an duŋ tawp beri**ŋiz**shi!
> 큰어머니, 내게 통 좀 찾아주세요!
> … 화자는 6세 남아이고, 청자는 화자의 큰어머니 즉 백모(FaeBrWi)이다. 백모는 백부와 동격이므로 아버지보다 손위의 부계친이며, 따라서 Ⅰ⁺형의 사용이 요구되는 관계에 해당한다. 이 예문에서는 존칭술어접미사(*-iŋiz*)와 *apa* 호칭이 사용되었다.

② Ⅰ형: 청자가 화자 손위~부모 손아래인 경우

Ⅰ형은 전술한 Ⅰ⁺형보다 한 단계 낮은 수준의 존칭이다. 그 내용은 존칭대명사, 존칭소유접미사, 존칭술어접미사와 *aɣa* 또는 *tæte* 호칭의 공기로 이루어지는데, 호칭을 제외한 기타 문법 요소들은 Ⅰ⁺형의 그것과 동일하다. 존칭대명사는 *siz*, 존칭소유접미사는 *-ŋïz*/*-ïŋïz*/*-ŋiz*/*-iŋiz*, 존칭술어접미사는 *-ŋïz*/*-ïŋïz*/*- ŋiz*/*-iŋiz*, *-sïz*/*-siz*가 사용되고, 호칭은 남성 청자에게 *aɣa*, 여성 청자에게 *tæte*를 사용한다. 친척관계에서 존댓말 Ⅰ형은 화자보다 손위이면서 화자의 부모보다는 손아래인 청자에게 사용된다. 자세히 설명하면, 우선 부계친 가운데 화자보다 손위이면서 화자의 아버지보다 손아래인 혈족과 그 배우자들, 모계친 중 화자보다 손위이면서 화자의 어머니보다 손아래인 혈족과 그 배우자들이 이에 해당하고, 또 화자의 배우자보다 손위이면서 배우자의 부모보다는 손아래인 시가친 및 처가친(WieBr, WieSi, WieBrWi, WiFayBr, WiFaySi, WiMoyBr, WiMoySi, HueBr, HueSi,

HueBrWi, HueSiHu, HuFayBr, HuFaySi, HuMoyBr, HuMoySi 등)이 포함된다. 여기서 화자보다 손위이면서 부모보다 손아래라는 조건을 만족하는 eSiHu("매형" 및 "형부")와 eBrWi("형수" 및 "손위 올케"), WieSiHu("손위 동서")의 세 경우가 누락된 것을 볼 수 있다. 이 세 종류의 사회관계는 후술될 이른바 '농담관계'에 해당하는 경우로서, 청자가 손위임에도 불구하고 Ⅰ형보다 격이 낮은 평칭(Ⅱ형 또는 Ⅱ^{+}형)을 사용하게 된다. 이처럼 일반 규범의 모델에서 이탈하는 경우들은 특수 규범의 논의에서 다루어질 것이다. 아울러 친부모에 대한 관계도 앞서 설명한대로 Ⅰ형 단계에 포함시켰다.

다음은 Ⅰ형의 사용 사례이다.

Ishiŋiz, **aγa**! Šöldey**siz**.
드세요, 오라버니! 목마르시겠어요.
… 화자는 37세의 여성이고, 청자는 46세의 남성으로 화자의 사촌오빠(FaeBreSo)이다. 청자가 화자보다 손위이면서 화자의 아버지보다 손아래인 부계친이므로 Ⅰ형의 사회적 관계에 해당된다. 이 예문에서는 존칭술어접미사(*-iŋiz, -siz*)와 *aγa* 호칭이 사용되었다.

③ Ⅱ형: 청자가 화자의 동년배, 배우자, 손아래인 경우

존댓말 체계에서 가장 낮은 단계인 Ⅱ형은 존대가 아닌 평대의 표현으로서, 평칭대명사, 평칭소유접미사, 평칭술어접미사와 이름 호칭의 공기로 이루어진다. 평칭대명사는 *sen*이며, 평칭소유접미사는 *-ŋ/-ïŋ/-iŋ*, 평칭술어접미사는 *-sïŋ/-siŋ, -ŋ/-ïŋ/-iŋ*, ∅을 사용하고, 호칭은 청자의 이름을 부른다. Ⅱ형은 친척 내의 위계상 화자와 서열이 같거나 화자보다 하위인 청자들에게 사용하는 것을 원칙으로 한다. 이 범위에 포함되는 관계로는 화자의 배우자(Wi, Hu), 배우자보다 손아래인 처가친 및 시가친(WiyBr, WiySi, HuyBr, HuySi, WiyBrWi, WiySiHu, HuyBrWi, HuySiHu 등), 화자 자신의 남녀동생들(yBr, ySi) 및 그 배우자, 그 밖에 화자와 동년배이거나 연하인 동일항렬 친척들 및 모든 하위 항렬 친척들이 포함된다. 대체로 방계친의 경우 위계적 구분이 덜 엄격하여 나이 차이가 3년 이하이면 동년배

로 간주하여 Ⅱ형 관계에 포함된다.

다음은 Ⅱ형 표현의 사용 사례이다.

Æbil, maldarïŋ qanday?
애블아, 네 가축들은 어떠냐?
… 화자는 65세의 남성이고, 청자인 애블은 36세의 남성으로 화자의 사위의 동생(DaHuyBr)이다. 청자가 화자의 손아래이므로 Ⅱ형 관계에 해당한다. 여기서는 평칭소유접미사(*-ïŋ*)가 사용되었고, 호칭은 화자의 이름을 불렀다.

(2) 비친척관계에서

친척관계에서 사용되는 3단계의 존댓말 형태들이 비친척관계에서도 동일한 구조로 적용된다(〈표 11〉 참조). 다만, 친척관계에서는 항렬 및 연령관계에 따른 손위관계(seniority)가, 비친척관계에서는 자연적인 '나이(age)'가 말단계 선택의 일차적 기준이 된다는 차이가 있다.

① Ⅰ$^{+}$형: 청자가 대략 25세 이상 연상인 경우

비친척 청자 중 화자보다 약 25년 이상 손위인 경우에 존대말 Ⅰ$^{+}$형을 사용한다. 이는 부모 손위의 친척에 대한 존댓말이 비친척 청자를 대상으로 확대 적용된 것으로서, 친척간의 존댓말 Ⅰ$^{+}$형과 마찬가지로 존칭대명사, 존칭소유접미사, 존칭술어접미사 및 *ata* 혹은 *apa* 호칭의 공기로 이루어진다. 비친척관계에서 청자가 화자보다 대체로 25년 이상 손위라면 화자 부모의 동년배(*qurdas*) 집단 내지 그 이상의 연배라고 간주되는 것이다.

다음은 비친척관계에서 Ⅰ$^{+}$형이 사용된 예문이다.

Bazarγ a bardïŋïz, ata?
장에 가셨어요, 어르신?
… 화자는 31세의 여성이고, 청자는 58세의 남성이다. 청자가 화자보다 27세 연상이므로 Ⅰ$^{+}$형 표현의 사용이 요구되는 관계이다. 여기서는 존칭술어접미사(*-ŋïz*)와 *ata* 호칭이 사용되었다.

② Ⅰ형: 청자가 대략 3~25세 연상인 경우

화자보다 3~25세 연상인 비친척 청자에게 사용되는 존칭으로서, 존칭대명사, 존칭소유접미사, 존칭술어접미사와 *aɣa* 또는 *tæte* 호칭의 공기로 이루어진다. 친척관계에서 화자 손위~부모 손아래의 청자에게 사용하는 존댓말의 단계가 비친척에게 적용된 것으로 볼 수 있다.

다음은 비친척관계에서 Ⅰ형의 용례이다.

Oydan qašan sïqtï**ŋïz**, Tašen **aɣa**?
산 아래서 언제 올라오셨어요, 타셴 형님?
… 화자는 53세의 남성이고, 청자는 59세의 남성이다. 청자가 6세 연상이므로 Ⅰ형에 해당하는 관계이다. 이 예문에서는 존칭술어접미사(*-ŋïz*)와 *aɣa* 호칭이 사용되었다.

③ Ⅱ형: 청자가 화자의 동년배이거나 연하인 경우

가장 낮은 등급의 말단계로서 평칭대명사, 평칭소유접미사, 평칭술어접미사와 이름 호칭의 공기로 이루어지며, 비친척관계에서 청자가 화자보다 연하이거나 화자와 동년배일 경우에 한해서 사용할 수 있는 평대의 표현이다. 동년배가 될 수 있는 범위는 대체로 청자와 화자의 나이 차이가 3년 이하인 관계이다.

다음은 비친척관계에서 Ⅱ형이 사용된 예이다.

Sende osï žerde artïq bïzaw bar ma, **Šatay**?
너에게 이곳에 남는 송아지(어미 소가 없는 송아지) 있느냐, 차타이?
… 화자는 60세의 여성이고, 청자는 43세의 남성이다. 청자가 연하이므로 평칭인 Ⅱ형이 사용되는 관계이다. 여기서는 평칭대명사 처격(*sende*)를 사용하고 청자의 이름을 불렀다.

2) 특수 규범

특수 규범은 전술한 일반 규범이 적용되지 않는 특수한 사회적 관계에서의 존댓말 사용을 설명하기 위한 2차적인 규범이다. 여기서 일반 규범이 적용되지 않는 경우들이란 카작족 사회에서 농담(*qalžïn*)을 주고받을 수 있도록 문화적으로 규정된 관계들을 가리킨다. '농담한다(*qalžïn aytadï*)' 혹은 '농담하지 않는다(*qalžïn aytpaydï*)'라는 표현으로 규정된 카작족 사회의 특별한 관계들을 인류학 용어로 환원하면 농담관계(joking relationship)와 회피관계(avoidance relationship)라고 부를 수 있을 것이다(Radcliffe-Brown 1952[1940] 참조). 카작어 존댓말은 회피관계에서는 일반 규범이 매우 엄격하게 준수되어 별도의 언급이 필요치 않으나, 농담관계에서의 존댓말 사용 양상은 일반 모델과는 상이한 규범이 적용된다. 일반 규범에서 일탈된 사회관계인 농담관계에서의 존댓말 사용을 설명하기 위한 추가적인 모델을 필자는 '특수 규범'으로 명명하였다.

특수 규범을 도표화하면 아래의 〈표 12〉와 같다.

〈표 12〉 존댓말의 특수 규범

말단계	존대 표현의 공기관계	청자의 화자에 대한 관계	
		친척관계에서	비친척관계에서
Ⅱ⁺형	sen - 평､소 - 평､술 - aγa sen - 평､소 - 평､술 - žeŋge	농담관계이면서 화자보다 대략 15세 이상 연상인 손위 친척	확대된 농담관계이면서 화자보다 대략 15세 이상 연상인 경우
Ⅱ형	sen - 평､소 - 평､술 - 이름	위의 경우를 제외한 모든 농담관계의 친척	확대된 농담관계이면서 화자보다 15세 연상 이하의 모든 경우

* 위의 모델에서 *žeŋge*라는 호칭은 본래 eBrWi, 즉 "형수"나 "손위올케"를 가리키는 친척용어이다. 따라서 형수나 손위올케는 대화 당사자의 상대적인 나이에 관계없이 모두 *žeŋge*라고 부를 수 있다. 그러나 실제 호칭 사용에 있어서 화자보다 대략 15년 이상 연상인 eBrWi에게만 *žeŋge* 호칭을 부르고 그보다 어릴 경우에는 *žeŋge* 호칭보다는 역시 이름을 직접 부르는 경향이 있다. 여기서는 존댓말 언어목록으로서의 호칭에 주목하고 있기 때문에 eBrWi에 대한 존댓말도 그 상대적인 나이에 따라 *žeŋge* 호칭을 주로 사용하는 경우와 이름을 주로 사용하는 경우를 구분하여 각각 Ⅱ⁺형과 Ⅱ형의 단계에 포함시켰다.

특수 규범에서도 기본적으로 친척관계 내에서의 모델이 비친척관계에까지 확대, 적용된다. 농담관계는 본래 친척관계 내에서 유래한 것이므로, 먼저 친척관계에서의 특수 규범을 살펴보도록 하겠다.

(1) 친척관계에서: 농담관계

친척관계 내에서 농담관계로 규정할 수 있는 경우들은 아래와 같다.

(i) *baldïz* - *žezde* 관계
; WiyBr(손아래처남) - eSiHu(매형)
; WiySi(처제) - eSiHu(형부)
(ii) *qayn ini* - *žeŋge* 관계
; HuyBr(시동생) - eBrWi(형수)
(iii) *qayn siŋli* - *žeŋge* 관계
; HuySi(손아래시누이) - eBrWi(손위올케)
(iv) *quda* - *quda* 관계
; SoWiFa(사돈) - DaHuFa(사돈)
; yBrWieBr(제수의 오빠) - ySiHueBr(매부의 형)
(v) *quda* - *quda ɣïy* 관계
; SoWiFa(바깥사돈) - DaHuMo(안사돈)
; DaHuFa(바깥사돈) - SoWiMo(안사돈)
; yBrWieBr(손아래올케의 오빠) - ySiHueSi(제부의 누나)
; ySiHueBr(제부의 형) - yBrWieSi(제수의 언니)
(vi) *quda ɣïy* - *quda ɣïy* 관계
; SoWiMo(사돈) - DaHuMo(사돈)
; yBrWieSi(손아래올케의 언니) - ySiHueSi(제부의 누나)
(vii) *quda bala* - *quda bala* 관계
; eBrWiyBr(형수의 남동생) - eSiHuyBr(매형의 남동생)
(viii) *quda bala* - *qudaša* 관계
; eBrWiyBr(손위올케의 남동생) - eSiHuySi(매형의 여동생)
; eSiHuyBr(형부의 남동생) - eBrWiySi(형수의 여동생)
(ix) *qudaša* - *qudaša* 관계
; eBrWiySi(손위올케의 여동생) - eSiHuyBr(형부의 남동생)
(x) *baža* - *baža* 관계

; WieSiHu(손위동서) - WiySiHu(손아래동서)

(xi) *qurdas*(동년배) 관계

농담관계는 대부분 친척간의 손위관계를 따질 수 없는 '동격의(*žol teŋ*)' 관계로서 기본적으로 연령에 관계없이 평대를 한다. 다만 친척 내의 서열상 한쪽이 다른 한쪽보다 손위라고 할 수 있는 (i) WiyBr - eSiHu 및 WiySi - eSiHu, (ii) HuyBr - eBrWi, (iii) HuySi - eBrWi, (x) WieSiHu - WiySiHu 등 5가지 관계에서는 친척 서열상 손위인 청자가 연령상으로도 화자보다 대략 15세 이상 연상인 경우에 한하여, Ⅱ형 표현에서 호칭만 이름 대신 *aɣa*/*žeŋge*로 대신한 절충적인 말단계를 사용하게 된다. 즉, WiyBr나 WiySi는 약 15세 이상 연상의 eBrWi(*žeŋge*)에게 *žeŋge*를 부르며, WiySiHu는 약 15세 이상 연상의 WieSiHu(*baža*)에게 *aɣa*를 부른다는 것이다. 이처럼 호칭을 *aɣa* 및 *žeŋge*로 대체한 변형된 Ⅱ형 표현을 'Ⅱ⁺형'이라고 부르기로 한다(3절의 〈표 10〉 참조). 이러한 경우를 제외한 다른 모든 농담관계에서는 상호 Ⅱ형을 주고받는다.

① Ⅱ⁺형: 청자가 약 15세 이상 연상의 손위친척인 경우

이 단계는 일반 규범의 Ⅱ형을 일부 변형한 형태를 지니고 있다. 평칭대명사, 평칭소유접미사, 평칭술어접미사와 존칭 호칭인 *aɣa* 혹은 *žeŋge*의 공기로 이루어지는, 말하자면 격상된 평칭으로서 Ⅰ형과 Ⅱ형의 중간 수준에 놓이는 예외적인 말단계를 이룬다. 평칭대명사는 *sen*이며, 평칭소유접미사는 *-ŋ*/*-ïŋ*/*-iŋ*, 평칭술어접미사는 *-sïŋ*/*siŋ*, *-ŋ*/*-ïŋ*/*-iŋ*, ∅ 을 사용하고, 호칭은 남성 청자에게 *aɣa*, 여성청자에게 *žeŋge*를 사용한다. 이 Ⅱ⁺형의 사용 범위는 농담관계에 있는 친척 가운데 청자보다 친척 서열상 손위이면서 나이도 대략 15세 이상 연상인 경우라고 일반화할 수 있다. 좀 더 구체적으로 eBrWi, eSiHu, WieSiHu가 화자보다 약 15세 이상 연상인 경우들을 가리킨다. 이 세 가지 관계 가운데 WieSiHu와 eSiHu는 남성이므로 *aɣa* 호칭이 사용되고, eBrWi는 여성이므로 *žeŋge* 호칭이 사용되는 것이다. 위에서 소개한 그 밖의 농담관계들(SoWiMo, SoWiFa, DaHuFa, DaHuMo, eBrWiyBr, eSiHuyBr, eSiHuySi, eBrWiySi, 동년배, WiySiHu, HuyBr, HuySi, WiyBr, WiySi 등)은 이 Ⅱ⁺형 단계에 포함되지 않는다.

다음은 친척관계에서 Ⅱ⁺형 표현이 사용된 사례이다.

Šatay **aγa**, **senderdiŋ** telepon nömir qanša? qanšaγ a ald**ïŋ**?
차타이 형, 너희들 전화번호 몇 번이야? (그 전화기) 얼마에 샀어?
--- 화자(22세)와 청자(43세)의 관계는 손아래처남과 매형(*baldïz-žezde*)의 관계이다. 평칭대명사 속격(*senderdiŋ*)과 평칭술어접미사(*-ŋ*), 그리고 *aγa* 호칭이 사용되었다. 농담관계이므로 기본적으로 평대하였으나 나이 차이가 현격하므로(21년) 호칭은 이름이 아닌 *aγa*를 부른 것이다.

② Ⅱ형: 청자가 약 15세 이상 연상의 손위친척이 아닌 경우

일반 규범의 Ⅱ형과 형태는 동일하다. <평칭대명사－평칭소유접미사－평칭술어접미사－이름>의 조합으로 이루어진다. 평칭대명사는 *sen*, 평칭소유접미사는 *-ŋ/-ïŋ/-iŋ*이며, 평칭술어접미사는 *-sïŋ/-siŋ, -ŋ/-ïŋ/-iŋ*, ∅을 사용하고, 호칭은 청자의 이름을 사용한다. Ⅱ형의 사용범위는 친척내 농담관계들 중에서 Ⅱ⁺형에 포함되는 '청자보다 친척 서열상 손위이면서 나이도 대략 15세 이상 연상인 경우'를 제외한 모든 경우이다. 거기에는 eBrWi, eSiHu, WieSiHu가 화자보다 대략 15세 이상 연상인 경우를 제외한 모든 농담관계의 친척들, 다시 말해 SoWiMo, SoWiFa, DaHuFa, DaHuMo, yBrWieBr, ySiHueBr, ySiHueSi, yBrWieSi, eBrWiyBr, eSiHuyBr, eSiHuySi, eBrWiySi, 동년배, WiySiHu, HuyBr, HuySi, WiySi, WiyBr, WiySi와 대략 15세 연상이 아닌 eBrWi, eSiHu, WieSiWi가 모두 포함된다. 아울러 전술한 바와 같이 남편의 남녀동생들(HuyBr, HuySi)에 대한 호칭 금기와 연관된 우회명칭은 '이름'의 일종으로 간주하였다. 그것은 이들 우회명칭이 항상 평칭(Ⅱ형)과 공기하며, 친척내의 서열상 청자가 명백히 손아래인 경우에 사용되는 호칭이기 때문이다. 이와 같이 Ⅱ⁺형은 상당히 예외적인 경우이고, 대부분의 농담관계에서는 Ⅱ형이 사용된다.

친척관계에서 Ⅱ형의 실제 사용 사례는 다음과 같다.

Enšiles, bïzaw kördiŋ ba?
엔츠레스, 송아지 봤어?
… 화자(37세)와 청자(36세)는 형수(eBrWi)와 시동생(HuyBr), 즉 *žeŋge - qayn ini* 관계이다. 농담관계이므로 화자는 청자를 평대하였다. 평칭대명사(*sen*)와 평칭술어 접미사(*-ŋ*)를 사용하였고, 호칭은 청자의 본명 대신 형수인 자신이 직접 지은 우회명칭인 *Enšiles*를 사용하였다. 우회명칭도 *aγa, tæte*보다는 격이 낮으므로 Ⅱ형으로 간주한다(남편의 부모 및 형, 누나에 대해서는 *ata, apa, aγa, tæte*로 호칭하므로 우회명칭을 지을 필요가 없다).

(2) 비친척관계에서: 확대된 농담관계

비친척관계에서도 농담관계에 포함될 수 있는 사회관계가 존재하며 이를 확대된 농담관계라고 부르도록 하겠다. 비친척관계에서의 농담관계는 기본적으로 상술한 농담관계가 확대 적용된 것으로 이해할 수 있다. 가령 남성 화자의 입장에서 절친한 연상 남성 친구의 아내는 '형수'로, 동갑친구의 매형(*žezde*)은 본인의 매형으로 간주될 수 있고, 이런 관계는 시동생－형수(*qayn ini*－*žeŋge*) 관계 및 손아래 처남－매형(*baldïz-žezde*) 관계와 같은 형태의 존댓말 사용 규칙이 적용된다. 비친척관계에서는 이 밖에도 동년배친구(*qurdas*) 관계를 비롯하여, 손위 청자가 화자에게 신망을 잃어 서로 존중하지 않게 된 관계나, 동년배도 아니고 친척도 아니면서도 친형제처럼 각별히 가까운 친구 관계 등 소수의 특수한 경우들도 넓은 의미의 확대된 농담관계에 포함되는 것으로 볼 수 있다. 비친척간인 대화 당사자들의 관계가 일단 농담관계로 재규정되고 나면 서로 상대하기가 수월해지기 때문에, 카작문화에서는 개인들이 가능한 한 자신의 농담관계의 범위를 확대시키려 하는 경향이 있다. 이처럼 본래 일부 특수한 친척관계에서 기원하는 농담관계를 비친척관계에까지 적용하는 현상은 주로 대화 당사자가 남성일 경우에 나타난다. 비친척관계에서 여성이 농담관계에 편입될 수 있는 경우는 의사적인 시동생－형수(*qayn ini*－*žeŋge*) 관계와 동년배친구(*qurdas*) 관계가 유일하다(단, 화자를 여성으로 하는 WiySi－eSiHu 관계나 HuySi－eBrWi 관계 등은 비친척관계로 확대되지 않는다).

비친척간 농담관계도 친척간 농담관계의 경우와 동일한 2단계의 구조를 가지고 있다(표-12 참조). 기본적으로 역시 Ⅱ형 표현, 즉 <*sen*－평칭소유접미사－평칭술

어접미사−이름>의 형태가 사용되며, 청자가 화자보다 대략 15살 이상 위일 경우에 한하여 II^{+}형이 사용되는데, 남성 청자에게는 <*sen*−평칭소유접미사−평칭술어접미사−*aγa*>가, 여성 청자에게는 <*sen*−평칭소유접미사−평칭술어접미사−*žeŋge*> 표현이 사용될 수 있다.

① II^{+}형: 청자가 대략 15세 이상 연상인 경우

농담관계에서 사용되는 II^{+}형과 마찬가지로 <평칭대명사−평칭소유접미사−평칭술어접미사−*aγa*/*žeŋge*>의 조합으로 이루어진다. 사용범위는 청자가 화자보다 대략 15살 이상 위의 비친척이면서 확대된 농담관계에 해당되는 경우이다. II^{+}형은 친척간보다는 비친척간에 더 많이 사용되는 경향이 있다.

비친척관계에서 II^{+}형의 구체적인 사용 사례는 아래와 같다.

Qïmïz išpey**siŋ** ba?
마유주 마시지 않을래?
… 화자는 43세, 청자는 59세이다. 청자가 화자의 동년배친구(*qurdas*)의 매형이라 하여, 화자 자신과도 처남-매형(*baldïz-žezde*)의 관계로 조정된 이른바 확대된 농담관계이다. 위의 예문에서 평칭술어접미사(*-siŋ*)가 사용되었다. 여기서 호칭은 드러나지 않았으나 이 둘의 관계에서는 존칭이 아닌 평칭을 사용하는 대신, 청자가 화자보다 16살 위라는 나이 차이를 고려하여 화자는 청자에게 이름 대신 통상 *aγa*나 *duizhang*[隊長] 등의 기타 호칭으로 부른다.

② II형: 청자가 15세 이상 연상이 아닌 경우

이 단계는 <평칭대명사−평칭소유접미사−평칭술어접미사−이름>이 공기하는 형태이다. II형은 청자가 화자보다 약 15년 이상 연상인 경우를 제외한 모든 경우의 비친척 농담관계에 적용된다.

실제 사용 사례는 다음과 같다.

Oy, **Baqay**! Bügin Šatay ketti, **sen** qaldïŋ.
어이, 바카이! 오늘 차타이는 떠나고 너는 남았다.

… 화자는 28세, 청자는 37세이다. 화자는 청자의 남편인 *Šatay*와 '형님 - 아우 하는' 사이이므로, *Šatay*의 아내인 청자(*Baqay*)는 화자에게 형수(*žeŋge*)가 되는 셈이다. 즉, 확대된 시동생 - 형수(*qayn in-žeŋge*)의 관계로 간주되는 것이다. 따라서 9년이라는 나이 차이에도 불구하고 평칭대명사(*sen*)와 평칭술어접미사(*-ŋ*)가 사용되었다. 호칭도 *žeŋge* 대신 청자의 이름(*Baqay*)을 직접 불렀다. 비친척간 농담관계의 전형적인 예이다.

3) 개인의 의도 및 사회적 상황에 따른 조작적 사용

앞서 살펴본 일반 규범 및 특수 규범은 대화 당사자 간의 사회적 관계에 따른 존댓말 사용의 이상적인 규범들을 분류, 정리한 것이다. 이 절에서는 존댓말의 실제 사용에서 그러한 이상적인 규범이 조작적으로 운영되는 측면에 대해서 간략히 살펴보도록 하겠다. 필자가 관찰한 중국 카작족의 존댓말은 전체적으로 앞에서 다룬 일반 규범 및 특수 규범이 상당히 엄격하게 준수되지만, 말하는 사람의 개인적인 의도나 사회적 상황에 따라서 규범이 다소 변형, 완화되거나 부분적으로 파괴되기도 한다. 존댓말이 조작적으로 사용되는 몇 가지 경우들을 소개한다.

먼저 화자가 청자에 대한 친근감 등을 전달하기 위하여 의도적으로 말단계를 낮추는 경우가 소수 발견된다. 중국의 카작족 사회에서 발견되는 가장 인상적인 사례는 아마도 화자가 자신의 어머니에게 전통적인 카작어 호칭 *šeše*"어머니" 대신에 한어(漢語) 차용 호칭인 *mama*[媽媽]"엄마"를 사용하는 경우일 것이다. 대개 *šeše* 호칭은 규범에 따라 존칭의 문법 범주들과 공기하는 반면, 친근감을 표시하기 위한 *mama* 호칭은 주로 평칭의 문법 범주들과 공기한다는 점이 흥미롭다. 동일한 청자가 전자의 경우에는 존대되고 후자의 경우에는 평대된다는 것이다. 다음은 그 사례이다.

Šešem, botayïmdï akelmediŋiz ba?
(내) 어머니, 내 장화 안 가져 오셨어요?
Šeše, bizdi siz disimdetesiz ba?
어머니, 우리를 당신께서 (학교에) 등록시키실 건가요?
… 위의 두 문장에서 화자와 청자는 모녀간이다. 화자는 어머니인 청자에게 *šeše*

호칭, 존칭대명사(*siz*), 존칭술어접미사(*-ŋiz, -siz*)를 사용하였다. 위에서 살펴본 Ⅰ형 단계에 부합하는 규범적 사용의 예이다. 그러나 다음의 예는 규범이 일시적으로 파괴되는 양상을 보인다.

> ***Mama***, žeysi**ŋ** ba?
> 엄마, (이거) 먹을래?
> ***Mama***, aq *jiaobu*[膠布]-dï qay žerden kördi**ŋ**?
> 엄마, 하얀 테이프를 어디서 봤어?
> … 동일한 화자와 청자이지만 이번에는 한어에서 차용된 호칭인 *mama*가 사용되었고, 그것이 평칭술어접미사인 *-siŋ, -ŋ*과 함께 사용되었다.

이처럼 동일한 사회관계에서도 화자가 어떤 태도나 감정을 전달하고자 하는가에 따라서 존댓말의 말단계를 일시적으로 격상 혹은 격하시킬 수 있다. 위의 예에서는 화자가 청자에 대한 친근감 내지 어리광, 재롱, 귀여움, 장난스러움 등을 표현하기 위한 의도에서, 규범보다 한 단계 낮추어 평대를 한 것으로 해석된다. 이러한 존댓말의 유표적(有標的) 사용(marked usage)은 청자가 어머니일 경우에는 종종 나타나지만 청자가 아버지일 경우에는 전혀 관찰되지 않는 점도 흥미롭다. (한어식 호칭인 *baba*[爸爸]"아빠"는 카작어에서 사용되지 않는다.) 아마도 아버지보다는 어머니와 심리적으로 가깝기 때문인 것으로 생각된다. 아울러, 이 사례는 한어식 친척호칭이 카작어 호칭체계에서 상대적으로 낮은 지위를 갖는다는 점을 시사하고 있다. 이 예에서 *mama* 호칭과 평칭술어접미사의 사용은 일반 규범의 모델에서 대략 Ⅰ형과 Ⅱ형의 중간 단계인 Ⅱ$^+$형 정도에 위치시킬 수 있을 것이다. 예문인 "*Mama, žeysiŋ ba?*"를 이상적인 모델의 Ⅰ형과 Ⅱ형으로 옮기면 각각 "*Šeše, žeysiz ba?*"와 "*Baqay*(어머니의 이름), *žeysiŋ ba?*"의 형태가 된다. 이 세 문장들의 위계관계를 다음과 같이 〈표 13〉으로 나타내 볼 수 있다.

〈표 13〉 존댓말의 유표적 사용

Ⅰ형	Šeše, žeysiz ba? "어머니, 잡수실래요?"	<šeše - 존칭술어접미사>
Ⅱ+형	*Mama*, žeysiŋ ba? "엄마, 먹을래?"	<mama - 평칭술어접미사>
Ⅱ형	Baqay, žeysiŋ ba? "바카이, 먹을래?"	<이름 - 평칭술어접미사>

앞의 표에서 제시된 3가지 문장들 가운데, 대화 당사자가 모녀(Da-Mo)의 관계일 경우 위 표의 Ⅱ형과 같이 자녀가 어머니의 이름을 호칭하는 것은 존댓말 사용 규범에서 상상할 수 없는 일이다. 따라서 이 사회관계에서 호칭으로는 *šeše*와 *mama*의 두 가지 형태만이 수용가능한 선택지이며, 화자는 개인적인 의도에 따라서 *šeše* 호칭을 사용하는 존대와 *mama* 호칭을 사용하는 평대를 취사선택하게 된다고 볼 수 있다. 일반적인 상황에서의 규범적 사용은 역시 전자이며, 후자는 화자의 의도에 따른 유표적 사용인 것이다.

비슷한 의도를 담고 있는 유표적 사용의 또 다른 예로서, 역시 손위 여성 청자에게 사용되는 *jiejie*[姐姐]라는 호칭이 있다. 한어의 *jiejie*"누나", "언니"가 카작어에 차용된 것으로, 대개 3~5살 위의 친척 및 비친척 여성 청자에게 사용된다. 규범적 사용에서 사용되는 *tæte*보다 한 단계 격이 낮은 호칭이며, 위에서 소개한 *mama*의 경우와 마찬가지로 친근한 느낌을 주기 위한 비규범적 호칭 사용의 예이다. 이 *jiejie* 호칭은 반드시 평칭대명사, 평칭소유접미사, 평칭술어접미사와 공기관계를 이룬다.

일반 규범에서 이미 설명한 바와 같이, 청자가 화자보다 3~25세 이상 위인 여성일 경우는 *tæte* 호칭을 포함하는 Ⅰ형 존댓말을 사용하도록 되어 있다. 이 규범에 의하면 화자보다 3~5년 위인 여성 청자에게도 *tæte* 호칭이 사용되어야 하지만, 실제 사용에서는 이 정도의 근소한 연령 차이에서는 *tæte* 호칭보다는 차용 호칭인 *jiejie*가 오히려 더 빈번하게 사용되는 것으로 보인다. 형태상 일반 규범의 Ⅰ형과 Ⅱ형의 경계인 Ⅱ+형의 단계에 위치한다고 볼 수 있다. 한어식 호칭의 사용은 비교적 최근에 생겨난 언어 현상으로서, 아직 *jiejie*와 같은 호칭이 중국 카작족의 존댓말 규범 속에 확고하게 정착되었다고 말하기는 어렵다. 그보다는 비교적 격이 낮은 하나의 호칭어로서 현재 중국 카작족 존댓말 체계에 침투되고 있는 과정에 있다고 보아야 할 것이다. 현재로서는 *mama* 호칭의 경우와 마찬가지로 친근감 등을 표시하기 위한 유표적 사용이라고 분류하는 것이 타당하리라 생각된다. 아울러 여기서도 "오빠", "형"에 해당하는 한어 호칭인 *gege*[哥哥]는 사용되지 않는 점과 대비된다. 다시 말해 *jiejie* 호칭을 하나의 말단계로 인정한다면, 여성 청자에 대한 존댓말의 단계가 남성의 경우보다 세분화되고 있는 양상이라고 볼 수도 있다. 이렇게 볼 때 남성에 대한 일반적인 호칭은 '*ata*－*aɣa*－이름'의 3단계이고, 여성은 '*apa*－*tæte*－*jiejie*－이름'의 4단계가 되는 것이다.

다음으로는 농담관계에서 청자가 화자보다 대략 15살 이상 위인 경우에 대명사, 소유접미사, 술어접미사는 평칭을 유지한 채 호칭을 *laoban*[老板]"사장", *xiangzhang*[鄕長]"향장", *shuji*[書記], *duizhang*[隊長] 등 한어식 직함으로 부르는 현상을 들 수 있다. 물론 이들 호칭은 청자의 실제 직업과는 아무런 상관이 없는 일반적인 직함이다. 이와 같은 조합은 말단계상 Ⅱ$^{+}$형의 단계와 대체로 일치한다고 볼 수 있다. 단, 규범적 사용이라기보다는 역시 화자의 여러 가지 개인적 의도를 전달하기 위한 유표적 사용으로 분류하는 것이 타당할 것이다. 일반적으로 카작어의 존댓말 체계에서 호칭은 *ata, apa, aɣa, tæte* 등 친척호칭 내지 의사친척호칭과 이름을 사용하는 것이 이상적인 규범으로 되어있다. 반면 이들 한어식 직함은 카작어에서 호칭으로 사용될 경우 특정한 어감－장난스러움, 냉소, 비아냥거림, 평등함, 풍자, 희롱, 유쾌함 등－을 갖게 된다. 특히 *shuji*[書記] 호칭은 상대방의 지나치게 과시적인 태도나 복장 등을 간접적으로 풍자하는 어감을 갖고 있다. 그리하여 이러한 한어식 직함들은 Ⅰ형으로 부르기에는 과분하고 Ⅱ형으로 부르기에는 미안하다고 여겨지는 상대에게 주로 사용된다. 가령 규범상 *Šatay aγa*"차타이 형님"으로 불러야 할 관계에서 *Ša laoban*"차 사장"이라고 부르는 경우를 가정해 보자. 화자는 청자에 대해 *aɣa* 호칭이 너무 격이 높고, 직접 이름을 부르는 것은 무례하다고 생각하여 양자 모두 사용을 보류하고 그 대신 이름과 *aɣa* 호칭의 중간격인 한어 차용 호칭 *laoban*[老板]"사장"이라고 부르는 것이다. 한어식 호칭들은 평칭대명사, 평칭소유접미사, 평칭술어접미사와 공기관계를 이루므로 상술한 *mama*나 *jiejie*와 마찬가지로 카작어 존댓말 체계에서 비교적 낮은 지위를 차지한다고 볼 수 있다.[13] 실제로 이들 호칭은 일반적인 사회관계보다는 농담관계에서 화자보다 15살 이상 위의 청자(즉, Ⅱ⁺형 단계에 있는 청자)에게 주로 사용된다. Ⅱ⁺형 단계에서 카작어 친척호칭 및 의사친척호칭은 무표적(無標的) 사용, 한어식 직함의 호칭은 유표적 사용이라고 볼 수 있을 것이다.

존댓말의 유표적 사용에는 말단계의 의도적인 격상도 포함된다. 위에서 소개한 한어식의 직함이나 친척호칭의 경우처럼 규범적 사용에서보다 말단계를 격하하는 방식도 존재하지만, 손아래나 동격의 청자에게 Ⅰ형 존댓말을 사용함으로써 특정한 어감을 표현하기도 한다. 일반적으로는 Ⅱ형이 사용될 사회관계에서 *aɣa, tæte* 등의 호칭과 존칭대명사, 존칭소유접미사, 존칭술어접미사를 사용하는 것은 대체로 역설, 냉소, 우회적 훈계, 과장, 자조, 흉겨움, 재치 등의 메시지를 청자에게 전달한다. 물론 이런 경우에 대화 당사자들은 존댓말의 유표적 사용이 특정한 개인적 의도에 의해 일어난 것이며 그것이 사회관계 자체의 변화를 의미하지 않는다는 점을 주지하고 있다.

또한 사회적 상황이 존댓말 사용에 영향을 주는 요인으로 작용할 수 있다. 우선 격식성(formality)이 높은 상황에서는 존댓말 규범을 평소보다 엄격히 준수하게 된다. 여기서 격식성이 높은 상황이란 주로 외지인 혹은 일상적으로 접촉하지 않았던 낯선 손님과 동석하고 있는 상황을 가리킨다. "바깥에서 온 손님(*sïrttan kelgen kisi*)"이 많이 동석한 자리에서의 잘못된 존댓말 사용은 수치(羞恥, *uyat*)로 여겨진다. 따라서 그러한 상황에서는 일반적인 상황에서보다 더 엄격하고 정확한 존댓말을 의식적으로 사용하려는 경향이 있는 것이다. 낯선 손님에게 뿐만 아니라 그 자리에 동석하고 있는 모든 내부자 집단 성원들에게까지도 평소보다 엄격한

---

13) 이처럼 한어식의 친척호칭이나 직함들이 전통적인 카작어 친척호칭에 비해 낮은 말단계의 표현으로만 사용되는 것은 존댓말이 발달하지 않은 비교적 평등지향적인 언어인 한어(漢語) 및 상대적으로 수평적인 인간관계가 강조되는 한족(漢族) 문화에 대한 카작 사람들의 태도가 반영된 결과라고 해석되며, 이와 매우 유사한 양상이 미국 한인 사회에서 진행된 한국어와 영어의 언어접변에 대한 연구(왕한석 1998)에서도 나타난다.

존댓말 사용이 이루어지게 된다.

반대로 대화 당사자 간에 다툼이 생겨 심한 언쟁을 하고 감정이 격해지면, 평소와 같은 존대를 하지 않고 가장 낮은 단계인 Ⅱ형 표현을 주로 사용하게 된다. 앞의 경우와 대비하자면, 격식성이 극도로 낮아지는 상황이라고 설명할 수도 있을 것이다.

끝으로 권력자에 대한 존댓말 사용은 대화 당사자의 상대적 나이에 관계없이 <존칭대명사－존칭소유접미사－존칭술어접미사－해당 직함>의 형태가 사용된다. 그러나 이러한 경우는 본 연구에서 조사 대상자 집단의 일상적인 사회관계의 범위에 포함되지 않는 매우 예외적인 경우였을 뿐만 아니라 그 사용 사례도 단 1개에 불과하여, 그 자체로서 하나의 특수한 상황적 요인(대화 당사자의 권력 차이가 이례적으로 현격한 '상황')으로 간주하였다.

5. 요약 및 논의

이 글은 중국 카작족의 존댓말의 구조적 특성 및 사회적 사용 규칙에 대해 살펴본 것이다. 존댓말이라는 문화-특수적인 현상의 기술과 분석을 통해서 카작 사회가 갖고 있는 전체 문화적 체계의 핵심적인 한 측면이 어느 정도 규명되었으리라고 생각한다.

중국 카작족의 존댓말은 기본적으로 존칭과 평칭의 2단 구조이다. 존칭은 다시 Ⅰ$^{+}$형과 Ⅰ형의 2단계로 세분되고, 평칭도 Ⅱ$^{+}$형과 Ⅱ형으로 나뉠 수 있다. 그리하여 존경의 수위는 도합 4개의 단계로 구분이 가능한데, 이중에서 Ⅱ$^{+}$형 단계는 예외적인 관계나 상황에서만 사용되므로, 기본적인 말단계는 Ⅰ$^{+}$형, Ⅰ형, Ⅱ형의 3등급으로 이루어진다.

존대가 표시되는 영역은 문법적 범주와 어휘적 표현의 두 가지가 있다. 존대 표시의 문법적 범주는 인칭대명사, 소유접미사, 술어접미사의 3가지가 있고, 어휘적 표현은 주로 호칭어를 가리킨다. 3가지 문법적 범주들은 각각 존칭과 평칭이라는 두 부류의 표현을 가지고 있어서 이를 통하여 일차적인 말단계의 구분(존칭/평칭)이 이루어진다. 호칭어는 주로 존칭 표현과 공기하는 '친척호칭'과 대개 평칭 표현과 공기하는 '이름'이 대표적이다. 친척호칭은 다시 *ata/apa* 등급의 호칭과 *aɣa/tæte* 등급의 호칭으로 나뉜다. 따라서 호칭어의 영역에서 적어도 3등급의 구조가 만들어진다. 여기서 *ata/apa*의 호칭, *aɣa/tæte*의 호칭은 존칭의 문법적 범주들과 공기하고, 이름 호칭은 평칭의 문법적 범주들과 공기하는 것이 일반적이다. 이러한 3단계 구분 위에 *aɣa*나 *žeŋge* 등의 호칭어를 이름 대신 사용하되 문법 범주들은 존칭이 아닌 평칭을 사용하는 예외적인 단계가 추가되어 모두 4등급의 말단계를 설정할 수 있는 것이다.

존댓말의 사회적 사용 규칙에는 여러 가지가 있지만, 일반적으로 말해서 대화 당사자들의 위계에 따라서 존댓말의 형태가 결정된다고 할 수 있다. 대화 당사자들간의 위계를 결정하는 변수는 친척관계와 비친척관계에서 달라진다. 친척관계에서는 기본적으로 친척내의 서열, 즉 손위관계가 중심 원리이고, 비친척관계에서는 상대적인 나이가 일차적 기준이 된다. 이와 함께 고려되어야 할 또 하나의 중요한 사회적 변수는 농담관계에서 평칭 사용을 원칙으로 한다는 점이다. 농담관계는 곧 '용인된 무례'의 관계로서 일반적인 사회관계에서의 존댓말 사용 규칙이 상당부분 파괴되기 때문이다.

친척관계에서는 자기 부모보다 손위의 친척에게 Ⅰ$^{+}$형, 부모 손아래~자기 손위인 친척에게 Ⅰ형, 그 밖의 동년배, 배우자 및 손아래 친척에게 Ⅱ형 존댓말을 사용한다. 단, 농담관계의 친척에 대해서는 기본적으로 모두 Ⅱ형으로 평대하되, 화자보다 약 15살 이상 위인 농담관계의 손위친척에 한해서 Ⅱ$^{+}$형의 표현을 사용할 수 있다. 비친척관계에서는 대체로 자신보다 25살 이상 위인 사람에게 Ⅰ$^{+}$형, 자신보다 3~25살 위의 사람에게 Ⅰ형, 나이 차이가 3살 이하인 동년배 및 기타 연하의 사람에게는 Ⅱ형을 사용한다. 단, 비친척 중 농담관계로 인식되는 소수의 경우에는 대개 Ⅱ형을 사용하고, 화자보다 약 15살 이상 위인 농담관계의 비친척 청자에 대해서만은 Ⅱ$^{+}$형을 사용하게 된다.

규범을 다소 벗어난 이른바 조작적 사용에서는 개인의 다양한 의도(주로 친밀감이나 냉소, 파격 등 특정한 태도를 청자에게 전달하기 위한 의도)에 의해 일시적으로 말단계가 격상되거나 격하될 수 있다. 그 밖에 바깥손님들이 많이 동석한 격식성(formality)이 높은 상황이나 권력자를 대하는 상황, 혹은 언쟁으로 감정이 격해지는 상황 등 각종 특수한 상황적인 요인에 의해서 규범적 용법에서보다 높거나 낮은 단계의 존댓말이 사용될 수가 있다.

이러한 특징을 가진 카작어 존댓말의 사용 양상은 사회 구조나 도덕적 가치관 등 카작족 문화의 비언어적인 제현상과 매우 긴밀한 상호통합(inter-penetration)의 관계를 가지고 있음을 간단히 언급하고자 한다.14) 존댓말과 관련한 사회구조나 가치관 등을 잘 보여줄 수 있는 구체적인 현상으로서 우선 연장자 공경에 관한 각종 문화적 예법들을 들 수 있다. 이는 인사하는 순서, 식사시에 앉는 자리, 찻잔 받는 순서, 대접하는 양고기의 부위별 위계를 비롯하여, 연장자가 말을 타고 내릴 때 부축해 드려야 하며, 연장자를 손님으로 맞을 때는 자리에서 일어나 그를 상석으로 모셔야 하는 규범, 연장자의 말을 끊거나 그 앞에서 담배를 피우면 안 된다는 금기 등에서 확연히 드러난다. 필자의 관찰한 바에 의하면, 이러한 존대의 행위들이 취해지는 사회관계는 언어적으로도 존칭이 사용되는 사회관계와 대체로 일치하였을 뿐만 아니라, 각종 비언어적 행위에서 표현되는 상대방에 대한 존경의 수준이 존댓말의 단계와 부합하도록 섬세하게 조율되었다. 즉, 특정 사회관계에서 비언어적 존대의 행위들이 언어현상인 존댓말과 일종의 '공기관계'를 이루었다고 볼 수 있는 것이다.

이와 같은 각종 예법들은 일차적으로는 그 사회가 조직되는 원리를 반영하는 것이다. 카작족 사회에서 그러한 원리는 대략 세 가지 정도로 생각해 볼 수 있다. 첫째는 이 사회가 친척 중심의 사회라는 점, 둘째는 사회관계가 기본적으로 매우 위계적이라는 점, 셋째는 농담관계 여부가 중요 변수라는 점이다. 친척관계의 유무를 판단하는 것은 모든 사회적 관계에서 무엇보다 선행하여, 상대방이 친척이라면 친척내의 손위관계(seniority)에 의해, 비친척이라면 상대적인 나이(relative age)에 의해 두 사람의 위계관계 및 그에 따른 적절한 행동의 양식이 결정된다.

---

14) 이에 대한 좀 더 자세한 논의와 사례는 김우진(2006)을 참조할 것.

가령 시아주버니의 아들(HueBrSo)이나 시동생(HuyBr)은 나이가 아무리 많아도 손아래사람인 반면, 숙모(FayBrWi)는 나이가 아무리 어려도 손위사람이 된다. 사회 구조의 위계성은 카작 사회 전체를 관통하는 가장 현저한 조직 원리로서, 개인은 위계상의 구분에 따라서 상대방에 대한 언어적, 비언어적 존경의 수준을 조절하고 적당한 행동 양식을 선택해야 한다. 실제로 카작 사회에서 어떤 두 사람이 평등한, 즉 동격이라고 인식되는 관계는 매우 적은 편이고, 그러한 소수의 관계를 제외하면 양자 사이에 정립된 위계질서는 대체로 연대감(solidarity)의 요인에 의해 상쇄되지 않는다. 한편, 주로 인척관계에서 나타나는 농담관계는 매우 편안하고 격의 없이 장난치고 농담하는 행위가 용인되는 소수의 특수한 관계를 말하는데, 이러한 관계에서는 존댓말을 비롯한 각종 행위의 위계적 규범들이 상당 부분 완화된다. 엄격한 위계질서가 수직적인 인간관계의 원리라면, 농담관계는 소수의 수평적인 인간관계의 원리가 된다고 할 수 있을 것이다.

연장자에 대한 여러 가지 예법들은 사회의 구조적 특성뿐만 아니라 그 사회의 성원들이 공유하고 있는 일정한 사고방식 혹은 가치관과 밀접한 관련이 있을 것으로 생각할 수 있다. 먼저 카작어에서 빈번히 사용되는 표현으로 *qatarlï* "한 층의", *žol teŋ* "길이 같다", *ülken* "크다", *kiši* "작다" 등이 있는데, 이들은 각각 '연배', '동격', '연상', '연하'라는 의미를 갖는다. 인간관계를 묘사하는 이러한 표현들의 존재는 카작 사람들이 사회 성원들과의 관계를 얼마나 수직적으로 인식하는가를 간접적으로 보여준다.

이와 함께 카작 사람들은 존댓말을 비롯한 각종 존경의 예법을 위반하는 것을 '수치(羞恥, *uyat*)'라는 개념으로 설명한다. 가령 젊은이가 어른을 길에서 만났을 때, 혹은 어른이 손님으로 문을 열고 젊은이의 집에 들어 왔을 때 먼저 인사하지 않거나 자리에 그대로 앉아 있으면 어른은 그를 채찍으로 때리면서 "너는 어디서 나왔느냐? 부모로부터 나오지 않았느냐? 어째서 인사를 올리지 않느냐?"라는 등의 꾸중을 하게 된다. 아동들은 부모로부터 항상 어른을 공경하고 예의를 갖출 것을 훈련받는다. 특히 자식이 잘못된 존댓말을 사용하였을 경우에 "그것이 무슨 공경이 되겠느냐(*qanday sïy boladï*)?", "수치 아니냐(*uyat emes pa*)?"라는 질책을 부모에게 듣고 올바른 존댓말로 교정을 받는다. 이러한 존경 예법의 강조와 그것의 위반에 대한 제재를 통해, 카작 사람들이 겸손하고 예의바르며 연장자를 공경할 줄 아는 인간형을 강조하는 도덕적 가치관을 가지고 있음을 짐작해 볼 수 있다. 카작 문화에서 존경 예법의 준수는 훌륭한 인격체로서 갖추어야 하는 핵심적인 덕목이며, 그렇기 때문에 그것을 위반하였을 때는 도덕적, 윤리적으로 결점이 있는 사람이라는 수치의 감정을 느끼게 되는 것이다. 카작 사회의 성원으로 그러한 존경의 예법을 숙달하고 사회적 맥락에 따라 그것을 적절히 활용할 줄 아는 것은 문화적 능력, 즉 교양 및 품위의 척도가 된다. 이러한 점은 존댓말을 잘못 사용하는 사람에게 주어지는 "*erke ösken*(버릇없이 자란)"이라는 평가를 통해 쉽게 알 수 있다.

연장자 공경과 공손함을 중시하는 카작족의 문화적 가치관은 카작족과 이웃하고 있는 한족에 대한 태도에서도 간접적으로 확인할 수 있다. 카작족이 인식하는 한족은 카작족과 달리 웃어른을 그다지 공경하지 않고(*ülkenderdi anša sïylamaydï*), 옷차림이나 집안정돈, 태도나 예의 등 남에게 보여지는 여러 삶의 영역들이 너무나 엉망이고, 오로지 일과 돈만 밝히는 사람들이라고 요약할 수 있다. 특히 카작 사람들 사이에서 "너 한족 놈이냐(*qïtaysïŋ ba*)?"라는 말은 심한 모욕이 되는데, 그것은 대체로 "예의범절을 모르는 녀석"이라는 의미로 해석된다. 앞서 살펴보았듯이 존댓말 체계에서도 한어식의 친척호칭이나 직함들(*mama, jiejie, laoban, xiangzhang* 등)은 전통적인 카작어 친척호칭에 비해 낮은 말단계 표현으로만 사용되고 있다. 심지어 다 큰 아이가 부모에게 한어식의 친척호칭을 사용하는 것은 듣기에 '흉하다' 혹은 '추하다(*sæt*)'라고 표현한다. 이것은 존댓말이 발달하지 않은 비교적 평등지향적인 언어인 한어와, 자신들에 비해 상대적으로 수평적인 인간관계가 강조되는 한족 문화에 대한 카작 사람들의 태도가 반영된 결과일 것이다.

요컨대 존댓말을 비롯하여 정교하게 발달된 연장자 존경의 예법은 위에서 살펴본 것과 같은 카작 사회 및 문화의 여러 중요한 특징들을 반영하고 있는 것이다. 또 존경 예법들의 실천을 통해서 그러한 사회구조 및 문화적 가치관이 강화되는 것이다. 카작 사회에서 한 사람이 다른 사람을 대할 때에는 상대방이 자신의 친척인지 아닌지, 윗사람인지 아랫사람인지, 그리고 농담관계에 해당하는 사람인지의 여부를 언제나 의식하고 있어야 하며, 그러한 관계의 성격에 따라서 적절한 행위 양식을 선택하여 활용할 줄 알아야 하는 것이다. 그러한 지식과 능력은 카작 사회에서 온전한 성원으로 인정받기 위한 조건이자 도덕적 판단의 기준, 즉 문화적 가치관의 일부가 된다. 그리고 연장자 공경과 공손한 태도가 강조되는 가치관 내지 사고방식은 다시 존댓말을 비롯한 여러 사회적 행위를 지배하는 규범이 되는 것이다.

본 연구는 지금까지 잘 알려지지 않았던 카작어 존댓말에 대한 사회언어학적 기술을 시도한 것이었다. 이를 통해 카작어 존댓말이 지닌 구조적인 측면뿐만 아니라 그것을 실제 사회적 맥락에서 적절하게 사용하기 위하여 알아야 하는 문화적인 규칙들을 제시할 수 있었으며, 동시에 해당 문화의 사회 성원들에게 공유되는 지식의 체계를 밝혀내는 작업에 있어서 사회언어학적 접근의 유용성을 재확인해 볼 수 있었다. 향후 좀 더 장기간의 연구 그리고 좀 더 광범위한 집단에 대한 관찰 및 면접을 실시한다면 존댓말을 포함한 카작족의 전체 문화 유형에 대한 좀 더 충실한 기술이 가능할 것으로 기대된다.

√참고문헌

김우진, 2006, “중국 신강지역 카작족 존대말의 구조와 사용 유형,” 서울대학교 인류학과 석사학위논문.

왕한석, 1998, “로스앤젤리스의 초기 이주 한인의 언어접변,” 『한국 인류학의 성과와 전망: 송현 이광규 교수 정년 기념 논총』, 서울: 집문당, pp. 445-470.

Bacon, Elizabeth E., 1966, *Central Asians under Russian Rule: A Study in Cultural Change,* Ithaca and New York: Cornell University Press.

Benson, Linda and Ingvar Svanberg, 1988, *The Kazaks of China: Essays on an Ethnic Minority*, Uppsala: Studia Multiethnica.

______ 1998, *China's Last Nomads: The History and Culture of China's Kazaks,* New York: M. E. Sharpe.

Bekturova, A. and Sh. Bekturov, 1996, *Manual of the Kazakh Language,* Almaty: Rauan.

Brown, Roger, and Albert Gilman, 1960, “The Pronouns of Power and Solidarity,” in Thomas A. Sebeok (ed.), *Style in Language*, Cambridge: The MIT Press, pp. 253-244.

Ervin-Tripp, Susan, 1972, “On Sociolinguistic Rules: Alternation and Co-occurrence,” in John J. Gumperz and Dell Hymes (eds.), *Directions in Sociolinguistics,* New York: Holt, Rinehart and Winston.

Errington, J. Joseph, 1988, *Structure and Style in Javanese: A Sociolinguistic Etiquette,* Philadelphia: University of Pennsylvania Press.

Geertz, Clifford, 1960, *The Religion of Java,* Chicago: The University of Chicago Press.

Hudson, Alfred E., 1938, *Kazak Social Structure,* New Haven: Yale University Press.

Hymes, Dell, 1962, “The Ethnography of Speaking,” in T. Glawin and C. Sturtevant (eds.), *Anthropology and Human Behavior*, Washington, D. C.: Anthropological Society of Wanshington, pp. 13-53.

______ 1974, *Foundations in Sociolinguistics: An Ethnographic Approach,* Philadelphia: University of Pennsylvania Press.

Ide, Sachiko, 1982, “Japanese Sociolinguistics: Politeness and Women's Language,” *Lingua* 57: 357-385.

Inoue, Kyoko, 1979, “Japanese: A Study of Language and People,” in Timothy Shopen (ed.), *Language and Their Speakers*, Philadelphia: University of Pennsylvania Press, pp. 241-300.

Johanson, Lars, 1998, “The Structure of Turkic,” in Lars Johanson and Éva Á. Csató (eds.), *The Turkic Languages,* London and New York: Routledge, pp. 30-66.

Kirchner, Mark, 1998, "Kazakh and Karakalpak," in Lars Johanson and Éva Á. Csató (eds.), *The Turkic Languages,* London and New York: Routledge, pp. 318-332.

Krader, Lawrence, 1963, *Social Organization of the Mongol-Turkic Pastoral Nomads*, The Hague: Mouton & Co.

Krippes, Karl A. (ed.), 1994, *Kazakh(Qazaq)-English Dictionary*, Kensington: Dunwooody Press.

Murdock, George Peter, 1934, "The Kazaks of Central Asia," in *Our Primitive Contemporaries*, New York: The Macmillan Company, pp. 135-162.

Poppe, Nicholas, 1965, *Introduction to Altaic linguistics,* Wiesbaden: Otto Harassowitz.

Radcliffe-Brown, A. R., 1940, "On Joking Relationships," reprinted in A. R. Radcliffe-Brown, 1952, *Structure and Function in Primitive Society*, London & Henley: Routledge & Kegan Paul, pp. 90-104.

______ 1964[1932], *The Andaman Islanders,* New York: The Free Press of Glencoe.

Svanberg, Ingvar (ed.), 1999, *Contemporary Kazaks: Cultural and Social Perspectives*, New York: St. Martin's Press.

Wang, Hahn-sok, 1984, "Honorific Speech Behavior in a Rural Korean Village," Ph.D. Dissertation, UCLA.

Wolff, John U. and Soepomo Poejosoedarmo, 1982, *Communicative Codes in Central Java*, Ithaca, New York: Southeast Asia Program, Department of Asian Studies, Cornell University.

찾아보기 (용어)

ㅋ

ㅌ

ㅍ

ㅎ

찾아보기 (인명)

Korean Language, Korean Culture, Korean Society

Edited by Hahn-Sok Wang

Contents

엮은이 왕한석(王翰碩)

1950년 부산 동래 출생
서울대학교 국어교육과 및 인류학과 졸업
미국 캘리포니아 대학교(UCLA) 대학원 인류학과 졸업 (인류학 석사 및 박사)
현재 서울대학교 인류학과 교수
주전공 언어인류학, 사회언어학, 인지인류학

집필진

김주희 노스웨스턴 대학교(Northwestern U) 대학원 인류학과 졸업(인류학 박사)
현재 성신여자대학교 사회복지학과 교수
정종호 예일 대학교(Yale U) 대학원 인류학과 졸업(인류학 박사)
현재 서울대학교 국제대학원 교수
김선희 서울대학교 대학원 인류학과 박사과정 수료
현재 강원대학교 문화인류학과 강사
안준희 미시간 대학교(U Michigan) 대학원 인류학과 졸업(인류학 박사)
현재 서울시립대학교 도시사회학과 교수
왕한석 캘리포니아 대학교(UCLA) 대학원 인류학과 졸업(인류학 박사)
현재 서울대학교 인류학과 교수
김주관 캘리포니아 대학교(UC Davis) 대학원 인류학과 졸업(인류학 박사)
현재 서울대학교 인문학연구원 HK연구교수
조숙정 서울대학교 대학원 인류학과 박사과정 수료
현재 전북대학교 고고문화인류학과 강사
강윤희 예일 대학교(Yale U) 대학원 인류학과 졸업(인류학 박사)
현재 싱가포르 난양과학기술대학교 사회학부 교수
최진숙 뉴욕주립 대학교(SUNY Albany) 대학원 인류학과 졸업(인류학 박사)
현재 울산과학기술대학교 기초과정부 교수
강나영 서울대학교 대학원 인류학과 박사과정 수료
현재 강원대학교 문화인류학과 강사
김우진 서울대학교 대학원 인류학과 졸업(인류학 석사)
현재 미시간 대학교(U Michigan) 대학원 인류학과 박사과정 재학